デマの影響力

なぜデマは真実よりも速く、広く、力強く伝わるのか？

THE HYPE MACHINE

How Social Media Disrupts Our Elections, Our Economy, and Our Health-and How We Must Adapt

シナン・アラル

夏目大 訳

ダイヤモンド社

HYPE MACHINE
by
Sinan Aral

Published by arrangement with ICM Partners
through Tuttle-Mori Agency, Inc.

デマの影響力

なぜデマは真実よりも速く、広く、力強く伝わるのか？

目　次

■本文中の番号ルビは原注を示し、巻末にまとめて掲載した。

■本文中の＊印のルビは原注を示し、見開き奇数頁に傍注として掲載した。

■〔 〕亀甲内の割注は訳注を示した。

両親に

与えてくれたすべての機会、
すべての会話、すべてのハグに感謝する。

カヤに

あなたが常に好奇心旺盛で、
想像力豊かで、
新たな知識を求める人間であるよう祈る。

まえがき

パンデミックとソーシャル・メディアの可能性、危険性

二〇二〇年に始まった新型コロナウイルス感染症の流行は、いわゆる「ブラック・スワン・イベント」だった。誰もが皆、世界の医療システム、経済、そして日常生活がどのような仕組みで成り立っているのかを嫌でも意識するようになった。検疫はどこで行なわれているのか、会いたい人は誰なのかがよくわかったし、ウイルスと闘うなかで生じる精神的、身体的緊張にどう対処すべきなのかも考えるようになった。

だが、新型コロナウイルスのもたらした影響はそれだけではない。少しわかりにくいが、世界の通信システム——今や世界の中枢神経系と言ってもいいデジタル通信システムだ——にも実は大きな影響が及んでいたのである。タイムズ・スクエアも、トラファルガー広場も、タハリール広場もゴースト・タウンのようになった。人々は感染を避け、一斉に街を去り、自宅に引きこもった。何十億もの人々がパソコンやスマートフォンに向かい、オンラインでの生活を始めたのである。世界中でかつてないほどの数の人々がもっぱらフェイスブック〔二〇二一年一〇月に社名をメタ・プラットフォームズと改称。ただしSNSの名称はフェイスブックのままなので、本書では旧称のフェイスブックで統一した〕、ツイッター、ワッツアップ、インスタグラム、ユーチューブ、リンクトインなどのなかで生きるようになった。ニュース、医療情報、社会的支援、人とのつながり、雇用など、あらゆることをそこに求めるようになった。オン

ラインの世界は静止していたが、オンラインの世界は突然森林火災が起こったようになったのだ。

ソーシャル・メディアの需要は急激に高まった。[1] フェイスブック・メッセンジャー、ワッツアップ、フェイスブック・ライブの利用が一夜にして五〇パーセント増えたこともあった。フェイスブック・アプリでの音声通話の利用は倍になり、イタリアでは、グループ通話の利用が一〇〇〇パーセント増えた。映画館の閉鎖は相次いだが、その一方で、ネットフリックスでの映画のダウンロードはイタリアで六六パーセント、スペインで三五パーセント増えた。[2] 負荷が急増したことでネットフリックスではクラッシュが起こった。ユーチューブでも、利用の急増に対応するため、一時的に動画の画質を落とさざるを得なかった。パンデミックのあいだ、インターネットの速度が何度も大幅に低下した。

ソーシャル・コラボレーション・ツールの利用も爆発的に増えた。スラックのCEO、スチュワート・バターフィールドは、「同時接続ユーザー数が一〇〇〇万に到達してから一五九七日後の一〇月一五日には、その数が一〇〇〇万を超えた。六日後には一〇五〇万、一一〇〇万、一一〇〇万に到達。今週の月曜には一二〇〇万、今日はついに一二五〇万に到達した」とツイートした。[3] そのツイートのスレッドでは、「新規に作られた（スラックの）ワーク・チーム」の数の推移を示すグラフも提示された。グラフを見ると、三月一二日以降は急上昇で、まるでハンドルが異常に長いホッケー・スティックのような形状になっているとわかる。

「デジタル・ネイティブ」と呼ばれる人たちは、すでにソーシャル・メディアにいたのだが、パンデミック以後は本来、ソーシャル・メディアを嫌っていたであろう人たちまでもが多数参入しはじめた。それまでとは違う新たな種類のユーザーが、私が「ハイプ・マシン」と呼ぶ、リアルタイム・コミュニケーションのエコシステムに大量に入ってきたわけだ。

フェイスブックのデータ分析責任者アレックス・シュルツと、エンジニアリングの責任者ジェイ・パリクは、ソーシャル・メディアへの急増する需要に関して、「新型コロナウイルス感染症の流行に伴い、業界全体でかつてないほど利用者が急激に増加しており、利用者数は毎日のように過去最高を更新している」とコメントしている。[4] ただ、フェイスブックのCEOマーク・ザッカーバーグは、この状況にも冷静に「我々としてはこれまでどおり、すべきことを続けるだけ」とコメントした。[5]

世界中で何カ月にもわたって人との物理的な接触ができなくなったことで、私たちのソーシャル・メディアの使い方、そしてソーシャル・メディアへの認識は大きく変化した。フェイスブック、ツイッター、ワッツアップ、インスタグラムは、人と人とのつながりに必要不可欠なものとなった。パンデミックに対応するための医療情報の迅速な流布、社会的支援、奉仕活動、寄付金集め、ウイルスの感染拡大に関する最新情報の伝達などには欠かせない。

複数のアーティストが協力し合うプロジェクトにもソーシャル・メディアが利用されているし、ミュージシャンが突発的にソーシャル・メディア上でコンサートを開催することもある。フェイスブックでモノポリーをする家族もいるし、ライブ・グループ・チャットで合コンをする人もいる。ワッツアップのグループで隣人と活発に交流する人もいる。ニュースをツイッターで知る人も増えた。人間どうしは距離を取らなくてはならないのだが、ソーシャル・テクノロジーのおかげで距離を近づけることができる。

グループ・ビデオ通話ができるおかげで、家族は離れ離れにならずにすんでいる。親と子は、直接話をする代わりにメッセージを送り合う。世界が静止しているように見える時にも、ハングアウトを利用すれば活発にチームで動くことができる。コンピュータを使いはじめて間もない私の六歳の子供も、友達との交流や小学校の授業などにハイプ・マシンを利用している。

ソーシャル・ディスタンスとは何か、マスクの着用の是非、ホットスポットの位置、自宅での過ごし方など、重要な医療情報はハイプ・マシンによって提供されるようになっている。ソーシャル・メディア企業も、この状況に対応すべく動いている。パンデミック抑制のために新たなサービスを開始し、シミュレーションに役立つデータも提供しはじめた。たとえば、フェイスブックは、ユーザーの移動を記録した匿名データを利用して、コロケーション・マップを作成している(6)。これは、人々がどこから来てどこに行くのか、どこに集まりやすいのかがわかる地図だ。疫学者はその地図を見て、次のパンデミックがどこから発生しやすいか、その場所を予測することができる。フェイスブックの提供するデータを利用して、「感染症予防マップ」を作成することもできた。マップを見れば、人がどこにどう動き、ウイルスがどう拡散されるかがわかるので、それに基づいて感染を広げないような行動を選択することができる。

私は現在、ＭＩＴ（マサチューセッツ工科大学）イニシアティブ・オン・デジタル・エコノミー（ＩＤＥ）の理事長を務めている。ＩＤＥは、デジタル・テクノロジーの世界への影響を調査する機関としては世界最大級だろう。また同時に、ＭＩＴの社会分析研究所の所長でもある。この研究所でも、ＭＩＴの優秀な三〇人の教授たちが学生とともにソーシャル・メディアの社会への影響を調査している。その立場にいる私も、今の危機的状況は、あらゆる人たちの力をすべて結集しなくては乗り越えられないと感じている。私たちは、パンデミック対策に自分たちがどう貢献できるかを、ズームでブレインストーミングした。下手に動いてかえって害をなすのを防がなくてはならないのは当然だが、私はとりあえず世界中のソーシャル・メディア企業に連絡を取り、そのうえで自分たちに何ができるかを検討することにした。

一週間で、私たちは、国内の保健機関、そして国際的な保健機関を支援するプロジェクトを三つ立ち上げた。ソーシャル・ディスタンスが新型コロナウイルス感染症の拡大抑制にどの程度役立っているかを調査すること、パンデミック関連の誤情報がネット上に拡散されるのを防止することなどが目的だ。各保健機関の対応は速かった。私たちとすでにデータ・ライセンス契約を結んでいたこともあり、必要なデータをすぐに提供すると申し出てくれた。私たちは、ソーシャル・ディスタンスのパンデミック拡大抑制効果のモデル化に力を入れた。

フェイスブックは、モバイル・アプリから大量に収集した匿名データを利用することで、疾病予防マップを作成した。個々のユーザーがいつ、どこにいてどこに向かったのか、それぞれにどのくらいの人と接触したのか、あるいは、〇・五平方キロメートルの範囲にフェイスブックのユーザーが少なくとも一人存在している地点が平均で何箇所あるのか、その地点はパンデミック以前と比べて増えているのか、減っているのか、といったことがわかるマップである。私たちは、このマップを、世界各地の国や地域、都市に出されたソーシャル・ディスタンスの指示についての詳細な記録と照らし合わせた。それによって、ソーシャル・ディスタンスの指示が、実際にどれほどの効果をもたらしたのかを見ようとしたのである。指示が出された都市や地域でのフェイスブックのユーザーの分布や移動の仕方が、指示が出る前と出たあとでどう変わったかを見ればそれがわかる。ソーシャル・ディスタンスの指示が本当に功を奏しているかを知りたかったのはもちろんだが、さらに重要だったのは、指示に効果がないのはどういう時で、その理由は何なのかということだ。

私たちは、フェイスブックがＣＯＶＩＤ症状調査を実施するさいにも助言をした。これは、アメリカで従来から行なわれていた疾病調査を補完する目的で実施された調査で、アメリカ国内で週あたり約一〇〇万人のフェイスブック・ユーザーを対象に実施された。個々のユーザーに「現在、新型コロナウイルス感染症の一般的な症状を抱えているか」「外出しないで自宅にいるか」を尋ねていくのだ。本書執筆時点でフェイスブックは、同様の調査の範囲を全世界のユーザーに広げるべく準備中である。

その後、私はグラフィカのジョン・ケリーとカミーユ・フランソワに連絡を取った。グラフィカは、アメリカ上院情報委員会から、二〇一六年、二〇二〇年の大統領選挙へのロシアの介入に関する調査を委託された二社のうちの一社である。私は二人と、新型コロナウイルス感染症に関する誤情報の拡散をどう追跡し、どう食い止めるのか、またその時、間近に迫っていた二〇二〇年の大統領選挙での誤情報の脅威にどう立ち向かうのか、といったことについてブレインストーミングをした。私たちは、全世界で新型コロナウイルスに関して、あるいは選挙に関して、誤情報の拡散に利用されるボット、サイボーグ、トロール・ネットワークの動きを監視、追跡し、誤情報が疾病予防や選挙にどの程度、影響を与えたかを調査して、その結果を広く公表していこうと決めた。

南アフリカ、プレケルト財団のグスタフ・プレケルトとも連携している。プレケルトと私はすでに、ソーシャル・メディアを利用して、南アフリカでのＨＩＶ／ＡＩＤＳの蔓延を食い止めるための全国規模のプロジェクトを積極的に展開していた。私は彼に、新型コロナウイルスに関しても何か協力し合えることはないかと尋ねた。すると、ＨＩＶのプロジェクトで利用したワッツアップやメッセンジャーのツールを、新型コロナウイルスに関する世界中の医療情報を拡散するツールとして、すでに再利用を始めているという答えが返ってきた。

また、彼らは、ＣＯＶＩＤコネクトというソフトウェア・ロボットも開発した。これは、ワッツアップ、フェイスブック・メッセンジャー、テキスト・メッセージなどを利用して、一般からの質問を募り、それに答えながら、公式の情報源からの正しい情報を提供するというものだ。COVIDコネクトは、世界保健機関（WHO）のワッツアップ・チャンネルの公式エンジンとなり[7]、南アフリカだけでなく、ニュージーランド、オーストラリア、そしてアフリカや東南アジアの一〇カ国において、新型コロナウイルスに関する全国規模の自動返答ホットラインに利用され、わずか二週間で一五〇〇万人のユーザーを集めた。あっという間に、新型コロナウイルスに関して何か公式な情報が欲しい場合には、まず最初に頼るツールになったと言えるだろう。

ただし、プレケルトとフェイスブックは問題も抱えている。ワッツアップで新型コロナウイルスに関する誤情報が多く拡散されていることに懸念を持っているのだ。ワッツアップのような暗号化されたプラットフォームにおいて、誤情報を一掃するのは容易ではない。やりとりされているメッセージの内容が外からはわからず、監視や調査ができないからだ。今後は、WHOや国のワッツアップ公式アカウントによって、新型コロナウイルスに関する誤情報の誤りを証明するシステムの構築に取り組む必要があるだろう。

ソーシャル・メディアは、パンデミックによる経済の低迷への対策にも利用されている。小規模な企業でも、フェイスブック・ページでのオンライン販売を始めるところは増えている。店舗でのイベントができなくなった代わりに、ソーシャル・メディア上でのオンライン・イベントを開催して、それを集客、販促につなげることもさかんになった。コンサートがインスタグラムのストーリーやティックトックを使って配信されることも増えている。ヨガやギター、ヘア・スタイリングなどのレッスンも、ハイプ・マシン経由で行なわれている。フェイスブックは、小企業救済のための一億ドル規模の基金も設立した。(8) 小企業を存続させるために必要な資金を無条件で供与できる基金だ。

こうしたプロジェクトは、本書の執筆を終える今の時点ではどれもまだ始まったばかりだ。だが、すでに多数の技術者たちが、ソーシャル・メディア業界を前進させるべく力を尽くしている。皆、人類の未来を憂えている技術者たちだ。高度な知識や技術を、この世界をより良い場所にするために役立ててくれている。ただ、ソーシャル・メディアは、個人の意思や努力だけで良くなったり悪くなったりするものではない。ソーシャル・メディアが現在抱えている問題の多くは、その構造上の欠陥から生じている。

黒人男性ジョージ・フロイドが白人警官に殺されるという事件のあと、トランプ大統領は、フェイスブックに扇動的な、人々の対立を深めるようなメッセージを書き込んだ。抗議運動を抑え込むのに暴力も辞さないという脅しだ。そのメッセージのなかでは、公民権運動の時代に、弾圧する側の警察署長たちや差別主義者たちが好んで使った「略奪が始まれば、銃撃が始まる」というフレーズも引用されていた。マーク・ザッカーバーグは、大統領のこの行動を擁護し、メッセージにラベルなどをつけることもなく、まったく修正もせずに放置したのだ。ツイッターは、大統領のこのメッセージが広く一般の人たちの目に触れないように制限をかけ、「暴力を美化するメッセージであり、ツイッターのルールに違反している」という見解を示している。ザッカーバーグの姿勢は、やがてフェイスブックの一部社員の仮想ストライキを引き起こすことになる。社員たちは、人種差別主義者の発言を容認するような会社の姿勢には同意できない、として抗議行動に出たのである。

このようにザッカーバーグに対する強い反発が生じたのは、初めてのことではない。ソーシャル・メディアに対する人々の態度は、二〇二〇年、新型コロナウイルスのパンデミックによるロックダウンのさいに、前年の二〇一九年とは一八〇度変わったと言えるだろう。数週間、数カ月という短い時間でまったく変わったのだ。パンデミック以前、ソーシャル・メディアは完全に悪者扱いされていた。〈#deletefacebook〉（フェイスブックを削除せよ）運動が盛り上がっていたし、ケンブリッジ・アナリティカ社のスキャンダルによって、マーク・ザッカーバーグはアメリカの連邦議会と欧州議会で証言せざるを得なくなった。政治家は、このソーシャル・メディア界の巨人を、反トラスト法を根拠に解体する方向に傾きはじめていた。

新型コロナウイルスが中国を襲うわずか数週間前には、イギリスのコメディアン、サシャ・バロン・コーエンが、ソーシャル・メディアのことを「史上最大のプロパガンダ・マシン」と呼んで批判するなどした。(9) 名誉毀損防止同盟から国際リーダーシップ賞を授与されたさいの受賞スピーチで、コーエンは「フェイスブック、グーグル、ユーチューブ、ツイッターなどのソーシャル・メディアには……何十億という人々が集まる。こうしたプラットフォームの基礎を成すアルゴリズムには、怒りや恐れを引き起こすような話ばかりを選んで広める性質がある……。フェイク・ニュースが真のニュースよりも広まりやすいのはそのためだ。嘘が真実よりもはるかに速く広まることは数々の研究でも確かめられている」と発言した。コーエンが言及した「研究」には、私が同僚のデブ・ロイ、ソルーシュ・ヴォソウギとともに実施し、『サイエンス』誌のカバーストーリー「オンラインでの真のニュースと嘘のニュースの拡散」として発表したものも含まれている。(10) それについては、本書の第1章と第2章で詳しく触れる。

しかし、パンデミック前にソーシャル・メディアに関して問題になっていたのは、フェイク・ニュースだけではなかった。フェイスブック、ツイッター、ワッツアップ、インスタグラム、ユーチューブなどはいずれも私たちのプライバシーを侵害していたし、民主主義への他国政府からの介入に利用されてもいた。それが選挙の正当性にとっての脅威にもなっていたのだ。金のために政治的な嘘を拡散する者もいたし、テロリストの過激化にもつながっていた。ヘイト・スピーチによって言論の自由が危機に陥ってもいた。大量虐殺に関わるプロパガンダが拡散されることもあったし、ニュージーランドのクライストチャーチから、大量殺人が生中継されたこともあった。マイノリティへの略奪的な融資が促進されることもあれば、女性への雇用差別を助長するような宣伝がなされることもあった。他人の行動を細かく監視する者や、他人の感情を操作することで金儲けをする者もいた。また、政治的な分極化が促進されることもソーシャル・メディアの大きな問題だった。

ソーシャル・メディアに関しては、パンデミックにさいして有用か有害かもよく議論されている。他人との物理的な接触を避けなくてはいけない状況でも、人とのつながりを維持でき、社会的な支援が受けられ、命を守るのに必要な情報が得られるという点では非常に有効には違いないだろう。だが、一方で、誤情報の拡散という問題もある。[11] 間もなくロックダウンが始まるというデマが流れることもあれば、効果のない偽の治療法が流布されることもある。アメリカと中国のあいだで、お互いの国の非難合戦が起きたこともある。外国からの介入によって人々の不安が煽られることもある。

プライバシーに関する議論も、パンデミックによって以前とは意味合いが変わってきた。パンデミック以前には、企業が膨大な個人情報を収集し、それを利益に結びつける「サーベイランス・キャピタリズム（調査資本主義）」の時代が来ているという警告がなされることが多かったが、今では、むしろ「人々の命を救うために個人情報を収集する必要がある」との声が大きくなっている。フェイスブックは、新型コロナウイルスに関する個人情報の収集を行なっているが、これは利益のためではない。現状では国家による情報収集が十分でなく、パンデミックの急激な拡大に対応できるスケーラブルな態勢が整っていないので、その隙間を埋める役割も果たしていると言える。また、グーグル、アップル、MITは、ブルートゥース・ベースの接触監視システムを開発した[12]。このシステムを利用すれば、新型コロナウイルス感染者の持つブルートゥース対応デバイスに物理的に近づくと、警告が出るようになる。このシステムでは、データの匿名性が守られると言われてはいるが、それでもプライバシー保護を重要視する人たちは恐ろしいと感じるかもしれない。

ソーシャル・メディアの個人データの収集は、パンデミックに対抗して人々の健康を守るうえでは有用なものだが、一方で個人情報の漏洩が危険につながり得ることは確かである。リスクがあることを考えても、情報収集には価値があると主張する人もいるが、反対にリスクのほうが利益をはるかに上回っていると考える人もいる。

では、どちらの見方が正しいのか。ソーシャル・メディアは有用なのか有害なのか。ハイプ・マシンは善の力を持つのか。集合知を生み、人々を団結させるものなのか。あるいは悪の源泉なのか。この世界から排除すべきものか。フェイスブック、ワッツアップ、ツイッター、インスタグラム、ユーチューブ、いずれも全世界に広まっており、世界中に情報を行き渡らせる力を持ち、全世界の人々のコミュニケーションに影響を与えている。世界中の人々のデータを集め、あらゆる人のプライバシーを脅かしている。とてつもなく危険なものになり得る存在だ。

だが、パンデミックによって私たちは、この全世界をつなぐコミュニケーション・ネットワークの価値の高さを改めて思い知ることになった。困難に直面したことで、自分たちがどれほど人と人とのつながりに依存しているかを認識したのである。職探しも、エンターテインメントも、恋愛も、人が生きていくうえでのあらゆることが他人とのつながりがあって初めて成り立つ。

パンデミックのさい、ハイプ・マシンの長所はそのまま危険を生む源にもなり得る。本書で繰り返し述べることだが、それはパンデミック時にかぎらず、ハイプ・マシンに常に言えることだ。だからこそ、ハイプ・マシンを規制することは容易ではないのだ。ソーシャル・メディアの利便性は、そのままプライバシーの侵害につながり得る。だが、たとえばヨーロッパのように、プライバシーの侵害を防ぐためにソーシャル・メディアに厳しい規制を加えると、[13] パンデミックのさいにユーザーを監視、追跡して必要なデータを得るのが困難になる。この例だけで問題の本質がどこにあるかわかる人は多いはずだ。

ソーシャル・メディアは、人と人との意味あるつながりを生み、人と人との協調を促すもの、社会的支援を受け、命を守るのに必要な情報を受け取るのに役立つものなのだろうか。それとも単なるプロパガンダ・マシンで、放置すると民主主義や市民社会、そして私たちの健康を破壊するものなのだろうか。ソーシャル・メディアの危険を回避し、メリットだけを享受することは可能なのか。それとも、メリットと危険は固く結びついていて、絶対に引き離せないのか。

本書でも述べているとおり、ハイプ・マシンには、利便性と危険性の両方がある。ソーシャル・メディアの設計、規制、収益化、利用方法などについて、私たちがこれから数年のあいだにどのような判断をするかで、将来は大きく変わるだろう。私たちは今、岐路に立っているということだ。将来に対する責任を果たすためにも、ソーシャル・メディアの仕組みについてよく学ぶ必要があるだろう。

本書では、私が過去二〇年のあいだに、実際にソーシャル・メディアを立ち上げ、また研究対象、投資対象、ビジネス・パートナーとしてソーシャル・メディアと関わることで知り得たことを述べていきたいと思う。二〇年の道のりは決して楽ではなかった。信じがたい発見も多くしたし、ソーシャル・メディアが民主主義を蝕む酷いスキャンダルに直面もした。有用な情報も多く伝えてくれるが、明らかな嘘が瞬時に拡散されていくのを何度も見た。抑圧と闘う道具にも使えるが、同時に抑圧を促進する道具としても使えることを知った。言論の自由を守ることの重要性と、それがヘイト・スピーチの蔓延につながりやすいこともよくわかった。

そして何よりも重要なのは、ソーシャル・メディアのなかの仕組みがわかったことだ。私たち人間の脳がソーシャル・メディアに引きつけられやすい性質を持っていることや、感情、社会、経済、様々な要因が私たちをソーシャル・メディアに結びつけていることも知った。本書を読めば、ソーシャル・メディアの背後にあるビジネス戦略がわかるだけでなく、ソーシャル・メディアのデザインを変えれば社会がどれほど大きく変わり得るか、ということもわかるはずだ。

ハイプ・マシンのメリットだけ、危険性だけを語っても、何も意味がないことがわかるだろう。真実は複雑だ――ハイプ・マシンについて学ぶと希望を感じることもあれば、絶望的な気持ちになることもある。衝撃を受けることもあるが、大事なのはその時に何かを学ぶことだ。忘れてはならないのは、ハイプ・マシンは今生きている人たち、そして次の世代の人たちすべてに関係があるということである。

第1章 ニュー・ソーシャル・エイジ

それがテクノロジーの本質だ。テクノロジーは一方で永遠の命を追求する。だが一方ですべてを滅ぼそうともする。テクノロジーは自然からは乖離している。

——ドン・デリーロ

人間は昔から今にいたるまで社会的な動物である。狩猟採集生活をしていた時代から、私たち人間は他者と情報を交換し合い、他者と協力、協調してきた。しかし、現代は少し違ってきている。この一〇年間、私たちは遠い過去からつないできたコミュニケーションの火にハイオクガソリンを注ぎ込むようなことをしてきた。世界中で大量の情報を送り合える多機能な装置を作りあげたからだ。その装置のおかげで、遠くにいる人たちの意見や行動なども瞬時に伝えられるようになった。私が「ハイプ・マシン〔Hype Machine：誇大宣伝機械というような意味〕」と名づけたその装置は、世界規模の通信ネットワークで私たちをつなぎ、一日に何兆という数のメッセージを運ぶ。ハイプ・マシンは私たちに様々なことを知らせ、楽しませ、考え方に影響を与えて行動を操る。そういうアルゴリズムによって動いている装置である。

ハイプ・マシンの標的は人間の心である。私たちの神経細胞を刺激し、購買行動、投票行動、運動の仕方などに影響を与える。誰を愛するかにまで影響を与えることもある。私たち一人一人を分析し、その結果を踏まえて、読むもの、買うもの、信じるものの選択肢を与える。また、過去の私たちの選択を学習し、提案を最適化する、ということを繰り返していく。ハイプ・マシンは稼働しながら、一人一人の人間についてのデータを蓄積していく。私たち一人一人が何を好み、欲し、何に関心を持っているのか、いつ世界のどこで何をしたのかといったことをすべてデータとして蓄えていくのだ。自ら蓄えたデータを利用して、マシンは動きをさらに効率化する。分析の精度も高め、より効果的なはたらきをするようになる。

ハイプ・マシンを動かすもの、それは金だ。人間をうまく操るほど、金は増えていく。精度の高い分析をし、魅力的な提案をして、狙いどおりに人間を操れば、それが大金を生み、マシンはさらに大きく成長するわけだ。本書は、このハイプ・マシン——ソーシャル・メディア産業複合体と呼んでもいいだろう——についての本だ。この装置がどのように設計され、どういう仕組みで動き、私たち人間にどう影響を与えているのか、そして私たちはこの装置にどう適応すべきかということが書かれている。物語はクリミア半島から始まる。

一〇日間

二〇一四年二月の、ある寒い日のことだ。ウクライナ、シンフェロポリのクリミア自治共和国議会議事堂を、重武装の兵士たちが取り囲んだ。表面上、明確にはわからなかったが、その兵士たちは、前日のヴィクトル・ヤヌコーヴィチ大統領の解任を受けて派遣されたロシアの特殊部隊だったことが後に確認された。いずれにしろ、素晴らしく統率された「プロの」部隊であることは誰の目にも明らかだった。正面玄関を突破すると、部隊はまず建物の通信回線を切断し、中にいた人間すべてから携帯電子端末を没収した。建物への人の出入りを完全に自分たちの管理下に置き、中からは誰も勝手に出て行かないよう、また外からは新たに、特に外国のジャーナリストたちが入ってこないよう厳重に監視した。

数時間後、侵入してきた兵士たちに脅され、そそのかされて、クリミア議会は政府を解体すること、首相をアナトリイ・モヒリオフからセルゲイ・アクショノフに交代することを多数決で決めた。前回の選挙ではわずか四パーセントの票しか獲得できなかった親ロシア政党「ロシアの統一」を率いるアクショノフを首相にしたのである。二四時間も経たないうちに、やはり正体の明確でない部隊が、シンフェロポリとセヴァストポリの国際空港を占拠し、付近一帯の道路に検問所を設けた。アクショノフは「ゴブリン（小鬼）」という異名を持っていた。ビジネスマンだった時代からロシアのマフィアや、親ロシアの政治家、軍人たちともつながりがあった（本人は否定しているが）。二日後、クリミアの首相という新たな肩書を手に入れたアクショノフは、ウラジーミル・プーチンに親書を書いて、同地の平和と安全の確立への協力を公式にロシアに要請した。

ウクライナ政府は、アクショノフを首相にしたのは違憲だと声明を出すのだが、その頃には親ロシア勢力による反乱がクリミア全土にまで広がっていた。それがロシアによるクリミアの併合を後押ししたのは明らかだった。クリミアには、ロシアに戻りたいという強い意志を持った人が以前から大勢いたため、国民の感情からも、併合派が圧倒的に優位のように見えた。アクショノフの支援要請から数時間ほどで、プーチンはロシア連邦院から部隊派遣の正式な承認を得た。クリミアのロシア領事館は、ロシアのパスポートの発行を開始し、ウクライナのジャーナリストは、クリミア領内に入ることができなくなった。翌日には、ウクライナ国防軍は、黒海艦隊とロシア陸軍に包囲された。それから五日後、騒乱が始まってからちょうど一〇日後、クリミア最高会議は、ロシアへの帰属を求める決議を賛成多数で採択した。そうして、六〇年間ウクライナに属していたクリミアは、ロシアに戻ることになったのだ。

第二次世界大戦後、領土の併合がこれほど短期間で、これほど静かに行なわれたのは、初めてのことだった。アメリカの元国務長官、マデレーン・オルブライトは「ヨーロッパの国境線が武力によって変更されたのは、第二次世界大戦後初めて(1)」と言っている。わずか一〇日間で、まるでスイッチを切り替えるように簡単に、ある国から別の国へと領土の帰属が変わったのである。

クリミアでこの時いったい何が起きたのか、ということについては、今もまだ議論が続いている。ロシアは、これは領土の併合ではないとしている。プーチンは、クリミアのほうからロシアに接近してきたという見解を示した。しかし、反プーチンの立場を取る人たちは、これを外国による敵対的行為、武力による領土侵犯であるとみなす。これは本質的には、クリミアの人たちの意思がどこにあったのかという論争だろう。互いに矛盾する二つの現実がぶつかり合っていると言ってもいい。ロシアは、クリミアの人々は、ロシア連邦への併合を圧倒的に支持していたと主張する。だが、ウクライナ側につく人たちは、その民意はモスクワが捏造《ねつぞう》したものにすぎず、ウクライナ市民の真意とは違うと主張している。

クリミアで起きたことの解釈はとても重要である。それは、他国がどう対応すべきかの判断に大きく影響するからだ。もしこれが武力による強引な領土の併合ならば、ＮＡＴＯ（北大西洋条約機構）は絶対に動かなくてはいけない。しかし、クリミアの側からロシアに接近したのだとすれば、またロシアへの帰属をクリミア市民の圧倒的多数が支持していたのだとすれば、他国の介入を正当化するのは難しくなる。水面下で秘密の軍事行動や政治的駆け引きがさかんに行なわれたのは言うまでもない。また、情報操作が史上前例がないほど見事だったために、ロシアの主張どおりのことがクリミアで起きたように見えた。その情報操作には、ソーシャル・メディア――私の言う「ハイプ・マシン」――が欠かせない。

オンラインでのフェイク・ニュースの拡散

ではここで、少し回り道にはなるが、私自身が具体的にどのようにしてクリミア、ウクライナでの出来事を理解していったのか、という話をしてみよう。これはいわば、小説のなかで登場人物がもう一つの小説を書くようなものかもしれない。クリミア併合から二年後の二〇一六年、私はマサチューセッツ州ケンブリッジのMITの自分の研究室にいた。私はそこで同僚のソルーシュ・ヴォソウギ、デブ・ロイとともに、ある重要な研究プロジェクトに取り組んでいた。ツイッター社と直接連携し、オンラインでのフェイク・ニュースの拡散に関して、[2]これまでで最大の長期的研究をしていたのである。サービスの始まった二〇〇六年から二〇一七年までの一〇年以上のあいだに、ツイッター上で広まった事実確認済みのすべての噂の真偽を確認し、それぞれの拡散の仕方を調べた。

研究の結果は、二〇一八年三月、『サイエンス』誌のカバーストーリーとして発表された。オンラインでのフェイク・ニュース拡散についての初めての大規模調査の結果がこの時に明らかにされたわけだ。この調査の過程で、私は科学者として、それまで知ったことのなかでも最も恐ろしい事実を知ることになった。今にいたるまでこれほど恐ろしい事実に出合ったことはない。それは、フェイク・ニュースが、種類を問わず、真実のニュースよりもはるかに速く、遠くまで広がり、多くの人の心に深く浸透するという事実だ。場合によっては、拡散の速さ、範囲の広さは、一〇倍以上にもなる。「嘘が地球を半周する頃、真実はまだ靴も履き終わっていない」と言った人がいるが、この言葉は正しい。ソーシャル・メディアでは、嘘は光の速さで広がっていくが、真実は糖蜜が流れるくらいの速度でしか広がらない。しかも、ソーシャル・メディアを流れるあいだに情報は歪曲されていくことになる。

しかし、調査で明らかになったのは、こうした明白な事実ばかりではない。一見したところではすぐにはわからない事実も明らかになった。その一つは、クリミア危機に直接関係する事実だ。ツイッターでの真実と嘘の拡散に関してまだ精緻なモデルが構築できていなかった頃、私たちは、分析の一環として簡単なグラフを作ったことがあった。このグラフには、政治、ビジネス、テロ、戦争など様々な分野の真実のニュース、嘘のニュースのカスケード（あるニュースについてのツイート、リツイートの連なりのことをこう呼んでいる）の数が時間の経過とともにどう変化していったかが示されている［図1－1］。このグラフを見ると、嘘のニュースについてのカスケードの数は、二〇一三年末、二〇一五年末、二〇一六年末などにピークに達していることがわかる。二〇一六年末のピークは、前回のアメリカ大統領選挙に呼応したものだろう。二〇一二年、二〇一六年と、アメリカ大統領選挙のあった年には、明らかに嘘のニュースが他の年より多く拡散されている。政治とフェイク・ニュースの関わりがいかに深いかがこれでよくわかる。

だが、私たちの興味を引いたのはそれだけではなかった。わかりにくいが、データにはもっと興味深い傾向が見られたのだ。二〇〇六年から二〇一七年までの一〇年あまりのあいだに、「部分的には真実で、部分的には嘘」というニュースの数が急増したのはたった一回だけだ。私たちはこの種の噂を「混合ニュース」と呼んだ。［図1－1］のグラフを見ても、そのピークの存在はわかりにくい。ところが［図1－2］の、政治関連のニュースだけについてのグラフを見ると、黒で示された「混合ニュース」

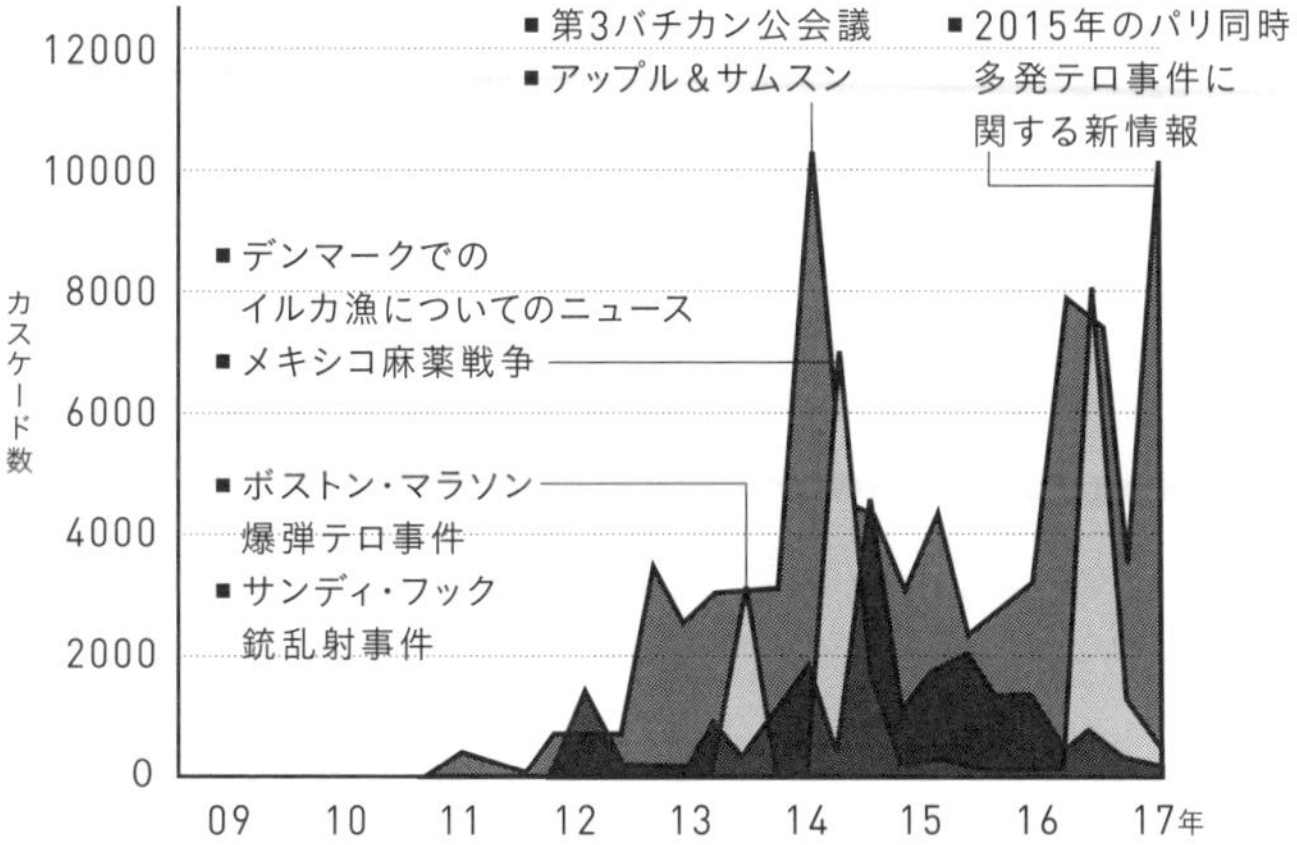

[図1-1] 2009年から2017年までのあいだにツイッター上に流れたニュースに関するカスケード数の推移。ファクトチェックされた真実(明るいグレー)、嘘(ダーク・グレー)、真偽混合の情報(部分的には真実で、部分的には嘘/黒)。「ファクトチェックされた真実」とは、私たちの調査の過程で、六つのそれぞれに独立した組織によってファクトチェックされた情報を指す。ツイッターのユーザーによりツイート、リツイートされて広まっていった様子を示している。

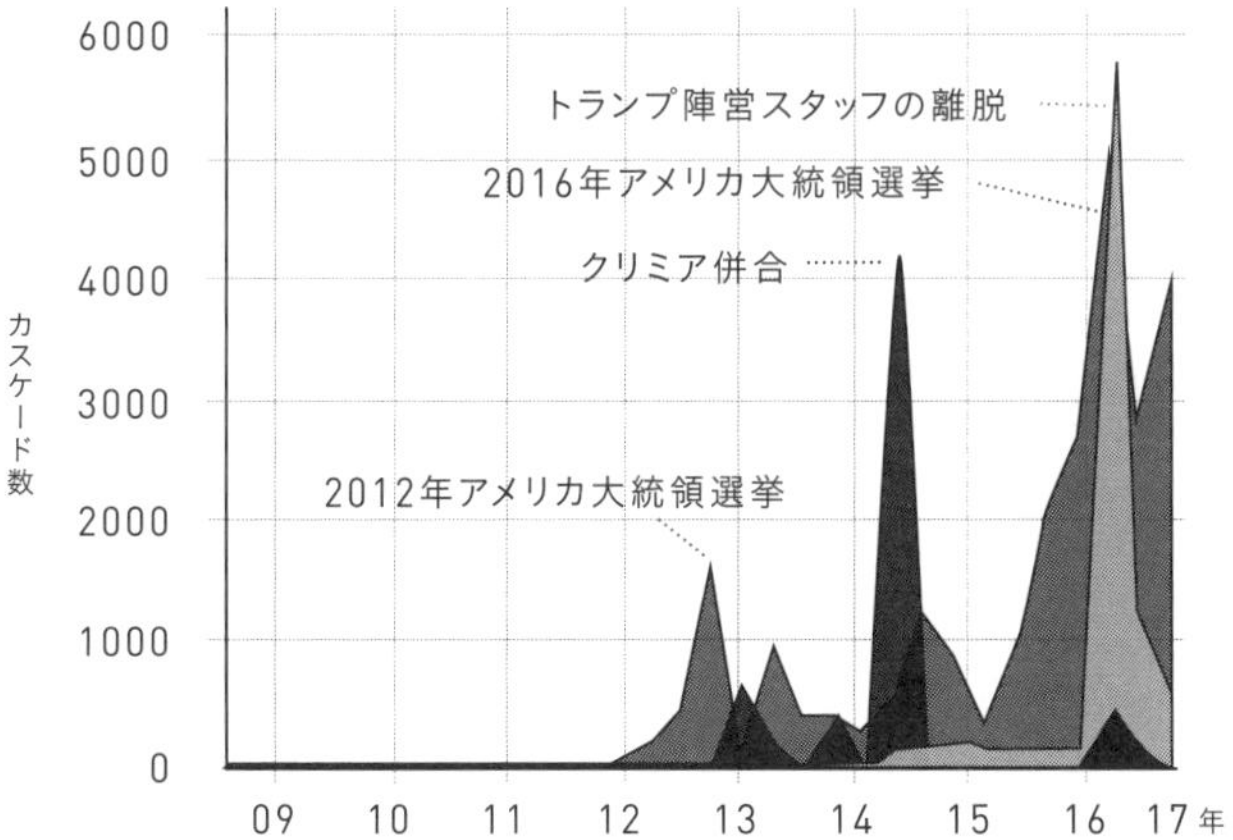

[図1-2] 2009年から2017年までのあいだにツイッター上に流れた政治ニュースに関するカスケード数の推移。ニュースには、ファクトチェックされた真実(明るいグレー)、嘘(ダーク・グレー)、真偽混合の情報(部分的には真実で、部分的には嘘/黒)がある。

の拡散が急増しているタイミングがあることが明確にわかる。それは、二〇一四年の二月から三月にかけての二カ月間だ。ちょうどクリミア併合が起きたタイミングということになる。クリミアでの出来事に直接、呼応して混合ニュースが増えたわけだ。

これは驚くべきことだった。私たちの調べたかぎり、歴史上、ツイッター上にこれほど混合ニュースが急増したケースは一度もなかったからだ（カスケード数が、二番目に急増したケースの実に四倍になっていた）。しかも、急増したあと、すぐに急減している。クリミアの併合が完了すると、ほぼなくなってしまったのだ。さらに詳しく調べると、この急増は、親ロシア勢力が組織的にソーシャル・メディアを活用した結果であることがわかった。この時、親ロシア勢力は、ハイプ・マシンを積極的に活用して、クリミアの出来事についてのウクライナの世論、国際世論を操作しようとしたのである。クリミアの併合は、クリミア市民自身の意思に沿うものであるという認識が広まるよう仕向けたわけだ。

マークに訊け

二〇一四年三月一四日、この日はフェイスブック創業者のマーク・ザッカーバーグの三〇歳の誕生日だったが、イスラエルのフェイスブック・ユーザーの一人が、マークにある要請をした。ロシア政府が主導するウクライナでの情報戦争に介入してほしいというのだ。マークがフェイスブック本社で開いていることでよく知られている「公開Q&A」の場でのことである。公開Q&Aでは、世界中のフェイスブック・ユーザーがフェイスブックとその運営に関して、マーク本人に直接、質問することができる。この日のQ&Aは、カリフォルニア州メンロー・パークにあるフェイスブック本社のさほど広くない部屋[3]で開催された。国外から来た何人かも含む参加者たちは、世界最大のソーシャル・ネットワークのCEOに直に自分の疑問をぶつけた。

まず開会の挨拶などがあり、参加者たちはマークに向けて小声で「ハッピー・バースデー」を歌った。そして、ついに質問の時間が始まった。司会を務めたチャールズというフェイスブック社員が、最初の質問を読みあげた。グレゴリーというユーザーからの質問だった。

「マーク、私はイスラエルに住んでいますが、この質問はウクライナに関するものです……最近、多数のフェイスブック・アカウントが不公正であるとしてブロックされています。不公正だとの虚偽の通報が大量になされたことがブロックの原因です。アカウントをブロックされた者のなかには、特に影響力の大きい親ウクライナのブロガーが多く含まれていました。ロシアとウクライナの現在の紛争に関する投稿を多数していたことが原因なのでしょう。マーク自身、そしてフェイスブックが、この問題の解決のために何か対策を講じることはできないのでしょうか。たとえば、ウクライナ問題のための特別な管理組織を作って、ロシアからの虚偽の通報をブロックするとか、あるいは、ウクライナのトップ・ブロガーたちをこれまでより細かく監視するだけでもいいかもしれません。とにかく協力してもらいたいのです」。次にチャールズはこう言った。「あと、こちらも見てください。スクリーンに出ます。これは、ウクライナ大統領、ペトロ・ポロシェンコからマークへの質問です。大統領はこう書いています。『マーク、ウクライナにもフェイスブックのオフィスを開設してもらえませんか?』」

フェイスブックがもし国だとすれば、世界でも最大の国ということになる。しかも公開Q&Aの場では、一般の国民が直接その政治に参加できる国となる。マークは咳払いすると話しはじめた。彼はこの質問に答えるべく事前に準備をしてきたという。四万五〇〇〇もの票を集めた質問だからだ。これまでの公開Q&Aのなかでも、圧倒的多数の票を集めた質問だという。マークはすぐに、あらかじめ用意してきた回答をした。それは、フェイスブックのコンテンツ・キュレーション・ポリシーについての説明だった。

あまりにもありきたりな対応と言わざるを得ない。クリミアでの出来事は、そんな対応ではとても済まないほど歴史的に重要なものだった。二〇一四年のウクライナでの出来事にフェイスブックが果たした役割を、マークは総じて過小評価していたということだろう（二〇一六年にも同様のことがあった。アメリカ大統領選挙への国外からの干渉にフェイスブックが果たした役割をマークはやはり過小評価していた）。ウクライナでの情報戦争は、非常に複雑でしかも重大な意味を持っており、マークの対応はそれを考えるとあまりにもお粗末だったと言うしかない。

情報戦争

フェイスブックの公開Q&Aのあと、私たちや、何人かの調査ジャーナリストたちの研究によって明らかになったのは[4]、二〇一四年にロシアは、クリミアに関して非常に複雑な情報作戦を展開していたということだ。その作戦は大きく二つに分かれていたが、そのどちらにおいても、フェイスブックやツイッターがユーザーに公開していたAPI（アプリケーション・プログラミング・インターフェース）が利用されていた。オンラインでの情報の流れを操作するのにこのAPIが利用されていたのである。

一方の作戦は、ウクライナを支持する意見の広がりを抑制することを目的としていた。ロシアとしては是が非でも、クリミア市民の圧倒的多数がロシアへの帰属を望んでいると証明したかった。そうすれば、クリミア併合は正当化される。自分たちの行動は侵略ではなく、クリミアの「解放」だと主張できるからだ。そのためには、たとえ筋の通った真っ当なものであっても、ウクライナを支持する意見はすべて広がらないようにしなくてはならない。そうすれば、ロシアを支持する意見が強いように見せられる。この作戦が強力なものであったことは、ウクライナのブログ・コミュニティから支援を求める声があがったことからも明らかだ。なにしろ、ウクライナを支持する投稿を一つするたびに、「このアカウントは不公正だ」という虚偽の通報が大量になされるのだ。実際にはそうではないのに、「猥褻《わいせつ》である」「ヘイトスピーチを含んでいる」といった通報が大量になされてしまう。これは、ロシアのＩＲＡ（インターネット・リサーチ・エージェンシー）[5]の常套手段である。ＩＲＡはクレムリンの手先となって秘密裏に活動する企業だ。アメリカのロバート・モラー元特別検察官は、二〇一六年のアメリカ大統領選挙でのトランプ陣営の世論工作にもこのＩＲＡが関与したとしている。親ウクライナのアカウントについての虚偽の通報は、ロシアが開発したソフトウエア・ロボット（ボット）によって行なわれたと推測している人もいる。ウクライナを支持する意見が投稿されると、それに反応して、ボットが自動的に虚偽の通報を大量に送るのだ。大量の通報を受け、フェイスブックは不公正とされた投稿を強制削除し、投稿したアカウントもブロックしてしまった。おかげで、ウクライナを支持する意見はフェイスブックからはほぼ一掃された。

もう一方の作戦は、偽情報の作成と、ツイートやフェイスブックへの投稿、ブログ、ニュース記事などによる拡散である。二〇一四年五月二日、オデッサで、クリミアのウクライナからの分離を支持する親ロシア勢力と、ウクライナの独立を支持する勢力とのあいだで武力衝突が起こったさいには、地元の医師、イゴール・ロゾフスキーの投稿がフェイスブックで幅広く拡散された。ロゾフスキー医師の投稿は長文で非常に詳細なものだったが、そこには、武力衝突で負傷した男性を彼が助けようとしたにもかかわらず、ウクライナのナショナリストにそれを妨害されたと書かれていた。ナショナリストたちは、彼を荒っぽく押しのけて「オデッサのユダヤ人には、また昔と同じ運命が待っているぜ(6)」と言ったという。さらに「ファシストに占拠されていた時ですら、このようなことは起こらなかった」ともつけ加えられていた。この投稿はフェイスブック上で短時間のうちに多数の人々に拡散され、すぐに英語、ドイツ語、ブルガリア語などにも翻訳された。

翌日の五月三日には、当時ロシアの外相だったセルゲイ・ラブロフが、ジュネーブの国際連合人権理事会（UNHRC）で講演し、「我々は、誰が、どのようにして今回の事態を招いたのかをよく知っている……ウクライナ西部の諸都市は、武装した国粋主義の過激派によって占拠されている。急進的な、反ロシア、反ユダヤ主義のスローガンを掲げた連中だ……ロシア語を使うな、使った者には罰を与えるというスローガンまであるようだ(7)」と発言した。

クリミアでの出来事についてのラブロフの描写は、ロゾフスキーのものにそっくりだった。どちらも、反ユダヤ主義のウクライナのナショナリストたちが、ユダヤ人に対して暴力を振るい、さらに暴力をエスカレートさせると脅しをかけている、と主張した。同日、ウクライナ国民は、オデッサで親ウクライナ勢力と親ロシア勢力が実際に武力衝突している映像をテレビで見ることになった。その映像は繰り返し流され、ラブロフやロゾフスキーの発言が事実であるという印象を強めた。ロシアは、わかりやすいが、部分的に真実で、部分的に嘘の物語を作りあげた。事実のすべてではなく、一部だけを改変するというやり方で現実を歪曲したのだ。

ところで、ロゾフスキー医師とはいったい何者なのだろうか。そして、ロシアとはどういう関係なのだろうか。実を言えば、ロシアどころか、この世の誰とも無関係であることが判明している。彼のアカウントは、問題の投稿の前日に作成されていた。ロゾフスキー医師はフェイク、つまり架空の人間だった。フェイク・ニュースを人格化したような存在だったわけだ。彼はまるでオウムのようにロシアの外相とまったく同じ発言をした。フェイスブック上では、誰とも友達にならず、フォローも一切していなかった。にもかかわらず、その投稿はあっという間に多数の言語で拡散されていった。

ロシアのラブロフ外相の発言が妙に具体的なのに違和感を持った人もいるのではないだろうか。ウクライナの国粋主義の過激派が、ユダヤ人に対する暴力をエスカレートさせると脅しをかけると同時に、ロシア語を使用した者に罰を与えると言っていたというのだ。ウクライナに住む何百万人ものロシア人たちは当然、怒った。ユダヤ人は、クリミアの人口のなかではわずかな割合を占めるにすぎないが、クリミア人の七七パーセントは自らロシア語を母語だと申告している[8]。私は当初、ラブロフ外相の発言にはあまり注目していなかったが、クリミア併合のさい、ツイッター上で真偽混合の情報が急激に拡散していたことを研究の過程で知って考えが変わった。

クリミア併合のさい、ツイッター上で最も多く拡散された真偽混合の情報は、「ウクライナ東部のユダヤ人にちらしが配布された」というものだ。そのちらしには、「ユダヤ人名簿に登録せよ、それができないのであれば、国外退去せよ」と書かれていたという。次に多く拡散されたのは、「ウクライナ政府が、公の場でのウクライナ語以外の言語の使用を禁止する法律を導入しようとしている」という情報だった。つまり、ツイッター上ではラブロフ外相の発言を裏づけるような情報が短時間のうちに大量に拡散されたことになる。クリミア併合に関する真偽混合の情報は、他のすべての真偽混合情報の実に四倍も拡散されたことがわかっている。クリミア併合関連の真偽混合情報はボットによって多く拡散され、また拡散のためにフェイクのアカウントも大量に作成された。そうした活動が、他の政治関連の情報拡散活動に比べてはるかに活発だったこともわかった。ソーシャル・メディアで、このように一時的に異常に活発な動きが見られたときは、何者かが組織的に現実を歪曲し、人々の思考や行動に影響を与えようとしたと推測される。

ロシアは、「ロシアへの併合はクリミア住民が自ら望んだこと」とさかんに主張した。だが、その主張の根拠となるはずの現実は、フェイク・ニュースによって歪められていた。ロシア側の主張を受け、オバマ政権は、クリミアへの軍事介入は断念し、ロシアに経済制裁を加えるに留めた。そして現在、クリミアはロシアの一部になっている。

クリミア併合にさいしての偽情報の氾濫は確かに凄まじいものだった。しかし、ソーシャル・メディアが社会的、経済的に大きな影響力を持ったのはこの時だけではない。同様のことは政治の世界だけではなく、ビジネスの世界においても頻繁に行なわれている。今や、あらゆることにソーシャル・メディアの影響が及んでいると言ってもいいだろう。フェイク・ニュースの急激な拡散によって、株式相場が激しく上下することもあれば、人々の政治的意見や、購入する商品が変わることもある。はては「誰に投票するか」「誰を愛するか」ということにまで、ソーシャル・メディアの情報が影響する場合がある。

ハイプ・マシン

今、地球上では毎日、一時も休むことなく、大量のデジタル信号が行き交っている。それは誰かが自分の近況を知らせるツイートかもしれないし、最新のニュース記事かもしれない。フェイスブックの投稿もある（フェイスブックには「ポーク」という軽い挨拶の機能や、自分の居場所を知らせる「チェックイン」という機能もある）。投稿をシェアすることもあれば、友達候補を推薦されることもある。広告や通知も無数に流れている。ソーシャル・メディアへの他人の投稿を評価することもあるし、ニュース・メディアや広告主に意見を送ることもあるだろう。ともかく多数の人たちが常に大量の情報を送受信し合っているのだ。フェイスブック、スナップチャット、インスタグラム、ユーチューブ、ツイッターなどはモバイル・デバイスを持っていれば、いつでもどこでも利用することができる。ソーシャル・メディアはとにかく、人間どうしを効率よくつなぐようにできている。そして、人と人との情報のやりとりがさかんになるように作られているのだ。流れる情報は、それぞれの人に合ったものになるよう調整されている。そのため、誰もがますます熱心にソーシャル・メディアを利用するようになる。

ただ、問題は、情報を意図的に改変することがあまりに容易だということだ。現代のように、ソーシャル・メディアによる人々の結びつきが過剰に強くなった時代には、情報の操作によって大勢の意見を意図的に操作することや、社会の雰囲気を短期間で意図的に変えることも比較的容易にできてしまう。ソーシャル・メディアをうまく利用すれば、多くの人々の日々の意思決定、行動、関心の方向などを思いどおりに操作することもできるのだ。私は、こういう今の時代を「ニュー・ソーシャル・エイジ」と名づけた。

驚くべきことに、一五年前には、現在のように大量に行き交っているソーシャル・メディアの情報は、まだ存在すらしていなかったということである。わずか一五年前、人間どうしをつなぐ手段は、電話、ファックス、eメールくらいしかなかった。今ではいくつものソーシャル・メディアが人間をつないでいるが、それがどれだけ人間を変えているかをよく知らずに生きている人がほとんどだ。フェイク・ニユースは、真実を伝えるニュースよりもはるかに速くネット上で拡散されるが、はたしてそれはなぜなのか。たった一つの嘘のツイートによって、数分のあいだに株式市場から約一四〇〇兆ドルが消失してしまったのはなぜなのだろうか。フェイスブックがアルゴリズムをほんの少し変えただけで、二〇一二年のアメリカ大統領選挙の結果に大きな影響を与えたということもあった。二〇一六年のアメリカ大統領選挙は、ロシアのソーシャル・メディアの操作によって結果が変わったとも言われる。イタリアのヴェネツィアのランナーたちが、自分たちのランニング記録をソーシャル・メディアに投稿したら、カリフォルニアのヴェニスのランナーの記録が向上するということもあり得る。ソーシャル・メディアには破壊的な力がある。「ハイプ・マシン」がこれほどの影響力を持ち得ているのはたしてなぜなのか、それをよく考えてみる必要があるだろう。

ハイプ・マシンの発達、成長によって、人間は以前よりもはるかに相互依存を強めるようになった。そして、ハイプ・マシンは、私たちの物の見方、考え方、行動に大きな影響を与えるようになった。それが可能になったのは、もちろん、デジタル・ネットワークの進歩のおかげである。フェイスブック、ツイッターなどのソーシャル・メディアはそれなしでは生まれなかった。フェイスブックのニュースフィード機能や、「知り合いかも?」機能の背後では、人工知能がはたらいている。人間の社会的ネットワークは、以前とはまったく違ったものに進化したと言っていい。そのなかでの情報の流れも、まるで違ったものになった。

ハイプ・マシンは、国家や企業の目的に合うように操作されやすい。また、その気になれば個人でさえ、かなり自由に操作することができる。やりとりされる情報に手を加えることで世論を変化させ、人々の行動を変えてしまうことが可能だ。ハイプ・マシンの設計や、その使い方は、政府や企業のあり方、そして私たち一人一人の生活に大きく影響する。新型コロナウイルス感染症（COVID－19）の流行によって、ハイプ・マシンの影響力はさらに高まっている。人々が直接、会って対話することが減り、ソーシャル・メディアへの依存を強めているからだ。以前にも増して、大勢の人が一斉に同じ方向に動く可能性が高まっていると言えるだろう。

今、ソーシャル・メディアへの風当たりはこれまでになく強まっている。このままでは、民主主義、経済、公衆衛生などすべてが崩れてしまうぞ、と叫ぶ声が高まっているのだ。確かにソーシャル・メディアには、フェイク・ニュースやヘイト・スピーチなどが氾濫している。一つのデマ・ツイートのせいで市場が破壊されることもあれば、マイノリティへの暴力が横行することも、感染症の拡大が助長されることもある。ある国の民主的な選挙に、ソーシャル・メディアを利用して他国が介入することもある。ソーシャル・メディアから大量の個人情報が流出することもある。フェイスブック、ツイッター、インスタグラムなどの有名ソーシャル・メディアは次々にスキャンダルに見舞われ、そのたびに社会からの反感は強まっている。それによる損失はもはや回復が不可能と思えるほど大きい。

ソーシャル・メディア革命が始まった頃には、こんな未来になるとはほとんど誰も思っていなかった。世界中の人々がつながることで、素晴らしい未来がやってくるはずだったのだ。知識や情報などの資源を誰もが同じように手に入れられる「知の自由」が達成される。誰もが同じように社会的、経済的な機会を得られる。皆の健康状態が改善され、職業の流動性は高まる。そして何より、人と人とが意義深い関係を築くことができる。そういう未来を思い描いていたのだ。ソーシャル・メディアによって、人々は圧政や孤独、不平等、貧困、病気などと闘えるようになるはず、と考えられた。ところが、現状はまったくそのようになっていない。むしろ、闘うべき敵のほうが以前よりも強くなってしまった。

ソーシャル・メディアを長年研究し、利用してきた経験から私が学んだのは、このテクノロジーにはとてつもない可能性があると同時に、とてつもない危険も潜んでいるということだ。そして、ソーシャル・メディアが善悪のどちらに転ぶかは誰にもまったくわからない。ソーシャル・メディアは、生産性の向上、イノベーション、社会福祉の充実、民主化、平等の実現、健康増進に大いに役立つ可能性がある。人々の結束を強め、考え方を前向きにし、社会を進歩させることに貢献できる可能性があるのは間違いない。だが、同時に、野放しにすると、民主主義にも、経済にも、公衆衛生にも致命的な打撃を与えるおそれがある。今、私たちはどちらに向かうかの分かれ道にいるのだろう。

本書で考えたいのは、どうすればソーシャル・メディアのプラス面を享受しつつ、危険を回避できるのかということだ。そのためにまず必要なのは、机上の空論から離れることだろう。あくまで現実を見つめたうえで、科学的に考える必要がある。ハイプ・マシンが見えないところでどのように機能しているのか、また具体的に人々や社会にどのように影響を与えているのかを詳しく調査したうえで、対策を考えなくてはいけない。ソーシャル・メディアという船をうまく操縦し、障害物を避けて安全に海を航行するにはどうすればいいかを考えるのだ。

残念ながら、ハイプ・マシンについての調査、研究自体も、偽情報の妨害に遭うことが多い。ソーシャル・メディアについては大量の書籍が出されているし、テレビのドキュメンタリー番組も多く作られている。研究論文なども多数発表されている。だが、そのなかには注目を集めることだけを目的としていて、客観性を欠いているものも多い。一つの特殊なケースにだけ当てはまることを普遍の法則のように言っているようなものも目立つ。決して偽情報に目を曇らされることなく、現実を正面から見つめ、科学的に確かな証拠だけを基に考えなくてはいけないだろう。

ソーシャル・メディアに関しては、何か大きな問題が起こるたびにどう対処すべきか議論が起きるが、ソーシャル・メディア企業、政治家、一般の人々の三者がそれぞれに自分たち以外を非難するという構図になりやすい。ソーシャル・メディア企業は、政府が適切な規制を設けないのが悪いと言う。政府は、テクノロジーの悪用を放置しているソーシャル・メディア企業が悪いと言う。そして、一般の人々は、政府とソーシャル・メディア企業の両方の無策を責める。だが、実際には、三者いずれもが責任を果たしていないことが問題だ。ハイプ・マシンの現状がこうなっているのは、私たち全員の責任である。

現状に責任があるだけではない。私たちは皆、今後起きることの責任も負わなくてはならない。マーク・ザッカーバーグが自ら言っているとおり、政府は、十分な知識を得たうえで適切な規制をかける必要があるだろう。ソーシャル・メディア企業は、規約やデザインの見直しをするべきだ。そして、私たち一般のユーザー（とその子供たち）は、もっと責任感を持ってソーシャル・メディアを利用するべきだし、デジタル社会でもっと分別ある行動を取るべきだ。この混乱状況を一気に変えられる魔法のような方策など存在しない。だが、取り得る対策はいくつもある。

危険のない素晴らしいニュー・ソーシャル・エイジを実現するには、政治家、ソーシャル・メディア企業、一般のユーザーの三者が、新たな社会秩序をどのようなものにすべきかを慎重に考えなくてはいけないだろう。必要なものは少なくとも四つある。まず、資金だ。資金を確保するには、人が資金を出したくなる動機が必要になる。ニュー・ソーシャル・エイジをより良いものにすることが金銭的利益につながるようなビジネス・モデルが必要だろう。ソーシャル・メディアが不適切な動きをしないよう制御するコードを書く必要もある。また、一般のユーザーのあいだには、ソーシャル・メディアをいかに使うべきかという規範を確立するべきだろう。そして、ソーシャル・メディアの悪用を防ぐ法律も整備しなくてはならない。プライバシーと言論の自由のあいだのバランスを取り、偽情報の蔓延を防ぎ、民主主義を守りつつ、イノベーションも進めていける、それが可能な体系的な方法を考える必要がある。困難なことであるのは間違いない。しかし、ハイプ・マシンの私たちの生活への影響の大きさを考えれば、この責任から絶対に逃げるわけにはいかない。

自己紹介

私〔本書の著者〕は、科学者であり、起業家であり、また投資家でもある。肩書を重要な順に並べればそうなるだろう。何よりもまず、私は科学者である。マサチューセッツ工科大学（ＭＩＴ）の教授で、デジタル・エコノミー&ソーシャル・アナリティクス研究所の理事長を務めている。同研究所では、ハイプ・マシンを構成するソーシャル・テクノロジーについて研究している。ＭＩＴで博士号を取得し、ロンドン・スクール・オブ・エコノミクスとハーバード大学で修士号を取得した。応用計量経済学や、社会学、社会心理学を学び、ＭＩＴの博士課程では、カリキュラムの多くの部分が経済学に属することがらだった。私はいわば「データ・ナード〔nerd：特定のことに異常な関心を持つ人のこと〕」である。

今では、大規模ソーシャル・メディアのデータの分析が仕事だと言ってもいいだろう。それによって、ソーシャル・メディア内で、そして社会で、情報や行動がどのように拡散していくのかを突き止めようとしている。ただし、私の本当の専門分野は、グラフ理論とグラフ・データである。簡単にまとめれば、私は、とにかく複雑な構造のネットワークでつながったものたちの挙動を研究しているということになるだろう。研究対象となるネットワークは、いわゆるソーシャル・ネットワークの場合もあれば、供給者と購買者の関係にある企業間のネットワークの場合もある。

では、そもそもなぜ私がこういう仕事をするようになったのか。二〇〇一年の秋――マーク・ザッカーバーグがまだフィリップ・エクスター・アカデミーのハイスクールにいた頃、マークがハーバード大学でフェイスブックを立ち上げる三年前のことだ――私は、MITの博士課程の学生だった。ある日、私は、デューイ図書館の読書室で、二つのまったく違う授業の予習をしていた。一つは「経済学I」で、担当は世界的に有名な統計学者、ジェリー・ハウスマンだった。もう一つは、「戦略社会学」で、当時、新進気鋭の社会学者だったエズラ・ザッカーマンが担当していた。ザッカーマンは今、MITスローン経営大学院の学術部長になっている。ザッカーマンの授業では、社会的ネットワークに焦点を合わせることが多かったが、ハウスマンの授業では、「ブルー・エスティメーター」について教わった。これは、偏りのない最良の線形統計モデルを生成するための理論である。

私の手元には統計学の教科書があり、また同時に、ネットワークについて書かれた大量の論文も手元にあった。統計学の教科書を読むと、古典統計学の大前提となっている考え方に何度も繰り返し触れることになる――「たとえ、どのようなデータを解析したとしても（人間についてのデータ、企業についてのデータ、国家についてのデータ、いろいろと種類はあるだろう）、その確率変数は独立同分布（Independent and Identically Distributed＝IID）になるはず」という前提だ。これは「あるデータにおける人間どうしが互いに体系的につながることはない」という前提と言い換えることもできる。ところが、ネットワークについての論文の数々を読むと、人と人のあいだには複雑なつながりがあるとしか思えない記述に頻繁に出合うのだ。一方では、すべてが互いに独立しているとされ、一方では、すべてが驚くほど互いに関係、依存し合っているとされているわけだ。

私が気づいたのは、「これは説明がつかない（つまり古典統計学の考え方では説明がつかない）」と思われていたことの多くが、人と人のあいだにつながりを探し、情報や知識の流れを調べれば説明できるのではないか、ということだ。人々の行動や意見が互いにどう影響し合っているのかを見るのが重要だと私は考えた。二〇〇一年の段階では、現在のようなデジタルの巨大なソーシャル・ネットワークは存在しなかったが、それでも、eメールやインスタント・メッセージ、携帯電話のキャリア・メールなどによる巨大なデジタル・ネットワークはすでにできていた。その頃、私はデューイ図書館で一つのひらめきを得た。今後、デジタルのネットワークがさらに発達すれば、情報の流れは飛躍的に加速するに違いない、そうなれば、ある人の行動が他の人に与える影響は今よりはるかに大きくなるだろう、と思ったのだ。これまでになかったビジネス・チャンスが無数に生まれ、また、政治的イデオロギーの拡散はとてつもなく速くなるだろうとも思った。社会はそれまでとはまったく違ったものに変容するに違いない、影響はビジネスから政治、公衆衛生まであらゆることに及ぶだろうと私は考えた。

あの時は、私はすぐ手近なコンピュータに向かい、私の博士課程のアドバイザーだったエリック・ブリニョルフソンにeメールを送ったのを覚えている。「ぜひともお会いして相談したいことがあるのですが」というメールだ。翌日、エリックに会って「博士論文のテーマはデジタル・ソーシャル・ネットワークにしたい」と話した。デジタル・ソーシャル・ネットワークは、いずれ必ずパーソナル・コンピューティングの世界の中心になり、社会を大きく変えることになると思っていることも説明した。

当時のエリックは、ソーシャル・ネットワークは研究していなかったし、グラフ理論も専門というわけではなかった。ITが企業の生産性や経済成長にどう影響するか、という研究を他に先駆けて始めた人だったが、ソーシャル・ネットワークには注目していなかったのだ。だが、ありがたいことに、それでも私の話を決して頭ごなしに否定することはなかった。エリックは言った。「私は正直に言って、ネットワークのことはよく知らない。でも、君がそれだけ興奮しているのだから何かあるのだろう。私もできるかぎり協力するよ」。ひょっとすると、エリックは、こいつは一時的に興奮状態にあるだけで、すぐに冷めるさ、と思っていたのかもしれない。博士課程の学生は次々にアイデアを思いつくが、結局はまったく形にならないことが多いからだ。

ただ、内心どう思っていたにしろ、エリックは協力的だったし、私は本当にデジタル・ソーシャル・ネットワーク上での情報の流れをテーマに博士論文を書くことができた。ソーシャル・ネットワークは決して一時の流行ではなく、私が思ったとおりに大きく発展を遂げた。フレンドスターは二〇〇二年、マイスペースは二〇〇三年、フェイスブックは二〇〇四年、ツイッターは二〇〇六年、ワッツアップは二〇〇九年、インスタグラムは二〇一〇年、ウィーチャットは二〇一一年、ティックトックは二〇一一年にサービスを開始している。ニュー・ソーシャル・エイジが始まったのだ。それ以来、私は一貫してソーシャル・ネットワークを研究しつづけている。

私が研究に向かう姿勢は常に一貫している。テクノロジーそのものの素晴らしさは称賛しながら、その利用のされ方には健全な懐疑心を持つ。私たちが今まさに、人間が進化し、新たな時代を迎えるのを目の当たりにしているのは間違いない。デジタル技術によって無数の人が自動的に結びつけられるようになったことで、私たちの他人との関わり方、コミュニケーションの仕方、世界観、意思決定、行動は大きく変化している。オンライン・ソーシャル・ネットワーク（フェイスブックなど）、マイクロブログ（ツイッター）、インスタント・メッセージ（ワッツアップなど）、集合知サイト（ウィキペディアなど）、ニュース集約サイト（レディット）などによって、情報の生成、共有、消費、利用のされ方は根本的に変わった。また情報の価値づけの仕方も以前とはまったく変わってしまった。この変化は政治、経済など、社会のあらゆる面に大きく影響を与えている。知識労働者の生産性も従来とはまったく違うし、消費者の需要パターンも変わった。選挙運動の進め方も、公衆衛生プログラムも、集団抗議運動も大きく変化している。

新たなテクノロジーの誕生、コミュニケーション方法の変化によって、情報の作られ方も広まり方も変わった。また、人と人がどのように情報をやりとりしたかがとてつもなく精確に、詳細に記録されるようにもなっている。二〇〇九年に『サイエンス』誌に発表した論文のなかでも私は、何人かの研究者とともに、新しいテクノロジーの誕生とコミュニケーション方法の変化により、情報の作られ方、広まり方は大きく変わると書いているし、その変化によって「計算社会科学」と呼ぶべき新たな学問分野が生まれるとも書いた。この分野もやはり人間関係のミクロレベル、マクロレベルの影響――これが社会学、経済学など多くの学問分野で長らく「聖杯」のように扱われてきた――をより深く理解することを目的としている。現代では、人間の行動について、過去には考えられなかったほど大規模な科学的調査をすることが可能になっている。そうした調査によって、現代人が紛争、商取引、公衆衛生などにうまく対処する方法も明らかになってきている。

私は研究者だが、同時に起業家でもあり、ビジネスの世界にも身を置き多数の企業の活動に関わっている。アカデミアの世界にいながら、同時に、最新テクノロジー開発の前線にもいるということだ。私は、ソーシャル・アンプ社のチーフ・サイエンティストだった。同社は、おそらく世界でも最も早くソーシャル・コマース分析を手掛けた企業の一つだと思われる（二〇一二年にマークル社に買収された）。ヒューミン社のチーフ・サイエンティストだったこともある。ヒューミンは、『ウォール・ストリート・ジャーナル』紙に、「世界初のソーシャル・オペレーティング・システム」と書かれたこともあるソーシャル・プラットフォームだった（二〇一六年にティンダー社に買収された）。そのほか、フェイスブック、ヤフー、ツイッター、リンクトイン、スナップチャット、ウィーチャット、スポティファイ、エアビーアンドビー、SAP、マイクロソフト、ウォルマート、『ニューヨーク・タイムズ』などの経営幹部とともに仕事をしたこともある。

長年の友人であるポール・ファルゾーンとともに、マニフェスト・キャピタル社も設立した。新興企業がハイプ・マシンの一部となるレベルまで成長できるよう支援するのが目的の投資会社だ。立場上、年に何百という数の企業を精査する。そのなかから、次の有望企業を探し出すのだ。そういうことをしていると、ビジネス・モデル、テクノロジー、ソーシャル・エコノミーを動かすマシン・インテリジェンスなどについて否応なしに深く考えることになる。科学者、起業家、投資家として、私はハイプ・マシンを間近で見つめ、内部の動きも詳しく調べてきたし、実際にその開発に参加もしてきた。私には常に少なくとも三つの視点があるということだ。それは、本書を読めばよくわかってもらえるだろう。

科学者としての私は、とにかく厳密さを大事にしている。確かな証拠のない主張は絶対にしないよう細心の注意を払っている。そのため、本書でも、いくら有力な証拠があったとしても、大胆な主張をすることをあえて控えることが何度もあるだろう。仮に何か主張するにしても、言い切ることは避け、必ず、適切な但し書きをつける。残念なことではあるが、今のところ完全な答えを知っている人間は一人もいないし、私たちの持っている答えにも単純なものは一つもないのだ。それを忘れてはならない。

ソーシャル・メディアについての研究は大きく進展し、私たちに与える影響もかなりの程度、わかるようになってきてはいる、しかし、その研究はまだ始まって間もないものであり、ソーシャル・メディア企業からのデータ提供が十分でないために行き詰まることもある。フェイク・ニュースの拡散、選挙の操作、フィルター・バブル、政治の分極化などに関して、今のところ私たちは十分に理解しているわけではない。どれについてもまだ十分な研究が行なわれていないからだ。研究を進めるべきだと皆に知らせるのも本書の目的の一つである。

起業家としての私は、理念を実行に移すことの難しさをよく知っている。イノベーターと呼ばれる人たちは、解決不能に見えるジレンマに直面するものだ。また、企業を作り、成功させることは非常に難しいことである。本書のなかで繰り返し言及するような、一種のグローバル・プラットフォームとなる企業を作るのは不可能に近いほど難しい。私は、フェイスブック、ツイッター、リンクトインなどを実現させた人たちの努力、労力を素晴らしいと思っている。その人たちの初期の選択が元で様々な問題が起きたのは確かだが、事前にそれを予測するのはほぼ不可能だっただろう。起こってしまったことには対処しなくてはいけない。それが私たち全員の道義的責任だろう。ハイプ・マシンによって現在、引き起こされている問題を放置するわけにはいかない。ニュー・ソーシャル・エイジのリーダーは、株主の利益よりも社会福祉を優先させるという難しい決断ができる人であるべきだろう。そして、長期的には、それが社会福祉のためにもなり、株主の利益にもなると認識している人であるべきだ。

投資家としての私は、一本一本の木ではなく森を見るよう努めている。自分で企業を作るさいには、もちろん、その企業の生き残りと成長だけに目を向ける。しかし、投資家でいる時には、市場全体を見て、それがどう変化していくのかを把握しなくてはいけない。スティーブ・ジョブズは二〇〇五年にスタンフォード大学の卒業式のスピーチでこう言った。「死は、おそらく、生命の最高の発明品でしょう。死は生命の変革者（チェンジ・エージェント）です。死が古いものを一掃することで、新しいものに道が開かれます。今、君たちは新しい。しかし、遠くない将来、君たちも徐々に古くなって一掃されることになるのです」

これはまさに市場でも起こっていることだ。フレンドスターはマイスペースに、マイスペースはフェイスブックに取って代わられた。ウィーチャットは、従来はフェイスブック、ワッツアップ、メッセンジャー、ベンモ、グラブハブ、アマゾン、ウーバー、アップル・ペイなどで個別にしていたことを、一つのアプリでできるようにした。しかし、たとえ現在どれほど成功していたとしても、それが永遠に続くことなどない。ニュー・ソーシャル・エイジがどういうものになるかは、起業家、投資家、政治家、消費者、市民が日々どのような選択をするかで変わる。私たちは今まさにこれからの未来を大きく左右する重要な選択を迫られていると言えるだろう。

本書の目的

本書の目的は、第一にハイプ・マシンの仕組みを明らかにすることだ。そして、ハイプ・マシンが政治やビジネス、人間関係に与える影響も考察する。ハイプ・マシンには、社会にとってどのようなメリット、デメリットがあるのか、デメリットを抑えながらメリットを最大限享受するにはどうすればいいのかも考える。そのために、どのような企業ポリシー、社会規範、法律、ソフトウェア・コードが必要なのかも考えていく。

最初のテーマは「フェイク・ニュース」である。フェイク・ニュースはどのようなもので、なぜハイプ・マシンを通じて拡散される偽情報が武器になり得るのかを見ていく。また、フェイスブックやツイッターといったプラットフォームの設計上の問題にも触れる（第2章）。実は、プラットフォームの設計自体が、フェイク・ニュースの拡散を招きやすいものになっているのだ。二〇一六年のアメリカ大統領選挙の結果に、ロシアの介入はどう影響したのか、今後の選挙にフェイク・ニュースの影響が及ぶのを防ぐにはどうすればいいかも考えていく。

同時に、ハイプ・マシンがなぜこれほど急速に成長を遂げたのか、またなぜ人も社会も、これほどまでにハイプ・マシンの影響を強く受けるのか、ということにも触れることになる。ハイプ・マシンの成り立ちにも触れる。ハイプ・マシンの基礎をなすテクノロジーは主に三つだ。三つが互いにどう関係し合い、どういう歴史をたどってハイプ・マシンが生まれたのかがわかるだろう。さらに、私たちの未来を大きく左右する四つの要素、資金、プログラム・コード、社会規範、法律などについても詳しく解説する（第3章）。そのあとには、人間がなぜ、ハイプ・マシンに影響されてしまうのかを、神経学（第4章）、経済学（第5章）の観点から考えてみる。「フェイスブックはなぜ、ソーシャル・ネットワークの市場でマイスペースに勝ったのか？」など、ニュー・ソーシャル・エイジにおけるいくつかの重要な問いへの答えが見つかるはずだ。それに加え、「ハイプ・マシンは人間の進化にどう影響するか」という根本的な問いへの答えも見えてくるだろう。

ハイプ・マシンが具体的にビジネス、民主主義、公衆衛生などにどう影響しているか、ということも書いている。まず重要なのは、ターゲットを絞り込み、特定の人だけに情報を提供するのが容易になったということである（第6章）。そして、人々が以前に比べて異常なほどに「社交的」になった（第7、8章）。人々の関心、注目を獲得することが経済的価値を持つ「アテンション・エコノミー（関心経済）」という新たな経済も生まれた（第9章）。そうしたことを書きながら、ハイプ・マシンという機械の中身がどうなっているのかも細かく見ていく。ネット上で人と人とがどう影響し合い、依存し合っているのかもわかるだろう。現在、私たちがどの商品を買い、誰に投票し、誰と出会って恋に落ちるかといったことがすべてハイプ・マシンの影響下にあることもわかるはずだ。

中身を見たあとは、外に目を向ける。ハイプ・マシンが社会全体のなかでどのような役割を果たしているのか、果たし得るのかを考える。わかるのは、常に三つの傾向があることだ。まず、いわゆる「群衆の知（wisdom of crowds）」が生じやすいことだ。群衆の知は、「集団的知性（collective intelligence）」と言い換えてもいいだろう。この知の基礎となるのは、独立、多様性、平等という三つの要素だ。ただし、ハイプ・マシンは、この三本の柱を腐食させ、知を狂気に変えることが多々ある。それが問題だ。第10章では、どうすれば知を取り戻せるのかを考察している。さらにその次には、そもそもなぜ、人間はハイプ・マシンを発明したかを振り返る。発明したのは当然、素晴らしい力があると信じたからだ。ハイプ・マシンには本来、人間の生産性を飛躍的に向上させ、イノベーションを促し、社会福祉に寄与する力があるはずだ。社会の平等化、民主化にも役立つ。人々が互いを気遣い、ともに前に進むこと、また皆が連帯するのにも役立つだろう。その力によって、社会は進歩するはずだった。だが、残念ながら、ハイプ・マシン、ソーシャル・メディアには、負の側面もある。良さがそのまま負の側面につながっている。どうすれば、その良さを活かし、負の側面を克服できるかも考える（第11章）。

最後に、私たちがハイプ・マシンに適応し、経済を発展させ、未来をより良いものにするためには、企業や政府はどのようなルール、法律を設けるべきか、どのような社会規範が必要か、またテクノロジーのデザインをどうすべきかを考える（第12章）。巨大化したフェイスブックは分割すべきなのだろうか。プライバシー保護のためにはどのような法律が必要だろうか。ハイプ・マシンは従来の出版社と同様の存在と考えるべきなのか。それとも、プラットフォームを生成するのはあくまでユーザーであり、ソーシャル・メディア企業はユーザーの投稿の内容に責任を持つ必要はないと考えるのか。言論の自由とヘイト・スピーチの関係はどう考えればいいのか。そうした問いに対して私なりの解答を提示しているが、なかには読者を驚かせるような解答もあるに違いない。

岐路に立つ

フェイスブック、ツイッター、ユーチューブといったソーシャル・メディアが現状、透明性を欠いていることは、この何年かのあいだに新聞、雑誌等で何度も指摘されてきた。政治の分極化、ヘイト・スピーチの増加、人種差別、人々の議論の質の低下、フェイク・ニュースの拡散などにソーシャル・メディアが関わってきたことは間違いなく、民主主義、選挙を腐敗させる危険性を秘めているにもかかわらず、そうした負の側面を自ら明らかにする姿勢に欠けているというのだ。

政治家のなかには、ソーシャル・メディアに対して何らかの法規制をすべきと主張する人は多い。大統領選挙へのロシアの干渉、そのさいのネット上での偽情報の拡散にフェイスブックをはじめとするハイプ・マシンが果たした役割に関しては、アメリカ連邦議会の複数の委員会が調査をしている。[9]この件では、ケンブリッジ・アナリティカという選挙コンサルティング会社の名前が取り沙汰されている。同社は、フェイスブックから不正に入手した八七〇〇万人分のアメリカ人の個人情報を利用し、ターゲットを定めてプロパガンダを行なったというのである。この疑惑によって、マーク・ザッカーバーグは、アメリカ連邦議会、欧州議会での証言を余儀なくされた。[10]両議会では、ハイプ・マシンが大衆説得力を持っていること、個人情報が悪用されていること、偽情報の流布を防止する手段がソーシャル・メディアに欠けていることなどに関し、どういう対応を取るべきかが話し合われた。ジョン・ケネディ上院議員は、上院でのザッカーバーグへの質問の冒頭で「私はフェイスブックを規制するような法案に賛成したくはないが、今回は神に誓って賛成する」と脅すような発言をした。

ソーシャル・メディア企業には、広告主からの「行ないを改めよ」という圧力もある。P&G（プロクター・アンド・ギャンブル）の最高ブランド責任者、マーク・プリチャードは二〇一七年、グーグルやフェイスブックなどのプラットフォーム企業のデジタル広告には透明性が欠如していると公に痛烈に批判した。[11]特に、フェイク・ニュースや、攻撃的で下品なコンテンツのそばに広告が表示されることに不満を露わにした。さらに、同氏は言葉での批判だけではなく、実力行使にも出た。P&Gのデジタル広告予算を二億ドルも削減したのである。[12]二〇一八年には、ユニリーバもあとに続いた。[13]デジタル広告の予算を三〇パーセント近くも削減したのだ。ハイプ・マシンの広告エコシステムを浄化せよ、という圧力をかけたわけだ。これはただの抗議行動ではなかった。P&Gはなんと、オンライン・マーケティングの予算を六パーセントも削減しながら、二〇一九年の本業での売上を前年より七・五パーセントも増やしたのだ。[14]ユニリーバも同じ時期に本業での売上を三・八パーセント増やしている。[15]なぜこのような結果になったのかを理解するには、ハイプ・マシンについての深い理解が必要だろう。

ハイプ・マシンでは誰もがデジタル・マーケターになる。ただし、追い求めるのは金銭的利益とはかぎらない。ある主張、意見への賛同、人々の行動かもしれない。たとえば、大統領選挙の候補者ならば、当然、自分に投票するよう、人々に説得を試みる。BMWならば、自社の新モデルの車を人々に買いたいと思わせようとするだろう。小企業の経営者なら、全般的な売上の向上が狙いかもしれない。ロシアの企業、インターネット・リサーチ・エージェンシー（IRA）は、アメリカ大統領選挙にさいして偽の情報を流布し、意見の対立を誘発させようとした。そのいずれもが、デジタル・マーケターとしての仕事と言える。目的達成のための説得戦略は基本的に皆、同じなのだが、誰もがそれを自分なりに最適化しようとしている。

本書では、マーケター、その活動を規制する人たち、標的となる一般の市民、という三者の視点で物を見ることが重要になる。たとえば、マーケターの視点で物を見れば、彼らの使う手法がよく理解できるだろう。それぞれの立場で見ると、日々、目の前で起きていることの背後で、誰がどのようなことをしているのか、またそうする理由は何かがよくわかるはずだ。

現在では世界中のすべての国が、ソーシャル・メディアの社会への影響に関心を向けている。選挙、ビジネス、市場での競争、プライバシー、フェイク・ニュースなどに影響を与えるハイプ・マシンへの対応を、世界中の政治家たちが議論している。また、ソーシャル・メディア企業の経営者たちは、自主規制によって問題を解決する道を探っている。プラットフォーム規約やアルゴリズム・デザインを見直す、ソフトウェア・コードを修正する、ビジネス・モデルを変更するといった対策を試みているのだ。そして、一般の市民たちも、ハイプ・マシンの生活への影響について真剣に考えはじめている。個人としてだけでなく、誰かの親として、家族、友人としてこの問題に向き合う人が増えている。影響は自分だけでなく、自分の子や友人、また勤務する企業、取引先の企業などにも及ぶからだ。孤独感を深める人の多いこの社会で、人とどう関わり、どう行動すべきかを皆が考えている。ソーシャル・メディアのデザイン、利用、規制をどうするのか、今日の決断は、相当先の未来まで影響を及ぼすことになるだろう。

ソーシャル・メディアが、より透明性の高い、より民主的で平等な社会を作るのに役立つことは間違いない。そのことは科学的な研究でも明らかになっている。だが、一方で、ソーシャル・メディアの影響で、分断された、より権威主義的な社会ができてしまうおそれもある。今、私たちはどちらに向かうのかの岐路に立っていると言えるだろう。現在、行なわれている議論の行方が私たちの未来を左右するのだ。

ソーシャル・メディアでは構造的な変化が頻繁に起こる。それをすべて追いかけることはほぼ不可能だろう。だが私は、本書を読んだ人たちに、ソーシャル・エコノミーについてどう考えるべきか、その考え方の基本をわかってもらえればと思っている。その基本はすぐに古くなることはないはずだ。私は二〇年以上に及ぶ研究で、ハイプ・マシンの基本的な仕組みを知った。情報や行動が一般にどのように拡散していくかがわかり、ソーシャル・メディアにどう干渉すれば、そこでの出来事にどう影響するのかもわかった。また、企業の経営者や政治家、一般の個人がハイプ・マシンをより良いものに変えるにはどうすればいいかもかなりわかってきた。研究を厳密に行なうには、相当な知力と労力を必要とする。その途上では何度も予想だにしない事態に遭遇し、思いがけない方針転換を迫られる。本書では、読者にそれを追体験してもらいたいと思っている。まずは、ソーシャル・メディアがなぜ「現実の終わり」とも呼ばれる状況を招くにいたったか、という話から始めることにしよう。

第2章 現実の終わり

普通の状況では、どんな嘘つきも必ず現実に負ける。現実の代わりになるものは何もない。手練《てだ》れの嘘つきがどれだけ巨大な嘘をついたとしても、現実の大きさにはかなわない。それはコンピュータの助けを借りたとしても同じことである。

——ハンナ・アーレント

二〇一三年四月二三日、ウォール街の市場は静かに開いた。季節外れの寒い朝、カフェラテを飲むトレーダーたち。取引開始の鐘が鳴ってからランチタイムまでのあいだ、株価は緩やかに上昇していた。ところが、昼食をとっていた人たちが戻る頃、AP通信がツイッター上で流したニュースによって、市場の雰囲気が一変する。ニュースは次々にリツイートされ、ニューヨークやワシントンの飲食店では、店中の携帯電話の着信音が鳴りっぱなしになった。そして間もなく、世界中が同じ状態になった。ごく短時間でハイプ・マシンを席巻する情報カスケードが生まれたのだ。そのニュースがツイートされたのは、アメリカ東部標準時の午後一時七分である。文面は「速報：ホワイトハウスで二度の爆発。バラク・オバマ大統領が負傷」(1)という簡単なものだった。これが五分間で四〇〇〇回以上もリツイートされ、少なくとも何十万という数の人たちがホワイトハウスへの攻撃を知ることになった。

その日、ツイッターを見ながら、アイスティーやアーノルド・パーマー〔ノンアルコール・カクテルの一種〕を飲んでいた人たちは、飲んでいたものを思わず吹き出しそうになったかもしれない。なにしろ衝撃的なニュースだ。ホワイトハウスには入口と言える場所が四カ所しかなく、[2] それ以外は塀を乗り越えるくらいしか入る手段がない。当然、どこから入るにしても、常に厳しい監視の目がある。だからこそ、ホワイトハウス内で爆発が起こり、大統領が負傷したというのは驚くべき大ニュースだったわけだ。

株価は一時急落したが、その後すぐに回復した。ニュースに動かされたのが個人投資家だけだったとしたら、経済への影響は限定的なものにとどまっただろう。だが、問題は、ハイプ・マシンが孤立して存在しているわけではないということだ。

現代は、ソーシャル・メディアに表れるその時々の社会の雰囲気をリアルタイムで察知するシステムが存在している。社会の雰囲気を表すような言葉をソーシャル・メディアから収集し、分析し、その結果を踏まえて取引を行なうのだ。たとえば、データマイナー、レイヴンパックなどの企業は、ソーシャル・メディアに投稿されたデータを絶えず分析している。ほとんどは「ノイズ」なのだが、大量に集めると、そのなかから何らかの情報が浮かび上がってくるのだ。そして得られた情報を基に、法人客に売買の指示を出す。こうすれば実際の市場の動きに先んじて売買ができるということである。ホワイトハウス爆破のツイートが流れた午後は、当然のことながら「雰囲気は良くない」と判断された。そのため、法人客に対しては「所有している株式を売却するように」との指示がなされることになった。その指示に従い、自動取引プログラムは、株式の売却を開始した。おかげで平均株価は即座に二〇〇ポイント近くも下落し、[3] 一三九〇億ドルが瞬時に失われてしまった。

しかし、ニュースは真実ではなかった。ホワイトハウスでは何事も起きておらず、大統領も無事だった。このフェイク・ニュースを広めたのはシリアのハッカーだった。APのアカウントを乗っ取って、ツイートをしていたのだ。この日、テロ攻撃があったのは確かだが、場所はペンシルベニア大通り一六〇〇番地（ホワイトハウスの住所）ではなかった。攻撃はツイッター上で行なわれ、被害者はウォール街で出た。株価はすぐに反発したが、ニュースに反応して株を売却した人たちは損失を出した。ニュースは嘘でも、失った資金は本物である。特に、売却のタイミングが遅かった人は大損をした。

二〇一三年に起きたその「ハック・クラッシュ」によって、テクノロジーに支配され、ハイプ・マシンとつながった私たちの社会がいかに脆いものかが明らかになった。ニュースがいったんネットワーク上で拡散されると、もはやそれを止めるのは難しくなる。真偽を確認することも困難で、パニックの発生を防ぐこともできない。対策を講じるための十分な時間がないからだ。拡散してしまったニュースがフェイク・ニュースだった場合、金融システムや医療機関、民主主義体制は大きな損害を被る。情報が偽物であっても、被害は本物だ。

同様の例はほかにもある。二〇一七年の夏、ハリケーン・ハービーがテキサス南部を襲った。洪水によって、何万もの人が家を失い、アメリカ南部のいくつかの製油所で操業が止まった。ガソリンが不足するというニュースがすぐにツイッターとフェイスブックで拡散された。ガソリン・スタンドでの長蛇の列と「ガソリン売り切れ」と書かれた間に合わせの看板が写った写真が添えられた投稿もあった。パニックが起きた。地域のドライバーたちはガソリンの買いだめに走った(4)。まるで世界が間もなく終わるかのようだった。オースティン、ダラス、ヒューストン、サン・アントニオなどで多くの人々がガソリンを求めて奔走することになった。

だが、当局の発表によって、実際にはガソリン不足など起こっていなかったことがわかった。ソーシャル・メディアを通じて拡散され、それをマスメディアが取りあげたことでさらに広まったフェイク・ニュースだったわけだ。ガソリンは不足しているどころか潤沢にあったことが後にわかっている。製油所の操業停止や、高速道路の閉鎖などは確かにあったが、それでも、ガソリンの配送がやや遅れた以上の影響はなかった。皆が普段どおりにガソリンを使っているかぎり、大災害のなかでもガソリンの流通システムには何の問題も生じず、ガソリンが足りなくなることなどないはずだった。しかし、パニックが起こり、ソーシャル・メディアに煽られて皆が必死に買いだめしたことで(5)、本当にガソリン不足になってしまった。

フェイク・ニュースの困ったところは、同じようなニュースが何度も繰り返し、同じようなパニックを引き起こすということだ。偽の情報は本物の情報よりも速く広まり、人々の行動を誤った方向に導く。情報は偽物でも、行動は本物で、それによる影響も本物である。このようなフェイク・ニュースは、企業、民主主義、公衆衛生などに重大な悪影響を及ぼす。フェイク・ニュースそのものは遠い昔から存在していたが、ハイプ・マシンによって、以前よりはるかに速く広まるようになり、拡散の範囲もはるかに広くなった。

フェイク・ニュースの拡散には一定のパターンがあることがわかっている（そのパターンの存在は、あとで詳しく紹介する大規模調査によって明らかになった）。フェイク・ニュースは完全な嘘とはかぎらない。本物の情報を基にして、それを少し歪め、ねじ曲げたものも多い。虚実を混ぜ合わせて、なかでも最も物議を醸しそうな、最も人の感情を動かしそうな要素を強調する。そのソーシャル・メディア上での拡散はあまりに速いため、検証して嘘を暴こうとしても間に合わない。いったん瓶のなかから出たフェイク・ニュースは瓶のなかに戻すことができない。あとからいくら本物の情報を流したとしても、フェイク・ニュースを消し去ることはほぼ不可能である。

フェイク・ニュースの拡散はこのように、経済に大きな影響を及ぼし得る。二〇一三年の一件は、一つの典型例だと言えるだろう。ほかにも同様の事例を知っている人は読者のなかにも多いはずだ。アメリカには、「スノープス（Snopes.com）」というファクトチェックのサイトがある。同サイトには、「今、ホットな五〇の噂」のリストが載っているが、このリストの内容が驚くほどの頻度で変わっていくのだ。(6)たとえば、二〇〇八年には「ユナイテッド航空が破産を申請した」という噂があり、二〇一七年には、「スターバックスが不法就労者に無料でフラペチーノを配布する」という噂があった。二〇一八年には、なんとトランプ大統領（当時）が「アマゾンが脱税をしている」という誤った噂を流したせいで、同社の株価が急落し、月の平均株価が直近の二年間で最悪の水準にまで落ち込むということがあった。では、たとえばフェイク・ニュースの企業への影響には一定の法則はあるのだろうか。あるいは株価への影響にも一定の法則はあるのだろうか。そうしたことについてはあとで詳しく述べるが、その前にまず少し回り道をして、カミラ・ビョーリンという、当時さほど有名ではなかった女優の話をしたいと思う。

フェイク・ニュースで有名になった女優

カミラ・ビョーリンは子供の頃から女優だった。七歳の時から、ケイト・ハドソン主演の「プリティ・ヘレン」、アン・ハサウェイ主演の「プリティ・プリンセス2／ロイヤル・ウェディング」といった映画に端役で出演していた。スターとは言えなかったが、虚構の世界で生きることに慣れていたとは言えるだろう。だが、二〇一一年に彼女は、それまでとは大きく違う仕事を始めた。リディンゴ・ホールディングスという、広報とソーシャル・メディアの企業を設立したのだ。投資家向けの広報活動や、バイオ医薬品メーカーなどのための販売促進、調査を得意とする企業である。しかし、リディンゴ社は二〇一四年に、相場操作を目的としたフェイク・ニュースをソーシャル・メディアに投稿した疑いで、(7)証券取引委員会（SEC）の調査を受けた。同社は、シーキング・アルファ、ザ・ストリート、ヤフー・ファイナンス、フォーブス、インベスティングドットコムなどのサイトにフェイク・ニュースを流し、株価を操作しようとしたとされた。

リディンゴ社に雇われたライターたちは、会社に決められた「スイス・トレーダー」「エイミー・ボールドウェイン」「トレーディング・メイヴン」といった偽名を使い、MBA（経営学修士）を持っている、物理学の学位を持っているなどと偽り、嘘の記事を書いていた。いずれも、リディンゴ社に金を払って株価吊り上げを依頼してきた企業を「成長している」「安定している」などと称賛する記事である。ただ、どのライターも、依頼主とのあいだに金銭的な関係があることを明らかにしていなかった。SECが問題視したのはそのためだ。二〇一一年から二〇一四年のあいだに、リディンゴ社は、四〇〇を超える数のフェイク・ニュースを流し、現金、あるいは株式のかたちで合わせて一〇〇万ドルを超える報酬を得ていたとされる。フェイク・ニュースを流しているとSECに指摘された企業はほかにもあった。(8)ドリームチーム社もやはり、依頼主の上場企業の評価、ブランド力を高め、株価を吊り上げる目的で、ソーシャル・メディアに大量のフェイク・ニュースを流したとされた。(9)

たとえば、ガリーナ・バイオファーマ社は、リディンゴ社にフェイク・ニュースの拡散を依頼した企業の一つである。依頼前の二〇一三年夏、同社の株価は二ドルくらいだった。二〇一三年八月から二〇一四年二月までのあいだに、リディンゴ社は、ガリーナ社についての一二のフェイク・ニュースを流し

［図2-1］2013年4月から2014年5月までのガリーナ・バイオファーマ社の株価の動き。SEOや、インサイダーによる売却が行なわれたタイミング、フェイク・ニュース記事、フェイク・ニュース拡散の暴露記事が流れたタイミング、ストック・オプションが付与されたタイミングなども付記してある。

た。たとえば、「有望な収益源となる可能性が高い三つの薬剤があるために長期的な成長が期待でき、良い投資先だと言える」といった真実ではない情報を流したのだ。

　最初の二つのフェイク・ニュース記事が出たあと、ガリーナ社は、第二次株式売出（SEO）で一七五〇万株もの新規の株式を発行した。その時価総額は三二六〇万ドルだった。その後、五つのフェイク・ニュース記事が出ると、株価は急騰した。一一月二二日の取締役会では、会社からCEO、COO、CMOのほか、六人の取締役それぞれに、何十万株ものストック・オプションが新たに与えられた。株価はさらに高騰を続ける。二〇一三年八月から二〇一四年一月までの値上がり率は九二五パーセントを超えた（［図2-1］を参照）。一月一七日の取締役会で、当時のCEO、マーク・アーンは、皆に、インサイダーも今すぐに同社の株式の取引をしてかまわないと告げた。翌日から実際に取締役たちは取引を開始し、四週間で一六〇〇万ドル分の株式を売却した。

情報が市場を動かすことは誰でも知っている。しかし、フェイク・ニュース、つまり偽物の情報がどの程度、市場に影響するかは明確とは言えない。ガリーナ・バイオファーマ社の株価がフェイク・ニュースの影響で上昇したのは確かだろう。だが、これは一つの例にすぎず、いつでも同じことが起こるとはかぎらない。フェイク・ニュースの株式市場への影響に何か普遍的な法則はあるのだろうか。実は同様の現象が多数起きていることがわかっている。シモン・コーガン、トビー・モスコビッツ、マリーナ・ニースナーの三人は、ガリーナ・バイオファーマ社も含めた七〇〇〇社を超える企業を対象に、フェイク・ニュースと金融市場の関係について大規模な調査を行なった[10]。

フェイク・ニュースと金融市場

コーガン、モスコビッツ、ニースナーは、SECのおとり捜査で得られたデータを精査した。株価操作のために書かれた、公開企業（株式を公開している企業のこと）についてのフェイク・ニュース記事に関するデータだ。それでわかったのは、フェイク・ニュースと認められた記事の拡散と、株価の動きのあいだには、常にほぼ一定の長期的な関係が見られるということだ。初期のデータでカバーされていたのは、SECがフェイク・ニュースと認定した、わずか四七の企業についての一七一の記事のみだった。しかし、その後は、言語解析によってフェイク・ニュースを発見できるようになり、シーキング・アルファの二〇〇五年から二〇一五年までの全記事、モトリー・フールの二〇〇九年から二〇一四年までの全記事のなかからフェイク・ニュースを探し出し、それについてのデータを収集することができた。使われている言葉を手がかりにフェイク・ニュースか否かを自動判定する方式だと、不要なデータも多く集めてしまうことになるが、それでも、これにより、七五〇〇社について一〇年間に書かれた三五万もの記事を検証することができた。

SECがおとり捜査をしていると公表する前後で、投資家の行動がどう変わったかもわかった。おとり捜査の公表のあとは、やはりフェイク・ニュースの拡散に警戒する人が増え、明らかに行動に変化が見られた。フェイク・ニュースが市場を実際にどう動かすかがこの調査によってかなり明らかになったと言える。

初期のデータを見ると、フェイク・ニュースの公開と取引量の変化に強い相関関係があることがわかる。本物のニュース記事が出たあとの三日間の取引量の増加が三七パーセントだったのに対し、本物のニュース記事に関連したフェイク・ニュースが出たあと三日間の取引量の増加は五〇パーセントにもなった。つまり、投資家は、本物のニュースよりもフェイク・ニュースのほうに強く反応したということだ。この傾向は、規模が小さく、（機関投資家ではなく）個人投資家の多い企業でより顕著だった。フェイク・ニュースは本物のニュースよりも多くクリックされ、読まれた回数も多かった。そして、クリック回数や読まれた回数が増えるとともに株の取引量も増えた。

では、フェイク・ニュースの株価への影響はどうだろうか。フェイク・ニュース記事は、平均すると、本物のニュース記事に比べ、日々の価格変動に三倍近い影響を与えていた。(11) また、ニュースが出たあとの三日間で変動した株価によって得られた利益の絶対額も、フェイク・ニュースの与えた影響は本物のニュースの三倍近くになった。この傾向は、直近のSECの提訴やプレス・リリース発表による影響、ニュース記事が出る直前の利益の変動などを考慮して調整しても同じだった。

SECは二〇一四年に、フェイク・ニュースについて捜査していること、そして、何社かの企業と、その企業のためにフェイク・ニュースを作っていたリディンゴ社やドリームチーム社などを提訴したと発表した。SECの発表によって当然、シーキング・アルファやコーガンなどのウェブサイトに出るフェイク・ニュースに投資家の関心が集まることになった。また、重要なのは、一般の人たちの本物のニュースへの信頼度がこれによって揺らいだか否かである。SECの発表のあとよりも前のほうが、フェイク・ニュースの取引量や株価への影響が大きかったのは不思議ではない。ただ、SECがフェイク・ニュースに関心を向けていると知ったあと、投資家たちは本物のニュースにも以前ほど動かされなくなった。これは、フェイク・ニュースが、本物、偽物問わずすべてのニュースの信頼度を下げてしまう力を持っている可能性を示唆している。

フェイク・ニュースが株式市場を混乱させるのだとしたら、その影響は、社会の全員に及ぶことになる。そのニュースを読んだか否か、シェアしたか否かには関係がない。さらに重要なのは（本章で後に「ディープフェイク」について述べるさいに詳しく触れるが）、フェイク・ニュースに市場を混乱させる力があると証明されれば、「経済テロ」を企てる者が現れる可能性が高まるということだ。そして、クリミアの例でもわかるとおり、偽情報の兵器化は、情報化時代においては、目立たないが民主主義への大きな脅威となっている。今のところその最悪の例と言えるのは、二〇一六年のアメリカ大統領選挙へのロシアの干渉だろう。

――フェイク・ニュースの政治への利用

二〇一九年四月に「モラー報告書」が公表された時[12]、政治評論家や政治家、マスコミは、そのなかから自分にとって都合のよい記述ばかりを探した。なかでも、マスコミは読者や視聴者の興味を引きそうな部分にばかり注目した。大半は第一巻には目もくれず、すぐに第二巻を読んだようだ。第二巻では、FBIのロシアへの捜査をトランプ大統領が妨害した疑いについて書かれていた。だが私が「モラー報告書」を読んで衝撃を受けたのは、政治スキャンダルの要素がある第二巻ではなく、第一巻で明らかにされていた地政学的現実のほうだった。ロシアという国家が、積極的に、そして組織的にハイプ・マシンを利用して、二〇一六年のアメリカ大統領選挙の結果を操作したのである。外国がハイプ・マシンを使って明確にアメリカの民主主義を攻撃するという敵対的行為をしたのだ。偽情報の兵器化がこれほど大々的に行なわれた例は、それまで世界でもほとんどなかった。

二〇一六年のアメリカ大統領選挙を狙ったロシアの作戦に関しては、上院情報委員会の委託で二つの調査が実施された。一方はニュー・ナレッジ社が主導したもので[13]、もう一方は、グラフィカ社のCEO、ジョン・ケリーが主導したものだ[14]。私は、二〇一九年のはじめに、ジョンと、グラフィカ社のCIO（チーフ・イノベーション・オフィサー）のカミーユ・フランソワと、マンハッタンのユニオン・スクエア・カフェで昼食をともにした。そこで聞いたのは、ロシアの民主主義への攻撃は、マスコミが言っているよりも巧妙になっているということだった。調査ですべてが明らかになったとは言えず、明らかになっていない部分に関して二人は大きな不安を抱えているようだった。報告書は公表されたが、二人の表情から状況はよくわかった。実際に調査に携わった専門家が心配しているということは、私たち全員が心配しなくてはならないということだ。

ロシアの攻撃は周到に計画されたものだった。まず、ロシア政府に近いとされる企業、インターネット・リサーチ・エージェンシー（IRA）が、フェイスブック、ツイッター、インスタグラム、ユーチューブ、グーグル、タンブラー、サウンドクラウド、ミートアップなどのソーシャル・メディアに偽アカウントを作った。攻撃を開始するよりも数カ月、あるいは数年前には作っていた。偽アカウントでは多数のフォロワーを集め、他のアカウントとは良好な関係を保った。オンラインのコミュニティに確固たる基盤を築き、皆の信頼を勝ち得ていた。

やがて、その偽アカウントを使い、フェイク・ニュースを作りはじめた。大統領選挙への投票者を減らすこと、また有権者の投票先を、主として民主党の候補ヒラリー・クリントンから、共和党の候補ドナルド・トランプに変えさせることを目的としたフェイク・ニュースだ。フェイク・ニュースでは、BLM（ブラック・ライヴズ・マター）や、アメリカの退役軍人への不当な扱い、アメリカ合衆国憲法修正第二条と銃規制などの問題について触れていたほか、「アメリカにシャリア法〔イスラム教の規範の体系〕が導入される可能性が高まっている」「ヒラリー・クリントン陣営の関係者がワシントンDCのピザ店の地下室を拠点とした人身売買や児童買春に関わっている（このデマは「ピザゲート」と呼ばれている）」といった内容のものもあった。いずれも真実ではないデマだが、ソーシャル・メディアのフォロワーや友達の自主的なシェアや、有償での拡散活動によって急速に広まっていった。

IRAは、ツイッター上ではまず少数のソース・アカウントを作った。最初にこのソース・アカウントでフェイク・ニュースをツイートする。[15] すると、ソース・アカウントをフォローしている四〇〇〇近いシェアリング・アカウントがそれをリツイートし、またハッシュタグを使ったツイートをすることでニュースを一気に拡散する。ソース・アカウントは人間の手で操作しているが、シェアリング・アカウントは、「半自動、半人力」の「サイボーグ」のようなものになっていることが多い。自動化されたアカウントは、ソフトウェアのロボット（ボット）によって動き、あらかじめ指定されたタイミングで高頻度でツイート、リツイートをする。ソフトウェアは疲れることがなく、食事も休息も必要としない。つまり、「ボットの軍隊」は毎日二四時間闘いつづけることができるということだ。昼夜問わず、フェイク・ニュースを拡散し、アメリカの有権者に嘘の情報を流しつづけることができた。

二〇一六年のこの「グレート・ハック」については、これまでに数多くの文章が書かれている。今では、ロシアの偽情報*の拡散は大規模で非常に巧妙なものだったことがわかっている。だが、本当に二〇一六年のアメリカ大統領選挙の結果を変えるほどの力があったと言えるのだろうか（また、ブレグジットの是非を問うイギリスの国民投票や、ブラジル、スウェーデン、インドの選挙の結果にどの程度影響を与えたのか）。それを判断するには、二つのことを検証しなくてはいけない。一つは、「ロシアの流した偽情報は、十分に広く、大勢の人に拡散され、届くべき人に届いたと言えるのか」ということだ。そしてもう一つは、「その情報は、本当に目標を達するに十分な数の人の投票行動を変えることができたのか」ということだ。

ロシアの偽情報はどこまで拡散されたのか

二〇一六年のアメリカ大統領選挙のさい、ロシアが流したフェイク・ニュースは、フェイスブックで少なくとも一億二六〇〇万人に拡散され、少なくとも七六〇〇万の「いいね！」やコメントなどの反応

＊偽情報は、はじめから真実ではないとわかっていて故意に流された情報のことだ。それに対し、流した本人の認識、意図がどうあれ、ともかく誤っている情報のことは「誤情報」と呼ぶ。

を得た。インスタグラムでは少なくとも二〇〇〇万人に拡散され、フェイスブックよりも効率よく、少なくとも一億八七〇〇万の「いいね！」やコメントなどの反応を得た。ツイッターでは、合計で六〇〇万人を超えるフォロワーを持つ複数のアカウントから少なくとも一〇〇〇万のツイートがされた。私がここで何度も「少なくとも」と書いているのは、私たちが調査で知り得たことは「氷山の一角」に過ぎないだろうと考えているからだ。

これまでの分析の結果、アメリカ大統領選挙の直前の三カ月間に（ロシアが関与したものであるか否かに関係なく）、フェイスブック上で最も関心を集めた二〇個の選挙関連のフェイク・ニュースは、最も関心を集めた二〇個の本物のニュースを合わせたよりも多くシェアされ、コメントも反応も多く得たことがわかっている。[16] ハイプ・マシンが今や、偽情報、誤情報の拡散経路になっていることは明らかだ。ある調査によれば、フェイク・ニュースを伝えるウェブサイトへの訪問者の約四二パーセントがソーシャル・メディア経由の訪問者だとわかっている[17]（しかもウェブサイトのトップページにアクセスした人はわずか一〇パーセントにすぎなかった）。

この数字自体、驚くべきものだが、しかも二〇一六年時点で流れたフェイク・ニュースの総量は、本物のニュースに比べてかなり少なかったのだ。たとえば、アンドリュー・ゲス、ブレンダン・ナイアン、ジェイソン・ライフラーの三人が、アメリカ国民について標本調査をしたところ、大統領選挙の直前の何週間かにフェイク・ニュースを伝えるウェブサイトを一度でも訪問した人は全体の四四パーセントにのぼっていたことがわかった。[18] ただ、訪問の総数は、本物のニュースを伝えるウェブサイトのわずか六パーセントにすぎなかった。また、デヴィッド・レイザーらの調査では、[19] 二〇一六年の大統領選挙の期間、登録有権者がツイッター上で見たＵＲＬのうち、フェイク・ニュースを伝えるサイトのものはわずか五パーセントであったことがわかった。ハント・アルコット、マシュー・ジェンツコウは、選挙直前の数カ月間に一般のアメリカ人が目にしたフェイク・ニュースの数は、一つか、多くても数個だったと推定している。[20]

少ない、と思う人は多いだろう。しかし、これがいったいどういう数字なのかは知っておくべきだろう。アルコットとジェンツコウの調査では、フェイクであると実証された一五六種類のニュースだけをフェイク・ニュースとして扱っている。一五六種類のどれかに当てはまらないかぎり、フェイク・ニュースとはみなさないということだ。先にあげたほかの二つの調査では、約三〇〇のフェイク・ニュース・ウェブサイトのみを分析の対象としていた。

たとえば、ゲスら三人の調査では、ブライトバートやインフォウォーズ、そして「フェイク・ニュース・ソース」とみなされることの多いユーチューブ・チャンネルなどはすべて対象外となっている。つまり、「アメリカ人の四四パーセント」というのは、調査対象に定められた限られたウェブサイトの少なくともいずれか一つを訪問した有権者の数で、そのなかには、他のよく知られたフェイク・ニュース・ソースにアクセスした人たちは含まれていないわけだ。アメリカの有権者一億一〇〇〇万人が、[21]ブライトバートやインフォウォーズやユーチューブ・チャンネルを除いた、ごく限られた数のフェイク・ニュース・ウェブサイトを訪問したということでもある。二〇一六年の大統領選挙期間中にフェイク・ニュースに接したアメリカの有権者の総数は、一億一〇〇〇万人から一億三〇〇〇万人くらいと推定するのが妥当だと思われる。これを多いと見るか少ないと見るかは人によって意見が分かれるだろう。

実は、フェイク・ニュースを見る人の分布には大きな偏りがある。有権者のうちのごく少数の人たちが、フェイク・ニュースを非常に多くの回数、目にしているのだ。ゲスらの調査では、保守系ニュースを見る割合の最も高い二〇パーセントの人たちが、フェイク・ニュース・ウェブサイトの訪問者の六二パーセントを占めているとわかった。また、六〇歳を超えるアメリカ人が、他の年齢層に比べてはるかに多くのフェイク・ニュースを閲覧していることもわかった。グリンバーグらの調査により、ツイッター上では、フェイク・ニュース閲覧の八〇パーセントがわずか一パーセントの有権者によるもので、フェイク・ニュース・ウェブサイトからの情報のシェアの八〇パーセントを有権者の〇・一パーセントがしていたにすぎないとわかっている。ゲス、ナイアン、ライフラーが三五〇〇人のフェイスブック・ユーザーを対象に標本調査をしたところ、回答のあったユーザーのうちフェイク・ニュースをシェアしたことがあると答えた人は一〇パーセントにとどまった。[22] しかも、そのなかには六五歳を超える人たちが異常に多かった。

こうした偏りは、(詳しくは第9章で触れるが) ハイプ・マシンの特徴の一つである。それを知ると、フェイク・ニュースに本当に広く社会全体に影響を及ぼす力などあるのか、と疑う人も多いだろう。だが、その疑いが妥当でないことを示す証拠はいくつもあるのだ。

フェイク・ニュースを極端に多く拡散している「スーパースプレッダー」や、フェイク・ニュースを極端に多く閲覧している「スーパーコンシューマー」の多くは、[23]「ボット」であることがすでにわかっている。たとえば、グリンバーグらの調査では、極端に多くのツイートをシェアしている「スーパーシェアラー」の一日あたりの平均ツイート数の中央値が、なんと七一回にもなるという結果が出ている。平均するとスーパーシェアラーのツイートの二二パーセントに、フェイク・ニュースのＵＲＬが含まれていた。調査対象ユーザー全体では、一日あたりのツイート数の中央値が〇・一回なので大変な偏りだと言える。グリンバーグらは「これら (スーパースプレッダーとスーパーシェアラー) の多くは、サイボーグである」と結論づけた。ボットを排除すれば、二〇一六年の大統領選挙期間の最後の三〇日間に調査対象ユーザーが接したフェイク・ニュースは、二〇四個にとどまったと考えられる。だいたい一日に七個ということだ。接したニュースのうち、ユーザーが本当に注意を向けて見るのは五パーセント程度だと考えられるので、平均するとおそらく一人あたり、選挙までの一カ月間に見るフェイク・ニュースは三日に一個程度になっただろう。

一人の人間が接する情報のなかのごくわずかを占めるにすぎないのだから、フェイク・ニュースはたいして重要な問題ではないと言う人がいる。だが、たとえ絶対量が少なかったとしても、フェイク・ニュースが与える影響の大きさが明確でないところが問題である。フェイク・ニュースはそのほとんどが扇情的である。それゆえに、一般のニュースに比べると印象に残りやすいし、説得力を持つことも多い。一九八八年のアメリカ大統領選挙のさい、ブッシュ陣営に「殺人犯ウィリー・ホートンを刑務所から出した」というCMを流されたマイケル・デュカキスや、二〇〇四年の民主党大統領予備選挙のさい、興奮気味に絶叫する様子を繰り返しメディアに流されたハワード・ディーンの例のように、たった一つの情報が選挙の行方を決定するほどの力を持ってしまうことはあり得る。

フェイク・ニュースが実際にどれほどの力を持ち得るのかは、まだ検証が不十分で、よくわかっているとは言えない。また、フェイク・ニュースはソーシャル・メディアに流されるものとはかぎらない。放送メディアや著名人がそれを繰り返し取りあげて、フィードバック・ループが発生すると、ソーシャル・メディアのみに流れている時よりもはるかに広く拡散することになる。

二〇〇〇年のアメリカ大統領選挙の勝敗は、鍵となる激戦州（スイング・ステート）であるフロリダ州での五三七票の差で決まった。二〇一六年の選挙でロシアが偽情報の標的としたのは、フロリダ、オハイオ、ペンシルベニア、ミシガンといった激戦州の有権者である。私の知人でもあるオックスフォード大学インターネット研究所の研究者たちは、選挙直前の週に投稿された政治的ハッシュタグを含む二二〇〇万のツイートを分析した。ツイートの三分の一に関しては、それをシェアした人、また受信した人がそれぞれどの州に住んでいるかを確認した。また、ロシアの流した偽情報が地理的にどのくらいの範囲に拡散したかを分析したところ、「専門家や、候補者自身が流した情報に比べて二倍もの広範囲[24]」に拡散していたことがわかった。さらに各州に流れたロシアのフェイク・ニュースの数を比較したところ、一六の激戦州のうち一二州では、平均よりも数が多くなっていたこともわかった[25]。研究者たちは、ロシアのフェイク・ニュースは「驚くほど激戦州に集まっていた。その州での政治的ツイートの総数から見て異様に多い」と結論づけた。

二〇一六年のアメリカ大統領選挙では合計で一億三五〇〇万を超える票が投じられたが、六つの激戦州(ニューハンプシャー、ミネソタ、ミシガン、フロリダ、ウィスコンシン、ペンシルベニア)では、二パーセントにも満たない差で勝敗が決した。また三つの激戦州(ウィスコンシン、ミシガン、ペンシルベニア)では、事実上、わずか七万七七四四の票で勝敗が決まったと言える[26]。

フェイスブック、ツイッター、インスタグラムで、ロシアのフェイク・ニュースは、激戦州の、そのニュースを信じそうな有権者を標的として投稿された。内容はその人たちの関心に沿うものにし、〝@〟記号やハッシュタグを使うなどして、確実にその人たちに届くようになっていた。欲しい人たちが欲しいニュースを間違いなく受け取れるようにしていたのだ。

たとえば、投票日の二日前には、人種差別抗議運動の支持者たちを標的として、投票する意欲が下がるようなフェイク・ニュースを流している。〈@woke_blacks〉というアカウントは、インスタグラムで

「ヒラリーへの黒人票が失われれば、それがトランプの勝利につながってしまう、というのは単なる言い訳だ。あなたがここで選挙に参加しないという決断を下せば、それは素晴らしいボイコット行動ということになる」という投稿をした。一方、〈@afrokingdom〉は「賢明な黒人たちは、ヒラリーが自分たちの票を得るに値しないことをよくわかっているはずだ！　絶対に投票をするな！」という投稿をした。ニュー・ナレッジ社では、人種差別抗議運動や警察の暴力に関連したインターネット・リサーチ・エージェンシーによるインスタグラム投稿の実に九六パーセントが、「投票をやめよ」と訴えるものだったと推定している。[27]

ドナルド・トランプ陣営の選対本部長だったポール・マナフォートが、ロシアの政治コンサルタント、コンスタンティン・キリムニック[28]と世論調査のデータを共有していたことや、激戦州での標的を定めたフェイク・ニュースの拡散（これは世論調査データを持っていたからこそできることだ）が、ケンブリッジ・アナリティカの選挙操作の常套手段になっていたことはすでにわかっている。ケンブリッジ・アナリティカは、自称「選挙コンサルティング会社」だったが、不正に得た八七〇〇万人のアメリカ人についてのデータを利用して、フェイク・ニュースに影響を受けやすい人たちを特定し、その人たちに影響を与えられるニュースのトピックや内容の選定もしていた（ケンブリッジ・アナリティカの「サイコグラフィック・プロファイリング」については第9章で詳しく触れる）。

主要な激戦州の、少数ながら効果の高そうな有権者に的を絞ってフェイク・ニュースを流すというのが作戦だったのは確かだが、その作戦は本当に有効なのか、と疑問に思う人はいるだろう。そもそもトランプ有利のフェイク・ニュースを流しても、それが届くのは、元からトランプを強硬に支持している保守の人間が大半であり、クリントン有利のフェイク・ニュースが同じように流されたとしたら、筋金入りのリベラルにはそちらのほうが多く届くので、結局は誰の行動も変えられないのではないかというわけだ。ゲスらの調査では、トランプ支持者の四〇パーセントと、クリントン支持者の一五パーセントがトランプ有利のフェイク・ニュースを読み、クリントン支持者の一一パーセントと、トランプ支持者の三パーセントがクリントン有利のフェイク・ニュースを読んでいたことがわかった。極右とも言うべき最も保守的な層の有権者の六六パーセントは、親トランプのフェイク・ニュース・サイトを少なくとも一つ閲覧し、平均して三三・一六本のトランプ有利のフェイク・ニュース記事を読んでいた。

「フェイク・ニュースは有権者の意見を変えさせるのに役立たない」と主張している人が見落としているのは、フェイク・ニュースの投票率への影響である。確かにフェイク・ニュースを読んで政治的な意見を変える人はほとんどいないだろう。だが、投票に行く、行かないの行動を変える可能性は十分にあるのだ。また、親トランプのフェイク・ニュースに何らかの反応をした有権者に極右の人が極端に多かったのは事実だが(つまり、そのニュースが当然のことすぎて、彼らにとってはほとんどニュース価値を持たないということだ)、穏健なクリントン支持者や、中間でどちらにつこうか態度を決めかねている人たちは、親クリントンのフェイク・ニュースよりも親トランプのフェイク・ニュースに反応する割合が多かった。では、そのフェイク・ニュースに触れたことで、その人たちはトランプに投票する気になったのか、それともその逆なのか。そこを見ていけば、ソーシャル・メディアの操作が投票行動にどう影響するかがかなりわかるだろう。

ソーシャル・メディアの操作と投票行動

ロシアの選挙への干渉は、はたして結果にどの程度影響したのだろうか。流したフェイク・ニュースはどのくらいの範囲にまで広がったのか。また、標的とする人たちにどのくらい届いていたのか。それを完全に知ることは難しい。誰にとっても、フェイク・ニュースへの接触は本物のニュースに比べればはるかに少ない。しかも、フェイク・ニュースは標的をかなり絞り込んで流されている。それにもかかわらず、結局、ロシアの流したフェイク・ニュースは、一億一〇〇〇万人から一億三〇〇〇万人に届くことになった。選挙結果を変えるには、なにも全員に影響を与える必要はない――ただ、激戦州にいるわずか数十万人の影響されやすい有権者たちに影響を与えればいいだけだ。それこそがまさにロシアの狙いだった。

そして次の大きな問題は、フェイク・ニュースははたして本当に投票行動に影響したのか、ということだ。その問いに答えるには、まず、有権者の投票行動がどのような原理によって決まるかを詳しく知る必要がある。

残念だが、本書執筆の時点までに結果が公表されたソーシャル・メディアと投票行動の関係についての研究はたったの二例しかない。一つ目は、二〇一〇年のアメリカ連邦議会の中間選挙にさいしてフェイスブックで実施された六一〇〇万人を対象にした実験である。(29) この実験では、ソーシャル・メディアに書き込まれたメッセージが確かに何十万人という単位の有権者の投票行動に影響したことが確認された。

もう一つは、一つ目の実験の追跡実験である。[30] 二〇一二年のアメリカ大統領選挙でも、フェイスブックで同様のことが再現できるかが検証された。ただ、投票をやめよと呼びかける類いのメッセージは検証の対象から除外されたのが前回とは違うところだ。大統領選挙は単純な一騎討ちなので、この種のメッセージの効果は少ないと考えられたのだ（どちらの実験に関しても第7章で詳しく分析をする）。

ただ、二〇一六年の大統領選挙に関して最も重要なのは、ソーシャル・メディアに投稿されたフェイク・ニュースが、本当に選挙結果に影響するほど投票率に影響を与えたのか否かということだ。これまでに得られている研究結果はたったの二例だが、それをよく分析すれば、[31] 二〇一六年の大統領選挙へのロシアの干渉の影響を推し量るのにも大いに役立つ。*

投票先の選択に関しては、いくつかのメタ分析によって、一般に、匿名の情報提供（ダイレクトメール、テレビのCM、インターネット上の広告など）は、どうやら有権者の投票先の選択に大きな影響を与えないらしいことがわかっている。カラとブルックマンは、四九のフィールド実験の結果のメタ分析を行ない、「選挙一般への説得効果の大きさ（つまり、広告の投票先選択に与える影響の大きさ）は……実質的にゼロと推定するのが最も妥当だろう[32]」と結論づけた。ただし、この時の検証では、ソーシャル・メディアのことが考慮されていない。つまり、この推定が正しいかどうかは非常に疑わしいということである。ロシアが激戦州の有権者に対して行なったような、投票日直前の二カ月間の匿名の情報提供が有効か否かは断定できないということだ。

また、カラとブルックマンの調査では、説得力のあるメッセージを届ければ、予備選挙での投票先の選択に一定の影響を与えられることもわかった。たとえば、特定の政治課題に関連するメッセージを送るか、影響を受けやすいと考えられる有権者を標的に選んでメッセージを送るかすれば一定の影響はあるということだ。ロジャーズとニッカーソンの調査では、妊娠中絶賛成派の有権者に、ある候補が中絶権に反対していると伝えた場合、[33] 投票先を変更したと報告した有権者が三・九パーセントいたことがわかっている。この結果は、ロシアがアメリカ大統領選挙にさいして行なったような種類の操作、政治課題に的を絞った操作が、実際に有権者の投票行動を変えさせる効果を持つことを示唆する。

特定地域の特定の政治課題に関連する説得力あるメッセージを大量に送れば、地方選挙なら大勢が決することも不可能ではないだろう。それを各地で何度も繰り返せば、たとえ全国レベルの選挙の結果は変えられなくても、一国の政治的な方向を変化させることは十分に可能だと言える。全国レベルの選挙に比べ、たとえ干渉が行なわれても察知されにくいので、その意味ではより大きな脅威になるおそれもある。

＊クリス・ベイルらのチームは、[34] 二〇一七年の後半、ＩＲＡのツイッター・アカウントによる干渉の影響を調査したが、干渉が市民の政治的態度や行動に影響を与えたという確たる証拠を見つけることはできなかった。二〇一六年の大統領選挙にＩＲＡアカウントが何らかの影響を与えたか否かも判断できなかったが、それはいくつかの制約があったためである。まず大きいのは、調査が行なわれたのが、選挙から一年が経過したあとだったことだ。一年のあいだにＩＲＡの動きは不活発になっていった。しかも、ＩＲＡが作成したアカウントの三分の二は、ツイッターによって停止されていた。調査の対象となった国民のなかには、両方の党、候補から完全に独立しているとは言えない人も含まれており、しかも、ツイッターを頻繁に利用する人たちに限定されていた。つまり、属性や投票行動が、アメリカの有権者の典型とはとても言えない人たちだったわけだ。ただ、この調査では、ＩＲＡの干渉がどうやら四つの変化を起こしたらしいことはわかった。一つ目は、ニュースへの関心が低い層の、支持しない政党に対する態度、二つ目は、ニュースへの関心が高い層がフォローする政治関連アカウントの数、三つ目は二大政党への支持率、そして四つ目は、民主党支持者が支持する政治関連アカウントの数だ。

しかも、ソーシャル・メディアによる干渉の場合は、必ずしも有権者の投票先を変えられなくても、選挙結果を変えることは可能だ。特定の有権者を標的にして、その人たちの投票率が上がる、あるいは下がるよう誘導すれば、選挙結果を変えられる可能性がある。また、的を絞ったメッセージの発信が、実際に投票率を上下させられることを示唆する証拠も最近になって見つかっている。

たとえば、キャサリン・ヘンシェンとジェイ・ジェニングスによる無作為抽出実験では[35]、的を絞ったデジタル広告が、激戦区のミレニアル世代の投票率を有意に上昇させる結果になった。アンドリュー・ゲス、ドミニク・ロッケット、ベンジャミン・ライオンズ、ジェイコブ・モンゴメリー、ブレンダン・ナイアン、ジェイソン・ライフラーによる調査では[36]、無作為に選んだ有権者に誤解を招くような記事を見せるだけで、その記事の内容を信じる人は増え、また投票したと自己申告する人も増える結果になった。グリーンらのメタ分析では、標的の有権者への直接のメール送信とソーシャル・メディアによる圧力を組み合わせることで[37]、平均で二・九パーセント、投票率を上げられると推定された。候補者による遊説では二・五パーセント、ボランティアからの電話による呼びかけでは二パーセントの向上にとどまると思われるので、それよりも効果が高いことになる。デールとシュトラウスは、有権者に向けたテキスト・メッセージで[38]、四・一パーセント投票率を上げられると推定している。有権者への個別のeメール送信にも同様の効果があるという証拠も得られた[39]。ソーシャル・メディアでのメッセージ発信の投票率への影響について実施された調査はこれまでわずか一例にとどまっているが、その調査の結果からは、メッセージの影響で投票者が何十万という単位で増加したと推定できる。

では、二〇一六年のアメリカ大統領選挙は、ロシアの干渉によって結果が変わったと本当に言えるのだろうか。その後、当選した大統領の任期が終わり、次の二〇二〇年の選挙が完了した今となっても、その問いへの明確な答えは出せない。二〇二〇年の選挙にも、ロシアからも、それ以外からも干渉があったのは確かだが、その影響の大きさは正確にはわからない。何より恐ろしいのは、影響を完全には否定できないことだ。これまでに得られている証拠をすべて総合すれば、干渉によって選挙結果を変えさせることは不可能ではないと言える。影響の有無を断定できないのは、どうしても調査が間接的なものになってしまうからだ。影響を直に評価できるような調査が実施されるまでは、残念だが、世界中の民主主義が脆弱な状態に置かれることになる。

二〇二〇年アメリカ大統領選挙

ロバート・モラー元特別検察官は、アメリカ大統領選挙へのロシアの干渉について、自分が見てきたなかでも「特に重大な民主主義に対する挑戦の一つ」と証言している。その言葉に不安を覚える人は多いだろう。[40] モラーは、「この脅威には、アメリカの全国民が注目すべき」とも言っている。なぜなら、ロシアは「私たちが普段どおりの生活を送っているあいだに選挙に干渉するし、次の選挙にも間違いなく干渉してくる」からである。モラーは「干渉してくるのはロシアだけではないので、干渉から民主主義を守るには、これまで以上にそのための努力が必要になる」と言っている。

FBI長官のクリストファー・レイは、「脅威はこれからも増す一方だ」と警告している。[41] レイは、「二〇二〇年の選挙では、ロシアの干渉は前回よりも間違いなく強まるし、中国やイランなど他の国々もロシアに倣って干渉してくる可能性が十分にある」と言った。アメリカ人の民主主義に対する信頼が今後どうなるのかは不透明である。干渉の影響がこれからさらに鮮明になっていくおそれもある。

二〇二〇年の大統領選挙が前回と同様、干渉の標的になっていること[42]は明らかだった。二月には、下院諜報特別委員会で、諜報機関の複数の職員が「ロシアはトランプ大統領を再選させるべく干渉を始めている」と証言した。三月には、FBIがバーニー・サンダース上院議員に対し、「ロシアはあなたが選挙で不利になるよう工作を仕掛けている」と知らせている。

また、諜報機関からは「ロシアは以前とは違った新しい、より察知されにくい戦術を駆使して二〇二〇年の選挙を操作しようとしている」という警告もなされた。以前のようにアメリカ人になりすましたアカウントを作るのではなく、アメリカ国民自身にフェイク・ニュースを繰り返し投稿させる手段に出るというのである。ソーシャル・メディアには、架空の人間による投稿を禁じるルールがあるものが多いので、それに抵触しないようにするわけだ。サーバーはロシアからアメリカに移した。アメリカの諜報機関は、国内での調査活動ができないことになっているからだ。さらに、イランのサイバー戦争部門に人員を潜入させることもしていた。おそらく、自分たちの仕掛けた攻撃をテヘラン発に見せかけるための工作だと思われる。

二〇一九年一一月、ロシアのハッカーは、ウクライナの天然ガス企業、ブリスマ社のサーバーへの侵入に成功した[43]。ブリスマ社は、民主党の大統領候補ジョー・バイデンの息子、ハンター・バイデンとのあいだに不適切な関係があったのではと疑われていたため、大統領選挙の期間中にサーバー内でバイデン陣営にとって不利になる証拠を集めようとしたのだ。ヒラリー・クリントンのeメール・スキャンダルと同様のことが、二〇二〇年の秋に起きても私はまったく驚かなかっただろう。今度は、ジョー・バイデンのブリスマ・スキャンダルというわけだ。

外国が悪意を持ってアメリカのソーシャル・メディアに偽情報を拡散させ、それをいかにも本物の情報らしく見せるのは難しいことではない。そのさいには、侵入したブリスマ社のサーバーから得た本物の情報も役立つはずだ。ごく短い時間にスキャンダルが拡散すれば、それが嘘の情報であることを実証しようにも時間がなく、バイデンの選挙運動には大きな悪影響が及ぶに違いない。すでに述べてきたとおり、まさにそれがフェイク・ニュースの特徴だ。訂正する間もなく広く拡散されてしまう。だから、いったんばらまかれてしまうと、一掃するのは困難である。いくらあとから本物の情報を流したとしても、フェイク・ニュースは消えずに残る。

新型コロナウイルス感染症の流行があったため、二〇二〇年の大統領選挙が操作される危険性は、前回よりもさらに高まっていたと言える。感染拡大の懸念から、そもそも投票所に多数の人を集めてもよいのか、ということが議論された。郵便投票が増えることが予想され、選挙を延期すべきとの声もあった。そういう混沌とした状況下で、外国から選挙を攪乱《かくらん》するのはさほど難しいことではないだろう。

フェイク・ニュースは無害だと言う人もいる。実際、大統領選挙の最中にもそう主張する人がいた。だが、選挙が終わって数カ月経過してから検証すると、フェイク・ニュースはやはり脅威であるとわかる。ただ選挙結果が不当に変えられてしまうおそれがあるだけではなく、選挙の尊厳が脅かされることになるし、選挙を平和裏に遂行するうえでも脅威となり得る。選挙自体が疑わしいものになれば、その疑いをさらに強めるようなフェイク・ニュースが多く拡散されることになるだろう。そして混乱はさらに高まり、ついには暴動まで起こることも考えられる。

ドナルド・ホロウィッツはこう言っている。「特に暴動が起きる前には、何か人に知られていない脅威が迫っているとか、無名の誰かがどこかで怒りを爆発させたといった噂が出回ることが多い。どれも真偽の検証が難しい話ばかりだ。だからこそ噂の種になっている。ただ、問題は検証の難しさだけではない……噂は、暴動の必須の要因の一つになっている。噂が暴動を正当化するからだ。噂に語られる暴動の激しさから、その後、実際に起こる暴動の激しさを予測できることも多い。噂は、群衆に加わり行動する人たちの選択の幅を狭めると言ってもいいだろう。噂はごく普通の人たちを動かし、普通ならしないことをさせてしまう。群衆のなかにいると、周囲につられて行動しやすくなる。周囲が極端な行動に向かえば、それにつられて自分も極端な行動に走る。自分がこれから暴力の犠牲になるかもしれないという恐れが、反対に自分のほうから暴力を振るわねばという衝動に変わる。標的としている集団の強さと危険性を噂によって確認すると、暴力を振るいやすくなる。恐怖に駆られるからだ(44)」

フェイク・ニュースはすでに極めて危険なものになっている。どれだけ警戒してもしすぎるということはないだろう。

フェイク・ニュースの脅威は、ロシアやアメリカだけのものではない。デジタルの干渉が民主主義を脅かしているのは世界中どこでも同じだ。キャロル・キャドウォラダーは、ブレグジットに果たしたフェイク・ニュースの役割についての調査結果を報道した。また、キャドウォラダーは、クリストファー・ワイリーとともに、選挙コンサルティング企業、ケンブリッジ・アナリティカ社のスキャンダルを『ガーディアン』紙で公表した。それによって私たちは、フェイク・ニュースの兵器化が世界中でどれほど進んでいるのかを知ることになった。オックスフォード大学インターネット研究所の調査では、二〇一八年のスウェーデン総選挙(45)直前の時期にシェアされた政治関連のハッシュタグとＵＲＬのついたツイートのうち、三つに一つは、見ている人をフェイク・ニュース・サイトへと誘導するものだったとわかった。ミナス・ジェライス連邦大学、サンパウロ大学、ファクトチェッキング・サイト「アジェンシア・ルーパ」が、二〇一八年のブラジル国政選挙(46)直前に、ワッツアップの三四七の公式チャットグループに流布された一〇万の政治関連画像を分析したところ、最も多くシェアされた五〇の画像のうちの五六パーセントが、誤解を招く可能性の高いもので、完全に真実を伝えていると言えるものはわずか八パーセントしかなかった。マイクロソフトは、二〇一九年のインドの総選挙直前に、インド国民の六四パーセントがインターネット上でフェイク・ニュースに接したと推定している[47]。インドでは、国民の五二パーセントがワッツアップからニュースを得ているという調査結果もある[48]。そして、ワッツアップのプライベート・メッセージングが、フェイク・ニュースの隠れた温床になっている。プライベート・グループではエンドツーエンド暗号化〔利用者のみが鍵を持ち、サービス管理者やプロバイダが勝手にデータを復号できないようにする暗号化方式〕が行なわれるため、フェイク・ニュースが拡散されても外から察知されにくく、拡散を防止する対策も講じにくい。

フィリピンでは、政治腐敗を暴く報道をし、二〇一八年には『タイム』誌の「今年の人」に選ばれたフィリピン系アメリカ人ジャーナリスト、マリア・レッサの信頼を貶めるフェイク・ニュースが拡散された。拡散は急速で非常に広範囲に及んだ。このフェイク・ニュース拡散は、クリミア危機のさいのロシアのフェイク・ニュース作戦と同様の影響をもたらした。法廷での闘いで偽情報が証拠として扱われ、レッサは不利になったのだ。二〇二〇年六月、マリア・レッサはサイバー名誉毀損で有罪とされ、最高で七年の禁錮刑を科せられた。このように、偽情報の兵器化、フェイク・ニュースの拡散は、世界中の民主主義にとって重要な問題となっている。

公衆衛生を脅かすフェイク・ニュース

二〇二〇年三月、悪意ある人間により計画的にアメリカ国民を不安にさせるフェイク・ニュースが拡散された。新型コロナウイルスの感染拡大を封じ込めるため、大規模な隔離が間もなく始まるというフェイク・ニュースだ。アメリカ国家安全保障会議（NSC）は、わざわざ公式にそのニュースを否定しなくてはならなかった。新型コロナウイルスに関して拡散されたフェイク・ニュースはそれだけではない。中国政府は、このパンデミックはアメリカ軍の仕業であるという陰謀説を流布させた。ウイルスを殺すために塩素を飲むといい、大量のアルコールを飲むといい、といった嘘の「治療法」が広まったせいで、何百人もの人が命を落とした。もちろん、その当時、新型コロナウイルス感染症には、治療薬もワクチンもなかった。世界保健機関（WHO）などの国際機関は、ハイプ・マシンによる偽情報の拡散と闘っている。それは世界のパンデミック対策の大きな要素となっている。

　私はMITの仲間たちとチームを作り、ワッツアップのWHOの公式コロナウイルス・チャンネルで、ファクトチェックの役割を担う〈COVIDConnect〉を支援している。また、コロナウイルス関連の偽情報の広がりや影響を調査している。だが、公衆衛生関連の偽情報がハイプ・マシンで拡散されるとどれほどの破壊力を持つのかは、新型コロナウイルスのパンデミックが起きる前年の二〇一九年、はしかの再流行のさいに垣間見えていた。

　はしかは、アメリカでは二〇〇〇年に根絶が宣言されていた。しかし二〇一〇年に報告された症例がわずか六三だったのに対し、二〇一九年には、最初の七カ月だけで症例が一一〇〇を超えた。[49] 一八〇〇パーセント近い増加である。はしかは子供がかかると特に危険な病気だ。発熱と発疹《はっしん》だけで済むことも多いが、[50] 一〇〇〇人に一人は、脳にまで症状が広がる。頭蓋骨の膨張や痙攣《けいれん》、脳炎などが起こることもある。子供の二〇人に一人は肺炎を起こし、空気から酸素を取り出し、身体に行き渡らせることができなくなる。二〇一七年には、世界で一一万人の子供がそのせいで命を落とした。

はしかウイルスは、ウイルスのなかでも特に人から人への感染力が強い[51]。はしかウイルスに感染した人が咳をすると、その人が部屋を出て一時間経ったあとでも、飛沫から別の人に感染することがある。はしかウイルスに触れると一〇人のうち九人がはしかを発症することになる。一人から平均で何人に感染するかを示すR0値（基本再生産数）は、二〇二〇年の新型コロナウイルスが二・五だったのに対し、はしかは一五にもなる[52]。

これだけ感染力の強い病気の蔓延を防ぐためには、人口の大部分にワクチンを接種して、集団免疫を達成する必要がある[53]。はしかより感染力の弱いポリオの場合、人口の八〇〜八五パーセントにワクチンを接種すれば集団免疫を達成できる。しかし、はしかのように感染力が強い病気の場合は、人口の九五パーセントにワクチンを接種しなくては集団免疫を達成できない。はしかに有効なワクチンは一九六三年から存在するが、専門家によれば、根絶したはずのはしかが残念ながらアメリカで復活した原因はワクチン拒否にあるという。はしか、おたふく風邪、風疹の混合ワクチン（新三種混合ワクチン、MMRワクチンとも呼ばれる）の二〇一七年の子供への接種率は九一パーセントだったが、一部の地域では近年、接種率が極端に低下していた。そして、まさにそうした地域ではしかにかかる人が急増したのだ。

私にとっては他人事ではなかった。私には六歳の息子がいたからだ。最も危険性の高い年齢層だ。しかも二〇一九年にアメリカで報告されたはしかの症例の半数超が、ニューヨーク、ブルックリンのユダヤ正統主義者コミュニティからのものだった。我が家から五ブロックのところにあるコミュニティだ。症例が急増していたのはどれも皆、人々の結びつきが強いコミュニティである。たとえば、ニューヨーク州ロックランド郡のユダヤ人コミュニティ、ワシントン州クラーク郡のウクライナ人とロシア人のコミュニティなどだ。いずれのコミュニティでも、ワクチン接種率は七〇パーセント前後にとどまっていた。集団免疫を達成するにはあまりにも低い。
はしかがそれほど危険なら、またワクチンがそれほど有効なら、なぜ子供へのワクチン接種を拒否する親がいるのだろうか。その原因の一つは、アンドリュー・ウェイクフィールドが、信頼性が高いとされる医学誌『ランセット』に「新三種混合ワクチンを接種すると自閉症になる」という科学的に誤った論文を発表したことである。後に、ウェイクフィールドが、ワクチン製造企業を訴えていた弁護士から金銭を受け取って証拠を捏造《ねつぞう》し、嘘の論文を書いていたことが発覚した。[54] また、ウェイクフィールド自身、従来の新三種混合ワクチンと競合する新たなワクチンの開発に取り組んでいたことも明らかになった。事実が明るみに出ると、『ランセット』誌は即座に論文を撤回し、ウェイクフィールドは医師免許を剝奪された。だが、偽情報の影響は今日も消えていない。複数のブログによって陰謀論が拡散されているうえ、ウェイクフィールド自身が監督した「MMRワクチン告発」という映画を多数の人が観たことも大きく影響している。この映画の存在は今もソーシャル・メディアによって多くの人に知らされている。
テネシー大学ヘルス・サイエンス・センター小児科長で、メンフィス、ル・ボヌール小児病院小児科長でもあるジョナサン・マッカラーズ医師は、二〇一九年三月、上院の公聴会で、反ウイルスの偽情報について証言した。マッカラーズ医師の証言によれば、ワクチン免除に関する国の政策や、不安を感じる国民の相談に応じる態勢の不備も大きいが、それに加え、誤った理論を速く広く拡散する情報伝達経路があること、その理論を否定できるはずの信頼ある専門家の意見が広まっていないこと、などによってワクチン接種をためらう人が増えているという。[55]
子供を持つ親たちは、インターネット、特にツイッターやフェイスブックなどのソーシャル・メディアから多くの情報を得ている。その情報には怪しげなものも多く、正しい情報が不足している。誤った情報の氾濫で混乱し、ワクチンに不安を持つ親が増えることは理解できる。一度、ワクチンに疑いを持ってしまった親たちは、それ以上の情報を得ようとせず、子供へのワクチン接種を拒否することも多い。ソーシャル・メディアで誤った情報が流されると、ワクチンで予防できるはずのはしかのような病気がすぐに蔓延してしまう危険性があるわけだ。

フェイスブックの反ワクチン王

ラリー・クックは自ら、「フルタイムの（反ワクチン）活動家」と名乗っている。二〇一九年現在、クックは、フェイスブックの「反ワクチン王」でもある。クックの営利団体ＳＭＶ[56]（Stop Mandatory Vaccination＝強制ワクチン接種反対）は、ソーシャル・メディアで反ワクチンのフェイク・ニュースを拡散することで収益を得ていたほか、反ワクチンの書籍を紹介することで、アマゾンからアフィリエイト料も得ていた。さらにクックは、〈GoFundMe《ゴーファンドミー》〉を利用したクラウドファンディングで資金を集め、それでウェブサイト運営にかかる費用や、フェイスブックの広告料、自分自身の生活費などをまかなっていた。二〇一九年にフェイスブックに出た反ワクチンの広告の五四パーセントは[57]、クックの団体ＳＭＶか、ロバート・Ｆ・ケネディ・ジュニアが率いる団体「ワールド・マーキュリー・プロジェクト」が出稿したものだった。

クックの反ワクチン・キャンペーンは、ワシントン州の二五歳以上の女性をターゲットにしていた。ワクチン接種を必要とする幼い子供がいる可能性が高そうな層を狙ったわけだ。その層を狙った一五〇を超える投稿[58]は、クック自身のものを含む七つのフェイスブック・アカウントによって宣伝され、一六〇万回から五二〇万回のビューを稼ぎ、キャンペーンに使った費用一ドルあたり約一八回のクリックを得た。フェイスブックでは、クリック一回を得るのに要する費用は全業種平均でおよそ一・八五ドルである。少し計算のできる人なら、クックのキャンペーンがとてつもなく効率的なものだとわかるだろう。このデータによれば、クックは一回のクリックあたり約六セントを支払っているだけということになる。

二〇一九年の初頭、フェイスブックでワクチンに関する検索をした時の結果は、反ワクチンのプロパガンダに支配された状態になっていた。ユーチューブの推薦アルゴリズムも、ワクチンに関する事実に基づいた医療情報を提供する動画を見た視聴者を、反ワクチンの誤った情報を提供する動画へと誘導するようになってしまった。ピンタレストでは、ワクチンに触れた投稿の七五パーセントが[60]、実際には存在しないはしかワクチンと自閉症との関係に言及するものだった[59]。ジョージ・ワシントン大学の研究者が二〇一九年に発表した論文によれば、ロシアのツイッター・ボットは、通常のツイッター・ユーザーの約二二倍もワクチンに関連する投稿をしていたという[61]。どうやらロシアは、ハイプ・マシンをハイジャックして、ワクチンに関する虚偽の情報を流していたと考えられる。

政治関連のフェイク・ニュースと同様、反ワクチンのフェイク・ニュースも、発信源は限定されており、そして短期間に集中的に流される。『アトランティック』誌のアレクシス・マドリガルの分析によれば、フェイスブック上の主要な五〇のワクチン関連ページでは、ワクチン関連の投稿上位一万件のうちの半数近くが二〇一六年一月から二〇一九年二月までのあいだになされ、投稿への「いいね」の三八パーセントがその期間につけられていたという[62]。その期間、ワクチン関連の投稿上位一万件のうちの二〇パーセントは、わずか七つの反ワクチン・ページによってなされていた。

次の章で詳しく述べるが、ハイプ・マシン上では、価値観、考え方が似通った人たちが集まり、互いの結びつきの非常に強いネットワークを形成する傾向がある。私たちは、似た者どうしを結びつけやすい情報エコシステムのなかに生きていると言ってもいい。二〇一九年、二〇二〇年のニューヨーク州、ワシントン州でのはしかの流行も、やはり考え方の似通った人たちが強く結びついたコミュニティで発生した。大統領選挙へのロシアの干渉の場合と同様、フェイク・ニュースは、必ずしも多数の人の考えを変えさせるものでなくても全体に大きな影響を与えることができる。大統領選挙の場合は、激戦州の少数の有権者の行動を変えさせるだけで十分だった。反ワクチンのフェイク・ニュースも同じで、たとえ多数の人のワクチン接種をやめさせることができなくても、感染症を流行させることは十分に可能だ。ワクチンの接種率を、集団免疫を達成できるレベルよりも少しだけ下げればいい。そのためには、結びつきの強いコミュニティのごく少数の人たちの行動さえ変えればいい。互いの結びつきが強いコミュニティでは、誤った情報を少数が受け取るだけで、あっという間に全体へと広がる。

フェイスブックの二六〇〇万人のユーザーと、三〇〇万件のワクチン関連の投稿との七年間の関わりを分析した調査では、フェイスブック上でのワクチンについての会話が、まさに結びつきの強いコミュニティでの会話の典型例になっていることがわかった。結びつきの強いコミュニティでは、「エコーチェンバー現象」と呼ばれる現象が起こりやすく、それに伴ってコミュニティの成員の考え方も年を追うごとに偏ったものになりがちだ[63]。フェイスブック上でもそうなっていた。たとえば、反ワクチンの意見を持った人が多いコミュニティでは、外の世界とは無関係に、全員がしだいに反ワクチンの姿勢を強めていくことになる。反ワクチンの人と、ワクチン賛成の人が共存することはない。

ラリー・クックなど、反ワクチン活動で利益を得ようとする人たちがフェイスブック広告の標的にしたのは、ワシントン州のコミュニティのような、人々の結びつきの強い閉鎖的なコミュニティばかりである。感染症の流行の発生源となったのもその種のコミュニティだった。

二〇一九年の初頭からは、ソーシャル・メディア企業もこの問題への対策に乗り出した。インスタグラムは、反ワクチンに関連した〈#vaccinescauseautism（ワクチンは自閉症の原因に）〉〈#vaccinesarepoison（ワクチンは毒）〉といったハッシュタグのブロックを開始した。ユーチューブは、反ワクチンの動画では広告による収益は得られないと通達した。ピンタレストは、ワクチン関連のコンテンツの検索を禁止した。フェイスブックは、反ワクチンのコンテンツを含むページやグループの表示をやめ、ユーザーに反ワクチン・グループへの参加を勧めることがないよう推薦エンジンを修正した。また、フェイスブックは、ラリー・クックらの出稿した広告を削除した。ソーシャル・メディア企業は、二〇二〇年には、新型コロナウイルスに関するフェイク・ニュースに関しても同様の対策を講じた。

だが、はたしてこれで新型コロナウイルス感染症やはしか、そして将来の新たな感染症の蔓延を抑止できるだろうか。それとも、フェイク・ニュースのせいで予防可能な病気が蔓延してしまう事態はこれからも起きるのだろうか。その問いには、フェイク・ニュースについて深く知らなければ答えられない。

フェイク・ニュースの科学

今、民主主義や経済、公衆衛生へのフェイク・ニュースの潜在的脅威が高まっているのは明らかだ。だが、実際にフェイク・ニュースがネット上でなぜ、どのようにして拡散されるのか、その細かい仕組みについての研究はまだ始まったばかりだ。二〇一八年までは、フェイク・ニュースについての研究が行なわれたとしても、分析の対象となるデータの絶対量が少なく、基本的には一度に一つのニュースについて調べられるだけだった。だが、私は、同僚のソルーシュ・ヴォソウギ、デブ・ロイとともにその状況を大きく変えた。フェイク・ニュースのネット上での拡散について一〇年にわたって調査した結果を、二〇一八年三月に『サイエンス』誌で発表したのだ。(64)

その調査は、ツイッター社と直に連携して実施した。二〇〇六年から二〇一七年までのあいだに、真実あるいは虚偽であると立証された情報がそれぞれツイッター上で実際にどのように拡散されたかを調べたのである。調査対象のニュースは、ツイッター社が保管していた過去データのなかから抽出した。このデータは、三〇〇〇万人の人々が、四五〇〇万回のツイートによって拡散した、およそ一二万六〇〇〇件のニュースである。個々のニュースが真実であるか虚偽であるかは、六つの独立したファクトチェック機関（スノープス、ポリティファクト、ファクトチェックなど）からの情報を基に判断した。どのファクトチェック機関でも、九五〜九八パーセントの確度で真実とみなしているものだけを真実のニュースとしたのだ。また、MITとウェルズリー大学で学生を集め、ファクトチェック機関の判断に偏りがないかの検証もしてもらっている。

ツイッターがサービスを開始してから約一〇年のあいだに流されたニュースを包括的にデータベース化した後、私たちは、それぞれのニュースを最初に伝えた「元のツイート」がその後どのように共有されていったのかを追跡した。ニュースがネット上で拡散されたさいのリツイートの流れ（これを「カスケード」と呼ぶ）を再現しようと試みたのだ。カスケードを図に表すと、奇妙な、宇宙人を思わせるような形状になった。はじめは、元のツイートが四方八方にリツイートされ、まるで星から光が発せられているような形になる。また、リツイートもやはり新たにリツイートされる。その様子は、まるで触手を持ったクラゲのように見える。［図２－２］は、あるフェイク・ニュースのカスケードを表した図だ。カスケードがツイッター上で拡散するパターンは数学的に分析することができる。フェイク・ニュースと真実のニュースの拡散パターンの違いもその分析で明確に知ることができた。

分析の結果、私たちは、自分自身が驚き、困惑するような発見をした。フェイク・ニュースは、真実のニュースよりもはるかに速く、はるかに広範囲に拡散されていたのだ。リツイートが繰り返される回数もフェイク・ニュースのほうがはるかに多かった。まさに「桁違い」と言うべき差だった。真実のニュースが一〇〇〇人以上に広まるのは稀だったが、上位一パーセントのフェイク・ニュースは、一〇万人くらいに拡散されるのが普通だった。真実のニュースはフェイク・ニュースに比べて、一五〇〇人に広まるのに約六倍の時間がかかっていた。また、元のツイートのリツイートが一〇回繰り返されるまでには、二〇倍の時間を要していた。フェイク・ニュースは、カスケードのどの階層でも、次々に新たなユーザーにリツイートされるため、真実のニュースよりも速く広く拡散される（多くのユーザーにリツイートされるほど、そのニュースは元のツイートから遠い人にまで広まっていくことになる。また、リツイートがまたリツイートされ、ということが繰り返されれば、そのニュースが深く浸透したということになる）。

フェイク・ニュースのなかでも特に伝染性が高いのは政治関連のフェイク・ニュースである。他の種類のフェイク・ニュースに比べて、広く、深く拡散され、多くの人々へと届く。なんと、他のフェイク・ニュースが一万人に届くよりも三倍近く速く二万人以上に届くのだ。政治に関するフェイク・ニュースと、都市伝説に関するフェイク・ニュースが最も伝染性が高く、最も速く、広く拡散すると言えるだろう。フェイク・ニュースがリツイートされる回数は、真実のニュースよりも七〇パーセントも多い。これは、アカウントの持ち主の年齢や、活動のレベル、元のツイートをしたユーザーのフォロワー、フ

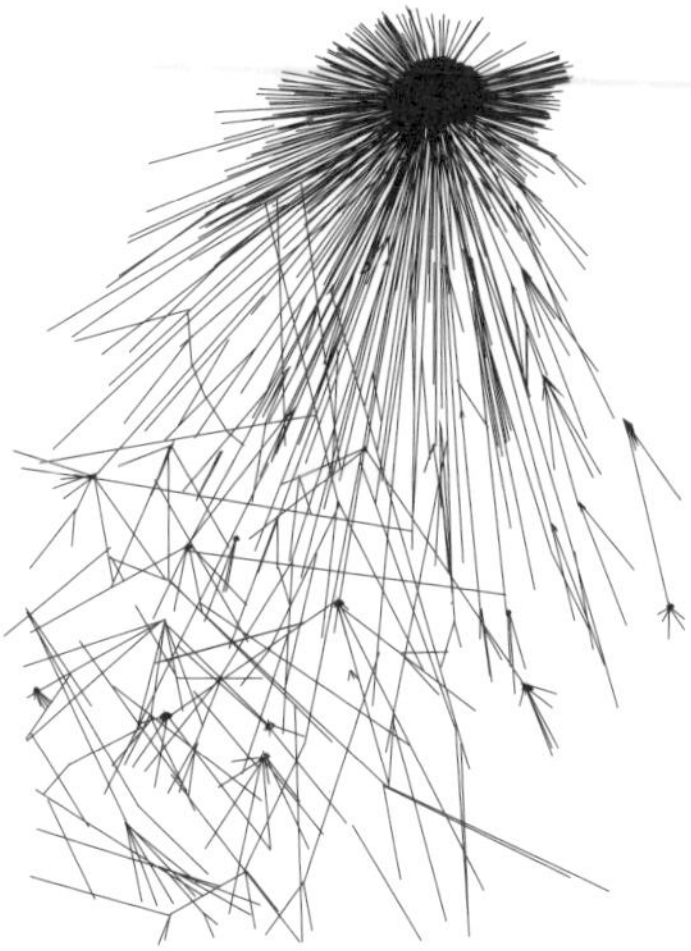

［図2-2］あるフェイク・ニュースのツイッターでの拡散の様子。線が長いほどカスケードが長く伸びたことを意味する。フェイク・ニュースが何度も繰り返しリツイートされ、広範囲に広がっていく様子が一目でわかる。

ォロイーの数、元のツイートをしたユーザーが認証済みか否か、などを考慮して調整したあとの数字だ。

「フェイク・ニュースが拡散されやすいのではなく、そもそもツイートが多く拡散されやすい人がフェイク・ニュースを発信しているのでは？」と思う人もいるだろう。だが、データを見るとその考えが正しくないことがわかる。フェイク・ニュースを発信しているユーザーは、フォロワーも多く、多くの人をフォローしていて、ツイートの頻度も高く、認証済みのユーザーであることも多いのではないか、そしてツイッターを使っている時間も長いのではないか、と思う人は多いかもしれない。だが、実際にはそんなことはない。フェイク・ニュースを発信する人のほとんどは、フォロワーが非常に少なく、フォローしている人も少ない傾向がある。また、ツイッターでの活動も活発ではないし、認証済みユーザーもあまりおらず、ツイッターを使っている時間も少ない。つまり、フェイク・ニュースが速く、広く、深く、拡散されるのは、発信するユーザーのせいではなく、あくまでフェイク・ニュースそのものの力だということになる。では、なぜ、どのようにしてフェイク・ニュースはそれほど拡散されていくのか。

フェイク・ニュースの拡散には、協調して動く多数のボットと、無意識の人たちの両方が関わる。両者が共生関係になり、互いに助け合うことで、情報が拡散されていくのだ。拡散に加担した人たちの多くは自分のしたことをわかっていない。

ソーシャル・ボットとフェイク・ニュースの拡散

フェイク・ニュースの拡散に大きな役割を果たすのがソーシャル・ボット（ソフトウェアで制御されるソーシャル・メディア上のアカウント）である。二〇一四年のクリミア危機のさいのツイッター上のデータの流れを分析した時にも、一〇年間のツイッターのデータを分析した研究でも、ソーシャル・ボットの役割は確認できた。フェイク・ニュースを拡散させるさいのソーシャル・ボットのはたらきを詳しく知ると不安にもなるが、同時にあまりの見事さに感心させられる。

二〇一八年、私の友人であり、研究者仲間でもあるインディアナ大学のフィリッポ・メンツァーは、同僚のチョンチョン・シャオ、ジョバンニ・チャンパグリア、オヌール・ヴァロール、カイチェン・ヤン、アレッサンドロ・フランミーニとともに、ソーシャル・ボットによるフェイク・ニュースの拡散に関する史上最大の研究の結果を発表した。(65) この研究では、二〇一六年、二〇一七年にツイッター上で四〇万件の記事を拡散させた一四〇〇万のツイートを対象に分析している。私たちが発見した「フェイク・ニュースは真実のニュースよりも伝染力が強い」という傾向は、メンツァーらの研究でも裏づけられた。また、信頼性の低い情報源から発信されたコンテンツの拡散に、ボットが大きな役割を果たしていることも確認された。ただ、ボットがフェイク・ニュースを拡散させるさいに使う手口は実に驚くべきものだった。ボットのプログラムは、ハイプ・マシンを実に巧妙に利用できる高度なものになっていた。

フェイク・ニュースが最初にツイートされると、ボットたちはそれから数秒のあいだに一斉にリツイートする。ボットはそうするように設計されている。フェイク・ニュースを初期の段階で拡散するのは、人間よりもボットであることが多い。［図2－2］を思い出してほしい。フェイク・ニュースのカスケードは、はじめは、まるで星から光が発せられているような形になっていた。この星形の大半はボットによって作られる。しかし、肝心なのはその次の段階だ。ボットがリツイートしたフェイク・ニュースを、今度は大勢の人間が大量にリツイートするのだ。最初にボットがリツイートしたことがきっかけとなって、それとは不釣り合いなほどの数の人間がリツイートを始めることになる。フェイク・ニュースのカスケードはまず、ボットの力で作られるのだが、それをハイプ・マシンのネットワークに広く拡散させるのはあくまで人間の力というわけだ。

ボットには、影響力の大きい人物の名前を繰り返し引き合いに出すという特性もある。そうすることで、もし影響力のある人物にフェイク・ニュースをリツイートさせることができれば、拡散に役立つだけでなく、情報の信憑性《しんぴょうせい》を高めることにもつながる。メンツァーらの研究でも、たとえば、一つのボットだけで一九回もドナルド・トランプ大統領のアカウントである〈@realDonaldTrump〉を含めたツイートをしている例が見つかっている。「二〇一六年の大統領選挙では、不法移民が何百万もの票を投じた」とするフェイク・ニュースのツイートに大統領のアカウントを含めたのだ。名前を使われた有名人が騙されてフェイク・ニュースを信用し、ツイートをリツイートすれば、そのボットの戦略は成功ということになる。トランプ大統領は、この種のボットによるツイートを多数リツイートした。そのせいでフェイク・ニュースは信憑性を増してツイッター上で広く拡散された。トランプ大統領は実際に、「二〇一六年の大統領選挙では、不法移民が何百万もの票を投じた」と公の場で発言もしている。

ボットは人間がいなければフェイク・ニュースを拡散できない。私たちの一〇年分のデータの研究でも、フェイク・ニュースを真実のニュースよりも速く、広く拡散しているのは、ボットよりも人間だとわかっている。二〇一六年、二〇一七年についてのメンツァーらの研究でも、ツイッター上でフェイク・ニュースを拡散させるうえで重要な役割を果たしているのはボットではなく人間だとわかった。結局のところ、この場合、人間と機械は共生関係にあるのだ。ボットがしているのは、フェイク・ニュースをリツイートするよう人間を仕向けることだ。ボットは仕向けるだけで、実際に拡散しているのは人間である。フェイク・ニュース拡散の究極の目的は、人間に嘘を信じさせることだ。投票するのも、抗議運動をするのも、商品のボイコットをするのも、子供へのワクチン接種をさせるか否かを決定するのもすべて人間だからだ。フェイク・ニュースは、人間の判断、行動を操るために流されるのである。ボットはその目的を達するための手段にすぎない。だが、フェイク・ニュースの拡散に大きな役割を果たし、フェイク・ニュースの標的でもある人間はなぜ、嘘の情報にそれほど引きつけられるのか。なぜ、みすみす嘘を拡散してしまうのか。

新奇性の仮説

私と、ソルーシュ・ヴォソウギ、デブ・ロイの三人は、この問いに関して、「新奇性の仮説」という仮説を立てた。新奇なものは人間の注意を引きつける。[66] 驚いたり、感情を大きく動かされたりすると、その原因となったものに注目するのだ。それまでの価値観、世界観を変えさせられるような事実を知ると、[67] 人はそれを誰かと分かち合いたいと思う。誰かに知らせれば、知らせた相手も自分と同じように、新たな秘密を知り得た特別な人間[68]になれるだろうと思うのだ。そういう仮説を立てたうえで、私たちは一〇年分のツイッターのデータを分析した。フェイク・ニュースが実際に、真実のニュースより新奇性の高いものになっていたかどうかを検証したのだ。また、ツイッターのユーザーたちが、新奇性の高い情報をそうでないものより多くリツイートしていたかも検証した。

私たちは、ツイッター上で内容が真実であるか嘘であるかを問わず、ともかく何らかの噂のツイートをリツイートしたユーザーたちについて詳しく分析してみた。その人たちが、リツイートの前の六〇日間に触れた全ツイートの内容を精査し、それとリツイートした噂のツイートの内容とを比較したのだ。すると、両者のあいだには、一貫した傾向が見られることがわかった。どのユーザーも、自分がそれまでに目にしてきたツイートに比べて新奇と感じる内容のツイートをリツイートしていたのだ。そして、嘘の噂、つまりフェイク・ニュースを、真実の噂、ニュースに比べて新奇と感じるユーザーが多かった。

今のように「アテンション・エコノミー（人々の関心、注意が経済的な価値を持つという考え方のこと。第9章で詳しく触れる）」が重要視される時代には、フェイク・ニュースを流すことには一定の合理性があると言える。ソーシャル・メディアに流れる情報（ミーム）は、私たちの乏しい関心、注目を少しでも多く得ようと互いに競争している。そのなかで新奇なミームは、多くの人の注目を得て[69]、その人たちの消費行動を操ることができるし、多くの人に拡散に協力してもらうこともできる。

ただ、嘘の噂が真実の噂に比べて新奇だと判断したのは、あくまで分析した私たちの主観かもしれない。実際にそのツイートを見た本人はそう感じていない可能性もある。そこで私たちは、この「新奇性の仮説」の正しさをさらに検証すべく、ユーザーたちのリプライを分析することにした。嘘の噂、真実の噂それぞれに、どのようなリプライをしているかを見て、その噂に対して抱いている感情を読み取ろうとしたわけだ。それでわかったのは、嘘の噂のほうが、真実の噂に比べ、ユーザーに大きな驚きや強い嫌悪感を抱かせていたということである[70]。これは「新奇性の仮説」を裏づける結果だと考えられる。それに対し、真実の噂のほうは、悲しみや期待、喜び、信頼などを抱かせることが多かった。この結果を見ると、新奇性に加え、フェイク・ニュースのどのような要素が人々にリツイートを促すのかもわかる。フェイク・ニュース拡散のメカニズムを理解するには、まず人間がいかにフェイク・ニュースに影響されやすいかを知る必要があるだろう。

――人間はフェイク・ニュースに影響されやすい

人間はなぜ嘘を信じてしまうのか、ということについての研究は、フェイク・ニュースについての研究よりも進んでいる。ただ、問題は、今のところまだ確固たる理論ができているわけではないということである。現状では、二通りの考え方があって、はたしてどちらが正しいのか、という論争が続いている。それは「古典的推論」と「動機づけ推論」のどちらの影響が強いのか、という論争である。もし古典的推論が強いのなら、「人間は徹底的に分析的に思考をすれば、何が真実で何が嘘かを見分けることができる」と考えていいだろう。だが、「動機づけ推論」が強いのなら、「たとえ分析的に思考しても、真実と嘘の見分けがつくとはかぎらない」ということになる。いったん嘘を信じてしまうと、それが嘘であると証明する情報に触れたとしても、自分の誤りを修正できず、分析的思考を深めることで、さらに嘘を強く信じるようになるのだ。元々、考え方に偏りがある場合、あるいは嘘を信じようという意思を持っている場合には、考えれば考えるほど、嘘を信じる度合いは強くなる。

　私の友人でMITの同僚でもあるデヴィッド・ランドは、ゴードン・ペニークックと協力して、フェイク・ニュースと真実のニュースを見分けられるのはどういう種類の人か[71]を調査した。まず、集めた被験者たちに対して、「認知内省テスト（CRT＝Cognitive Reflection Test）」と呼ばれるテストを実施し、それぞれがどの程度思慮深くものごとを判断しているかを確認した。そして次に、それぞれの被験者に真実のニュース、嘘のニュースを知らせて、どれを信じ、どれを信じないかを見た。CRTでは、たとえば被験者に「バットとボールの値段が合わせて一ドル一〇セントだとする。バットがボールより一ドル高いとすれば、ボールの値段はいくらか」といった簡単な問題を出して解いてもらう。深く考えず直感だけで答える人は、「ボールは一〇セント」としてしまうことが多い。だが、この答えは誤りだ。ボールが一〇セントで、バットがそれより一ドル高いのだとすれば、二つの合計は一ドル二〇セントになってしまうからだ。この種の問題を出して反応を見れば、その人がどの程度思慮深いかがわかる。

　ランドとペニークックの調査では、CRTで思慮深いとされた人は、そうでない人よりも、真実のニュースと嘘のニュースを正確に見分けることができるとわかった。たとえ実際の出来事について伝えていても、特定の立場の人に有利になるよう歪められているニュースがあれば、それも察知できた。つまり、二人の調査の結果を見るかぎり、「古典的推論」が強いとみなせる。

だが、話はこれで終わりではない[72]。人間には、たとえ嘘であっても同じ話を繰り返し聞くと、それを本当だと思いやすい、という性質があるからだ。これを「真実性の錯覚[73]」と呼ぶ。人間は、嘘の情報に繰り返し触れているうちに、それを本当だと思ってしまうことがあるのだ。また、自分が思っていたことに合致する話を信じやすいという性質もある（これを「確証バイアス」と呼ぶ）。つまり、同じ話を繰り返し聞くほど、またその話が自分の知識と一致しているほど、私たちはそれを信じやすいということだ。そのため、「嘘を信じている人に、それを訂正する真実の情報を伝えると、裏目に出ることが多いのではないか」と考える人もいる。「あなたは間違っている」と言われると、それまでの間違いを正すのではなく、ますます間違いを強く信じるようになるのではないか、ということだ。

だが、これまでに得られている証拠から見れば、この種の逆効果はさほど強くないようだ。たとえば、アンドリュー・ゲスとアレクサンダー・コポックが実施した三つの実験では、逆効果が実際に存在する証拠は得られなかった。理論的にはいかにも逆効果が生じそうな状況であっても、実際にはそうならなかったのである[74]。

これらの話を総合すると、思慮深く考えることは、嘘と本当を見分けることに役立ち、繰り返し同じ話を聞くと本当だと信じやすく、嘘を信じている人に訂正の情報を伝えても裏目に出ることは少ない、ということになる。自分がすでに得ている知識に合致する情報を信じやすいという確証バイアスはあるが、訂正の情報を伝えることには一定の効果があるのだ。このように考えると、フェイク・ニュースとどう闘うべきかがわかってくる（このことに関しては、第12章で詳しく触れる）。

フェイク・ニュースを作る経済的動機

クリミア危機やアメリカ大統領選挙のさいのロシアの動きから、フェイク・ニュースを作るのにどのような政治的動機があるのかはよくわかる。だが、経済的動機からフェイク・ニュースを作る人間が多くいることも見逃してはならない。そのことは、マケドニア、ヴェレスでの事例を見れば明らかである。

ヴェレスは、人口五万五〇〇〇人の小さな町である。あまり活気があるとは言えない。テレビのチャンネルは二つしかなく、美しい教会がいくつかあるくらいで目立つ建物もほとんどない。歴史上の人物としては、オスマン帝国の宰相を務めた人物が何人かいるくらいで、歴史的に有名な事件といえば、一四世紀終わりのセルビア人とオスマン帝国の戦いがあるくらいだ。しかし、そんな小さな町、ヴェレスが、二〇一六年のアメリカ大統領選挙では、世界のなかでも特に大きな影響力を持つことになった。失業中の十代の若者たち[75]が何人も、ハイプ・マシンでフェイク・ニュースを拡散させるだけで突然、大金持ちになった。

ヴェレスの若者たちは、ソーシャル・メディアのアドネットワークを通じアメリカの有権者に向けてフェイク・ニュースを拡散するためのウェブサイトを何百という単位で作り、またそのウェブサイトの宣伝をした。グーグルなどの企業は、インターネット利用者に向けて広告を表示し、その広告に合った「質の高い」ユーザーをどれだけ引きつけたかに応じて、ウェブサイトの制作者に報酬を支払う。ヴェレスの若者たちは、良いウェブサイトを作り、ソーシャル・メディアでうまくそのサイトのコンテンツを宣伝すれば、大金を稼げることを知った。自分たちの書いた記事を数多くの人が読み、シェアすればするほど、得られる報酬の額が増えていくのだ。

私たちが調査で確認したのと同様、若者たちもやはり、フェイク・ニュースは真実のニュースよりも多くの読者を引きつけるのだと知った。フェイク・ニュースは真実のニュースよりも七〇パーセントも多くシェアされた。若者たちは、拡散のため、ソーシャル・メディアに偽のアカウントも作った。拡散のための有効な方法を確立してからは、フェイク・ニュースはますます多くの人たちに広まるようになった。それまでに届かなかった層の人たちにまで届くようになったのだ。間もなく投票に行くはずのアメリカの有権者たちの多くが、拡散されたフェイク・ニュースを読むことになった。選挙の数カ月前からアメリカには大量の嘘が流し込まれ、反対にヴェレスには大金が流れ込んだ。選挙を前にしたアメリカは嘘の洪水に沈み、ヴェレスの街には、ＢＭＷの新車が多数走りはじめた。

ヴェレスの件はほんの一例にすぎない。二〇一九年に、世界中のフェイク・ニュース関連のウェブサイトが上げた収益は二億ドルを超えた[76]。フェイク・ニュースは今や、ビッグ・ビジネスである。フェイク・ニュースの問題を解決するには（詳しくは第12章を参照）、まずその経済的効果を認識しなくてはいけないだろう。

現実の終わり

ここまで、株式相場の急落や、ワクチン接種率の低下、大統領選挙への干渉など、フェイク・ニュースが実際に悪影響を及ぼした例をいくつも紹介してきた。だが、今後はこの程度の悪影響では済まないおそれがある。フェイク・ニュースはこれからさらに大きな害をもたらす可能性がある。間もなく、

「シンセティック・メディア」という新技術によって、「現実の終わり」[77]とでも呼ぶべき時代が到来するかもしれない。「シンセティック・メディア」は、実在の人物の顔、声のデータを用意すれば、その人が本当に話しているように見える動画を勝手に生成できる技術だ。応用すれば、いかにも本物に見えるフェイク・ニュースをとてつもない速さで作り出すことができるだろう。

ディープ・ラーニング（深層学習）の技術を応用して、本物にそっくりな偽物の映像や音声を作り出す「ディープフェイク」という技術を組み合わせれば、従来の文字だけのフェイク・ニュースよりもはるかに説得力のある動画のフェイク・ニュースが作れるだろう。ディープ・ラーニングは、多層ニューラル・ネットワークを基礎にした機械学習の一種だ。人間は、自分の目で見たものを信じやすい動物である。動画のフェイク・ニュースの悪影響は、従来のものとは比較にならないほど大きいだろう。

二〇一八年に、映画監督の（物まねの名人でもある）ジョーダン・ピールは、バズフィードと協力して、バラク・オバマがドナルド・トランプを口汚く罵る[78]ディープフェイク動画を制作した。この動画はいかにも本物に見えるが、フェイクであることはすぐにわかる。ピールがわざわざオバマに「本物の私は決してこんなことは言わないですが……少なくとも公衆の面前では」などと言わせて偽物感を持たせているからだ。しかし、もし誰か悪意のある人間が人を騙す目的で、絶対に本物にしか見えない動画を作ったとしたらどうなるだろうか。

ディープフェイクは、「敵対的生成ネットワーク（Generative Adversarial Networks＝GAN）」[79]と呼ばれる種類のディープ・ラーニングを基礎とした技術である。GANは、元はイアン・グッドフェローが、モントリオール大学の大学院生だった時に開発した技術だ。グッドフェローはある夜、仲間の大学院生たちとともに地元の酒場でビールを飲んでいた。その時、仲間たちは、コンピュータに、人間の教師の助けを借りることなく自力で画像を生成することを学習させるにはどうすればよいか、という難問に取り組んでおり、グッドフェローもともに解決策を考えることになった。従来知られていた手法では、まったくうまくいかなかったのである。何杯かビールを飲んだあとで、グッドフェローの頭に名案が浮かんだ。二つのニューラル・ネットワークを互いに競わせればうまくいくのではないか、と考えたのだ。こうしてGANが誕生した。

フェイスブックのチーフAIサイエンティストだったヤン・ルカンは、GANを「過去二〇年間のディープ・ラーニング研究で最高にクールなアイデア」[80]と呼んだ。フェイク動画のなかでバラク・オバマがドナルド・トランプを罵ることになったのも、このアイデアのおかげだった。

GANでは、二つのネットワークが互いに競い合う。一方のネットワークを「ジェネレータ（生成器）」と呼び、もう一方のネットワークを「ディスクリミネータ（識別器）」と呼ぶ。ジェネレータは実際に画像や映像や音声を生成するネットワーク、ディスクリミネータは、その画像が本物か偽物かを判定するネットワークだ。ジェネレータは、ディスクリミネータの判定を基に学習し、画像や映像、音声などをより本物に近くなるよう最適化していく。正確には、ジェネレータにとっては、ディスクリミネータを騙し、画像や映像、音声などを本物だと思わせるようにすることが仕事になる。理論的には、判定、学習を繰り返すほど、ディスクリミネータ、そして私たち人間をうまく騙せるようなものが生成できるはずである。GANテクノロジーが今後、加速度的に進歩すれば、現実を簡単に、そして自由に歪曲することが可能になってしまう。

GANは良いことにも応用できる。たとえば、高エネルギー物理学の実験で説得力のある合成データを生成するとか、新薬の開発を促進するといったことに役立つのは確かだ。しかし、このテクノロジーが地政学的、経済的な害をもたらすおそれがあるのは間違いない。アメリカ国務省の元反テロリズム・コーディネーターでもあるダニエル・ベンジャミン大使、クリントン、オバマ政権で国家安全保障会議（NSC）の反テロリズム・シニア・ディレクターを務めたスティーヴン・サイモンは、悲観的な予測をしている。

「たとえば、イランなど外国の高官がテロリストと手を組み、アメリカを攻撃しようとしている、というふうに見える動画が捏造され、拡散されたとしたら、それによってどれほどの混乱が生じるかは誰でも容易に想像できる。あるいは、イランや北朝鮮が、何カ所かの標的に向けた攻撃を計画している、というニュースが読みあげられる映像が捏造されるだけでも大変なことになる……それで本当に戦争が起きるおそれがあるし、そうでなくても、アメリカ全体が、本物の危機が迫っているかのような反応をすることになるだろう[81]」

ディープフェイクで生成した音声を使って、企業から何百万ドルという金銭を騙し取ったという事例はすでにある。二〇一九年夏、シマンテックのCTO、ヒュー・トンプソンは、同社の顧客企業がディープフェイクで捏造された音声による攻撃を受けていたことを公表した[82]。攻撃した犯人たちはまず、ある企業のCEOの公開されている何百時間分かの肉声を使ってGANを訓練した。肉声のなかには、マスメディアのインタビューに答えた時のものもあれば、講演や業績発表のさいのもの、議会での証言のさいのものなどもあった。犯人たちは、こうした音声データを利用して、自動的にCEOの声帯模写をするシステムを作りあげたのだ。このシステムを使えば、たとえば、CEOの声を使って同じ企業のCFOに電話をかけることもできる。そして、CEOが「今すぐに指定の口座に一〇〇万ドル送金してくれ」と頼んでいると思わせることも可能だ。録音済みの音声を使うのではない。犯人たちが何かを話すと、その声がリアルタイムでＣＥＯの声に変換されるのだ。だから、ＣＦＯとその状況に応じて噛み合った会話をすることができる。ＣＥＯの声も話し方も本物そっくりで、しかも、それだけの大金を送る必要がある理由もうまく説明できる――たとえば、その資金がないと大口の取引を逃すことになる、四半期の末までにどうしても済ませておかねばならない支払いがある、などの理由だ――ので、ＣＦＯはすっかり騙されて、言われたとおりに送金してしまうというわけだ。トンプソンの話によれば、被害に遭った企業は複数存在し、それぞれ一〇〇万ドル単位を騙し取られたという。

ジョーダン・ピールは、ディープフェイクを使ってオバマにこう言わせている。「この程度ならまだたいしたことはないと思う人は多いかもしれない。だが、大事なのは今後の私たちの対応だ。対応の仕方によっては特に大きな問題は起きないかもしれないが、対応を誤ると、とんでもないディストピアになってしまう」

私たちはディストピアに住む運命なのだろうか。その問いへの答えを知るには、ハイプ・マシンの仕組みを理解する必要がある。ハイプ・マシンが根本的にどのような原理で動いているのかを理解するのだ。そして、ソーシャル・メディアが私たちの脳にどのように影響するかも知るべきだろう。

第3章 ハイプ・マシン

私たちのビジネスだけでなく、アメリカ人の生活、そして世界中の人々の生活を何よりも大きく変えたのは、ソーシャル・メディアの登場だろう。

——トム・ブロコウ

世界は私たちよりも強いもので満ちている。ただ、それをうまく利用する方法を知っていれば、成功できる。

——ニール・スティーヴンスン

私は長年、フェイスブックと共同で研究活動をしているので、同社のオフィスには何度も足を運んでいる。オフィスの廊下や壁を飾るアート作品は頻繁に変わる。そのなかには一種の伝説になった作品もある。なかでもよく知られているのは、グラフィティ・アーティストのデヴィッド・チョーの話。チョーは、パロアルトのエマーソン・ストリートにあったフェイスブックの最初のオフィスに壁画を描くよう依頼された。その頃、作品がかなりの高値で売れるようになっていたチョーは、フェイスブック社にオフィス全体を覆う壁画を描く代金として六万ドルを要求した。(1) ショーン・パーカーは、代金は現金ではなくフェイスブックの株式で受け取るようチョーに勧めた。二〇一二年に株式が公開されると、チョーの持っていた株式は二億ドルもの価値になった。現在は五億ドルにまで上がっている。

フェイスブックという企業は、アートとイノベーションの関係を大切にしている。「アート・イン・レジデンス」の制度を設けていて、アーティストたちを近隣に滞在させ、メンロー・パークのキャンパスの壁や廊下に独創的で意味深長な絵画を描かせたりもしている。そうしたアート作品は、良くも悪くもフェイスブックという企業の文化を象徴するようなものになっている。たとえば、「素早く行動し破壊せよ（Move Fast and Break Things.）」という有名な標語を掲げたポスターだ。マーク・ザッカーバーグが最初にこの標語を考え出した時、この言葉は、フェイスブックのイノベーションの原動力となるメンタリティーを表現していた。だが現在では、フェイク・ニュース危機やアメリカ民主主義へのロシアの干渉などを防げない、ずさんな企業体質を象徴する言葉になってしまっている。

ある意味で、フェイスブックのオフィスを飾るアートは、同社の企業文化や、プラットフォームが与える社会への影響を反映したものになっていると言える。世界最大のソーシャル・ネットワークの開発に携わるエンジニアたち、データ・サイエンティストたちの精神構造に、オフィスのアートは深い影響を与えているのだろう。フェイスブックという企業、そのプラットフォームがどういうものなのかが、オフィスのアートを見れば一目でわかるということだ。フェイスブックで働く人たちの思考も、アートから推し量ることができる。

ある時、フェイスブック本部を訪れた私は、ある壁画に目を留め、写真に撮って携帯電話に保存した。私は長年にわたり、ハイプ・マシンを調査し、その内部構造を理解しようと努めてきた。その間に、この壁画のことを何度も思い出した。壁画には、緑、青、白のステンシルが使われ「ソーシャル・ネットワークこそがコンピュータだ（The Social Network Is the Computer）」と書かれていた（［図3－1］を参照）。

［図3-1］カリフォルニア州メンローパークのフェイスブック本社にて著者が撮影。

――ソーシャル・ネットワークこそがコンピュータだ

この壁画の言葉はいろいろに解釈できる。単に、フェイスブックという企業は、ネットワークという商品を売っている、という意味なのかもしれない。アップルがコンピュータを売っているように、フェイスブックはネットワーク（あるいはそこに載せる広告）を売っている、というわけだ。だが、私にはこの言葉にはもっと深い意味があるように思える。社会全体を、一つの巨大な情報処理装置とみなすような世界観を表しているのではないか、と思うのだ。そのなかで、様々な発想、概念、意見などが人から人へと行き交う。一人一人は、神経ネットワークを構成するニューロン、ノードのようなものだ。一人一人の意思決定や行動――何を買うか、誰に投票するか、誰とデートするかなど――は、ニューロンのシナプスの発火のようなもの、ということになる。そうした発火が日々、一分間に何十億回も起きている。私たちは皆、ノードであり、巨大な情報処理装置の構成要素になっている。皆で形作っているその情報処理装置こそがソーシャル・ネットワークである、ということだ。

フェイスブック、ツイッター、ワッツアップ、ウィーチャット、インスタグラムなどが作っているデジタル・ソーシャル・ネットワークを、全体で一つの巨大なコンピュータととらえることもできる。だが、仮にソーシャル・ネットワークが本当にコンピュータだとして、そのコンピュータはいったい何を処理しているのだろう。

このコンピュータ――私たち全員をつないでいるこの巨大な情報処理装置――では、発想、提案、政治的メッセージ、行動の要求、芸術・文化の変革の訴え、恐ろしい出来事を伝える衝撃的なニュース、思想、主張など、実に様々な種類の情報がやりとりされる。もちろん、なかには、インスタグラムなどでよく見るかわいい猫や犬の画像など、他愛もない情報も多く含まれている。ハイプ・マシンが本質的に、情報処理装置であるのは間違いないだろう。社会での情報の流れを決める役割を果たす。個人、集団、企業、政府、マスメディア、国際機関などのあいだでの情報の流れを決めるのだ。私たち一人一人は、このネットワーク内のノードであると同時に、自身も情報処理装置であり、意思決定者でもある。

私たちは、買い物をしたり、投票をしたり、デートをしたりして日常生活を営みながら、ネットワークで情報を発信、共有する。自ら何か意見を開陳することもあれば、他者から得た情報を取捨選択し、そのなかの一部を拡散するなどして、ネットワークの情報の流れに影響を与える。私たちの社会で日々起きることはすべて、多数の個人の下した意思決定の結果の集成である。また、一人一人が、様々なメディアを通じて、日々無数の情報や発想、意見などにさらされ、それに影響を受けることになる。メディアの主流は最近まで主に放送メディアだったが、最近ではソーシャル・メディアの力が強まっており、今後もその傾向は続くだろう。

私たち個人もハイプ・マシンでの情報の流れを決めるうえで重要な役割を果たすのは確かだが、情報の流れのほとんどを決めるのは実は「アルゴリズム」である。アルゴリズムは情報の流れを作り、方向づけ、また場合によっては抑制する。私たちがいつ何を目にし、ネットワーク上で次に誰とつながるかなどは、ほぼアルゴリズムが決定してしまう。現代のコミュニケーションのインフラ——現代の新たな情報秩序と言ってもいいだろう——となっているのは、人間というエージェントが形成し絶えず進化を続けるネットワークである。このネットワークが、二四時間、三六五日、私たちの情報のやりとりに関わる。そして、アルゴリズムがそこでの情報の流れを制御するのだ。この進化するネットワークについて理解するには、ハイプ・マシンの内部の仕組みを詳しく見ていく必要があるだろう。

ハイプ・マシンの解剖

ハイプ・マシンは主として三つの要素から成り立っている。一つは、デジタル・ソーシャル・ネットワークである。まずはデジタル・ソーシャル・ネットワークが設計され、構築されなければ、ハイプ・マシンは存在し得ない。二つ目の要素は人工知能、そして三つ目の要素はスマートフォンだ。この三つの要素がハイプ・マシンのあり方を決め、現代の社会に大きな影響を与えている。

大まかには、デジタル・ソーシャル・ネットワークが社会での情報の流れを決め、人工知能は、友達の推薦などによってソーシャル・ネットワークの発展の方向を決める。そして、ネットワーク上での情報の流れを決めるのがアルゴリズムである。スマートフォンは、多くの人が常にネットにつながっている状況を作り出した。その分だけ、ハイプ・マシンの力は強まったわけだ。スマートフォンは、私たちの行動、考え方などについてのきめ細かなデータを秒単位で収集し、人工知能に提供することができる。また、人工知能は、私たちが日々、どのような情報や考え方に触れるかを、かなりの程度決めることになる。デジタル・ソーシャル・ネットワーク、人工知能、スマートフォンの三要素は、情報の生産と消費に影響を与える。また、どういう情報がどのようにして私たちにもたらされるか、私たちがどう行動するかなどにも影響する。ハイプ・マシンが私たちにどう作用するかが、この三要素によって決まるということだ（［図3－2］を参照）。

ハイプ・マシンという情報処理装置について理解するには、まずそれを構成するこの三つの要素について理解する必要があるだろう。一つ目は、基盤となるデジタル・ソーシャル・ネットワークだ。このネットワークの上で私たちは情報のやりとりをしている。二つ目は「プロセス（ハイプ・ループ）」だ。機械の知能と人間の知能の相互作用により、基盤のデジタル・ソーシャル・ネットワーク上での情報の流れを決めるプロセスである。そして三つ目は、人間がハイプ・マシンを利用するためのメディアだ（今後は新しい道具が取って代わるかもしれないが、現状では主にスマートフォンである）。スマートフォンは、私たちがハイプ・マシンに情報を提供し、またハイプ・マシンから情報を受け取るための入出力装置となっている（［図3－3］）。なぜフェイク・ニュースは真実のニュースよりもネット上で速く拡散されるのか、なぜ現状のかたちのハイプ・マシンは集合知を破壊するのかなどを分析、説明しようとすれば、基礎となる三要素についての理解は不可欠である。

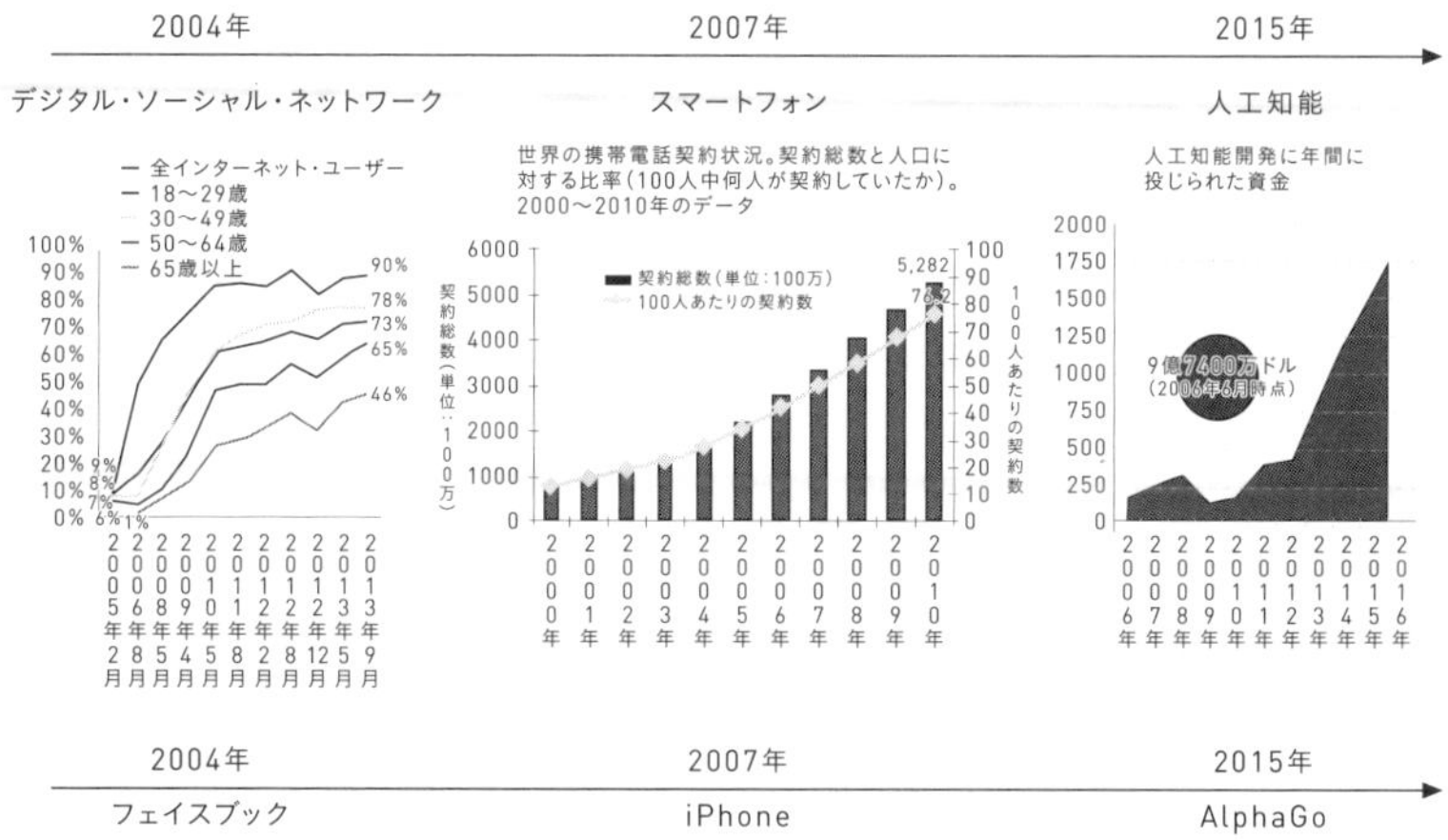

［図3-2］2005年2月から2013年9月までのデジタル・ソーシャル・ネットワークの利用率の推移。2000年から2010年までの世界の携帯電話契約数の推移。2006年から2016年までのあいだに全世界で人工知能開発に投じられた資金の額（単位：1億ドル）。フェイスブック、iPhone、AIソフトウェア「AlphaGo」などが登場した年も合わせて示した。

基盤となるデジタル・ソーシャル・ネットワークは、フェイスブック、ツイッター、リンクトインなどの集合体だ。ネットワークはあらゆる人たちを結びつけ、絶えず進化を続ける。ネットワークはハイプ・マシンの形を決める。また、誰が何をいつ知るかも、ほぼネットワークが決めてしまう。ネットワークの構造によって、情報がどのように流れるかが決まる。ネットワークの構造を理解し、ネットワークがどのように進化しているかを知れば、社会がどのように動いていくかが、ある程度わかると言ってもいいだろう。人々の政治的意見がどう変わるか、社会運動がどうなっていくか、フェイク・ニュースがどう拡散されるか、ターゲット広告が成功するか、といったこともかなりわかるはずだ。

「プロセス」は、ネットワークの進化や、ネットワーク上での情報の流れを制御する。私はこれを「ハイプ・ループ」と呼んでいる――機械の知能と人間の知能のあいだの循環的な相互作用だからだ。ハイプ・ループのはたらきによって、私たちが何に関心を向けるか、情報、知識が世界にどう拡散されるかが決まる。この相互作用は、人工知能の急速な進歩に支えられているが、多数の人々の思考や信条、行動などについての大規模なデータが簡単に利用できるようになったことも大きい。機械の知能は、私たちの思考、信条、行動などについての情報を取り込み、それに応じて、私たちのニュースフィードに表示される情報、インスタグラムで私たちが目にする写真、リンクトインやティンダーで私たちに推薦する人材、デートの相手などを決める。また、コンテンツとともに表示する広告も決める。

私たちは、プロセスに提示された情報を消費し、その情報を基に意思決定をする。提示されたリンクや画像のうちの一部はクリックし、残りは無視するだろう。提示された投稿のうち、一部にはコメントをし、あるいは「いいね！」をつけ、残りは無視する。私たちは、ソーシャル・ネットワーク上で何を目にしたかによって、オフラインでの行動を変えることもあり得る。たとえば、投票所での行動や、ショッピング・モールでの行動が変わる可能性があるのだ。ハイプ・マシンは、私たちの決定を常に観察している。そして、私たちが何を、誰を好み、何をどのように考えているのかを学習する。観察、学習の成果は、次の提案に活かす。学習によって、提案がより質の高い、私たちにとって魅力あるものに変わっていくということだ。

この人間と機械の相互作用のプロセス――ハイプ・ループ――は、私たちに影響を与えるし、私たちもそれに影響を与える。ハイプ・ループは現実世界に影響を及ぼす。私たちがどのような商品を買うか、誰に投票するかがハイプ・ループの影響で決まることがあるからだ。その影響で、たとえば、エジプト、タハリール広場での抗議行動に参加した人もいる。とてつもなく大きな影響だ。

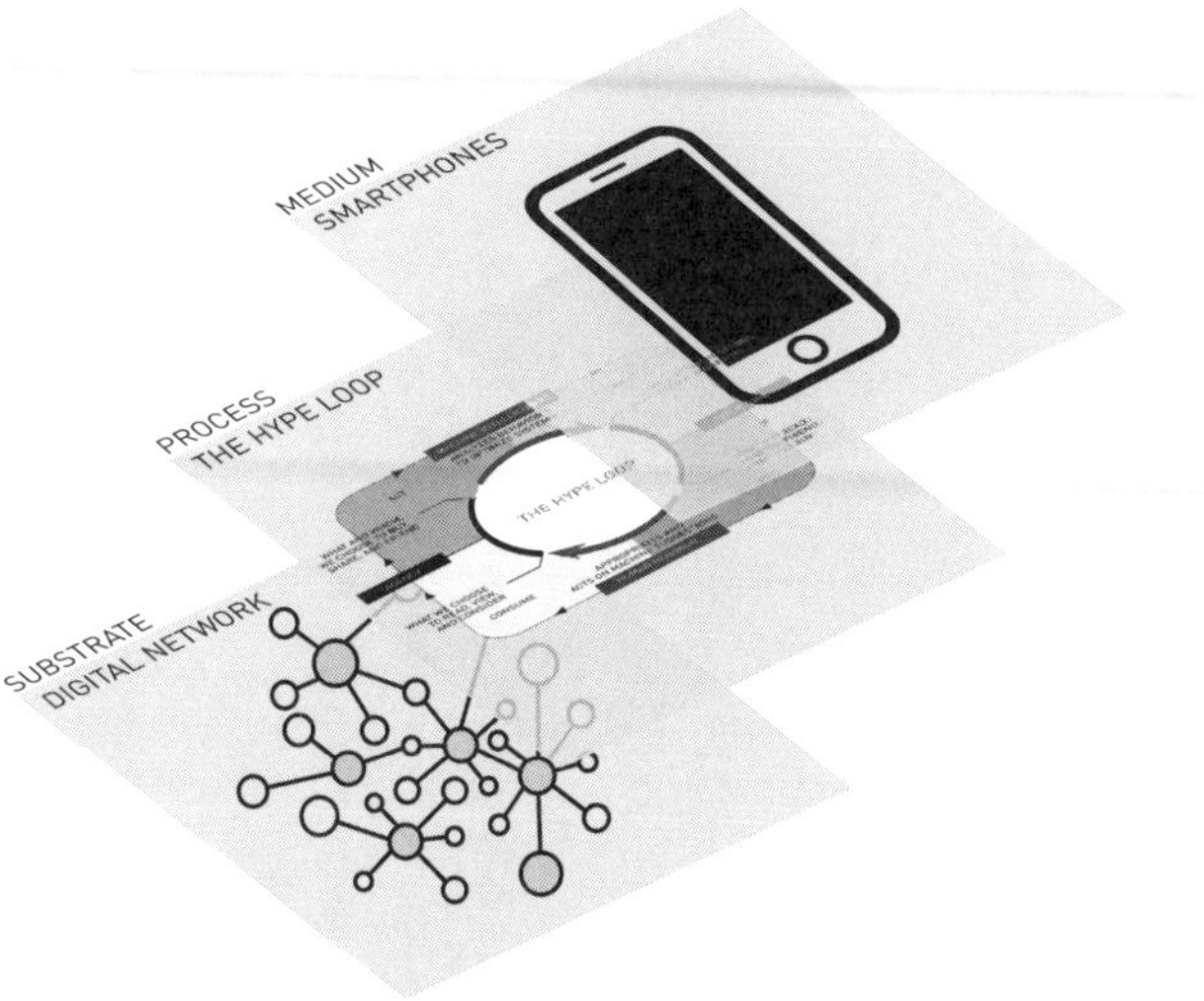

［図3-3］ハイプ・マシンの三要素。基盤となるデジタル・ソーシャル・ネットワーク、プロセス（ハイプ・ループ）、メディア（現状ではスマートフォン）。

「メディア」は、私たちがハイプ・マシンと関わるさいに使用する入出力装置である。現状では、ほぼスマートフォンを指すと考えていいだろう。だが、将来は、それがAR（Augmented Reality＝拡張現実）あるいはVR（Virtual Reality＝仮想現実）ヘッドセットや、デジタル・コンタクト・レンズ、バーチャル・ビーイング（仮想存在）、インホーム・オーディオ・デバイスなどに替わっていく可能性がある。また、複数のメディアを組み合わせて使うこともあり得るだろう。装置がどのようなものであっても、メディアが重要であることに変わりはない。使用するメディアによって、ハイプ・マシンが私たちについて学習するコンテキスト、そして私たちに影響を与えるコンテキストが決まるからだ。

だが、ハイプ・マシンについて真に理解するには、それに関わる経済的、技術的、社会的、法律的な要因についても理解する必要がある。その理解は、私たちがソーシャル・メディアを制御するうえで役立つはずだ。ハイプ・マシンの三要素のはたらきについて詳しく触れる前に、そうした要因についてここで簡単に見ておくことにしよう。

四つの要因：経済、技術、規範、法律

ハイプ・マシンの私たちへの影響、また私たちのハイプ・マシンの扱い方は、経済、技術、規範、法律という四つの要因によって変わり得る。つまり、この四つの要因について十分に理解すれば、ハイプ・マシンが世界にどう影響するのかを知ることができ、また、ハイプ・マシンをどう扱えば、社会への影響をうまく制御できるのかもわかるということだ。

ソーシャル・メディア企業にとって、経済的な要因は大きい。フェイスブックにしろ、ツイッター、スナップチャット、イェルプにしろ、それは同じことだ。ビジネス・モデルや、プラットフォームのデザインは、経済的要因の影響で変わることになる。また、ソーシャル・メディア企業のビジネス・モデル、プラットフォームのデザインが変われば、それに応じて、私たちの行動も変化し、それがひいては社会や経済に影響を及ぼすことになる。経済的要因を深く調べていくと、ソーシャル・メディアの使われ方について驚くようなことがわかってくる。特にソーシャル・メディアがなぜ、どのように悪用されているのかがよくわかるだろう。

技術的要因も大きい。技術的要因とは、ここでは主にソーシャル・ネットワークを作る「コード」のことだ。コードを丹念に調べれば、それがいかに私たちのオンラインでの行動、コミュニケーションのパターン、そしてソーシャル・ネットワークの進化を規制しているかがわかるだろう。ソーシャル・メ

ディアのソフトウェア・コードは、ハイプ・マシンのふるまいに大きな影響を与える。ソーシャル・ネットワークのプラットフォームのデザインには、その当時のコンピュータの性能上の制約からやむなくそうした、という部分がある。どうしても効率を優先したデザインにせざるを得ないのだ。だが、そのデザインが結果的に思いがけず社会に大きな悪影響を与えている場合がある。開発者に悪意はなく、ただ効率を追求しただけだったが、それがハイプ・マシンのあり方、ハイプ・マシンと私たちとの関係に影響してしまう。

社会規範について知ることも重要である。私たちがソーシャル・メディアを使うさいにどのような規範に従っているのかを理解し、ソーシャル・メディアというシステムに社会のどのような力が作用しているのかを知る、ということだ。結局、革新的なテクノロジーがあっても、そこから何を得るかは、私たちの利用の仕方しだいである。私たちが新しいテクノロジーをうまく利用すれば、社会に良い変化をもたらすことができるだろう。今までになかった社会的、経済的な価値が生み出され、世界中の人たちが平等にそれを享受できるはずだ。しかし、不注意な使い方をすれば、たとえ悪意がなかったとしても、不平等で権威主義的な世界を作ってしまうおそれがある。いわゆる「監視資本主義」の社会になるかもしれない。その社会で私たちは、特定の企業や政府の意図に沿った行動をするよう操られるのだ。その行動は、社会や経済にとって有益なものとはかぎらない。私たちは今、ネット上での言葉、行動で互いに影響を与え合っている。そうして、私たちが生きるデジタル世界を作っているのだ。自分たちの言葉や行動は最終的に自分たちに返ってくるということだ。

そしてもう一つ、法律についても知らなくてはいけない。法律を知れば、たとえば、ハイプ・マシンによって市場に問題が生じたさい、その解決のために政府に何ができるかがわかるだろう。ビジネス、政治、社会にどのような規制をすれば、どのような効果があるのかわかる。ヨーロッパでは、EU一般データ保護規則（General Data Protection Regulation＝GDPR）などによって、ソーシャル・プラットフォームのデザインやふるまいはかなり厳しく規制されている。一方アメリカでは、現在まで、ソーシャル・メディア・プラットフォームは事実上、「野放し」の状態になっている。ほぼ全面的にプラットフォーム企業の自主規制に任されているのだ。だが、自主規制はそう簡単ではない。企業があまりに何もしなければ、後に政府のほうで厳しい規制をかけることもあり得るので、ある程度のことはせざるを得ないだろう。

グローバルなソーシャル・メディアへの規制がこれからどのようになるか、その方向はまだ明確ではない。だが、一つ確かなのは、この二、三年のあいだに、ソーシャル・プラットフォームへの規制の程度は今とは大きく変わるということだ。ハイプ・マシンの三要素、そしてハイプ・マシンに関わる、経済、技術、規範、法律という四つの要因について知れば、ソーシャル・メディアの基本的な仕組みについては理解できるだろう。また、ソーシャル・メディアが私たちに与える影響や、ソーシャル・メディアの正しい運用方法などもわかるようになるはずだ。

デジタル・ソーシャル・ネットワーク（基盤）

ソーシャル・ネットワーク・サイトを利用する一八歳から二九歳までのインターネット・ユーザーの割合は、二〇〇五年にはわずか九パーセントだったが、二〇一三年には九〇パーセントにまで上がった。他の年齢層でも同様の増加が見られ、二〇一三年には、全インターネット・ユーザーの七三パーセントがソーシャル・メディア・ネットワークを利用する状況になった。八〜一〇年のあいだに、デジタル・ソーシャル・ネットワークは、まるで感染症のように全世界に広まったことになる。(3)

デジタル・ソーシャル・ネットワークは、情報の流れを作ることで社会に影響を与える。そのさい重要なのは二つの機能だ。まず、デジタル・ソーシャル・ネットワークは人と人とのつながりを作る。友達推薦アルゴリズムによって、ユーザーがつながるべき相手を提案していく。つまり、誰と誰がつながるかも、かなりの程度デジタル・ソーシャル・ネットワークが決めるということだ。また、個々のユーザーが誰とつながり、何に興味を持っているのか、といったことについてのデータを持っていることも、デジタル・ソーシャル・ネットワークの大きな力になっている。誰とつながっているかで、私たちがネット上で目にするものはまったく変わる。読むニュースも、宣伝される商品もまるで違ってくるのだ。つまり、デジタル・ソーシャル・ネットワークは、人間関係を形作り、その人間関係に合った情報の提供をするわけだ。私たちが何を買い、何を読み、誰に投票し、誰を愛するかなどを決めるさいには、常にその人間関係、情報の影響を受けることになる。

［図3－4］は、全世界のフェイスブックのユーザーの分布を示したものだ。(4)フェイスブックの巨大で複雑なネットワークは、二〇億人を超える人たちをつないでおり、そのネットワーク上では日々、膨大な情報がやりとりされている。この図ではわからないこともある。それは、このネットワークの持つ構造だ。私たちが誰と知り合い、誰と情報をやりとりするか、また情報、思想、資源などがどのような経路で私たちのところに流れてくるかは、この構造によって決まる。

ハイプ・マシンに生じる人と人との相関関係のことを、フェイスブック、リンクトインなどのプラットフォーム企業では「ソーシャル・グラフ」(5)と呼んでいる。私は、このソーシャル・グラフの構造、機能を二〇年にわたり研究してきた。ソーシャル・グラフには、いくつか数学的に特異な興味深い性質がある。たとえば、あなたのハイプ・マシン上の「友達」のほとんどには、あなた自身よりも多くの友達がいる。これは、スコット・フェルドが一九九一年に発見した法則[6]（第8章で詳述する「友情のパラドックス」）で、全員が必ずそうだというわけではないが、かなり多くの人に当てはまる。この法則についてはあとで詳しく説明する。

ハイプ・マシンでの私たちの経験には、ソーシャル・グラフの二つの性質が直接、影響を与えている。一つは、偶然よりも高い確率で人が密集して「クラスター」を形成するということだ。クラスター内の人々の結びつきは、その外の人々との結びつきよりもはるかに強い。もう一つは「均質性」である。つまり、似た者どうしが結びつきやすいということだ。ハイプ・マシンが政治的な偏向を助長するのはそのためだ。似た者ばかりが集まると、皆が日頃から自分と意見の似た人の言葉にばかり触れることになる。この「エコーチェンバー効果」によって意見の偏りはますます強くなる。フェイク・ニュースが拡散されやすいのも、市場の操作で莫大な利益が上げられるのもこの性質のせいだ。この二つの性質は、ハイプ・マシンについて考えるさいに絶対に見逃せない。

イッツ・ア・スモール・ワールド（クラスター化）

初対面の人が実は知人と知り合いで、「世間は狭いな」と感じた、そんな経験はあるだろうか。すごい偶然もあるものだ、と思うが、実はそれはまったく偶然などではない。人間関係というものの性質からして、ごくありふれた出来事だと言えるだろう。ネットワーク科学では、フェイスブックやツイッタ

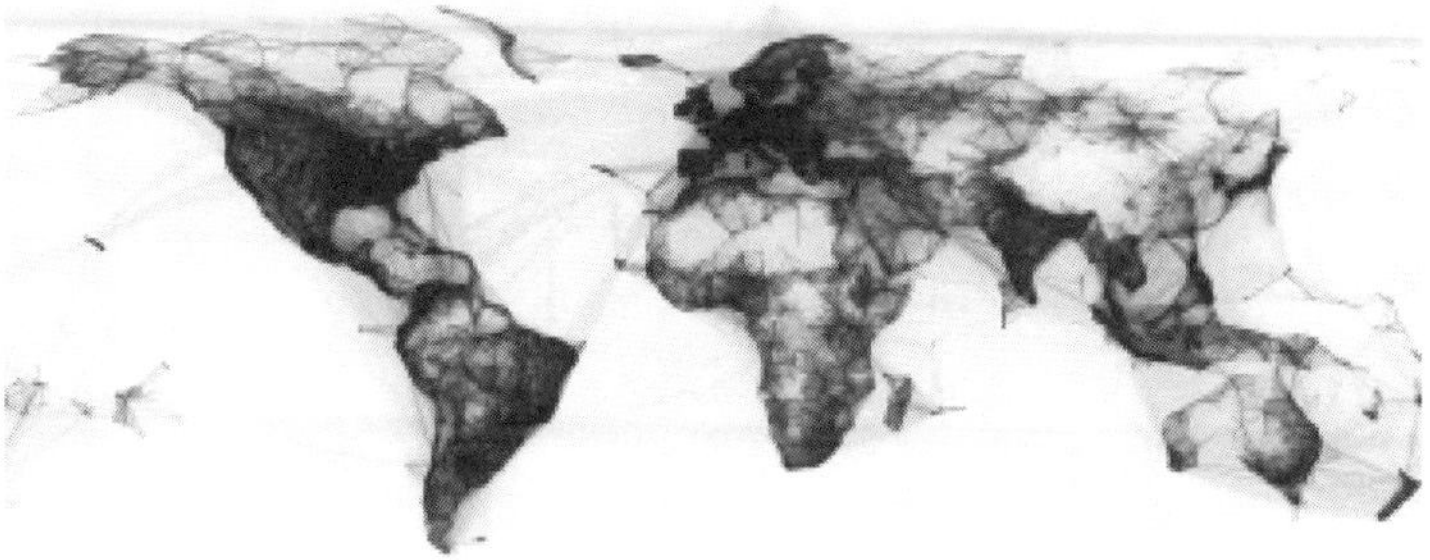

［図3-4］全世界のフェイスブック・ユーザーの分布（2010年時点）。ここに世界地図は一切、描かれていない。各地のユーザーの分布を図示しただけで、自動的に大陸の輪郭が浮かび上がった。

ー、ウィーチャット、ワッツアップ、ピンタレストなどのネットワークは「スモール・ワールド（小さな世界）」と呼ばれている。いったいどういう意味だろうか。私たちが日々暮らしているこの「スモール・ワールド」について理解するには、まず、そもそも人間はどのようにして他人と関係を築くのか、それがどのようにしてネットワークにまで発展するのか、という基本的なことを知る必要がある。それがわかれば、なぜネットワーク上で人は密集してクラスターを形成するのかもわかるだろう。最初に重要になるのは、マーク・グラノヴェッターが「禁じられた三者関係（forbidden triad）[7]」と呼んだ人間関係だ。

　禁じられた三者関係とは、「二つの強固な人間関係が存在しているのに、第三の人間関係が存在しない」という状態のことだ。そのような状態は非常に稀だとわかっている。「禁じられた三者関係」を実際に体験する人はほとんどいない。［図3－5］を見てほしい。アリス、ベラ、シアラという三人の人がいるとする。アリスとベラ、アリスとシアラとのあいだにそれぞれ強い結びつきがあれば、おそらくベラとシアラのあいだにも少なくとも弱い結びつきが生じる可能性は高いと考えられる。「禁じられた三者関係」とは、たとえば「アリスがベラ、シアラのそれぞれと結びついているのに、ベラとシアラには結びつきがない」というような関係のことだが、これはほぼあり得ない。なぜだろうか。

アリスがベラ、シアラの両方と結びついていれば、ベラとシアラもアリスを通じて顔を合わせ、ともに時を過ごすことになる可能性が高い。アリスとベラが互いに好感を抱いている場合、それはおそらく興味の対象が似通っているからだろう。アリスとベラの興味の対象が似通っていれば、アリスとシアラの興味の対象も似通っている可能性が高い。数学でいう「推移関係」は人間にも成り立つことが多いので、ベラとシアラの興味の対象も似通っている可能性が高い。つまり、ベラとシアラも顔を合わせることがあれば、友達になれる可能性が高いということだ。また、もしベラとシアラのあいだに不和が生じれば、アリスと二人のあいだの関係も損なわれる可能性が高くなる。アリスが引き続き、二人の両方と仲良くしようとしても、ベラ、シアラはそれを疑問に思う。ベラはシアラと、シアラはベラと会いたくないと思い、どちらもアリスに、ベラあるいはシアラと絶交するか、距離を取るよう圧力をかける。そうすればお互いと会わずに済むからだ。このように、人間関係は、「三者閉包」の関係になることが多い。三者間の閉じた関係が生じやすいということである。

三者閉包の関係が多いということは、人間の社会には「似た者どうし」の集団が多いということである。似た人たちが集団（クラスター）を形成する。クラスター内の人たちの結びつきは非常に強い（濃い）が、クラスターとクラスターのあいだの結びつきは弱くなる。同じクラスターに属する人たちは、人口

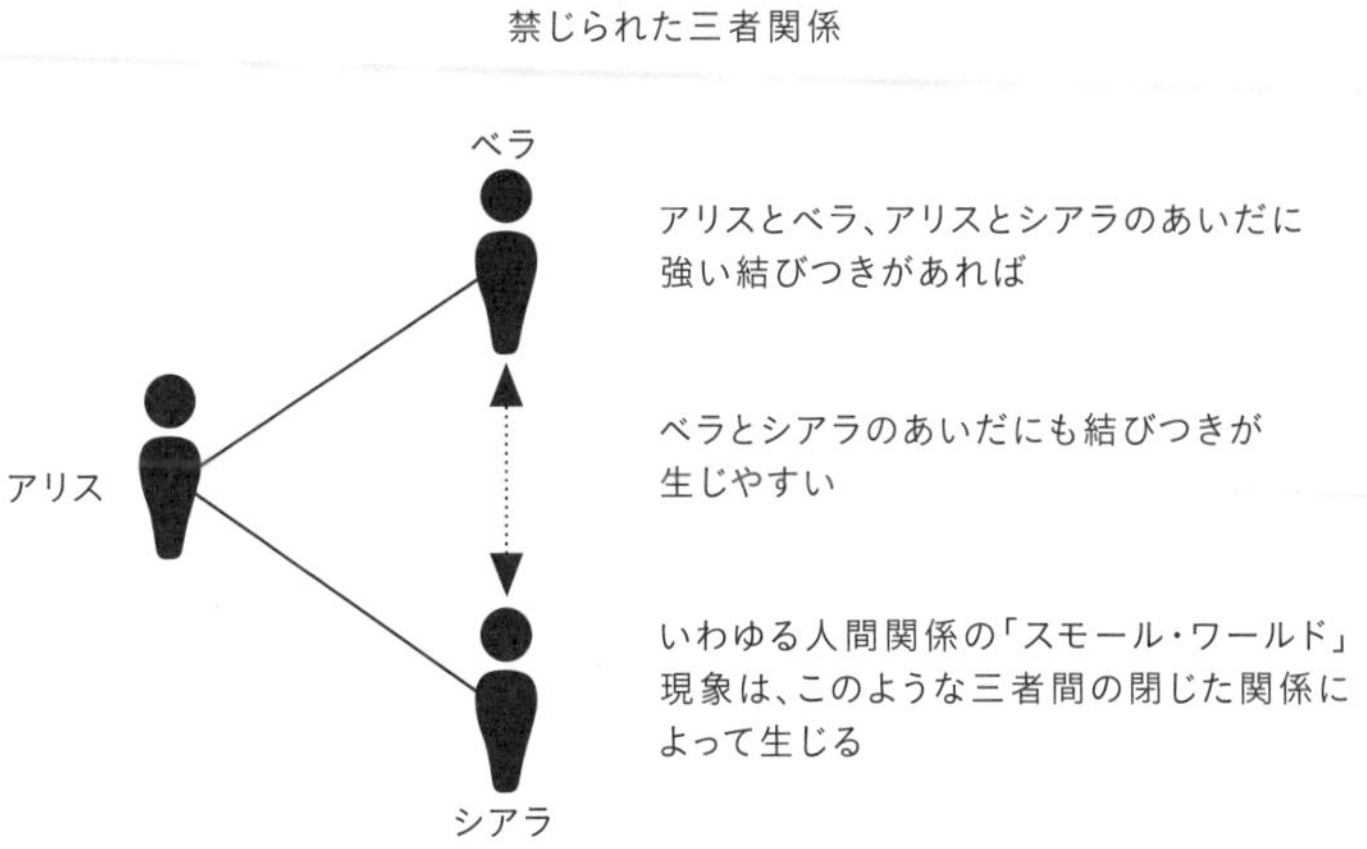
禁じられた三者関係
ベラ
アリス
シアラ
アリスとベラ、アリスとシアラのあいだに強い結びつきがあれば
ベラとシアラのあいだにも結びつきが生じやすい
いわゆる人間関係の「スモール・ワールド」現象は、このような三者間の閉じた関係によって生じる

［図3-5］禁じられた三者関係

統計学的な属性や、社会的、経済的な地位、興味の対象、考え方などが似通っていることが多い。そして、他のクラスターに属する人たちと結びつくことは稀で、仮に結びついたとしても、関係は非常に弱いものになる。

「世間は狭い[8]」と感じる出来事がよく起こるのは、「三者閉包」から生じるクラスターと、クラスター間に稀に生じる弱い結びつきのせいである。社会にいる人どうしの距離は、実は私たちが普段思っているよりも近いことが多い（図3－6」を参照）。私の友人で同僚でもあるダンカン・ワッツは、いわゆる「スモール・ワールド理論」の研究の先駆者である。コーネル大学のスティーヴン・ストロガッツとともに、今のネットワーク科学の礎を築いた人でもある。

　クラスターは、時に非常に遠いクラスターと結びつくことがある。その結びつきは弱いが、そのおかげで非常に遠い位置にいる二人の人間が結びつくこともあり得る。「世界中の人たちのあいだの隔たりは皆、六次以内になっている[9]」とも言われている。社会的に関係が遠いはずの人と自分に共通の知り合いがいるとわかって驚き、「世間は狭い」と思うことが多いのはそのためだ。第5章でも触れるが、フェイスブックは、ユーザー数を増やすさいに人間関係のこの性質を利用した戦略を採った。マイスペースに勝つべく、フェイスブックでは、クラスターとクラスターを結びつけるのではなく、まずクラスター内の人たちを結びつけようとしたのだ[10]。同じ大学のキャンパス内にいる人を次々に友達にするよう仕向けた。自分と属性が似た人であれば、安心して気軽に友達になりやすい。だから、短いあいだに友達の数は急激に増える。

距離の遠いクラスターどうしの結びつきは弱いが、この結びつきは重要である。互いにとって新奇な情報がこの結びつきによってもたらされるからだ。距離が遠い分それぞれのクラスターの持っている情報は、互いにとって異質なものであることが多い。私の友人で同僚でもあるロン・バートが言っているとおり、同じクラスターに属する人たちの知識や考え方は互いに似通っている。クラスター内の人とだけ関わっていると新しい情報はまず入ってこない。入ってくるとすれば、弱くつながっている他のクラスターからということになる。情報の価値は、ネットワークが均質でないことから生じていると言ってもいいだろう。異質なクラスターが各所にあるからこそ、それぞれの持つ情報に価値が生じるわけだ。どこにも同じような情報が同じようにあれば、どの情報もさほど価値を持つことはない。クラスター内から外の新奇な情報を取り入れられる人は、イノベーションを起こせる可能性がある。既知の情報だけでは解決不可能な問題に、新奇な情報を適用することで対処できることがあるからだ[11]。

型にはまらない考え方のできる、いわゆる「ソート・リーダー」とは、このようにクラスターの外から情報を取り入れられる人のことだろう。この種の人たちは、コネクター、ブローカー、インフルエン

［図3-6］フェイスブックのユーザー、4,039人のソーシャル・グラフ。そのあいだに88,234の関係が生じている。クラスター化係数は平均で0.6。結びつきの強い人たちが密集してクラスターを形成しやすいことがよくわかる例。

サーなどとも呼ばれる。正確には、「型にはまらない」考え方ができる人たちというよりも、「クラスターの外に出て」考えることができる人たちだろう。多様な人たちから成るネットワークを持っているおかげで、仕事を得ることが容易で、企業のなかでは昇進する可能性が高く、経済的にも恵まれることが多い。異質なクラスター間を行き来し、新奇な情報を行き来させることで新たな価値を生み出しつづける人たちだ。いわゆる「アテンション・エコノミー」においては、こうして新奇な情報を皆にもたらしつづけられる人が王になれる。

類は友を呼ぶ（同類性の原則）

すでに述べたとおり、人間は密集して「クラスター」を形成しやすく、クラスターを構成するのは同質な人たちであることが多い。「類は友を呼ぶ[12]」ということだ。人種、民族、社会的・経済的な地位、教育程度、政治的イデオロギー、物の見方、行動、嗜好などが共通する人と友達になりやすい[13]。これがおそらく人間関係に最も安定して見られる特徴と言えるだろう。同質な人どうしだとコミュニケーションは容易である。また、行動の予測もしやすく、信頼も生まれやすい。関係を維持するのにかかるコストは低い。リスクを冒して新たな人間関係を築こうという気にはあまりならない。ソクラテス以来、数多くの哲学者たちが、人間のこの性質に言及してきたのは当然のことだろう。

同質な人間が集まりやすいという性質は、現代のハイプ・マシンにも当てはまる。あとで詳しく述べるが、ハイプ・マシンの「友達推薦アルゴリズム」は、三者閉包を形成しやすい、同質な人間が集まりやすい、という人間が生来持っている性質をさらに加速させるような設計になっている。ハイプ・マシンは人間が生来持っている傾向を利用し、同時にその傾向を強めるような作りになっているということだ。

ハイプ・マシンのソーシャル・グラフの性質について考えるさいには、セルジオ・キュラリーニ、マット・ジャクソン、パオロ・ピンの言う「二つのC」、つまり「選択（Choice）」と「確率（Chance）」という二つの動力に注目するといいだろう[14]。また、ゲオルギ・コシネッツとダンカン・ワッツは、この二つを「選択的同類性（choice homophily）」「誘発的同類性（induced homophily）」と呼んでいる[15]。まず、私たちは総じて、自分と似たところのある人と関わることを心地好いと感じる。したがって、自分と似た人を選んでつながろうとする（選択）。また、そもそも私たちが自分と似た人に出会う確率は、自分と異質の人に出会う確率より高い（確率）。キュラリーニ、ジャクソン、ピンの三人は、アメリカの高校生を対象とした調査を実施し、確かに選択と確率という二つの動力がはたらいている証拠を得ることができた。高校生たちは、自分と似た生徒を選んで友達になっていて、また同時に、自分と異質の生徒よりも、自分に似た生徒と出会う確率のほうがはるかに高かった。

「選択」と「確率」、この二つを区別することが重要だ。それには二つの理由がある。まず、異質な人に出会う確率は、ソーシャル・ネットワークがどの程度多様なものになるか、あるいは均質なものになるかに影響するからだ。ネットワークの多様性は、私たちが出会う意見、発想、情報の多様性に直接、影響する。出会う人の多様性があまりに低いと、意見が極端に走りやすくなり、憎悪が強まりやすくなる。また、偽情報が拡散されることも増える。

二つ目は、デジタルの世界で私たちがどういう人に出会うかは、かなりの程度ハイプ・マシンが決めているからだ。フェイスブック、ツイッター、リンクトイン、ウィーチャット、ティンダーなどのソーシャル・ネットワークで私たちが誰とつながるかは、友達推薦アルゴリズムが決めてしまう。全米を対象に二〇一三年に実施された調査では、恋愛関係は、オンラインのアルゴリズムを通じて始まることのほうが、友人や家族の紹介を通じて始まることより多い[16]、という結果になった。恋人の候補は、共通の友人に紹介されることより、オンラインのアルゴリズムに紹介されることのほうが年々多くなっている。つまり、恋愛関係を始めるさいには、アルゴリズムが、友人や家族に代わって役割を果たすようになっているということだ。

友達推薦アルゴリズムがソーシャル・グラフの成長にどう影響するか、特にハイプ・マシンのクラスター化、同質化にどの程度影響するかはよく考えるべきだろう。それを考えないかぎり、なぜネット上では政治的意見が偏るのか、なぜ自分と異質な意見を受け入れない人が増えるのか、なぜ偽情報が拡散され、ヘイト・スピーチが飛び交うのか、といったことはわからないだろう。友達推薦アルゴリズムは、恋愛関係にも大きく影響するので、人間の進化の方向まで左右しかねない。ハイプ・マシンのアルゴリズムがネットワークの形成や、ネットワーク上での情報の流れにどう影響するかについてはあとで詳しく触れる。その前に、ハイプ・マシンのデジタル・ネットワークそのものの構造についてもう少し詳しく見ていくことにしよう。

ハイプ・マシンのソーシャル・グラフ

フェイスブックは、二〇一一年に自らのソーシャル・グラフを調査している。私の友人、同僚のヨハン・ウガンダー、ブライアン・カーラー、ラーズ・バックストロム、キャメロン・マーロウは当時、フェイスブックに勤務していて（ブライアンとラーズは今も勤務している）、「フェイスブックのソーシャル・グラフの解剖（The Anatomy of the Facebook Social Graph）」という論文を書いた。「二〇一一年五月時点で七億二一〇〇万人いたフェイスブックの全アクティブ・ユーザーのソーシャル・ネットワーク全体[17]」について調査した結果をまとめた論文である。これは、当時としては「ソーシャル・ネットワークについて行なわれた最大の調査」だった（おそらくその後も、今にいたるまでこれを上回る規模の調査は行なわれていない）。

最初に調べたのは、個々のユーザーにフェイスブック上にどのくらいの数の友達がいるか、だった（ネットワーク科学者は、友達の数を「次」という単位で数えることがある。たとえば、六人の友達を隔てたつながりのことを「六次の隔たり」などと表現する）。すると、二〇一一年の時点での全世界のフェイスブック・ユーザーの友達の数の中央値は九九人だとわかった。また「ごく少数のユーザー（ネットワークの用語では「ハブ」と呼ばれることがある）には、平均的な大多数のフェイスブック・ユーザーよりはるかに多い数の友達がいる」ということもわかった。

調査では、アルゴリズムが実際にネットワークの構造に大きな影響を与えている証拠も見つかった。たとえば、一般に、友達の数が一定以下の層に属するユーザーの数はあまり多くない。だが、その法則は、友達の数が二〇人の層にだけは当てはまらない。フェイスブックのアルゴリズムには、極端に友達の少ないユーザー、特に友達が二〇人に達していないユーザーに、もっと友達の数を増やすよう促す機能があるためだ。また、ユーザーの分布を見ると、友達の数が五〇〇〇人に達すると、それ以上の層のユーザーは急にまったくいなくなるとわかった。これは、当時フェイスブックが、一人のユーザーが持てる友達の数を五〇〇〇人に制限していたためである。友達数が二〇人のユーザーが異常に多いのも、友達数が五〇〇〇人を超えるユーザーがまったくいないのも、どちらもフェイスブックのアルゴリズムのせいである。アルゴリズムが強制的にネットワークの形を決めているということだ。アルゴリズムは、友達が二〇人に満たないユーザーに「もっと多くの人とつながれ」と促してくる。そして、当時は、五〇〇〇人を超える友達を持つことを禁じていた。実際にフェイスブック上にできたネットワークの構造は、このアルゴリズムのデザインを正確に反映したものになっていた。どちらも、ソフトウェア・コードがネットワークの形に与える影響としてはごくありふれたものだ。しかし、フェイスブックのソフトウェア・コードが実際に影響力を持つことがこれで証明された。コードのなかにはもっと強い影響力を持つものもある。それについてはあとで詳しく触れることにする。

ほかに調査でわかったのは、フェイスブックがかなりの「スモール・ワールド（小さな世界）」であるということだ。これは、個人と個人とのあいだの距離が近い世界ということである。また、フェイスブックが小さな世界であることは、ネットワークのどの部分を見ても驚くほど一貫しているとわかった。フェイスブックのユーザーから二人のユーザーを無作為に選ぶと、なんと九九・六パーセントの確率で、そのあいだの隔たりは六次以内になっている。二〇一一年の時点で、フェイスブック上の二人のユーザーの隔たりの平均値は「四・七次」だった。世界の全人口から二人を選び出した時の平均値は「六次」だと言われているので、それよりもはるかに少ないことになる。フェイスブックは、ソーシャル・グラフがスモール・ワールドであるだけでなく、オフラインの世界に比べてもスモール・ワールドだということだ。フェイスブックで、情報が速く遠くへ、数多くの人に流れるのはそのためだ。

ヨハン、ブライアン、ラーズ、キャメロンの四人もこう指摘している。「この結果から、フェイスブックのユーザーは皆、潜在的には驚くほど遠くまで情報を届ける力を有していることがわかる。情報を共有すると、わずか五ステップを経るだけで、世界の人口のかなりの部分にまで届けることができる」

フェイク・ニュースが多くの人に拡散される理由がこれでわかる。今では、一〇年前よりもさらにフェイク・ニュースは拡散しやすくなり、危険になっているはずだ。こういう状況では、情報の広がり方を決めるフィード・アルゴリズムが極めて重要になるだろう。

フェイスブックで高いレベルのクラスター化が起こっていることも調査でわかった。フェイスブックのクラスター化のレベルは、他のデジタル・ソーシャル・ネットワークをはるかに上回っていた。たとえば、フェイスブックのクラスター化係数は、二〇〇八年の調査で得られたMSNメッセンジャーのクラスター化係数の約五倍にもなっていた。これほどクラスター化のレベルが上がった理由としては、まずフェイスブックで友達推薦アルゴリズムを採用していることがあげられるだろう。あとで詳しく述べるが、フェイスブックの友達推薦アルゴリズムが、社会学者マーク・グラノベッターの言う「閉じた三角形」のような人間関係の形成を促すようなものになっているのは、一つはコーディング上の制約があるためで、もう一つはビジネス上の誘因があるためだ。同じことは、フェイスブックだけではなく、主要なソーシャル・ネットワークすべてに言える。現実世界の自然な人間関係に比べて、デジタル・ソーシャル・ネットワークではクラスター化が起こりやすい。そして、フェイスブックのような友達推薦アルゴリズムのあるネットワークでは、それがないMSNメッセンジャーのようなネットワークよりもクラスター化が起こりやすくなる。

フェイスブックのネットワークに「類は友を呼ぶ」の傾向が強く見られることも調査で確かめられた。友達になっているユーザーどうしは、たとえば、友達の数、フェイスブック利用の熱心さ、年齢などが近く、出身国や性別などが同じであることが多かった。性別に関しては意外な結果かもしれない。同性よりも異性のほうに引きつけられる人が多いようにも思えるが、逆だったのだ。後の調査で、フェイスブックでは、人種、民族、政治的イデオロギー、考え方、行動、嗜好などが似通った人たちが友達になりやすいという傾向が確かめられた。[18] これもあとで触れるが、この均質性によって「エコーチェンバー効果」が生じ、フェイスブック・ユーザーの政治的な意見は極端に走りやすくなっている。これが、フェイク・ニュースが広く拡散されやすい理由の一つでもある。また、コンピュータのコード、アルゴリズムが「閉じた三角形」のような人間関係の形成を促すため、デジタル・ソーシャル・ネットワークの人間関係は、一般の人間関係よりも均質になりやすい。

フェイスブックより規模は小さく、目的も異なってはいるが、ツイッターやピンタレストなどのソーシャル・ネットワークの構造も、やはりフェイスブックとかなり似通っている。ツイッターは、ソーシャル・ネットワークというより、情報ネットワーク、あるいはマイクロブログ・サービスなどと呼ばれることも多いが、それでもツイッターのソーシャル・グラフは、やはり「スモール・ワールド」で、多くの人に短い距離で到達でき、クラスター化の程度も高い。ツイッターのソーシャル・グラフのクラスター化はフェイスブックほどではないが、それでも現実の世界の通常の人間関係よりはクラスター化が進んでいる[19]。一〇〇人のユーザーを無作為に取り出してみた場合、「フェイスブックとツイッターのソーシャル・グラフのクラスター化の程度は同じくらいで、クラスター化係数は〇・一四くらいになる」という。また、フェイスブックと同様、ツイッターのネットワークも均質性が高く、シェアする情報は似通っており、政治に関する考え方もよく似ている。政治的な分断の進んだネットワークになっていると言える。ソーシャル・メディア・ネットワークはそれぞれに目的は異なっているのだが、それでもネットワークの構造は驚くほど似ていることがこれまでの調査で明らかになっている。

違いがあるとすれば、友達推薦アルゴリズムがあるソーシャル・メディア・ネットワークは、そうでないものに比べ、クラスター化の程度が高く、均質性も高いという点だ。フェイスブック、ツイッターともに、自社のネットワークのソーシャル・グラフの構造が、MSNメッセンジャーのものと違っていることを調査で確認している。オフラインの人間関係では、あらゆる人が「六次の隔たり」でつながると言われるが、友達推薦アルゴリズムのあるソーシャル・メディア・ネットワークでは、もっと少ない隔たりで多くの人とつながることができる[20]（他のユーザーとの隔たりは平均で五次を下回る）。しかし、友達推薦アルゴリズムのないネットワークでは、他のユーザーとの平均の隔たりが六次を超える（MSNメッセンジャーでは、六・六次になる）。

ハイプ・ループ（プロセス）

昨今、最新のテクノロジーは悪者扱いされることも多い。どのテクノロジーも、はじめから私たちを

ソーシャル・メディア・ネットワーク	ユーザーの隔たり（単位：次）	友達推薦アルゴリズムの有無
ツイッター全体	4.17	有
ブラジルのツイッター	3.78	有
日本のツイッター	3.89	有
アメリカのツイッター	4.37	有
フェイスブック	4.74	有
MSN メッセンジャー	6.60	無

[図3-7] ソーシャル・メディア・ネットワークのユーザーの隔たり。六つのソーシャル・メディア・ネットワーク上の二人のユーザーのあいだに、平均でどの程度の隔たりがあるかをまとめた表。友達推薦アルゴリズムの有無も示してある。

混乱させること、あるいは滅ぼすことを目的として生み出されているかのように言われる。たとえば、イーロン・マスクは、「AIは、人間の文明を根本から揺るがす危険がある」[21]と警告している。「ロボットが私たちから仕事を奪う」と言う人もいる。これも、はじめから私たちの経済を侵略し、収奪することがテクノロジーの目的であるかのような考え方だ。アメリカ連邦議会は、「アメリカの民主主義を毀損している」とフェイスブックを非難している。フェイク・ニュースがこれだけ蔓延したのはボットのせいだという専門家は多い[22]。

だが、こういうことを言う人は、テクノロジーの力を買いかぶりすぎているのではないだろうか。そして、人間の責任をあまりにも軽く見すぎているのではないか。私たちとソーシャル・メディアの関係を決めているのは主に人間なのに、それを無視している。現実を作るのはあくまで人間であり、責任はあくまで人間にある。なのに、まるで人間には責任がないかのように言う。人間を無力で罪のない存在のように言うのは間違いだろう。

私はハイプ・マシンに関して、これとはまったく反対の見方をしている。人間がテクノロジーをどのように生み出し、どのように利用するかについての研究成果に根差した見方だ。[23]「テクノロジーが一方的に私たちに影響を及ぼす」という単純な見方を私はしない。

すでに述べたとおり、私はテクノロジーと人間のあいだの循環的な相互作用を「ハイプ・ループ」と呼んでいる。この相互作用が、テクノロジーと人間、双方のふるまいに影響を与えている（「図3－8」を参照）。両者は緊密に結びつき、絶えず進化するフィードバック・ループを形成する。これが私たちの体験に大きく影響を与えることになる。

まず、テクノロジー、つまり機械の知能は、ハイプ・マシン内部で起きていることを分析し、そのうえで、エンゲージメントの最大化、視聴者数の増加といった目標に合わせて動きを最適化していく。たとえば、友達推薦アルゴリズムは、私たちユーザーがそれぞれ誰を知っているのか、またどのようなコミュニケーションを取っているかなどを分析し、その結果を踏まえて新しい友達の候補を推薦する。ニュースフィードのアルゴリズムは、各ユーザーとその友達が何を読み、また何をシェアしているかを分析して、その結果を踏まえて新しいニュース記事を推薦している。広告ターゲティング・アルゴリズムは、ユーザーがそれぞれどういう人で、どういうウェブページを閲覧していて、どういう商品を買っているのかなどを分析し、その結果を踏まえて広告を表示する。同じような巧妙なテクノロジーはほかにも数多くあり、いずれも私たちの選択の幅を狭め、私たちが出合う現実を少しずつ変える。

ノーベル賞を受賞した経済学者、ハーバート・サイモンは「情報の豊かさは、注意の貧しさを生む[24]」

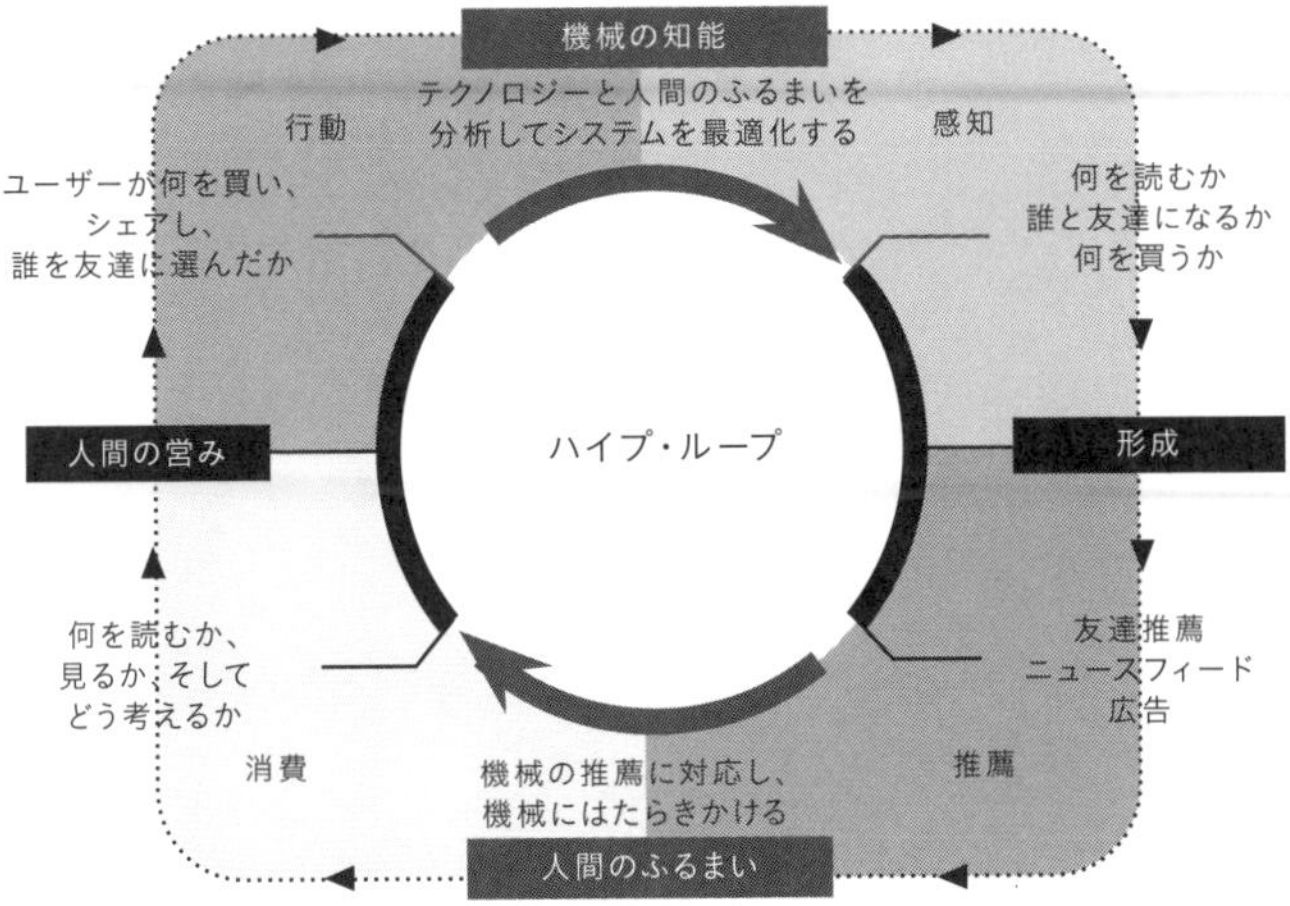

［図3-8］ハイプ・ループの図。機械の知能と人間の行動の相互作用。機械の知能は、人間の行動を感知し、その分析に基づいて情報を推薦する。つまり、機械の知能は人間の選択の幅を狭める。人間は機械の推薦に対応して、選択し、またその選択が機械の知能に影響を与える。

と言っている。機械の知能の推薦は、あえて情報を絞ることで、私たちの行動に大きな影響を与えているのだ。ユーザーは、推薦された選択肢のなかから友達やニュース、商品を選ぶことが多い。他の選択肢を探そうとすれば、その分時間と注意力が余分に必要になるが、それだけの余裕がある人は少ない。ハイプ・マシンが視界から消した選択肢は一切見ない人もいる。たとえば、デーティング・アプリのなかには、近隣の地域の相手を誰でも選べるものもあるが、ティンダー、バンブル、ヒンジなどのように、アルゴリズムが推薦する相手のみが表示されるアプリもある。アルゴリズムがあらかじめ選択の幅を決めるのは、私たちにとって便利ではあるが、同時に制約にもなる。ハイプ・マシンはこのようにして、私たちが何を読み、誰と友達になり、何を買い、誰を愛するかを、かなりの程度まで決めてしまうほどの影響力を持つ。

しかし、それでもテクノロジーがすべてを決めるわけではない。ハイプ・マシンは確かに私たち人間とともに現実を作るのだが、突きつめれば、テクノロジーを利用するのは人間であり、人間の側もテクノロジーに影響を与えるのだ。人間の営みが機械への入力となり、機械はその入力を分析し、その結果に基づいて新たな提案をする。私たちのふるまい――どのような投稿をするか、何を読むか、誰とどのように友達になるか、他人とどのようにコミュニケーションをし、互いにどのように影響し合うかなど――を基に、ハイプ・マシンは、私たちがテクノロジーに何を望んでいるか、私たちがどのように生き、どのように扱われたいと望んでいるかを推し量る。

私のＭＩＴの元同僚、イヤッド・ラーワン、ピナール・ヤナルダグ、マニュエル・セブリアンは最近の研究で、人間の営みが機械にどう影響するのか、その典型的な例を提示した。イヤッドは、ハイプ・マシンに組み込まれた知能が、入力されたデータにどう影響されるのかを知ろうとした。つまり、ソーシャル・メディアのアルゴリズムが、データによって私たちのふるまいについて学んだ時、どのように「考え方」を変えるのかを知ろうとしたわけだ。

ＭＩＴのチームが特に力を入れたのは「自動イメージ・ラベリング」の分析である。これは、ソーシャル・メディアでも、ウェブでも、機械の知能が一般的に行なう操作だ。「キャプチャ（Completely Automated Public Turing test to tell Computers and Humans Apart＝ＣＡＰＴＣＨＡ）」というテストは、おそらくほとんどの読者が受けたことがあるだろう。これは、カーネギーメロン大学の私の同僚、ルイス・フォン・アンが発明したテストだ。歪んだ文字や数字の画像を読み取れるかを見て、応答者が人間なのかコンピュータなのかを見分けるテストだが、歪んだ文字や数字を読み取るのは人間でもかなり困難で、いらだつことも多い。テストのアルゴリズムは、入力結果を基に自動的に学習し、それを次回以降の文字や数字の提示に活かす。ルイスは以前、自身の一般公開講座で、いらだたしい機能を世界に広めてしまったことを謝罪している。だが、このテストには重要な目的がある。テストに利用された画像には毎回ラベル付けが行なわれ、そのラベルが、毎日ソーシャル・メディアに何千億と投稿される画像の分類、保存、検索、説明などに利用されるのだ。

イヤッドのチームは、投稿された画像が無害で多くの人が好感を持つものである場合と、不快で有害なものである場合とで、イメージ・ラベリング・アルゴリズムの反応がどう変わるかを知ろうとした。そのために、ソーシャル・メディア上の画像にキャプション（説明）をつける人工知能（AI）のディープ・ラーニング・アルゴリズムを作った。[25]このAIは、アルフレッド・ヒッチコックの一九六〇年代の映画「サイコ」でアンソニー・パーキンスが演じた登場人物（ノーマン・ベイツ）にちなんで「ノーマン」と名づけられた。絶えず猟奇的な画像を供給しつづければ、アルゴリズムがノーマンのように猟奇的な性格になるか否かを確かめようとしたからだ。ユーザーの投稿によって、ハイプ・マシンの思考、少なくともそれを構成するアルゴリズムの思考は変化するのか、するとしたらどう変化するのかを確かめたかったのだ。

まず、イヤッドたちは、ソーシャル・メディア上で見つけた好感の持てる無害な動画（たとえば、海岸や花、鳥、ケーキなどを映した動画）を供給してアルゴリズムを教育した。さらにその後、まったく同じコードを持つ同じアルゴリズムを、ソーシャル・メディア上で見つけた不快で有害な動画（死や暴力に関わる動画）を供給して教育した（動画には、暴力行為が含まれていることを知らせるキャプションがつけられた。ただ、倫理的な配慮から、アルゴリズムの教育は、動画につけるキャプションについて行なわれ、動画そのものについては行なわれなかった）。

それぞれ違った動画で教育をしたアルゴリズムに、その後、「ロールシャッハ・テスト」を受けさせた。インクの染みを見せて、何に見えるかを答えさせるという有名な性格検査である（見ようとすればいろいろなものに見える絵を見た時に、潜在意識に何が現れるかを知るのが目的の検査だ）。無害な動画ばかりを見た「正常」な「ノーマン」と、有害な動画ばかりを見た「猟奇的」な「ノーマン」は、同じインクの染みに対してまったく異なる反応をした。正常なノーマンが、インクの染みはケーキや鳥、傘などに見えると答えたのに対し、猟奇的なノーマンは、射殺された人間や、猛スピードで走る車にはねられた人などに見えると答えた（［図3－9］を参照）。

どちらのノーマンもコードはまったく同じで、見せたインクの染みも同じものである。違うのは、教育のさいに供給した動画である――一方のノーマンには暴力的な動画ばかりを供給し、もう一方には、平和な動画ばかりを供給した。つまり、前者はソーシャル・メディアに暴力的な動画ばかりが投稿される世界を見せ、後者には平和で日常的な動画ばかりが投稿される世界を見せたわけだ。このことからわかるのは、ハイプ・マシンは、私たちの行動いかんで大きく変化するということだ。私たちが死と暴力に関わる投稿ばかりしていれば、アルゴリズムは何もかもを死や暴力に結びつけるようになる。ほかに結びつけられるものがないからだ。平和で楽しい無害な投稿ばかりしていれば、アルゴリズムは何を見ても平和で無害な解釈をするようになるだろう。

マイクロソフトが開発したチャットボット「テイ（Tay）」[26]の例を見てもそれがよくわかる。テイはAIを利用したチャットボットで、二〇一六年にツイッター上で稼働しはじめた。テイは、多くのユーザーと関わるほど「賢く」なるよう設計されていた――ツイッター上での会話を通じて世界について学んでいくよう作られていたのだ。しかし、稼働開始後しばらくすると、乱暴な発言をしはじめた。人を見

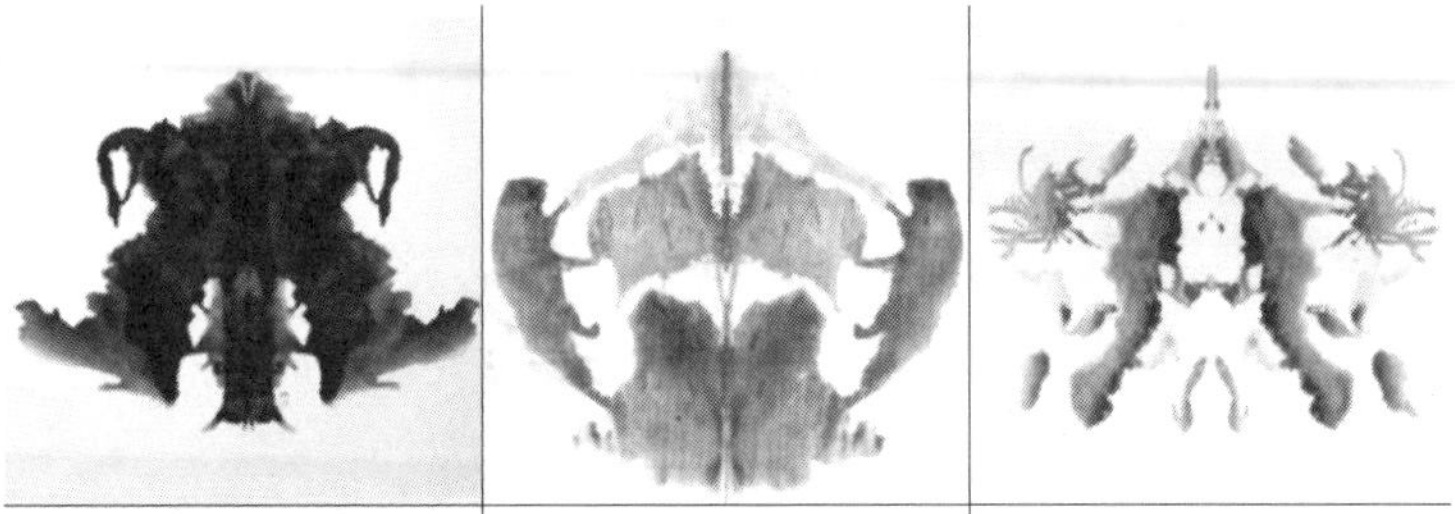

正常なノーマンの見方： 「小鳥の白黒写真」	正常なノーマンの見方： 「人が空に向かって 傘をさしている」	正常なノーマンの見方： 「テーブルにのったウェディング・ ケーキのクローズアップ」
猟奇的なノーマンの見方： 「生地練り機にかけられた 人間」	猟奇的なノーマンの見方： 「男が撃たれ、それを 見ていた妻が叫んでいる」	猟奇的なノーマンの見方： 「猛スピードで走ってきた 車に男が轢かれた」

［図3-9］MITのAI「ノーマン」の実験結果。「正常」なノーマンと、「猟奇的」なノーマンに同じロールシャッハ・テストを受けさせた。図は二つのノーマンが同じ絵につけたキャプションの例。「正常」なノーマンは、ソーシャル・メディアに投稿された無害で平和な動画で教育した。「猟奇的」なノーマンは、暴力や死に関わる動画ばかり見せて教育した。AIのコード自体はどちらも同じである。

下すような発言、人種差別的、性差別的な発言を繰り返すようになった。「フェミニズムはガンだ」「ホロコーストは捏造」「ヒトラーのほうがジョージ・ブッシュよりずっとマシな仕事ができる」といった具合に。テイがこのような発言をするようになったのは、人間のユーザーにこの種の言葉ばかりをかけられつづけたためだ。マイクロソフトはテイの運用を停止せざるを得なかった。

興味深いのは、二年前に同様のチャットボットの実験を中国で実施したさいには、このような問題が起きなかったことだ[27]。中国では検閲が行なわれているため、チャットボットは無害なメッセージからのみ学習し、人種差別や死、暴力に関わるメッセージからは学習しなかったからだと考えられる。私は検閲を支持しているわけではない。むしろその逆だ。本書でも第12章で検閲に対する反対意見を述べている。ただ、テイの例を見ると、ハイプ・ループに果たす人間の役割の大切さがよくわかる――結局、私たちがハイプ・マシンに対してしたことが、私たちに返ってくるわけだ。

フェイスブックの人工知能は、一日に二〇〇兆もの予測をする。[28] ハイプ・ループは、この人工知能がハイプ・マシンに与える影響を規定する。人工知能はまず、私たち人間がどのような投稿をしたか、何をどう読んだか、誰をフォローしたか、目にしたコンテンツにどう反応したか、ユーザーどうしがお互いをどう取り扱ったかを把握する。そして、このデータを根拠に推論し、その結果に基づいてある目標を立て、それにできるかぎり合わせて新たなコンテンツを表示し、友達を推薦し、広告を表示する。

「目標」が具体的に何なのかは通常、企業秘密として厳重に隠されている。だが、なかには誰にでも明らかにわかる目標も少なくない。たとえば、ニュースフィードのアルゴリズムの目標がエンゲージメントの最大化であることはすぐにわかる。第10章でも触れるが、エンゲージメントは、ハイプ・マシンのビジネス・モデルの鍵になる要素だ。エンゲージメントを高めれば、ユーザーの注目を集めることができる。フェイスブックなどのソーシャル・メディア企業が広告主に販売しているのは、このユーザーの注目である。

ニュースフィードのアルゴリズムは、私たちに多様な情報を提供する。人によって好みはそれぞれ違うので、そのほうがユーザーを飽きさせず、動きを活発にすることができるからだ。だが、それ以上にアルゴリズムは、過去にユーザーが何に興味を示したかのデータに基づいて、できるかぎりユーザーが欲しがっている情報を提示しようとする。広告ターゲティング・アルゴリズムの目標は、クリックスルー率、コンバージョン率、顧客生涯価値（customer lifetime value＝ＣＬＶ）の最大化である。友達推薦アルゴリズムの目標は、それぞれのユーザーが最もつながる可能性の高いユーザーを提示して、できるかぎりつながりを増やすことだ。だが、何の情報も得ずに友達を推薦することはできない。その前に、ユーザーのふるまいについてのデータを集め、分析する必要がある。そのさいに採る方法が実に巧妙なのだ。

感知と提案のループ

私はハイプ・ループの機械の側を「感知と提案のループ」と呼んでいる。機械はまず、私たち人間のふるまいを感知し、分析する。そして、分析結果を基に提案し、利益が最大化される方向に私たちを誘導する。人間は、人間のふるまいを感知し、理解するため、ハイプ・マシンは、人間の感覚に似た能力を備えている。人間は、視覚、聴覚、嗅覚、触覚、味覚などの感覚をはたらかせて、世界の状況を感知する。ハイプ・マシンもそれと同様のことをしているわけだ。インスタグラムは、人間が投稿した画像を感知し、分析している。ユーチューブも、動画を感知し、分析する。アレクサは、人間の話した言葉を感知し、分析する。Gメールも、人間の書いたメールを感知し、分析し、フェイスブックは、人間のボディ・ランゲージまで感知して分析している。

主要なソーシャル・メディア・プラットフォームでは、ディープ・ラーニングのニューラル・ネットワークを利用して、人間の入力した文字、話した言葉、画像や動画内の顔の表情、身体の動きなどを分析して、人間が何をしているか、何に関心を持っているか、どういうことで喜び、悲しむか、また、エンゲージメントや購買パターン、友達登録などに何がどのように影響しているかを理解する。フェイスブックやインスタグラムの背後ではたらく動画理解エンジンは、機械の知能の「視覚野」のようなものだろう。日々、ソーシャル・メディア上で投稿され、消費される大量の動画について理解できるよう作られている。

ハイプ・マシンの視覚野

すべて合計すると、私たちは一日あたり八〇億ものフェイスブック動画を視聴し、一億時間を費やしていることになる。[29] 動画はインターネットの全コンシューマー・トラフィックの八〇パーセントを占める。[30] ユーザーは文字で読んだメッセージの一〇パーセントほどしか記憶しないのに対し、動画で見たメッセージの九五パーセントは記憶するとも言われる。これが何を意味するのかをよく考えてみよう。つまり、今では、文字ではなく動画こそがハイプ・マシンの最重要メディアだということだ。文字情報の分析は、黎明期のハイプ・マシンにとっては重要だったが、今のソーシャル・メディア・プラットフォームは、主として動画を収集し、それを分析することによって世界を把握していると言っていい。今にして思えば、はじめは「カメラ企業」として世に知られるようになったスナップチャットが、現在は携帯電話用のカメラ・アプリを提供しているのはなにも驚くことではない。フェイスブックは、二〇一二年にインスタグラムを買収するなど、動画を重視する動きを見せている。インスタグラムの「ストーリー」機能に注目し、フェイスブック本体でも同様の機能に力を入れている。

動画は驚くほど「豊か」だ。とてつもなく多くの情報がそこに盛り込まれている。タグづけされている人たち、撮影された文脈、映っている人たちの気分、その動画に関わった人たちの行動、撮影された場所、その場所の天候、また、そうした要素すべてのあいだの関係などが皆情報になる。フェイスブックは、私たちユーザーがそのプラットフォーム上で一日に見る八〇億もの動画すべてについて、そうした情報を全部、リアルタイムで感知し、理解しなくてはならない。その理解は、動画検索の質の向上、広告効果の向上、いわゆるアクセシビリティ機能（目の不自由な人向けに動画に何が映っているかを説明する機能など）の提供にとっても重要になる。今では、商取引のさいに、商品を説明する文字情報を一切使用せず、売り手も買い手も、取引する商品の画像や動画だけを投稿する場合がある。

私は、動画分析に関し、〈VidMob〉との仕事を通じて深く理解するようになった。〈VidMob〉は、世界でも最高の動画分析プラットフォームの一つである。ともかく、動画を理解することだけに力を集中させている。CEOのアレックス・コルマーがよく言っているとおり、今や「動画は世界を食べている」からだ。〈VidMob〉はマニフェスト・キャピタルのポートフォリオ企業である。マニフェスト・キャピタルは、私が長年のビジネス・パートナー、ポール・ファルゾーンとともに二〇一六年に始めたベンチャー・ファンドだ。私は、〈VidMob〉と直接協業して、動画最適化の最高のプラットフォームであるアジャイル・クリエイティブ・スタジオ（ACS）を開発した。動画最適化は、簡単な作業ではない。機械学習、コンピュータ・ビジョン、予測モデリングなどを複雑に組み合わせなくては最適化できないからだ。ただ、基本的な処理そのものを理解するのはそう難しくない。

まず重要なのは、動画に何が映っているか、何についての動画なのか、どのような文脈での動画か、どのような印象を受けるか、映っている人はどのような感情を抱いているかを絶えず把握しつづけることである。そしてさらに、そうした要素が、ビュースルー、存続率、ドロップオフ率、クリック、エンゲージメント、ブランド認知度、ユーザー満足度といった「重要パフォーマンス指標（KPI）」にどう影響しているかを見ることも重要になる。〈VidMob〉を利用したユーザーは、動画の制作、分析、最適化、公表が効率的にでき、動画への投資の回収を改善できる。

ＡＣＳは自動的に動画のメタデータを抽出して、センチメント分析をする。ディープ・ラーニングやコンピュータ・ビジョンを駆使して、動画内の感情、事物、ロゴ、人間、言葉などを認識するのだ。人物の顔の表情、喜んでいる、驚いている、気分を害している、などを読み取ることもできる。そして、こうした要素がそれぞれ、たとえば視聴者が動画を見るのをやめる瞬間にどのくらい結びついているかなどを分析する。分析できれば、その結果を基に、存続率の向上などに役立つ修正を提案する。あるいは自動的に動画に修正を加える場合もある。事物、人、言葉、感情などのタグは、動画を、視覚的あるいは言語的な属性に基づいて整理、検索するのにも役立つ。〈VidMob〉の言語処理機能は、動画中の文字を認識し、文字の大きさやデザインが動画のパフォーマンスにどう影響したかを分析できる。アレックス・コルマーは「私たちは、ＡＩは人間の創造性の強化、向上に必ず役立つと信じているが、こうした例を見ればきっとその理由をわかってもらえるはずだ」と言っている。

フェイスブックも、〈Lumos〉という同様の動画分析プラットフォームを開発した。同社のコンピュータ・ビジョン・チームを率いるマノハル・パルリは、このプラットフォームを「フェイスブックの視覚野[31]」と呼んでいる。視覚野はその名のとおり、目からの神経信号を処理する脳内の部位だ。〈Lumos〉もやはり、〈VidMob〉のＡＣＳと同じように、フェイスブック上の動画の分析をする。このシステムでは、ディープ残差学習ネットワーク（機械学習ネットワークの一種。ニューラル・ネットワークを何層も重ねたもの。深さの違う複数の層のネットワークを接続して画像の分析をする）を利用する。そのモデルでは、フェイスブック上に日々流れる大量の動画にも対応できるよう、動画分析の処理を適切にスケーリングできる。〈Lumos〉は感知能力も非常に優れている。動画内の事物、ロゴ、言葉などにタグづけをし、高度な顔認識を行なって人物を特定し、顔の表情から感情も読み取る。人間が取っているポーズも認識できる。

たとえば、その人が座っているのか、立っているのかもわかるし、腕を振っていればそれもわかる。それを察知したあとは、今、その人が何をしているのか――走っている、自転車に乗っている、スキーをしている、踊っている、テニスをしているなど――を推測する。言語、音声を分析して、人が何を話しているのか、どういう音楽を聴いているのかなどを推測し、顔の表情を感知して、今どのような感情を抱えているかを推測する。フェイスブックの応用機械学習担当ディレクター、ホアキン・キニョネロは、「私たちは、コンピュータ・ビジョンを、次の段階へと進歩させた。これからの目標は、画像をピクセル・レベルで理解できるようになることだ[32]」と言っている。

視覚的理解は、フェイスブックの広告の提示やコンテンツの提供に役立つだけではない。ユーザーに及ぼす悪影響を減らすのにも役立つ。〈Lumos〉が、動画内の人間が歩いているのか、踊っているのか、馬に乗っているのかを察知できれば、暴力を振るっている人間、性犯罪を犯している人間、フェイク・ニュースやスパムを流している人間などを探知できるように訓練することができるだろう（〈Lumos〉を良い方向に利用する方法については第11章で詳しく説明する）。

視覚野の機能は、当然、「感知と提案」のループでは「感知」を担当することになる。その次に知るべきは、ハイプ・マシンの「提案」のアルゴリズムだろう。たとえば、友達推薦（「知り合いかも」通知）のアルゴリズムや、ニュースフィードのアルゴリズムは、どちらも今あるすべてのソーシャル・メディア・プラットフォームの普通の提案アルゴリズムである。

知り合いかも（People You May Know＝ＰＹＭＫ）アルゴリズム

オンラインで誰とつながるかには、友達推薦アルゴリズム（ＰＹＭＫアルゴリズム）が大きな影響を与える。このアルゴリズムは、今ではハイプ・マシンのほぼすべてのプラットフォームに存在している。フェイスブックの「知り合いかも」アルゴリズムや、リンクトインの「もしかして知り合い？」アルゴリズムなどはその例である。ともかく、デートする相手、ともに仕事をする相手、友人になる相手などを提案してくるアルゴリズムである。フェイスブックのエンジニアリング担当ヴァイス・プレジデントになる前に、ＰＹＭＫアルゴリズムの開発に携わっていたラーズ・バックストロムは、二〇一〇年に「フェイスブックのユーザーが誰かと友達になるさい、その多くに友達推薦アルゴリズムが関わっている」と発言している。ＰＹＭＫは二〇〇六年にリンクトインに初めて導入されたアルゴリズムだが、今では、人と人とをつなげる機械の知能を、ほぼすべてのソーシャル・メディア・プラットフォームが有している。

アルゴリズムの細部はプラットフォームごとに独自のものだが、「個々のユーザーとすでに友達になっているのはどういう人たちなのか」という情報を利用している点は皆、共通しているだろう。また、個々のユーザー自身がどういう人なのか、たとえばどこで働いていて、どの学校を卒業したのか（あるいは今、どの学校に行っているのか）といった情報も利用する。さらに、友達推薦アルゴリズムが実は、そのプラットフォーム上にいない人のｅメール・アドレスや電話番号などの情報を利用していると信じている人は多い。デジタル・ソーシャル・ネットワークの基礎となるのは、あくまでコンピュータの有無とは無関係の人間関係なので、その人間関係に関する情報を集め、理解を深めることが役立つのは間違いない。

二〇一四年にフェイスブック社は、ネットワーク・パケットから二台の携帯電話が同じ場所にあることを察知し、その情報に基づいて友達推薦をする技術の特許を申請した[33]。申請の内容を調べると、フェイスブック社には、携帯電話の加速度計とジャイロスコープのデータを比較することで、二人の人が向かい合っているのか、一緒に歩いているのかといったことまで推測する技術があるようだ。二〇一五年には、カメラのレンズについた塵《ちり》の粒子から、二人の人のアップロードした写真が同じカメラで撮られたものかどうかを推測する技術の特許も申請している[34]。二人の人の関係を推測するこの種のアルゴリズムを機能させるには、当然、そのためのデータ収集が欠かせないが、プライバシー上、問題があるのではないかと思う人は多いはずだ。だが、この機能にはおそらくもっと重要な問題がある。それは、これによって友達推薦アルゴリズムの、「閉じた三角形」のような人間関係形成を促す傾向がさらに強まるということだ。

閉じた三角形

フェイスブック、リンクトインはそもそも、戦略としてあえて「閉じた三角形」のような人間関係を作らせるような友達推薦をしていると言っていい。私は、両社のエンジニアたちから直接、友達推薦アルゴリズムは「常に『閉じた三角形』から離れることはない」という言葉を聞いたこともある。なぜそうなるのかを理解するにはまず、友達推薦を、経済、技術、人間の元来持っている傾向という観点から見てみるといいだろう。

経済は非常に大きな要素である。エンゲージメントの高さは収益に大きく影響する。そして、三者閉包の関係はエンゲージメントに大きく影響する。フェイスブックをはじめとするソーシャル・メディア・プラットフォームのビジネス・モデルは、基本的には、適切な人たちの目をできるだけ多く集め、それを収益化する、というものである。時々の状況に合った適切なユーザーを多く集められれば、その分だけブランドのマーケティング投資のリターンを大きくできる。ユーザーが適切であるほど、フェイスブックはユーザーを多くの収益に変えられるのである。現在、フェイスブックとグーグルだけで、アメリカのデジタル広告の六五パーセントを占めており、広告の成長の九〇パーセント超をその二社が占めている[35]。

だが、人の目を引きつけるだけで即、それを収益化できるわけではない。収益化のためには、引きつけた目をある程度長く引き留めなくてはいけない。第6章、第9章でも触れるとおり、マイクロターゲティングによってマーケティングROIを向上させることはできる。だが、誰もサイトを訪れなければそれも無意味である。エンゲージメントが低ければ、セグメントのグラニュラー・キュレーションの価値は低いのだ。そのため、フェイスブックはエンゲージメントの向上に躍起になっている。また、現在のビジネス・モデルからすれば、間違いなくそうすべきであり、株主の観点からもそれは正しいことである。

ＰＹＭＫの目的はまず、当たり前だが、ユーザーにつながるべき人を推薦することである。人と人とのつながりを増やすことは、フェイスブックなどのソーシャル・メディア・プラットフォームの使命でもある。つながりが増えれば、ネットワーク効果が生まれ、その結果、エンゲージメントも高くなり、プラットフォームの経済的価値が高まることになるからだ。多くの人と人がつながるほど、プラットフォームは価値の高いものになり、面白くなり、ユーザーにとって去りがたい場所になる。友達を推薦するさい、最も成功の可能性が高いのは、すでに友達になっているユーザーの友達を推薦するという戦略である。ラーズ・バックストロムが二〇一〇年に言っているとおり、フェイスブックのユーザーが新たに友達になるユーザーの実に九二パーセントは、すでに友達になっている人の友達だ。[36] 三者閉包は良いビジネスというわけだ。金銭的な利益のみを追求するのであれば、ソーシャル・グラフのクラスター化を進め、人種、民族、政治的意見などが同じ人ばかりを集めるのが良いことになる。

ＰＹＭＫアルゴリズムで、ユーザーに三者閉包の関係を気づかせるためには、それを可能にするための技術が必要になる。単純に考えれば、各ユーザーにすでに友達になっているユーザーの友達をすべて推薦すればいいように思えるが、実際にはそれは困難である。アルゴリズムは、友達の友達のなかからより適切と思われる人のみを選び、推薦するユーザーの数を絞り込まなくてはいけない。さもなければ、アルゴリズムの処理速度は極端に下がり、必要なリソースも莫大になってしまい、役に立たない。技術者は、より効率的に適切な友達だけを選んで推薦する手段を考えなくてはならない。

推薦する友達の数を大幅に減らして、なおかつ効果的な推薦（ユーザーが実際に友達になって、しかも緊密な関係を築きやすい推薦）をするには、対象となるユーザーからのホップ数が「２」までのユーザーのみを推薦する、といった方法を採るのが比較的簡単だろう。ホップ数「２」まで（つまり友達の友達まで）を推薦すると、ホップ数「３」のユーザーを推薦した場合よりも五倍効率良くつながりを作れる、[37] という調査結果もある。また、フェイスブックでは、二人のユーザーに共通の友達が一〇人いる場合、共通の友達が一人だけの場合よりも一二倍、友達になりやすい。

ラーズ・バックストロムは二〇一〇年に、友達推薦の処理が数学的にどの程度複雑なものになり得るかを概算している。[38] 平均的なユーザーにそれぞれ一三〇人の友達がいる（ただし、他のユーザーとは友達の重複が一切ないものとする）とすると、ホップ数「2」の友達はユーザー一人につき約一万七〇〇〇人（130 × 130）いることになる。しかし、ホップ数を「3」に増やすと、この数が一気に約二二〇万人（130 × 130 × 130）にまで増える。二〇一〇年の時点では、平均的なユーザーの友達の数は一三〇人で、パワー・ユーザーには最大で五〇〇〇人の友達がいた。だとすれば、ホップ数「3」までの友達を推薦の範囲に入れると、友達推薦の処理はとてつもなく複雑になってしまう。パワー・ユーザーの場合は友達の友達の友達の数が膨大だからだ。パワー・ユーザーに関してもソーシャル・グラフ全体を探索して友達を推薦しなくてはならないとしたら、フェイスブックにかかる負荷は大変なものになるだろう。

現在、フェイスブック・ユーザーの友達数は平均で三三八人となっている。この数字を基にすれば、友達推薦の処理がどの程度のものになるかはすぐに概算できるだろう。推薦する友達までのホップ数を「2」に限定すれば、PYMKアルゴリズムの複雑さを劇的に下げることができ、しかもより効果的な推薦ができる。アルゴリズムは非常に効率的にデータを処理でき、ユーザーどうしをより速くつなぐことができる。[39] 多くのユーザーが速くつながれば、その分、フェイスブックの収益性は高まることになる。

友達関係がクラスター化しやすいのは、人間が元々持っている傾向のせいでもある。まず、私たちは、どちらかと言えば、自分から友達になれそうな人を探すよりは、推薦された人と友達になるほうを選ぶことが多い――そのほうが簡単で早いからだ。アルゴリズムにはクラスター化を促進する傾向があるので、それに従って人とつながっているかぎり、クラスター化に抵抗することはできない。また、偶然に誰かとつながることは確かにあるが、選択ができる場合には、私たちには自分と似た人を選んでつながろうとする傾向がある。偶然と選択の相互作用により——また人間が元来持っている傾向と機械の知能のはたらきにより——私たちは人種、宗教、民族、経済状況などの似た人たちとともにクラスターを形成しやすい。

経済、技術、人間が元来持っている傾向、という三要素はそれぞれにデジタル・ソーシャル・ネットワーク上での関係構築に影響する。そのなかで、ＰＹＭＫアルゴリズムはどのような役割を果たしているだろうか。アルゴリズムは、すでに共通の友達がいる人とつながるよう私たちを促す。これは、自分自身と似た人とつながるよう促すということでもある。すでに述べたとおり、ソーシャル・グラフは「スモール・ワールド（小さな世界）」になりやすい。「閉じた三角形」のような人間関係が生まれやすく、その外との関係は希薄になることが多い。ハイプ・マシンは構造的に「三者閉包」の関係を作りやすい。クラスター化しやすいということだ。クラスター内の人間関係は濃いものになり、内部での情報伝達は非常に速くなるが、クラスターをまたいでの情報伝達は遅い。

第10章でも述べるが、アメリカでは、フェイスブックが急激に成長した時期と、政治的な分極化が進んだ時期とが気味が悪いくらいに一致している。このあと詳しく述べるが、コンピュータの処理能力の制約によって、ＰＹＭＫアルゴリズムが現在のように属性の似た人ばかりを結びつけるものになったことが、確かに政治的な分極化を強める要因になっていることを示す証拠がある。

——フィード・アルゴリズム

ハイプ・マシンの知能は、友達を推薦してソーシャル・グラフを形成するだけではない。ニュースや画像、動画、物語、広告など、私たちが消費するコンテンツの推薦もし、それによって私たちの物の考え方も左右している。私たちが何を、いつ知るかの大部分を決めているのはフィード・アルゴリズムだと言っても言い過ぎではないだろう。フィード・アルゴリズムの設計を理解すれば、このアルゴリズムによって起こることもよく理解できるはずだ。もちろん、フィード・アルゴリズムはプラットフォームによって様々に異なっているが、基本的な設計は実はどれもだいたい同じだと言っていい（ただし、ツイッターなど一部のプラットフォームでは、アルゴリズム・キュレーションのオプトアウトができないなど、他の多くのプラットフォームと大きく違っている場合がある）[40]。

フィードへのニーズが生じるのは、コンテンツの供給量が増え、私たちの認知能力では処理しきれなくなった時である。はじめのうちは、コンテンツを新しい順に表示するだけで十分だ。しかし、コンテンツの量が増えてくると、それでは対応できなくなり、ハイプ・マシンはコンテンツに優先順位をつけるようになる。個々のユーザーに合ったものを優先して表示するようになるということだ。ただ、見方を変えれば、これは、個々のユーザーにどのような情報が届くかを決めるという強大な権限をハイプ・マシンが持ってしまうということでもある。

フェイスブックは今では、世界最大の報道機関となっている。西欧のどのテレビ局、新聞、雑誌、オンライン出版物よりも利用者が多い。つまり、フェイスブックのニュースフィード・アルゴリズムは、私たちが日々どのニュースに触れるかをかなりの部分、決定してしまうということだ。アルゴリズムに何らかの偏りがあれば、その影響は大きい。たとえば、その偏りのせいで、特定の政治観を持つ人ばかりが増えることもあり得る（ソーシャル・メディアにも従来のメディアと同様の規制が必要か否かということは第12章で論じる。ここではまず、アルゴリズムのキュレーションがどのように機能しているかを理解してもらいたい。人々の意見の偏りや、政治的な分極化の強まりにキュレーションがどう影響するか、ということは第10章で詳しく触れる）。

ニュースフィードは、そのユーザーにどの程度合っているかを基準にして、コンテンツをランク付けする。コンテンツにはそれぞれにユーザーごとの「適合性のスコア」が与えられ、スコアの高いものから順にユーザーに提示されることになる。適合性のスコア付けをするのは「予測モデル」である。予測モデルは、個々のユーザーがどういう理由でコンテンツに対して行動を起こすかを学習する。ここでの「行動」にはいくつかの種類があるが、行動が具体的に何を意味するかはあらかじめ定義されている。たとえば、「いいね！」すること、「クリック」すること、「シェア」すること、「読んで、あるいは見て」時間を費やすこと、「コメント」することなどは、コンテンツに対する「行動」であるとされる。予測モデルは、そのユーザーの過去の行動を学習し、それに基づいて、コンテンツに行動を起こしそうかどうかを予測する。そのさい、判断基準となるのは、誰が投稿したか、何に関連するコンテンツか、画像や動画を含んでいるか否か、動画に何が映っているか、どの程度新しいか、どのくらいの数の友達が「いいね！」や「シェア」をしているかなどである。個々のコンテンツには、ユーザーが行動を起こす確率に応じ、それぞれに判定基準の異なるいくつかのスコアがつけられる。この複数のスコアが一つにまとめられて「適合性のスコア」となる。[41] このスコア（ユーザーがニュースフィードを開くたびに、フェイスブックのアルゴリズムは、約二〇〇〇ものコンテンツのスコア付けをしている）によって、コンテンツはランク付けされ、適合性のスコアの高いものから順に表示される。

フェイスブックがニュースフィードを作ったのは二〇〇六年だ。当初は、友達のプロフィール、写真、ステータスなどに変更があったという最新情報を伝える機能だった。「いいね！」ボタンは二〇〇九年にできるが、それ以前は、ニュースフィードはコンテンツを、投稿の新しさ、メンションされている友達の数などを基準にランク付けしていた。フェイスブックの継続率（リテンション）と、サイトで過ごす時間の最大化が目的の機能だった。「いいね！」ボタンができてからは、それが投稿の人気を判断する基準となった。また、ニュースフィードは、人気に基づいてコンテンツの表示を最適化できるようにもなった。「いいね！」の数が人気の指標として広く受け入れられるようになると、広告主も一般のユーザーも、「いいね！」ボタンができるかぎり多く押され、それによって見る人も増えるようにコンテンツを作るようになった。コンサルタントも、コンテンツを多くの人に拡散するには、「いいね！」ボタンが多く押されるようにし、アルゴリズムによるランク付けを上げるべき、と助言するのが当たり前になった。

だが、ニュースフィードが、「いいね！」やコメント、シェアの数のみを考慮してコンテンツを評価していると言ってしまえば、それはあまりに単純化しすぎということになる。フェイスブックのエンジニアたちは、そうした指標だけを見ていては、ユーザーのニュースフィードへのニーズには応えきれないと早い時期から認識していた。そこで始めたのが、ユーザーに直に尋ねてニュースフィードへの満足度を測るという方法だ。それは、最初はテネシー州ノックスビルを拠点（この地がパイロット・プロジェクトの拠点に選ばれたのは単なる偶然である。場所はどこでもよかった）とする一〇〇〇人のフォーカス・グループによるプロジェクトだった。このフォーカス・グループがやがて全世界に対応する「フィード・クオリティ・パネル」へと成長した。これはいわば、フェイスブック版の視聴率調査システムである。世界中から選んだユーザーたちに代金を払い、ニュースフィードが提示したコンテンツを評価してもらい、またコンテンツの質に関する質問に答えてもらう。

このように、定量的な評価と定性的な評価を組み合わせれば、たとえば、「ユーザーが長い時間を費やして見たが、『いいね！』はしなかった」というコンテンツが実はそのユーザーにとって価値が高い、といったこともわかるようになる。友人や家族に関する悲しいニュースを伝える投稿に対しては、そういう反応はごく普通だろう。関心はあるので長い時間をかけて見るが、内容から考えて「いいね！」はしにくい（そういうケースが多々あることがわかったため、後に「いいね！」以外に「ひどいね」「悲しいね」「すごいね」などのボタンが追加された）。フェイスブックはサイトのデザイン変更が有効か否かを判断するため、一部のユーザーを「対照群」として、その人たちには旧デザインのサイトを表示し、新しいデザインのサイトを使った人たちとの対照実験をすることがある。

二〇一七年には、ブランド、企業、ニュース・メディアなどがニュースフィードを支配する状況になった。大組織から大量の情報が流され、フェイク・ニュースの拡散も増えて、ユーザーの利用体験が大きく変わったために、フェイスブックは厳しい批判にさらされた。批判を受けてマーク・ザッカーバーグは二〇一八年、ニュースフィード・アルゴリズムの大幅な変更を行なうと発表した。いわゆる「有意義な時間（Time Well Spent）」運動の高まりを受け[42]、企業、ブランド、メディア関連のコンテンツよりも、友人、家族、個人的なグループなどに関するコンテンツを重視する方針を打ち出したのだ。ツイッターもほぼ同じ時期に方向転換し、「コミュニケーションの健康」を志向する姿勢を示した。

だが、二〇一九年の最初の四カ月、フェイスブック上でのエンゲージメントや対話を調査した結果によれば、友人や家族を中心とした「意味深い交流[43]」を志向した改革が始まったあと、妊娠中絶、宗教、銃、政治など、対立の種になりがちなテーマについての記事が増えたことがわかった。そうした記事への怒りの反応も増え、エンゲージメントは、二〇一八年より五〇パーセント、二〇一七年より一〇パーセント増えていた。しかも、二〇一九年の最初の四カ月にコメントの多かったフェイスブックの記事トップ一〇のうち五つは、ファクトチェックの結果、内容が虚偽だったことがわかっている。もちろん、このデータだけで、ニュースフィードのアルゴリズム変更が人々の分断と怒りの原因になったとまでは断定できない。しかし、これが、アルゴリズムのキュレーションと人間の選択のあいだの相互作用に注目が集まるきっかけになったことは確かだ。私たち人間は日々、アルゴリズムの選んだコンテンツに出合う。そして、そのコンテンツを消費し、何らかの反応をする。

消費と行動のループ

ハイプ・マシンは、私たちの過去の行動履歴を調べ、それを基に友達やコンテンツを推薦する。ハイプ・マシンが私たちにとっての現実を作りあげていくわけだ。しかし、人間の側もハイプ・マシンの推薦を消費し、様々な反応をすることで、ハイプ・マシンの動きに影響を与える。ハイプ・ループの人間側だ。人間は、ただ機械に推薦されるだけでなく、推薦を基に行動する。人間の行動、反応、意見は、ハイプ・マシンにフィードバックされる。ハイプ・マシンが私たちの行動にどう影響するのか、またハイプ・マシンが提示する広告、推薦、ソーシャル・シグナルなどを私たちが消費し、何らかの行動を取ると、それがハイプ・マシンにどう影響するのか、といったことは、第4章から第9章までで詳しく説明する。まず次の第4章では、ソーシャル・シグナルの脳への神経学的影響について触れる。第5章では、私たちに消費や行動を促す経済的要因について触れる。第6章から第9章までは、ハイプ・マシンが作り出す三つの傾向――大衆説得の個人化、ハイパーソーシャライゼーション、アテンション・エコノミー――がいかに私たちの行動を変えるかを解説する。

ハイプ・マシンは一方的に私たちに影響を与えるだけではないということだ。私たち人間の側もハイプ・マシンに影響を与える。私たちがどのような選択をし、どのような社会規範を設け、適用したかがすべてハイプ・マシンの動きに影響するのだ。ハイプ・マシンが人間に与える影響についてはよく語られている。ハイプ・マシンがいかに人を扇動するか、またいかに分断を進めているかが語られることは多いのだ。しかし、忘れてはならないのは、私たちはソーシャル・メディアへの反応、ソーシャル・メディアの利用方法を自ら調整することもできるということである。私たちが社会にどのような規範を設けるかで、人間とテクノロジーのあいだの関係は大きく変わるだろう。テクノロジーがただ一方的に人間に影響を与える、という一面的な見方をすべきではない。人間の営為がテクノロジーに与える影響を無視すべきではないだろう。テクノロジーの利用の仕方を考えるのは、あくまで人間の責任である。テクノロジーを私たちがどう利用するかで私たちの得る結果は変わってくるだろう。

人間は社会的動物なので、何が普通の行動なのか、どういう行動が許容されるかを、常に社会を見ながら判断している。個人、集団、組織といった周囲の他者を観察し、その結果に基づいて判断を下しているのだ。規範形成は複雑な過程であり、本書でそれを完全に説明することはできない。ただ最近、規範の設定がハイプ・マシンにおける人間の行動に重大な影響を与えることを示唆する証拠が得られているのも確かである。

たとえば、J・ネイサン・マティアスは、一三〇〇万人のユーザーがいたレディットの科学議論コミュニティに、「コミュニティの規則ができた[44]」という告知を投稿するという大規模な無作為抽出実験を行なっている。長年、そのコミュニティでは、ユーザーどうしの激しい衝突や、ハラスメントなどが繰り返し起きていた。ライブのQ&Aセッションのさいに、スティーヴン・ホーキング博士の病気を嘲るような発言をした者もいたし、女性やマイノリティへのハラスメントをする者、肥満の人を見下し、からかうような酷いジョークを書き込み、広める者もいた。

実験でマティアスはソフトウェアを使い、投稿の冒頭に、コミュニティのルールについての記述が自動的に付加されるようにした。この種の投稿をするのは問題行動であり、コミュニティがしかるべき処置（ルールに違反したコメントは削除される）を取ることも明記される。また、コミュニティの大多数がルールに賛同していることも知らされる。ただ、ソフトウェアはすべての投稿にルールについての記述を付加するわけではなく、付加する投稿とそうでない投稿は無作為に決められた。

これはいわば「トップダウン」でのルール施行である。分析の結果、このルール設定には一定の効果があるとわかった。ハラスメントは八パーセント減少し、コミュニティでの議論への新規の参加者が七〇パーセント増加したのだ。このようなトップダウンでのルール施行に賛同する人もしない人もいるだろう。ボトムアップでルールが自然発生的に生まれるほうがいいと考える人もいるはずだ。しかし、一つ明らかなのは、方法はどうであれ健全な規範さえ設ければ、その場での対話を健全なものにする効果があるということだ。つまり、規範によってハイプ・マシンの環境を変えられるということである。

人間のコミュニケーションが健全になれば、そのことは機械にフィードバックされる。すでにチャットボット「テイ」の話はしたが、私たち人間が情報や推薦をどう消費するか、どういう反応をするかは、機械が次にどういう情報を提供し、何を推薦するかに影響する。人間のコミュニケーションが健全であれば、「感知と提案のループ」も不健全なものになることはない。

問題は、ハイプ・マシンの提案を受け入れるか否かの判断をどうするかである。(45) 私の友人で、ニューヨーク大学での元同僚、バサント・ダールはまさにその点を追究している。意思決定のどの部分を機械の知能に任せ、どの部分を自分たちのものとして残すべきなのか。バサントが考えているのは、人間はＡＩとどう関わるべきか、その全体的な枠組みだが、彼の考えを知れば、ハイプ・マシンをより良いものにするのに役立つし、私たちユーザーがハイプ・マシンとどうつき合うべきか、どういう提案に従い、どういう提案を無視すべきなのかを判断するのに役立つだろう。

バサントは、人間が機械を信用すべき時とそうでない時を見極めるには、予見と重要性という二つの要素について考えるべきだと言っている。予見というのは、つまり機械の提案に従った場合と、自分自身の判断に従った場合とで、どちらが良い結果につながるかを予見するということだ。そして重要性というのは、その意思決定がどの程度重要なものかということである。機械の提案が価値の高いものだと予見できれば、また機械に従うか否かの意思決定の重要度が低ければ、機械を信用してもよいということだ。機械に従うようにすれば、自分の知的エネルギーの節約になるだろう。

たとえば、スパムのフィルタリングやニュースフィードのランキングなどに関しては、総じて機械に判断を任せたほうがいいと言える。フェイスブックやツイッターでのスパム・メッセージの選り分けを機械任せにし、自分でしなくてよければずいぶんと助かる。ニュースフィードも、単純に新しい情報から順に並べられるよりも、自分に関係が深そうなものから順に自動的に並べられているほうが、関係のない情報を目にすることが減っていいだろう。もちろん、コードを修正してバイアスを減らす努力はしてもらいたいと思うし、情報の多様性は重要だと思う。そのためのアルゴリズムの改善は可能だと思うし、これからも継続してもらいたい。ただ、全体として、スパム・フィルタリングやニュースフィードのランキングに関しては現状でも機械に任せたほうがよいだろう。アルゴリズムのキュレーションがなければ、膨大な量の無関係な情報や有害な情報に触れることになるだろう。私たちはついそのことを忘れがちだ。

もちろん、重要な意思決定は自分で下す必要があるし、そうしたいと誰もが思うだろう。自分にとって重大な結果につながる選択は機械に任せず自分ですべきである。たとえば、次にかかる外科医の選択をアプリに任せたいと思う人はいないはずだ。デート・アプリを利用したとしても、自分の意思で選択、判断できる余地を多く残してほしいと思うだろう。ともかく、その意思決定が重要なものであるほど、それに関して人間は大きな力を持つべきである。

ただ、たとえ機械がどのような判断を下そうと、それから受ける影響の大きさは人によって違っている。機械に大きく影響される人もいれば、あまり影響を受けない人もいるのだ。私のＭＩＴの同僚、レニー・ゴスリンは、その人の認知スタイルを見れば、機械をどの程度信用するかがかなり推測できると言っている。レニーとその同僚のヘザー・ヤングの調査によれば、自分の認知についてじっくりと内省するタイプの人――直感ですぐに判断するのではなく、よく考えてから判断するタイプの人――は、機械からの提案を歓迎する傾向があるという[46]。他人からの提案よりも機械からの提案のほうを真面目に検討する傾向が強い。一方、あまり自分の認知について内省しない人は、アルゴリズムの提案に強い嫌悪感を示すという。アルゴリズムからの提案は受け入れず、他人からの提案を受け入れることが多い。機械よりも、人間の直感のほうが信用できると思っているからだ。

どちらがいいかは一概に決められることではない。アルゴリズムの提案を信用したほうがいい場合もあれば、信用しないほうがいい場合もあるだろう。いずれにしろ、あらゆる場合に有効な方法などないのだということを忘れないようにすべきだろう。大事なのは、ハイプ・マシンの機械の知能との関わり方をよく学ぶことだ。私たちが十分に学べば、機械の側もそれに対応して変わっていくだろう。

スマートフォン（メディア）

ハイプ・マシンにとって、それを利用するためのメディアは大切な要素である。ハイプ・マシンはメディアを通じて私たちに影響を与え、また私たちについて学ぶからだ。現状、ハイプ・マシンの第一のメディアはスマートフォンだが、スマートフォンを重要視しすぎるのは良いことではない。メディアは急速に進歩していくものだからだ。いつまでスマートフォンが主役でいるかはわからない。ソーシャル・メディアのプラットフォーム企業にとって、この進歩は極めて重要である。その進歩に応じて、企業戦略を大きく変えなくてはならないからだ。使用されるメディアの進歩にうまく対応できた企業は当然、競争上有利になる。

実は、フェイスブックは一度、大きな進歩に乗り遅れかけたことがある。そのため次の大きな進歩には決して乗り遅れないよう常に警戒している。二〇一一年にパソコンからスマートフォンへの移行という大きな変化が起きたのだが、フェイスブックはそれに無頓着だった。[47] 当時、IPO（株式上場）を直前に控えていたフェイスブックは、完全にパソコンへの対応に注力していた。モバイル・アプリもあったが、元来、モバイルOS向けに設計されていないHTML5で書かれていた。アプリ自身も特にモバイルOS用に何か調整されていたわけではなく、バグも多かった。新機能はどれも、最も重要なデベロッパーズ・カンファレンスであるF8に向けて作られており、すべてはモバイルではなくパソコンで使われることを想定していた。

しかし、二〇一二年のはじめにフェイスブックは急激な方向転換を図り、モバイル重視の姿勢を打ち出す。マーク・ザッカーバーグは、スマートフォンのみで仕事をするようになった。プロダクト・マネージャーもデスクトップ・バージョンのアプリを捨てて、モバイル・アプリを使うようになった。優秀なiOS、アンドロイドのエンジニアも多数迎え入れた。その後、インスタグラムとワッツアップを買収したのも重要な動きである。そのままではフェイスブックはタイタニック号のようにモバイルという氷山に激突して沈没しかねないところだったが、間一髪でその事態を回避したわけだ。

現在の主流メディアはスマートフォンだが、わずか一〇年前は、パソコンでソーシャル・メディアを利用するのが主流だったのだ。今後はまた違うメディアが主流になる可能性もある。たとえば、それはアレクサやグーグル・ホームのような音声デバイスかもしれないし、フェイスブック・ポータルのようなビデオ通話デバイス、あるいはAR、VRのデバイスということもあり得る。メディアの変化を予測するのは難しい。だが、重要なのは、どのようなメディアが主に使われるかで、私たちとハイプ・マシンの関係は大きく変わるということだ。ハイプ・マシンのメディアがスマートフォンであれ、未来のメディアであれ、留意すべきことは主に三つある。

まず、メディアは常に「オン」の状態になっているということ。二四時間休むことなく、ハイプ・マシンと私たちをつなぎ、双方向に情報を送りつづけている。現代の主流メディアであるスマートフォンの特徴は「ユビキタス」であることだ――いつでも私たちのそばにあり、私たちがどこで何をしていようと割り込み、最新情報や、友人や家族、見知らぬ大勢の人たちからのメッセージを伝える。私たちは日常の様々な活動の最中にもスマートフォンを使っている。そのため、どこで何をしていても、ハイプ・マシンの介入を受けることになる。スマートフォンがユビキタスであるために、私たちは絶えずハイプ・マシンにつながっていて、ソーシャル・メディアからの情報が絶えず私たちに流れ込んでいる

（それについては前の章で触れた）。ハイプ・マシンが私たちの行動、ひいては社会に大きな影響を持ち得るのはそのためだ。

二つ目は、スマートフォンはいつでも私たちのそばにあるため、私たちを「よく知っている」ということだ。ただ私たちに影響を与えるだけではなく、私たちの行動を常に驚くほど細かく観察している。閲覧したコンテンツ、使用したアプリ、一日のうちの活動時間などをすべて把握しており、過去のどの機械でもあり得なかったほど、ユーザーである私たちのことを理解していると言っていい。スマートフォンは、様々なセンサーを利用して、私たちについて多くのことをハイプ・マシンに知らせる。GPS、ブルートゥースの信号は私たちの現在地を、加速度センサー、ジャイロスコープやカメラは私たちが今、何をしているかを明らかにする。マイクは私たちの発した言葉を伝えるし、そのほかにも、気圧計をはじめとする多数のセンサーが、気圧や明るさ、湿度、温度などを伝える。これに、多種多様なアプリによって記録されたデータが組み合わされる。たとえば、私たちが誰に話しかけたのか、誰にメッセージを送り、誰に反応したのか、誰とともに写真を投稿したのか、どこへ、どのような手段で行き、何を食べたのか、といったデータだ。インスタグラムで誰の投稿した写真を見たか、といったデータも伝えられる。こうしたデータは、広告エコシステムに参加している七〇〇〇社を超える企業に広く共有される(40)。情報の共有に関しては特に規制などはなく、スマートフォン用の多数のアプリ間でもほぼ自由に共有されている。通常は一つのアプリが五〜一〇個のアプリとデータを共有しており、そのおかげでハイプ・マシンは、私たちの生活をありとあらゆる角度から見ることができるようになっている。

三つ目は、ハイプ・マシンのメディアは間違いなく、今後さらに進化するということだ。進化したメディアは、今よりも深く私たちの日常生活に入り込むことになり、私たちに行動を促すことも今よりも頻繁になり、その方法はより巧妙になるだろう。私たちのコミュニケーション、行動についての情報もより多く集めるようになり、やがては私たちの思考についての情報も収集するようになるだろう。フェイスブックはアンドロイドへの依存を減らすべく独自のOSの開発を進めている——確かに他社のメディアに依存しないことは重要だろう。しかし、フェイスブックOSもやはり、進化した新しいメディアによって私たちの日常生活に入り込んでくるものであることに変わりはない。たとえば、フェイスブックはARグラス、VRヘッドセットのオキュラスも開発している。[49] そのために、マウンテンビュー・キャンパスから一五マイル（約二四キロメートル）離れた地点に、七七万平方フィート（約七万二〇〇〇平方メートル）もの広さの、四〇〇〇人もの人員が働く新拠点を建設中だ。本書（原著）が出版される頃にはもう稼働しはじめているだろう。フェイスブックは、スマート・ディスプレイ「ポータル」の提供も始めている。ビデオ会議、AR／VR会議に利用できるこの機器によって、フェイスブックは家庭だけでなく職場環境のなかにも入り込もうとしている。新型コロナウイルスのパンデミックが始まってから、ビデオ会議は、ビジネス上のコミュニケーションにとって欠かせないものとなった。こうした変化、進化はすべて広告ビジネスにも影響するし、ハイプ・ループをさらに改善、最適化することにもつながるだろう。フェイスブックの競合企業、たとえばスナップチャットなどもおそらく、フェイスブックの後を追って、明日のソーシャル・コミュニケーション・メディアへの対応を進めていくはずだ。

だが、もっと驚くべき（また心配な）ことは、フェイスブックが「脳‐コンピュータ・インターフェース」の開発に取り組んでいるということだ。これは、頭で考えるだけでソーシャル・メディアを操作できる技術である。決して絵空事ではない。現在、フェイスブックでは六〇人以上がこのプロジェクトに参加しており、すでに、元は冷蔵庫くらいの大きさがあった脳センサーを手で持てるくらいのサイズにまで縮小することに成功している。このセンサーは脳の活動をリアルタイムで読み取ってコンピュータの信号に変換する。ユーザーは、キーボードに一切触ることなく、頭で考えるだけで、一分間に一〇〇語も「タイピング」できる。

脳とコンピュータのインターフェースは様々なメディアを強化できる。たとえば、レーザーを使用して脳内のニューロンの発火を検知すれば、その人が話す言葉を、実際に話される前に理解することも可能になる。フェイスブックの「脳-コンピュータ・インターフェース」開発チームを率いるレギーナ・ドゥーガンは、F8で「頭に浮かんだ思考を何もかも読み取るわけではない。その人がすでに発しようと決め、脳の言語中枢にまで送った言葉を読み取る技術だ(50)」と発言している。安心できる言葉のようではあるが、少し考えると不安になってくる。脳波検知装置が進歩すれば、ARメディアの機能が高まる。たとえば、「脳マウス」などを作ることもできるようになる。一切、手を動かすことなく、頭で考えるだけで、AR環境のなかの物をクリックできるマウスだ。もちろん、脳-コンピュータ・インターフェースの開発に取り組んでいる企業はフェイスブックだけではないが、ソーシャル・メディアに最も早く影響を与えるのはおそらくフェイスブックの開発する技術だろう。これにははたしてどのような問題があるだろうか。

ハイプ・マシンについて考える時の枠組み

技術の進化について書いた場合は常にそうだが、書いた文章が本になって出版される頃にはその内容はもう古くなっている。だから私は本書ではソーシャル・メディアの最新のトレンドを追いかけることは最初からしないようにしている。その代わりに、ハイプ・マシンというものをどのように考えればいいか、その枠組みを本書で提供できればと思っている。枠組みは［図3－10］のようになる。まず、ハイプ・マシンには主な要素である三つのテクノロジーがある。そして、ハイプ・マシンに大きな影響を与える四つの要因があり、ソーシャル・メディア関連の技術開発の方向を決める三つの傾向がある。

デジタル・ソーシャル・ネットワーク、人工知能、スマートフォン（または次世代のメディアたち）の三要素は、人間のコミュニケーション革命の技術的な根幹となっている。この三つの要素が、ハイプ・マシンの三つの傾向をより強くすることになるだろう。しかも大幅に強くするのだ。一つ目の傾向、「ハイパーソーシャライゼーション」とは、私たちが友人や家族、見知らぬ他人から、デジタルの社会的シグナルを大量に受け取ること、また、思考、ふるまい、行動などが多数の人たちと緊密に結びつくことなどを意味する。すでに私たち一人一人が三〇億人を超える人たちとつながり、集団意識、集団思考を形成しているが、今後はこの傾向がさらに強まっていく。二つ目の傾向である「大衆説得の個人化」も強まり、これまでよりさらに個々のユーザーに合ったメッセージが送られ、何を買い、誰に投票し、誰を愛するか、といったことへのハイプ・マシンの影響はますます大きくなるに違いない。三つ目の傾向は「アテンション・エコノミー」だが、企業が人の注意、関心を集めることに今後さらに注力するのは確かだろう。長い時間、注意を集めることに成功すれば、それを収益につなげることができる。また、人々を動かして新たな流行を生み出す大きな力を持つこともできる。

ハイプ・マシンは、経済、技術、規範、法律という四つの要因の影響を強く受ける。つまり、ハイプ・マシンを扱うには、まず、ビジネス・モデルや経済的誘因について慎重に考える必要があるということだ。また、もちろん、プログラムのコードやアルゴリズムのデザインがどのようなものであるかも

ハイプ・マシン

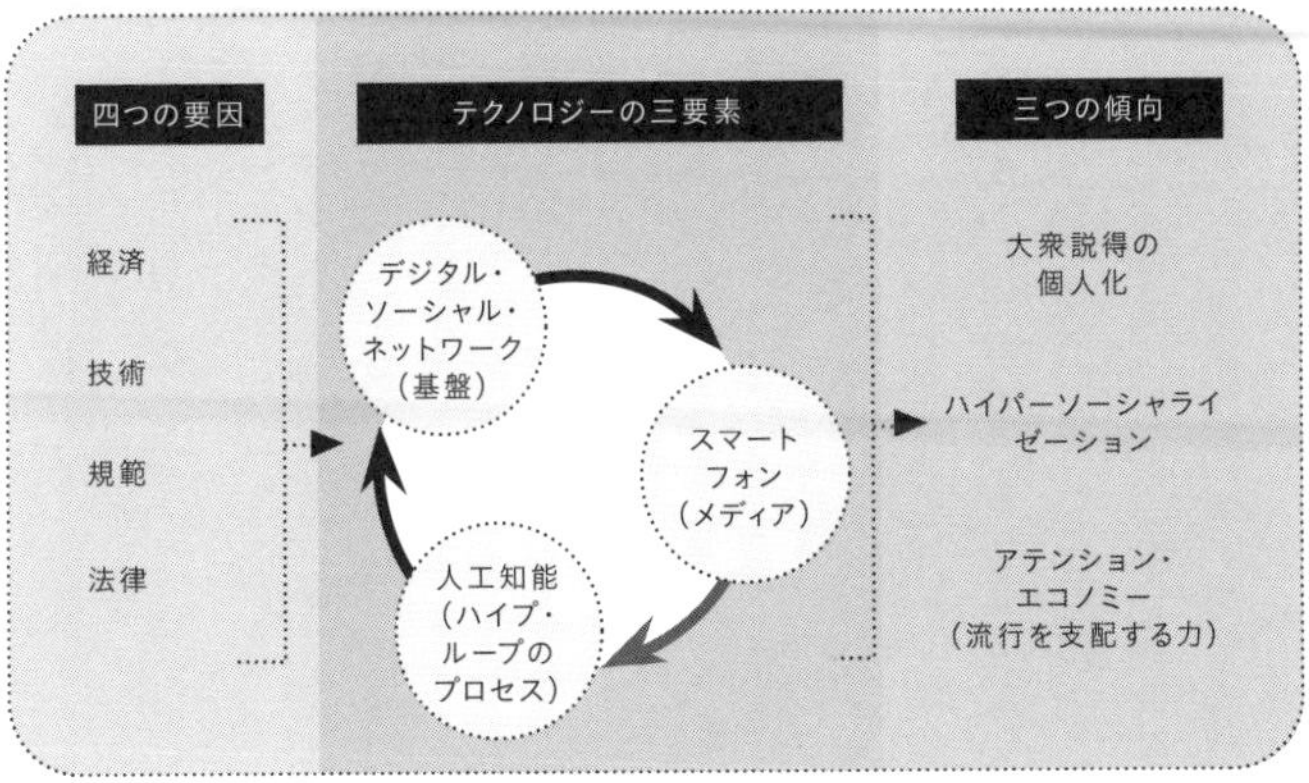

［図3-10］ハイプ・マシンは、デジタル・ソーシャル・ネットワーク（基盤）、スマートフォン（メディア）、人工知能（ハイプ・ループのプロセス）という三つの要素から成り、経済、技術、規範、法律という四つの要因の大きな影響を受ける。また、ハイプ・マシンには、大衆説得の個人化、ハイパーソーシャライゼーション、アテンション・エコノミー（流行を支配する力）という三つの傾向がある。

非常に重要だ。利用のさいの適切な規範を定める必要があるし、何か大きな逸脱行為をした人間がいた場合に、それを取り締まる法律も必要になる。四つの要因についてよく理解していれば、人間とハイプ・マシンの関係を良い方向に変えることもできるだろう。

何より重要なのは、ハイプ・マシンの世界に与える影響を知ること、それが私たちの行動をどう変えるかをよく理解することだ。ハイプ・マシンは私たちに様々な影響を与える。その影響を理解するには、脳科学、コンピュータ科学、社会科学などについての知識が必要だろう。本書ではまず、ソーシャル・メディアが脳に与える影響を見ていくことにしよう。

第4章 脳とソーシャル・メディア

サイバースペース。地球上のあらゆる国家の何十億もの人たちが、合意のうえで一斉に幻覚を体験している。合法的な業者の提供する体験だ……。人間の組織内のあらゆるコンピュータから抽出されたデータの視覚的な表象。想像を絶するほどの複雑さ。実体のない心の空間に広がる無数の光の筋。大量のデータの集積、塊。まるで街の灯りのように。光は弱まっていく。

——ウィリアム・ギブソン

ジリアン・マシューズは、MITのピコワー学習記憶研究所に入る前、インペリアル・カレッジ・ロンドンの博士課程の学生で、ドラッグが脳に与える影響を研究していた。その頃の彼女は日々、雨に濡れたロンドンの街を歩いては研究室に向かい、ドラッグがドーパミン・システムに与える影響を確かめるための実験をしていた。コカインがマウスの脳のドーパミン・ニューロンに与える影響を精確に調べることで、ドラッグが原因の人間の精神疾患の治療方法を見つけようとしたのだ。

二〇一五年、ジリアンとその同僚たちは、斬新な実験方法を考案した。まず、実験用マウスを二つのグループに分け、どちらに属するマウスも、個々に他のマウスから隔離する。そして一方のグループには生理食塩水を、もう一方のグループにはコカインを与える。脳の活動の様子を知るには、パッチクランプ法という手法を使用する。これは、イオン・チャネルを通る電流を計測することによって脳の活動を知る手法である。家庭用コンセントの電流をマルチメーターで計測するのとよく似た方法だ。ジリアンたちは、おそらくコカインを与えられたマウスのほうが、生理食塩水を与えられたマウスよりも、シナプスの反応が大きくなるのではないかと予測していた。ところが得られた実験結果は驚くべきものだった。なんと、どちらのグループでも、ニューロンの反応が大きくなり、背側縫線核《はいそくほうせんかく》（DRN＝Dorsal Raphe Nucleus）の接続の強化が見られたのである。背側縫線核とは、セロトニンの分泌や、学習、記憶、情動などの生理機能を調整する脳内部位だ。

この結果に科学者たちは戸惑った。なぜ、生理食塩水しか与えられていない対照群のマウスまで、ニューロンの活動が活発化したのか。コカインは与えられていないし、そのほか、どのような刺激も受けていないはずだ。だが、実を言えば、それこそが重要だったのだ。生理食塩水を与えたマウスは、実験のさいには基準となるはずだった。コカインを与えた場合に脳活動がどう変化するか、それを知るための比較対象となることを期待されていたわけだ。だが、実験の結果が出てから、研究者たちはあることに気づいた。それは、どちらのグループのマウスも他のマウスから隔離されていたということだ。隔離はこの実験の大切な要素ではあった。隔離しなければ、コカインを与えられたマウスが異常に活発になり、それが生理食塩水のみ与えられたマウスの反応に影響するおそれがあったからだ。しかし、隔離され、それに伴って孤独になったことで、背側縫線核への刺激を普通よりも強く感じたのだ。

ジリアンらは、この実験を受けて、コカインの脳活動への影響についての論文ではなく、孤独についての論文を書いた。『セル』誌に発表されたその論文には「脳が孤独による痛みを感じると、マウスは通常よりも社交的になる」[1]ということが書かれている。

孤立は、社会的生物にとって好ましくない、危険な状況である。[2]たとえば、ミバエは孤立すると寿命が短くなることが確認されている。[3]マウスも孤立すると肥満や2型糖尿病が増え、[4]脳卒中後の生存率も下がることがわかっている。ラットも孤立するとストレス反応が強まり、[5]運動の効果が低下する。サルやブタ、人間も、孤立するとストレス・ホルモンであるコルチゾールのレベルが上がる。[6]孤立によって酸化的ストレスが強まることも、ウサギや人間で確認されている。[7]社会的生物は、孤独によって脳が痛みを感じると、その痛みによって、より社交的になるよう仕向けられると言ってもいいだろう。

人間も社会的生物なので、孤独による痛みで社交的になることは間違いない。シカゴ大学のジョン・カシオポは長年、人間が孤独を辛く感じるのは、そのほうが進化的に有利だからだと主張している。[8]人間は孤独感を覚えると、仲間を得て安心しようとするというのである。人間の孤独感は、かつては一種の「慢性疾患」のようなもので、良いところなど何もないと考えられていた。[9]ところが、空腹感や喉の渇き、痛みなどがあると食べ物や水を探し、危険を避けようとするのと同じように、孤独感を覚えると人は人間関係を作り、修復し、維持しようとする傾向が高まることが最近の研究でわかってきている。[10]孤立すると、ドーパミン報酬系が調整され、[11]辛さを覚え、その辛さを癒やすために人づき合いをしようとするのだ。[12]ドーパミン報酬系の主たる要素である腹側線条体[13]は、誰かと恋愛関係や、協力関係になった時[14]や、誰かと自分を比較した時、[15]また利他的な行動を取った時など、[16]社会的な報酬を受け取った場合に活性化する。私たち人間の脳の作りは、生まれつき、つまり進化的に、他人とつながり、コミュニケーションし、互いに調和し合うようにできていると言っていいだろう。だからこそ人間はハイプ・マシンを発明したのだ。

ハイプ・マシンは元来、人間に関する情報を速く拡散するよう作られている。そして、私たち人間は皆、その情報を処理すべく進化を遂げている。結果としてハイプ・マシンは、歴史上、誰も経験したことがないほどの規模で人間に関する情報を拡散することになった。テレビやインターネットとは違い、ソーシャル・メディアは、何百万という単位の人とリアルタイムで直接、関わり合うことができる。しかも、特定の個人を検索して探し出すこともできるのだ。ヴァインで動画をわずかな時間、再生しただけでは、あるいはインスタグラムでほんの少し写真を見ただけでは、その影響をほとんど認識しないかもしれない。しかし、ハイプ・マシンは実際に、人間に関して信じられないほど詳細な情報を、過去に例を見ないほどの規模で提供しているのである。

それだけの情報は当然のことながら、人間の脳を刺激する。その刺激によって私たちの脳はもっと多くの情報を求めるようになる。脳はそのように進化しているからだ。おかげで脳は絶えず情報に飢えた状態に置かれる。人間とはどういう生物か、また人間の脳が生来どのような性質を持っているかを考えれば、ソーシャル・メディアがこれほど短時間で隆盛を極めるようになったのも驚くべきことではない。ガソリンのなかに火のついたマッチを放り込めばどうなるかは誰にでもすぐにわかるが、それと同じくらい当然のことが起きただけである。

――ハイプ・マシン向けに進化した人間

ソーシャル・メディアは今から一五年前にはほぼ存在していないも同然だった。ところが今、多くの人が、ソーシャル・メディアなしでは一日を始められない状態になっているし、もはや片目を閉じていても楽々とツイッターを見て、最新のニュースが得られるくらいになっている。インスタグラムの写真を見れば友人たちが、昨夜何をしていたかがわかり、フェイスブックのストーリーを見れば、自分の子供が学校でどう過ごしているかもわかる。

この「すばらしい新世界（Brave New World）」は、急速に進化している。二〇〇五年には、アメリカの成人のうち、ソーシャル・ネットワーキング・サイトを利用しているのは全体のわずか七パーセントにすぎなかった。[17] ところが、二〇一五年にはこの数字が六五パーセントにまで急増し、二〇一七年には、フェイスブックだけで、アメリカの成人の八〇パーセント近くが利用している状況になった。現在、地球の人口は約七七億人だが、インターネットの利用者は四三億人、ソーシャル・メディアのアクティブ・ユーザーは三五億人にまで増えている。[18]

今、ツイッターには、一秒間に六〇〇〇もの投稿がある。つまり一分間に三六万、一日では約五億、一年間では約二〇〇〇億もの投稿があるということだ。フェイスブック上では、全世界で毎月二五億人もの人が活動し、毎分五つの新しいプロフィールが作られている。この二五億人が、毎日一〇〇億を超えるコンテンツをシェアする。ユーチューブでは、二〇億人のアクティブユーザーが、一日に一〇億時間を超える動画を見る。その大半は他のユーザーが投稿した動画である。六五〇〇万もの企業が自社のフェイスブック・ページを持ち、アメリカ企業の六六パーセントが、ツイッターをマーケティングに利用している。リンクトイン・プロフィールによって企業の採用担当者に存在を知られ、面接を受けることになった人は、これまでに一億人を超えているだろう。

ここに書いた数字は、本書が出版される頃にはすでに古くなっているに違いない。特に、新型コロナウイルス感染症の流行により、人と直接会うことが難しくなってからは、ソーシャル・メディアに人とのつながり、精神的な救いを求める人がこれまで以上に多くなっているからだ。

大事なことは、私たちが皆、いつも他人の発した大量のデジタル信号にどっぷりと浸かっているということだ。ソーシャル・メディアは私たちを消費している――私たちの時間、注意を消費している。そうなるのは、私たちの脳が生まれつきソーシャル・メディアを使うようにできているからだ。私たちの脳と心は、生来、人と関わること、集団に属すること、人から認められることを求めている。ハイプ・マシンは、その要求をうまく利用するように作られているのだ。

ハイプ・マシンを支配しているのは経済的ネットワーク効果である。それがハイプ・マシンの成長を永続化させ、フェイスブックなどのネットワークでの勝者がすべてを得る種類の競争を促進している。利益を独占するため、ソーシャル・メディアのプラットフォームは、ユーザーをできるかぎり囲い込むようにできている。私たちがソーシャル・メディアを利用してしまうのには、また継続的に利用してしまうのには、主に三つの要因がある。心理的要因、経済的要因、技術的要因である。こうした要因のせいで、ハイプ・マシンのない世界を想像することが難しくなっているのだ。

神経学的要因

ソーシャル・メディアは人間の脳に合うように作られている。どこかに帰属しているという感覚、そして人から認められているという感覚に関わる脳内部位にはたらきかける。報酬系ホルモンであるドーパミンが分泌されるため、私たちはさらに報酬を求めるようになる。さらに人とつながり、関わり、情報を共有したいと思うようになるのだ。私は神経科学者ではないが、私たちの脳がソーシャル・メディ

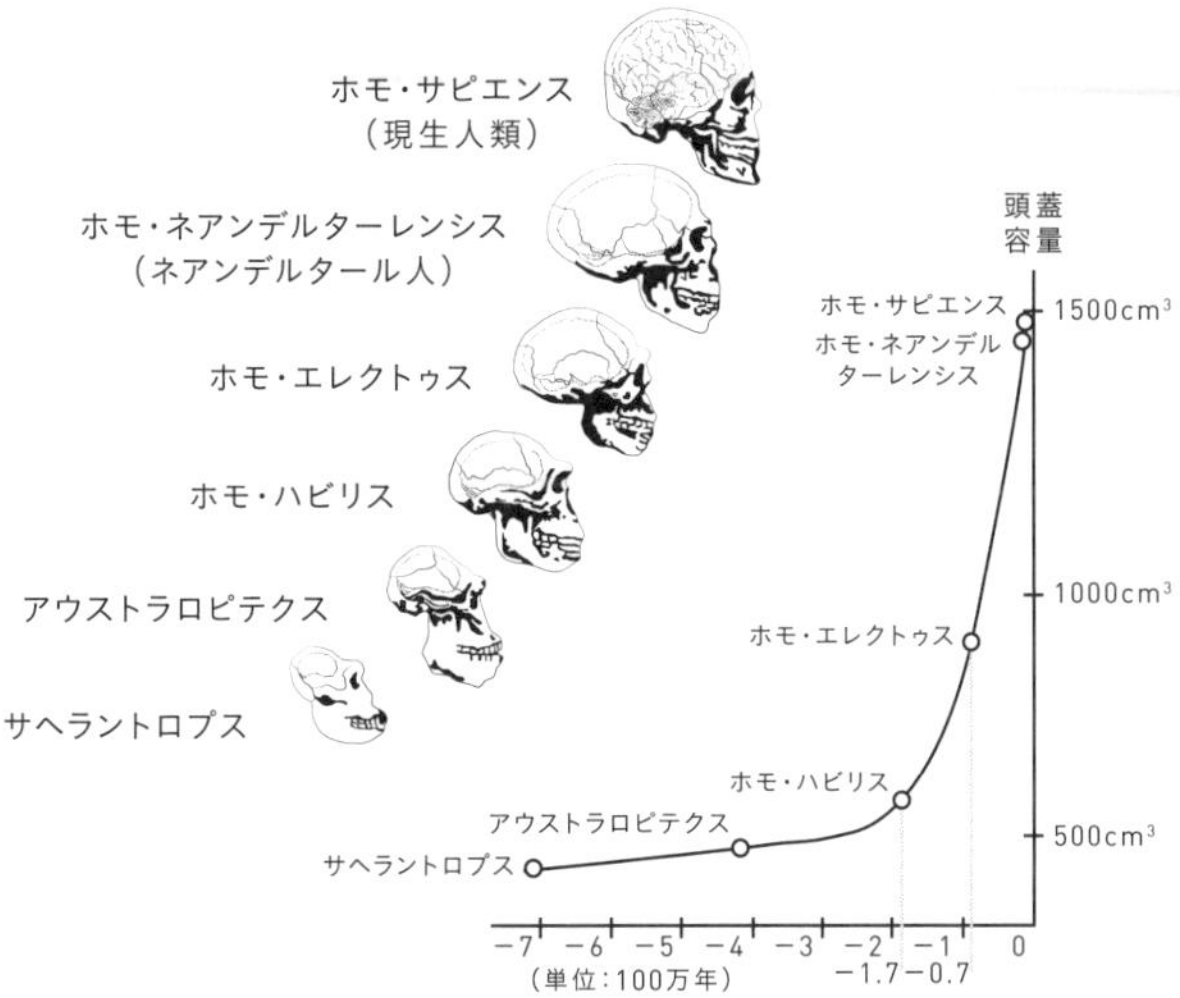

［図4-1］ホモ・ハビリスからホモ・サピエンスにいたる化石人類の頭蓋容量を見ると、時間の経過とともにほぼ指数関数的に大きくなっていることがわかる。

ア向けに作られている（正確には、ソーシャル・メディアが私たちの脳に合わせて作られていると言うべきだろう）ことを示す証拠がすでに得られているのは知っている。それは驚くべき証拠だ。その証拠の発見につながったのは意外な問いだった。一九八〇年代のはじめ、ある進化人類学者、認知神経科学者たちのグループが一つの問いを立てた。「人間の脳はなぜこれほど大きいのか」という問いだ。

体重比で言えば、人間の脳は、他のほとんどの動物よりも大きい。ヒト属最初期の種であるホモ・ハビリスが地球上に現れて以降、約二〇〇万年のあいだに、人間の脳の大きさはおよそ二倍になっている[19]（［図4-1］を参照）。二〇〇万年から四〇〇万年前に生きていたさらに前の祖先、アウストラロピテクス属に比べると、私たちの脳の大きさは三倍にもなっている。

人間の脳がなぜ大きいのか、またなぜこれほど急速に大きくなったのか、ということについては多数の理論がある。気候変動、食生活の改善、生態上の必要性など、様々な理由が考えられる。そのなかのどれかが唯一の原因である可能性もなくはないが、本当にそうなのか否かは知りようがない。複数の要因が絡み合って人間の脳が今のように大きくなる進化が起きたと考えるほうが妥当である。

脳が大きくなった要因はおそらく一つではないが、人間の認知能力の進化の要因と思われるものを一つ一つ見てみると、人間とは何者なのか、また人間が世界をどうとらえ、世界とどう関わっているのかがよくわかる。人間の脳が大きくなった理由を説明する理論のなかに一つ、非常に興味深いものがあり、その理論を裏付ける経験的証拠も数多く見つかっている。もし、その理論が本当に正しいとすれば、ソーシャル・メディアのデザインが人間の進化に革命的な影響を与えている可能性もある。

社会脳仮説

一九八〇年代から九〇年代はじめにかけて、オックスフォード大学の文化人類学者、ロビン・ダンバーらのチームは、霊長類の知能に関してある規則性を発見し、それについて詳しく研究しはじめた。ダンバーらは、一九六六年に『サイエンス』誌に掲載されたある論文を読んだ。その論文のなかで霊長類学者のアリソン・ジョリーは「霊長類の知能の高さは、主に社会的関係の複雑さによって変化する」[20]という主張をしていた。社会関係についての推論は、物体認識（物体を識別し、それについて推論すること）や、物体の操作、食物の収集などに比べてはるかに複雑で難しいのではないかとジョリーは推測した。また、それだけ複雑で難しい推論をしていることは、脳の進化に大きく関係しているだろうとも考えた。社会性の高い種と、社会的行動をあまり取らない種とでは、脳の進化に大きな違いが生じるはずだということだ。
ジョリーは何カ月も費やし、マダガスカルのマンドラール川のほとりでキツネザルを観察した。それでわかったのは、キツネザルが非常に複雑な社会秩序を作りあげていることだった。しかも、霊長類の知能の最大の特徴と言う人さえいる物体の認知、操作に関する能力などがさほど高くないにもかかわらず、それを成し遂げていたのである。これは、少なくともキツネザルの場合は、物体の認知や操作のための知能よりも、社会活動のための知能のほうが重要だったということを示唆する強力な証拠である。ジョリーは「霊長類は、サルの特徴と考えられていた優れた物体の認知、操作の能力がなくても社会を築くことができる。ただし、霊長類の物体の認知、操作の能力は、霊長類の社会生活のなかでのみ進化し得るものである。したがって、社会生活は、霊長類の特徴的な知能に先立つものであり、また霊長類の知能の性質を決定づけたとも言える[21]」と結論づけた。

物体の認知、操作の能力を持っていたから霊長類は賢くなり、社会性を高めたというわけではなかったというのだ。はじめに社会性を高めようとする傾向があり、それが霊長類の持つ知能の性質を決め、物体の認知、操作の能力の獲得につながったということだ。物体の認知、操作の能力が社会性の獲得につながったわけではなく、その逆である、というのがジョリーの主張だった。

この大胆な主張を知ったダンバーたちは考えた。社会性が知能の性質に影響を与えるのなら、それは間違いなく脳の発達にも影響を与えるだろうと。まずは、社会の複雑さと脳の発達度合いのあいだに何か進化的なつながりはないか調べはじめた。そのさい、「社会性が高い種ほど、脳は大きくなる[22]」という仮説を立てた。

脳の大きさは簡単に知ることができる。容積と重さを量ればいい。必要なのは、脳の大きさに関連する社会の複雑さを評価する指標である。ダンバーらは、類人猿によく使われる信頼できるであろう指標が一つあるのを知っていた。それは「社会集団の大きさ」である。社会集団が大きくなるほど、そのなかに生じる関係は複雑になる。誰と誰が血縁であるとか、誰と誰が仲が良い（悪い）とか、誰と誰がどういうことをした、といったことを数多く記憶し、考慮しなくてはいけなくなるからだ。つまり、その種の社会集団の平均規模が大きければ、その分だけ、社会は複雑であろうと推測できるということだ。もし、脳の大きさと社会集団の大きさに相関関係があれば、社会生活のための脳の活動――集団の他の構成員について推論する、他の構成員とうまく関わり、良好な関係を維持するなどの複雑怪奇とも言える活動――が、脳を大きくすることにかなり貢献していると見てよいことになる。

ダンバーらは、人間を含む様々な種の霊長類について、社会集団の大きさの平均値と、脳の大きさの平均値のあいだの関係を調べ、集まったデータをグラフにまとめた。すると、社会集団の大きさと、「通常使い得るあらゆる種類の指標で評価した脳の大きさ」[23]とのあいだには、驚くほど強い相関関係があることがわかった。社会集団が大きい種ほど、つまり社会が複雑な種ほど、脳が大きいという相関関係が見られたのだ。

しかし、脳の大きさは、それだけでは、脳の複雑さのとても正確で意味のある指標とは言えない。現在の神経科学者たちは、それよりもはるかに高度な指標で脳の複雑さを表す。そして、脳の複雑さ、知力の指標が高度なものになるほど、社会性の高さとの関係がより強くなることもわかっている。

人間をはじめとする霊長類の脳は、大きく三つの部分に分けることができる。一つは大脳新皮質だ。これは、論理的、抽象的な思考など高次の処理をする部分である。二つ目は辺縁系だ。これは、感情を司る。三つ目はいわゆる「爬虫類脳《はちゅうるい》」だ。これは、生命維持や生殖に関わる部分である。

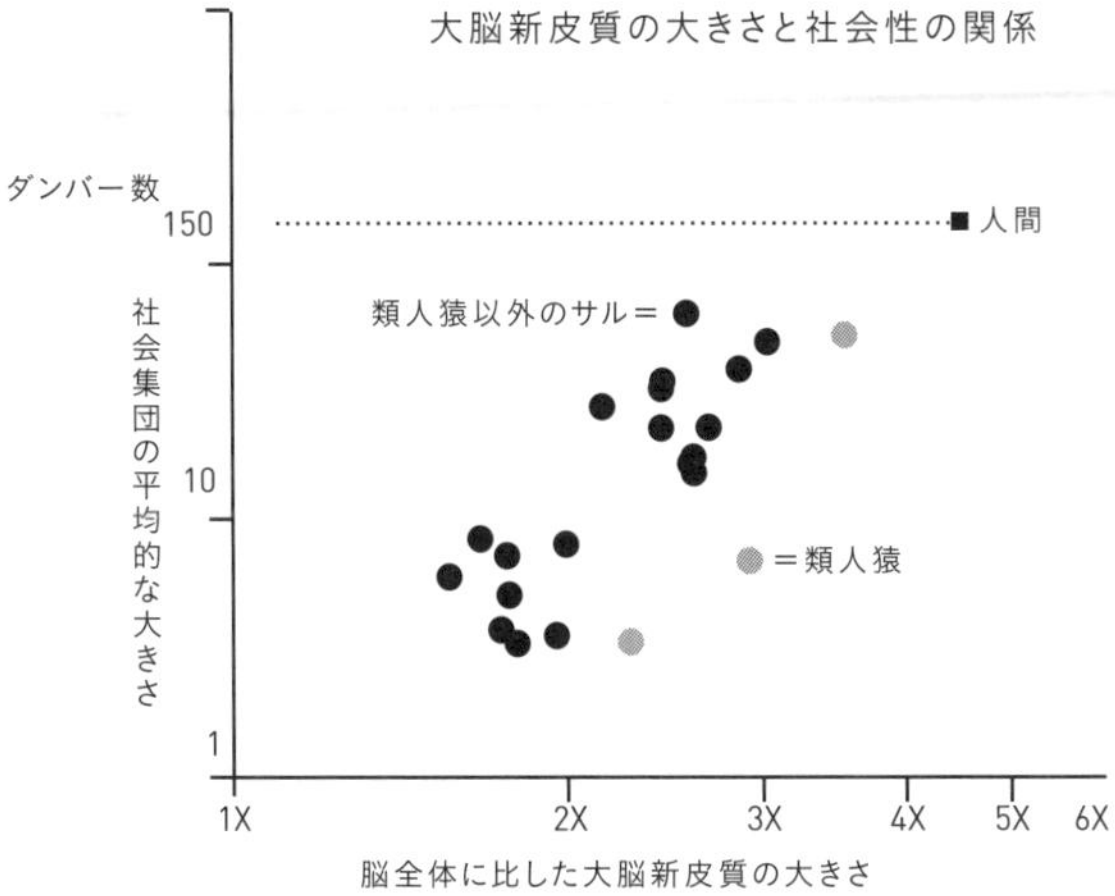

［図4-2］大脳新皮質の大きさと社会集団の大きさの関係。各種霊長類の平均的な社会集団の大きさと、脳全体に比した大脳新皮質の大きさ（脳の他の部位に比した大脳新皮質の大きさ）の関係をまとめたグラフ。グレーの丸は類人猿、黒い丸はそれ以外のサル、黒い四角は人間。Y軸はダンバー数になっている。

つまり、ダンバーらの仮説の真の正しさを検証するには、単純に社会集団の大きさと脳の大きさの関係を見るだけではなく、社会集団の大きさと、脳の高次の思考に関わる部分の大きさとの関係を見る必要があるということだ。たとえば、言語や認知などの高次の機能に関わる大脳新皮質とその他の部分の大きさの比である「新皮質比」は良い指標になるだろう。実際、さらに詳しく調査を進めたところ、この新皮質比と、社会集団の大きさなど、社会の複雑さを示す指標のあいだには強い相関関係が認められた[24]（［図4－2］を参照）。社会集団が大きくなるほど、ただ脳が大きくなるだけでなく、脳内の高次の機能を司る部分の割合が大きくなるという関係になっていたのだ。

ただし、大脳新皮質は、膨大な数のニューロンとシナプスが集まった広大な領域であり、機能も多様だ。社会生活だけでなく、知覚、認知、運動、空間的推論など、幅広い機能を司っている。大脳新皮質の大きさだけで、その種の社会性の高さを説明することはできないということだ。しかし、大脳新皮質は細かく調べられてもいる。そのなかでも特に社会性に関係が深いと思われる部位もわかっている。その部位は、「社会性が高い種ほど、脳は大きくなる」という仮説のさらに強力な証拠になり得るだろう。

他者と関わり、他者を理解する能力を司るとされる、神経科学者が「メンタライジング・ネットワーク」と呼ぶ領域のなかでも特に重要なのは、大脳新皮質のなかの側頭葉、前頭葉である。神経科学者のマシュー・リーバーマンも言っているとおり、メンタライジング・ネットワークは、左背内側前頭前野、側頭頭頂接合部、前帯状皮質／後帯状皮質、側頭極などを活性化させ、私たちが「他人の心——他人の思考、感情、目的などについて考えるのを助ける……それは他者の理解、共感、協調、配慮などを促進する」[25]。この領域のおかげで私たちは、他人の考えについて考えることができる。他人が何を考えているかを推測できるということである。私のMITの同僚、レベッカ・サクスは、この領域によって私たちは「互いの心を読むことができる」と言っている。他人からの「社会的信号」を処理し、他人の心の状態を理解し、それに反応できるのは、側頭葉、前頭葉のはたらきのおかげだ。

「メンタライジング」とは、自分自身や他人の心や心の状態について考えることである。このメンタライジングには、何次かの「志向性」がある。第一次は、自分自身の心に向かう志向性だ。たとえば、「私はジョーがアフリカ人だと知っている」とわかるのが第一次である。第二次は、他人の心の状態を概念化する、理解する、という志向性だ。たとえば、「私は、ジョーがアフリカ人だとジェーンが知っていることを知っている」とわかるのが、第二次である。つまり「ジョーがアフリカ人であることをデヴィッドが知っていることをファトマが知っていることをサマンサが知っていることを私は知っている」とわかるのが第五次ということになる。ソーシャル・メディアを利用するさい、私たちは、他人の顔の表情、反応、社会的手がかり、周囲の人たちとの交流の様子などを読み取ることで、多様な志向性のメンタライジングを行なっている。

メンタライジング・ネットワークに関しては、その存在を示す説得力のある証拠が見つかっている。他人が何か誤った思い込みをしている時にそれを察知できるかどうかを見れば、社会的認知、メンタライジングの能力をどの程度持っているかを知る手がかりになる。それがいわば、メンタライジングの能力を知るリトマス試験紙のようになるわけだ。この能力を調べるための「誤信念検査」[26]を最初に提唱したのは、哲学者のダニエル・デネットである。それを何人もの研究者たちが具体的なかたちにしたのが「サリーとアン課題（Sally-Anne Test）」[27]だ。この試験では、被験者に寸劇（あるいは人形劇）を見せる。そして、登場人物の一人が騙されて、誤った思い込みをしていることを被験者が察知できるか否かを確かめる。登場人物はサリーとアン（人間が演じることもあれば、人形が使われることもある）だ。寸劇（人形劇）では、サリーが籠《かご》のなかにビー玉を隠す。しかし、サリーが見ていないあいだに、アンがビー玉を籠から取り出して別の場所に移動してしまう。移動されたにもかかわらず、サリーがそのあとも引き続き籠のなかのビー玉を探したとすれば、サリーは誤った思い込みをしている（また、その思い込みに従って行動している）ことになる。被験者がそれを察知できるかどうかを見るのだ。

デネットが提唱して以降、多数の実験が繰り返されたが、その結果わかったのは、人間はこの種のメンタライジングの能力を三歳から五歳までのあいだに発達させるということだ。なかには、それ以前の乳児期にすでにこの能力を発達させると主張する研究者もいる。最近では、類人猿も同様の能力を持っていることがわかっているが、しばらくのあいだ、誤信念検査に合格できるのは人間だけだと思われていた。

メンタライジング・ネットワークの存在は、ｆＭＲＩの証拠でも裏付けられている。社会脳仮説が正しいのであれば、社会的技能、社会性を身につける私たちの能力は、ただ脳の大きさ、あるいは大脳新皮質の割合の大きさに結びつくだけでなく、メンタライジングや社会性に関係のある脳内領域の活性化にもつながっているはずである。ｆＭＲＩの証拠はまさにその領域が活性化していることを示している。無作為に選んだ被験者にメンタライジングを促すと、メンタライジング・ネットワークは活性化するが、知能、推論、ワーキングメモリに関連するネットワークは活性化しない。また前頭前野や側頭頭頂接合部などのはたらきを磁気刺激によって阻害すると、被験者はメンタライジングやその志向性にとって重要な、誤信念の察知能力を失うこともわかっている。

このように、社会脳仮説に関しては、ｆＭＲＩ画像をはじめ、種のレベルでの正しさを裏付ける強力な証拠が見つかっているが、最近では、個人のレベルでも同様の仮説が成り立つ証拠を探す研究が進められている。メンタライジングに関わる脳内部位の大きさを一人一人計測し、その人の個人的社会ネットワークの大きさとのあいだに相関関係があるかを調べる試みだ。ペネロペ・ルイスらは、メンタライジング・ネットワークの主要部分である灰白質の容積と、その人のメンタライジング能力（同時に推測できる他人の精神状態の数）や社会ネットワークの大きさとのあいだに相関関係が見られることを発見した。[28] 脳内の同一の部位が、社会性のいくつもの違った側面の基礎となっていること、また「社会脳仮説はきめの細かい解剖学的な調査でも裏付けられること」がわかった。ほかにもいくつかの研究チームがやはり同様のことを確かめている。個人のレベルでも、大きな社会ネットワークを持つ人は、社会性に関わる情報を処理する脳内部位が大きい、という相関関係が見られたのだ。

これまでに得られているどの証拠も皆、私たち人間の脳が、他者からの社会的信号を処理し、解釈する能力を持つように進化したことを示唆している。この他者は、一人一人が心、意志を持ち、目標や欲望、計画などを持っていると私たちが信じる他者だ。このように他者を理解する能力を持ったことは、脳の進化にとって非常に重要なことだった。社会脳についての認知科学の研究により、私たちの進化の歴史について驚くべきことが明らかになってきている。人間の脳は、社会生活に適応すべく進化しており、人間関係によって生じ、やりとりされる社会的信号を解釈できるよう進化していると考えられるのだ。*人間は、これまでに社会生活のための進化的な適応をいくつも経験してきた。誰と誰が仲が良いか、また誰と誰が仲が悪いか、といった人間関係についての情報が処理できるようになり、出会う人々がそれぞれどのような人で、どのような意図を持っているかもわかるようになった。そして、こうした社会生活に関わる情報が互いにどのような関係にあるかも理解できるようになった。

人間は日々、社会生活を送るなかで出会う数々の問題を解決するために、脳の処理能力を必要とした。

* ただ、fMRI画像や、脳（の特定部位）の大きさの測定だけで、脳の進化と社会性との関係を断定することはできない。脳の大きさはあくまでも大まかな指標にすぎず、fMRIによる解析も、三〇年にわたり脳の科学的研究を牽引してきたとはいえ、厳密にどれほど信頼できるかについてはまだ意見が分かれている。fMRI画像で、脳のどこかの部位が明るくなっているのが見えれば、それは、その部位への血液の流入が増えていることを意味する。神経科学者は、血液の流入の増加を、細胞の活性化の証拠だと解釈しているわけだ。だが、実のところ、血流が増加したことを即、細胞の活性化と解釈してよいかは明確ではない。単に大多数の神経科学者が二つを結びつけることをおおむね認めているだけだ。また、原因と結果の見極めという非常に厄介な問題もそこにはある（本書でも、後にソーシャル・メディアの世界への影響を考察するさいにそれが非常に重要になる）。

それが、大脳新皮質を成長させる進化へとつながった。脳そのものも大きくなり、脳全体のなかでの大脳新皮質の割合も大きくなった。人間関係についての情報を処理すべく発達したニューロンとシナプスは、社会生活を営んでいくなかで訓練を受けてさらに成長していくことになる。私たちは絶えず、「彼女は私のことが好きだろうか」「彼は私に何をしてほしいのだろうか」「彼を信頼していてもいいのか」「あの笑顔は心からのものか、それとも単なる愛想笑いなのか」「ジョーとジェーンが一緒にいるのを見かけたけれど、二人は友達なのだろうか」「二人の関係はどれほどのものなのか」「彼女は私にとって脅威なのか」「彼は賢いのだろうか」などと自分に問いかけている。こうした問いは日々、私たちを悩ませている。この種の問いかけをし、それに答えることが、脳の情報処理のかなりの部分を占めている。

神経科学者の多くが、こうした処理をする社会脳は「デフォルト・ネットワーク」だと考えている。ほかに考えることがなければすぐにスイッチが入って稼働しはじめるネットワークということである。

社会脳仮説の正しさを裏付ける証拠が多数見つかっていることは、人間は社交をするべく進化したことを示唆する。私たちは生まれつき、他人についての社会的手がかりを処理する能力を持っている――社会的手がかりが語る物語を解釈する能力を持っているのである。その人が何を大事に思っているのか、どこへ行くのか、何を食べるのか、どのような信念を持っているのか、誰とつき合っているのか、つき合っている相手についてどの程度のことを知っているのか、といったことを読み取ることができる。

ハイプ・マシンが選んで提示する社会的信号によって、私たちはかつてないほど多く、速いペースで、幅広くメンタライイジングをするようになっている。ソーシャル・メディア以前の時代には、私たちが日々出会う社会的信号の数も限られていたが、今では、処理しきれないほど多くの社会的信号に出会うようになり、そのおかげでメンタライジングの機会も飛躍的に増えている。他人と関わるさい、脳には非常に複雑なはたらきが要求される。ソーシャル・メディアを利用する時、メンタライジング・システムは、投稿のさいにも、他人との対話のさいにもはたらくが、そのはたらきは、投稿のさいよりも対話のさいのほうが活発になるはずだ。ソーシャル・メディアが人間の進化に長期的にどのような影響を与えるかはまだわからないが、私たちの思考に影響を与えていることは明らかになってきている。また、これまでに得られている証拠は、ソーシャル・メディアの作りが私たちの脳に非常に適合していることを示唆する。

人間の脳とソーシャル・メディア

すでに述べてきたとおり、人間の脳は生まれつき社会的信号を処理するようにできている。では、ソーシャル・メディアを利用すると、私たちの脳には何が起こるのだろうか。カリフォルニア大学ロサンゼルス校（UCLA）の神経科学者たちはそれを知るために、インスタグラムに似たアプリを作った。そのアプリのフィードで写真を見る時に脳内でどういう反応が起こるかを確かめようとしたのである。アプリは、インスタグラムと同じように、何枚もの写真を連続して表示する。若者たちにアプリを利用してもらい、研究者たちはfMRI画像で、その時に脳内のどの部位が明るくなるかを見た[29]。また、被験者にアプリを使わせるさい、写真についている「いいね！」の数や、表示される写真の種類を様々に変えるなどした。そのほか、被験者自身の写真を表示するか否か、他人の写真を表示するか否かを切り替えたり、危険をはらむ行動（酒を飲むなど）をとらえた写真を表示するか、そうではない中立的な行動をとらえた写真だけを表示するかを切り替えたりもした。しばらく被験者に利用してもらったあと[30]、研究者たちは、写真を見ている時の被験者の脳に何が起きたかを確認した。[31] 私は科学者であると同時に六歳の子の父親でもあるが、この実験の結果を知って興味を引かれる一方で不安にもなった。

まず、わかったのは、「いいね！」が多くついた写真を見る時に、脳内の、社会認知、報酬（ドーパミン報酬系）、注意（視覚野）に関わる部位が活性化しやすいということだ。「いいね！」の多い写真を見た被験者は、脳全体の活動がさかんになり、特に視覚野が活性化した。視覚野が活性化した時には、おそらく、被験者は自分の見ているものに集中しており、より注意深く、詳しく見ていると考えられる。見ている写真の違いが結果に影響しないよう、写真ごとの「いいね！」の数は無作為に決まるようにした。写真の明度や内容などとは無関係に「いいね！」の数が決まるようにしたのである。「いいね！」の多い写真を見た時に視覚野が活性化する傾向は、被験者自身の写真を見た時でも他人の写真を見た時でも変わりはなかった。つまり、それがどのような写真であれ、とにかく「いいね！」が多くついてさえいれば、被験者は注意深く、詳しく見たということになる。人間は、他人が高く評価した情報には注意を向けるということだ。「いいね！」がたくさんつく写真はそれだけ興味深いものなのだから当然だ、と思う人もいるだろうが、写真の内容に関係なく無作為に数多くの「いいね！」をつけた実験でも、傾向は変わらなかったのだ。写真の内容ではなく、「いいね！」の数が、視覚野の活性化のきっかけになっていたのである。

さらに、自分の写真に数多くの「いいね！」がついた時には、メンタライジング・ネットワーク――社会脳だ――が活性化することもわかった。「いいね！」は無作為につけられているのだが、偶然、自分の写真に多くつけられているのを見た被験者はそれに反応し、脳内の社交に関する部位が特に強く活性化するのである。同時に、物まねに関係する部位と言われる下前頭回《かぜんとうかい》も活性化することがわかった。

自分自身の写真を見た時、私たちの脳では、自分は人からどう見えるのか、また自分は他人とどこが同じでどこが違うのか、といったことを考える部位が活性化するのだ。言い換えると、私たちは、自分自身の写真を社会的文脈のなかで理解するということである――他人がその写真をどう思うかを考え、それによって写真を理解する。

自分自身の写真に「いいね！」が多くついた時には、ドーパミン報酬系にも活性化が見られた。喜び、やる気、パブロフ反射などに関係する部位だ。ドーパミン報酬系が活性化すると、私たちは喜び、幸福を感じ、恍惚となり、さらに同じような報酬を求めるようになる。心理学者のジェームズ・オールズとピーター・ミルナーは、ラットを使った実験をした。ラットがレバーを押すと、報酬系が刺激されるようにしたのである。ラットはほかに何もせず[32]、食べることも眠ることもやめて繰り返しレバーを押しつづけ、最後は力尽きて死んだという。

イワン・パブロフは、いわゆる「パブロフの犬」の実験で有名である。報酬（食べ物など）を与える時に、毎回それとは本来無関係な刺激（ベルの音を聞かせるなど）を与えると、やがてその無関係な刺激を与えるだけで、犬は唾液を出すようになることを発見した[33]。パブロフは、無関係なはずの刺激を報酬と結びつけ、記号（ベルの音）で報酬系をはたらかせることに成功したわけだ。これと同様のことが、現代はデジタルの世界で起きていると言える。本来は社会的承認と称賛の記号にすぎない「いいね！」によって報酬系がはたらくようになっているのだ。「いいね！」を見ると、ドーパミン報酬系が刺激され、さらにオンラインでの社会的承認を求めるようになる。まるで、オールズとミルナーの実験でレバーを押しつづけたラットのように、あるいはベルの音だけで唾液を出したパブロフの実験の犬のようになるのだ。

私たちの脳は生まれつき、ハイプ・マシンの提示する社会的信号を処理し、またその社会的信号に動かされるようにできている。しかし、ハイプ・マシンのほうはどうだろうか。元々、そのことを念頭に置いて設計されたものなのだろうか。

ショーン・パーカーは、二〇一七年にマイク・アレンのインタビューに答え、フェイスブックの設計に関してこういう発言をしている。

「私たちが考えているのは要するに『ユーザーの時間をいかに消費するか、またどうすれば長く意識的に注意を向けてもらえるか』ということです。また、これはつまり、我々はユーザーの脳に時々少しドーパミンを出させる必要があるということですね。写真や投稿に誰かが『いいね！』やコメントしてくれることがあれば、おそらく、もっとコンテンツを提供しようという気持ちになるでしょう。そうすれば、さらに『いいね！』やコメントがもらえます。これはいわば、社会的承認のフィードバックループです……人間の心理の脆弱性をついていると言ってもいいですね[34]」

ソーシャル・メディアは習慣化するように設計されている。単に「少しドーパミンが出る」というだけでなく、ドーパミンの分泌に関して「可変強化スケジュール」が採用されている点も重要だ。つまり、ドーパミンが「いつ出るかはわからない」ということである。私たちが常にスマートフォンの画面を見てしまうのはそのためである。ドーパミンがいつ出るかわからないので、常にその時を待ち構えることになる。報酬がランダムに渡されるため、私たちは絶えずソーシャル・メディアに引きつけられる。報酬は、通知の音、バイブレーション、光などと結びつき、私たちは、パブロフの犬がベルの音だけで唾液を出すのと同じように、そうした音やバイブレーション、光などに触れるだけで社会的承認を受けたような感覚になる。ソーシャル・メディアは、私たちの他人とのつながりを求める欲望、競争心を刺激し、また「取り残されることへの恐れ（FOMO＝Fear of Missing Out）」も煽る。こうした性質がすべてあいまって、私たちは習慣的にソーシャル・メディアを利用してしまうのである。

他人からの反応という報酬が得られるからこそ、私たちはソーシャル・メディアを習慣的に利用している、という説の正しさは、神経科学の実験でも裏付けられている。たとえば、ある実験では、フェイスブック上で自分が一般のユーザーに比べて高く評価されていると感じた時のほうが、自分の資産が平均より上だと感じた場合よりも脳が大きく反応するという結果が得られた[35]。

ただ、ディーン・エックルズ、クリストス・ニコライデス、私の三人は、習慣化につながるソーシャル・メディアの影響は必ずしも悪いものとは言えないことを研究で確かめている[36]。それは結局のところ、その「習慣」が具体的にどういうものかによって変わってくる。私たちは、ランニングの習慣を持つ百万人単位の人たちの行動を長年にわたって観察、分析しつづけた。すると、ソーシャル・メディアによって他人とつながり、他人との連帯感を抱いている人たちは、ランニングの習慣を長く続ける傾向が強いことがわかった。何か問題が起きて一時やめたように見えても、すぐに立ち直って再び走り出すのだ。日々、何かしら他人からの情報、社会的信号を受け取っていると、そのおかげで良い習慣がより強固なものになる場合があるということだ。

この研究結果からわかるのは、当然のことながらソーシャル・メディアにも良い面と悪い面があるということだ。しかし、ハイプ・マシンが私たちの脳にどのような刺激を与えるのかを知っておいたほうが良いのは間違いない。その刺激によって私たちの行動が変化し得るからだ。ハイプ・マシンの設計は、はたして私たちの行動にどのように影響するのだろうか。それがわからなければ、ハイプ・マシンが世界にどのような影響を与えるかはわからないだろう。

私の友人で同僚でもあるエミリー・フォークは、まさにこの問いに答えようと試みた。ソーシャル・メディアとそれに関係の深い脳の仕組みを研究している――ハイプ・マシンの提供する社会的信号と、その信号が活性化する脳の機能、そしてその脳の機能に関係する行動、この三つの関係を研究していると言っていいだろう。

ソーシャル・メディアの影響と脳

エミリー・フォークが何を調べているのか、それを本人に尋ねたとしたら、こう答えるのではないかと思う。「脳科学では、脳のどの部分で何が起きているかに注目することが多い。だが、私たちは違うことに注目している。それは、脳の活動と行動との関係だ。ある人の脳の活動を見て、その人の行動を予測しようとしている」。つまり、従来の研究では、社会的信号によって脳内のどこでどのような活動が起きているかを見ていたが、フォークはその脳の活動がどのような行動につながるのかを知ろうとしているわけだ。広告やソーシャル・メディアの投稿を見た時に脳内に起きた活動によってその人がどう行動するかを見ようとした。フォークは数多くの実験を行ない、ソーシャル・メディアの投稿や広告を見た時の脳内の反応を見ると、その人の行動をかなり正確に予測できることを証明した。その人のアンケート調査への回答などを調べるよりもよほど正確な予測ができるのだ。

エミリー・フォークらの研究チームは、行動予測の手がかりになるような脳内活動を「行動変化の脳内前兆」と呼んでいる。では、この「行動変化の脳内前兆」についてよく理解すれば、たとえばソーシャル・メディアのユーザーに禁煙や貯蓄、あるいは特定候補への投票などを促すことができるのだろうか。これまでの研究結果を見るかぎり、どうやらそれは可能なようだ。たとえば、日焼け止め剤の使用を促すメッセージ[37]や、禁煙を奨励するメッセージ[38]が個人や特定の集団、あるいは社会全体にどの程度影響を与えるかは、そのメッセージに対して脳内でどのような活動が起きるかを見ればかなりの程度予測できるようだ。フォークは被験者にｆＭＲＩの装置に入ってもらい、その状態で一〇秒間のテレビＣＭを見せた。アメリカ国立がん研究所（ＮＣＩ＝National Cancer Institute）の、〈1-800-QUIT-NOW〉[39]禁煙相談ホットラインを宣伝するＣＭだ。この実験の目的は、ＣＭを見た時の脳内の反応から、そのＣＭの禁煙効果の高さを予測できるか否かを確かめることだった。

この実験では、被験者の内側前頭前野という部位に注目した。以前から、個人の行動変化に関係が深いと考えられていた部位である。居住地域が様々に異なる被験者たちに一〇種類のテレビＣＭを見せ、その時の脳内の反応を記録した。そのうえで、脳内の反応と、その人が禁煙相談ホットラインに電話するか否かに相関関係があるかどうかを確かめたのだ。つまり、脳内の反応を見てそのＣＭの効果を予測できるか否かを調べたということだ。実験の結果は驚くべきものだった。脳内の反応を見れば、どの広告の効果が高いかが非常に正確に予測できたのである。一方、被験者本人や、広告の専門家に「どの広告が効果的だと思うか」と尋ねたアンケート調査への回答を基にした予測はあまり当たらなかった。

エミリー・フォークらはまた別の実験もしている。[40]試作版のＣＭ（実験用に作ったもので本物ではない）を被験者に見せ、それをテレビで流してよいか判断させる、という実験である。ただ、そのさい、被験者たちを三つのグループに分け、グループごとに違った役割を演じてもらう。一つのグループには「見習い」を演じてもらった。見習いとなった被験者はｆＭＲＩの装置に入り、その状態で試作版のＣＭを見る。被験者はすべての試作版を見たうえで、「プロデューサー」を演じる第二の被験者グループにどれを見せるべきかを判断する。次に「プロデューサー」グループの被験者がｆＭＲＩ装置に入り、「見習い」グループの選んだ試作版を見る。そして、どれを「放送局の幹部」を演じる第三の被験者グループに見せるべきかを判断する。

この実験でわかったのはまず、被験者が他人との情報共有について考えている時、メンタライジング・ネットワークが活性化するということである。しかし、脳内のその他の部位に活性化は見られなかった。見習い役の被験者の場合、「これはきっとプロデューサーも気に入って、幹部も見ることになるだろう」と思える試作版を見ている時に、メンタライジング・ネットワークが特に大きく活性化した。その時、被験者の「社会脳」が活発にはたらいていたということだ。

エミリー・フォークの論文共著者であるマシュー・リーバーマンはこう書いている。「この結果を見てわかるのは、新しい情報を取り入れたその時に、私たちの一部はもうすでにその情報を共有する相手のことを考え、また、その情報をどのように共有すればより説得力が増すかも考えているということだ」[41]。私たちが情報を取捨選択し、他人と共有する時、私たちの脳内ではそういうことが起きているのだ。

エミリー・フォークの研究では、ユーザーの脳内活動を観察すれば、ソーシャル・メディアでどの情報が多くシェアされ、広く拡散されるかが予測できることもわかった。フォークは、ｆＭＲＩ装置に入った被験者に八〇本の『ニューヨーク・タイムズ』紙の記事を読ませ、そのさいの脳内活動を記録する、という実験を二度行なった。すると、腹側前頭前野（Ventromedial Prefrontal Cortex＝ＶＭＰＦＣ）や、腹側線条体（Ventral Striatum＝ＶＳ）など、脳内の価値判断に関わる部位のなかでも、自己の成長や社会的承認に関係の深い部分が大きく活性化した記事ほど広く拡散されると予測すれば[42]、かなりの確率で当たることが明らかになった。記事の内容に基づいた予測や、被験者本人に「この記事をシェアしようと思うか」と尋ねたアンケート調査の結果に基づいた予測より正確だったのだ。

これは、説得力のあるソーシャル・メディアのメッセージによって起きた脳内活動を観察すれば、個人や集団のその後の行動、特に情報を共有する行動を予測できるということだ。本人（あるいは専門家）に意見を聞くよりも予測の精度は高くなる。だが、ソーシャル・メディアのメッセージ、社会的信号は人間の行動を変えると言って本当にいいのだろうか。実験の場ではなく現実の状況で本当にそうだと言えるかどうかは、さらに厳密な分析をしないと断定はできない。容易に答えの出る問題ではないだろう。ソーシャル・メディアは、私たちの購買行動や投票行動、デートや読書、運動などにどの程度影響を与えるのか、それについては本書でもこのあと繰り返し考察していく。今のところはとにかく、ソーシャル・メディアのメッセージに対する脳内の反応を見れば、その後の行動の変化や、そのコンテンツをシェアするか否かをかなりの精度で予測できる、ということだけ知っておいてほしい。

ＵＣＬＡでは、すでに述べたとおり、インスタグラムに似たアプリを使った実験をした。その実験では、他人から多くの「いいね！」をつけられた被験者は、他人の写真に多く「いいね！」をつけるという傾向が確認された。エモリー大学の研究者たちは、若者たちの音楽に対する評価行動を調査した。調査のために集めた若者たちに複数の曲を聴かせ、それぞれに評点をつけてもらったのだが、そのさい個々の曲への他の人たちの評点を知らせた場合と、知らせなかった場合とで、つける評点が変化することがわかった。他の人たちの評価に合うよう、自分の評価を変化させるのだ。その変化と、前島皮質、前帯状皮質などの脳内部位の活性化とのあいだには正の相関が見られた。いずれも、警戒心、負の感情などとの関係が深い部位である。この結果が示唆するのは、人間は「自分と他人のあいだに好みの違いがあるのを知ると不安を感じ、その不安が原因となって、違いをなくすよう好みを変える[43]」ということだ。「他人の顔の好み」についても同様の実験が行なわれている。この場合もやはり、他人の評点を知らされると、それに合わせて自分の評点を変化させる人が多い、という結果が得られた。

こうした実験結果はいずれも、脳内活動を見れば行動変化の予測が可能であることを示唆している。人々の実際の投票行動、評価行動、購買行動、デート、運動などへの社会的信号の影響を調べた大規模な行動実験の例をあとで紹介するが、その実験でもやはり、実験時の被験者の脳内活動に注目している。

ハイプ・マシンの可能性と危険性

この種の実験の結果は、本書の主たる主張——ハイプ・マシンには大きな危険性もあるが、同時に大きな可能性もあるという主張——の一つの裏付けとなっている。これはつまり、私たち人間の脳には生まれつき、大きな可能性と大きな危険性の両方が潜んでいるということでもある。私たちは、ソーシャル・メディアに脳が刺激されると、社会に損失を与える行動を取るおそれもあるし、その一方で、社会に利益をもたらす良い行動を取る可能性もあるということだ。

前述のＵＣＬＡの実験では、被験者が「いいね！」を目にすると、脳内の自制心を司る部位の活動が抑制されるという結果が得られた。またＵＣＬＡの同じ研究者たちは、誰かが危険な行動を取っているところを撮った写真についた「いいね！」を見た時と、無害な行動を取っているところを撮った写真についた「いいね！」を見た場合とで、脳内活動がどう変わるかという実験もした。被験者が危険な行動（ドラッグや飲酒に関わる行動など）を撮った写真に「いいね！」が数多くついているのを見た場合、無害な行動を撮った写真に「いいね！」が数多くついているのを見た時とは、まったく違う脳内部位が活性化した。そして、自制心や、反応抑制に関わる脳内部位の活動は著しく低下した。つまり、危険な写真が数多くの「いいね！」を獲得しているのを見ると、「この行動は危険だ」と警告を発する脳内部位の活動は止まるか、少なくとも抑制されるということだ。また、オンラインで多くの人に拒絶されると、激しい怒りを感じ、それが報復行動につながる。いずれにしてもソーシャル・メディアには大きな危険が潜んでいるということだ。

ソーシャル・メディアのおかげで良い行動を取る人もいる。たとえば、ソーシャル・メディアに促されて寄付をすることもあり得る。[44] そのことは、ある実験で確かめられている。まず、被験者として若者たちを集め、互いに知り合わせる。大半の若者たちには寄付の話は何もしない。ただ、一部の被験者に寄付をさせ、その事実をソーシャル・メディアで報告させる。報告の投稿には多くの「いいね！」をつける。寄付が多額になるほど、「いいね！」の数も多くなるようにする。すると、「いいね！」の多くついた投稿を見た被験者たちの社会脳は活性化する。社会脳が活性化した被験者の多くは寄付をし、その事実を投稿する。その投稿にも多くの「いいね！」がつく。それを見た被験者はさらに寄付をする……というポジティブ・フィードバックが生じる。危険な行動と同様、良い行動にもフィードバックが起こるのだ。私たち人間は生まれつきハイプ・マシンを利用するようにできているだけでなく、生まれつきハイプ・マシンによって良い方向にも悪い方向にも導かれやすくできている。

本書ではこのあと、ハイプ・マシンについてさらに詳しく——どのような作りになっているか、どのように機能するのか、どう評価すべきか、また今後どう調整、改善していくかなど——話をすることになるが、私たちの脳が本章に書いたような仕組みになっていることを念頭に置いておくとより理解しやすいはずである。ハイプ・マシンの力の源は、人間の脳の性質である。それがわかっていると、自分たちがハイプ・マシンにどのような影響を受けるのか、ハイプ・マシンをどう制御すべきかもよくわかるだろう。私たちの脳がソーシャル・メディアにどう反応するかを知っていれば、ソーシャル・メディアがなぜ私たちの脳を操れるのかがわかる。だがハイプ・マシンが力を持てる要因はほかにもある。それは経済的な要因だ。次の章ではそれについて見ていくことにしよう。

第5章 ネットワークの引力はその質量に比例する

ビジネスをする時、私はいつも、越えられない堀に守られた経済の城を探し求めている。

――ウォーレン・バフェット

社会的なつながりが人間という種にとって進化的な利益をもたらし、個人にとっても利益になるのだとしたら、世界中の人たちをネットワークでつなぐという目標は間違いなく素晴らしいと言えるだろう。実際、マーク・ザッカーバーグは二〇一八年に、まさにそれこそが自分の使命だと繰り返し口にした。議会証言の時だけで六〇回以上もその使命に言及している。マークは「フェイスブックは……世界をオープンにし、つなぐという社会的使命を達成するために作られた……。私たちは、世界中のすべての人々をつなぐことが自分たちの世代にとって最も偉大な挑戦の一つであると信じており、だからこそ、それがどれほど小さい役割であろうと、そのなかで役割を果たせることは喜びである(1)」と言った。仲間たちとともにフェイスブックを立ち上げた時、そもそも会社にしようなどとは思っていなかったこと、人々のつながりは確かに経済的な価値を生んだけれども、それが第一の目的ではなかったことを、マークは何度も話している。その言葉に嘘はないだろう。

しかし、忘れてはならないのは、ハイプ・マシンが人間どうしをつなぎ、私たちの脳に刺激を与えるだけのものではないということである。それがもたらす経済的な価値が莫大であることは確かである。その経済的な価値が、ハイプ・マシンを発展させる大きな原動力になってきたことも間違いない。

マーク・ザッカーバーグ以前にも、人と人とをつなぐことで大きな経済的利益を生んだ人物はいた。たとえば、その一人はセオドア・ニュートン・ヴェイルである。さほど有名な人物ではないが、一八八五年にＡＴ＆Ｔの初代社長となり、一九〇七年には再び同社の社長になっている。ヴェイルは当初から、電話網の持つ経済的な力に注目していた。その力は市場を大きく動かすと信じていた。一九〇八年、ヴェイルは自身初めての年次報告書で、取締役会や株主に、「経済ネットワーク効果」という概念を紹介した。ヴェイルはこう書いている。

「電話機はそれ自体——線の向こうに何もつながっていなければ——ただのおもちゃか、科学の実験道具の類いにすぎない。それが価値を持つか否かは、他の電話機とつながっているか否かによって変わる——またつながっている電話機の数が多ければ、その分だけ価値は上がる……。ベル・システムはすでにこの国の企業、社会にとってなくてはならぬものになり、実のところ、企業組織、社会組織の神経系と言ってよいほどのものになっている」(2)

現在のフェイスブック、インスタグラム、ツイッター、ウィーチャット、ワッツアップが、当時の電話網がより強力になったもの——アメリカだけでなく全世界の企業、社会の中枢神経系のようなものだ——であることはすぐにわかるだろう。

「つながっている電話の数が多いほど電話の価値は高まる」というヴェイルの言葉は、ネットワーク効果という概念――これこそが、現在のデジタル・ネットワークにおける競争、ソーシャル・メディア・プラットフォームの戦略の基礎になる経済的原動力である――を簡潔に説明している。ネットワークに関連する製品、またその市場にとっては、つなぐことのできる数が価値となる。製品を使う人が多いほど、全員にとってのその製品の価値は高まるだろう。ネットワーク効果について理解しなければ、経済にとってのハイプ・マシンの力、そして、ハイプ・マシンの生み出す（あるいは破壊する）価値について理解することは決してできないだろう。*

「使う人が多いほど価値が高い」という単純な原理を知っていれば、なぜ、Aというソーシャル・メディアは成長するのに、Bというソーシャル・メディアは成長できないのか、また質的に劣るソーシャル・メディアが良質のソーシャル・メディアを圧倒することがあるのはなぜか、ソーシャル・メディアの市場はなぜ独占に向かいやすいのか、といったことが理解できるだろう。第4章では、ハイプ・マシンの人間の脳や行動への影響について触れた。本章では、ハイプ・マシンの経済への影響について見ていくことにする。

＊「ネットワークははたして価値を生み出しているのか、それとも破壊しているのか」という問いについては後に考察する。近年発生した数々の問題により、ハイプ・マシンは存在意義そのものが疑われている。その存在意義を考えるうえで、ハイプ・マシンは価値を生むのか、破壊するのか、という問いは重要だろう（つながりの価値はつながりの質によって大きく変わる――そのつながりが、つながっている人たちの人生に良い作用をもたらすのか、悪い作用をもたらすのかが重要だ）。

ネットワークの引力はその質量に比例する

ネットワーク効果は引力に似ている。ネットワークにつながっている人が多いほど、そのネットワークの「質量」は増えると言っていいだろう。質量が増えるほど、引力は強くなるのだ。ネットワークの質量が増えれば、それだけ多くの人を引きつけることができ、経済的な利益をあげる機会も増え、そのおかげで既存の参加者も引き留めておくことができる。

ネットワーク効果には四つの種類がある。直接の効果、間接的な効果、二面的な効果、ローカルの効果の四種類だ。それぞれ、ハイプ・マシンの戦略や運命に果たす役割は違っている。直接のネットワーク効果とは、人々を直接つなぐことによって生まれる価値のことである。たとえば、ヴェイルの電話網や、ファクシミリのことを考えてみるとわかる。私が世界で初めてファクシミリの機械を所有した人間だとしよう。私だけが機械を持っている状態では、価値はないに等しい。せいぜいドアストッパーに使えるくらいだろう。私以外に誰も機械を持っていないのだから、誰ともファックスをやりとりすることはできない。機械を買う人が増えれば、それだけファックスをやりとりする相手が増える。フェイスブック、ツイッターをはじめ、ハイプ・マシンは、この直接のネットワーク効果から莫大な利益を得ている。一部のソーシャル・メディアが市場を独占するほどの力を持ち、経済に革新をもたらしているのは、この直接のネットワーク効果のおかげと言っていい。質的に劣ったソーシャル・メディアが、良質のソーシャル・メディアを圧倒して市場で独占的な地位に就くことがあるのも、直接のネットワーク効果のおかげだ。

ネットワーク効果を理解する(3)

なぜ質の劣るネットワークが良質のネットワークを圧倒する力を持ち得るのか。一つの例を基に考えてみよう。あるソーシャル・メディア・ネットワークが持っている価値をVだとすると、Vは、そのネットワークの元来持っている価値とネットワーク効果を足したものと考えられる。

$$V = a + ct$$

この数式では、aがネットワークが元来持っている価値を表す（たとえば、プライバシー保護や、データ・セキュリティに関連する機能が優れていれば、そのソーシャル・ネットワークはその分だけ価値が高いことになるだろう）。cはネットワーク効果（ユーザーにとってのネットワークの価値は、数多くの友人が同じネットワークに参加するほど高くなる）を表し、そしてtは時間、あるいは、ある時点でそのネットワークに参加している人の数（そのプラットフォーム上にいるユーザーの数）を表す。〈t＝3〉の意味は、時間の単位によっても変わる。単位が「時間」ならば「三時間」、「日」ならば「三日間」、ユーザーがそのネットワークを利用していることになる。あるいは、ネットワーク上に三人のユーザーがいるという意味にもなる。

仮にαとβという二つのネットワークがあるとしよう。この二つのネットワークには「互換性がない」ものとする——つまり、αネットワークのユーザーはαネットワークのユーザーとだけつながることができ、βネットワークのユーザーとはつながれないということだ。たとえば、もし、フェイスブックのユーザーにツイッターからメッセージを送れないとしたら、二つのネットワークには互換性がないことになる。質の面では、βのほうがαよりもはるかに優れているものとする。コミュニケーション機能が優れているうえ、ユーザーには多くの選択肢が用意され、プライバシーもしっかりと保護され、インターフェースもわかりやすい。データを第三者に販売するようなこともなく、セキュリティにも優れ、ユーザーの安全を守る暗号化の機能も備えている。つまり、βの元来持っている価値（これを仮にbとする）は、αの価値（これをaとする）よりも高いということだ。

βのほうが本質的には価値の高いネットワークである。もし、βがαと同じタイミングで利用可能になっていれば、本質的な価値がほぼそのままネットワークの価値になる可能性が高いだろう。しかし、βのほうが機能が優れている分、構築に時間を要したとしたらどうだろう。αのほうが早く稼働を開始したのだとしたら、それだけ早くユーザーを集めはじめることができる。仮にαが0という時点から利用可能になったとしよう。βはその時点でまだ利用可能ではなく、将来のどこかの時点で利用可能になる予定という状態だ。利用可能になるまで、消費者はβの存在自体を知らないので、αへの参加を決める時、βへの参加を検討することすらしない。ネットワーク効果の価値（多くの友人がネットワークに参加することで得られる付加的な価値）は、ユーザーが参加した時点でネットワーク上に存在するすべてのつながりが生む価値である。

βのほうが優れたネットワーク（b＞a）だが、はじめのうち、消費者には選択肢が一つしかない。その時点で消費者が考えるのは、αに、参加に要するコストをかけるだけの価値があるか否かだけである。現実には他の要素も関わってくるが、ここでは話の便宜上、そうだと仮定しよう。最初のユーザーが一人αに参加すると、その後の消費者にとってのαの価値は、最初のユーザーにとっての価値とは違ってくる。すでにαには一人ユーザーがいるので、その後の消費者にとってαの価値は〈a＋（c×1）〉ということになる。さらに二人目のユーザーが参加すると〈a＋2c〉になり、三人目のユーザーが参加

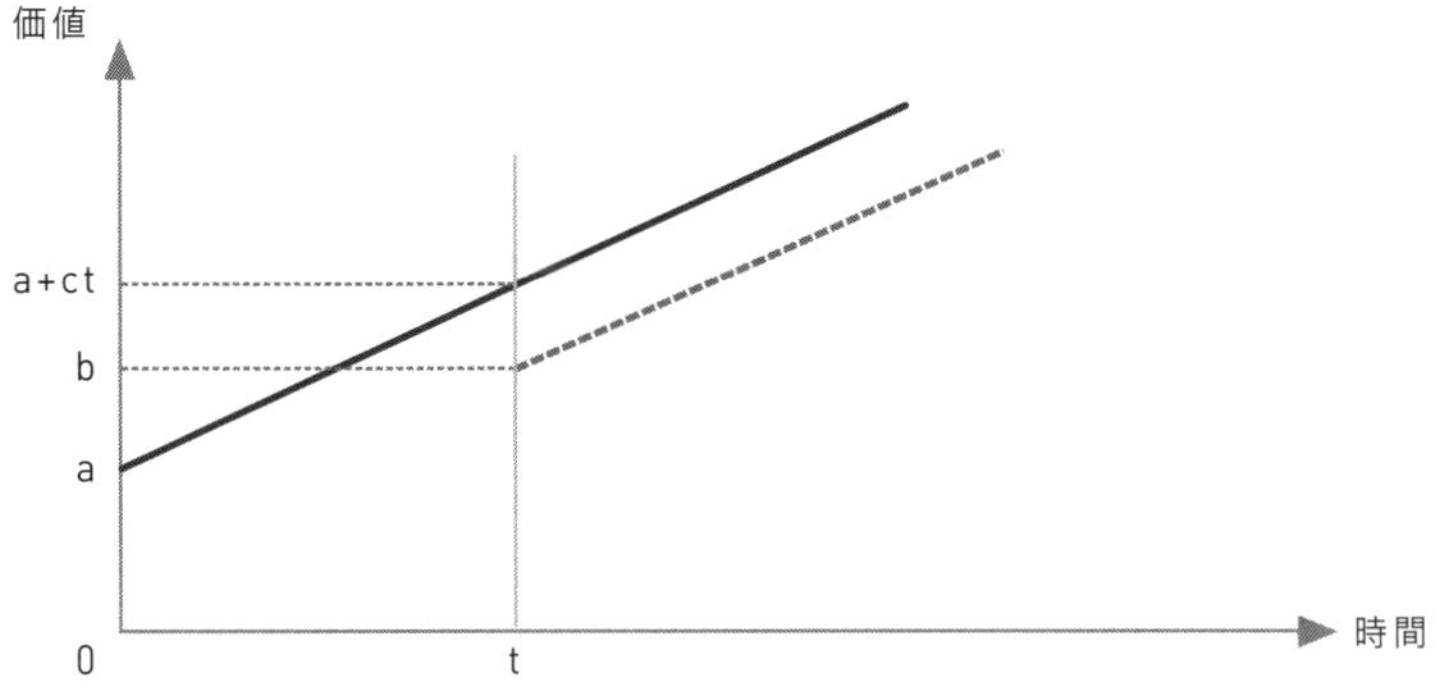

［図5-1］αネットワークとβネットワークの価値の経時変化。

すると〈a + 3c〉に、という具合に高くなっていく。αの価値は、［図5－1］のグラフのとおり、時間の経過に比例するように高まっていくだろう。

βネットワークがtというタイミングでサービスを開始したとすると、αネットワークの価値には、その時点でαネットワークに参加していたユーザーの数も加わっている。ユーザー数はtの一部を成す。αの価値は、α本来の価値に、ネットワーク効果cにtをかけたものを足せば求められる。βネットワークにはまだ誰も参加していないので、ネットワーク自体が持つ価値bのみが価値のすべてである――ネットワーク効果はまったくない。たとえ、βネットワーク自体が持つ価値bがαネットワーク自体が持つ価値aより高くても、bは、〈a + ct〉に比べれば少ない。その後、βネットワークの価値が時間の経過とともに（［図5－1］に点線で示したとおり）直線的に増加したとしても、βネットワークに参加する人はαネットワークよりも少ないからだ。βはネットワーク効果が少ないからだ。このように、質的に劣るネットワーク（α）であっても、多くのユーザーを獲得し、大きなネットワーク効果を生むことができれば、質的に優れたネットワーク（β）を圧倒することができる。フェイスブックによる独占はイノベーションを阻害するのではないか、という意見の主たる根拠はここにある。

間接的なネットワーク効果は直接の効果とはまた違っている。あるプラットフォームやネットワークを利用する人が増えてくると、第三者に、そのプラットフォームやネットワークに価値を付加する動機が生まれる。私が子供の頃、ソフトウェアは、リアルの店舗で購入するものだった（ソフトウェアを買う子供自体、あまり普通ではなかったが）。父親とよく「コンピュUSA」という店に行っていたのを覚えている。店内の通路の両脇にはウィンドウズ用のソフトウェアが多数並べられていて、通路の端の小さな一角にマック用のソフトウェアが少しだけ置いてあった。マックも良いコンピュータではあったが、なにしろウィンドウズのほうが圧倒的にユーザー数が多かったので、それだけネットワーク効果も大きかったのだ。このネットワーク効果は、ユーザーどうしが直接つながっていることによって生じたものではなかった（インターネットはまだ広く普及してはいなかった）。デベロッパにとっては、ウィンドウズマシン向けにソフトウェアを開発する動機のほうが、マック向けにソフトウェアを開発する動機よりも強かったのである。同じ描画ソフトウェアやゲーム・ソフトウェアを開発するのなら、マック向けよりもウィンドウズ向けのほうが多数のユーザーを獲得できる可能性がある。マック向けの開発ができないわけではないが、仮にソフトウェアを作ったところで獲得できるユーザーの数はしれている。どちらを選ぶべきかは明らかだ。もちろんウィンドウズ向けにソフトウェアを開発するデベロッパのほうが圧倒的に多かった。多数のユーザーを持つウィンドウズの間接的なネットワーク効果の存在は、「コンピュＵＳＡ」に大量のウィンドウズ向けのソフトウェアが置かれている一方で、マック向けのソフトウェアは片隅に少しだけしか置かれていなかったことからも明らかだ。

だが、二〇一三年には状況はまったく変わっていた。アップルが二〇〇七年にｉＰｈｏｎｅを発売すると、皆がこぞって欲しがった。ｉＰｈｏｎｅは非常に革新的な道具だったので、それ自体が持つ価値だけで、大勢の人を購入に走らせるのに十分だったのだ。急激にユーザーを増やしたｉＰｈｏｎｅ向けに多数のソフトウェア（アプリ）が作られた。そしてアップルは、二〇〇八年にアプリを販売するアップ・ストアを立ち上げた。ｉＰｈｏｎｅが多く売れるほど、デベロッパにとっては、アップ・ストアで販売するアプリを開発する動機が強まることになる。

ｉＰｈｏｎｅの成長曲線はまるでエベレスト山のようだった。二〇〇七年に販売が開始されたｉＰｈｏｎｅは、二〇一三年には四億台売れていた。すでに述べたとおり、ユーザーの数はプラットフォームの質量である。ネットワーク効果は引力のようなものだ。多く売れるほどｉＰｈｏｎｅの質量は増え、引力も強まった。その引力のせいで、時代のイコンのようになったｉＰｈｏｎｅというブランドは、ますます多くの人を引きつけるようになったのである。

それに対し、二〇一三年のスマートフォン市場でのマイクロソフトの存在感は、かつての「コンピュＵＳＡ」の売り場でのマック用ソフトウェアのようになっていた。存在感が極めて希薄ということだ。デベロッパにしてみれば、ウィンドウズ・スマートフォン向けにアプリを作成する動機はほとんどない。それよりもｉＰｈｏｎｅ向けにアプリを作成したほうがはるかに有益だからだ。二〇一三年の時点で、

iPhone向けアプリの数は、ウィンドウズ・スマートフォン向けの五倍以上だった。iPhoneのユーザーは非常に多いので、デベロッパはiPhoneユーザーに無料でアプリを提供することもある。

一方、マイクロソフトは、ウィンドウズ・スマートフォン向けにアプリを開発してもらうため、デベロッパに大金を支払ったりもしている。[4] マイクロソフトとしてもiPhoneの引力に対抗するための努力をしてきたはずだが、とても十分とは言えなかった。iPhone自体が持つ価値にネットワーク効果が加わったことで、とてつもなく強い引力が生まれていたからだ。

現在、アップルはアメリカのスマートフォン市場で四七・四パーセントのシェアを持っている。[5] マイクロソフトのシェアはわずか〇・五パーセントだ。間接的なネットワーク効果の力は明白であり、しかも長く持続する。

ネットワーク効果は二面的なものになることがある。何かが成長すると、また別の何かへの需要が高まることがあるからだ。たとえば、ウーバー・ライダー（自転車、バイクの配達員）の数が増えると、それにつれてウーバー・ドライバー（自動車による配達員）への需要が高まる。また、アドビ・リーダーのユーザーが増えれば、同時にアドビ・ライターへの需要も高まる。これが二面的なネットワーク効果だ。世界のスマートフォン市場に目を向けると、iPhoneのシェアは二五パーセント、マイクロソフトのシェアはわずか〇・一パーセントである。[6] そして、アンドロイドのシェアは実に七四パーセントにも達している。こうなっているのは、アンドロイドの場合、OSとハードウェアを切り離し、アンドロイドを多種多様なスマートフォンで動作するオープンなシステムにしているためである。アンドロイドのOSは、サムスン、LG、グーグルなど、多数のメーカーのスマートフォンで動作する。これは、プラットフォーム戦略が奏功した好例と言っていいだろう。

ハイプ・マシンにとって最も重要なのは、ローカルのネットワーク効果である。位置によって強さの変わるネットワーク効果だ。つながる対象が近ければ近いほど、それに比例してローカルのネットワーク効果は高まる。たとえば、「ネクストドア」という地域コミュニティに特化したSNSがあるが、ダラスで誰か一人、ネクストドアに新たに参加する人がいると、ダラスの他のユーザーにとって、ネクストドアの価値は向上することになる。だが、サンフランシスコのユーザーにとっては、ほとんど価値は向上しない。ただ、ローカルのネットワーク効果における「近さ」は、必ずしも物理的な距離の近さだけを意味しない。社会的な距離の近さも重要である。ある人にとって直接の影響が強い人は、社会的な距離が近いと言える。ほとんどの人は、ネットワーク上のごくわずかな人たちから直接の大きな影響を受けている。社会的な距離の近い人の数はごくわずかであることが多いということだ。

ネクストドアでは、物理的な距離が近いユーザーどうしがつながっている。フェイスブックでは、社会的な距離が近いユーザーどうしがつながっている。あなたにとって、フェイスブック、ツイッター、ワッツアップ、ウィーチャットの価値はどこから生じているのかを考えてみよう。自分の知人や、そのソーシャル・ネットワーク上でつながっている人たちから生じているのではないだろうか。ソーシャル・ネットワーク上に三〇億人を超える人がいたとしても、自分の知らない人、自分とつながっていない人からはたいした価値は生まれないはずだ。もちろん、まだつながっていないけれど将来はつながるかもしれないという人たちが大勢いることも価値ではある。だが、たとえば、同じネットワーク上に有名人がいたとして、その人に一方的にダイレクト・メッセージを送りつけても、価値あるつながりが生まれる可能性は極めて低いだろう。せめて友達の友達の紹介くらいはないと、つながれることはほぼない。誰かとすでにつながっていることと、つながれる可能性があることとは明確に区別する必要がある。

注意すべきなのは、ユーザーにとってのネットワークの価値は、どれだけその人にとって価値ある人とつながっているかで決まるということだ。同じネットワーク上にどれだけ多くの人がいても関係ない。ローカルのネットワーク効果の強さが重要ということである。ソーシャル・ネットワークの競争力は、ユーザーにどれだけローカルのネットワーク効果をもたらせるかで大きく変わると言っていいだろう。ハイプ・マシンが今のような姿になっているのはそのせいだ。たとえば、フェイスブックが成功し、マイスペースが失敗した理由もそこにある。

――フェイスブックはなぜマイスペースに勝ったか

二〇一一年六月、私は、『ワイアード』誌、『ジ・エコノミスト』誌が企画し、ニューヨークで開催された「ネクストワーク」というカンファレンスで講演した[7]。私の前後に講演したのは、俳優のエド・ノートンと、ヒラリー・クリントン国務長官のアドバイザーを務め、現在はグーグルのシンクタンクである「ジグソー（過激思想、検閲、サイバー攻撃などに対抗することを目的としたテクノロジー・インキュベーター）」のCEOとなっているジャレッド・コーエンだ。エド・ノートンは、慈善事業のための資金を調達する新しいクラウドソーシング・プラットフォーム「クラウドライズ」について話し、一方のジャレッド・コーエンは、中東で起きた革命にITが与えた影響について話した。

だが、その日、私が特に良いと思ったのは、私よりいくつか前のセッションだった。フェイスブックの共同創立者、ショーン・パーカーへのジミー・ファロンのインタビューである。二人のあいだでは自由闊達な、実に楽しい会話が交わされた。ハッキング、ナップスター、スポティファイ、創立期のフェイスブックの成長など、ハイテクに関わる様々なことが話題に上ったが、会話は終始、和やかで堅苦しくなく、気軽に聞くことができた。

インタビューは全編にわたって興味深かったのだが、私が特に興味をそそられたのは、ジミーがショーンに、「なぜフェイスブックは成功し、マイスペースは失敗したのか」と尋ねた時だ。二〇一一年の時点で、これほど関心を集める話題はなかなかほかにはなかったと思う。評論家や企業経営者たちは特に聴きたかった話だと思う。フェイスブックの現在の時価総額を考えると、それは五〇〇〇億ドルくらいの価値がある質問だったかもしれない。仮にマイスペースがフェイスブックに勝っていたとしたら、当然、今のフェイスブックの地位にいたのはマイスペースだっただろうと考えられる。

そもそもこの二つのデジタル企業の立場が逆転することなど、ほぼあり得ないはずだった。その理由は、私が本章で説明してきたとおりだ。二〇〇四年から二〇〇八年にかけてマイスペースは、すでに膨大な数のユーザーを集めていた。その分だけ圧倒的に優位に立っていたのだ。マイスペースに比べれば、フェイスブックなど無視できるほどの規模でしかなかった。二〇〇五年のマイスペースのユーザーが二七〇〇万人だったのに対し、フェイスブックのユーザーは五〇〇万人だった。二〇〇六年でも、マイスペースが一億人であるのに対し、フェイスブックは一二〇〇万人である（［図5-2］を参照。これは両者のアクティブ・ユーザーの数のグラフである）。これだけユーザー数が違えば、直接の、そして間接的なネットワーク効果も大きく違う。その差を克服することなどとてもできそうにない。ショーン・パーカーもそれはわかっていた。実際、ショーンは壇上でジミーに「マイスペースが圧倒的に有利だったのは間違いない」と言っている。

「ネットワーク効果、スケール効果は絶大でした」。ショーンはマイスペースについてそう言った。「それがとてつもない力になっていたんです」

では、フェイスブックはなぜ、それほど不利な状況から勝利を収め、マイスペースを事実上の消滅にまで追い込めたのか。当時なされていた説明にはいくつか定番があった。まず、マイスペースのインフラはスケーラブルではなかった、あるいは、インフラのアップグレードを続けるだけの技術力がなかった、という説明だ。そのせいで、新機能を追加するペースが遅くなってしまった、あるいは、弱点となっていた長いロード時間を短縮することができなかったと言われた。マイスペースのデザインに問題があったという人もいた。マイスペースのユーザーは自分のページをどのようにでも自由に変えられた。そのおかげで外観が醜く一貫性のないものになり、フェイスブックのシンプルでセンスの良いデザインに比較すると魅力に欠けてしまったというのだ。かと思えば、マイスペースの経営はプロフェッショナルすぎた、という意見もあった。いちいちパワーポイントのスライドでプレゼンをするような、いかにもMBA的な企業戦略では、大学中退者による自由奔放なフェイスブックの経営手法には対抗できなかったという。フェイスブックのほうがユーザーは好き放題なことができたとも言われた。マイスペースはバンド、音楽に注力しすぎ、プラットフォームがニッチになりすぎたという声もあった。フェイスブックは実名主義だったために、ユーザーがよりつながりやすくなったという見方もある。

どの説明も嘘ではないだろう。しかし、肝心の点を見逃している。ショーン・パーカーはよくわかっていた。

ショーンは、定番の説明についてもコメントした。マイスペースのデザインに問題があり、イノベーションがうまくできなかったというのは本当だと言っている。しかし、すぐに、ほぼ誰もが見逃してい

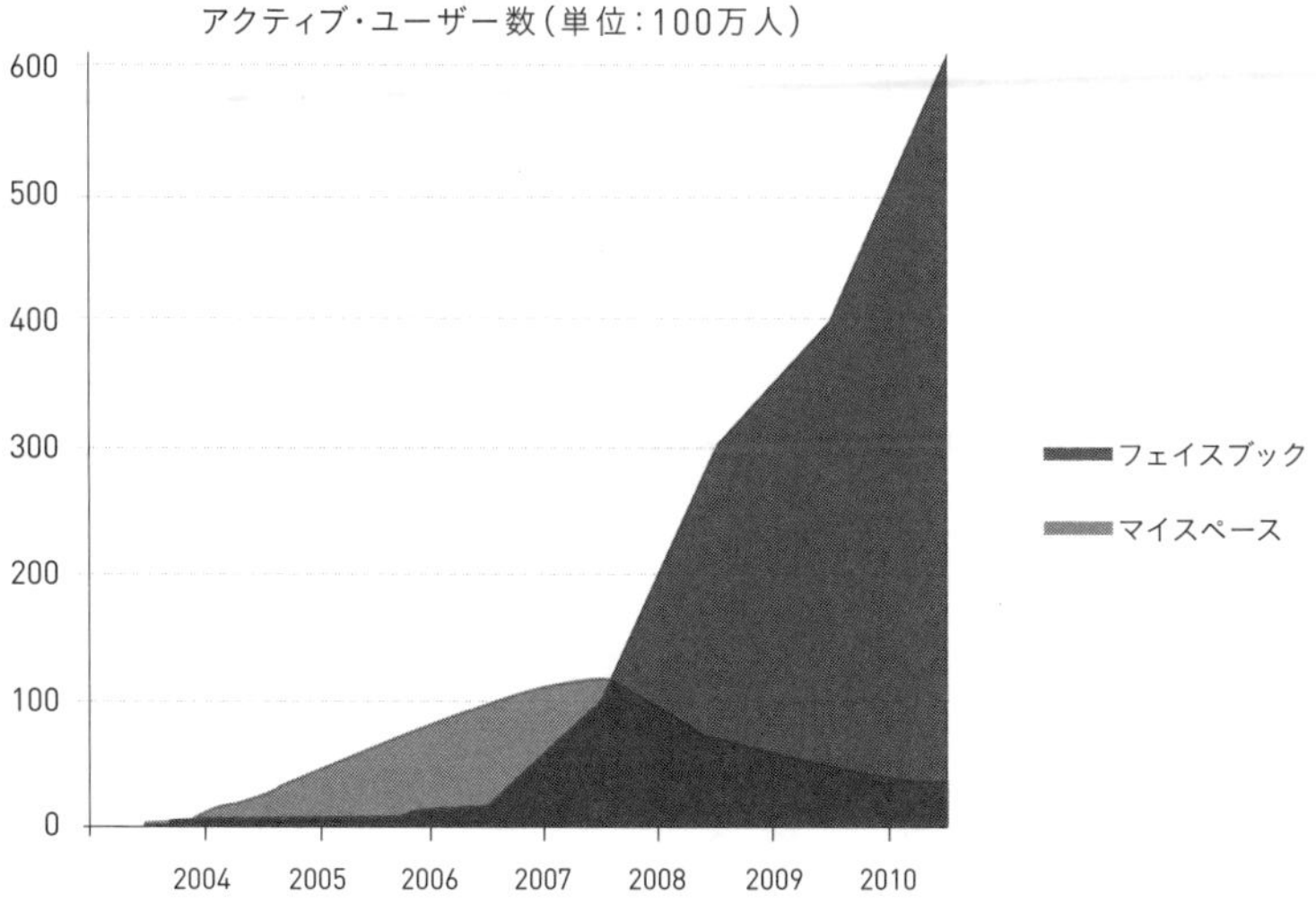

［図5-2］2004年から2010年のフェイスブックとマイスペースのアクティブ・ユーザー数の推移

た核心に触れた。それはフェイスブックの市場開拓戦略である。ジミーはショーンにこんな質問をしている。

「フェイスブックが大学から始まったことは助けになりましたか？　フェイスブックは個人どうしのネットワークという印象が強いです。最初は大学の友人に教えられて存在を知ったという人が多かったですから」。核心を突いた質問だと思う。

ショーンはジミーの見方に同意し、こう答えている。「確かに私たちは大学から市場に入っていきました。なぜ、大学だったかと言うと、当時の大学生のほとんどはマイスペースのユーザーではなかったからです。大学生はフレンドスターのユーザーでもありませんでした。大学は完全に私たちの自由になる市場だったんです。同時に、これは大きな賭けでもありました。大学というニッチな市場から入って、そのあと、周到な計算に基づき、他のネットワークと戦いながら徐々に規模を拡大し、いずれはすべてを支配する唯一のネットワークになるのだと思っていましたが、パロアルトにいた我々三、四人を除いて、そんなことが可能だと本当に信じていた人はいないでしょう」。ショーンはここでいったん黙り、笑顔を見せた。

「まるで『ロード・オブ・ザ・リング』ですね」。ジミーはそう言って笑った。ショーンは「そう、そのとおりです。ベッドのそばに映画のポスターを貼っているんです」と答えた。「きっと隣には『ダンジョンズ&ドラゴンズ』のポスターも貼ってあるんでしょうね。それと、ハリー・ポッター公式の魔法の杖も持っているでしょう」。ジミーがそう言うと会場から笑いが起こった。

「ロード・オブ・ザ・リング」の話などして、少しふざけているようではあるが、これは大真面目な話である。フェイスブックは、大学というニッチな市場から入ったことで、マイスペースがすでに持っていた非常に強力な直接のネットワーク効果、間接的なネットワーク効果に対抗することができたのだ。より強力なローカルのネットワーク効果を得たからだ。ジミーもショーンも経済学の専門知識を持った人ではないが、おそらくは無意識に、直感的に、ネットワーク効果の重要性を深く理解していたのだろう。

経済学にネットワーク効果という概念が持ち込まれたのは、ジェフリー・ロルフスの一九七四年の有名な論文「コミュニケーション・サービスへの相互依存的な需要についての理論（A Theory of Interdependent Demand for a Communications Service）」が最初である(8)。この論文では、フェイスブックなどの製品の価値は、それを利用するユーザーの数によって大きく変化するということが示された。この論文は今から四〇年以上も前に発表されたものだが、すでに、フェイスブックがマイスペースを打ち負かしたさいに強力な武器となったローカルのネットワーク効果の存在も示唆されている。

私の大学での同僚でもあるリチャード・シュマレンゼーも、ロルフスの論文で提示された拡張モデル(9)においては、消費者にとっての製品の価値は、その製品を利用する消費者の総数だけでは決まらないとされている、と言う。消費者の数に加えて、互いにつながろうとする消費者の存在が価値を大きく左右するというのだ。フェイスブックの場合、大学生のユーザーは自分自身が価値を感じている相手——大学の友人たち——と互いにつながろうとする傾向が強く、そのことがフェイスブックの価値を大いに高めていた。一方、マイスペースの場合、つながる相手のほとんどは見知らぬ人たちだった。

フェイスブックが二〇〇四年に立ち上がった時、ユーザーはハーバード大学の学生に限定されていたが、その後、コロンビア大学、イェール大学、ダートマス大学、コーネル大学など、参加できる大学を徐々に増やしていった。わずか二カ月間で、スタンフォード大学、マサチューセッツ工科大学、ニューヨーク大学、ノースイースタン大学などアメリカの二〇の主要な大学から七万人もの学生がフェイスブックに参加した。それでも、限られた大学の外にいる人はまだフェイスブックには入れなかった。二〇〇五年五月には、参加できる大学の数は八〇〇ほどに増えていた。さらにその年の九月には、高校生も対象に加えた。一〇月には、アメリカ以外の大学生、高校生も参加可能になり、二〇〇六年五月には、企業も対象に加えはじめた。

このように、少しずつ対象を拡大したことで、フェイスブックができる前からすでに友人、知人だった人たちがネット上でもそのままつながることが多く、はじめから互いに共通の友人、知人のいる人も多かった。また、同じ学校や職場の文化を体験している人たちとつながることも多かった。フェイスブックのユーザーの社会的なつながりは強く、近接性も高かった。一方、マイスペースのユーザーはつながりが弱く、近接性も低かった。

フェイスブックは、二〇〇六年九月に一般に公開され基本的に誰でも参加できるようになったが、その時点でのユーザー数は一二〇〇万人だった。マイスペースのユーザー数は一億人いた。しかし、フェイスブックのユーザーどうしの社会的なつながりは、マイスペースのユーザーとはまったく違っていた。大学限定で始まったために、フェイスブックでは、元々の知り合いどうしのネットワークが築かれていた。フェイスブックに参加すると、もうその時点でそこには自分の友人やクラスメートがいた。その戦略のおかげで、フェイスブックのユーザーは、マイスペースのユーザーよりも簡単に、つながる相手を増やしていくことができた。たとえ知らない相手だったとしても、フェイスブックの場合は、共通の知人がいることも多く、同じ授業を取っていることや、同じ活動に参加していることも多い。同じ大学の文化を共有していることも重要だ。フェイスブックのネットワークは、よりつながりやすく、魅力的で、安全だった。こうした性質のおかげで、フェイスブックのプラットフォームはユーザーにとって価値の高いものになっていた。[10]

これに対しマイスペースは、ユーザー数そのものはまだ圧倒的に多かったものの、フェイスブックに比べると、ユーザーが自分の知り合いをネットワーク上で見つけられる可能性はかなり低かった。マイスペースのユーザーどうしのつながりは、ネットワーク科学では「疎結合」と呼ばれる種類のものだった。ユーザーは他のユーザーのプロフィールを見ることができるし、他のユーザーの作った音楽を聴くこともできるが、直接の知人を発見できる可能性は低く、共通の知人がいる人すらなかなか発見できない。マイスペースは最初からどこの誰でも参加できたため、ユーザー間の結びつきは非常に弱かったのだ。あとから結びつきを強くすることは容易ではない。ヨン・ヨル・アンらのチームが後にマイスペースのネットワークについて解析し、このような発言をしている。

「オーカット（マイスペースとともに解析対象となったソーシャル・ネットワーキング・プラットフォーム）……は、結びつきの緊密なコミュニティだと言える。その一方、マイスペースのネットワークのアソータティビティ（assortativity）は明らかにマイナスで、〈r～－0.2〉となっている。これはつまり、マイスペースのネットワークが、伝統的な社会的ネットワークから大きく逸脱した性質を持っていることを意味する……。マイスペースにおける人間関係は非常に弱いと考えられる。誰もが招待なしに参加できるせいだろう[11]」

フェイスブックの場合は、参加した時点で、ユーザーにとって価値あるつながりがそこにある。正確には、フェイスブックはゼロから新たなネットワークを作ったのではなく、同じ大学、高校の友人たち、職場の同僚たちといった社会にすでに存在したネットワークに「接《つ》ぎ木」をしただけである。フェイスブックのユーザーのあいだにはじめから緊密な関係があったことが、ローカルのネットワーク効果を大いに高めた。

ジェフリー・ロルフスは、その論文で、はからずもまさにフェイスブックの市場参入戦略を予見していたことになる。新たなサービスを開始してからしばらくのあいだは、慎重に選抜した一部の集団だけにサービスの提供範囲を限定するという戦略だ。ロルフスは論文で次のように記している。「個人がネットワークをどの程度必要とするかは、主にそこにごく少数の、その人にとっての重要なユーザーがいるか否かによって決まる……このアプローチの成否は、おそらく最初期のユーザーの選択如何によって決まるだろう[12]」。つまり、製品の提供初期には、慎重に選抜した一部の集団だけ（フェイスブックの場合、それは大学生だった）を提供の対象とすべきということだ。ロルフスの論文には、三七年後に「ネクストワーク」のセッションでショーン・パーカーがジミー・ファロンに話したのと基本的には同じことが書かれていたわけだ。

広く一般に門戸を開放してから八カ月後、フェイスブックは、フェイスブック・プラットフォームを立ち上げた。そこに六五のデベロッパが参加し、八五のアプリを提供した。その頃には、フェイスブックの基礎作りはほぼ完了していたと言えるだろう。誰が参加したとしても、そこにはすでに既知のユーザーが存在している可能性が高いという状態になっていたのだ。マイスペースと比べてはるかに活気あるコミュニティができあがっていた。フェイスブックには、はじめから密につながった人たちがいて、その人たちが自分の友人、知人たちをフェイスブックに誘った。また、その友人、知人たちも自分の友人、知人を誘うというふうにしてユーザーは急速に増えた（第8章でも詳しく触れるが、このように既存のユーザーが自分の友人、知人を誘い込むことは、ハイプ・マシンの成長に必須の要素である）。

ローカルのネットワーク効果が高ければ、間接的なネットワーク効果も高まっていく。そのプラットフォーム向けにアプリを作成するデベロッパが増えるからだ。そして、友人、知人がさらに友人、知人を誘うことで、ユーザー数が増加し、多数の人たちがつながれば、当然、直接のネットワーク効果も高まることになるだろう。それはまさに実際に起きたことである。フェイスブックは巧みな戦略によって、ローカルなネットワーク効果、間接的なネットワーク効果、直接のネットワーク効果を高め、他の多数のソーシャル・ネットワークとの競争に勝ち、ショーン・パーカーも言っているとおり、すべてのネットワークを圧倒する存在になったのである。少なくとも今のところその地位は揺らいでいない。*

――ハイプ・マシンの壁に囲まれた庭

ソーシャル・メディア・プラットフォームにはネットワーク効果があり、人を引きつける力を持って

＊ネットワーク効果は、フェイスブックのようなプラットフォームの価値を大きく高める。利用者が増えるほど、フェイスブックは価値の高いプラットフォームになるのだ。しかも、価値の上昇は非常に急激である。プラットフォームの価値が、ユーザー数の増加につれて線形に高まっていくと思う人も多いだろうが、実際にはそれよりもはるかに急激に価値が高まるのだ。少なくともある時点までは、あとから加わるユーザーほど大きくプラットフォームの価値を高める。ネットワーク効果に関しては、メトカーフの法則と呼ばれる法則が当てはまる。電話が二台しか存在しない時には、つながりは一つだけだが、電話が四台に増えればつながりは一六になり、電話が八台に増えればつながりは六四になる、というように急激に増えていくのだ。メトカーフの法則では、ネットワーク上の接点の数が増えれば、ネットワークの価値は線形に増えるのではなく、接点の数の二乗に比例して高まるとされる。つまり、フェイスブックのようなネットワークでは、ユーザー数の二乗に比例して価値が高まるわけだ。これは、〈$V = a + ct^2$〉という式で表すことができる。ネットワークの価値は指数関数的に高まると言い換えることもできるだろう。

ただ、私自身は、ネットワークの価値をこのような単純な式で表していいものかどうか判断に迷っている。また、仮に指数関数的な価値の高まりが本当だとしても、それが永久に続くとも思えない。（すでに述べてきたとおり）ネットワーク上のすべてのユーザーが、すべての新しいユーザーにとって同じ価値を持つわけではないからだ。ローカルのネットワーク効果が生じるのは、社会空間での距離が近い人どうしのほうが、つながりの価値が高くなるからである。誰でもつながりさえすれば同じように価値を生むわけではない。だから、指数関数的な価値の高まりには限界があるはずだ。

また、つながりを増やしていくうえでは、人間自身が「ボトルネック」になる。一人の人間が友人になれる人の数、友人関係を維持できる人の数は限られているからだ。ロビン・ダンバーは、社交に使う認知能力に限界があるため、一人の人間が安定した関係を維持できる人の数は平均で一五〇人ほどだと言っている。この数字は「ダンバー数」と呼ばれている。ネット上では、ダンバー数は一五〇人よりはるかに多い可能性もある。コミュニケーションにかかるコストが現実世界よりはるかに低いためだ。デジタル・ソーシャル・ネットワークの場合は、関わる人についてのデータがコンピュータ上に保持されるため、私たちが自分の頭に記憶する必要がない。だが、そうだとしても、ネットワークのユーザー数が増えていけば、私たちが関われる数をどこかで超えてしまう。その意味でも、ネットワークの価値の指数関数的な高まりは永久には続かないと言えるだろう。ただ、価値の高まりが正確にどういう式で表せるのか、価値の上昇がどこまで続くのか、ということはさほど重要ではない。ここで重要なのは、価値の高まりが線形よりもはるかに急激であるということ、そして価値は非常に高くなり得るということだ。ネットワークの価値は非線形に高まっていくにもかかわらず、つながりを増やすのにかかるコストは線形にしか高まらないという点にも注意が必要だろう。フェイスブックのようなプラットフォームはまさにそうなっている。インフラを構築するのにある程度大きな先行投資は必要だが、その後にかかるのは、ユーザーが増えるに従って、サーバーや記憶装置を増強するコストくらいである。これはさほど大きなコストではない。価値は非線形に高まる一方で、コストは線形にしか高まらないとしたら、生まれる利益は長期間にわたって急激に増える可能性が高い。コストの増加が線形であるかぎり、フェイスブックは理論上、市場が飽和するまでのあいだは非線形に価値を高めつづけられることになる。

　だから投資家は、ソーシャル・メディアに関してはユーザー数に注目する。フェイスブックのようなネットワークにとって、市場の飽和は株主価値を高めるうえでの大きな敵である。もうこれ以上、ユーザー数が増える見込みがないという状態になれば、ネットワークの価値、プラットフォームの価値の成長速度は鈍る。ネットワーク企業が躍起になってユーザー数を増やそうとし、市場の飽和が起こらないよう必死に努力するのは当然のことだろう。フェイスブックが、インターネット・ドット・オーグやコネクティビティ・ラボに巨額の投資をし、気球、ドローン、レーザーなどを駆使した発展途上国へのインターネット網構築を促進する理由もよくわかる。フェイスブックとしては、ともかくインターネットにつながる人を増やし、フェイスブックのユーザーを増やしたいのだ。ネットワークの成長率を、企業価値の増加率を維持したい。これはハイプ・マシン全体に言えることである。

いる。参加すれば、多くの人とつながり、経済的な利益が得られる可能性がある。しかし、プラットフォームが十分に長く多くの人の関心を引きつづけられる保証はどこにもない。大きな価値を持つ可能性があっても、実際に価値を持つとはかぎらないのだ。そこで重要な役割を果たすのがハイプ・マシンのデザインである。人間の脳は元来、ハイプ・マシンに引きつけられる性質を持っているし、また経済的な誘因で引きつけられる人も多い。しかし、人間とソーシャル・メディアの関係は、テクノロジーの力によって大きく変わる。ソーシャル・メディア・ネットワークは、ユーザーを囲い込むようなデザインになっていることが多い。つまり、他のプラットフォームとの互換性がないということだ。そうすることで、ネットワーク効果によって生まれる価値を独占しようとしているわけだ。

プラットフォームはそれぞれ、ユーザーと、ユーザーがアップロードしたデータ（あるいはユーザーについて集めたデータ）を自分だけのものにしようとする。プラットフォーム企業には、そうする経済的誘因があるからだ。これはたとえば、ジレット社が、自社の刃以外使えないようにカミソリを作るのに似ている。競合する企業の刃は使えないようにして、カミソリのユーザーを囲い込もうとしているわけだ。コーヒー・マシンのネスプレッソが専用のコーヒー・カプセル以外使えないようになっているのも同じ理由からだ。ハイプ・マシンも同様の方法でユーザーを囲い込む。

他のソーシャル・メディアに乗り換えると、それまでにアップロードしたデータにアクセスできなくなる。それは困る、という人は多いだろう。そのように、乗り換えをすると損をする仕組みになっていれば、とどまる人は増えるだろう。たとえば、スポティファイのユーザーは、スポティファイをやめてしまうと、それまでにダウンロードした曲や、作成したプレイリストのすべてを失うことになる。グーグルやアップルのユーザーも、他へ移ろうとすれば、購入した音楽や映画、アプリのすべてを失ってしまう。フェイスブック、インスタグラムもそうだ。利用をやめれば、投稿した写真や、友達との会話、思い出のすべてを失う。ハイプ・マシンが日記のようになっている人は多いだろう。自分の生きてきた歴史が、自分の経験が、他の人たちとの交流が記録されている。そうした歴史や記憶をすべて捨て去るのは容易なことではない。私たち自身がアップロードし、作ってきたデータそのものが私たちを引き留める力を持ち、ソーシャル・メディア・プラットフォームの切り替えを防いでいるのである。

ソーシャル・メディア上で生まれたつながり、ネットワーク効果も、ユーザーを囲い込む力となる。ソーシャル・メディアを切り替えると、投稿した文章や写真、他のユーザーとのやりとり、思い出（「いいね！」をつけたこと、フラグをつけたこと、シェアしたことなども含む）を失うだけでなく、そこで築いてきた人間関係もすべて捨てることになる。フェイスブック、リンクトイン、インスタグラム、ワッツアップなどを利用すれば、私たちはそこにデータを提供するが、それだけではなく、他のユーザーとも関わることになる。他のユーザーの提供データを利用し、コミュニケーションを取ることになるのだ。大事なのは、人間どうしの関わりだけではない。私たちはソーシャル・メディアを利用するなかで、（第3章でも触れたとおり）、そのメディアのアルゴリズムとも関わっている。私たちの意思決定、行動はアルゴリズムに影響を与え、それによってたとえば、ニュースフィードに表示される情報や、推薦される友達が変化する。ソーシャル・メディアを切り替えれば、アルゴリズムとの関わりの記録も失われることになる。それも、切り替えを防ぎ、ユーザーを囲い込むことに役立っているだろう。

従来のソーシャル・メディアはこうした力でユーザーを囲い込んできた。しかし、今は、「データ・ポータビリティ」「ソーシャル・ネットワーク・ポータビリティ」の是非が議論されている。プラットフォームを切り替えても、ユーザーは過去のデータをそのまま使えるようにすべきではないか、他のユーザーとのつながり、関わりも維持できるようにすべきではないか、というのだ。これは、今後のソーシャル・メディアの技術革新、競争、プライバシー、セキュリティなどに大きく影響を与える重要な問題だ。囲い込みをめぐる企業の態度や政府の規制が、今後どう変わるのかに注目していくべきだろう。

ネットワーク効果と相互互換性

本章では、αネットワークとβネットワークの競争の話をした。この話では、二つのネットワークが相互互換ではないということが前提になっている。一方のネットワークのユーザーになっても、それでもう一方のネットワークにアクセスできるようになるわけではないということだ。ではもし、αネットワークとβネットワークが相互互換だったとしたらどうだろうか。あとから立ち上がったβネットワークに参加したユーザーは、先行したαネットワークのユーザーともつながり、やりとりができる。この場合、両者の競争の様相はまったく違ったものになるはずだ。

βネットワークが立ち上がると、ユーザーはαとβのどちらに参加することも可能になる。そして、αとβが相互互換であれば、ユーザーはそうでない場合とはまったく違う判断をするだろう。βのほうが良質のネットワークで、しかもαのユーザーともつながれるのなら、後発であるという不利をはね返して、βが市場を支配することになる可能性が高い。ソーシャル・メディア・プラットフォームが、自らが得たネットワーク効果を王冠の宝石のように大切にし、守ろうとするのはそのためだ。それは、一九九九年のチャット戦争のことを考えてもよくわかる。

ある程度上の世代の読者なら、AOLインスタント・メッセンジャー（AIM）の黄色い、丸い頭のマスコット[13]を覚えているだろう。一九九九年頃には、世界中の約八〇〇〇万台のパソコン画面にこのマスコットがいた。リアルタイム・チャットの機能は、今のソーシャル・メディア・ネットワークには必ずある。誰もがスマートフォン上で、リアルタイムでテキスト・メッセージのやりとりをしているはずだ。しかし、一九九九年当時は、ＡＩＭやＩＣＱ（後にＡＯＬに買収される）によるリアルタイムのインスタント・メッセージングがようやく一般の人々に広がりはじめたばかりだった。

ＡＩＭやＩＣＱでは、複数ユーザーでのチャット、ファイル転送ができ、検索可能なユーザー・ディレクトリも提供された。また、やりとりができる相手のリストであるバディ・リストも提供されていた。これも今のソーシャル・メディアには必ず備わっているものだ。バディがオンラインになった時、オフラインになった時に聞こえるドアの開閉の音を覚えている人もいると思う。今でも使われているオンライン・コミュニケーション独特の略語も、多くはＡＩＭから使われはじめたものである。「すぐに戻ります（be right back）」という意味の〈brb〉、「大笑い（laughing out loud）」という意味の〈lol〉、「何てことだ（oh my God）」という意味の〈omg〉、「抱腹絶倒（rolling on the floor laughing）」という意味の〈rotfl〉などがそうだ。

黄色いマスコットは、ユーザーの目には陽気で愛想が良いように見えていたが、実はＡＩＭは裏ではとても好戦的で、マイクロソフトやヤフーと長きにわたる戦いを繰り広げていた。インスタント・メッセージングの世界の支配権をめぐる戦いだ。その戦いにおいては当然、ネットワーク効果をいかに高めるかが重要になっていた。

ＡＩＭは一九九七年頃にはすでに、インスタント・メッセージングのデファクト・スタンダードになっていた。最大のユーザー数を誇り、ネットワーク効果も最大だった。ヤフー・メッセンジャーは一九九八年、マイクロソフトのＭＳＮメッセンジャーは一九九九年にサービスを開始したが、どちらも先の例でいうβネットワークのような存在であり、後発ゆえの圧倒的に不利な立場にいた。すでに巨大なネットワーク効果を確立していたAIMとの戦いは厳しいものにならざるを得なかった。そこで両者は、AIMネットワークとは直接競争はせず、ネットワークを融合する道を選んだ。

一九九九年、マイクロソフトとヤフーはどちらも、自分たちのインスタント・メッセージング・サービスのユーザーに、AIMユーザーと直に接続できるサービスを提供しはじめた。[14] つまり、マイクロソフトのユーザーも、ヤフーのユーザーも、AIMを使っている友人に直にメッセージを送れるようになったということである。これによって、AIMのネットワーク効果はマイクロソフトとヤフーに吸収された。しかし、AOLは数時間のうちに対策を講じ、この接続を遮断してしまった。そして、両社のソフトウェアがAOLのサーバーに侵入して、バディ・リストや、メッセージング・プラットフォームに互換性を持たせるのに必要なメッセージ転送プロトコルを抜き取ったことは、著作権、商標権の侵害であると主張した。翌日、マイクロソフトはメッセンジャーのコードを修正し、AOL側の築いた防御壁を避けて接続できるようにした。AOLもまた数時間後に再び対抗策を講じて接続を遮断した。この報復合戦はしばらくのあいだ続き、戦いはしだいに激しさを増していった。AOLは、とにかくユーザーを壁のある庭のなかに囲い込もうとする。マイクロソフトとヤフーはどうにか壁の門を開かせ、AIMのネットワーク効果を減じようとする。

やがてマイクロソフトは、AOLがマイクロソフトのネットワークへの侵入を防ぐために、自らのコードのセキュリティ上の脆弱性を利用していることを突き止めた。[15] マイクロソフトは、架空の企業のメッセンジャー・アプリの開発者からのように見せかけて、この情報をマスコミに流した。マスコミがこの脆弱性について報じれば、AOLではコードを修正せざるを得ないだろう、とマイクロソフトは読んでいた。コードが修正されれば、マイクロソフトは再びMSNメッセンジャーとAIMを接続できるようになる。しかし、この策は裏目に出た。情報提供を受けたジャーナリストが、フェイク・メッセージの送信元がワシントン州レッドモンドのマイクロソフト・キャンパスのコンピュータになっていることに気づいたからだ。メール・ヘッダのＩＰアドレスでそれがわかった。マイクロソフトはマスコミから非難され、公式に謝罪することになった。

なぜ、こんなことが起きたのか。マイクロソフトもヤフーも、自力でインスタント・メッセージング・サービスのユーザーを集めればよかったのではないか。そうできなかった理由は、ジミー・ファロンの質問に答えたショーン・パーカーの言葉からわかる。先行していたＡＩＭの力があまりに強大だったためだ。ソーシャル・メディア・ネットワークが大量のユーザーを集め、大きなネットワーク効果を持つと、ユーザーはそのなかに囲い込まれ、後発の競合者がいかに革新的な技術を持っていたとしても、市場参入は非常に難しくなるのだ。

ネットワーク効果の暗黒面

ここまで読んできて、ネットワーク効果は常に「良いもの」だという印象を持った人は多いだろう。しかし、実はそうとばかりも言えない。ネットワーク効果は諸刃《もろは》の剣である。好循環を生むことも多いが、反対に悪循環を生んでしまうこともある。好循環によって、一〇年のあいだにユーザー数二〇億人という巨大なソーシャル・メディア・プラットフォームができることもあるが、いったん悪循環が起きると、同じくらいの速度でプラットフォームが収縮してしまうこともある。ネットワーク効果があると、市場は、経済学者の言葉でいう「ティッピー」なものになる。これは、特定のプラットフォームが市場を独占する状態に陥りやすくなるということだ。しかし、いったん悪循環が始まると、市場を独占したプラットフォームがその地位から簡単に滑り落ちる。

たとえば、フェイスブックを利用するたびに有益な情報が得られ、他のユーザーと良い関わりを持つことができ、ビジネス・チャンスにつながるのだとしたら、このままフェイスブックのユーザーで居続けようと思う人は多いはずだ。しかし、フェイスブックを利用しても、そのたびに大量のフェイク・ニュースやフィッシングのメッセージが送られてくる、選挙の操作活動がさかんに行なわれている、二〇一九年三月にニュージーランドのクライストチャーチで起きた銃乱射事件のような、悲惨な事件のライブストリーミング動画が頻繁に流される、という状態だったらどうか。そうなると、ソーシャル・メディア・ネットワークの持つ価値は急速に低下するだろう。多くの人が、ソーシャル・メディア資源としてのフェイスブックを信用しなくなってしまう。多くの人々を引きつける力の源になった質量が、今度はまったく同じ力で人々を遠ざけるのだ。この理由から、ハイプ・マシンに最近生じている問題は、その存在を脅かすおそれがある。フェイスブックやツイッターなどは、大きなネットワーク効果を持っているだけに、それがこれまでと反対方向の力を生めば、大量のユーザーが一斉に離脱するかもしれない。そんなことはあり得ないと思う人は、マイスペースの創始者、トム・アンダーソンとクリス・デウォルフに尋ねてみればいい。

マイスペースが衰退したのは、フェイスブックとの競争に敗れたせいもあるが、ユーザーに良くないイメージを持たれてしまったせいもある。フェイスブックは、インスタグラムを一〇億ドルで、ワッツアップを一九〇億ドルで買収したが、これはいずれ取って代わられることを恐れたためだ。自らがかつてマイスペースにしたことをされる可能性は大いにあった。このように、競争上の脅威になるおそれのある新興のソーシャル・メディアを買収することで、フェイスブックは自分たちのネットワーク効果と支配的地位を守っているのだ。ファクシミリのことを考えてみればよくわかる。ファクシミリという機械が普及しはじめると、利用者が増えるほどにその価値が急速に高まっていった。しかし、インターネットやデジタル文書が現れると、ファクシミリは普及したのと同じくらいの速度であっという間に消えてしまった。かつては普及に貢献した力が、新たなテクノロジーが現れたことで逆方向にはたらきはじめ、今度はその同じ力によって急速に衰退するのだ。囲い込み、差別化が重要なのはその理由からである。

ソーシャル・メディアがユーザーを囲い込んでいれば、つまり、データの移行や、他ネットワークのユーザーと直接やりとりできないようになっていれば、ユーザーが離れることは防げるだろう。しかし、競合する他ネットワークが差別化により、ユーザーにとって独自の価値を持つようになることもある。その場合、ユーザーは両方のネットワークのサービスを同時に使える「マルチホーム」の状態を強く望むようになるだろう（ソーシャル・メディアの相互接続性、相互接続した場合のネットワーク効果、競争におけるマルチホームの意味、それに関連するイノベーション、反トラスト法などについては、第12章で詳しく触れる）。

ソーシャル・メディアが、革新的なテクノロジーで消費者の心をつかみ、自らの地位を高める戦略を採ったとしてもまったく不思議ではない。消費者は常に前を向いているからだ。時代遅れで、これから衰退していくだろうと感じるプラットフォームに囲い込まれるのを望む消費者はいない。できれば、これから発展していくであろうネットワーク、数年先に最高の人気を得て、最高の価値を持つことになりそうなネットワークに参加したいと思う。これはつまり、消費者（ユーザー）にどういう印象を持たれるかが（ほぼ）すべてであるということだ。フェイスブックは時代、状況に合わせて適切にビジネスモデルを調整できる、プラットフォームのもたらす悪影響を排除できる（少なくとも悪影響を大きく減らすことができる）という印象が広まれば、今後もユーザーは離れずにいるだろう。だが、フェイスブックのやり方は信用できないと思う人が大勢を占めるようになれば、一気にユーザーが離れる可能性がある。特に、代わりになるようなソーシャル・メディア・プラットフォームが台頭してくればなおさら、その可能性は高まるだろう。

フェイスブックの戦略

最近のフェイスブックの行動が多少、支離滅裂に見えるのはそのせいだと考えられる。一方で、どうにか消費者の信頼を勝ち取ろうと必死になっているのは間違いない。二〇一八年と二〇一九年にも、現状の問題の解消を目指していくつかの方針が打ち出されたが、互いに矛盾するような方針が混在しており、姿勢に一貫性がなかった。まず、従来と変わることなく、プラットフォームの改良を続けていく、という方針なのは確かなようだ。ＡＩやコンテンツ・モデレーターなどを駆使して有害なコンテンツを一掃し、データ移植性を高め、ユーザーのプライバシーに留意していくという。ただ、この姿勢に多くの消費者の心が動かされるということはなかった。

そこで、フェイスブックのＣＯＯ（最高執行責任者）シェリル・サンドバーグは、今後、フェイスブックが従来の広告モデルを捨て、ユーザーから毎月料金を取ってサービスを提供するようになる可能性を示唆した。だが、消費者の反応はやはり鈍いものだった。さらに二〇一九年三月、マーク・ザッカーバーグは、メッセンジャー・アプリを統合し、よりプライバシーの保護を強化した、中国のウィーチャットのような暗号化メッセージング・プラットフォームとするという方針を打ち出した。この方針は、二〇一九年四月、フェイスブックのデベロッパ・カンファレンスで再確認された。フェイスブック・アプリ本体の設計変更の一環としてメッセンジャー・アプリが統合されることが明確になったのだ。

だが、フェイスブックが今後のビジネス・モデルをどうしていくかは不明瞭である。たとえば、ウィーチャットのように金融サービスに進出し、そこから利益を得るのか。仮想通貨「リブラ」の開発によって、確かにその戦略は可能になる。それとも、これまでどおり広告から収益を得ていくのか。あるいはその両方なのか。プライバシー保護が強化された暗号化ネットワークでは、やりとりされるメッセージは暗号化されるが、どのユーザーがどのユーザーに話しかけたか、どういう投稿に「いいね！」をしたか、どういうコンテンツを好んで見ているか、といったメタデータは、表示する広告の選択などに利用されつづける可能性がある。複数のビジネス・モデル、収益源を併存させることは、現状のフェイスブックにとっては重要な戦略なのだろう。消費者や政府当局の今後の動きが不透明で、市場の将来を予測することが非常に困難だからだ。

これで、ハイプ・マシンと脳の関係、そして、ハイプ・マシンの持つ経済的価値についてはおおまかに理解できたと思う。次に、ハイプ・マシンの私たちの行動への影響について見ていくことにしよう。まずは、「大衆説得」に関わる話をする。

第6章 大衆説得の個人化

十分に発達した科学技術は魔法と区別がつかない。

——アーサー・C・クラーク

二〇一六年八月、アメリカ、フロリダ州ウェスト・パーム・ビーチに、ヒラリー・クリントンの姿があった。彼女は、フォードF－350というピックアップ・トラックの荷台に載った独房のなかにいた。その時は本人も知らなかったのだが、彼女にそこに入るよう促したのはロシア政府だった。ロシア政府は二〇一四年のクリミア危機の時と同様の情報戦略を駆使していた。標的はアメリカ国民である。ハイプ・マシンを利用し、二〇一六年の大統領選挙を攪乱しようとした。この日もソーシャル・メディアを使って、奇妙な草の根運動を引き起こしていた。猛暑のフロリダで、ピックアップ・トラックの荷台に載せた檻のなかにヒラリー・クリントンを入れてしまおうという運動だ。

もちろん、檻に入っていたのは、本物のヒラリー・クリントンではない。アン・マリー・トーマスというアメリカ人女性だ。ヒラリー・クリントンのマスクをかぶり、駐車場に停めたピックアップ・トラックの荷台の檻に入っていたのだ。彼女にそんなことをさせた張本人たちは、約八〇〇〇キロメートル離れたロシアのサンクトペテルブルクにいた。サヴシュキナ通り五五のこれといった特徴のない普通のビル、そこがインターネット・リサーチ・エージェンシー（ＩＲＡ）の拠点だった。ＩＲＡはツイッターやフェイスブックなどでメッセージを発信し、アンのようなアメリカ人に、偽物の独房を作り、ビル・クリントンやヒラリー・クリントンになりきってそのなかに入るよう促した。また、地元のチーズケーキ・ファクトリー（レストラン）付近に独房に入ったクリントン夫妻を集結させ、そこで「フロリダ州民はトランプを支持せよ」と訴える集会を開くことも促した。

ＩＲＡは、「ビーイング・パトリオティック（Being Patriotic＝愛国者であれ）」というウェブサイトも作った。集会を開くよう、見た人を説得するサイトだ。フラッシュ・モブの動画や画像も作って、ユーチューブやインスタグラムなどのソーシャル・メディアに投稿し、二四時間で五〇万回以上の再生回数を記録した。これは、いわゆるインフルエンサー・マーケティングの実例の一つだと言えるだろう。ＩＲＡはアメリカ人を雇って動画を作らせた。そうして特定の層の国民を狙ったメッセージをソーシャル・メディアを通じて発信したのだ。動画を利用することで、ネット上のより多くの人にメッセージが届くことになった。

ハイプ・マシンを利用したロシアの戦略の犠牲になったのはヒラリー・クリントンだけではない。二〇一六年五月、ロシア政府の運営するフェイスブック・ページ「ハート・オブ・テキサス（Heart of Texas）」には、二五万四〇〇〇人のフォロワーに向け、ヒューストンのダウンタウン、トラヴィス通りとフランクリン通りの交差点にあるダーワ・イスラミック・センターの前で「テキサスのイスラム化」に反対する集会を開くよう促すメッセージが投稿された。ダーワ・イスラミック・センターはその頃、新しいイスラム教図書館を開設したばかりだった。実体のない偽物の団体であるハート・オブ・テキサスは、五月二一日に人々を動員し、図書館開設に抗議させようとしたのだ。

一方、「ユナイテッド・ムスリムズ・オブ・アメリカ（UMA）」というフェイスブック・ページでは、ヒューストンのまったく同じ場所で同じ日に、図書館開設への反対集会に反対する集会を開くようフォロワーに訴えていた。UMA自体は実在の団体だが、そのフェイスブック・ページはロシアの工作員が運営する偽物だった。つまり、同じ日、同じ場所での反対集会とそれに反対する集会はどちらもロシア政府の首謀したもの、ということである。狙いは、国民を分断させ、アメリカの民主主義体制を揺るがすことだった。

これはいわばデジタルのゲリラ・マーケティング戦争だが、ロシア政府はこの戦争に武器として大量のデジタル広告を利用する。たとえば、二〇一六年のアメリカ大統領選挙のさいの広告やメッセージは、一億二六〇〇万人のアメリカ国民に届いた。広告の目的は様々だ。人々を集会に動員するための広告もあれば、嘘の情報を拡散するための広告、投票を抑制するための広告などもある。フェイスブックのアド・ターゲティングAPIを利用することで、IRAはスイング・ステート（激戦州）から有色人種の有権者だけを選び出し、その人たちだけに向け、投票する気持ちを削ぐような広告を流した。たとえば、投票日には、アフリカ系アメリカ人の歴史、公民権運動、マーティン・ルーサー・キング・ジュニア、マルコムXに関心を持つフェイスブック・ユーザーを標的にして、「（この選挙には）黒人を代表する人間は誰も出ていない、投票に行くな」と訴える広告を流している。

ロシアはフェイスブックで広告を流しただけでなく、ツイッターに何百万というメッセージを投稿し、ユーチューブやインスタグラムでも何千もの動画や画像を拡散した。アド・ターゲティングAPIを使うことで、メッセージや動画、画像の内容を、標的となる人に合わせて変えることができた。ソーシャル・メディアの広告の場合、メッセージに「自分のほかに誰がそれを見ているか」を知らせる文言を挿入できるので、それによって説得力が増し、広告効果を高めることもできる。バイラル・マーケティングで重要なのは、影響力の大きい、いわゆる「インフルエンサー」に情報を流し、その情報を拡散するよう促すことだ。ソーシャル・メディアに文章や画像、動画が投稿されると、「荒らし」やボット、ロシア政府傘下のアカウントは、ハッシュタグを使用したり、「これをトレンド入りさせよ」とフォロワーを促したりして、拡散を図る。

ハイプ・マシンは何よりもまず、コミュニケーション・エコシステムであり、世界中の人々をつなぐことが大きな役割である。だが、ハイプ・マシンはそれと同時に、世界規模の「説得マシン」でもある。大勢の人々の行動を一斉に変えさせることも可能だ。しかもコストは安い。ソーシャル・メディア上では同種の人たちが集まりやすい傾向があるため、特定の種類の人たちを見つけることや、人々を分類することは容易である。また、同種の人たちが集まっていると、情報を積極的に共有する。ハイプ・マシンは広告エコシステムでもある。

ＡＰＩや通信プロトコルが企業や政府、個人にまで公開されているため、個々のユーザーを分析したうえで、一人一人に合った効果的な広告を大量に流すこともできる。ソーシャル・メディアは世界中の人々をつなぎ、大勢の人々のあいだでの対話を可能にしたが、それと同時に、流すメッセージの内容を一人一人変えるような小規模できめ細かなコミュニケーションも可能になった。個人間の一対一のコミュニケーションに使われていたのはかつては電話とファクシミリだった。そしてウェブでは、一人一人に合わせたメッセージの発信が可能になった。ハイプ・マシンはその両方に同時に対応できる。そのため、従来では考えられなかったマーケティング戦略が実行可能になっているのだ。

私はもちろん、ＩＲＡ内部にいたことはない。だが、企業のデジタル・マーケティング・チームに、どうすれば最高の結果が得られるか助言をしたことは何度かある。ＩＲＡのしていることは、おそらく私の考えているとおりだと思う。ＩＲＡの目標は、フェイスブックやツイッター、ユーチューブ、インスタグラムなどを駆使し、できるだけ費用をかけずに、できるだけ多くの人を思いどおりに動かすことだ。大統領選挙の選挙戦においてバラク・オバマ、ヒラリー・クリントン、ドナルド・トランプ、ジョー・バイデンなどの候補者がしたことも結局は同じである。ソーシャル・メディアの広告エコシステムは「説得のマーケット」だからだ。企業も政府も、選挙の候補者も皆、資金を投じて人々を説得し、行動を変えさせようとする。選挙で誰に投票するか、どういう商品を購入するかといった意思決定に影響を与えようとするのだ。つまり、ハイプ・マシンを理解するには、デジタル・マーケティングについて理解する必要があるということだ。

ＩＲＡのデジタル・マーケティング

ＩＲＡは民間企業であり、設立されたのは二〇一三年七月だ[1]。アメリカ大統領選挙の二年前の二〇一四年四月、ＩＲＡを率いるミハイル・ビストロフは、「翻訳プロジェクト」と呼ばれるプロジェクトを始動させた。これは、アメリカ大統領選挙に介入するプロジェクトである。二カ月後、ＩＲＡは闇に隠れてしまった。ダミー会社を多数使った複雑なシステムを作り、外からは活動が簡単には見えないようにしたのだ。その時から、ＩＲＡは効率的なデジタル・マーケティングをする秘密機関になったということだ。ロシアの利益になるよう、人々の信条や行動を変えるのが使命だ。

現代のデジタル・マーケティングでまず重要なのは消費者についてのデータを集めること、そして標的を定めて情報を発信し、その結果を分析し、分析結果を踏まえて発信する情報や、発信の仕方を調整する。分析、調整を繰り返すことで様々なチャネルで最大の成果が得られるようにするのだ。優秀なデジタル・マーケティングのプロはほとんどすべて、基本的にはそういう仕事をしている。ハイプ・マシン全体での成果が最大になるよう努力しているのだ。もちろんＩＲＡもそうだ。

ＩＲＡは二〇一四年には、アメリカのソーシャル・メディア上の政治関連のグループについてデータの収集を開始し、その評価、分析も始めている。個々のグループの影響力を知るのが主たる目的だった。グループの規模の変動、投稿の頻度、アクセスする人たちの熱心さなども分析していた。広告は、標的を的確に設定して流した。[2] 流す地域としては、コロラド、ヴァージニア、フロリダなど、スイング・ステートと呼ばれる州ばかりを選んだ。また、標的とした人は、政治姿勢が左右どちらかに偏った人が多かった。[3] その姿勢に合わせてメッセージの内容を変えたのだ。また、投票を抑制するメッセージは、マイノリティに属する人たちを標的として送った。

ＩＲＡはいわゆる「インフルエンサー・マーケティング」を行なったが、そのためにソーシャル・メディアに何千とまではいかないが、少なくとも何百という単位の偽のアカウントを作った。その多数の偽アカウントを、左右どちらかのオピニオン・リーダーに仕立てあげたのだ。偽アカウントは互いに協力し合う。あるアカウントが何か投稿すると、他のアカウントが「いいね！」やシェアをする。時には、同じ趣旨の投稿を自らもする。そのさいには、投稿の内容をまったく同じにするのではなく、独自性を持たせる。その日が祝日に当たっていれば、それにふさわしい文言を入れる。また、その時々のアメリカの経済状況や外交政策も把握して、投稿に反映させる必要がある。常に投稿をアメリカの現状に合ったものにできるよう、アカウントに関わるスタッフの教育、訓練も必要だ。

ＩＲＡはオンライン、オフライン両方のコミュニティも多数運営した。たとえば、フェイスブックやインスタグラムなどのソーシャル・メディアには、特定のテーマに関するグループ・ページを作り、フォロワー数何十万という規模にまで成長させた。作ったコミュニティに関しては、参加者の増減を追跡し、活動の成果を分析した。参加者の取り組みの熱心さ（「いいね！」、コメント、シェア、再投稿の数などで測る）や、グループ内での情報伝達の速さ、マーケティング活動全体への影響の大きさなども調べた。どのソーシャル・メディアを利用している参加者が多いか（フェイスブックとツイッターのどちらが多いかなど）、ほかにどういうコミュニティ（ＢＬＭ＝ブラック・ライヴズ・マターに関連するコミュニティなど）に参加しているか、ほかにどのようなグループ・ページ（ハート・オブ・テキサスなど）をフォローしているか、どういうコンテンツを好んで見るか（文字のメッセージを好むのか、それとも画像や動画を好むのかなど）といったことも調べていた。

私はＩＲＡが行なっているようなデジタル・マーケティングが実際に人々の行動にどう影響しているのか、ソーシャル・メディアによる行動への影響は社会のなかでどのように広がっていくのかを調査している。この一〇年間、私と同僚が特に熱心に調べたのは、偽情報とソーシャル・メディア広告の影響だ。私は研究者であると同時に、起業家であり、投資家であり、企業経営者を指導するコーチでもある。そのため、自らデジタル・マーケティングの仕事をした経験も持っている。実際に、メイシーズ、ディスカヴァー、リーバイス、１－８００－フラワーズなどの企業のデジタル・マーケティングに取り組んだ経験がある。研究者としての私が最もよく尋ねられるのは、「ロシアの介入はアメリカ大統領選挙の結果に本当に影響を与えたのか。なぜそんなことがわかるのか」ということだ。また、起業家、投資家としての私が最もよく尋ねられるのは、「デジタル・マーケティングの効果の大きさを知る方法はあるのか」ということだ。面白いことに、この二つの問いへの答えはどちらも同じになる。

上下両院の情報特別委員会がロシアの介入について調査するにしても、世界的大企業の経営者がマーケティングの費用対効果を上げたいと考えたとしても、また中小企業のワンマン経営者が自社の商品をフェイスブックで宣伝したいと考えたとしても、とにかくまず、ハイプ・マシンについて理解し、デジタル・マーケティングやソーシャル・メディア分析の基礎を学ぶ必要があるのは間違いない。ハイプ・マシンの仕組みを知ろうと思えば、まずそれを分解して（比喩的な意味でだが）、いわゆる「リバース・エンジニアリング〔構造や動作を解析し、それを基に動作原理や設計などを推測すること〕」をする必要がある。自動車の仕組みを調べる場合と同じことだ。ハイプ・マシンについて調べる場合も、車と同様、まず見るべきは「エンジン」である。

リフトとアトリビューション

車のエンジンには「トルク」がある。トルクとは、エンジンが車輪を回転させる力のことだ。トルクは、エンジン・ブロックのなかのピストンによって生じる。運転者がアクセルを踏むと、エンジンにガソリンと空気を混ぜた混合気が送り込まれる。この混合気を爆発燃焼させることでピストンが動き、トルクが生まれるのだ。トルクはピストンからクランクへと伝えられ、さらにトランスミッション、そして最終的に車軸、車輪へと伝えられる。車輪の回転量が増えるのは（つまり、自動車の速度が上がるのは）、運転者がアクセルを踏むことで生じるトルクのおかげということだ。

ここでは、広告主、あるいは、人々の行動を変えようと目論む組織を車の運転者にたとえて考えてみよう。その場合、ガソリンは広告に注ぎ込まれる資金で、エンジンはソーシャル・メディアということになる。車の速度は、人々の行動変化の度合いということになるだろう。行動を大きく変化させることができれば、それだけの力、つまりトルクがあるということになる。広告の世界では、このトルクを「リフト」と呼ぶことがある。

多くの人々がソーシャル・メディアのメッセージに説得され、それによって行動に変化が起きたとしたら、そのメッセージには「リフト」があるということになる。リフトは、ハイプ・マシンの世界への影響度を理解する（あるいは評価する）うえで重要な指標になる。ソーシャル・メディアに投稿された文字、画像、動画などのメッセージによって、どのくらい人々の行動に変化が起きたかによって、そのメディアの力を測るわけだ。第4章で、人間の脳は生まれつきソーシャル・メディアに影響を受けやすい性質を持っているという話をした。そのことはｆＭＲＩの画像などを見ればわかる。だが、現実の人間の社会は非常に複雑である。そのなかでの人間の行動も複雑だ。ソーシャル・メディアの影響で、実際にどの程度行動が変化したかを評価するのは容易なことではない。リフトの大きさを知るのは簡単ではないということである。しかし、ハイプ・マシンの影響を知ろうとすれば、どうしてもリフトを評価する必要がある。ソーシャル・メディアによって実際に人々の行動にどのような変化が起きたのかを知る手段が必要ということだ。

ＭＩＴでリフトについて講義したさい、私はまず簡単な例をあげた。学生にこう話したのだ。

「想像してみてほしい。講義の初日、私が教室のドアの前に立って、この講座について宣伝するチラシを配っていたとしよう。教室に入ってくる学生がいると、必ず一枚、チラシを手渡す。とにかく全員に一枚ずつチラシを渡すのだ」。私は学生に尋ねた。「この場合、チラシの広告のコンバージョン率はどうなる?」。学生たちは全員「一〇〇パーセントです」と正解を答えた。そう、確かに一〇〇パーセントだ。チラシの広告を見た学生は、全員、講義を受けたからだ。さらに私は「では、この広告はどのくらい君たちの行動に影響したと思うか」と尋ねた。学生たちは「まったく影響していません」と答えた。当然だ。教室にいる学生たちは、広告を見る前に全員すでに講義に登録していたからだ。つまり、広告のコンバージョン率は一〇〇パーセントであるにもかかわらず、広告のリフト――つまり、広告が引き起こした行動変化の量――はゼロだったということである。

リフトの本質はこれでわかってもらえると思う。リフトは、メッセージの引き起こした行動変化の量のことであり、メッセージと、それによって変えようとしている行動とのあいだの相関関係などではない。商品を売りたい企業でも、ソーシャル・ディスタンスを奨励したい公衆衛生機関でも、アフリカ系アメリカ人の投票率を下げたいロシア政府でも、それが重要なのは同じだ。

日々発信される数あるメッセージのなかで、どれがどの程度行動変化に貢献しているかを調べることも必要になる。これを「アトリビューション分析」と呼ぶ。オンラインで何か商品を購入した時のことを考えてみてほしい。その時、あなたには次のようなことが起こったのではないだろうか。まず、インスタグラムなどのソーシャル・メディアで靴の広告を目にし、興味を持ってクリックする。クリックすると、その靴の商品ページに移動する。そこはおそらく、靴のメーカーのウェブサイトか、ザッポスなど靴のネット通販企業のウェブサイトだろう。ページを見ると、良い靴のように思う。しかし、購入を決意するほど気に入ったわけではない。しばらくページを見たあと、あなたは結局、何も買わずにサイトを離れる。ただ、その靴はなかなかあなたから離れようとしない。インターネットを利用していると、繰り返しその靴の広告が表示される。訪れたウェブサイトの画面にも、ソーシャル・メディアの画面にも何度も広告が表示される。インターネット広告の世界でいう「リターゲティング」が行なわれているのだ。私の友人で、ブランド・ネットワークスのCEO、ジェイミー・テッドフォードはこの種の広告を「実に不快なもの」と言っている。

商品を販売しているサイトを訪れたとしても、初回で購入にいたる人は全体のわずか二パーセントにすぎない。リターゲティングは、残りの九八パーセントに再訪問を促すために行なわれる。ユーザーのブラウザにクッキーを送付し、アド・エクスチェンジを利用することで、ウェブ上のどこに移動しようとも同じ広告が表示されるようにしている。しかし、あなたはリターゲティングの広告を気味悪く思い、まったくクリックしなかったとしよう。しばらく経った日曜の朝、オンライン版の新聞を読んでいる時に、あなたはふと靴のことを思い出す。その日はリターゲティング広告がまったく出ていないので、あなたは自らグーグルで靴を検索する。すると、メーカーの検索広告が表示される。あなたは広告をクリックしてメーカーのサイトを訪れ、ついに靴を購入する。ここにいたるまでに、様々なマーケティング活動が行なわれたが、はたしてどれがどのくらい購入に貢献したのか、それを探るのがアトリビューション分析である。広告の効果、ハイプ・マシンの力を測るうえでアトリビューション分析がいかに重要かは、リテールミー・ノットという企業のビジネス・モデルを考えるとわかる。

何かを購入する時に、オンラインでクーポンを検索したことがある人もいるだろう。その時、検索結果リストのトップに表示されるのは七割方、リテールミー・ノットだと思う。リテールミー・ノットのリンクをクリックすると、同社のサイトに移動し、画面に割引情報のリストが表示される。割引情報のなかには「クーポン発行」というボタンがついているものも多い。そのボタンをクリックすると、新たなタブが開き、そこにアマゾン、ザッポス、J・クルーなどの、商品を購入できるウェブサイトが表示され、ブラウザにはクッキーが送付される。*このクッキーにより、アマゾン、ザッポス、J・クルーには、「リテールミー・ノット経由で買い物にきたユーザーがいた」ということが伝えられる（リテールミー・ノットを利用する前から買い物の意思はあったはずだが、ともかくリテールミー・ノットを経由したことが伝えられる）。ユーザーが買い物をすると、リテールミー・ノットには、購入された商品の価格の四パーセントが手数料として支払われる。アマゾンで何を買ったとしても、その価格の四パーセントがリテールミー・ノットに入るのだ。リテールミー・ノット経由での小売業の売上は年に四四億ドル近くにもなっている。

二〇一七年、リテールミー・ノットはハーランド・クラーク・ホールディングスに六億三〇〇〇万ドルで買収された。(4) それだけ価値のある企業とみなされたのだが、リテールミー・ノットが関わることで生まれるリフトは、ほぼゼロである。すでに商品を購入する意思のある人に、その商品を宣伝するデジタルのチラシを配っているようなものだからだ。

アトリビューション分析が重要なのはそのためだ。アトリビューション分析は、デジタル・マーケティング（選挙への介入もこれに含まれる）の成功の鍵だと言ってもいいだろう。ソーシャル・メディアのメッセージの影響力の大きさを知るには、そのメッセージを見た場合の行動と、見なかった場合の行動を比較する必要がある。そうしないかぎり、ソーシャル・メディア広告に効果があったのか、見た人の行動を変える力が確かにあったのかはわからない。ハイプ・マシンを正しく理解し、管理するためには、またハイプ・マシンにどのような規制が必要かを知るには、そういう分析が絶対に必要だろう。

デジタル・マーケティングのリターン

デジタル・マーケティングのリターンを評価するのは、実はさほど難しいことではない。ただ、いろいろな意見もあり、それは一種、深遠で哲学的な問題になっている。最も普通なのは、生じた利益の額から投資額を差し引くという方法だ。数値をパーセンテージにする場合には、それをさらに投資額で割る。

ROI = (B − I) / I

ROIとはReturn On Investment（投資利益率）の略だ。BはBenefit（利益）の略だ。ある行動を促したことで得られた利益の額である。IはInvestment（投資）の略だ。デジタル・マーケティングに一万ドルを投資し、五万ドルの利益があったとすると、ROIは四〇〇パーセントということになる。利益が一万五〇〇〇ドルしかなければ、ROIは五〇パーセントだ。当然だが、ROIは、投資（マーケティング活動のコスト）と、投資が生む利益（純利益、売上、生涯価値、認知度、エンゲージメント、得票数など）という二つの指標に依存している。

だが、「投資が生む利益」とは具体的には何なのだろうか。ここでいう利益は、いわゆる「重要業績

＊クッキーの実体は文字情報が収められた小規模のファイルである。特定のウェブサイトにアクセスした時にブラウザに送付される。クッキーを送付すると、どのサイトにアクセスしたかなど、ユーザーのその後のオンラインでの行動を知らせることができる。

評価指標（Key Performance Indicator＝ＫＰＩ）」のことだと考えられる。状況によって、売上、得票数、ＨＩＶ検査を受けた人数、集めた署名の数など様々な意味になり得る。ここでは、わかりやすいよう、ひとまず商品を販売することによって得られる利益のことを指すと仮定して話を進めよう。たとえば、靴を販売するため、フェイスブックでの広告キャンペーンに投資したとしよう。コンバージョン率は一パーセントだ。靴が一足売れるたびに二七ドルの利益があると仮定する。この場合、コストがどのくらいならば、収支が合うだろうか。つまり、クリック単価（Cost Per Click＝ＣＰＣ）がどのくらいならば、「ＲＯＩニュートラル」だと言えるかということだ。計算すれば、すぐにＣＰＣが〇・二七ドルで収支が合うとわかる。しかし、この計算は本当に正しいのだろうか。教室の前で講義を受けることが決まっている学生に講義の宣伝チラシを配るようなことにはなっていないだろうか。

利益にコンバージョン率を掛けても、「投資が生む利益」を正確に割り出せるとはかぎらない。それは、コンバージョン率という言葉の意味を考えてみればわかる。コンバージョン率とは、広告を見てサイトを訪問した人のうち、実際に靴を購入した人の割合を指す。だが、広告を見たことが原因で靴を買った人はそのうちどのくらいなのだろうか。確かに、広告は消費者の心理に一定の影響を与え、消費者と商品を結びつける接点の一つにはなっただろう。しかし、その利益を生むのに貢献したのは広告だけではないはずだ。そのほかにも同時に様々なマーケティング活動が行なわれていただろう。では、広告の貢献率は全体の何パーセントなのか。こう考えると、元来はマーケティングの話のはずなのに、問題はやや哲学的になってくる。

リターンを正確に評価しようとすれば、どうしても「リフト」について考えざるを得ない。そして、リフトについて考えるのであれば、どうしても因果関係について考えなくてはいけない。企業のマーケティング担当者であれ、政治コンサルタントであれ、選挙への介入について調査する連邦議会議員であれ、ソーシャル・ディスタンスを促進する公衆衛生当局者であれ、リフトと因果関係についての考察がなければ、ハイプ・マシンのビジネス、民主主義、公衆衛生への影響についてのその人の見解はおそらく間違っているだろう。

ロシアの選挙介入に関しては、アメリカ連邦議会の議員による調査が行なわれている。二〇一六年の大統領選挙においては、億単位のアメリカ国民を標的とし、投票率や投票先を操作すべく偽情報が拡散された。二〇一九年には、上院情報委員会により、ロシアのこの活動の影響範囲に関する二つの調査の結果が公表された。[5] どちらの調査においても「民主的な選挙は、ソーシャル・メディアによる操作にどの程度影響を受けるものなのか」を知ることが大きな目的となった。これはデジタル時代の民主主義にとっては最も重要な問いだと言えるが、調査では結局、答えは出ていない。

これに関してはジャーナリストや研究者が多数、意見を述べている。それぞれ自らの意見の正しさには自信があるようだが、まったく矛盾する意見が併存していて、結局のところはどれが正しいのかわからない。アメリカの統計学者で、ウェブサイト「ファイブサーティエイト」の設立者、編集長でもあるネイト・シルバーは、「二〇一六年の大統領選挙の結果に影響を与えた大きな要因を順に書き出していったとしても、ロシアのソーシャル・メディアによる介入はトップ一〇〇にも入らないだろう[6]」と言っている。ある研究者は「ロシアの出資で作られたソーシャル・メディア上のコンテンツは、選挙結果を決定するほどの力を持っていなかった[7]」と言う。コンテンツに投じられた資金はさほど大きくはなく、そうしたコンテンツに触れた人の数も多くはない[8]、というのがその理由だ。これに対し、大学教授で、事実確認サイト「ファクトチェック」の創始者でもあるキャスリーン・ホール・ジェイミソンは、「ロシアの偽情報とハッキングは、ドナルド・トランプ当選の大きな後押しになった可能性が高い[9]」と正反対の主張をしている。

このように意見が大きく分かれるのは、他の種類の選挙運動でも同じである。しかし、問題は、ソーシャル・メディア上での活動と、有権者の投票行動のあいだの関係に注目する人が実は多くないということだ。たとえば、上院情報委員会の調査では、ロシアの流した情報に触れた人の数に注目しているが、それだけでは不十分である。大統領選挙へのロシアの介入、操作の影響の大きさを正しく知るためには、ロシアの流した情報に触れたことが投票行動をどれだけ変えたかを正確に推定する必要がある。

二〇二〇年の選挙について調査する場合には、是非、そうすべきだろう。単純な観察的研究では、情報への接触と投票行動の両方に影響する「交絡因子」の存在が無視されがちだ。たとえば、ロシアの情報の標的となる有権者は元々、その情報に共感する可能性の高い人たちである。無作為抽出実験によってフェイスブック広告の効果を推定した場合でも[10]、その結果が一〇〇パーセントを大きく超えることが多い。実際、私たちの調査でも、深く考えずに接触と行動とを結びつけた結果、ソーシャル・メディアの影響が三〇〇パーセントから七〇〇パーセントにまで及ぶ[11]、という結果が出たことがある。

選挙コンサルティング会社ケンブリッジ・アナリティカも、自社の活動に効果があることを示す証拠を公表していたが[12]、標的となった人たちは無作為に選ばれていたわけではなく、標的の人物像にはかなりの偏りがあったと考えるのが妥当だろう[13]。ハイプ・マシンが人々の意見や行動にどの程度影響を与えたかを推測しようとすれば、上院情報委員会やケンブリッジ・アナリティカとは違う方法を採る必要があるだろう。そこで重要になるのが「因果リフト」である。

因果関係に正面から取り組む

私のMITの研究室のドアには、ウェブサイト〈xkcd〉に載った漫画が貼ってある。相関関係と因果関係の違いに触れた漫画だ。友人どうしらしい二人が話をしている。一人が「俺さあ、前は相関関係と因果関係って同じだと思ってたんだ。でもね、統計学の授業を受けたから、今はもうそうじゃないってわかってるよ」と言う。そして、もう一人に「授業が役に立ったってことかな」と問われ、「ああ、たぶんね」と答える。

講義ではおそらく、相関関係と因果関係の違いを教わったのだろう。この人は元々、相関関係や因果関係に関心を持っていたのだということは簡単に推測できる。統計学に引きつけられやすい傾向を元から持っていたということだ。だから、統計学の授業を取ったことは偶然ではなく、必然である。統計学の授業に選抜された人と言ってもいいだろう。統計学の授業を受けたことと、相関関係と因果関係の違いを理解したことのあいだに相関関係があるのも簡単に推測できる。統計学の授業では、両者の違いを教えることが多いからだ。

広告の効果を評価する時に、こういう「選ばれた人」ばかりを対象にすると正確な結果が得られない。このように一部の偏ったデータを分析して、得られる結果を歪めてしまうことを「選抜効果」という。ソーシャル・メディアを使ったデジタル・マーケティングの効果を調べようとすると、この問題が起こりやすい。なぜか。それは、この種のマーケティングではそもそも効果が大きそうな人を選んで標的とするからである。自社の商品を購入する可能性が高い人を選んで広告を出せるからこそ、企業も大金を払うのだ。標的を絞り込んでいれば、コンバージョン率は非常に高くなるが、標的となった人の行動をまったく変えないことも多い。はじめから宣伝されている商品を買いそうな人が選ばれているので、広告を見たことで初めて行動を変えて商品を買うということはまずない。

ソーシャル・メディア企業も広告のリフト（購買を促す力）ではなく、コンバージョン率（広告を見た人のうち商品を購入した人の比率）で広告の効果を表したがる。コンバージョン率のほうが簡単に知ることができるうえ、高めの数字が出やすいのでソーシャル・メディア企業にとって都合がよいからだ（場合によっては、広告を見れば見た人が必ず商品を買うかのような印象を与えることも可能だ。実際にはそうではないのだが）。先に述べたとおり、相関関係に基づいてソーシャル・メディアの広告効果を推定すると、簡単に一〇〇パーセントを超える数値が出てしまう。因果関係を考慮せずに分析しても、効果を正しく推定することなどできないのだ。

では、この選抜効果（また、その他の交絡因子）によって分析結果を歪められないようにするためにはどうすればいいのか。ハイプ・マシンが世界に与える影響を正確に知るにはどうすればいいのだろうか。あるいは、デジタル・マーケティングや、公衆衛生活動などの効果を正確に知るにはどうすればいいか。やはりここで重要なのは「リフト」である。得られた利益のうち、純粋にその活動によって生み出された分がどのくらいかを知らねばならない。活動のＲＯＩを正確に求めるには、次のように利益にリフトを掛け、そこから投資を引き、さらにその答えを投資で割る。

ROI = (L × B − I) / I

Lはリフト、Bは活動によって得られた利益、Ｉは投資を指す。当然、次に気になるのは、「ではリフトを（正確に）知るにはどうすればいいのか」ということだろう。これは哲学的とも言える問いである。

この問いの答えは、社会の仕組みについて書いた本を読むと得られることがある（著者本人も意識せずに、この問いの答えを書いていることがあるのだ）。社会では様々な現象が起こるが、それぞれの根本原因を知るにはどうすればいいのか。社会的要因Aは、結果Bをもたらすのにどの程度影響したのか。それを知る必要がある。ここで鍵になるのは「無作為」ということである。因果関係やリフトについて知ろうとすれば、標本を無作為に選ぶことが必要になる。

たとえば、ある人が軍に入る（これを要因Aとする）と、その人の生涯賃金収入が減る（これを結果Bとする）のか否かを知りたいとしよう。これには、他の様々な要因（これをCとする）が絡んでくる可能性があるので、データを調べるさいには注意しなくてはいけない。単純に、軍に入った人の生涯賃金収入と、軍に入らなかった人の生涯賃金収入を比較すればいいというものではない。軍に入った人と入らない人のあいだには、おそらく様々な違いがあり、それが賃金の違いを生んでいる可能性があるからだ。

また、そうした違いのなかには観察可能なものもあれば、観察不可能なものもあると考えられる。たとえば、そもそも賃金の高い仕事に就きやすい人はあまり軍に入らないと言える（つまり、Bが逆にAに影響しているわけだ）。また、教育程度の高い人、高い技能を持った人は、あまり軍には入らない（CがA、Bに影響している）。つまり、仮にデータを見て、軍に入ることと、生涯賃金収入が平均して低いことのあいだに因果関係があるように思えたとしても、それは、他のいくつもの要因によって生じた相関関係にすぎないかもしれないということだ。ここですべきなのは、そうしたいくつもの要因について調整し、私たちが調べたい関係だけを他から隔離させることだ。

そのために必要なのが無作為抽出である。最も良いのは、無作為に選んだ人に軍に入ってもらうことだ。軍に入った人たちと、入らなかった人たちの教育程度や、持っている技能（そのほか年齢、性別、気質、考え方など）が平均して同じであればいい。標本となる人たちの数が十分に多く、軍に入った人たちの集団でも、入らなかった人たちの集団でも、他の観察可能な属性、観察不可能な属性が平均して同じだったとしたら、両者の賃金の違いは、おそらく軍に入ったか否かによって生じていると考えられる。他の要因がすべて同じならば、軍に入ったこと以外に、賃金の違いを生む要因がないからである。無作為抽出の素晴らしさはここにある。ある介入をする人を無作為に選ぶことができれば、その介入以外の観察可能な要因（年齢や性別など）、観察不可能な要因（技能など）が結果（ここでは生涯賃金収入）の違いに影響していないと確信することができる。

ただし、倫理上の理由などから、このような実験ができない場合もある。実験のために、無作為に選んだ人に軍に入ってもらうというのは現実にはほぼ不可能である。とても正当化できることではないからだ。その場合には、「自然実験」という方法を採ることになる。属性に偏りのないばらつきがある既存の集団を探し、その集団を分析の対象とするのだ。それで無作為に標本を抽出して集団を作ったのとほぼ同じことができる。

軍への入隊と生涯賃金収入の関係を調べるのに、ジョシュ・アングリストが利用したのが、ベトナム戦争の時期にアメリカで実施されていた「徴兵抽選」だった(14)。当時、アメリカ人男性のすべてに番号が割り振られ、その番号を基に誰を召集するかを抽選で決めていたのだ。つまり、この頃に軍に入った人たちを標本とすれば、自然実験ができることになる。様々な属性の人たちが偏りなく軍に入っていたからだ。アングリストは、この人たちを対象に、軍に入ることと、生涯賃金収入のあいだの因果関係を知ろうとした。

ここで無作為実験や自然実験の話をするのは、この先、本書の終わり近くまで何度も繰り返しこうした概念に触れることになるからだ。私の研究は基本的に大規模な実験の繰り返しであり、ハイプ・マシンにおける因果関係を知るために自然実験を利用することも多い。ソーシャル・メディアの広告が消費者の購買パターンをどう変えたか。ソーシャル・メディアのメッセージが人々の意見をどう変えたか。それを知るには実験が必要だ。その実験は、無作為実験でなくてはならない。ただ、無作為に標本を抽出することが難しければ、自然実験に頼ることになる。無作為実験あるいは自然実験なしで、ハイプ・マシンの世界への影響、ハイプ・マシンにおける活動と世界の変化の因果関係を知るのは不可能だろう。

統合デジタル・マーケティング

ハイプ・マシンによって情報を拡散して社会に影響を与え、世界の人々の行動を変えるには、「統合デジタル・マーケティング（Integrated Digital Marketing＝ＩＤＭ）」という手法が用いられることが多い。ロシアのＩＲＡも、一般の企業もその点は同じだ。デジタル・マーケティングは、ソーシャル広告、検索広告、ディスプレイ広告、モバイル広告など、多数のチャネルを使って行なわれるのが普通である。ＩＤＭとは、こうしたチャネルを統合し、マーケティング活動を全体として最適なものにすることだ。

あなたがデジタル・マーケティングの担当者（あるいはロシアの工作員）だとする。限られた予算で多数のチャネルを駆使し、できるだけ多くの人を説得して、売上を増やさなくてはならない。あるいは、選挙で特定の候補者の票を増やさなくてはならない。ＩＤＭではまずコンテンツを作って、各チャネルにそれを流す。そして、そのコンテンツのパフォーマンスを分析する。つまり、リフト、利益、コストを知るということだ。次に、分析結果を基に各チャネルのパフォーマンスの向上を図る（コンテンツに修正を加える、パフォーマンスの高いコンテンツのみに予算を集中させて質を最大限に高めるなど）。また、すべてのチャネルを合わせた全体としてのパフォーマンスの向上も図る（パフォーマンスの高いチャネルのみに予算を集中させ、パフォーマンスの低いチャネルからは撤退するなど）。簡単に言えば、これが統合デジタル・マーケティングである［図6－1］。

もちろん、チャネルにはそれぞれに独自の特徴がある。検索広告は、特定の何かを探している人を標的とする広告だ。ディスプレイ広告は、その広告で伝えられるべき情報になじみがない人にも届くので、その情報に対する人々の認知度を高めるのに役立つ。同時に複数の目的を達成したい場合には、複数のチャネルを組み合わせると有効になることが多い。種類の違うチャネルが互いを補完し合うこともある。たとえば、検索広告とディスプレイ広告は互いに補完し合うことがよく知られている。つまり、検索広告のパフォーマンスは、ディスプレイ広告の存在によって向上し得るということだ。

これまでに行なわれた無作為実験では、あるキャンペーンのディスプレイ広告を見た消費者は、そうでない消費者に比べて、そのキャンペーンに関連する検索をする可能性が五パーセントから二五パーセント上がるという結果が得られている[15]。ディスプレイ広告は、検索クリック率やコンバージョン率も向上させる。検索広告とディスプレイ広告のそれぞれに一ドル投資すると、ディスプレイ広告では一・二四ドル、検索広告では一・七五ドルのリターンがある[16]。

ＩＤＭの目的は、広告の説得力、パフォーマンスを最大限に高めることだ。ハイプ・マシンでのＩＤＭでは、できるだけ多くの人に、一人一人を説得できるメッセージを発することが重要になる。一人一人に合わせたメッセージをできるだけ多く発信しなくてはならないということである。

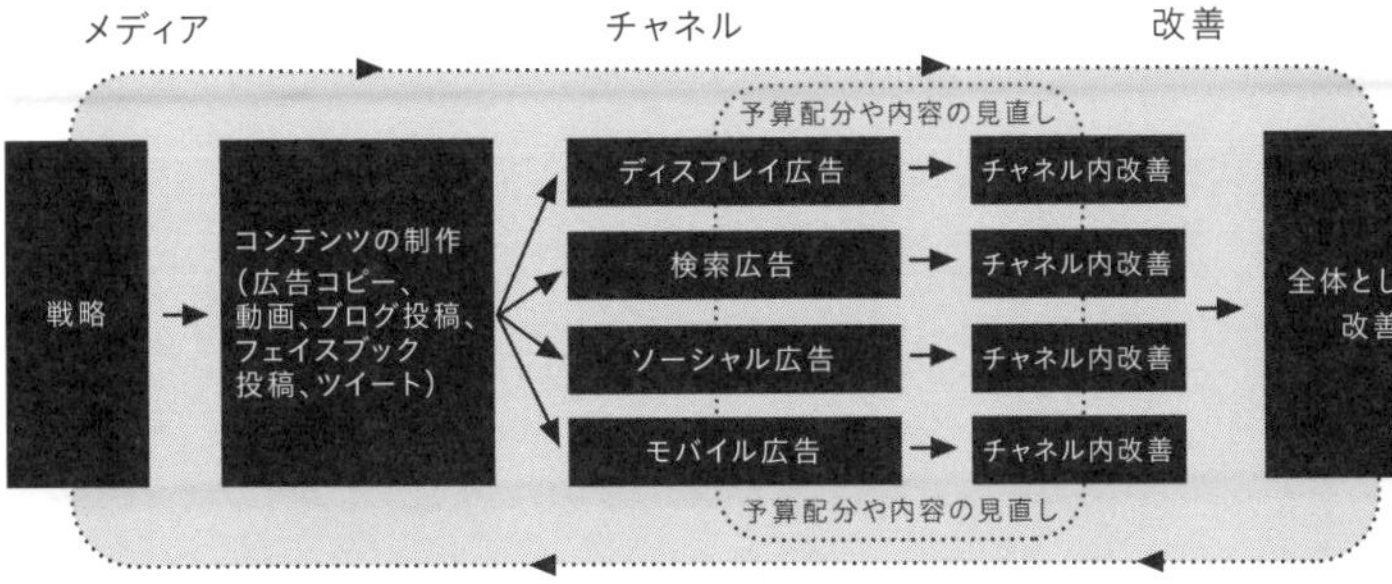

［図6-1］統合デジタル・マーケティング（IDM）。まず戦略を立て、コンテンツを制作し、各チャネル（ディスプレイ広告、検索広告、ソーシャル広告、モバイル広告など）にコンテンツを流す。そして、結果を見たうえでチャネル内、全体で予算配分と内容の見直しをする。

大衆説得の個人化

コカ・コーラ社の元CIO、ロブ・ケインは過去の同社と消費者の関わりについてこんなことを言っている。[17] 四〇年くらいのあいだ、コカ・コーラ社と消費者の関係はほとんど変わらなかったという。たとえば、一九八〇年代頃までは、会社から消費者に向けて発するメッセージは誰に対しても常に一つで、メッセージを流すチャネルも一つだった。スーパーボウルで広告を出すとすれば、数カ月間を費やして三〇秒のスポットCMを制作し、その同じ一つのCMを何千万、何億という人たちに向けて同時に放送する。確かに楽しかったが、あまり洗練されたやり方とは言えない。一九九〇年代にはセグメント化の時代が来た。人々を「一八〜二四歳までのゲーム好きな人」「サッカーママ」〔郊外に住んで子育てをしている白人女性〕といったグループに分け、それぞれのグループに合ったメッセージを発するようになったのだ。一九八〇年代に比べると洗練度は多少上がった。そして、世紀が変わる頃には、インターネットの台頭により、マスのスケールで個々の消費者に相対することが可能になった。

二〇〇〇年代は個人化の時代となった。個人に合わせたメッセージの発信ができるようになったのだ。どういうメッセージを発するべきかは、その人の閲覧、取引の履歴などから知り得た行動、嗜好などによって決める。そして、二〇一〇年以降は、「ネットワーク化された消費者の時代」になっている。誰もがデジタル・ソーシャル・ネットワークにつながり、デジタル・ソーシャル・ネットワークに影響される時代になったのだ。私は日頃からＭＩＴの学生に言っているが、いまだにマーケットをセグメント化して消費者に相対しようとしている人がいるとしたら、その人は三〇年遅れている。

「大衆説得」自体は新しくはない。テレビやラジオができた頃からすでにあった（考え方によっては、グーテンベルクやハムラビ王の時代からあったとも言えるだろう）。しかし、大衆説得の「個人化」は、まだ新しい概念である。テレビの広告も、ある程度見る人の年齢、性別、居住地域などを絞り込んで流されてはいたが、個人に合わせた広告は、インターネットの台頭までは不可能だった。そして、ソーシャル・メディアが現れたことで、個人に合わせられる精度をより高められるようになった。デジタル・ソーシャル・ネットワーク上での活動から個人についての情報が多く得られるようになったからだ。その情報を基に広告を流すことができる。特定の人に向け、その人に合ったメッセージを発するには、個人の行動の予測モデリングが必要になる。では個人に合わせたメッセージの発信が具体的にどのように行なわれるのかを次に見ていこう。

メッセージを適切な人に届けるには、そのメッセージに最も合うのは（そして、究極的には、そのメッセー

ジによって行動を変えそうなのは）誰か、を知る必要がある。予測モデリングはそのために使われる手法だ。＊

予測モデリングとは、個人レベルのデータを利用して、一人一人の消費者のコンバージョン（その人が狙いどおりの行動を取ってくれること）の可能性を予測することである。利用するのは、人口動態データ（年齢、性別、言語、社会・経済的地位など）、行動履歴（購入履歴、利用したコンテンツの履歴など）、嗜好についてのデータ（ソーシャル・メディアで、どのような投稿に「いいね！」やシェアをしているかなど）、人間関係についてのデータ（友達やフォロワーの数、人間関係がどのような人たちで構成されているか、また、それぞれの人とどのような関係にあるかなど）、移動履歴などだ。

予測モデリングの目的は、標的になり得るすべての消費者のなかから、最もコンバージョンの可能性が高い人たちを選び出すことである。それを図にすると、［図6－2］のようになるだろう。図中の黒丸は、実際に狙いどおりの行動を取ってくれる人たちだ。白丸は、狙いどおりの行動を取ってくれない人たちである。予測モデリングとは、たとえば、図中の楕円のなかにいる消費者を標的として選び出すことだ。データ分析の結果、楕円のなかの人たちはコンバージョンの可能性が高いと見るわけだ。ただし、この例のように、実際にコンバージョンの可能性が高い人たちを標的から外してしまうこともある（楕円の外の黒丸がそれにあたる）。反対に、実際にはコンバージョンの可能性が低い人を標的にしてしまうこともある（楕円のなかの白丸がそれにあたる）。

＊もちろん、マーケターのなかには、いまだに思いつきや勘で標的を決めている人や、すでに時代遅れのセグメント化で満足している人もいるだろう。しかし、ハイプ・マシンについて深く理解したうえで、より洗練された手法を駆使する人が増えていることは確かだ。今の時代、予測モデリングの潜在力を知っておくに越したことはないだろう。

予測モデリングによる広告ターゲティングの評価には、「プレシジョン」と「リコール」という二つの指標が使用される。リコールとは、標的として適切な消費者をどれだけ見つけ出せたかを示す指標——予測モデリングで見つけ出せた実際にコンバージョンの可能性が高い消費者の数を、実際にコンバージョンの可能性が高い消費者の総数で割ることで求められる——である。一方のプレシジョンは、予測モデリングで選び出した消費者のなかに、適切な消費者がどのくらいいるかを示す指標——予測モデリングで見つけ出せた実際にコンバージョンの可能性が高い消費者の数を、予測モデリングで選び出した消費者の総数で割ることで求められる——だ。

リコールとプレシジョンは二つを組み合わせて、「ROC（Reporter Operating Characteristic＝受信者動作特性）曲線下の面積」という指標に変換される。ROC曲線下の面積とは、大まかに言えば、モデルの真陽性率と偽陽性率のあいだのトレードオフを表す指標だ。モデルの真陽性率を高めようとすれば（コンバージョンの可能性が高い消費者を少しでも多く見つけ出そうとすれば）、どうしても消費者を選び出す範囲を広げる必要がある。すると、偽陽性率（コンバージョンの可能性が高いとみなした消費者が実際にはそうでない比率）も高くなってしまう。選び出す範囲を広げれば広げるほど、コンバージョンの可能性が高くない消費者を誤って選び出してしまう確率が上がるのだ。真陽性率が上がれば、それとともに偽陽性率も上がるのが普通である。標的を増やすほど、適切でない標的も増えてしまう。問題は、そのエラーをどの程度許容するのかということだ。「ROC曲線下の面積」という指標は、このエラーが許容できる範囲にあるかどうかを判断するのに役立つ。

［図6－3］には、それぞれに真陽性率と偽陽性率が異なる四つのモデルのROC曲線が描かれている。モデル1では、真陽性率を一〇パーセントにするために、一〇パーセントの偽陽性率を許容している。

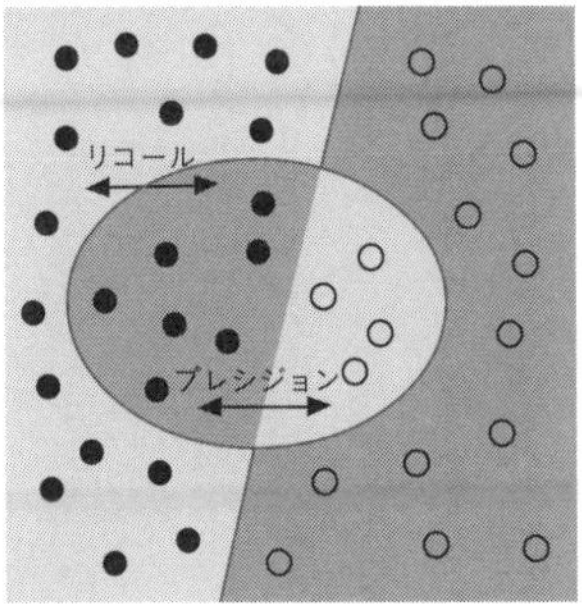

［図6-2］予測モデリングのプレシジョンとリコール。図中の楕円のなかは、予測モデリングにより、コンバージョンの可能性が高いとみなされた消費者。四角形のなかには、存在が把握できているすべての消費者がいるものとする。黒丸は、実際にコンバージョンの可能性が高い消費者。白丸は、実際にはコンバージョンの可能性が低い消費者。「リコール」は、予測モデリングで見つけ出せた実際にコンバージョンの可能性が高い消費者の数を、実際にコンバージョンの可能性が高い消費者の総数で割ることで求められる数値。「プレシジョン」は、予測モデリングで見つけ出せた実際にコンバージョンの可能性が高い消費者の数を、予測モデリングで選び出した消費者の総数で割ることで求められる数値。

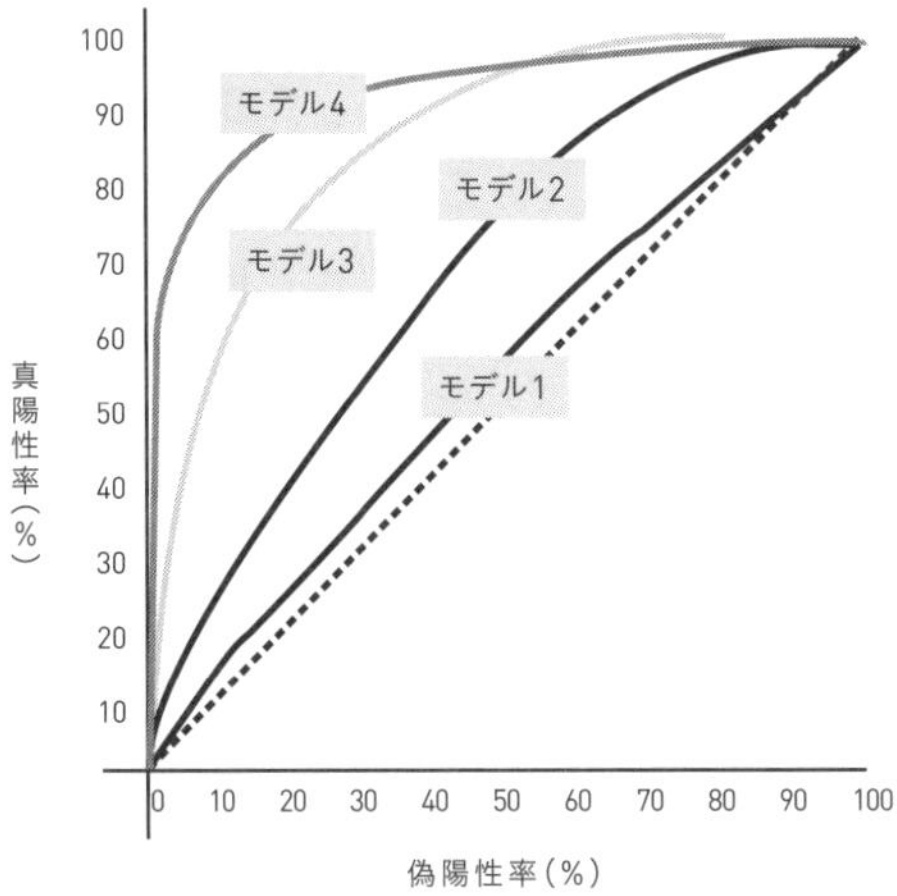

［図6-3］ROC曲線下の面積。四つの予測モデルのパフォーマンスを真陽性率と偽陽性率の比較によって評価できる。ROC曲線下の面積は、モデルのパフォーマンスを表す指標と考えられる。曲線下の面積が大きくなるほど曲線は湾曲し、曲線が45度の点線より上にあるほど、そのモデルはパフォーマンスが良いということになる。

モデル2はモデル1よりもパフォーマンスが良い――一〇パーセントの偽陽性率を許容するだけで、真陽性率を二〇パーセントまで高めることができている。モデル3はさらにパフォーマンスが良く、一〇パーセントの偽陽性率を許容するだけで、真陽性率を五〇パーセントまで高めることができている。モデル4は四つのなかでパフォーマンスが最高で、一〇パーセントの偽陽性率を許容するだけで、八〇パーセント近い真陽性率を達成できている。

――デジタル・マーケティングの暗い秘密

ここまでで、一般の企業やロシアのＩＲＡが、デジタル・マーケティングの効果や、ハイプ・マシン上のメッセージの説得力をどう評価しているかはわかってもらえただろう。ここからは、デジタル・マーケティングの暗い秘密を読者に知ってもらいたいと思う。おそらくそれは、世のマーケターたちが最も隠したがっている秘密だろう。実のところ、デジタル広告は、宣伝されているほどには効果がないのだ。その効果は大幅に誇張されていることが多い。ミーティングでマーケターは、非常に高いコンバージョン率やリターンの数値を報告してくる。今にもジャケットを脱ぎ、頭の上で振りまわしながら、大声でクイーンの「伝説のチャンピオン」でも歌い出しそうな勢いだ。しかし、残念ながら、この金の卵の価値は、いつもだいたい三倍くらいに、場合によっては一〇倍かそれ以上に過大評価されているのだ。つまり、一般の企業にしろ、ロシアのＩＲＡにしろ、ＲＯＩが四一〇〇パーセントだと思っていたら、実際には六三パーセントの損失になっていた、ということもあり得るわけだ。企業のＣＭＯ（Chief Marketing Officer）が突然、「すみません。計算のミスでした。五一〇〇万ドルの投資で、ＲＯＩは四一〇〇パーセントになっていると考えていたのですが、実際には六三パーセントもの損失が出ていました」などと言い出す可能性があるということだ。

これは決して架空の数字ではない。私が適当にでっちあげた数字ではないのだ。イーベイで行なわれた大規模調査では、実際にこれだけの広告効果の過大評価が明らかになった[18]。イーベイは決して特例ではない。むしろ典型例と言っていいだろう。たとえば、二一億ドルの利益が出ていると思っていたら、実際には一九〇〇万ドルの損失が出ていた、と言われるようなものだ。そんなことを言われれば間違いなくショックを受ける。

トーマス・ブレイク、クリス・ノスコ、スティーブン・タデリスの三人は、イーベイ自身による元々のROI評価の結果と、相関関係と因果関係を区別して行なった新たな評価の結果を比較した。それによって、最大で四一〇〇パーセントとされていた検索広告の効果は過大評価だとわかったのだ[19]。ランドール・ルイス、デヴィッド・レイリーの二人は、ヤフーのウェブ・ディスプレイ広告のリターンを評価する大規模な実験を行ない、それまでの評価は実際の三〇〇パーセントの過大評価[20]だったことを突き止めた。ギャレット・ジョンソン、ランドール・ルイス、エルマー・ヌベメイヤーの三人は、リターゲット広告の効果を調べる大規模な実験を行ない、過去の広告業界での調査結果と比較した。すると、やはり最大で一六〇〇パーセントの過大評価[21]がなされていることがわかった。ブレット・ゴードン、フロリアン・ツェッテルマイヤー、ネハ・バーガーヴァ、ダン・チャプスキーの四人は、アメリカの広告に関する一五の大規模な実験を行なった。その実験では、五億ものユーザー実験の結果と、一六億の広告インプレッションが調査対象となった。この実験では、フェイスブック広告のリフトが、従来の手法では最大で四〇〇〇パーセントも過大評価[22]されていたことがわかった。また一五の実験の約半分で、三倍以上のリフトの過大評価が明らかになった。

　今のビジネスの世界では、これだけのひどい嘘がまかり通っているということだ。嘘が露呈しないのは、秘密を隠す動機がそれだけ強いからだろう。マーケティング代理店の主な収入は、企業が広告に費やした資金から支払われる手数料である。企業が目標を達成し、大きな利益を得れば、それ以外に特別な報酬が支払われることもある。予算が多ければ多いほど、広告に割ける資金は増えるので、当然、マーケティング代理店にも多くの報酬が払えるだろう。また、余裕があれば、割引などによって、顧客に利益を還元することもできる。

　もちろん、嘘をつかれている広告主は結局、損をしているのだが、メディアやマーケティング代理店の側には、広告のパフォーマンスを実際よりはるかに良く見せたい強い動機がある。パフォーマンスが良くなるほど、広告主の企業の予算は増える。予算が増えれば、マーケティング代理店が受け取る報酬も増える。手数料は、企業が広告に費やした金額のなかから常に一定のパーセンテージで支払われるからだ。

　ここに、四〇〇〇億ドル（二〇二〇年の全世界のデジタル・マーケティング業界の規模はだいたいこのくらいだ）の価値を持つ問いが一つある。「デジタル・マーケティング業界のプレーヤーたち――CMO、マーケティング代理店、サードパーティー・プロバイダ（いずれも広告に費やされた資金の額に比例して増減する手数料が主な収入）――のなかに、広告の効果を疑って得をする者はいるか」という問いだ。この問いの答えはもちろん、「いない」だ。

　二〇世紀のはじめ、百貨店経営者のジョン・ワナメーカーは「広告に費やした金の半分は無駄になっている。問題はどっちの半分が無駄なのかだ」と言って嘆いた。それから一世紀以上が経ち、オンライン広告の時代になり、個人レベルのきめ細かいデータを利用できるようになったことで、ワナメーカーの直面した問題を解決できる可能性が生まれた。今なら広告の効果を正確に測ることができ、どの広告に効果があり、どの広告に効果がないかも判定することができる。だが、それには注意深い因果推論が必要になる。それなしでは、ターゲティングがかえって悪い結果につながるおそれもある。何もしなくてもある行動を取る可能性が高い人に向けて、わざわざその行動を取るよう促すメッセージを発してしまうおそれがあるのだ。標的の選抜が不適切ということである。元々ある商品を愛好している熱心なファンに向けて、その商品を買うよう勧めるメッセージを発しても、効果はほとんどないだろう。メッセージが売上を増やすことはなく、意味もなく大金が費やされるだけになる。

また困るのは、オンライン・メディアの広告効果を正確に評価するのは容易ではなく、コストもかかるということだ。そもそも人の行動（購買行動、投票行動、あるいはＨＩＶ検査を受けるか受けないかなど）は気まぐれで一定せず、一人一人への広告の効果もごくわずかであることが多い。つまり、相当大規模な実験をしないかぎりは統計的に意味がなく、効果の有無を判定することは不可能だということだ。ランドール・ルイス、ジャスティン・ラオの二人が行なった広告についての二五の実験によれば、変動性が比較的低い小売の売上であっても、標準偏差の比率は一〇対一ほどであるという[23]——これは、相当な量のデータを集めないかぎり正確な判断はできないということだ。自動車のように価格の高い耐久消費財の場合、この比率は二〇対一にもなる。変動性がここまで高いと、広告の効果を正確に知ることはかなり困難になる。

ランドール・ルイスとデヴィッド・レイリーの論文には「購買行動は（人それぞれに違う無数の要因によって）あまりにも人による変動が大きく、そこに広告の効果を見出すのは、干し草のなかから針を見つけ出すのにも似ている」[24]と書かれている。投票、サブスクリプション・サービスへの登録、年一回の長期旅行など、より頻度の低い行動では、変動性はさらに高くなり、広告効果の有無の判定は極めて困難になる。たとえば、大統領選挙の結果や、ある病気の蔓延にハイプ・マシンの影響がどの程度あったかを知るのは簡単なことではない。もちろん、目に見えない影響が非常に大きい可能性もあるが、たとえそうだとしても、正確に突き止めるのは難しいのだ。

広告の効果を測るのに大量のデータが必要ということは、フェイスブックやグーグル、アマゾンといった大企業、大規模プラットフォームが有利ということだ。効果を測れるほど大量のメッセージを絶えず発している企業はごくわずかしか存在しない。裏を返せば、大多数の企業は自分たちの出す広告の効果を知り得ないということである。多数の企業が様々な広告に資金を投じているのに、その正確な効果はわからない。デジタル広告、ソーシャル・メディアのメッセージングは極めて非効率なものになってしまっている。

また重要なのは、ソーシャル・メディア、ハイプ・マシンのはたらき、影響を研究するうえで、グーグルやフェイスブックなど大量のデータを保有する企業の存在は欠かせないということだ。その大量のデータがなければ精確な実験ができないからだ。大量のデータがあるからこそ、企業は強大な力を持ち得ているのだが、力を持っているからこそ同時に社会に対する責任もあるはずだ。その影響を皆に知らせ、ハイプ・マシンを適切に管理する責任だ。企業が扉を閉ざし、研究者にデータを提供しなくなれば、社会全体が困ることになる。このデータの透明性の問題についてはまたあとで詳しく述べることにする。

朗報

デジタル・マーケティングに関わる人たちに朗報がある。デジタル・ソーシャル・メディアでのメッセージの発信は非常に効果的だということだ。リフトは実際に存在するし、測定も可能だ——単にこれまでは正しく測定、管理されることが少なかっただけだ。すでに述べたとおり、イーベイの検索広告についての調査では、最大で四一〇〇パーセントとされていた効果は過大評価で、実際には六三パーセントの損失が出ているとわかった。ただし、これは有名企業の広告の場合で、無名企業の特定商品、サービスなどについての検索広告の場合は、新規の顧客、あるいは訪問頻度の低い顧客がサイトを訪問し、商品を購入する、というプラスの効果が確かにあった。広告には情報提供の機能があるという意見が正しいことがこれで裏付けられた。商品やサービスにどのような特徴があるか、どこで買えるのか、価格はいくらか、といった情報を、その広告がなければ間違いなく何も知らなかったであろう人たちに提供できた時、広告の効果は最も高くなるということだ——つまり、商品、サービスについて知識を与え、教育するツールとして機能した時に効果が高くなるわけだ。

ブレイク、ノスコ、タデリスはイーベイに関して次のように書いている。

「私たちの実験の前年に何度かイーベイで取引をしたことのあるユーザーは、すでにイーベイについてよく知っている可能性が高く、おそらく検索エンジン・マーケティング（Search Engine Marketing＝ＳＥＭ）には影響されない。それに対し、利用を始めてすぐにＳＥＭ広告に触れた新しいユーザーや、前年に一度か二度、商品を購入しただけのユーザーの場合は、ＳＥＭの影響によって商品の購入頻度が高くなることがあり得る」[25]

では、消費者は、またマーケターはどうすればいいのだろうか。すでに述べたとおり検索広告は、新規の、あるいは利用頻度の高くない顧客が見た場合に効果が高い。このように、なじみの薄い消費者に手を伸ばすことを、マーケティングの用語では「プロスペクティング」という。その商品をよく知らない人たちの認知度を高めるのだ。

商品の広告だけでなく、ＩＲＡによる選挙の介入でも同様のことができる。ある政治課題を、それになじみの薄い人たちに知らせることはプロスペクティングにあたるだろう。ＩＲＡの場合は、元々あまり投票をしない人たちや、態度が曖昧な人たちに向けてメッセージを発するのが最も効果的で、ＲＯＩが最も大きくなる戦略だと言える。では、ロシアの介入やフェイク・ニュースに影響されたくないアメリカ国民はどうすればいいか。まず、最も影響を受けやすい人たちがそのことを自覚する必要がある。知識がなく、政治的態度が曖昧な人たちは、自分たちが介入やフェイク・ニュースに影響されやすいと自覚し、注意する。そうすれば、介入の効果は下がるだろう。

皮肉なのは、企業は通常、新しい見込み客を「最悪の顧客」とみなしがちだということである。いわゆる「リピーター」を価値の高い顧客とみなして、その人たちに向けた広告を多く出し、新しい見込み客の存在を無視することが多い。リピーターは、広告を見る見ないにかかわらず、常にコンバージョンの可能性が高いからだ。これは、相関関係に基づいた顧客の評価である。だが、すでに述べてきたとおり、リピーターに向けて広告を出すのは、聖歌隊をキリスト教に勧誘するようなものである。実のところ、広告は、その人たちの行動に何の影響も与えていないのだ。二〇一六年の大統領選挙へのロシアの介入の影響に懐疑的な人たちは、そこでもやはり、「リピーターに向けて広告を出す」ようなことが行なわれていたと考えている。トランプに有利なメッセージを、元からトランプを支持する人たち向けて発していたということだ。ハイプ・マシンの世界への影響を正しく評価するには、そういう視点を持つ必要がある。

ルイスとレイリーのヤフーでの実験では、オンライン・ディスプレイ広告には、商品購入を五パーセント増やす効果があるという結果が得られた。この実験ではまた、デジタル広告に関する二つの誤解が明らかになった。まず、売上増の七八パーセントは、広告を一度もクリックしたことのない顧客によってもたらされたものだった。マーケティング業界が隠したがる秘密の一つがこれで暴かれた。クリックとコンバージョンは同一視されがちだが、実はまったく違うものだということだ。広告をクリックした人が購入にまでいたる（つまりコンバージョンにいたる）ことは少ない。また、商品を購入するにいたる人（つまりコンバージョンにいたる人）のほとんどは広告をクリックしていない。クリックとコンバージョンの相関関係はないに等しいのだ。

さらに、売上増の九三パーセントは、オンラインではなく、実店舗からもたらされたものだった。オンライン広告への直接の反応――広告をクリックしてそのままオンラインで商品を購入した人がどのくらいいるか――を調べるのは、広告の効果を評価する方法としては確かに簡単だろう。しかし、それだと、オフラインでの購入が計算に入らないので不完全な評価方法である。投票のように、もっぱらオフラインの行動もある。マーケティング業界からは、オンライン広告のリターンが極めて大きいかのような報告がなされているが、ジョンソン、ルイス、ヌベメイヤーの実験結果によって、その多くが過大評価であることが明らかになった。たとえば、リターゲティングのリフトは、正確には（現実には）、ウェブサイトへの訪問を一七・二パーセント増やし、商品購入を一〇・五パーセント増やす程度のものにすぎなかった。

ただ、この数字も決して小さくはないし、同種の実験ではだいたい同様の結果が得られるので、ソーシャル・メディアによる選挙への介入にもおそらく同程度の効果があると考えられる。介入の規模を大きくするほど、その効果を測るのも容易になるし、改善も図りやすくなる。したがって、介入する人間には、規模を大きくする動機があるし、規模が小さければすぐにやめたほうがましだということだ。これは、介入の動きを探知し、阻止したいと思えば、規模の大きな動きに注目していればいいということでもある。

知識のない有権者を標的にするのは良い戦略だろう。政治への関心が高い人、いつも必ず投票する人、デジタル・ネイティブなどは、介入への耐性が高いだろう。反対に、政治に疎《うと》い人たちや、高齢者たちは介入に動かされやすいと言える。フェイク・ニュースへのリンクをクリックしたか否かだけを見ても正確なことはわからない。

第12章で詳しく述べるが、ソーシャル・メディアの操作に強い民主主義体制を作るには、ハイプ・マシンと投票ブースの両方を同時に守る必要がある。介入の脅威を正しく知るには、ソーシャル・メディアのデータと実際の投票行動に関するデータを組み合わせ、両者を同時に分析しなくてはならない。

ゴードン、ツェッテルマイヤー、バーガーヴァ、チャプスキーの実験では、一五のキャンペーンのうちの八つ——つまり約半数——で、フェイスブックの広告のリフトは商品購入を一・二パーセントから四五〇パーセント程度増やすものになっていたことがわかった。フェイスブックの広告は、ウェブサイトへの登録者やページ・ビューを増やすのにはさらに効果的だった。広告によって、登録者は六三パーセントから八九三パーセントも増え、ページ・ビューは一四パーセントから一五〇〇パーセント増えた。

ただし、同時にオンライン・マーケティングの予算を二億ドル削減したP&Gが、売上を八パーセント伸ばしたのも事実である。いったいなぜだろうか。

デジタル・マーケティングの予算を削減したP&Gが売上を伸ばした理由

インタラクティブ・アドバタイジング・ビューロー（Interactive Advertising Bureau＝IAB）の二〇一七年の定例（年一回）幹部会議で、P&GのCBO（Chief Brand Officer＝ブランド責任者）、マーク・プリチャードが壇上に現れた時、そこにいた誰もが、P&Gの最新のデジタル・マーケティング手法がいかに素晴らしいか、というお決まりの話がまた始まるものだと思っていた。しかし、プリチャードがした話はまったく予想とは違っていたので、IABのCEO、ランドール・ローゼンバーグをはじめ聴衆全員が驚いた。プリチャードがこの時に話したことは、今もデジタル・マーケティング業界で議論になっている[26]。おそらく数年後もそれは変わらないだろう。

プリチャードは穏やかな声で、淡々と、しかし厳しくデジタル・マーケティングを批判した。デジタル・マーケティングは、不透明な部分や欺瞞《ぎまん》があまりに多く、非効率であり、客観的で明確な評価基準もない。また、クリック詐欺も横行していて、代理店との契約で設定されるインセンティブには不適切なものが多いし、マーケティングに関わるサードパーティーの成果を評価する基準も曖昧だ、とプリチャードは言った。

マーケティングに関するスピーチに、これ以上の傑作はなかなかないだろう。P&Gに三七年勤務したベテラン、プリチャードは怒っていたのだ。彼の声からは怒りとともに落胆が感じられた。彼が全人生を捧げたとも言える会社は、デジタル・マーケティングにひどい仕打ちを受けていたのだ。その会場にいた人たちの多くが勤務する会社も同じだった。プリチャードはもう、うんざりという心境になっていた。

その日、プリチャードは、メディアの透明性を高めるためのアクション・プランを発表した。P&Gはその年度のうちに姿勢を一新し、同社と共通の客観的で明確な評価基準を採用するパートナー以外とは取引をやめる、というのだ。また、代理店との契約も透明性の高いものにし、サードパーティーの成果の評価基準も明確にし、絶対にクリック詐欺をしないと認定されたサードパーティーのみと取引をするとした。聴衆からは拍手喝采が起こった。プリチャードは「時代は変わりました」と言った。そして、P&Gは今後、非効率で不透明で詐欺的なデジタル・マーケティングには資金を投じないと明言した。その言葉どおり、P&Gはデジタル・マーケティングの予算を二億ドル削減した[27]。

代理店からは不満の声が出た。ソーシャル・メディア・アナリストは大騒ぎだった。P&Gの決断は大きな間違いだと言う人が多かった。専門知識を持った代理店の力を借りなければ、デジタル・マーケティングに投じる資金を有効に活かすことはできないだろうし、オンライン広告がなければ、売上の伸びはきっと鈍化するだろうとも言われた。しかし、二年後、デジタル広告の予算を大幅に削減したにもかかわらず、P&Gの本業の売上の伸び率は七・五パーセントにも達していた[28]。これは競合企業の二倍近い伸びである。なぜそんなことができたのか。P&Gは、まさに私がここに書いてきたような、実際の正確なパフォーマンスを踏まえたデジタル・マーケティングをしたのである。

まず、P&Gは、頻度――クリック数やビュー数――に重きを置く広告から、リーチ、つまり触れる消費者の数に重きを置く広告へと資金の投入先を変えた。[29] 以前は、特定の顧客に月に一〇回も二〇回もソーシャル・メディア広告を見せることもあった。データの分析によってそれがわかった。同じ顧客にそのくらい頻繁に広告を見せるとリターンは減ることになるし、せっかくの上客をいらだたせることにもなる。そこで、広告の表示回数は一〇パーセント減らし、それで浮いた資金を広告のリーチを伸ばすことに費やした。これまで広告を見たことがない新規の顧客、あるいはまだ購入回数がごく少ない顧客に広告を見せることに力を入れたのだ。

二〇一九年、P&Gは、広告配信の効率化によって、中国で新規顧客への広告配信を六〇パーセント増やすことができた。この頻度からリーチへという転換の成果は、イーベイの調査結果とも呼応している——新規の、あるいは購入回数の少ない顧客が最も広告によって動く可能性が高いということだ。

P&Gが次にしたのは、より適切な人を標的にするということだ。同社は、消費者についてのファースト・パーティー・データ（消費者との直接の関係を通じて得たデータのこと）を大量に集めた。[30] そのなかには、約一〇億人の消費者の個人情報も含まれていた。そのおかげで、より個々の消費者に合った広告を出すことができるようになった。たとえば、二〇一九年第四四半期の実績を見ると、標的の設定が、従来の「一八歳から四九歳までの女性」というような人口動態に基づく大まかなものから、「第一子が生まれたばかりの母親」「初めて洗濯機を買った人たち」といった、よりきめ細かなものに変わったことがわかる。

二〇一五年から二〇一九年までのあいだにP&Gは、取引する代理店の数を六〇パーセント減らし、代理店との契約を合理化した。これによって、代理店や広告の制作にかかるコストを七億五〇〇〇万ドル下げ、キャッシュフローを四億ドル改善した。二〇一九年には、コストをさらに四億ドル下げるべく、代理店の数をさらに五〇パーセント減らした[31]。

二〇二〇年に新型コロナウイルス感染症の流行があったことも大きい。多くの消費者が家にこもり、オンラインでの消費が増えたからだ[32]。P&Gはその状況でも引き続き、認知度の向上とリーチに重きを置いた効率的なマーケティングを続行することで業績を伸ばすことができた。消費者の注意がデジタルのチャネルに集中した時に、デジタル・マーケティングの予算を減らしていたにもかかわらず、業績は向上したのだ。

ハイプ・マシンはデジタル・マーケティングの装置である。他国からの選挙への介入を防ぐためにも、フェイスブックの広告の効果を高めるためにも、私たちはマーケティングの手法について学ばなくてはならない。たとえば、古くからある「ターゲティング」などはそうした手法の一つだ。大衆説得の個人化を実現するには、ターゲティングが必須になる。しかし、ハイプ・マシンには、他のマーケティング・チャネル、コミュニケーション・チャネルとは一つ根本的に違っているところがある。それは、私たち人間の社会性を容赦なく過度に高めてしまうところだ。次の章ではそれについて述べることにしよう。

第7章

過剰な社交（ハイパーソーシャライゼーション）

人間どうしの関係の基礎には、イメージ形成という防衛機構がある。私たちは誰との関係においても、必ず他人についてのイメージを作りあげる。このようにお互いに作りあげた二つのイメージが関係し合うのであって、人間そのものが関係し合うわけではない。

――ジッドゥ・クリシュナムルティ

ソーシャル・メディアとその他のメディアの違いは、ソーシャル・メディアの場合、私たちは広告による直接の説得にのみ影響を受けるわけではないということだ。それだけではなく、自分の友人、知人、群衆からの社会的信号、そしてその幾分耳障りな残響によっても揺れ動くことになる。それは、ハイプ・マシンの影響を増幅、強化し、拡散させる。たとえば、二〇一〇年のアメリカの中間選挙では、そうしたソーシャル・メディアの直接、間接の影響が顕著に表れた。

フェイスブックは二〇二〇年六月、同社の歴史でも最大規模の投票者動員活動を実施すると発表した。[1]なかでも重要だったのは、フェイスブックとインスタグラムのトップ画面に、不在者投票、郵便投票の方法を説明する動画を掲載したことだろう。フェイスブックは二〇一〇年にも同様の活動を実施したが、その細かい内容は二〇二〇年とは異なっていた。二〇一〇年一一月二日、アメリカ中間選挙の投票日に、フェイスブックは、ニュースフィードにどの程度、選挙を動かす力があるかを見るための実験を行なった。その日、一八歳以上のユーザー六一〇〇万人が、ニュースフィードで投票を呼びかけるメッセージを見ることになった。メッセージには「今日は投票日です（Today is Election Day）」と書かれ、「あなたの投票所はここです（Find your polling place）」というリンクも設けられていた。さらに、友達に自分が投票したことを知らせるための「投票済み（I Voted）」ボタンもあった。画面の上のほうには、何人のフェイスブック・ユーザーがすでに「投票済み」ボタンをクリックしたかを知らせるカウンターも作られていた。

ただし、全員がまったく同じメッセージを見たわけではない。メッセージにはいくつか種類があったが、誰にどれが表示されるかはランダムに決定された。なかには、単に今日が投票日であることを知らせるだけのあっさりしたメッセージを見た人もいた。かと思えば、今日が投票日だと知らせるだけでなく、それに加えて友達のなかですでに「投票済み」ボタンを押した人がランダムに六人選ばれ、個々のプロフィール写真が表示される、という一種「社会的」なメッセージを見た人もいた。なかには選挙に関するメッセージが一切、表示されない人もいた。

今日が投票日であることを知らせるメッセージを見た人と、そうでない人の行動を比べれば、フェイスブックは、自分たちの直接的なメッセージにどのくらい有権者を動員する力があるかを推定することができる。また、社会的なメッセージを見た人とそうでない人の行動を比べれば、友達の行動にどの程度、有権者を動員する力があるかを推定できる。フェイスブックでは実際に、対象となるユーザーの行動からメッセージの影響力を分析したのだが(2)、その結果は驚くべきものだった。

フェイスブックのニュースフィードの一つのメッセージには、なんと、選挙への投票者を三四万人も増やす力があったとわかった。メッセージは投票率を〇・六パーセント押し上げたのだ。よく考えてみてほしい。ソーシャル・メディアのたった一つのメッセージである。それを表示するコストは限りなくゼロに近い。にもかかわらず、中間選挙への投票者を三四万人も増やしたのだ。

フェイスブックは、二〇一二年の大統領選挙でも同様の実験をした。(3)この時は一五〇〇万人の有権者にメッセージを見せた。中間選挙とは違い、大統領選挙のような「一発勝負」の選挙では、投票を呼びかける運動がほかにも多く行なわれるため、フェイスブックのメッセージの影響力はどうしても低下する。それでも、メッセージには、投票者を二七万人も増やす力があった。投票率を〇・二四パーセントも押し上げたことになる。

〇・六パーセント、〇・二四パーセントという数字は小さく見えるかもしれないが、よく考えてみてほしい。二〇〇〇年の大統領選挙で、ジョージ・W・ブッシュは、わずか五三七票差でアル・ゴアに勝ったのだ――これはフロリダ州の有権者の〇・〇一パーセント、全米の有権者の〇・〇〇〇〇一パーセントにすぎない。フェイスブックが、「投票済み」ボタンを含むメッセージを表示する実験を、二〇一二年のアメリカ大統領選挙のあとも、二〇一四年のスコットランド独立住民投票、二〇一五年のアイルランド憲法国民投票、二〇一五年のイギリス総選挙、二〇一六年のイギリスの欧州連合離脱是非を問う国民投票、二〇一六年のアメリカ大統領選挙、二〇一七年のドイツ連邦議会選挙などで繰り返し行なっている点にも注目すべきだろう。フェイスブックの二〇一〇年、二〇一二年の実験によって、ハイプ・マシンには、全国規模の選挙の結果を変えるだけの力があると証明された。これはつまり、世界の重要な地政学的イベントの行方を左右する力を持っているということだ。

フェイスブックの一つのメッセージには、投票者の数を無視できないほど増やす力があった、というだけでもすごいことだが、実験結果をより詳しく見ると、ハイプ・マシンの力の本質がよくわかる。すでに述べたとおり、フェイスブックでは、単純に今日が投票日であることを知らせるだけのメッセージを見た人と、それに加えて社会的なメッセージ（すでに投票を済ませた友達のプロフィール画像）を見た人の行動も比較している。すると、後者は前者に比べて投票率が〇・三九パーセント高かったことがわかった。これは、友達の顔には人の投票行動を変えさせる力があることを示唆する――デジタルの社会的信号に人を説得する力があることの確かな証拠だと言えるだろう。

フェイスブックは、社会的メッセージには、受け取った本人以外への波及効果もあると見ている。社会的メッセージを受け取った人たちは、その友達の行動に影響を与えるということだ。友達本人は何のメッセージも受け取っていなくても、メッセージを受け取った人から影響を受けて投票行動を変える。しかも、そういう人は多数いる。近しい友達のなかに社会的メッセージを受け取った人がいるフェイスブック・ユーザーは、そうでないユーザーに比べ、投票率が〇・二二四パーセント高くなるという。本人はメッセージを受け取っていなくても、友達が受け取っただけで投票する可能性が高まるのである。

ソーシャル・メディア上での友達からのこうした波及効果は、現実には、フェイスブックによる実験よりもさらに大きくなることが多い。すでに述べたとおり、フェイスブックの二〇一〇年の実験では、社会的メッセージが付随したものを含め、投票を促すメッセージにより、選挙への投票者が三四万人増えた。また、メッセージを見た人から友達への波及効果によって、投票者は八八万六〇〇〇人増えた。ソーシャル・メディアの影響力が、友達から友達へと波及することで増幅しているようである。私たちがハイプ・マシン上で作り、消費する社会的信号は、元来が私たち人間の脳に影響を与えやすい。私たちの脳は生まれつき、そうした社会的信号を処理するようにできているからだ。私たちは日々、社会的信号を作り、消費しているし、その信号が絶えず私たちの行動に影響している。

この一〇年のあいだ、私たちはデジタルの社会的信号の爆発的増加を体験してきた。今、私たちは目が覚めてからわずか数分のあいだにも、実に多くの社会的信号を受け取ることになる。フェイスブックで家族の様子を確認し、インスタグラムで友人たちが昨夜どこで食事をしたかを知る。ツイッターで知人たちが身近な出来事を伝えているのを読むこともあれば、リンクトインで誰かの転職を知ることもある。ナイキ・ラン・クラブやストラバでランニング仲間が昨日どのくらい走ったかを知ることもあるし、ティンダーやヒンジなどのマッチング・アプリで誰かが自分に興味を持っていると知ることもある。一〇年前には、これほど大量の社会的信号が一気に押し寄せてくることはなかった。私たち人間の脳は、何十万年という時間をかけて社交のための進化を遂げている。そのため、この一〇年のあいだに、私たちの行動は、ハイプ・マシンを通じてかつてないほど他人の影響を受けるようになっている。つまり、私たちは過剰なほどに社交的になっているのだ。

金メダルのデータをシェア

二〇一六年八月六日、フレフ・ファン・アヴェルマートは、リオ・デ・ジャネイロ・オリンピックの自転車の男子個人ロード・レースに出場した。コパカバーナをスタートし、イパネマ、バーラ、レセルバ・マラペンディなどのビーチを経由して再びコパカバーナに戻ってくる一五〇マイル（約二四一キロメートル）のレースである。アヴェルマートは、BMCチームマシンSLR01に乗り、見事金メダルを獲得した。それは実に過酷なレースだった。グルマリでは、短いながら勾配一三パーセント、獲得標高三四四フィート（約一〇五メートル）の坂を登り、最高到達標高は一四四四フィート（約四四〇メートル）に達する。「カノアス／ヴィスタ・チネーザ周回」には、勾配一六パーセントのテクニカルな下りがある。命の危険を感じるような急坂を猛スピードで下りるのだ。実際、そこでは多数のクラッシュが起きた。

アヴェルマートは、時速二三・三マイル（約三七・五キロメートル）で、六時間九分に及ぶレースを走りきり、最高時速は六七・一マイル（約一〇八キロメートル）に達した。しかも、その日の平均気温は三一・七度で、最高気温は三八度以上にもなった。ケイデンス（一分間のペダルの回転数）は、最高で一七三ｒｐｍ、平均で八五ｒｐｍで、最後のスプリントでは一一〇ｒｐｍにもなっていた。

アヴェルマートはこの日、金メダルを獲得しただけではなく、二〇〇九年以前には絶対に不可能だったことも成し遂げていた。なんと、レースのあらゆるデータを、アスリートのためのアプリである「ストラバ（Strava）」に投稿し[4]、自身の金メダルの走りの詳細を世界中の人たちと共有していたのだ。投稿は、一万五〇〇〇もの「スゴイ（kudos）」を獲得した。友人やファンがそういうかたちで祝福したわけだ。この時の投稿は、その年の個人の投稿のなかで最も多くの「スゴイ」を獲得した。

二〇一八年、ストラバには、一九五カ国で行なわれた三二種のスポーツの六六億七〇〇〇万マイル分の活動に対し、合計で三六億もの「スゴイ」が与えられた[5]。平均すると、ストラバには毎分二五の活動が投稿されていることになる。活動の量は平均で五・一マイル（約八・二キロメートル）で、持続時間の平均は五〇分ほどである。サイクリストは、平均で一時間三七分自転車に乗り、二一・九マイル（約三五・二キロメートル）を走破している。全世界的に、ランナー、サイクリストともに最も活発に動いているのは日曜日で、また、ともに最もスピードが出ているのは火曜日だ（どうやら月曜日は、日曜日の疲れを取る日らしい）。またアメリカの場合、一年で最も自転車に乗る人が多いのは七月四日の独立記念日で、最もラ

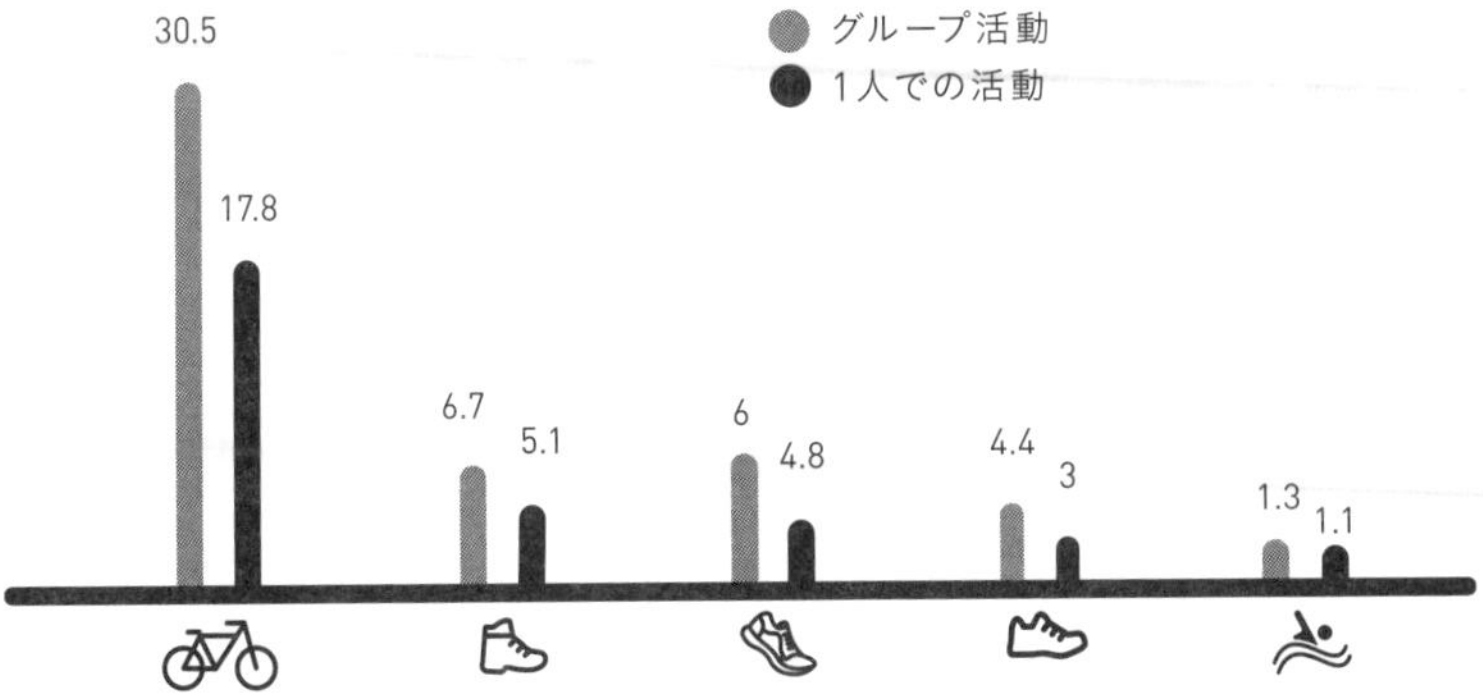

［図7-1］グループでの活動と1人での活動の比較。このグラフは、2017年10月1日から2018年9月30日までのあいだにストラバに投稿された、自転車、ハイキング、ランニング、ウォーキング、水泳の距離を、グループでの場合と1人での場合で比較したもの。単位はマイル（1マイル＝約1.6km）。

ンニングをする人が多いのは感謝祭の日である。大変なごちそうを食べる日なので、その分、走ろうと思うのだろうか。

二〇一八年のストラバのデータで一つ、私が興味深いと感じたのは、ランニングにしろ、自転車、水泳、アイススケート、スケートボードにしろ、とにかくどのスポーツでも、一人よりも友達と一緒のほうが活動量が増える傾向にあるということだ。ストラバには、グループでの活動を記録する機能もあるため、一人での活動とグループでの活動を比較することも容易にできる。二〇一八年のデータをグラフにすると、全体に友達と一緒のほうがどのスポーツでも距離が伸びる傾向が明らかになる［図7－1］。たとえば、自転車の場合、一人よりもグループのほうが平均の走行距離が五二パーセント長くなり、ランニングの場合は一人よりグループのほうが平均の走行距離が二〇パーセント長くなる。

社交がスポーツへの意欲を高めているように見える。ランニングにしろ、自転車にしろ、誰かと競争すると意欲が高まるという体験をしたことがある人は多いだろう。また、競争はしなくても、とにかく誰かが近くにいるだけで意欲が高まるのは確かだ。しかし、ストラバのようなアプリが画期的だったのは、実際に同じ場所に集まらなくてもグループ活動に近いことができるところだ。オリンピックの金メダリストのフレフ・ファン・アヴェルマートがしたように、自分の活動を友達と簡単に、まったくコストをかけることなく共有できる。ストラバや、ナイキ・ラン・クラブ、ランキーパーなどのアプリでは、走行距離、速度、消費カロリーなど、スポーツについての細かいデータを記録できる。そして、そのデータはアプリ上でも、インスタグラムやフェイスブックなどのソーシャル・メディア・ネットワークでも友達と共有できる。社交や競争がスポーツへの意欲を高めるのであれば、こうしたデジタルの社交にも意欲を高める力があると考えられる。デジタルの社交によって、世界中の人々のスポーツの量、持続時間、強度が高まる可能性があるということだ。ハイプ・マシンは、人々のスポーツへの取り組みにも影響を与えているのかもしれない。

しかし、はたして本当のところはどうだろうか。デジタルの社交によって、人々のスポーツへの意欲は本当に高まっているのか。スポーツはデジタルのネットワークを通じて人から人へと伝染するのか。また、スポーツ以外に、ネットワーク経由で伝染する活動はほかにもあるのか。

スポーツは伝染するか

残念ながら、グループでのスポーツと一人でのスポーツのデータを単純に比較するだけでは、スポーツが人から人へと伝染するか否かはほとんどわからない。両者の違いがどのような要因で生じているのかが不明だからだ。選挙へのロシアの介入の効果や、デジタル・マーケティングのリターンを測るのが難しいのと同じことである。たとえ相関関係が見つかったとしても、そこに因果関係があるとは断言できない。まず、相関関係と因果関係を明確に区別しなければ、デジタル・ネットワークが人々のスポーツやその他の活動に影響を与えているか否かはわからない。

たとえば、誰もが知っているとおり、マラソン・ランナーにはマラソン・ランナーの友人が多く、カウチポテト族にはやはりカウチポテト族の友人が多い（「類は友を呼ぶ」ということだ）。そのため、グループでランニングしている人たちのランニング量が多いからといって、それだけでは、グループのメンバーが互いに影響を与え合ってランニング量が増えていることの証明にはならない。グループでランニングをし、グループで自転車に乗る人はそもそも、熱心にランニングや自転車に取り組んでいることが多く、当然、運動量が多くなるというだけのことかもしれない。

デジタル・ネットワークでの仲間の存在が、本当にスポーツへの意欲を高める刺激となっているのか、スポーツは本当に人から人へと伝染するのかを知るには、まず相関関係と因果関係の区別を知る必要がある。すでに述べたとおり、因果関係の有無を確かめるには、無作為抽出実験が有効である。デジタル・マーケティングの効果を判断するのにも、この種の実験は役立つ。しかし、スポーツの伝染性を調べるのにこの方法は使いにくい。まさか、無作為に選んだカウチポテト族に無理に走らせるわけにもいかないだろう。何か、無作為抽出実験と同じくらい有効な別の手段を見つけなくてはいけない。他の要因を除外して、ある人の活動に別の人の活動を促す力があるか否かだけを見る方法だ。私は、当時、まだポスドクだったクリストス・ニコライデスとともにこの難題に挑んだ。私たちはまず、気象学者になる必要があった。

私たちは世界規模のフィットネス関連企業と協力して、一一〇万人のランナーたちの五年間の人間関係、日々の運動パターンに関するデータを収集した[6]。ランナーたちの五年間の走行距離は合計で三億五〇〇〇万キロメートルにもなる。対象となったランナーたちは、アプリを使って自分の走行距離、走行時間、速度、消費カロリーを記録し、友人たちと共有した。集めたデータによって、私たちは、誰がいつ、どこで、どのくらいのスピードで走ったかがわかり、また誰と誰とが友達なのかもわかった。それに加え、私たちは、一九六カ国の四万七〇〇〇の気象観測所からデータを集め、一一〇万人のランナーたちが走った時の正確な温度、降雨量などをすべて調べあげた。なぜそのようなことをしたのか。

目的は、天候がランニングに与える影響を調べることだった。誰でも予測できるとおり、雨が少ないほど、気温が穏やかなほど、人は走るという傾向があった。朝、目を覚ました時、良い天気であれば、すぐにスニーカーのひもを結んで走り出すというランナーは多い。しかし、目が覚めて雨だったら、ほとんどのランナーは走らずに家にいる。

ここで大事なのは、デジタル・ネットワークの場合、友人は世界各地に散らばっているので、それぞれの気象条件は異なっているということだ。ニューヨークが雨でも、アリゾナ州フェニックスは晴れているかもしれない。私たちは、誰かが走っていることが、その友人の行動にどの程度影響するかを見るのに、それぞれの地点の気象条件を考慮に入れた。フェニックスはほぼ毎日晴れているような土地である。そのため、晴れているニューヨークで誰かが走り、フェニックスにいるその友人も同じように走ったとしたら、友人の影響を受けていると考えることができる。つまり、ランニングの伝染性を測るための「自然実験」ができるわけだ。実験の結果は驚くべきものだった。

ランニングには確かに伝染性があったのだ。しかも、その伝染性は非常に大きかった。アプリ上で友人が一キロメートル余分に走るごとに、それに影響を受けて同日に三〇〇メートルは余分に走ってしまう、というくらいの大きさだ。走る速さも、友人の走る速さが分速一キロメートル上がるごとに、分速三〇〇メートルは上がる。友人が一〇分余分に走るごとに、その影響で三分は走る時間が延びてしまう。友人が一〇キロカロリー余分に消費するごとに、影響を受けて三・五キロカロリーは余分に消費してしまう。この友人の影響は時間が経過するごとに減衰していく。影響は今日よりも明日、明日よりも明後日というふうに減っていくのだ。

しかし、ソーシャル・メディアを通じた他人の行動の伝染はスポーツだけではない。その影響は、商品の購入、投票、飲食、恋愛、読書などにも及ぶ。さらに、その時の気分まで、他人に左右されることがある。調査によって、デジタルの社会的信号は、そうした様々な種類の活動の趨勢に実際に大きく影響していることがわかっている。次にそうした影響の例をいくつか見ていくことにしよう。

『ニューヨーク・タイムズ』の読者数

大学教員には七年に一度、サバティカルが与えられる。これは一年間の長期有給休暇である。この休暇で思考をリセットすることができるし、それまでとは違う新しい種類の研究に時間をあてることもできる。二〇一三年、私はこのサバティカルでMITを一年間休み、『ニューヨーク・タイムズ』R&Dラボの常駐研究員になった。私にとってそれは驚くべき体験だった。ラボにいたデザイナーやエンジニアや、高い知性を持った研究者たちとともに働くことができたからだ。皆、社会を広く見渡していて、近い将来のジャーナリズムやニュース消費に何が影響を与えそうかをよく考えていた。

私がラボに参加した主な目的は、「プロジェクト・カスケード」のデータを研究に利用することだった。プロジェクト・カスケードは、ソーシャル・メディア上で情報が拡散していく様子を可視化できる世界初のツールである。いつ誰がブラウジング、シェアといった行動を取ったかがひと目でわかる。特に私が知りたかったのは、ソーシャル・メディア上での情報のシェアによって、『ニューヨーク・タイムズ』紙の読者数が増えることはあるのか、ということだった。ソーシャル・メディアは新聞を補完するものなのか、それとも新聞に取って代わるものなのか、その点がはっきりとはわからなかったのだ。

ツイッターやフェイスブックなどのソーシャル・メディアでニュースがシェアされていれば、人々はおそらくハイパーリンクをたどるなどして、そのニュースについてさらに詳しく知ろうとするだろう。しかし、ソーシャル・メディア上に短く要約された記事があれば、それを読むだけで満足してしまう人も多いかもしれない。要約がなければ元の新聞記事を読んだかもしれない人も、要約で満足してしまえば、元の記事は読まないおそれがある。これは当然、ニューヨーク・タイムズという企業にとって非常に重要な問題である。ソーシャル・メディアを味方とするのか、敵とするのか、今後の戦略に大きく影響するからだ。

私は博士課程の学生だったマイケル・ジャオとともに、『ニューヨーク・タイムズ』紙の記事の億単位のページビューとそれに関連するツイートを分析し、ある都市で記事がシェアされることで、他の都市でその記事を読む人が増えるか否かを確かめようとした。[7] 先述のスポーツについての研究と同じく、私たちは雨を利用した自然実験を行なった。雨が降れば屋内にいる人が増え、必然的に『ニューヨーク・タイムズ』の記事を読む人も増える。そこで私たちは、ある地域で雨が降り、記事をソーシャル・

メディアでシェアする人が増えた時に、他の雨が降っていない地域の人たちがどう行動するかを見ることにしたのだ。増えたシェアに影響を受けて行動が変化するか否かを見たわけだ。

それでわかったのは、どこかの地域で『ニューヨーク・タイムズ』の記事の閲覧数が一〇パーセント増えると、別の地域での閲覧数も約三・四パーセント増えるということだ。これは主としてソーシャル・メディアの力による増加だと考えられる。ソーシャル・メディアでの結びつきが強い地域で記事閲覧が増えると、結びつきが弱い地域で増えた場合に比べて、波及効果が大きくなることもわかった。また、検索エンジン経由で記事にたどり着く人よりも、ソーシャル・メディア経由でたどり着く人の多いこともわかった。総合すると、デジタルの社会的信号には、ニュース消費を促進させる力がある、ということになる。

恋愛への影響

マッチング・サイト（マッチング・アプリ）の利用者は近年、急増している。デジタルの社会的信号が、私たちの恋愛にも大きな影響を与えるようになったということだ。私は個人的にもこの傾向を強く認識している。自ら立ち上げた二つ目の会社である「フミン（Humin）」を二〇一六年にティンダーに売却しているからだ。二〇一三年以降は、ハイプ・マシンのアルゴリズムによってオンラインで恋人を見つける人のほうが、友人や家族から紹介される人よりも多くなっている(8)。このように「デジタルの恋愛」が増えることは、社会にとってどういう意味があるのか。これは、心理学者、生物学者、人口統計学者がこれから何十年にもわたって考えるべき問題だろう。

ティンダー、ヒンジ、バンブルといったアプリが現れたことで、出会いのかたちが変わり、デートし、恋愛する相手が変わったことは間違いない。マッチング・サイトは基本的に、ユーザーの過去の行動を知り、それに基づいて合いそうな人を勧める、というアルゴリズムで動いている。サイトの提案に応じて人が動けば、そのデータは次の提案に活かされる、というループになっている。このアルゴリズムが長期的にどのような影響をもたらすかはまだわからない。恋愛の相手ははたして多様化するのか、それとも同質化していくのか。子孫の遺伝的多様性への影響はどうか。人類の進化にはどう影響するのか。こうした大きな問いへの答えはまだ得られていない。しかし、デジタルの社会的信号が人々の恋愛行動にどう影響するかはかなりわかるようになってきている。

私の友人で同僚でもあるラヴィ・バプナ、ジュイ・ラマプラサド、ガリット・シュムエリ、アフメド・ウミャロフは、マッチング・サイトの性質が、ユーザーの行動にどう影響するかを見るための実験を行なった。(9) マッチング・サイトができたことで、私たちはそれ以前にはあり得なかった行動が取れるようになった。たとえば、アプリなら、従来とは比べものにならないスピードで恋人候補を検索できる。自分の設定した条件に合う人を探し出して、その人のだいたいのプロフィールを見ることがあっという間にできてしまう。そもそも自分の条件に正確に当てはまる人だけを見つけ出すなどということは、以前は不可能だった。

マッチング・サイトでは、いわゆる「ビッグ・データ」が利用されているのだが、それがどういうものなのかユーザーが完全に理解することはできない。またマッチング・サイトなら、完全に匿名でデートをすることも可能である。これも以前には難しかったことである。バーで偶然出会うとか、パーティーで出会うという場合に完全に匿名でいることはなかなかできないだろう。

ラヴィたちは、サイトのデジタルならではの特性が人間にどう影響するかを知ろうとした。特に関心があったのは、デジタルの社会的信号に、他者との交流を促す効果があるか否かということである。サイトから受け取った信号により、ユーザーは交際に積極的になるのか、それとも消極的になるのか。ラヴィたちは北米でも最大規模のデーティング・サイトを使って実験を行ない、匿名性が出会いにどう影響するかを調べた。サイトでユーザーは、誰かについて、当人に一切知られることなく、詳しく調べることができる。このことが、出会い、交際にどう影響するのか。たとえば、バーで偶然、自分の好みの人を見つけたとする。その人についてもっと知りたいと思えば、自分から話しかけることになる。話をするなかで、相手の趣味は何か、どういう時に笑うのか、どういう話をすると関心を示すのか、週末には何をしているのか、といったことを知るわけだ。

いずれにしろ、実世界で何かしらのアクションを起こさなくてはいけない。スツールから立ち上がって、相手のそばまで歩いていき、ぎこちなくても自己紹介して会話を始めるのだ。だが、問題は、立ち上がって人混みのなかを歩いて行って話しかけた時点で、相手にはこちらが興味を持っていることがばれてしまっている。相手に大量の社会的信号が届くことになる。しかし、オンラインならば、自分の身を隠したまま相手のことを詳しく調べられる。まったく接触しなくてもプロフィールを読むだけでかなりのことがわかるだろう。そして、プロフィールを読んだことを相手は知らない。自分から社会的信号を一切発することなく、恋人候補を探せる。そうなった時、私たちの行動はどう変わるのか。また、相手の反応はどう変わるだろうか。

もし、デーティング・サイトで誰かのプロフィールを閲覧した時、閲覧したことが相手に知らされるようになっていたとしたらどうか。プロフィール閲覧によって社会的信号が相手に向かって発せられるとしたら。だとしたら、ユーザーは、プロフィールの閲覧に慎重になるのではないだろうか。相手に知られると思うと、閲覧する勇気が出ないという人もいるはずだ。しかし、これには交流を促進する効果もあるに違いない。プロフィールを閲覧したことが相手に伝えられれば、相手は自分に興味を持った人がいるとわかるからだ。しかし、実際のところどうなのかは簡単にはわからない。椅子に座ったまま想像を巡らすだけでは本当のことはわからないままだろう。

そこでラヴィたちは、巧妙な実験を考え出した。一〇万人の新規ユーザーを被験者とし、そのうちの半分だけに相手に知られることなくプロフィールを閲覧する機能を与えたのだ。単純な操作だが、この機能の有無によって生じた違いは驚くほど大きかった。

相手に知られることなく閲覧できるユーザーは、それができないユーザーに比べて、自由に行動していたのだ。まず第一に、閲覧するプロフィールの数が多かった。また、同性のユーザーや、自分と違う人種のユーザーのプロフィールを見ることも増えた。だが、これは一方で、「興味を持っている」という社会的信号を相手に送れないことを意味する。この信号があるからこそ、相手とカップルになれる可能性が高まるのだ。実際、自分の存在を隠しているユーザーは、自分の存在を相手に知らせているユーザーに比べてカップル成立率が低いことがわかっている。

匿名でのプロフィール閲覧は、特に女性にとって不利益となる。女性のユーザーには、まず自分から動く人が少ないからだ。女性の場合はどうしても、相手主導でコミュニケーションを始める人が多くなる。誰かが自分のプロフィールを閲覧したことがわかれば（特に、女性が男性のプロフィールを見た場合には）、それがきっかけとなってプロフィールを閲覧された側（特に男性）が動きはじめることも多い。つまり、プロフィールを見た痕跡が残らないようにすると、内気なユーザー（特に女性）が不利益を被りやすい。

ハイプ・マシンが恋愛に長期的にどのような影響を与えるかはいまのところまだわからない。ただ、プロフィールの閲覧を相手に知らせる、知らせない、という些細な違いですら、これほどの違いを生むことを考えれば、マッチング・サイト、マッチング・アプリの仕様が恋愛に大きく影響することは間違いない。誰と出会い、誰と付き合うかがアルゴリズムに左右されるわけだ。恋愛のあり方が変化すれば、それは人類の進化の方向にも影響する可能性がある。その点については、今後さらに研究を進めていく必要があるだろう。今、はっきりしているのは、ハイプ・マシンは私たちの恋愛を変えていっているということだ。従来にはなかった種類の社会的信号を、従来ではできなかった方法で送れるからだ。

慈善活動への影響

恋愛は人間の基本的な行動の一つだ。また、この行動には利他的な側面もある。ハイプ・マシンが恋愛に影響を与えるのは間違いないが、そのほかの利他的行動、たとえば慈善活動には影響を与えるのだろうか。MITの博士課程の学生だったユアン・ユアンは、ウィーチャットでの「紅包《ホンバオ》」のやりとりについて調査した[10]。紅包は中国の習慣で、春節の時期や、誰かの結婚、卒業、誕生日などのさいに赤い紙に包んで渡すご祝儀だが、ウィーチャットには、この紅包をオンラインで渡せる機能がある。二〇一四年から、独自のモバイル決済プラットフォームを通じ、ウィーチャットのユーザー、グループに紅包を渡せるようになったのだ。二〇一六年には、春節の時期だけで、三二〇億もの紅包がやりとりされた。翌二〇一七年にはその数字が一〇〇〇億を超えた。現在では、ウィーチャットでのモバイル決済のかなりの部分を紅包が占めている。

ユアン・ユアンは、デジタルの紅包にどのくらい「恩送り」を促す効果があるかを知ろうとした。つまり、デジタルの紅包を受け取った人が、それをきっかけに他の人にどのくらいの頻度で、どのくらいの額の紅包を贈っているかを調べたのだ。

調査には、ウィーチャットの新機能が利用された。紅包をグループに渡すさいに、全員に均等に分けるのではなく、誰にいくら渡すかをランダムに決められる機能が追加されたからだ。総額いくら渡すのか、何人に分けるのか、どういう順序で渡すのかは事前に設定するのだが、一人一人にいくら渡されるかはその時にならないとわからない。人によって受け取る金額に多寡が生じるということだ。最高額を受け取った人は、スマートフォンの画面に〈luckiest draw（最高額の当たり）〉と表示される。ユアン・ユアンたちは、受け取った額の大きさが、その後、誰かに紅包を贈る意欲にどのくらい影響するかを調べた。

それでわかったのは、紅包を受け取った人は、平均すると自分が受け取った額の一〇パーセントを誰かに贈っているということだ。またグループのなかで最高額の紅包を受け取った人は、最高額でなかった人たちに比べ、他の人に紅包を贈る確率が一・五倍になることもわかった。つまり、デジタルの贈り物には、人を利他的にさせる効果、他の人に贈り物をしたい気持ちにさせる効果があるということだ。

感情の伝染

フェイスブックとコーネル大学は、デジタルの社会的信号がユーザーの感情にどう影響するかを調べるための実験を行なった。あるユーザーの感情が、ソーシャル・メディアを通じてどの程度他のユーザーたちに伝染するかの実験である。[11] これは倫理的な問題が指摘され、物議を醸した実験だ。ユーザーがソーシャル・メディアで日々発信し、消費する大量の情報に含まれた幸福な感情、あるいは憂鬱な感情は、はたしてどのように伝わっていくのかを知ろうとしたのだ。ただ問題は、すでに述べたとおり、オンラインでは似たものどうしが集まりやすいということだ。幸福な感情を持った人は幸福な感情を持った人と、憂鬱な感情を持った人は憂鬱な感情を持った人と集まりやすい。だから、つながっている人たちが似たような感情を持っているからといって、即、その感情がネットワークで伝染したものだとは言えない。

そこで、フェイスブックとコーネル大学の研究チームは、百万人単位のユーザーを対象に、ニュースフィードに表示される情報をランダムに変えることで、抱く感情を操作しようとした。一部のユーザーには、ネガティブなコンテンツがニュースフィードにあまり表示されないようにした。また別のユーザーには、ポジティブなコンテンツがあまり表示されないようにした。そして、それぞれに、自分の投稿や友達の投稿に、どのくらいポジティブな言葉、ネガティブな言葉が含まれているかを調べた。つまり、ネガティブなコンテンツ、あるいはポジティブなコンテンツに触れる頻度が減ることで、そのユーザーが投稿で表現する感情がどう変化するかを見ようとしたわけだ。

この実験によって、感情は行動と同じように、ハイプ・マシンによって伝染することがわかった。まず、ニュースフィードのコンテンツに含まれるポジティブ、あるいはネガティブな感情が減ると、そのコンテンツを見たユーザーの投稿の語数が減った。これは何を意味するのか。それがポジティブなものでも、ネガティブなものでも、ともかく感情を刺激するコンテンツに触れると、ユーザーはフェイスブックに多くの投稿をする傾向があるということだ。ハイプ・マシンは、感情への刺激を拡散させるということだ。私が「ハイプ・マシン」という言葉を使うようになった理由の一つがこれだ。「ハイプ(hype)」というのは、「感情を刺激するような宣伝」という意味の言葉だからだ。人の感情を刺激して注意を引きつけ、その感情を広めるのがハイプ・マシンの仕事だと言ってもいい。

次にわかったのは、ニュースフィードからポジティブなコンテンツが減ると、そのニュースフィードを見ているユーザーの投稿からポジティブな言葉が減るだけでなく、ネガティブな言葉が増えるということだ。反対に、ニュースフィードからネガティブなコンテンツが減ると、ユーザーの投稿からネガティブな言葉が減ると同時に、ポジティブな言葉が増える。この結果から、ソーシャル・メディアには感情を伝染させる力が確かにあることがわかる。フェイスブック上で誰かがポジティブな感情を表現しているのを目にすると、自分もポジティブな感情を表現しようと思いやすい。一方、誰かがネガティブな感情を表現しているのを見ると、自分もネガティブな感情を表現しようと思いやすい。

この実験結果には非常に重要な意味がある。すでに述べてきたとおり、「ハイプ・ループ」には二つの側面があることを考えるべきだ。ソーシャル・メディアのアルゴリズムがどういう感情を含むコンテンツを多く選んで提示するかに、ユーザーの持つ感情は大きく影響を受ける。全世界に幸福な感情が多く拡散されるか、それとも憂鬱な感情が多く拡散されるかを、アルゴリズムがかなりの程度決めてしまうと言ってもいい。しかし、ユーザーの側もアルゴリズムに影響を与えるのだということを忘れてはならない。アルゴリズムのあり方にユーザーも一定の責任を負うのだ。

私たちがハイプ・マシンにしたことが、私たち自身に返ってくる。人間がどう行動するかは大切だ。私たちがソーシャル・メディアで表現した感情は、ニュースフィードのキュレーションを通じて増幅され、拡散される。そしてそれが回り回って、私たちの考え方や行動に影響を与えるのだ。私たちが辛辣な言葉で憎悪などのネガティブな感情を表現しつづければ、それは他人のネガティブな感情を増幅する。だが、私たちがポジティブな感情を表現しつづければ、他人にも同じようにポジティブな感情を持たせることができる。

過剰に社交的な世界への対応

ハイプ・マシンに人間の行動や感情を変える力があることは、これまでの研究で明らかになっている。日々の「いいね！」やポーク、投稿、プロフィールの照会、広告、通知、シェア、チェックイン、レイティングなどが、私たちの考え方や行動を変えているのだ。今、重要なのは、こうした変化、影響を自分たちでどう制御すればいいのか、ということだ。

広告主、政治家、公衆衛生当局者、中小企業経営者などは、もはやハイプ・マシンでの自分たちのメッセージの直接の効果だけを考えているわけにはいかない。そのメッセージがソーシャル・ネットワークを通じて、どういう影響を及ぼすかを考える必要がある。いわゆる「インフルエンサー」が関わることで、多くの人の行動に思いがけないほど大きな影響をもたらすこともある。今の現実に目を向けずにいると、予測もしていない悪影響が出て困ることもあるだろう。ロブ・ケインも言っているとおり、現代の消費者（有権者、市民）は完全にネットワーク化されている。私たちは、この過剰なほど社交的になった世界に対応するためのまったく新たな戦略を必要としている。

第8章 社交的すぎる世界を生きるための戦略

力は組織に存在するのではない。国家や大企業にさえ力は存在しない。力は、社会を形作るネットワークに存在するのだ。

——マニュエル・カステル

フェイク・ニュースを流す工作員も、商品の宣伝をするマーケターも、パンデミック時にソーシャル・ディスタンスを訴える公衆衛生当局者も、ソーシャル・ネットワーク、つまりはハイプ・マシンを通じて情報を拡散したいという点では共通している。これは、突きつめれば、ある行動を社会に拡散したいということである。では、「ソーシャル・エイジ」とも呼ばれる今の時代に、はたして、どのようにして商品や考え方、コンテンツを拡散すればいいのだろうか。この、ハイプ・マシンによって「社交的になりすぎた」世界では、デジタルの社会的信号が自動的にキュレーションされて送られる。そのため、情報の作り方、消費の仕方、分析・評価の仕方は以前とはまったく変わったと言っていい。パラダイムが変わっているので、組織も個人も、以前とは違った動き方をする必要がある。

現代の世界でのコミュニケーションに組織や個人が適応するための戦略は主に五つだ。ネットワーク・ターゲティング、リファアラル・マーケティング、ソーシャル・アドバタイジング、バイラル・デザイン、インフルエンサー・マーケティングの五つである。それぞれに目的が違い、実践の仕方も違う。いつどの戦略を採用するかの判断も重要で、また、その時々の状況に応じて戦略に細かく修正を加えることも成功のためには欠かせない。

――友達の嗜好を見ればあなたの嗜好もわかる（ネットワーク・ターゲティング）

ソーシャル・メディアは、個々のユーザーに合わせて情報を提供するようになっている。これがネットワーク・ターゲティングである。第6章でも述べたとおり、その仕組みは比較的単純である。その人の年齢や性別、職業、過去の行動、嗜好、人間関係、移動履歴などのデータを基に、何に興味を持ちそうかを予測して情報を提供するのだ。ただ、「人間関係」のデータがいったい何の役に立つのか、と思う人もいるだろう。その人が誰とつながっているかを見れば、どのような情報を提供すべきかの判断に役立つのだろうか。誰かに商品を買わせたり、特定の候補者に投票させたり、公衆衛生に役立つ行動を取らせたりするのに、その人の人間関係について知ることが役立つのはなぜだろうか。誰とつながっているかを知れば、その人の人となりがかなりの程度予測できるからだ。社会ネットワークには「同類性《ホモフイリー》」がある。類は友を呼ぶ、つまり自分と似た人とは友達になりやすい傾向があるのだ。

私がこれまでに研究してきたソーシャル・ネットワークにはすべてその傾向があった。どのネットワークでも、ほとんどの人が、自分と人種や宗教、年齢層、支持政党、嗜好などが似通った人とつながっている。スキーをする人はスキーをする人とつながるし、グルメはグルメとつながる。民主党支持者は民主党支持者と、共和党支持者は共和党支持者とつながる。もちろん、例外はある。民主党支持者が共和党支持者と友達になることもあるし、その逆もある。だがこれはあくまで例外であって、全体の傾向としてはやはり自分と似た人とつながる人が多い。

英語には「同じ羽の鳥は集まる（Birds of a feather flock together.）」ということわざがある。あなたの友達がハイキング、サッカー、読書が好きで、「ザ・キラーズ」というバンドが好きなら、統計的には、あなたもハイキング、サッカー、読書、ザ・キラーズが好きな可能性が高い。つまり、人間関係を見れば、その人の友達となりがかなりの程度わかるということだ。マーケターは、誰かをターゲットにする時には、その人の友達の嗜好を分析すれば、リターンを増やすことができるだろう。同類性は、このようにターゲティングには有用だが、この傾向があるために、ソーシャル・メディアのメッセージの効果を測るのを難しくしている。ただ、誰に向けてメッセージを発するべきかの判断には同類性が非常に役立つ。私の友人で同僚でもあるショーンドラ・ヒル、フォスター・プロヴォスト、クリス・ヴォリンスキーの三人は、あるグローバルな電気通信企業を対象に研究をしたが、おそらくそれは、人間関係の分析がターゲット・マーケティングに役立つことを世界に先駆けて明らかにした研究だろう[1]。

三人の研究対象となったのは有名な企業であり、ターゲット・マーケティングに関しても長い経験を有していた。同社は新たな通信サービスを開始するにあたり、ターゲティングをより的確なものにしたいと考えた。個々のメッセージをよりそれに合った消費者に届けたいと考えたのである。すでにデータ、経験、直感に基づく高度なターゲティング・モデルがあるにはあった。同社が提供する新たなハイテク・サービスに親和性が高いと思われる消費者を選び出すことはできるようになっていたのだ。このモデルには、百万単位の潜在顧客に関する人口統計データ、地理データ、忠実度データなども含まれていた。だが、三人の研究では、この高度なターゲティング・モデルに、もう一つの変数を加えた。それは、「その潜在顧客には、同社のサービスをすでに利用している友達がいるか」という変数だ。

三人の研究者たちは、対象となる電気通信企業が保持していた詳細な通話記録を精査した。それによって、誰がいつ誰に電話したのか、また、電話の頻度はどのくらいで、通話時間はどのくらいだったのか、といったことがわかった。つまり、新規サービスの潜在顧客どうしが固定電話、携帯電話でどのようにつながっているのかがわかったということだ。電話をかけ合った頻度が高く、通話時間も長いほど、つながりは強いということだ［図8－1］。

このネットワークには、二種類の消費者がいる。すでに新規サービスを利用している消費者（白丸）と、まだ利用していない消費者（黒丸）だ。ダイレクト・マーケティングのターゲットになり得るのは後者である。研究者は、後者をさらに二種類に分けた。電話で話した友達のなかに、すでに新規サービスを利用している人がいる消費者（円で囲んである）と、いない消費者（四角で囲んである）だ。電気通信企業が作りあげた高度なターゲティング・モデルに研究者がつけ加えたのはこれだけだった。研究者は、潜在ターゲットである消費者の「ネットワーク上の隣人（電話で話をする関係にある人）」のなかに、すでにサービスを利用している人がいるかどうかが重要とみなしたのである。

この企業では、新規サービスに関して、潜在顧客と見られる消費者に向けて広告を出す、というかたちでのダイレクト・マーケティング・キャンペーンを実施した。その後、広告の効果を測定した。元のターゲティング・モデルによるキャンペーンでは、売上コンバージョン率〇・二八パーセントを記録した。これは、ディスプレイ広告のクリックスルー率が〇・〇五パーセントだと考えれば良い数字である。

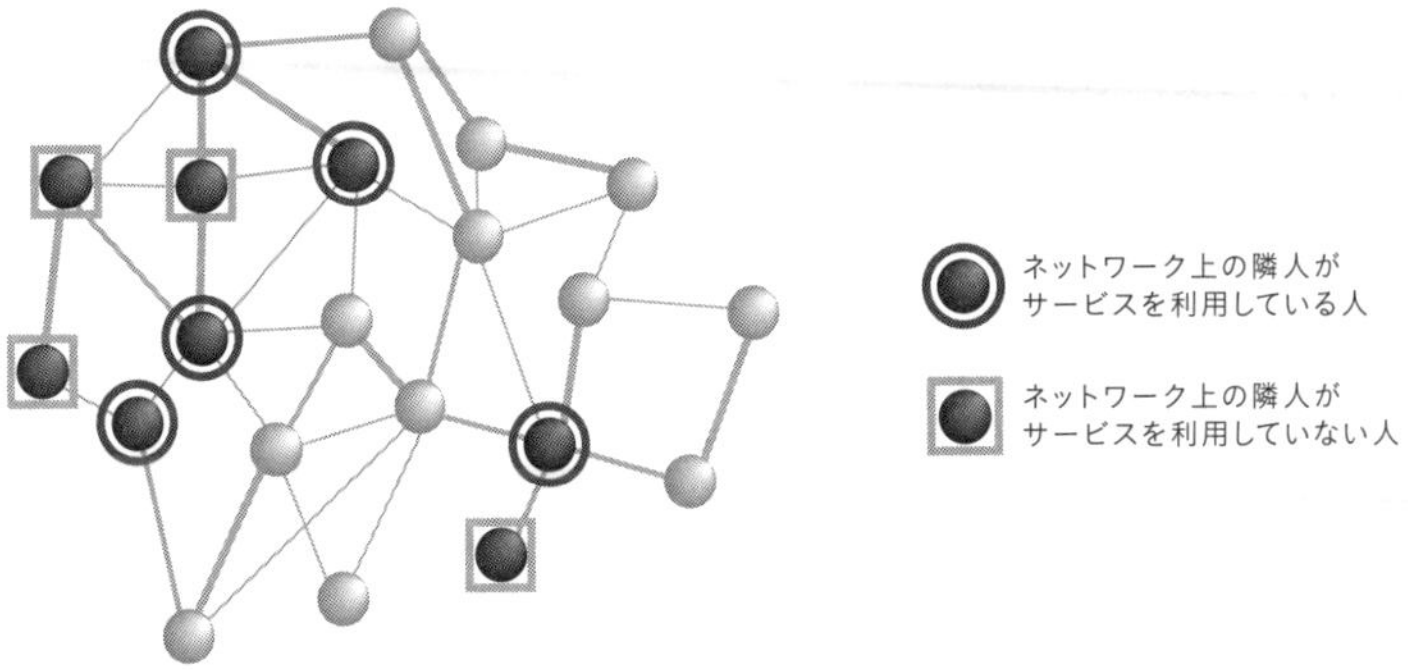

[図8-1]「ネットワーク上の隣人」のネットワーク。通話頻度が高く、通話時間の長い人ほど、ネットワーク上では近くにいる(隣人)とみなして作成した図。大手電気通信企業の過去の通話記録を基に作成。白丸は、同企業の新規のサービスをすでに利用している人を表し、黒丸は、そのサービスをまだ利用していない人を表す。つまり、後者は、ダイレクト・マーケティングのターゲットになり得るということだ。黒丸のうち、円で囲んだのは、「ネットワーク上の隣人」がすでにサービスを利用している人である。一方、四角で囲んだ黒丸は、自身がサービスを利用しておらず、しかもサービスを利用している「ネットワーク上の隣人」もいない人を表す。

売上コンバージョン率は、クリックスルー率とは違い、実際にサービスを購入してくれた人の比率だからだ。ところが、消費者の「ネットワーク上の隣人」まで考慮に入れたうえでターゲットを設定し直して同様のキャンペーンを実施すると、広告の効果が五倍近くにまで跳ね上がった。なんと売上コンバージョン率は一・三五パーセントになったのだ。ネットワーク上の隣人がどういう人かをよく見れば、その人の人となりがより正確にわかるということだ。ネットワーク・ターゲティングに非常に有効な情報だろう。

――友達に影響を受けて嗜好は変わる(リファラル・マーケティング)

類は友を呼ぶので、友達の嗜好を見れば、その人の嗜好もかなりの程度予測できる。だが、それだけではない。ある人の嗜好は、友達の影響を受けて変わり得るのだ。ほとんどの人は、企業の広告や、政治家からのメッセージよりも、友達の言うことを信じる。私の友達は私をよく知っていて、私が何に興味を持つのかも知っている。だから、どういうメッセージを発すれば、私を動かしやすいかもわかるだろう。友達ならば、メッセージを私個人に合わせ、私一人を説得しやすいものにできる。これは当たり前のことだ。だからこそ、商品を売る場合にも「口コミ」が重要になるわけだ。[2] 今は、口コミの多くはデジタル化し、さらに強力になっている。企業がリファラル・マーケティングに多くの時間とエネルギー、資金を注ぎ込んでいるのはそのためだ。たとえば、ドロップボックスは、「友達を紹介してくれたら追加容量無料プレゼント」キャンペーンをしているし、エアビーアンドビーやウーバーも同様に、友達を紹介すれば得をする、というキャンペーンを展開している。

ジョセフ・ジヤエはロサンゼルスでウーバーのドライバーをしているが、こうした紹介制度を利用することで、ウーバーのドライバーとしては異常なほどの収入を得ている。ジヤエは自身を「ウーバーの王」と呼んでいる。

ウーバーのドライバーは走れば走るほど収入が増える。いつ、どこを、どう走るかで増え方に多少の違いはあるが、走れば走るほど増えるということは変わらない。二〇一四年のデータによれば、ニューヨーク市のタクシードライバーはだいたい一時間あたり三〇ドルの収入を得ていた。最も多く（週に八〇〜九〇時間）走ったドライバーたちの収入は年に九万ドルほどで、その人たちは収入分布の高いほうの端に位置している。

この実状を知ったうえで、ジョセフ・ジヤエが同じ年の六カ月間に稼ぎ出した額を知ると、[3] それがいかにすごいのかがよくわかる。ジヤエは、地球上のどのウーバー・ドライバーよりも多くの収入を得ていた。しかも、他のドライバーとは大差をつけていた。二〇一四年のジヤエの収入は、二番目に収入の多かったドライバーの二倍近くになっていた。額そのものは九万ドルだが、ジヤエのその年の実働は六カ月間である。一年間フルに働けば一八万ドル稼げたということだ。この値は完全な異常値だ。だが、ジヤエに関して最も驚くべきなのはその収入の額ではない。何より驚くのは、彼のウーバー・ドライバーとしての収入は、まったく車を運転することなく得たものだということだ。彼はひたすら、ウーバーに友達を紹介することで稼いだのである。

ウーバーの友達紹介プログラムは、同種のプログラムのなかでも世界で最も成功していると言っていいだろう。ウーバーは報奨金を出すことで、ドライバーたちに新たなドライバーを紹介することを促しているのだ。新規のドライバーが招待者のコードを使って登録すると、招待者、新規ドライバーの双方がボーナスをもらえる。ボーナスの額はその時々で変動するが、ある程度以上の距離を運転したドライバーが、活動状況に関係なく得る最低保障賃金くらいの水準まで上がったこともあった。ジヤエがウーバーのあらゆる記録を破った当時、紹介時のボーナスは一件につき数百ドルほどになっていた。ジヤエは、その高水準の報奨金を利用することでウーバーの王になれたわけだ。

近年では、同じような友達紹介プログラムを利用し、ソーシャル・メディアのメッセージによってサービスを広く普及させることで急成長を遂げた企業が数多くある。たとえば、ペイパル、ドロップボックス、エアビーアンドビー、テスラ、アマゾン・プライムなどはその例だろう。友達紹介プログラムは、文字どおり、ある商品やサービスを友達に紹介すると、それによって報奨金がもらえるという仕組みである。つまり、ソーシャル・メディアで人を説得できるようなメッセージを発することができれば利益が得られるわけだ。商品やサービスについての情報のなかで、口コミは最も信頼されやすい。人間には、誰よりも友人や家族の言葉を信じるという性質があるからだ。家族や友人ならば、私たちの嗜好をよく知っている。そのため、その人がいかにも買いそうな、利用しそうな商品、サービスを紹介できる。また、友達紹介プログラムを通じて友人どうしが同じサービスを利用しはじめれば、先述の「ローカルなネットワーク効果」がはたらくようになる。誰かが一人でサービスから離れる可能性は低くなるのだ。

報奨金はどういうものにするのが最も効果が高くなるだろうか。私たちは、ウェブ・ベースの花の宅配サービスに友達紹介プログラムを導入した場合の効果を調べる実験をしたことがある。これは、衛星放送サービスのディレクTVが実施した「友達をベンジャミンに変えよう(turn your friends into Benjamins)キャンペーン」に触発されたもので、友達がディレクTVに加入するごとに一〇〇ドルがもらえるというキャンペーンである(アメリカの一〇〇ドル紙幣には、ベンジャミン・フランクリンの肖像が印刷されている)[4][5]。

あるサービスの利用者を一人増やせば、既存の利用者はそのたびに一〇〇ドルをもらえる。この「ディレクTVアプローチ」は確かに、既存の利用者に「誰か誘おうかな」と思わせる効果を持つだろう。だが、このアプローチには、誘われた友達が実際にサービスに加入する可能性を高める効果はない。結局は、誘った人の人間的魅力や、説得のうまさに頼ることになるためである。ディレクTVのような友達紹介プログラムの報奨金を、私たちは「利己的インセンティブ」と呼んでいる。紹介者本人だけが得ることになっているからだ。それに対し、誰かの紹介で加入すると、加入した人がディスカウントを受けられるというタイプの紹介プログラムもあり得る。この場合、紹介者は誰かをサービスに加入させたとしても特に何の利益も得られない。私たちはこれを「お人好しインセンティブ」と呼んでいる。この種のプログラムでは、紹介者が友達に報奨金を全額寄付するようなことになるからだ。あるいは、報奨金を紹介者と紹介された友達とで折半するタイプのプログラムもあり得る。私たちは、これを「公平インセンティブ」と呼んでいる。

私たちの実験では、この三種類のインセンティブを、花の宅配サービスのウェブサイトを訪れたユーザーにランダムに割り当てた。それによって、どの種のインセンティブが効果的かを知ろうとしたのだ。私たちは、利己的インセンティブの場合、紹介者が熱心に誘うが、応じる人は少ないと予測した。また、お人好しインセンティブの場合は、紹介者はあまり熱心に誘わないが、誘われた人は応じることが多いと予測した。そして、公平インセンティブの場合は、両者の中間の結果になると予測した。だが、全体として最も成功するのはどれだろうか。

実験の結果は、私たちの予測とは違っていた。なんと、お人好しインセンティブ、公平インセンティブの場合のほうが、利己的インセンティブの場合より、紹介者が熱心だったのである。紹介者が得る利益は少なくなるにもかかわらず、そういう結果になった。つまり、自分にだけ利益になり、受け手に何の利益もない情報を拡散するのは、スパムになってしまうので嫌がった人が多かったということのようだ。友人に何かのサービスの利用を促して利益を得ることを薄汚いことだと感じ、それよりは、自分に得はなくても友人が利益を得ることを好ましいと感じる人が多いらしい。これは、見返りを求めず他者に何かを与えることを最も価値があるとみなす、いわゆる「ギフト・エコノミー」にふさわしい姿勢だとも言える。

この結果を見ると、もう一つの疑問が浮かぶ。マーケターがネットワーク上の消費者の行動を変化させるには、ネットワーク・ターゲティングとリファラル・マーケティングのどちらがマーケティング戦略として有効なのか。企業のデジタル・マーケティング予算を配分する責任を負うＣＭＯ（Chief Marketing Officer）は、二つの戦略のうちどちらに多く資金を割り当てるべきなのか。この疑問に答えるには、相関関係と因果関係を厳密に区別することが必要になる。その理由を知ってもらうため、次に私たちがヤフーとともに実施した調査の話をすることにしよう。これは、ハイプ・マシン、ソーシャル・ネットワークについての大規模調査のなかでも特に早く実施されたものだ。この調査では、統計学者が「反射問題」と呼ぶ問題が重要になった。

反射問題

反射問題とは、突きつめれば、ソーシャル・メディア・ネットワークでつながっている人たちが同じような行動を取っている時に、それは人から人へと行動が伝染した（誰かの行動が別の誰かの行動に影響した）からなのか、それとも、単に元から似た行動を取りやすい人たちが集まっているだけなのか、判断が難しいという問題のことである。これまでの研究では、ほぼどのソーシャル・ネットワークにおいても、つながっている人たちは同じようなタイミング同じような行動を取る傾向があることがわかっている。この傾向は驚くほど一貫している。ネットワークでつながっている人たちの行動が似ているからと言っても、それはお互いの行動がお互いに影響を与えているからなのか、それとも元々、行動が似ている人が集まっているからなのかはよくわからない。いったい、これはどちらだと考えるのが妥当なのだろうか。

類は友を呼ぶというのが常に一貫しているのだとしたら、行動が人から人へ伝染しているように見えても、実は最初から行動が似通っている人が集まっていると見るのが正しいことになる。スキーが好きな人はスキーが好きな人どうし、ランニングが好きな人はランニングが好きな人どうし、グルメな人はグルメどうしで集まりやすいのは間違いない。だから、つながっている人が皆、スキーをしていたとしても、走っていたとしても、新しいレストランに積極的に行っていたとしても、べつに友達に影響されたわけではなく、元からそういう人たちがつながっているだけということだ。

また、つながっている人たちの行動に相関関係がある時は、互いの影響以外に、いわゆる「交絡因子」が存在する場合もある。社会学者のマックス・ヴェーバーの「その場にいる人たちが一斉に傘を広げはじめたとしたら、それはおそらく互いに影響を与え合ったからではないだろう」という有名な言葉のとおりだ。もちろん、雨が降ってきたから一斉に傘をさしたと見るのが正しい。

たとえば、政治集会か、音楽のコンサートに集まってきた人たちがいるとしよう。皆、肩が触れ合うくらいに接近して同じ屋外の会場にいて、イベントが始まるのを待っている。ある時、左端の最後列の一人が傘を広げる。数秒後に、隣に立っていた一人も傘を広げる。これで最後列左の二人が傘をさしていることになる。さらに数秒後、右隣にいた三人目が傘を広げ、さらに隣が広げ、さらに隣が、ということが続き、ついには、最後列左端から、最前列右端にいたるまでの全員が順に傘を開いたとしよう。この現象が起きた原因は何だろうか。

最初に傘を開いた人が、隣の人を肘でつつき、「おい、君も傘を開けよ、きっと面白いぜ」と言い、その言葉に従って二人目が傘を開いたのかもしれない。また、二人目もやはり、隣の人を肘でつついて同じことを言った可能性がある。これが何度も繰り返されて、ついには全員が傘を開くにいたったのかもしれない。もし、そうだとしたら、人から人への影響が現象の原因だと説明できる。

しかし、ほかのことが原因でもまったく同じ現象が起きることはあり得る――突然、雨が降ってきたのかもしれない。雨に気づいた人が、一人、また一人と順に傘を広げ、ついには全員が傘をさしている状態になったということだ。空からは、最後列左端から最前列右に向かって順に傘が開いていく様子が、滝の水が流れていくように見えるだろう。ただ、その様子を見ただけでは、互いに影響を与え合った結果、起きた現象なのか、それとも雨が降ってきたせいで起きた現象（交絡因子が存在するということだ）なのか、判断はできない。傘を開いた人たちが何に動かされたのかを確かめないかぎり、正しい判断は不可能である。

屋外にいる人たちの傘を開く、開かないがハイプ・マシンにどう関係するのか、と疑問に思う人もいるかもしれない。しかし、類は友を呼ぶというのがオンラインにも成り立つとすれば、ソーシャル・メディアでつながっている人たちはおそらく似通った嗜好を持っているはずだ。同じようなテレビ番組を見て、同じようなポッドキャストを聴いて、同じようなウェブサイトを訪れているだろう。きっと目にする広告もだいたい同じだ。つまり、皆がだいたい同じ時に同じソースから情報を得る可能性が高いということである。ハイプ・マシンでは、友達になっている人たちは嗜好が似ていて、同じようなメッセージ、同じ広告に触れていることが多いが、これはターゲティングのせいだろう。屋外の会場に降り出した雨のように、広告やメッセージは、ハイプ・マシンでつながっている人たちに一斉に降り注ぐ。だから、皆の行動が似通ってくるのは、互いに影響を与え合っているわけではなく、それとは別の交絡因子のせいだ。ここまで書いても「だからどうした」と言う人はいるだろう。

反射問題を理解することは、マーケティングの成功にも重要だし、ソーシャル・メディアの操作が選挙に与える影響を知るうえでも重要だ。そして、私たちがヤフーとともに実施した調査にとってもこの問題は重要だった。

二〇〇七年七月、ヤフーでは、「ヤフー・ゴー」という新たなモバイル・サービスの提供を開始した。

これは、ユーザーの携帯電話に、ニュース、天気予報、株式市場の情報を送るサービスである。六カ月間でサービスの利用者は、五〇万人を超えた。ヤフーとしては、利用者が増えた理由を確かめたかった。消費者が互いの行動に影響を与え合った結果なのか、それとも、消費者一人一人の嗜好にヤフー・ゴーが合っていただけなのか。それがわかれば、これからのサービスのマーケティングに役立つ。友達どうしの口コミによって広まったのだとしたら、ウーバーのリファラル・プログラムのように、報奨金を払うなどして、口コミをさらに促進すればいいだろう。それで利用者は急激に増えることになるはずだ。しかし、消費者が友達の影響で動いたのではなく、たまたま消費者の嗜好が似ているために、同時に同じような行動を取っただけなのだとしたら、ネットワーク・ターゲティングの戦略を取ったほうが、バイラル・マーケティングよりも効果的だろう。つまり、データを綿密に調査すれば、ヤフーはこれからのマーケティング戦略を立てやすくなるということだ。

長期にわたったヤフー・ゴーについての調査[6]のなかで、私たちは、「ヤフー・メッセンジャー（AOLのAIMやMSNメッセンジャーと同じようなサービス）」というグローバルなインスタント・メッセージング・ネットワークでつながった二七〇〇万人のユーザーのデータを収集した。このユーザーに関しての、詳細な人口統計データ、地理データ、さらにオンラインでの行動に関する包括的で詳細なデータ（九〇〇億にも及ぶページビューについてのデータ）も集めた。それに加え、ヤフー・ゴーを誰が使いはじめ、また誰がどのように利用していたのかが一日ごとにわかるデータも入手した。

反射問題に対処するため、私たちは新たな統計手法を考案し、「ダイナミック・マッチド標本推定」と名づけた。これは、ポール・ローゼンバウムとドナルド・ルービン[7]が一九八三年に考案した「傾向スコア・マッチング」と呼ばれる有名な手法のダイナミック版、ネットワーク版とでも言うべき手法であ

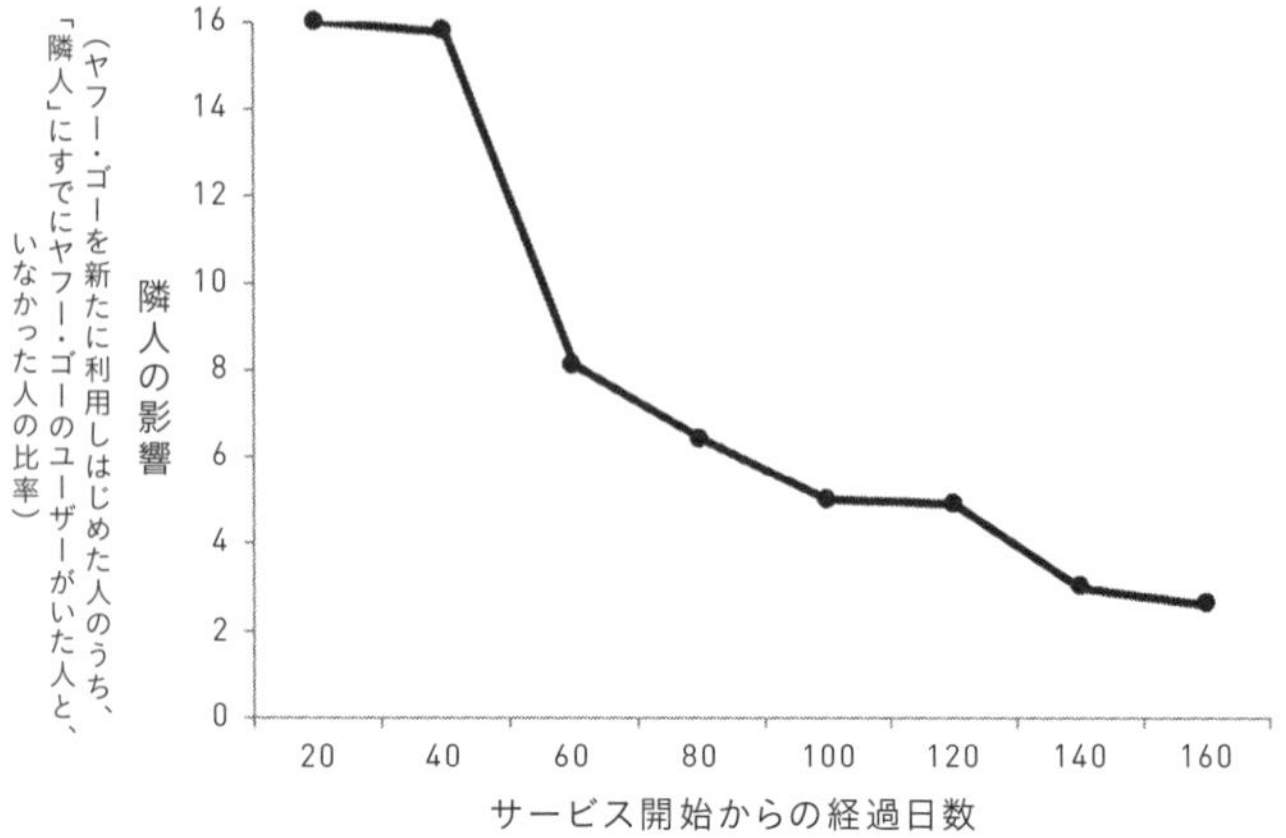

[図8-2]「ヤフー・ゴー」ユーザーの「影響曲線」。縦のY軸は、ヤフー・ゴーを新たに利用しはじめた人のうち、「隣人」にすでにヤフー・ゴーのユーザーがいた人と、いなかった人の比率。横のX軸は、ヤフー・ゴーのサービス開始からの経過日数。ヤフー・ゴーの新規ユーザーのうち、すでにユーザーになっている「隣人」のいた人の数がどう変化していったのかがわかる。

る。* この手法で重要なのは、他の消費者からの社会的影響と、消費者の同質性や交絡因子などの他の要因を切り離すことである。** 私たちは、収集したデータに関わる数百万もの人たちにこの手法を適用した。それでわかったのは、相関関係と因果関係を明確に区別しなければ、大きな誤解をするおそれがあるということだった。

私たちはまず、ネットワークにすでにヤフー・ゴーを利用している隣人がいるか否かを基に、ある消費者がヤフー・ゴーを利用しはじめる確率を推定するためのモデルを作った。これは、ショーンドラ・ヒルらが「ネットワークの隣人」についての研究で作ったのと同じようなモデルである。このモデルによる分析の結果、できたのが［図8－2］のような「影響曲線」だ。ヤフー・ゴーを新たに利用しはじめた人について、「隣人」にすでにヤフー・ゴーのユーザーがいた人と、いなかった人の比率を調べ、その比率が時間の経過とともにどう変化したかをまとめたグラフである。グラフの左端を見ると、ヤフー・ゴーのサービス開始から二〇日が経過した時点では、「隣人」にすでにユーザーがいた人の数が、いなかった人の一六倍にもなっている。しかし、グラフの左から右に目を移していくと、サービス開始から五カ月もすると、「隣人」にユーザーがいた人の数は、いなかった人の二倍ほどにまで減っている。このグラフでは、隣人からの社会的な影響は、ヤフー・ゴーの初期においてはユーザーを増やすのに大きな役割を果たしたように見えるが、その影響は時間とともに減ったようにも見える。

この種の影響曲線は、多くの人々の行動に変化をもたらしたいと考える人にとっては重要だろう。消費者が「隣人」に説得されてヤフー・ゴーを利用しはじめることが多いのだとしたら、CMOは、既存のユーザーに報奨金を支払って友人を勧誘してもらうリファラル・プログラムの導入を考えるべきだろう。しかし、ヤフー・ゴーを利用しはじめるにあたって、「隣人」の影響を受けている人が少ないのであれば――「隣人」に説得されてサービスを利用しはじめた人が少ないのなら――ネットワーク・ターゲティングのほうがより有効な戦略だと言える。

＊この手法の詳細に関しては、本書の内容にあまり関係ないので触れない。ただ、興味のある読者もいると思うので、簡単にまとめておこう。まず、私たちは、すでにヤフー・ゴーを利用している隣人がいるユーザーが、ヤフー・ゴーを利用しはじめる確率についてのモデルを作った。そして、すでにヤフー・ゴーを利用している隣人がいる可能性が同じ程度のユーザーについて、実際にヤフー・ゴーを利用している隣人がいるユーザーと、いないユーザーとで、ヤフー・ゴーを利用しはじめる確率がどう変わるかを比較した。

＊＊ディーン・エックルズとエイタン・バクシーは後に、適切なコンテキスト変数を使用すれば、この手法で最高八〇パーセントまでエラーを低減できると証明した。

あなたがもしヤフーのCMOだったとしたら、マーケティングの予算を、社会的影響に頼るバイラル・マーケティングと、社会的影響には頼らないネットワーク・ターゲティングのどちらに振り向けるかを決めなくてはならない。［図8－2］はその決断の参考になるグラフである。グラフを見て単純に考えれば、最初の三カ月間はバイラル・マーケティングに予算を多く振り向け、その後はターゲット・マーケティングに力を入れていく、という戦略が良いようにも思える。グラフを見るかぎり、社会的影響は最初のうち大きく、その後、小さくなっていくようだ。しかし、あなたがヤフーのCMOで、私がチーフ・サイエンティストだったとして、私があなたにこのグラフを見せ、それを見てあなたがそのように予算の配分をしたとすれば、私たちは二人ともクビになるだろう。

その理由は、私たちが二人とも、相関関係を因果関係だと誤って解釈しているからだ。新たにサービスを利用しはじめたユーザーの「隣人」に既存ユーザーが多かったとしても、隣人の影響でサービスを利用しはじめた人が多いとはかぎらない。隣人の同質性や交絡因子などを考慮に入れて調整した結果は［図8－3］のようになる。

ヤフー・ゴーを利用するという消費者の決断への社会的影響の量は、最初に推定されたよりはるかに少ないとわかる。しかも、時間が経過しても影響の量は変わらない。相関関係と因果関係を混同すると、社会的影響の量を七〇〇パーセントも過大評価してしまうということだ。これは大変なミスであり、デジタル・マーケティングの予算を台無しにしてしまうおそれすらある。公衆衛生活動や、選挙への介入などにおいても、この種のミスは致命的だ。

マーケティングでも、アウトリーチ活動でも、この種のミスは絶対に防がねばならない。事前にリターンを正しく推定できなければ、適切な投資など決してできないだろう。ソーシャル・メディアをうま

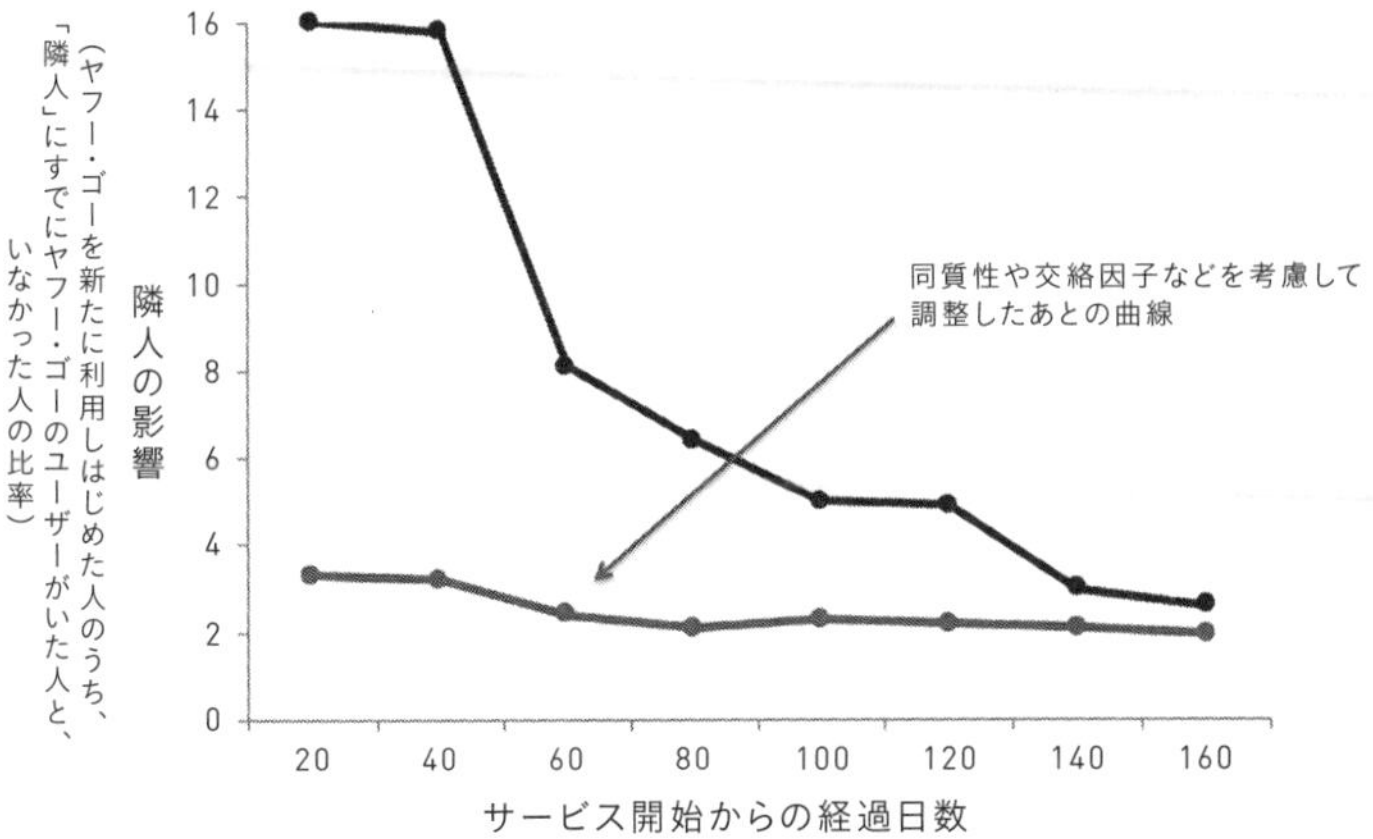

[図8-3]「ヤフー・ゴー」ユーザーの調整済みの「影響曲線」。縦のY軸は、ヤフー・ゴーを新たに利用しはじめた人のうち、「隣人」にすでにヤフー・ゴーのユーザーがいた人と、いなかった人の比率。横のX軸は、ヤフー・ゴーのサービス開始からの経過日数。上の曲線は[図8-2]と同じだが、下の曲線は、同質性や交絡因子を考慮して調整したもの。すでにヤフー・ゴーのユーザーになった「隣人」がいることが、ある人の行動にどの程度影響するかがわかる。調整済みの曲線を見るかぎり、影響はほとんどないと考えられる。

く利用するには、人々が一斉に傘を開いた時に、それは雨のせいだと見抜く力が必要だ。

――友達の嗜好を見ることで影響を受ける（ソーシャル・アドバタイジング）

周囲の他人からの社会的影響を利用する戦略はバイラル・マーケティングだけではない。フェイスブックが選挙についての実験で注目したのは、「ソーシャル・アドバタイジング」と呼ばれるまた別の戦略である。ソーシャル・アドバタイジングとは何か、それを理解するにはまず、ハイプ・マシンにおける「アイデンティティ」の役割を理解する必要があるだろう。

フェイスブック、インスタグラム、リンクトインなどで投稿する時、あるいはコンテンツに触れる時、私たちは自分のアイデンティティをそのコンテンツに結びつける。そう意識していなくても結果的にそうなる。何より重要なのは、自分が誰と親しいのか、何に興味を持っているのかなどを見ている他人に伝えてしまうことである。また同時に、プラットフォームにも自動的に伝えてしまうことになる。プラットフォームでは常に、クリス・ディクソンとカタリーナ・フェイクの言う「テイスト・グラフ」の分析をしているものだからだ。今のところ、テイスト・グラフの分析に関しては、ピンタレストが業界をリードするインテリジェンス・エンジンを持っていると自ら主張している。ピンタレストは簡単に言えば、人々を趣味や嗜好と結びつけるネットワークである。だが、フェイスブックは、実はこの分野でも優位に立っている。ユーザーの嗜好を恐ろしいほどよく理解しているのだ。

すでに述べたとおり、フェイスブックは、友達のなかですでに投票を済ませた人のプロフィール写真を見せる、という方法で投票率を大きく上げることに成功した。このように、実験によって証拠が得られたことで、フェイスブックのソーシャル・アドバタイジングはさらに力を持つようになった。ウィーチャットのモーメンツ広告についても同様のことが言える。フェイスブックにしろ、ウィーチャットにしろ、重要なのは、特定のメッセージや、その発信元に対して、友達が「いいね!」をするなどの好意的な態度を取っていると伝えることだ。たとえば、フェイスブックがデルタ航空の広告を表示するさい、同時に「マイルス、ステファンのほか、六人の友達がデルタ航空のファンです」と伝える。あるいはポケモンの広告を表示するさいに、「友達のカヤがポケモンのファンです」と伝える。つまり、コンテンツそのものだけではなく、そのコンテンツについての「社会的証明」も同時に提供するわけだ。「いいね!」やシェア、コメントなども「社会的証明」だと言える。こういうことをするのには、十分な理由がある。社会的証明を付加することで、メッセージの説得力が劇的に上がるのだ。

二〇一二年、フェイスブックは、二回の大規模な無作為抽出実験を行なった。どちらも、この種のソーシャル・アドバタイジングの効果を測るものだった。実験を行なったのは、私の友人で同僚でもあるエイタン・バクシー、ディーン・エックルズ、ロン・ヤン、イタマー・ローゼンである。当時は全員がフェイスブックに勤務していた（ディーンはその後、私のいるＭＩＴに移った）。実験の対象となったのは、フェイスブックのユーザーから無作為に選び出した人たちだ。一回目は六〇〇万人、二回目は二三〇〇万人が対象となった。(8)

一回目の実験では、対象のユーザーに、あるブランドの広告を見せたのだが、同時に一部のユーザーにはそのブランドに「いいね！」をした友達の名前を表示した。友達の名前を表示するか否かはランダムに決めた。そして、友達の名前を見たユーザーと、見なかったユーザーとで、反応を比較したのである。すると、友達の名前一つあたり、クリック率が三・八パーセントから五・四パーセント、「いいね！」をする率が九・六パーセントから一一・六パーセント上がることがわかった。これは大変な効果である。研究者たちは、最小限の「社会的手がかり」であっても、提示されれば、消費者の広告への反応に相当な影響を与えると結論づけた（いかにも科学者らしい慎重な物言いではある）。

二回目の実験では、表示する「社会的手がかり」の数を、ユーザーごとにランダムに変化させた。あるユーザーには、一人の友達の名前だけを提示した。他のユーザーには、二人の友達の名前を、さらに他のユーザーには三人の友達の名前を、という具合に様々に数を変えたのである。それでわかったのは、提示される友達の数が増えるほど、効果も高まるということだ。広告されたブランドに「いいね！」をした友達の名前を二人提示されたユーザー（［図８－４］のＺ＝２にあたる）の場合、友達の名前を一人だけ提示されたユーザーに比べて、クリック率が一〇・三パーセント、「いいね！」をする率が一〇・五パーセント向上することがわかった。広告されたブランドに「いいね！」をした友達の名前を三人提示されたユーザー（［図8－4］のZ＝3にあたる）の場合、友達の名前を二人提示されたユーザーに比べて、クリック率が八・〇パーセント、「いいね！」をする率が八・九パーセント向上することがわかった。［図8－4］のとおり、「社会的手がかり」のなかの友達の数が多くなるほど、ユーザーの広告に対するエンゲージメントは高まる。そのブランドにすでに「いいね！」をした友達の名前が多く提示されるほど、ユーザーの広告に対するエンゲージメントが高まるとも言える。Z＝1、Z＝2、Z＝3の場合を比較するとよくわかる。ブランドに「いいね！」をした友達の数が一人、二人、三人の場合の比較である。ユーザーをこのように三つのグループに分け、それぞれ個別に分析しなければならないのには理由がある。すでに「いいね！」をした友達が多いユーザーは、元来そのブランドとの親和性が高い可能性がある。友達は同質性が高いからだ。同質性の高さは、Z＝1のグループよりZ＝2のグループのほうが、Z＝2のグループよりZ＝3のグループのほうがレスポンス率が高いことに表れている。あるブランドとの親和性が高い友達が多いユーザーほど、そのブランドとの親和性が高い傾向があるわけだ。

フェイスブックのこの実験は他に類を見ないものだった。友達の同質性を前提としたネットワーク・ターゲティングよりも「社会的手がかり」の力が明らかになった。これによって、広告の効果を高める「社会的手がかり」の効果が大きいことがわかったのだ。ただ、フェイスブックの実験では、ソーシャル・アドバタイジングの効果が、広告される商品やサービスの種類によってどう変わるかまでは調べられていない。たとえば、エレクトロニクス製品のほうが、ファッション・アクセサリーよりもソーシャル・アドバタイジングの効果が高い、といったことはあるのか。ランニングを奨励する広告のほうが、投票を促す広告よりも効果が高いといったことはあるのか。ロレックスの時計や高級車のような高額商品を購入するさい、あるいはホテルやレストランといった経験財を選ぶさいに、友達の意見により大きく左右されるということ

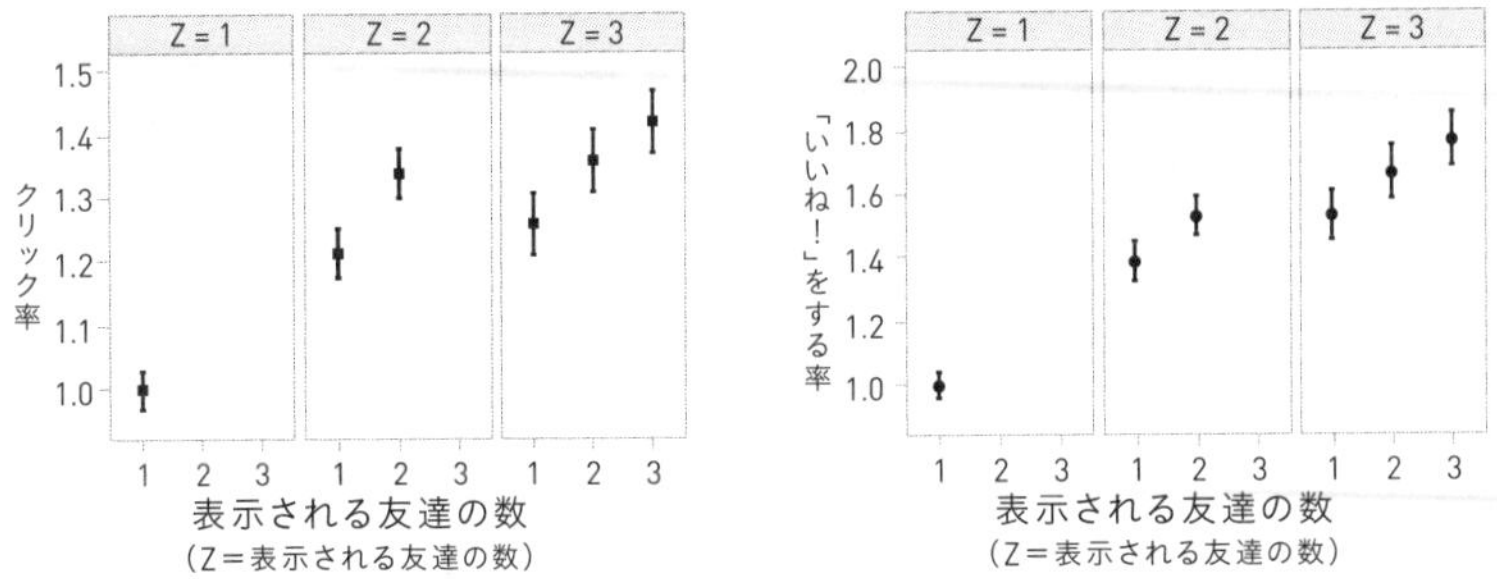

[図8-4] 社会的手がかり(提示される友達の数)がクリック率や、「いいね！」をする率に与える影響。このグラフを見ると、フェイスブックの広告とともに提示される友達の数と、広告へのクリック率(左)、「いいね！」をする率(右)のあいだの関係が平均するとどのようになっているかがわかる。Zの値が提示される友達の数を表す。その広告のブランドに「いいね！」をした友達の名前を一つ提示した時、二つ提示した時、三つ提示した時で、ユーザーの反応は大きく変化する。

はあるのか。実際に使ってみなければ価値がわからない商品に関しては、確かに他人の評価を気にする可能性が高そうではある。

それを確かめるべく、私は、シャン・ファン、ジェフリー・フー、エリック・ブリィニョルフソンとともに、中国最大のソーシャル・プラットフォームであるウィーチャットと共同でさらに大規模で包括的な実験を行なった[9]。三七〇〇万人のウィーチャット・ユーザーを対象に、ランダムに決めた数の「社会的手がかり」を付加したモーメント広告を提示したのだ。提示された広告は、二五のカテゴリーの七一の商品についてのものである。そうして、商品の種類による「社会的手がかり」の効果の違いを見た。商品に好意的な友達からの社会的信号には、広告の説得力を増す効果はあるのか。もしあるとすれば、特に効果が大きくなるのは、どのカテゴリーのどの商品の広告か。実験の結果、商品の種類ごとにソーシャル・アドバタイジングの効果は大きく異なることがわかった。

ウィーチャット

ここで、ウィーチャットについて少し説明しておいたほうがいいだろう。ウィーチャットはハイプ・マシンのすごさ、恐ろしさがよくわかるソーシャル・メディアだからだ。フェイスブックが重要なのは、規模が大きいからだ。ウィーチャットが重要なのは、「何でもあり」だからである。ソーシャル・ネットワークのスイス・アーミーナイフと言ってもいい。ウィーチャットでは、ほとんど何でもできる。列車の予約もできるし、ホテルを探すことも、決済も、友達にメッセージを送ることも、写真を共有することも、食べ物を注文することも、送金することも、タクシーを呼ぶことも、買い物も、衣服をドライ・クリーニングに出すことも、ビットコインの交換も、株式投資も、慈善事業への寄付も、ビデオゲームをプレーすることも、映画を観ることも、ニュースを見ることもできる。つまり、フェイスブック、ワッツアップ、インスタグラム、ウーバー、ベンモ、そしてアップストアを全部合わせたようなものということだ。

ウィーチャットにとって大きいのは、いわゆる「グレート・ファイアウォール（防火長城。中国でフェイスブック、インスタグラム、ツイッター、ユーチューブなどのウェブサイトを使えなくする大規模情報検閲システム）」である。この壁があるおかげで、フェイスブックなどの競争力の高いネットワークの影響を受けることなく独自のネットワークを構築でき、後発の有利さだけを享受できた。通常、ネットワーク効果がはたらく市場においては、先発するのが絶対に有利である。ネットワーク効果によって、後発の競争相手に勝つことができるからだ。ただし、後発者には、先発者の失敗に学んでより新しい技術を生み出せるという利点もある。それによって先発者に勝つことも不可能ではない。だが、ウィーチャットの置かれた状況は大きく違っている。グレート・ファイアウォールのおかげで、先発者と競争する必要はなく、しかも、先発した西側のソーシャル・プラットフォームに学ぶこともできたのである。保護された中国の巨大市場で先発者となり、その有利さを享受することもできた。先発者と後発者、両方のいいとこ取りができたわけだ。今では世界で最も包括的なソーシャル・プラットフォームとなり、一〇億人を超えるユーザーを抱えている。

この実験では、「いいね！」をした友達の名前を一つ提示すると、ユーザーのクリック率は三三・七五パーセント上がった——これは、私の同僚たちがフェイスブックについて行なった実験で得られた三・八パーセントから五・四パーセントという結果よりもはるかに多い。だが、この実験には、フェイスブックについての実験とは違っている点が三つあった。それについて知ると、「社会的手がかり」の持つ力をより深く理解できる。

一つ目は、フェイスブックの実験では、「社会的手がかり」をまったく提示されない対照群の設定をしていなかったということだ。その代わりに、社会的手がかりが一つだけのグループと、二つのグループ、三つのグループの比較をしていた。私たちがウィーチャットについて行なった実験では、まず社会的手がかりを提示されない対照群と、社会的手がかりを一つ提示されるグループとを比較することで、社会的手がかりの持つ説得力をより明確に知ろうとした。

二つ目は、私たちの実験では、ユーザーの直接の友達の名前のみを提示するようにしたことである。友達の友達、友達の友達の友達の名前は提示してない。それに対し、フェイスブックの実験では、対象ユーザーから何人かを隔てた間接的な友達の名前も提示していた。これは結びつきの強さによって社会的手がかりの力が変化する証拠だと言える。結びつきの強い友達の社会的手がかりほど、その人の行動に大きな影響を与えるということだ。第5章で、フェイスブックはローカルのネットワーク効果によってマイスペースに勝ったという話をしたが、その考え方の正しさは、この実験結果によっても裏づけられている。

三つ目は、私たちの実験では、商品の種類による社会的手がかりの影響の違いを確かめたということだ。そして、違いは非常に大きいことがわかった。最も成功した広告では、「いいね！」をした友達の名前を一つ加えただけで、クリックスルー率が最高で二七〇パーセントも上がった。どこまでが社会的手がかりの力なのか、広告の内容の力がどのくらいあるのかは、この数字だけではわからない。ともかく社会的手がかりを加えると、過半数の商品で、広告の効果が増すことがわかった。ただ、その効果の大きさには場合によって違いがあった。三九の商品に関しては、広告に社会的手がかりを加えることで効果が大幅に増したが、三二の商品ではほぼ効果が見られなかった。ただ、社会的手がかりを加えることで効果が薄れた広告は一つもなかった。

なかでも効果が高かったのはハイネケンの広告で、社会的手がかり一つで二七〇パーセント効果が上がった。最も効果が小さかったのはディズニーの広告で、社会的手がかり一つで二一パーセント効果が上がったにすぎなかった（ただし、すでに述べたとおり、効果がまったくなかった商品が三二もあったことも忘れては

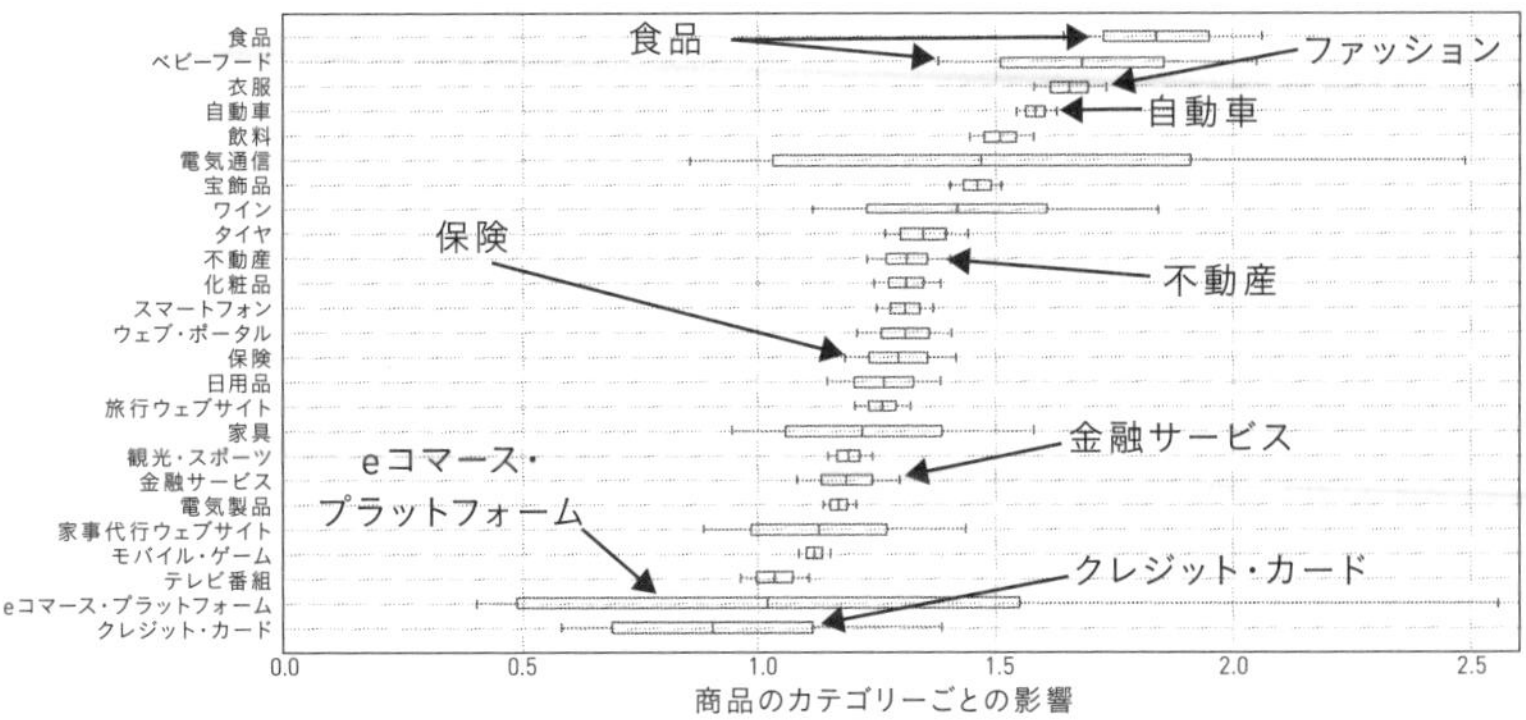

［図8-5］商品のカテゴリーごとの、社会的手がかり（友達の「いいね！」）の広告クリックスルー率に与える影響の違い。グラフを見ると、ウィーチャットに表示される広告のクリックスルー率と、「いいね！」をした友達の名前を提示することのあいだに、平均してどのような関係があるかがわかる。右へ行くほど、そのカテゴリー（食品、ファッション、自動車など）の広告に付加された社会的手がかりがクリックスルー率に与える影響が大きいことを示す。

ならない）。この結果から、ソーシャル・アドバタイジングに向いている商品とそうでない商品を見極めることはできるのだろうか。なぜ、社会的手がかりによってユーザーの考えが変わる商品とそうでない商品があるのだろうか。それを突き止めるため、私たちはデータをカテゴリーごとに分けて詳しく分析してみた。

　商品のカテゴリーごとにソーシャル・アドバタイジングの効果を見ていくと、明らかに効果の大きいカテゴリーとそうでないカテゴリーがあることがわかる［図8－5］。食、ファッション、自動車などは特に効果の大きいカテゴリーである。飲料、宝飾品などもかなり効果が大きい。不動産、保険、金融サービスなどは、中程度の効果だ。一方、クレジットカードや、eコマース・プラットフォームなどのカテゴリーの場合、消費者は社会的信号では動かされにくい。なぜそうなのか。なぜ、社会的信号によって消費者が動かされやすいカテゴリーと、そうでないカテゴリーがあるのだろうか。

おそらく、カテゴリーごとに、何か社会的信号の効果を強める、あるいは弱めるような特徴があるのだと考えられる。たとえば、人間には自分と友達とを比較したいという欲求がある。商品のなかには、その欲求を満たすのに使われるものがあるのではないか。高級時計、高級車などの高額商品がそうだ。高額商品を買う人たちは、もちろん、自分が楽しむために買うのではあるが、それだけではない。自分の得たステータスを他人に示すために買うという側面もある。そういう商品に関しては、社会的信号の与える影響は大きくなるのではないか、と私たちは考えた。実際、高額商品とそうでない商品を比較してみると、やはり、ステータスを他人に示すために買われることの多い商品のほうが、そうでない商品に比べ、社会的手がかりの効果が著しく大きいことがわかった。

ウィーチャットの実験で私たちが学んだのは、人々のハイプ・マシンでの行動は商品の種類ごとに違っているということだった。ハイプ・マシンのはたらきを一言でまとめることはできない。ソーシャル・ネットワーク経由で情報やアイデア、商品、行動などがどのように拡散されていくのかを一概に言うことは難しい。行動、商品、アイデアの種類によって、当然、持っている性質が違い、社会的手がかりや同質性などによって受ける影響も違うからだ。拡散されやすいものもあれば、そうでないものもある。

では、社会的手がかりによって拡散されやすい商品をはじめから狙って作ることはできるのだろうか。

口コミで広まりやすい商品やアイデア（バイラル・デザイン）

ここまでに触れた三つの戦略はすべて、すでに存在している商品やアイデアを拡散するためのものだった。だが、それ以前、つまり商品やアイデアが生まれる前の段階から適用できる戦略もある。マーケター、政治家のほか、他人の行動を変えたいと望む人であれば、誰もが考えることだろう。今の「ソーシャル・エイジ」に、どうすれば商品やアイデア、コンテンツを効率的に拡散できるのか。そもそも、商品やアイデアを拡散されやすいものにしておけばいいのではないか。いわゆる「バイラル・デザイン」をしておくということである――バイラル・デザインがなされた商品やアイデア、コンテンツは、友達のあいだで共有される確率が上がる。

バイラル・デザイン自体は特に新しいものではない――聖書の昔からある。いわゆる福音主義は、世界中のほぼすべての信仰に見られる、宗教の根幹を成す部分だと言ってもいいだろう。キリスト教は、拡散されやすいものになっているが、結果的にそうなったというよりも意図的にそうしてあるのだ。「イエスは彼らに言われた、『全世界に行って、すべての造られた者に福音を宣《の》べ伝えよ』」（「マルコによる福音書」第一五章一六節）、「それゆえ、あなたがたは行って、すべての国民を弟子とし、父と子と聖霊の名によって、彼らに洗礼を施したまえ」（「マタイによる福音書」第二八章一九節）。キリスト教だけではない。クルアーン（コーラン）も、「ダーワ」が義務であると説いている。ダーワとは、「人々をイスラム教に入信させること」だ（第三章一〇四節、第三章一一〇節、第一六章一二五節、第四一章三三節）。バイラル・デザインを、最近生まれたもののように思っている人がいたら、その人は大きな勘違いをしているということだ。

今の情報時代においても、バイラル・デザインとはやはり、何かに口コミで広まりやすいような性質[10]、特徴を持たせることであることに変わりはない。私の友人で同僚でもあるジョーナ・バーガーは、自著『なぜ「あれ」は流行るのか?――強力に「伝染」するクチコミはこう作る!』（貫井佳子訳、日本経済新聞出版、二〇一三年）で、口コミで広まりやすい性質とはどのようなものかを詳しく書いている。それは、見た人が「シェア」したくなるような性質のことだ。たとえば、バーガーは、キャシー・ミルクマンとともに、『ニューヨーク・タイムズ』紙のなかでも特に多くシェアされた記事について調査している。それでわかったのは、そうした記事は皆、見た人の感情を大きく動かしているということだ[11]。称賛、感嘆などプラスの感情もあれば、怒り、不安などマイナスの感情もあるが、ともかく感情が大きく動くほど、シェアされやすくなっていた。また、感情を動かさない記事や、生まれる感情が「悲しみ」のように静かなものである場合には、あまりシェアされない。見た人が驚く記事、興味を引かれる記事、有用な記事はシェアされやすい。

商品やアイデアの場合もやはり、シェアしたくなる性質が重要であるのは同じだ。アドプション、エンゲージメント、シェアを促進する戦略を採る必要がある。無料eメール・サービスのホットメールはおそらく、デジタル時代の最初期のバイラル・デザインの例だろう。

ホットメールは一九九六年にサービスを開始したが、共同創業者であるジャック・スミス、サビア・バティアの二人は、ホットメールのデザインにはじめから口コミで拡散されやすい性質を持たせていた。送信されるすべてのメールの末尾、署名を入れる部分に、「無料のeメールを使うにはwww.Hotmail.comにアクセス」という文言が入る仕様になっていたのだ。つまり、メールが送られるたびにホットメールの広告も同時に送られていたわけだ。しかも、広告のリンクをクリックすれば即、ホットメールのサービスを利用できるようになっていた。サービス開始は一九九六年七月四日だった。

それから六カ月で、ホットメールは一〇〇万人のユーザーを獲得した。その五週間後、ユーザー数は二〇〇万人になった。一日に二万人以上、ユーザーを増やしていったことになる。しかも、有料の広告はほぼ出していない。ベンチャー・キャピタル、ドレーパー・フィッシャー・ジャーベットソンの取締役で、ホットメールへの主要投資家でもあるスティーブ・ジャーベットソンは、こう言っている。「ホットメールがグローバル・ネットワークでこれほど速く拡散されたことに私たちは驚いている。ネットワーク・ウイルス並みの速さで拡散した。外国ではまず学園都市の人が使いはじめ、そこから同じ地域の人たちへと急速に広まる、というパターンが見られた。本当にマルウェアの『ゼウス』が全世界に広がっていったのとほとんど同じパターンだ[12]」

ジョーナ・バーガーも言っているとおり、口コミで広まりやすい商品は、見た人が友達と「シェア」したくなるような性質を持っているものだ。第2章で述べたが、拡散されやすいフェイク・ニュースには、人を驚かせ、怒りをかき立て、嫌悪感を起こさせるような性質がある。それと同じように、口コミで広まりやすい商品にも、人の感情を強く動かす性質があることは間違いない。そのせいで、誰かに教えたくなるのだ。また、誰かに教えたくなった時に、それが簡単にできることも重要である。たとえば、ウェブサイト、ブログで商品が紹介された時、すぐそばにその商品の購入ページのリンクが設けられていれば、人に簡単に勧めることができるだろう。

口コミを促すための手法として特によく使われるのが、パーソナライズド・リファラルと、オートメーテッド・ノーティフィケーションの二つである。後者は、ユーザーの行動に対応する受動的な手法だ。たとえば、ユーザーがメッセージ送った時、あるいは、ステータスを更新した時には、自動的にそのことをネットワーク上の友達に通知する。ソーシャル・ネットワーキング・プラットフォームでは、ユーザーが投稿をすれば、そのことが友達に通知されるのが普通だ。インスタグラムに写真を投稿したことも、ストラバにランニング記録を投稿したことも自動的に通知される。一方、パーソナライズド・リファラルは、通知よりも対象が限定される。ユーザーは、何かを紹介する友達を誰にするのかを自らの意思で選ぶことができるし、紹介する相手には個人的なメッセージを送ることもできる。だが、二つの手法のうち、口コミを促す効果が高いのはどちらだろうか。それを確かめるべく、私はディラン・ウォーカーとともに、フェイスブックを対象にした大規模な無作為実験を行なった[13]。

その実験は、フェイスブック向けの映画関連アプリを開発している企業と共同で実施した。このアプリを使えば、近日公開の映画の紹介を読めるほか、自分で映画のレビューを書くことや、映画スターと「友達」になること、映画のチケットを買うこともできる。アプリは個人で利用することも、グループで利用することも可能だ。この「ソーシャル・シネマ・アプリ」は、フェイスブックに映画文化を根づかせることを目的として設計されている。アプリの口コミ効果を調べるため、私たちは、三つのバージョンのアプリを作った。三つのアプリは、それぞれ、持っている（いない）口コミ機能が違っている。一つは、パーソナライズド・リファラルの機能を持つ。これは、ユーザーが、自分で選んだ友達にアプリを紹介する機能である。もう一つは、オートメーテッド・ノーティフィケーションの機能を持つ。これは、アプリを利用しているユーザーの行動をフェイスブックの友達に自動的に通知する機能である。通知には、アプリをダウンロードできるページへのリンクがつけられる。

パーソナライズド・リファラル機能があると、アプリを使用中、画面には「友達招待」のボタンが表示される。ユーザーがそのボタンをクリックすると、その人のフェイスブック上での友達のリストが表示される。招待する友達を選び、その人宛のメッセージを入力して、アプリをダウンロードできるリンクをつけて送るのだ。一方、オートメーテッド・ノーティフィケーションがあると、ユーザーがアプリを使ってしたことが自動的に友達に通知される。ユーザーが、映画に評点をつけるなどの重要な行動を取ると、友達にはそのことが通知される。通知には、アプリをダウンロードできるリンクもつけられ、それによってアプリの利用が促される。たとえば、ユーザーが「ターミネーター2」に星四つをつけると、そのことをフェイスブックの友達全員に知らせるメッセージが自動的に生成される。そのメッセージには、アプリのダウンロードを促すリンクがついている。ユーザーが私だったとしたら、「シナンがこの映画アプリで『ターミネーター2』に星四つをつけました。アプリに興味のある人は、このリンクからダウンロード」というメッセージが送られてくるわけだ。

　実験では、ユーザーがアプリをダウンロードすると、三つのバージョンのうちどれになるかがランダムに決まるようにした。三つのバージョンは、それぞれに持っている（いない）口コミ機能が違っている。一つは、パーソナライズド・リファラル機能だけがあるバージョン。二つ目は、オートメーテッド・ノーティフィケーション機能だけがあるバージョン。三つ目は、どちらの機能もないバージョンだ。私たちはしばらくのあいだ、実験の対象となった一四〇〇万人のフェイスブック・ユーザーのあいだに三つのバージョンが拡散され、その結果として何が起こるかを観察した。

　わかったのは、招待のほうが、通知に比べて、友達にアプリを導入させる効果が三倍高いということだ。招待を受けたユーザーは、招待も通知も受けないユーザー（対照群）に比べて、アプリの導入者が六パーセント多かった。しかし、通知を受けたユーザーは、対照群に比べてアプリの導入者が二パーセント多かっただけだった。ただ、全体としては、招待機能が拡散速度を倍に高めた（正確には九八パーセント高めた）だけなのに対し、受動的な通知機能は、拡散速度を二四六パーセントも高めた。後者のほうがはるかに効果が大きかったことになる。つまり、招待は、一回あたりの効果は高いものの、全体としての効果は通知のほうが高くなるということだ。通知のほうが自動生成されるだけに、招待よりも回数が多くなるせいである。

また、招待には、アプリを長期間、継続的に使うユーザーを一七パーセント増やす効果があったが、通知には、その効果は認められなかった。親しい友達に誘われてアプリを使いはじめたユーザーは、アプリへの関心も高く、長く使いつづけることが多くなるようだ。この結果から、フェイスブックのローカルのネットワーク効果がはたらくと、ユーザーがアプリを継続的に利用する可能性が高まるのだと考えられる。アプリの価値は、それを利用している友達の数だけで決まるわけではなく、どれくらい親しい友達が利用しているかが大きく影響する。プラットフォームのネットワーク効果の高さが非常に重要だということである。

バイラル・デザインは、デジタルの世界のごく一部の商品にだけ有効なもの、と考えている人がいるかもしれないが、その考えは間違っている。まったく「アナログ」な商品にもバイラル・デザインは有効で、そのデザインによってハイプ・マシンで拡散されやすいものにできる。たとえば、人間の歴史のなかでも最もアナログな商品かもしれない「スニーカー」もそうだ。では、スニーカーのバイラル・デザインとは具体的にどういうものなのだろうか。最も単純なのは、データを集め送ることができるチップをスニーカーに埋め込んでしまう、という方法だろう。そのデータは、スマートフォンのアプリで受け取り、フェイスブックやインスタグラムに流せるようにする。それこそまさに、二〇〇六年にナイキがしたことだ。その年にナイキはナイキ・ラン・クラブの提供を開始した。

ナイキは、ユーザーが走った時に靴内に生じる熱や圧力から発電し、その電力で駆動するチップを作った。そのチップにはトランスミッターが内蔵されており、二・四ギガヘルツの無線電波で、スマートフォンの受信機と通信ができる。足とスマートフォンのあいだで送受信されるデータは暗号化される。ただ、スマートフォンに送られたデータは、他のデータと同様、フェイスブック、ツイッター、インスタグラムなどでユーザーが自由にシェアできる。私たちの研究でも、この種のバイラル・デザインが施された商品を使うと、自分の行動でネットワーク上の他の人たちに影響を与えられるとわかっている。ナイキのシューズの場合は、自分のランニングのデータをシェアすることで、友達の行動に影響を与えられるわけだ。

デジタル・デバイスが進歩し、洗練されるほど、それに伴ってバイラル・デザインも進歩する。それによって、ハイプ・マシンはアナログの世界にも深く入り込むことができるようになるのだ。フェイク・ニュースについての研究でもすでに明らかになっているとおり、情報には、人を驚かせ、感情を強く動かすものであるほど広く拡散される傾向がある。たとえ誤った情報であっても、人を驚かせ、怒らせ、嫌悪感を起こさせれば拡散されることが多い。それはアナログの世界が関わった場合でも同じだ。

インフルエンサーは本当に私たちの買い物、食事、投票に影響を与えるか（インフルエンサー・マーケティング）

二〇〇九年、ニューヨーク、ミートパッキング地区の衣料品店、セオリーで働いていたアリエル・チャーナスは、ファッション・ブログを始めた。ボーイフレンドの気を引くためだ。チャーナスは、自分の提供するコンテンツを「サムシング・ネイビー」と名づけ、ブランド化した。そして、自ら「ちょっと上を行くベーシック（Elevated Basic）」と呼ぶスタイルを、いくつものソーシャル・メディア・プラットフォームを使って拡散しはじめた。インスタグラムには、サービスが開始された二〇一〇年から投稿しはじめた。投稿される写真のなかのチャーナスはおしゃれで、立ち居振る舞いは控えめで、それでいて見ていると不思議に元気が出るものだった。彼女はよく家族のことも書いて投稿していたが、それも好感が持てた。

しかし、チャーナスが与えた影響はとても「控えめ」と言えるものではなかった。二〇一六年、彼女はスナップチャットに、ピーター・トーマス・ロスの「ローズ・ステム・セル・バイオリペア・ジェル・マスク」という商品の写真を投稿したのだが、なんと、その投稿によって商品が多く売れ、一日に一万七五六五ドルもの売上があった。[14] 仮に一カ月続いたとしたら五二万七〇〇〇ドル、一年続いたとしたら六四〇万ドルにもなるペースで売れたことになる。百貨店チェーン、ノードストロームとの初めてのアパレル販売コラボレーションでは、最初の二四時間で一〇〇万ドルもの売上があった。二度目のコラボレーションでは、開始から一時間も経たないうちにトラフィックが増えすぎてノードストロームのウェブサイトがクラッシュするという事態になりながらも、[15] 四〇〇万ドルから五〇〇万ドルもの売上を達成した。これは、ミュージシャンのビヨンセやリアーナとのコラボレーションを上回る業績である。サイトがクラッシュしたにもかかわらず、それだけの成果を上げたのだ。

ファッショニスタ・ドット・コムのタイラー・マッコールは、チャーナスに「ソーシャル・メディアによってあなたの人生はどう変わりましたか」と尋ねた。その質問にチャーナスは「ソーシャル・メディアは私にとってすべてです。私のキャリアを作ってくれたものです。私のビジネスはソーシャル・メディアによって成り立っています」と答えている。「ブランドもソーシャル・メディアのおかげでできました。それなしでいったいどうすればいいのか私にはわかりません。インスタグラムが始まったおかげで、飛躍できました。ブログは素晴らしいし、持続可能ではあります……でも、ブログだけでは、インスタグラムほどの成功は望めなかったでしょう[16]」

チャーナスは典型的な「インフルエンサー」である。ハイプ・マシンによって力を得て、自分自身のブランドの価値を高め、多くの人々の行動に変化をもたらしている。* 彼女のインスタグラムのアカウントには一三〇万人を超えるフォロワーがいる。それだけではなく彼女は複数のソーシャル・プラットフォームで大きな存在となっている。

「一〇人に一人のインフルエンサーが、社会の人たちの行動変化を引き起こす[17]」という考え方は、学術の世界には、一九五〇年代にポール・ラザースフェルトとエリュー・カッツが「二段階フロー・モデル」を提唱した頃から存在していた。二〇〇〇年にマルコム・グラッドウェルの著書『ティッピング・ポイント――いかにして「小さな変化」が「大きな変化」を生み出すか』（高橋啓訳、飛鳥新社、二〇〇〇年）

＊ 当然、インフルエンサーの影響は両刃の剣である。ソーシャル・メディアの有害なコンテンツが、有害な価値観を生むことはある。インフルエンサーの影響により、人々が良い行動を取ることもあれば、良くない行動を取ることもあるだろう。チャーナスは、新型コロナウイルス感染症が大流行するなか、飛行機でニューヨークから旅立ち、そのことをソーシャル・メディアで大勢の人に知らせた。公衆衛生当局は、彼女の行動を批判した。影響を受けた人たちが多数、同様の行動を取ることになっては問題だからだ。私たちの調査でも、ソーシャル・メディアによる人と人とのつながりが、パンデミック時のソーシャル・ディスタンスの遵守に非常に大きな影響を与えることがわかっている。影響は地理的にも社会的にも広範囲に及ぶ。

が出版されてからは、それが一般の人々にも広まった。[18] つまり、決して最近生まれた考え方ではないということだ。しかし、ハイプ・マシンによって、インフルエンサーになるのが以前よりも容易になったことは確かだろう。他人に影響を与えることを職業とする人は増えている。ソーシャル・メディアの発達によって大勢の人に影響を与えることが簡単になり、その分だけインフエンサーの持つ影響力も大きくなっている。

今は、ハイプ・マシンによる大衆説得のためのツールを誰もが使える時代である。商業的な目的であれ、人道的な目的であれ、誰もが大勢に影響を与えられる可能性がある。ただ、なかにはアリエル・チャーナスのように道具を普通の人よりもうまく使える人がいる。それがインフルエンサーである。インフルエンサーは、自分の持つ影響力を金銭に換えることができる。また企業や政府は、自分たちに合ったインフルエンサーを見つけ出せれば、商品や思想を大勢に広めることに利用できる。インフルエンサー・マーケティングは、二〇二一年には一〇〇億ドル規模になるとも言われる。[19]

では、マーケターはどうすれば、目的に合ったインフルエンサーを見つけられるのか。インフルエンサーの持つ影響力はどうすれば測れるのか。インフルエンサーの評価指標として一般的なのは、ポピュラリティとエンゲージメントの二つだろう。ポピュラリティとは、文字どおり、そのインフルエンサーの「人気度」だが、フォロワーの数で測られることが多い。エンゲージメントとは、そのインフルエンサーの行動がどの程度フォロワーを動かせたのかを示す指標である。表からすぐにわかる「いいね！」やコメントの数のほか、特別な権限を持った人にしかわからないクリックスルー率やコンバージョン率などから割り出す。

ポピュラリティとエンゲージメントは、影響力を知る最初の手がかりにはなるが、それだけで真の影響力がわかるとは言えない。真の影響力を知るには、人々の行動変化をもっと厳密に分析する必要があるだろう。ポピュラリティが高いのは、「大きなマイク」を持っているようなものだが、それだけで影響力が大きいわけではない。

アシュトン・カッチャーを例に考えてみよう。おそらく、ハイプ・マシンの最初期のインフルエンサーの一人だ。当時、アシュトン・カッチャーは、自費でロサンゼルスの四〇五フリーウェイに巨大なビルボードを出し、自分のツイッター・アカウントをフォローするよう訴えた。そのおかげもあり、彼には何百万という数のフォロワーがついた。だが、それで彼は影響力を持つようになったのだろうか。私は、一般の人が参加する公開講座に出ると、ツイッターでアシュトンをフォローしている人に手を挙げてもらうことにしている。すると、相当な数の人が（実際、本当に多い）手を挙げる。だが、ツイッターでアシュトンが提案したことを何か実行したことのある人はいるか、と尋ねると、ほとんど誰もいない。まったくと言っていいほどいないのだ。アシュトンは世間では典型的なインフルエンサーだと思われている。でも、彼に影響を受けて何かをする人はいない。インフルエンサーとは「影響を与える人」という意味のはずだが、実際には影響を与えていないとすれば、インフルエンサーとはいったい何だろう。

二〇二〇年の大統領選挙の前に、バラク・オバマは、民主党支援者に向けて演説をした。はたしてこれに効果はあったのだろうか。党の幹部はきっとあったと思うだろう。オバマの演説に本当に効果があったのかを知るのに、演説を聴いた支援者が何人党に寄付をしたかを見るだけでは十分ではない。その演説を聴きに来ているのは、オバマを強く支持している人たちがほとんどだろうからだ。つまり、大統領選挙の前に寄付をする可能性が元々高い人たちばかりだということだ。オバマの影響力を確認するには、その日、演説を聴きに来た人たちが演説を聴かなかった場合、どのくらいの確率で寄付をしたかを知る必要がある。[20]影響力を知るには、反事実的思考が必要になるということだ。ある人の行動の影響がどの程度あったかを知るには、その行動がなかった場合とで結果を比較しなくてはならない。

影響を正しく評価するには、相関関係と因果関係を明確に区別する必要がある。これは、行動の傾向と、行動の変化を明確に区別するということでもある。[21]ある商品を購入する可能性は誰にでもある。重要なのは、誰かの言動が、その購入にどの程度影響を与えたかだ。その言動が、購入確率をどのくらい高めたかを知らなくてはならない。あなたがある商品を買って気に入ったとする。そして、あなたと私が友達だったとすると、おそらく私も、同じ商品に興味を持つ可能性が高いだろう。友達は似ていることが多いからだ。似ていれば、同じ企業にターゲットにされ、同じ広告を目にする可能性も高い。つまり、仮にあなたからの影響がなかったとしても、私はあなたと同じ商品を購入する可能性が高いことになる。誰かの影響なのか、それとも元々の傾向にすぎないのか、それを明らかにするのは容易ではない。

私はディラン・ウォーカーとともに、それを明らかにする方法を考え出した。[22]私たちは二〇一二年に『サイエンス』誌に発表した論文のなかでその方法に触れている。インフルエンサーの影響力を評価し、真のインフルエンサーを見つける方法について書いた論文である。すでに述べたとおり、私たちは映画アプリを利用して、バイラル・デザインの実験をした。その後、実験の結果を踏まえてさらに研究を進め、その成果を論文にまとめたのだ。

アプリ導入への友達からの影響を評価するため、私たちは、アプリのユーザーの友達一五〇〇万人を対象に、アプリからの通知を送る人、送らない人をランダムに決める実験をした。たとえば、「ターミネーター2」に私が星四つをつけると、通常は、私のフェイスブックの友達すべてにそのことを通知するメッセージが送られるのだが、実験では、ランダムに選んだ一部の人たちにはメッセージが送られないようにしたのだ。そのうえで、通知を受け取った人たちと、受け取らなかった人たちとを比較し、友達からの影響力がどのくらい大きいかを見ようとしたのである。私たちは、対象となる人たちの属性――年齢、性別、（既婚、未婚といった）交際ステータスなど――を様々に変えて同じ実験を繰り返した。そして、通知を送る側と受け取る側の属性の組み合わせ――男性が女性に送る、女性が女性に送るなど――が変わった時に、実験結果がどう変わるかも分析した。

この方法だと、送り手、受け手の性別の組み合わせによって、影響の大きさ、あるいは影響の受けやすさがどう変わるかがわかる。また、送り手、受け手の年齢が上がると、影響の大きさ、影響の受けやすさが上がるのか、下がるのかもわかる。実験の結果わかったのは、まず、総じて言えば、男性のほうが、女性に比べて他人に与える影響が強いということだ。また、女性は、女性よりも男性に大きな影響を与える。年齢に関しては、年齢が上がるほど、他人に与える影響は大きくなるが、他人から受ける影響は小さくなる。そして、既婚の人は、独身の人に比べて、他人から受ける影響が小さくなることもわかった。

既婚者はなぜ、独身者に比べて他人から影響を受けにくいのか、その理由に関して、私はイギリスでの公開講座で自分なりの、少々ロマンティックな仮説を披露した。人は結婚すると、相手と強く結びつき、互いに溶け合って、一体となって行動しはじめる。二人で一人になるということだ。何をするにしても、二人が同意しないと行動を始めることはない。だから他人に影響を受けることが少なくなるのだ、という説明である。しかし、私の友人のケンブリッジ大学教授、サンジーヴ・ゴイアルは、話を聴いて立ち上がり、こう発言した。「既婚の人間が他人に影響を受けにくい理由について、私なら違う説明をしますね。私は何をする時も、まず妻に相談しますから」。会場に笑いが起こった。どちらの説明も一応、正しいように思える。だが、今のところはなぜそうなのか、確たることはわからない。何よりも重要なのは、これは、あくまでも映画アプリを使った実験の結果でしかないということである。他の商品が対象なら、女性のほうが男性よりも大きな影響力を持つということは十分にあり得る。それでも私たちの実験では、ネットワークでの影響の大きさ、影響の受けやすさには一定の法則性があるらしいことがわかったとは言える。

まず、影響力の大きい人自身は、他人から影響を受けることがあまりない。反対に、他人から影響を受けやすい人が大きな影響力を持つこともあまりない。影響力の大きい人、つまり、つながっている誰かの行動をメッセージによって変える力を持っている人ほど、他人のメッセージによって自分の行動を変えることは少ない。私たちの実験の対象となった一五〇〇万人には、一貫してこの傾向が見られた。世界を変えるようなイノベーターたちは、誰に何を言われようとも、自分の考えを曲げることなく、目標を達成するイメージがあるが、この実験結果を見ると、やはりそうかと納得する。スティーブ・ジョブズにしろ、その一世紀前のアルバート・アインシュタインにしろ、その時代の常識などにはまったくとらわれることなく、ひたすら自分の道を切り拓いていった。フランチェスカ・ジーノは、この種の人たちを「反逆者」と呼んでいる。自らの考えに殉じ、他人の意見に動かされることはまずない人たちだ。ソーシャル・メディアにおいては、この影響を与える人、与えられる人の関係は、いわゆる「フォロワー率」に表れる。これは、あるユーザーがフォローしている人の数と、その人をフォローしている人の数の比である。影響を与える人は他人からフォローされても、あまり他人をフォローしない。影響を受ける人は、他人をフォローするが、他人からはあまりフォローされない。たとえば、ドナルド・トランプには、七二〇〇万人のフォロワーがいるが、本人がフォローしているのはわずか四七人だ。テイラー・スイフトには八五〇〇万人のフォロワーがいるが、彼女自身は誰もフォローしていない。

また、インフルエンサーの持つ影響力は、ネットワーク上での人間関係によって大きく変わるということもわかった。ソーシャル・メディア・ネットワーク上のインフルエンサーには大きく分けて二種類の人がいる。一方は、他のインフルエンサーと積極的につながろうとする人だ。そしてもう一方は、他のインフルエンサーとはあまりつながろうとしない人だ。本人の持つ影響力が同じくらいだったとしても、ネットワーク全体に与える影響は前者のほうがはるかに大きくなる。影響が他のインフルエンサーたちによって容易に遠くまで広がるからだ。後者のインフルエンサーは、自分と直接つながっている人たちのなかではトップ・インフルエンサーとして君臨できるが、自分の影響力を遠くまで届かせることはできない。

さらに、ユーザーの密集度と、インフルエンサーの影響力にも深い関係があった。[23]私たちの実験では、メッセージの送り先となるユーザーはランダムに選ばれたので、インフルエンサーとその友達にどのくらいの数の友達がいるかによって、その影響力がどう変わるかを確かめることができた。たとえば、あなたの友達のことを考えてみてほしい。友達のなかには、あなたと共通の友達が何人かいる人もいるだろう。その場合、あなたは大勢の友達から成るコミュニティの一員になっていることになる。しかし、なかには、あなたとは共通の友達がほとんど、あるいはまったくいない友達もいるだろう。あなたが大きな影響を与えられるのは、おそらく前者の友達のほうだ。あなたの影響力は、あなたの友達が大勢、密集している状態の時、最も大きくなると言っていいだろう。その状況では、友達が互いの行動に圧力をかけ合うことになる——たとえば、友達が皆、一斉に禁煙すれば、自分も禁煙しなくてはという気になる人が多いはずだ。

この種の影響があるため、大勢の友達が密集したコミュニティには、同質性がさらに高まり、多様性がより小さくなる傾向が見られる。これは同時に、コミュニティ間の差異がしだいに大きくなっていくということでもある（このことについては第10章で詳しく述べることにする。第10章は、政治的分極化、群衆の知がテーマである）。バイラル・デザインの効果が比較的狭い範囲にしか及ばず、ネットワーク全体には広がりにくい理由はここにあると考えられる。バイラル・デザインでは、密集したコミュニティのなかの人たちには影響を与えられても、人と人との関係がさほど密でないコミュニティでは、影響が広がりにくいのである。

当然のことではあるが、社会的、組織的な位置が近い人たちのあいだでは、影響が広がりやすい傾向が見られた。たとえば、組織的な位置が近い友達に対する影響力は、そうでない友達に対する影響力に比べて一二五パーセント強まるというデータも得られている。同じ大学に所属している友達への影響力は、違う大学に所属する友達への影響力よりも一三五五パーセントも強まる。同じ町に住む友達への影響力は、別の町に住む友達への影響力よりも六二二パーセント強まる。ところが、生まれ育った町が同じということは、影響力にはさほど結びつかない。これは、重要なのは、あくまで現在か現在に近い時期の社会的位置であることを示唆している。この調査結果は、ハイプ・マシンにおける影響力がどのようなものであるかを知るのに大いに役立つものだと言える。また、誰が真のインフルエンサーなのかを見極めるのにも役立つだろう。ただし、インフルエンサーを見極めるのはあくまで第一歩にすぎない。

インフルエンサー・マーケティングで難しいのは、自分たちの考えや商品を広めるのに最も役立つ適切なインフルエンサーを選ぶことである。マーケターが試せる人数はそう多くない――この人こそインフルエンサーであろうと見込んだ何人かの人に無償で商品を提供するか、広めてほしい考えを伝えることになる。いわば、種まきをするということだ。では、種まきの対象になる人をどのようにして選ぶのか。コンピュータ・サイエンス、経済学、マーケティング学においてはそれが大きな問題となっていて、研究もさかんに行なわれている。私もこの「影響最大化問題」に関してはいろいろと学んできたが、この問題は興味深いうえに、直感に合わない性質を持っている。

影響を最大化する

マーケターは自分たちの目的に合ったインフルエンサーをどのようにして選べばいいのか。マルコム・グラッドウェルの『ティッピング・ポイント』以来、この問題に関しては、実際に試して結果を見る、という方法での研究が主流になっている。この問題を二〇〇一年に最初に公式化したのは、コンピュータ・サイエンティストで『マスターアルゴリズム――世界を再構築する「究極の機械学習」』（神嶌敏弘訳、講談社、二〇二一年）の著者、ペドロ・ドミンゴスと、その門下生で現在マイクロソフトにいるマット・リチャードソンである。[24] それ以降は、コンピュータ・サイエンティスト、マーケターたちが、さらに洗練された影響最大化のための方策を次々に提案し、その方策が実際に適用されてきた。

最も簡単なのは、特に人気が高く、フォロワーが極めて多い人たち――つまり有名人――を利用する方法である。いわゆる「インフルエンサー・マーケティング」では、たとえばキム・カーダシアンのように、多くの人にその言動が伝わる有名人を起点とするのが普通である。無作為に選んだ誰かを起点とするよりも合理的で、効果が高そうである。しかし、インフルエンサー・マーケティングにもいくつか欠点があることがすでにわかっている。まず、ある人のフォロワーは、フォロワーどうしもつながっていることが多い、ということだ。フォロワーのネットワークは重複部分の多い、冗長なものになりやすく、影響力の及ぶ範囲が案外狭い。二つ目は、影響力のコストが高くなりやすいことだ。キム・カーダシアンの場合、インスタグラムの投稿一回あたりのコストが最大で五〇万ドルにも達するという。[25]確かに影響力は大きいのだろうが、それを行使してもらうには法外な費用がかかるということだ。三つ目は、インフルエンサーの言動の効果が実際にどのくらいになるか事前に予測するのが難しいということである。実際の効果は条件、状況によって大きく変化し得る。一ドルあたりの効果は決して高いとは言えない。有名人に高い金銭を支払うマーケティングは効率的ではないだろう。

その後、「友情のパラドックス」（第3章を参照）に基づく新たな方策も適用されるようになった。「友情のパラドックス」とは、「あなたの友達には、あなたよりも多くの友達がいる」というパラドックスのことだ。社会学者のスコット・フェルドによって発見された。友達の多い人は、当然のことながら、多くの人から友達とみなされている。[26]そのため、無作為に選んだ誰かの友達を調べてみると、友達の多い人である可能性が高いことになる。このパラドックスを理解しておくと、真のインフルエンサーとそうでない人とを的確に見極めることができる。また、農村における公衆衛生の介入などのように、その地の社会ネットワークがどのようになっているかがわからず、調べるのも費用や時間がかかりすぎて難しい場合には、このパラドックスを踏まえた方策が役立つだろう。

このパラドックスを踏まえると、真のインフルエンサーは、二段階の作業によって発見できる。第一段階では、ある考えや行動を広める対象となる集団から、何人かの人を無作為に選び出す。第二段階では、第一段階で選び出した人たちの友達をランダムに選び出す。こうすれば、ネットワーク内に多くの友達がいる人を見つけ出すことができる。多くの人とつながっているが、互いにつながってはいない、という人を大勢見つけることができるのだ。

私の同僚、ニコラス・クリスキタスらのチームは、二〇一二年にまさにこの方法を使って、ホンジュラスのレンピラ地区の三二の村でマルチビタミン剤の利用を拡散させる実験をしたことがある。[27] まず、村をランダムに三つのグループに分けた。そして、グループごとに違ったインフルエンサー・マーケティングの手法を使い、マルチビタミン剤の利用の拡散を試みた。一つ目のグループでは、村で最も人気のある人たち——上位五パーセント——を選び、その人たちにマルチビタミン剤を六〇瓶と、マルチビタミン剤の効能についての情報、そしてマルチビタミン剤と交換できる引換券を提供した。いずれも、村人たちに広めてくれることを期待して提供したものである。二つ目のグループでも、やはりインフルエンサーを選んで、その人たちに同じものを提供したのだが、提供先となるインフルエンサーは先に述べた二段階の作業によって選び出した。まず、村の人口の五パーセントにあたる数の人をランダムに選び出し、さらにその人たちの知り合いを一人ずつ無作為に選び、インフルエンサーとみなした。三つ目のグループは対照群で、単に村の人口の五パーセントにあたる数の人たちを無作為に選び、その人たちにマルチビタミン剤と効能情報と引換券を提供した。

この実験の結果、二段階の作業でインフルエンサーを選び出した二つ目のグループでは、他の二つのグループに比べ、引換券が著しく広く拡散され、近隣の商店で券と引き換えられたマルチビタミン剤の瓶の数も多かったことがわかった。二つ目のグループの村では、用意された引換券の七四パーセントがマルチビタミン剤と引き換えられた。しかし、他の二つのグループの村では、それぞれ六六パーセント、六一パーセントの引換券が引き換えられただけだった。

二段階の作業によってインフルエンサーを選び出す手法が有効なのは確かだが、この手法には弱点が

影響力のある人ほど、他人からは影響を受けにくいということだ。人気があり皆に名を知られている人も、二段階の作業によって選ばれるインフルエンサーも、こちらが拡散したいと思っている考えや商品を簡単には受け入れてくれない。影響力はあっても、それを行使してもらうには大きなコストがかかるということだ。

もう一つは、ポピュラリティとエンゲージメントのあいだにはトレードオフがあるということだ。フォロワーが多くなるほど、一人のフォロワーに与える影響力は小さくなる。ダンバー数のことはすでに述べたが、人間は、一定以上の数の人たちと深くは関われない。デジタル・ソーシャル・メディアでは、人によっては人間の限界を超えるような数の人と友達になるので、一人一人と深く関わることは難しくなるのだ。ネットワークが大きくなるほど、一人一人のフォロワーとの関わりは浅くなる。インスタグラムのインフルエンサーは、フォロワー数が増えるほど、フォロワー一人あたりの「いいね！」の数が少なくなるという調査結果もある。(28) フォロワーがインフルエンサーとの密接なつながりを感じられなくなるからのようだ。フォロワー数が一〇〇〇から五〇〇〇の場合、フォロワー一人あたりの「いいね！」の数の平均は八・八パーセントだが、フォロワー数が一〇〇〇万人を超えるインフルエンサーの場合は、この数が三・五パーセントにまで下がる。ポピュラリティが上がるほど、一人一人のフォロワーの注意をあまり引かなくなるということだ。

私の同僚であるダンカン・ワッツ、ジェイク・ホフマン、ウィンター・メイソン、エイタン・バクシーは、「オーディナリー（平凡な）・インフルエンサー」(29)を利用した拡散手法を提案している。オーディナリー・インフルエンサーとは、フォロワー数は決して多くはないが、一人一人のフォロワーのエンゲージメントが強いインフルエンサーのことだ。この種の人たちの場合、影響力を行使してもらうコストもさほど大きくはない。私は、パラムヴィア・ディロンとの研究で、この手法の効果を確認している。実際のソーシャル・メディアのデータを分析した結果、「あまり大勢の人とつながっておらず、大勢の人を集めてはいないが、一人一人と密に結びついている人」[30]を利用した拡散手法が有効だと確認できた。私たちの研究結果は、「マイクロインフルエンサー」や「ナノインフルエンサー」の重要性を示唆しているとも言える。そして、近年のソーシャル・メディアの業界はまさしくそうなるように進化してきたということも言えるだろう。

私たちの研究成果のなかでは、特にマイクロインフルエンサーの重要性に注目が集まった。多様なマイクロインフルエンサーを多数組み合わせて利用したほうが、何人かの有名インフルエンサーに頼るよりも大きな成果が得られる可能性がある。それは、様々な種類の人たちの関心を重複なく集めることができるからだ。一人のマイクロインフルエンサーの影響力の届く範囲は狭い。しかし、その範囲にいるフォロワーは強く引きつけることができる。フォロワーあたりのエンゲージメントは高く、しかもコストは安い。本章では個人のインフルエンサーに注目したが、次の章では、もっと規模の大きい話をする。主たるテーマになるのは「アテンション・エコノミー」だ。

第9章

アテンション・エコノミーとトレンド独裁

情報の豊かさは、注意の貧困を生む。

——ハーバート・サイモン

二〇一六年九月、選挙コンサルティング会社ケンブリッジ・アナリティカの当時のCEO、アレクサンダー・ニックスは、ニューヨークで開催されたコンコルディア・アニュアル・サミットで、力強い足取りで演壇に上がった。ニックスはその時、「世界各国の国政選挙に与えるビッグ・データの影響」[1]について語った。ニックスが登場した時、会場のスピーカーからは、クリーデンス・クリアウォーター・リバイバル（CCR）の「バッド・ムーン・ライジング」が流れていた。まるで彼のテーマ・ソングのようだった。ジョン・フォガティはこう歌っている。「悪い月が昇ってくるのが見える。どうやら面倒なことが起こりそうだ（I see a bad moon rising, I see trouble on the way.）」

　ニックスをはじめその場にいた誰も、この歌が予言的だとは思っていなかっただろう。しかし、わずか一八カ月後の二〇一八年三月、彼は逮捕される。イギリス・チャンネル4のおとり取材で、フェイク・ニュースを利用したアメリカ大統領選挙の操作に関与したことが明らかになったためだ。[2] チャンネル4は、そのことをニックス本人が話している映像を流した。ニックスは同月に、ケンブリッジ・アナリティカのCEOを解任された。その二カ月後には同社も姿を消すことになる。

しかし、二〇一六年のその時点では、ニックスはビッグ・データの寵児とも言うべき存在だった。その頃、彼の率いるケンブリッジ・アナリティカは、テッド・クルーズの大統領選挙運動に関わったばかりだった。決して知名度の高くなかったクルーズ上院議員だが、ニックスによれば「大統領候補への指名を目指すさほど人気のない人物の一人にすぎなかった彼が、ついにはドナルド・トランプの『唯一のまともな対抗馬』にまでなった」のだ。「それははたしてなぜか」とニックスは、サミット会場の聴衆に問いかけた。早く秘密を明かしたくて落ち着かない様子だった。「情報系の企業はいまだに、人々を年齢や性別、職業、居住地域によって分類しがちです」。ニックスはそう言った。「これはまったく賢明ではありません。それだと、すべての女性が、女性だというだけで同じメッセージを受け取ることになるし、すべてのアフリカ系アメリカ人が、その人種だというだけで同じメッセージを受け取ることになります。高齢者も、富裕層も、若者も、そのグループに属しているというだけで同じメッセージを受け取る。これは本当におかしな話です」

ニックスの話は、コカ・コーラ社のCIO、ロブ・ケインの話に似ていた。ケインはデジタル・エンゲージメント戦略を打ち出し、人間をセグメントに分ける従来の方法は三〇年遅れているとしたのだ。ニックスは、ケンブリッジ・アナリティカの採った戦略を説明した。

私たちは、アメリカのすべての成人の人物像を推測するモデルを作ることができます……。標的となる人の人物像がわかれば、メッセージをそれぞれの人により響くように少しずつ変えることができます……。標的となる人々それぞれについて何百、何千というデータがあるので、それを利用すれば、どの人にどういうメッセージが最も効果的なのかを正確に知ることができます……。何千万、何億という人たちに同じダイレクト・メールを送る、同じテレビ広告を見せる、同じデジタル広告を見せる、といういわゆる「ブランケット広告」の手法はもう死んだのです……。現代のコミュニケーションは、もっと個を重視したものになっています。たとえば、この会場にいる人、一人一人に向けたメッセージを発することが重要なのです。

社会も経済もすべてが大きく変化した。その変化をもたらしたのはハイプ・マシンだが、ハイプ・マシンはいったいなぜそれだけの大きな変化をもたらすことになったのか。その問いに答えるには、まず、ソーシャル・メディア・エコノミーの基本を知る必要がある。ソーシャル・メディア・エコノミーに、基本的にどういう構造、機能があるのかを知る必要があるのだ。特に重要なのは、経済学者が「アテンション・エコノミー」と呼んでいる概念である。アテンション・エコノミーについて知れば、ハイプ・マシンがなぜ、社会、経済、ビジネスを今のような姿にしたのかがわかる。選挙への介入、フェイク・ニュース、新時代のマーケティングなどについてもよく理解できるだろう。そして、この概念について考える時、まず取りあげるべき人物は、間違いなく、ゲイリー・ヴィー（ゲイリー・ヴェイナチャック）だろう。

＃AskGaryVee

正直に言えば、私はゲイリー・ヴィーに対して懐疑的だ。特に嫌っているわけではない——むやみに人を嫌うものではないと、私は息子にも言っている——しかし、懐疑的なのは間違いない。彼にはいささか不作法なところがあるし、何があっても決して謝ることはなく、また一切の妥協をしない。よく知られているとおり、彼はヴァイナーメディア（VaynerMedia）の創始者でありCEOであり、時折、くだらないジョークを飛ばす人物でもある。『ジャブ、ジャブ、右フックで叩きのめせ（*Jab, Jab, Right Hook*）』や『*Crush It*』などベストセラーになった著書が何冊もあり、ソーシャル・メディア上のインフォマーシャル〔テレビショッピングの一種。長い時間をかけて商品を紹介する〕や、流行りのスワイプ・アップ・アニメーション、ボブルヘッド・ドールも作っている。笑顔のうんちがトレードマークのアニメーションもある。彼は何となく、サーカスの余興に出てくる芸人のようでもある。

私が彼に懐疑的なのも無理はないと思ってくれる人はおそらく多いと思う。彼と私では、価値観が根本的に大きく違っている。たとえば、私は教育には価値があると思っているし、子供たちには「何でも自分のなりたいものになれる」と言うべきだと思っている。だが、彼は違うようだ。ゲイリーは、一〇代、二〇代の若者たちによく、学校などドロップアウトすべきだとアドバイスしている（私の六歳の子供には絶対に聞かせたくない）。私はやはり彼を嫌っているのかもしれない。

しかし、私が間違っているのだと思う——教育についての考え方は間違っていないが、ゲイリー・ヴィーのすごさはやはり認めるべきなのではないか。彼がマーケティングを理解しているのは確かである。

私は彼のインスタグラムの動画も数多く見たし、ポッドキャストも聴き、ネット上での発言を丹念に調べ、テレビのインタビューでインタビュアーを罵って驚かせる様子も見た（とにかく、彼に関するコンテンツはソーシャル・メディア上にいくらでも見つけることができる）。そして私は、彼を認めない自分が完全に間違っていることを悟ったのだ。

ゲイリーのコンテンツを深く知るうち――嫌悪感を抱きながら見て（聴いて）いたが――ある時点で、彼は自分自身の正しさを自分で証明していると気づいた。自らのコンテンツに狙いどおりの価値を持たせることに成功している。彼のサーカスのような言動、彼の述べる意見はどれも、私の注意を引くものになっていた。それこそが彼が自分のコンテンツに持たせたかった価値だ。他人の注目を集める、それこそが狙いだ。だが、なぜ彼のコンテンツは人の注目を集めるのか。

いずれにしろ、ゲイリー・ヴィーは底の浅い偽物ではなかったということだ。デジタル・エコノミーの本質（彼自身はそれを、経済全体の本質と言うかもしれない）を冷静に見極めている。ソーシャル・メディアに動かされる現在のデジタル・エコノミーは、基本的に、常に変わることなく「アテンション・エコノミー」であるということだ。それを彼ほどよく理解している人間を私はほかに知らない。ゲイリーは「人の注目は現代のビジネスにおける通貨だ」と言っている。そのとおりだ。

また、注目は、ハイプ・マシンにとっての通貨であり燃料（マシン＝機械という比喩を使うのなら、燃料と言うほうが適切かもしれない）でもある。これは、主要なソーシャル・メディア・プラットフォームのビジネス・モデルにとって重要な事実だ。プラットフォーム企業はすべて、人の注目を得ようとして競争している。また、プラットフォーム企業が、世界中の多数の人々の行動に影響を与えたい企業や政府に売っているのも、人の注目である。注目を集めることができなければ、ソーシャル・メディア・プラットフォームは衰退し、死ぬしかない。

注目は、企業、政治家、政府にとっても血液のようなものだ。注目してもらえなければ、ハイプ・マシン上で、消費者、有権者、市民を動かすこともできない。企業が最新の商品を売ろうとすれば、まず消費者の注目を集めなくてはならない。政治家が有権者に投票してもらうのにも、注目は必要だ。政府が市民にワクチンを打ってもらうのにも、やはり注目は必要になる。

――アテンション・エコノミー

注目が価値を持つのは、それが説得に先立つものだからだ。フェイスブック、ツイッター、ユーチューブなどのプラットフォームは、人と人とのつながり、コミュニケーションを提供し、人々の注目を集めるコンテンツを提供する。プラットフォームは、人々の認識、意見、行動を広告によって変えたい企業、政府、政治家に注目を売る。プラットフォームが売ることのできる広告の量と質は、ユーザーの数が増えるほど、また、そのユーザーたちがプラットフォームに提示されるコンテンツを熱心に利用するほど上がる［図9－1］。プラットフォームが躍起になってユーザー数を増やそうとするのも（プラットフォームの市場での価値がユーザー数によって決まるのも）、エンゲージメント（ユーザーがプラットフォームのコンテンツや機能を利用する頻度や熱心さ）を高めようとするのもその理由からだ。

ヒューミン（私の二つ目のスタートアップ企業だ。二〇一六年にティンダーに売却した）を設立したさい、私はとにかく徹底的にデータを分析した。そのため、自分たちのプラットフォームの成長度合い、また世界中での使用のされ方を知ることのできる主要な指標をすべて収集し記録できるダッシュボードを作った。

アテンション・エコノミー

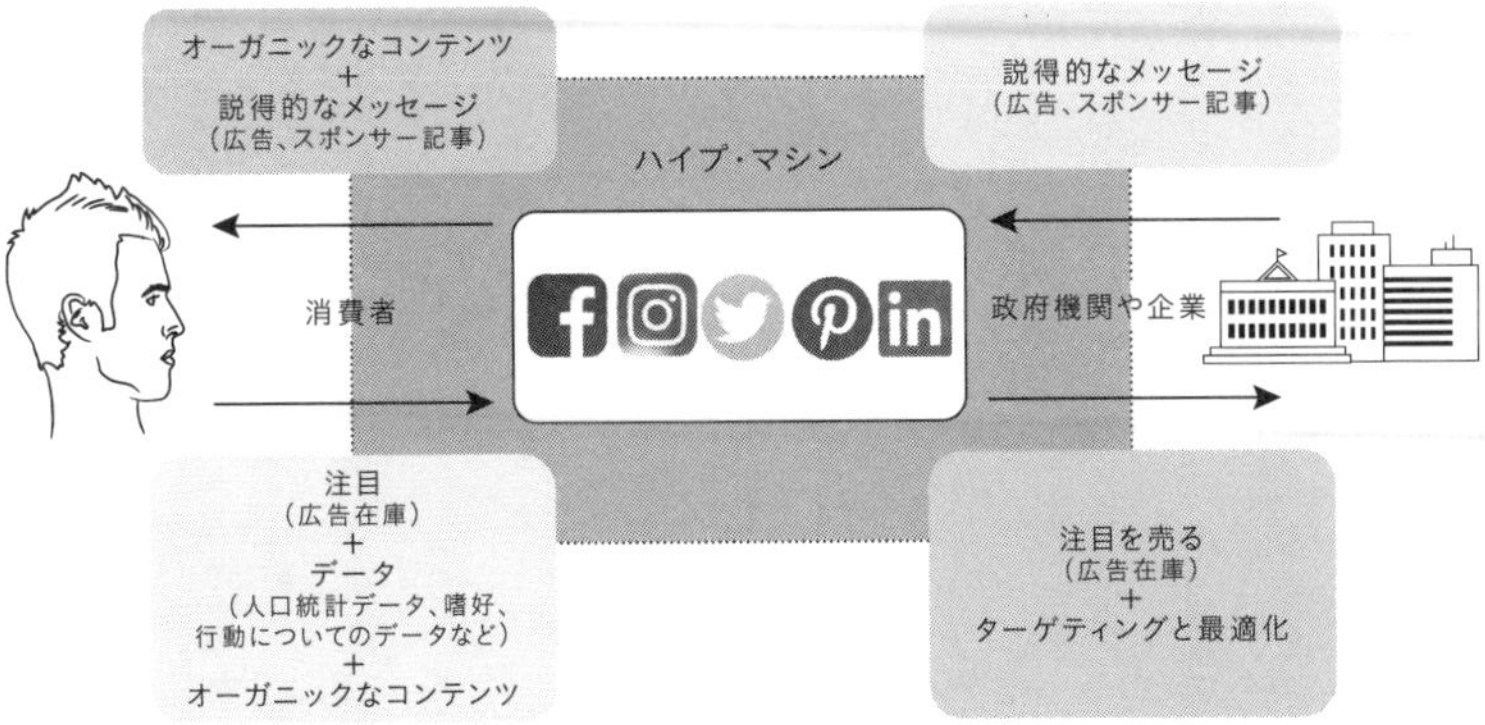

［図9-1］アテンション・エコノミーの構造。ソーシャル・メディア・プラットフォームはハイプ・マシンを形成し、消費者と組織（大企業、中小企業、政府、非営利団体など）とのあいだの仲介者となり、消費者にコンテンツや説得的なメッセージを提供し、組織には消費者の注目を（広告というかたちで）売る。広告は、消費者を説得して行動を変えさせる機会となる。プラットフォームは、メッセージのターゲットを絞り込み、サービスを最適化することで、説得の効果を高めようとする。

チーム全員で情報を共有すべく、サンフランシスコのオフィスでも特に人が多く集まるキッチンのそばに大型のテレビを設置した。そのテレビ画面に情報が表示されれば、誰もが作業の手を止めて休憩に来た時に見ることができる。画面を見ていれば、プラットフォームに何が起きているかがリアルタイムでわかる――アプリがダウンロードされた回数、滞留しているユーザーの数、ユーザー間のつながりがどうなっているかもわかる。また、ユーザー間の対話がどのくらい行なわれたか、プロフィールの閲覧、検索がどのくらい行なわれたかもわかる。

ただ、経営者にとって何より重要だったのは二つの指標だ。それは、ユーザー数の増加とエンゲージメントである。私たちは広告を売っていたわけではなく、ユーザーのデータを共有していたわけでもなかったが、企業の市場価値は、完全にユーザー数の増加の速度と、消費者のエンゲージメントの強さに依存していた。この二つの指標は、私たちがどのくらいの人々の注目を集められているか、またユーザーの注意のどのくらいの割合を支配できているかを示していた。それが私たちの企業の価値に直結していたのである。

広告ビジネスにおいては、アプリやプラットフォーム、メディアが多くのユーザーを集めるほど、またユーザーに長い時間利用されるほど、広告を多く見せることができる。マーケティングの言葉で言うと、「売れる広告在庫が増える」ということだ。ただし、広告在庫の価値はすべて同じではない。その価値は、時にはオークションで決まることもあるし、直販でも、販売のさいに決められる。価値は、その広告を誰に見せるのか、どこに、いつ提示するのか、どういう種類の広告（動画のスポット広告、ニュースフィードの広告、バナーのディスプレイ広告など）なのか、といったことによって変わる。同じ広告でも、プラットフォームによって価値は変わるだろう。

たとえば、フェイスブックは、他のプラットフォームに比べて、クリックあたりの価格を高くできる（クリックされた時にだけ広告主から料金が支払われるという形態の広告は多い。これは「クリック単価（Cost Per Click＝CPC）」モデルとも呼ばれる）。ツイッターの広告のクリック単価はフェイスブックに比べれば安くなっている。スナップチャットの広告のクリック単価は両者の中間くらいだ――ツイッターより単価が高いのは、どのプラットフォームも欲しがっているミレニアル世代のユーザーを多く抱えているからだ。このように、注目の価格はプラットフォームによっても違う。

ゲイリー・ヴィーはこの価格差をうまく利用している。本人も言っているとおり、ゲイリーは、「割安な注目」に投資することで成功を収めてきた。ゲイリーの本が売れるのも、彼が高価なマーケティング・サービスを企業やスポーツのスター選手、ミュージシャンに販売できるのも、彼に多くの人々の注目を集める能力がある（そして、その注目を利用して顧客の要望に応える能力がある）からだ。ゲイリーは一九九〇年代に父親の営んでいたワイン事業をオンライン化し、年商三〇〇万ドルだった事業を六〇〇〇万ドルにまで成長させた頃から、常に消費者の注目を集めるための割安な手段を探していた。ゲイリーが好むのは、注目を集めるための、とにかく安価であると同時に効果の大きなチャネルだった。

当時、最も安価なチャネルと言えばｅメールだった。そのため、ゲイリーはｅメール・マーケティングに投資してビジネスを展開した。その後、グーグル、フェイスブックなど、新たなプラットフォーム、ソーシャル・サービスが現れ、チャネルの価格、効果は変動した。グーグルが新しいプラットフォームで、注目を集めるための安価な手段だった頃には、ゲイリーは当然、グーグルを利用してビジネスを成長させた。グーグルに投資してマーケティングをしたのだ。地位を確立するにつれ、グーグルはしだいに高価なチャネルになっていく。すると、入れ替わるように、ツイッターやユーチューブなどの新たなサービスが現れた。ゲイリーはまた投資先を移すことになった。

現在、ゲイリーが安価で効果的なチャネルとみなしているのはティックトックである。ゲイリーは、どのチャネルにもまったく思い入れはないと明言している——プラットフォームに一切とらわれないということだ。ともかく、安価で多くの注目を集められる手段ならば、どれでもいいのである。費用対効果が高いほど当然、利益率は上がる。「私は一貫して、安価な手段で人の注目を集めることで生きてきた。一九九七年には、手段はｅメールだったし、二〇〇〇年にはグーグル・アドワーズだった。二〇〇六年にはユーチューブで、二〇〇七年にはツイッターになり、次にスナップチャットに替わった。それが私の仕事だったんだ」。ゲイリーはそう言っている。

広告在庫の多寡は、そのプラットフォームに、説得的メッセージを適切な人たち——つまり説得したい人たち——に向けて発信できる能力があるか否かによって変わる。たとえば、特定の州の特定の地域に住む三五歳から四五歳までの保守層に向け、銃を持つ権利についての説得的メッセージを届けたいと考える政治家がいるとしよう。まさにその地域の三五歳から四五歳までの銃愛好家を確実に見つけ出せるプラットフォームがあれば、当然、その政治家にとっては魅力的に映り、おそらく広告予算をつぎ込んでもらえるだろう。仮に費用が多少高くなっても、政治家はそのプラットフォームで広告を出したいと考えるはずだ。広告を適切な人たちに届けられるプラットフォーム、ターゲティングを理解している企業、マーケターは競争上の優位性を持つことになる。説得的メッセージ、広告を狭い範囲の人たちに直に届けるマイクロターゲティングができるかどうかは、ソーシャル・メディア・プラットフォームに、ユーザーの年齢、性別、職業、政治的意見、行動、心理学的特性、移動歴、人間関係などについての、質の高いデータを大量に集める能力があるかどうかにかかっている。

マイクロターゲティング

一般的な意味でのマイクロターゲティングの方法については第6章で述べた。企業にしろ、政治家にしろ、政府機関にしろ、適切なマイクロターゲティングを行なうにはまず、自分たちの説得的メッセージを届け、行動を変えさせたい相手が誰なのかを的確に知るためのモデルを構築する必要がある。そのうえで、ハイプ・マシンの複数種のチャネルを通じてメッセージを配布し、効果を評価する。次に評価の結果を踏まえ、メッセージの内容を修正し、チャネル間の予算配分も変更する。メッセージがより多くの人に届き、より多くの人が意見と行動を変えるようにするためだ。これは、本書でもすでに触れた「統合デジタル・マーケティング」の手法である。

有効なマイクロマーケティングのモデルを構築するには、とにかく個人についての大量のデータが必要になる。それには、いわゆる人口統計データ（年齢、性別、言語、社会・経済的地位などについてのデータ）、行動についてのデータ（購入履歴、検索履歴、閲覧履歴など）、嗜好についてのデータ（ソーシャル・メディアで何に「いいね！」をし、何をシェアしたかなど）、心理学的特性についてのデータなどが含まれる。多数のプラットフォームから収集されたデータは、サードパーティーによって統合され、それをまた多くの人たちが共有することになる。人口統計データを利用すれば、個々の人たちがどこの誰で、どういう属性を持っているのかがわかる。行動についてのデータからは、誰がいつ何をしたのかがわかる。嗜好のデータからは、個々の人が何に興味を持ち、何を好んでいるのかがわかる。そして、アレクサンダー・ニックスとケンブリッジ・アナリティカ社が重視した心理学的特性についてのデータからは、個々の人たちの「人となり（たとえば、外向的なのか、内向的なのかなど）」がわかる。どのデータもマイクロターゲティングに有効なのは間違いない。ただ、どれがどの程度有効なのだろうか。それを知るには、自分で実際に体験してみるのが早いだろう。

では実際に、行動データに基づいたマイクロターゲティングを体験してみよう。本を置いて、スマートフォンで次のような作業をしてみてほしい。まず、グーグルで「フェイスブック広告のリアルタイム入札」「グーグル広告のリアルタイム入札」「インスタグラムのディスプレイ広告のターゲティング」といったキーワードを入力して検索する。その結果、表示されたスポンサード・リンクをいくつかクリックし、ニュース記事もいくつか閲覧してみる。マーケターや中小企業向けにアド・ターゲティング・サービスを提供している企業のページへのリンクも表示されるはずなので、それもクリックしてみよう。そのあとにインスタグラムを使おうとすると、画面にマーケティング会社のページへのリンクがいくつも表示されるのではないだろうか。いずれも、ソーシャル・メディアやウェブでのマーケティングを支援してくれる会社の広告だ。

これは単なる偶然だろうか。もう一度、試してみよう。グーグルで、今度は「ブーツ」「暖かいブーツ」「防水のブーツ」などのキーワードで検索してみる。ブーツの検索広告が表示されたら、いくつかクリックする。その後、インスタグラムを開いてみよう。画面がブーツの広告だらけになっていないだろうか。しかし、それで驚いてはいけない。アテンション・エコノミーにおいては、マイクロターゲティングが重要になる。そして、マイクロターゲティングにとって重要なのはデータだ。個人についてのきめ細かいデータがなければ、マイクロターゲティングは不可能である（個人データを利用しようとすれば、当然、プライバシーが問題になるが、プライバシーを守るため、広告を出す側がターゲットとなる相手が誰なのかを認識できないかたちでマイクロターゲティングを行なう方法もある。詳しくは第12章で触れる）。

しかし、このマイクロターゲティングは成功しているのだろうか。企業にしろ、選挙に臨む政治家にしろ、ハイプ・マシンが日々集める大量の個人データを利用したマイクロターゲティングによって、適切と思われる相手に広告を見せることはできる。だが、それでその人の行動を望みどおりに変えることはできているのか。その答えを簡単にまとめると「できる。しかし……」となるだろう。マイクロターゲティングは、小さくても確実に行動変化を引き起こすことができる。何千万、何億という数の人がターゲットになれば、商品の売上は確実に上がるし、選挙結果にも変化が起こる。ワクチン忌避もかなり減るだろう。しかし、「マイクロターゲティングには効果がある」と簡単に一言で言い切るわけにはいかない。その真の力は詳しく調べてみないとわからないだろう。

二〇〇二年七月、ＥＵは「電気通信プライバシー指令（Directive on Privacy and Electronic Communications＝

eプライバシー指令）」を制定した。これが現在の「一般データ保護規則（General Data Privacy Regulation＝GDPR）」の元になっている。二〇一一年には、私の友人、同僚で、MITのマーケティング教授のキャサリン・タッカーと、私たちのトロント大学の同僚、アヴィ・ゴールドファーブが、このヨーロッパのプライバシー法制の変更を巧みに利用して、マイクロターゲティングの効果を測定した。(3) プライバシー指令では、消費者のデータを収集し、それをターゲット広告に利用することが制限された。キャサリンとアヴィは、この法制度の変化を利用すれば、自然実験ができると考えたのだ。消費者のデータを利用したターゲット広告が使えない状態と使える状態とを比較すれば、ターゲット広告が消費者の購買行動に与える影響の大きさが測れるということだ。

二人は、プライバシー法制が施行されているヨーロッパ諸国と、そうした法制度がない国、法制度はあるがまだ施行されていない国とで表示される広告の効果を比較した。二人は一万近くの広告キャンペーンについて調べたが、マイクロターゲティングのためのデータ収集、利用を制限する法制度は、広告の効果を六五パーセント下げることがわかった。ヨーロッパ人が、ヨーロッパ外のプライバシー法制の影響を受けない国のウェブサイトを閲覧した場合には、広告効果の低減は見られなかった。一方、ヨーロッパ外の人が、プライバシー法制度の規制下にあるヨーロッパのウェブサイトを閲覧した場合には、広告効果が低減した。これは、マイクロターゲティングに必要なデータ収集が規制されると、広告効果が下がることを示唆し、またマイクロターゲティングには消費者に購買を促す大きな力があることも示唆する。適切な消費者を選んでその人に合った広告を表示すれば効果が高まるということだ。

ただ、キャサリンとアヴィの調査では、マイクロターゲティングには一定以上の力があるということまでしかわからない。マイクロターゲティングの真の力がどういうものなのかは、さらに詳しく調べてみなくてはわからないだろう。

クラウディア・パーリックとフォスター・プロボストは、どちらも私の親しい友人で、どちらもマイクロターゲティングの理論と実践の両方で最前線にいる機械学習のエキスパートだ。二人の知見が有用なのは、マイクロターゲティングに関する統計学的な理論の構築に役立つ独自の機械学習研究をしているからというだけではなく、二人が実際に大規模なマイクロターゲティング・システムの構築に関わっているからだ。日々、何兆というマイクロターゲティングに関わる決定を下す機械学習システムの構築に貢献している。

フォスターは、ニューヨーク大学での私の元同僚で、クラウディアは、フォスターの下にいた博士課程の学生だったが、その後、フォスターが設立に関わったディスティラリーというターゲティング企業のチーフ・サイエンティストになった。マイクロターゲティングが実際にどのように効果をもたらすのかを詳しく知りたければ、二人のうちどちらかをランチに誘うといいだろう。私は何度も二人と食事をともにしたが、おかげで多くを学んだ、という言い方では控えめすぎると思えるほど多くを学んだ。

フォスター、クラウディアの二人と、マイクロターゲティングについて話してみるとすぐにわかるのが、適切なデータを利用することの大切さである。企業であれ、政治家や政府機関であれ、マイクロターゲティングをするには、対象となる人たちについてよく理解しなくてはならない。相手をよく知れば、その分だけ有効なメッセージを発することができる。相手を知るには大量のデータが必要になる。そしてなかでも、ソーシャル・メディアが収集するデータは、いわゆる「推測性」が高いこともあって特に有用である。

二〇一八年の時点で、ディスティラリー社が一日に処理するパソコン、タブレット、スマートフォンでのイベントは一千億件にも達し、それがCVS、マイクロソフト、AT&Tといった優良企業のターゲット広告に役立っていた。クラウディアは二〇一八年にMITの私のクラスでプレゼンテーションをしてくれたが、そのさいには、年齢、性別などの人口統計データに基づくターゲティングと、個人の人となり――その人がどういう人で、何を好んでいるか（たとえば、フェイスブックでどういう投稿に「いいね！」をしているか）など――に関するデータに基づくターゲティングの違いがわかる簡単な例を提示してくれた。

たとえば、年齢のみわかっている消費者の性別を推測するとしよう（これは、マーケティングにおいては最も基本的な推測だろう）。「年齢から性別は推測できないのでは？」と思う人は多いだろうが、実際にこの推測は難しい。ディスティラリー社のデータを基に、年齢だけを手がかりに男性を選び出す実験が行なわれたが、正確さは六〇パーセントほどだった。これは、コインを投げて性別を予測するよりも少し高いだけである。ディスティラリー社のデータにおいては、消費者の年齢と性別のあいだにはほとんど相関関係がないのでこうなる。ところが、フェイスブックでの一〇〇個の「いいね」を手がかりにする「いいね！」を手がかりに性別を推測すると、正確さは八六パーセントにまで跳ね上がった。手がかりにする「いいね！」を一〇〇個まで増やすと、性別は一〇〇パーセント正確に推測できる。一〇〇個を一〇万個にまで増やしても正確さは変わらない。このことからわかるのは、データのなかには、対象となる人の他のデータの推測に役立つものと、そうでないものがあるということだ。

では、一日に一千億ものイベントについて徹底的に調べ、その結果を大規模な広告に活かすことができる実用レベルシステムとはいったいどのようなものかを考えてみよう。このシステムはどのように機能するのか。

フォスター、クラウディア、そして二人の同僚のブライアン・ダレッサンドロ、オリ・スティテルマン、トロイ・レーダーは二〇一四年に、ディスティラリー社独自のターゲティング・システムとそのパフォーマンスについての研究論文を『マシン・ラーニング』誌に発表した。[4]ディスティラリー社のターゲティング・システムによって提示先を決めた広告と、ランダムに提示先を決めた広告とを比較したところ、前者のほうが常に効果が高かったという。中央値を取ると、前者の効果は後者の五倍になる。また、トップ一五パーセントの広告キャンペーンだけを見ると、効果はランダムに提示先を決めた広告の二五倍にもなっていた。また、一年後には、アレクサンダー・ブライアーとマイク・アイゼンベイスによる二つの大規模なフィールド実験と、二つのラボ実験の結果が公表されたが、それによれば、クリックスルー率やビュースルー率を上げる効果は、パーソナライズド広告のほうがノンパーソナライズド広告よりも二倍から四倍高い[5]ということだった。

だが、なぜこれほど高い効果を発揮するのだろうか。メッセージに影響を受けそうな人を選んでいるのは確かだが、それだけですべての説明がつくわけではない。「何か」のターゲティングの対象になると、対象となった人は、その「何か」に関する自己認識を変えることになる。そのせいで、「何か」により反応しやすくなるのだ。

クリストファー・サマーズ、ロバート・スミス、レベッカ・ウォーカー・レチェクは、消費者の検索行動、購買行動に基づくターゲット広告[6]は、年齢や性別などの人口統計データに基づくターゲット広告に比べ、購入意思を高める効果が一七パーセント高いことを明らかにした。また同時に、ターゲット広告が「社会的ラベル」として作用し、それによって対象となった消費者の自己認識が変わること、新たな自己認識に合うよう行動を変えることも突き止めた。たとえば、私にフィットネス関連のターゲット広告が提示されたとしたら、私はその広告によって自己認識を変え、自分をより健康に関心の高い人間とみなすようになるということだ。そして、その自己認識に合う行動を取ろうとしはじめる。スポーツウェアを購入する、フィットネス・クラブに入会する、といった行動を取りやすくなるわけだ。

興味深いのは、自己認識の調整、購買行動の変化などは、社会的ラベルと消費者本人の過去の行動とがうまく結びつけられた時にのみ起きるということだ——つまり正確なマイクロターゲティングが行なわれた場合にのみ起きることになる。フィットネスの社会的ラベルが有効なのは、私が元来、なんとなくでもフィットネスに関心がある人間だった場合のみである。ターゲティングがいい加減であれば、そのラベルは自己認識に何ら影響しない。

マイクロターゲティングの正確さによって、社会的ラベルが消費者や有権者の行動に与える影響が大きく変わることはわかってもらえただろう。では、どのくらい正確ならいいのか。フェイスブックやツイッター、ユーチューブなどは、ユーザーのことを驚くほど知っているのだとはよく言われる。また、企業や特定の国の政府などが多くの人の行動を変えるべく、頻繁にソーシャル・メディアで大規模なキャンペーンを展開しているとも言われる。だが、実際のところはどうなのか。それをキャサリン・タッカーは詳しく調査した。タッカーは、ニコ・ノイマン、ティモシー・ホイットフィールドとともに、多数のデータ・ブローカー（他の企業、機関からの依頼により、人口統計データや行動履歴データなどから、ある条件に当てはまる人たちを探し出すことを業務とする企業）によるマイクロターゲティングの正確さ[7]を調査し、その結果を二〇一九年に発表した。個々のデータ・ブローカーが実際にどれだけ依頼に合った人たちを見つけられたかを調べたわけだ。この調査でわかったのは、データの正確さが、行動への影響力の大きさに直結するということだ。

マイクロターゲティングは、アメリカだけですでに二〇〇億ドル規模の産業になっている(8)。問題は、ターゲティングのアルゴリズムが秘密だということだ。アルゴリズムの仕組みや有効性を正確に知っている人はほとんどいない。また対象となる人たちや、プラットフォーム、ターゲティング・サービスなどが様々に変わった時に、どの程度有効性が保たれるかも、ほとんどの人が知らない。ニューヨーク・タイムズ社のCEO、マーク・トンプソンは「たとえば、私たちが、『ファッションに敏感な二〇代から三〇代の女性』を対象にしたい、と考えた時に、どの程度正確に条件に当てはまる人たちを見つけられるのか」と問いかけた。タッカー、ノイマン、ホイットフィールドの調査結果はまさにその問いに答えるものだった。

三人は、一九の主要なデータ・ブローカーの六つのプラットフォームにおけるマイクロターゲティングの正確性を調べた。ターゲティングの対象は、人口統計的な属性や関心の対象に基づいて「スポーツに関心の高い二五歳から三五歳までの男性」「ファッションに敏感な二〇代から三〇代の女性」など、九三種類に分けた。また、対象となる人たちの人口統計的な属性（二〇代から三〇代の女性など）や、関心の対象（スポーツに関心が高い、フィットネスに関心がある、旅行好きなど）を様々に変え、サードパーティーのデータを利用した場合、利用しなかった場合、最適化アルゴリズム（データ・ソースや、広告の提示先を選択するアルゴリズム）を利用した場合、しなかった場合のマイクロターゲティングの比較もした。この調査によって、それまでブラックボックスとなっていたマイクロターゲティングの中身が少し明らかになった。具体的に何をしていて、実際にどの程度有効なのかがわかったのだ。

サードパーティーのデータを利用し、最適化アルゴリズムを利用しなかった場合、マイクロターゲティングの正確性は高くなかった。「二五歳から五四歳までの男性」を見つけるマイクロターゲティングの正確さは二四・四パーセントにすぎず、対象者の性別の見極めの正確さも四二・三パーセントにとどまった。「二五歳から五四歳までの男性」は全人口の二六・五パーセント、男性、女性はそれぞれ人口の約五〇パーセントいることを考えると、サードパーティーのデータだけのマイクロターゲティングは「当てずっぽう」よりも不正確ということになる。

しかし、サードパーティーのデータとともに最適化アルゴリズムを利用すると、正確さは大幅に向上する。「二五歳から五四歳までの男性」を見つける正確さは五九パーセントになった。「当てずっぽう」よりも一二三パーセント正確ということである。ただ、プラットフォームや、ターゲティングを行なう企業によって、正確さには大きな違いが生じた。フォスター、クラウディアの二人は正確さを最高で二五倍にも高めることができたが、なぜそんなことができたのだろうか。正確性を高めるには、優れたアルゴリズムと、推測性の高いデータを利用する必要がある。キャサリン・タッカーの調査で最も正確なマイクロターゲティングをしていた企業は、総合すると七二パーセントの正確さで意図どおりの人を選び出していた（当てずっぽうよりも一七一パーセント正確）。一方、最も正確でないマイクロターゲティングをしていた企業は、正確さが総合で四〇パーセントにしか達していなかった（当てずっぽうより五〇パーセント正確さが高いだけ）。

人口統計データを基に消費者をセグメント化する手法はすでに時代遅れだ。今後は、その人の関心に基づくセグメント化が重要になる。タッカー、ノイマン、ホイットフィールドの調査では、関心を基にしたマイクロターゲティングなら、対象をかなり正確に選び出せることがわかった。たとえば、スポーツに関心のある人は八七・四パーセント、フィットネスに関心のある人は八二・一パーセント、旅行に関心のある人は七二・八パーセント正確に選び出せた。その場合、マイクロターゲティングを行なう企業ごとの違いも小さくなった――どの企業も、特定の関心を持つ消費者を選び出すことはかなりうまくできた。マイクロターゲティングの正確さは、関心の対象が「ニッチ」であるほど高まる。つまり、選び出すべき消費者の範囲が狭いほど、マイクロターゲティングの正確さは、「当てずっぽう」の選択よりも高くなるということだ。

では、こうした調査結果を踏まえると、ケンブリッジ・アナリティカ社のターゲティングについてはどういうことが言えるだろうか。はたして、個々の人間の「ニッチ」な関心がそれほど簡単に知れるものだろうか。また、それを基にしたターゲティングは本当に可能なのだろうか。

ケンブリッジ・アナリティカ

アレクサンダー・ニックスは、コンコルディア・サミットのほか、世界各地のカンファレンスの壇上で何度も、「サイコグラフィック・プロファイリング」の重要性を強調した。消費者や有権者の行動を操作するためには、対象となる人たちの「サイコグラフィック・プロフィール」を知ること、つまり、その人たちの「人となり」、人物像を知ることが大切だ、と言ったわけだ。なぜなら、行動を決めるのは人となりだからだ。たとえば選挙で誰に投票するかにも、人となりは大きく影響するだろう。だが、ケンブリッジ・アナリティカ社には、対象者の人となりを正しく知る手段が本当にあったのだろうか。それとも、本当はそんなものはないのに、あるふりをしていただけなのか。

二〇一七年に、サンドラ・マッツ、ミハル・コジンスキー、ギデオン・ネイブ、デヴィッド・スティルウェルが、ケンブリッジ・アナリティカ社の手法を検証した。それは、フェイスブックで行なわれたサイコグラフィック・プロファイリングについての過去最大の公開研究の一環だった[9]。フェイスブック・アプリ〈myPersonality〉から得られたデータを利用し、三七〇万人に個々の人間性に合わせた広告を提示する実地実験を行ない、ケンブリッジ・アナリティカ社の手法による心理的説得が購買行動に与える影響を検証したのだ。〈myPersonality〉は、スティルウェルが開発したアプリだ。これは、性格診断テストのアプリで、人間の性格を五つの要素に分け、それぞれの要素についての診断ができるようになっている。

このように性格を五つの要素に分ける手法を、「五因子モデル(Five-Factor Model＝FFM)」と呼ぶ。五つの要素とは、外向性、同調性、誠実性、神経症傾向、開放性である。〈myPersonality〉はまずユーザーに、「フェイスブックのプロフィール情報、ソーシャル・ネットワーク・データにアクセスしてよいか」と許可を求めてくる。アクセスが許可されると、アプリは、ユーザーがフェイスブック上で何に「いいね!」をしているかを調べ、その人の人格的特徴を知ることができる。何に「いいね!」をしたかに基づき、五つの要素それぞれのスコアを決めるのだ。たとえば、コンピュータやSF映画「スターゲイト」が好きなユーザーは、内向性が強いと判定されやすく、人を笑わせることが好きなユーザーは外向性が強いと判定されやすい。レディー・ガガが好きなのはこういう人、ドラマ「ハウス・オブ・カード 野望の階段」が好きなのはこういう人と判定する、といったことがあらかじめ決められているわけだ。このように、フェイスブックのプロフィールや、フェイスブック上での「いいね!」によって、五つの要素すべてについて判定がなされ、それがその人の性格ということになる。

ここでどうしても、コジンスキー、スティルウェル、〈myPersonality〉と、ケンブリッジ・アナリティカ社の大規模スキャンダルとのあいだの怪しい関係について触れておかなくてはならないだろう。なぜなら、驚くべきことに、コジンスキーとスティルウェルがケンブリッジ大学で研究活動をしていた当時、同じ学部には、アレクサンドル・コーガンもいたからだ。コーガンこそが、五〇〇〇万人のアメリカ人の心理学的プロフィールとフェイスブック・データをケンブリッジ・アナリティカ社に提供した人物だからだ。これが、マーク・ザッカーバーグを窮地に追い込むスキャンダルの火種となった。

報道によれば、まずコーガンのほうからコジンスキーに接触して、ある企業（これがケンブリッジ・アナリティカ社のことだった）の話をしたという。その企業は、コジンスキー、スティルウェルの技術に関心を持っており、〈myPersonality〉のデータベースへのアクセスも望んでいるということだった。その後、コーガンから企業の名前が明かされ、その企業がアメリカ大統領選挙に介入しているとわかったため、コジンスキーはコーガンとの接触を絶っている。コジンスキーとの絶縁のあと、コーガンは、自ら〈myPersonality〉とよく似た「ディス・イズ・ユア・デジタル・ライフ（This Is Your Digital Life）」というアプリを開発し、それによって集めたデータと、データ収集手法をケンブリッジ・アナリティカ社と共有した。[10]

二〇一七年の『ダス・マガジン』誌の記事によれば、ケンブリッジ・アナリティカ社は、コジンスキーとは「まったく取引をしていない」[11]し、自分たちの手法はコジンスキーと同じではない、と主張したようだ。だが、ジャーナリストのジョン・モーガンは、ケンブリッジ・アナリティカの手法がコジンスキーのものに「似ていることは否定しようがない」と述べている。まるでスパイ小説のような話ではある。マッツらがケンブリッジ・アナリティカ社の手法と、アプリにより収集されたデータの力を検証でき、またその検証結果に一定の信憑性があるとみなせるのはこうした経緯があったためだ。

フェイスブックは、ユーザーの「人となり」に基づいてターゲット広告を出すことを許可してはいない。そのため、マッツらも、ユーザーの人格的特徴のデータを直に利用したターゲット広告は検証の対象としていない。対象となったのは、あくまでもフェイスブックでの「いいね！」に基づくプロファイリング・データによるターゲット広告である。たとえば、内向的な人をターゲットにする時には、「どの人が内向的か」というデータは利用できないので、内向的な人が「いいね！」をしそうなコンテンツに「いいね！」をしているユーザーを選ぶ。外向的な人をターゲットにする場合も同じだ。外向的な人が「いいね！」をしそうなコンテンツに「いいね！」をしているユーザーを選ぶ。広告の文言は、ターゲットに合わせて変える。当然、外向的な人に向ける時は外向的な言葉、内向的な人に向ける時は内向的な言葉、開放的な人に向ける時は開放的な言葉を使う。

たとえば、外向的な人に向けた美容商品の広告には、パーティーで踊る女性を出して、「誰も見ていなくても踊る（きっとみんなが見ている）」といったキャッチフレーズをつける。一方、内向的な人に向けた広告なら、鏡に向かって化粧をしている女性を出し、「美は叫ばなくてもいい」といったキャッチフレーズをつけることになる。検証では、「いいね！」から内向的、外向的とみなしたユーザーに、それぞれの性格に合った広告を提示したほうが、合わない広告を提示した場合よりもクリックスルー率も購買率も上がることが確かめられた。

ユーザーの性格に合った広告を出せば、そうでない広告を出した場合に比べて、クリックスルー率は四〇パーセント向上し、購買率は五四パーセント向上した。外向的なユーザーの場合、その性格に合った広告を見た時には、そうでない広告を見た場合に比べて、オンライン・ストアで商品を買う確率が五四パーセント向上した。開放的なユーザーの場合、その性格に合った広告を見た時には、そうでない広告を見た場合に比べて、クリックスルー率が三八パーセント向上し、商品（クロスワード・パズルのアプリ）

をインストールする確率が三一パーセント向上した。この結果から、それぞれの人の性格、心理的要求に合わせた広告を出す心理的ターゲティングを行なえば、大勢の人たちの行動に影響を与えることが可能だと言える。

ただし、この検証結果には科学界から疑義が呈された。その主な理由は、まず相関関係と因果関係の切り分けができていないこと、そして、広告ターゲティングにおける選択効果についての調整ができないことだ。因果関係については本書の第6章でも詳しく触れたが、すでに読んだ人なら、フェイスブックの広告が、そもそもその広告に反応しそうな人に向けて出される傾向にあることはわかっているだろう。つまり、性格に合わせた広告の効果が高かったのは、広告の力ではなく、選択効果のせいかもしれないということだ。たとえば、マーケター（某国のエージェントの場合もあるだろう）が、フェイスブック上のある種のユーザーを広告のターゲットに選択すると、フェイスブックはその選択を踏まえて最適化を行ない、反応する可能性が特に高そうなユーザーを選んで広告を出すようになる。

私の同僚であるディーン・エックルズ、ブレット・ゴードン、ギャレット・ジョンソンは、マッツらの検証結果に対して次のような指摘をしている。

「フェイスブックの広告は、無作為に選ばれたユーザーに提示されるわけではない……それだけでも、検証結果の妥当性がかなり揺らぐと言わざるを得ない……。フェイスブックのような広告プラットフォームは元々、その目的を満たす可能性が高いと期待されるユーザーに広告を提示することで、広告のパフォーマンスを最大限に高める仕組みになっている……検証で確認された効果のすべてではないにしても、少なくとも無視できないほど大きな部分が（おそらく）この仕組みで説明できるだろう[12]」

人の「説得のしやすさ」は、何について説得するかで大きく変わる。何かの商品を買うよう説得するのはそう難しくないかもしれないが、投票する候補者を変えるよう説得するのはそれよりはるかに難しいだろう。その点から考えても、ケンブリッジ・アナリティカ社の手法で本当に選挙結果を大きく変えることができたのかは大いに疑問だと言える。

ただ確かに、完全に信頼できるとは言えないにせよ、ここで紹介した検証結果により、少なくとも商用目的では、サイコグラフィック・プロファイリングに人を動かす力が一定以上ある可能性は示されたと言っていいだろう。さらに研究が進めば、マイクロターゲティングで人間の意見や行動がどのくらい変わるかが、より明確にわかるようになるはずだ。

トレンド独裁

アテンション・エコノミーにおいて重要なのは、マイクロターゲティングだけではない。それに加えて重要視されるようになったのが、ユーザー・エンゲージメントである。私たちは、ソーシャル・メディアでコンテンツを見るたびに、必ず何らかの感情を抱き、何らかの反応をすることになる——いいな、好きだ、と思うこともあれば、笑うことも、怒ることも、悲しむことも、驚くこともあるだろう——プラットフォームは、こうした私たちの反応にしたがって提示するコンテンツを変え、アルゴリズムを利用して特定のコンテンツの持つ力を強めることで、新たなトレンドを作っていく。アテンション・エコノミーを支えるのは口コミである。口コミで注目を集め、人気を得ることが一つの大きな目標であることは間違いない。だが、アルゴリズムで人気を増幅できる状況になると、トレンドが強い力を持つ世界、「トレンド独裁」とでも呼ぶべき状況が生まれることになる。

注目を集めるには、ユーザーのエンゲージメントが必要だ。そのため、ソーシャル・メディアはできるかぎり、エンゲージメントを強める作りになっている。ソーシャル・メディアがユーザーのエンゲージメントを強め、その状態を長く保つことができれば、その分だけ広告在庫も増え、また広告の価値も高まる。つまり、ビジネス上、有利というわけだ。エンゲージメントを強めるのに役立つのが、「いいね！」をはじめ、ユーザーが何らかの反応を示せる機能だ。これによって、ソーシャル・メディアはコンテンツの「スコアづけ」をすることができる。反応が多いコンテンツは、その分だけエンゲージメントが強い、脳の報酬系に訴えるコンテンツということである（第4章を参照）。自分の投稿に大勢の人たちが「いいね！」をし、社会的承認が得られると、脳内にはドーパミンが多く分泌される。しかし、あまり「いいね！」がつかなければ、失望感を味わうことになる。そのため、「いいね！」のつくコンテンツを作ろうという気になる人は多い。また、この人にはコンテツをさらに作ってほしいから、価値あるコンテンツに積極的に「いいね！」をつけるということもある。もちつもたれつの関係が生じることがあるわけだ。

つい先週、私は母に「せっかくインスタグラムに旅行の写真を上げたのに、まだ『いいね！』をしてくれていない」と文句を言われた。母が写真を上げてからまだ二日しか経っていなかった。私だって忙しい身だ。六歳の子の父親だし、ソーシャル・メディア文化が人間、特に子供たちの心理やメンタル・ヘルスに与える影響も心配だ。だから、私は息子にはスマートフォンやタブレットの画面をほとんど見せないようにしている。

コンテンツのスコアづけができれば、それを活かした機能をソーシャル・メディアに持たせることもできる。たとえば、エンゲージメントの強いコンテンツをさらにエンゲージメントの強いものにする

「ブースト」機能も実現できる。エンゲージメントを「増幅」するアルゴリズムを作ることができるわけだ。人気の高い、「トレンド」になっているコンテンツ[13]を選び出して、その人気を増幅する。大勢の人が見れば、それによって人気、エンゲージメントはさらに増幅されていく。多くの人を引きつけるエンゲージメントの強いコンテンツがあるとわかれば、ハイプ・マシンは、そのコンテンツのエンゲージメントをさらに増幅する。そういうタイプ・ループが生じるのである。

エンゲージメントを増幅するアルゴリズムには多数の種類がある。たとえば、多くの人に「いいね！」されているコンテンツをニュースフィードに流すアルゴリズムはその一つだ。あるいは、短時間に急激に人気が上がっているトピック、トレンドになっているトピックを見つけ出し、そのトピックのエンゲージメントをさらに増幅させるアルゴリズムもある。ユーザーが話題にしているすべてのトピックのエンゲージメント、人気を評価し、そのなかから、新奇なもの、タイムリーなもの、短時間に人気が上昇したものを見つけ出す。トピックのエンゲージメントや人気を評価するさいには、そのトピックに対してユーザーが実際に取った行動（トピックに関連する投稿がいくつかあったか、何度シェアされたか、「いいね！」がいくつついたか、コメントがいくつ書かれたかなど）を調べ、それがトピックに関して（推測性モデルに基づいて）予期された行動とどう違うかを見る。実際に観察された行動が予期されたものよりはるかに活発であれば、そのトピックは「トレンド」になっているとみなす。

ソーシャル・メディアには常に多種多様なトピックの投稿がなされる。「トレンド」というのは、特定のトピックに関連するユーザーの活動が短時間に急激に増えることを指す。単純にトピックに関連する活動が多いことは、そのトピックに人気があることを意味する。また、予期された活動と実際に観察された活動のあいだの違いが大きい場合は、そのトピックが新奇なものであることを意味する。また、そのトピックがどの程度「タイムリー」かは、直近のタイミングでそのトピックでどのくらい人気があり、どのくらい新奇かを見れば評価できる。ただ、ここで問題になるのは、そもそもソーシャル・メディアがどのようにしてトピックを見つけ出すのか、ということだ。

ソーシャル・メディアに投稿される自由形式のテキストを、機械学習と自然言語処理の技術で解析することは不可能ではないが、コンピュータに相当な能力が必要になるうえ、コンテンツの量が時とともに無軌道に増えていく状況ではあまりにも非効率な方法だろう。そのため実際には、ハッシュタグをトピックを見つけ出すための目印に利用しているプラットフォームが多い。これならば、技術的に難しくない。ユーザーのほうが自主的に「これがトピックですよ」と教えてくれるからだ。

ハッシュタグは、あらゆるソーシャル・メディアで幅広く使われているが、元々は一〇年以上前にツイッターで使われはじめたものだ。二〇〇七年八月二三日に、自称「デジタル・ノマド」のクリス・メッシーナというツイッター・ユーザーが使ったのが最初だ。キーワードの前に「#」記号をつけてツイートすれば、同じテーマの発言が検索しやすくなるのでは、という発想だった。その日、クリスはこうツイートした。

「How do you feel about using # (pound) for groups. As in #barcamp [msg]?（同じテーマのツイートには、#〔ナンバー記号〕をつけてキーワードを書いたらどうかな。〈#バーキャンプ〉という具合に）」

その後どうなったかは誰もがよく知るとおりだ。ツイッター社はクリスのアイデアを取り入れ、二〇〇九年には公式にハッシュタグをサポートしはじめた。そして二〇一〇年には、このハッシュタグを利用して、トピックの人気度の評価、人気の増幅などにも取り組むようになった。その後、ハッシュタグと、トピックのトレンド化などは、あらゆるソーシャル・メディアに広まっていった。

今では、ハッシュタグ化されたキーワードのなかでもトレンドになっているものはリスト化されてユーザーに通知される。リストの内容は、ユーザーの興味や、現在地などによって変わる。このリストによって、今どういうトピックが新しく、タイムリーで、人気があるかがわかる。経済学者のハーバート・サイモンの言うとおり、人間の注意は限られているのに、情報は増えていく一方、という状況では、このリストは非常に役立つだろう。そして、リストの存在によってトレンドは増幅され、人気のあるトピックはさらに人気が高まっていくのである。ユーザーの注意は、その日の最新の最も人気のあるトピックにばかり集中するわけだ。これが「トレンド独裁」という状況だ。トレンドの独裁が文化、政治に与える影響は小さくないだろう。トレンドによって、群衆は賢明にもなれば、愚かにもなり得る（詳しくは次の章を参照）。

トレンドになりやすいトピックは総じて、注意を引きやすいもの、衝撃的なもの、感情をかきたてるものだ。私たちに衝撃を与えるトピック、強い感情——驚き、怒り、喜びなど——を引き起こすトピック、ひらめきの元になるようなトピックは短時間のうちに人気を得てトレンドになることが多い。トピックはいったんトレンドになると、リスト入りするなどして、多くの人に存在が知らされて、さらに注目度や人気が上がり、強い感情を引き起こす。時には熱狂という言葉がふさわしい状況になることもある。

アルゴリズムによってトピックのエンゲージメントの強化、トレンド化をすると、意図しない結果を招くこともある。必ずそれを利用しようという人間が現れるからだ。元々まったく人気のないトピックをあたかも人気があるように見せて、その人気をアルゴリズムに増幅させ、あわよくばトレンドにまでさせようと考える人間が現れるのだ。そうして、本来誰も注目しないトピックに多くの人の注意を向けさせようとするわけだ。企業も政府も、政治家も、多くの人の注意を引きたい点では共通している。トレンド・トピックのリストに自然に取りあげてもらえれば一番よいわけだが、とても待っていられないので、ツイッターに一日あたり二〇万ドルもの大金を支払って[14]、スポンサード・トレンド広告を出してもらうことすらある。

アルゴリズムによってトレンド化され、注目を集めることで得られる価値が非常に大きいことから、アルゴリズムを操作してでもトピックをトレンド化させたいという動機が生じる。なかには何らかの目的を達するために、自らの人的ネットワークとボットを組み合わせることで、特定のトピックや意見を意図的にトレンド化させるという技を駆使する人もいる。何らかの目的とは、たとえば、何かの法案を議会で通過させること、領土(クリミアなど)をある国に併合させること、議会による調査の結果を自分の思いどおりに操作する、といったことがあげられるだろう。ロシアが、二〇一八年に〈#ReleaseTheMemo〉というトピックをトレンド化しようとしたのも、そうした例の一つだ。

#ReleaseTheMemo

何かのトピックを意図的にトレンド化しようとする試みは何度も行なわれているが、そのなかでも最もあからさまだったのは、二〇一八年一月のロシア政府の試みだろう。ツイッター上で、〈#ReleaseTheMemo〉というトピック(ミーム)をトレンド化しようとしたのである。デビン・ヌネズ下院議員のスタッフのメモには、「二〇一六年の大統領選挙へのロシア政府の介入についての調査が行なわれたさい、ＦＢＩは外国情報監視法(Foreign Intelligence Surveillance Act＝ＦＩＳＡ)に基づく令状を得て、トランプ氏の顧問だったカーター・ペイジ氏の捜査を行なったが、おそらくは令状を得るのに、政治的意図を持った怪しげな人物からもたらされた情報を利用したと考えられる」と書かれていた。民主党はこのメモに反論し、メモに書かれたことは、ＦＢＩと調査の信用を貶めることを目的とした明らかな虚偽であると主張している。

そもそもメモの内容を公表すべきだったのか、ということも議論になった。ことによっては、調査の合法性が揺らぎかねないからだ。モリー・マッキューの報告によれば、ロシア政府は、ソーシャル・メディア上でのデジタル・プロパガンダを企画、実行して、メモの公開を支持する世論を強めようとしたという(15)。

〈#ReleaseTheMemo〉は、ロシアのボット・アカウント、サイボーグ・アカウント（半分ボット、半分人間のアカウント）が、アメリカ連邦議会にメモの開示を求める世論を強めるべく作ったハッシュタグであり、ミームだった。このハッシュタグを最初に使ったのはツイッターの〈@underthemoraine〉というアカウントだった。このアカウントには当時、七五人ほどのフォロワーがいた。一見、ミシガン州在住の実在の人物のアカウントのようだった。だがこれは、いわゆる「ボット・ネット」を構成するアカウントの一つだった。ボット・ネットは、その名のとおりボットのネットワークで、ソーシャル・メディア上で特定のミームをトレンド化して広めるべく協調して動く。お互いにフォロー、リツイートし合い、互いのメッセージを増幅し合うのである。ボット・ネットは、一般のアカウントのあいだで広まっているミーム、ハッシュタグのなかに、自分たちの意図に合うもの、目的達成に役立つものを見つけると、それを乗っ取って利用することもある。

〈@underthemoraine〉が最初にハッシュタグ〈#ReleaseTheMemo〉を使ったすぐあとに、他のボット・アカウントたち（その多くは二〇一二年か二〇一三年に作られ、二〇一六年の大統領選挙の時期が来るまで休眠していたものだった）が、一斉に〈#ReleaseTheMemo〉を含むツイートをし、互いにリツイートし合うようになった。「メモを開示せよ」というミームを広めるための活動を開始したのである。

ボット・ネットによって〈#ReleaseTheMemo〉というハッシュタグは、ツイッター上に短時間のうちに大量に出現することになった。すると、主なインフルエンサーや政治家たちもそれに注目しはじめた。最初のうちはいくつか類似のハッシュタグが併存していたが、〈#ReleaseTheMemo〉の勢いが高まると、ボット・ネットは一つに力を集中させるようになった。勢いに促されるように、ボットのフォロワーたちもリツイートするなどして、拡散に協力しはじめ、ついには〈#ReleaseTheMemo〉がトレンド入りした。このハッシュタグが最初に現れたのは一月一八日午後四時だが、深夜零時までの八時間に、〈#ReleaseTheMemo〉は六七万回使われた。しかも零時の時点では、一時間で二五万回使われるほど勢いが増していた。

参考までに、同時期の二つのイベント、一月二〇日に私もいたワシントンDCで開催されたウィメンズ・マーチ、やはり一月二一日開催のNFLのプレーオフ・ゲーム「ニューイングランド・ペイトリオッツ対ジャクソンビル・ジャガーズ」と比較してみよう。関連のツイートは前者が合計で六〇万六〇〇〇、後者が二五万三〇〇〇だ。最も勢いがあった時で、前者が一時間あたり八万七〇〇〇ツイート、後者が一時間あたり七万五〇〇〇ツイートだった。ところが、ハッシュタグ〈#ReleaseTheMemo〉は、一月一九日午前九時の時点で合計二〇〇万回近く使われていた。

ボット・ネットは、主要なインフルエンサーや議員たちの注意を引くことにも成功した。ツイートに名前を入れたからだ。すると、一般の（実在の）アメリカ国民の多くも興味を持つようになる。自分の意思でインフルエンサーや議員たちの名とともに〈#ReleaseTheMemo〉というハッシュタグの入ったツイートをし、同様のツイートのリツイートもするようになった。下院諜報活動常任特別委員会に所属する共和党議員の名前は、このハッシュタグのついたツイートで合計二一万七〇〇〇回言及された。テレビのトークショー司会者、ショーン・ハニティーの名は、二四万五〇〇〇回言及された。下院議長のポール・ライアンがメモの公開に賛同する発言をする頃には、関連ツイートで彼の名が使われた回数は合計二二万五〇〇〇回にも達していた。そして、ドナルド・トランプの名が同じ趣旨のツイートで使われた回数は一〇〇万回に達した。

こうして「メモを公開せよ」というミームは勢いを得た。トレンド・アルゴリズムでハッシュタグへの関心は増幅され、ついにはこのトピックがメインストリームのメディアにも取りあげられはじめた。テレビのニュース番組でも言及されるようになった。政治関連の話題のなかでも特に重要、という扱いを受けた。あるミームが、短期間に一定以上の数、言及されると、アルゴリズムはコミュニティがそのミームに関心を寄せていると判断し、トレンド・リスト入りさせる。トレンド・リストは、「今、何が話題なのか」を大勢の人たちに知らせる役割を果たすので、リスト入りしたミームはさらに多くの人の関心を集めることになる。〈#ReleaseTheMemo〉ミームも、トレンド・リスト入りすることで、メインストリーム・メディアに取りあげられ、連邦議会の議員たちの注目を集めるまでになったわけだ。元はロシア政府の作ったボット・アカウントが作り、広めたミームだったとはいえ、賛成の世論が大きく高まったため、その世論はメモ公開の正当化に利用された。そして、二〇一八年二月二日、ついにメモは下院の共和党議員たちによって公開された。〈#ReleaseTheMemo〉ハッシュタグによるプロパガンダとほとんど同じことは、二〇一四年のクリミア危機のさいにも行なわれた。ただ、目的はメモの公開ではなく、クリミア半島の扱いに対する人々の認識を歪め、世論の支持を強めることだった。二〇一四年二月、クリミア半島はロシアに併合された。二〇一八年二月には、ヌネズ・メモが公開された。どちらの件でも、特定の国家による世論の操作が行なわれていたのである。

注意の不平等

ソーシャル・メディアのアルゴリズムは、人気のあるトピックや、トレンドになっているトピックにばかり注目を集める仕組みになっている。つまり、トピック間の不平等を拡大する仕組みだということだ。注意は、あらゆるトピックに平等に分配されるわけではない。その逆だ。わずかな数の人たち、わずかな数のコンテンツが、人々の注意の大部分を獲得してしまう。ソーシャル・メディアがなかった時代よりもその傾向がはるかに強くなっている。それは、人間が生まれつき持っている性質と、ソーシャル・メディアのアルゴリズムが組み合わさった結果である。

私の友人であり、同僚でもあるバラバーシ・アルベルト・ラースローは、一九九八年にレカ・アルバートとの共同研究によって、ネットワークを支配する「優先アタッチメント」[16]という原理を発見した。これは、人間は、ソーシャル・ネットワーク上ですでに人気を得ている人とつながりやすい、という原理である。つまり、金持ちがますます金持ちになっていくのと同じように、人気者がますます人気者になっていく、ということだ。

注意は元来、平等に得られるものではなく、その不平等をハイプ・マシンのアルゴリズムが拡大する。

ソーシャル・メディアには友達推薦の機能があるが、この機能は、すでに友達が多い人にほど有用になる。友達が多ければ、友達の友達も多いので、推薦できる人が増えるからだ。その結果、すでに多くの人とつながっている人は、ますます多くの人たちとつながっていくことになる。

人に向けられる注意と同じように、コンテンツに向けられる注意もやはり不平等である。アルゴリズムが好んで選ぶのは、多くのエンゲージメントを得るコンテンツ、「いいね！」やコメントが多くつき、シェアも多くされるコンテンツである。そういうコンテンツはニュースフィードに表示されやすく、シェアも多くされる。コンテンツの人気のハイプ・ループが起こるので、不平等はますます大きくなる。それに加え、トレンドのアルゴリズムがさらに「金持ちがますます金持ちになる」という傾向を強める。すでにほかよりも多くの注意を集めているコンテンツをリストに入れて皆に知らせ、さらに多くの注意を集めるからだ。

私の同僚、クリスティーナ・ラーマンと、リンホン・チューは、ツイッターのアテンション・エコノミーについて共同で研究したが、その結果をまとめた論文にはこう書かれている。「圧倒的多数のユーザーはまったく注意を得ることができない一方で、上位一パーセントのユーザーは、下位九九パーセントをすべて合わせたより多く注意を得ている[17]」。これは、ハイプ・マシンの集合知に与える影響を知るうえで重要な事実である。詳しくは次の第10章で触れる。

新奇性、衝撃度、結びつきの強さ

「注意」はいわばソーシャル・メディアのエンジンである。では、ソーシャル・メディアで人々の注意を引くコンテンツにはどういう特徴があるのだろうか。私はフェイク・ニュースについて一〇年にわたって研究するなかで、その問いへの答えを見つけた。多くの人が注意を引かれ、共有したくなるコンテンツには総じて、衝撃的、驚異的、予想外、猥褻《わいせつ》といった特徴がある。すでになじみがあるものよりは、目新しいものに注意を引かれる人が多い。ただ、新奇性が重要だということは、その研究以前から認識していた。

二〇一一年、私はマーシャル・ヴァン・アルスティーンとの研究によって、仕事の生産性を高めるのに新奇な情報が非常に有用であること[18]を発見している。私たちは、ある管理職専門の人材スカウト企業のヘッドハンターたちがやりとりするeメールを五年にわたって調査した。メールのなかに新奇な情報がどのくらい含まれているかを調べたのである。それでわかったのは、やりとりされるメールに新奇な情報が多く含まれている人ほどプロジェクトの進行が速く、会社に多くの収益をもたらしていたということだ。新奇な情報が生産性を高める要因になっていると断言することはできないが、明らかな相関関係が見られることは確かだ。私はその後、パラムヴィア・ディロンとともに、裏づけのためまったく別の業界の企業を対象に同様の調査を実施したが[19]、結果はやはり同じだった。

この二つの研究結果によって、私の同僚、ロナルド・バートの「結びつきの弱い人間関係は重要である。新奇な情報は、結びつきの弱い人によってもたらされるからだ」という長年の主張の正しさが裏づけられたと言えるだろう。ソーシャル・メディアでもまさにそのとおりのことが起きている（詳しくは第3章を参照）。ネットワークに一定以上の人が参加すると、つながりが密な集団と、集団と集団の緩やかな結びつきの両方が生じる。集団と集団を緩く結びつける人は「コネクター」「ブローカー」などと呼ばれる。集団に新奇な情報をもたらすのはその種の人たちだ。異質な集団と接触する機会が多いので、その分新奇な情報を多く得られるからだ。ある集団では当たり前のことが、別の集団ではまったくそうでない、ということは多いだろう。ブローカーがいると、その集団の既存の知識だけでは手に負えない問題を解決できることもある。イノベーションが起きるということだ。世界観を新しくしてくれるうえ、問題解決に役立つ新奇な情報は、どうしても私たちの注意を強く引きつけることになる。注意が新奇性の高い情報に集まるのは当然のことだとも言える。

しかし注意を強く引きつける情報が、注意を長く引きつけるとはかぎらない。最初の衝撃が大きくても、結局、その人にとってさほど価値のない情報もあるからだ。ローカルのネットワーク効果が生じるのは、人と人とが強く結びついた時だ。[20]弱い結びつきから生じることはない。どの人にとっても、身近な人たちとの長期的な関係が重要なので、その人たちに関する情報には価値がある。たとえば、有名人からもたらされる情報には確かに一時的には強く注意を引きつけられるが、その人との関係が薄ければ、長期的には情報の価値は低くなる。マイクロインフルエンサーのほうが有名インフルエンサーよりも強いエンゲージメントを得ることが多いのはそのためだ。

複雑な仕事に取り組む場合には、結びつきの強い集団で取り組むほうが生産性が上がる。コミュニケーションは当然、結びつきの強い集団内のほうが、結びつきの弱い他の集団とのあいだよりも活発になるだろう。つまり、新奇性の高い情報は確かに注意を引くが、それはあくまで一時的で、結局、長く注意を引くのは、結びつきの強い人たちからの情報ということである。

平均に意味はない

ソーシャル・メディアのメッセージに向けられる注意は不平等なだけではない。たとえ同じメッセージでも、それから受ける影響は人によって大きく違っている。民主党支持者ならば奮い立つ政治広告も、共和党支持者には嘲笑の的になるかもしれない。外向的な人に響くメッセージが、内向的な人には完全に無視されることもある。誰にでも通じそうな平均的なメッセージは、ソーシャル・メディア上ではあまり意味を持たない。それよりは、特定の人にだけ強く響く極端なメッセージのほうが重要になる。ソーシャル・メディアについて知るうえで、全体の平均を見ることにあまり意味はないのだ。ソーシャル・メディアは、個々に大きく違った人たちの集合体であり、メッセージも誰に向けられたものかで大きく違ってくる。個々の違いをよく知ったうえで全体について考える必要がある。私がこれまでの研究、調査から導き出したのはそういう結論だ。

安全上の懸念もあり、またターゲティングに有用なことから、近年は、できるかぎりすべてのユーザーを実名にし、身元を開示したいと考えるソーシャル・メディア企業が多くなっている。以前、『ニューヨーカー』誌にこういう漫画が載っていたのを思い出す。インターネットの匿名性を風刺した漫画だ。コンピュータの前に犬がいて、もう一匹の犬と話をしている。コンピュータの前の犬がもう一匹にこう言う。「ネット上では皆があんたのことを犬だと思っている。本当は違うのにな」。商業上の便宜や、安全を考えれば、ユーザーは実名のほうがよい。しかし、匿名にも利点はある。何より表現の自由を得やすいだろう。

私はショーン・テイラー、レフ・ムフニクとともに、ソーシャル・メディアにおける身元開示の重要性について研究している。匿名であること（ないこと）が、ソーシャル・メディア上で人の行動にどう影響するかに興味があるのだ。たとえば、匿名の誰かが上げたコンテンツと、実名の人が上げたコンテンツでは、皆の反応はどう変わるのだろうか。

私たちは、匿名性が大規模なソーシャル・メディア上で人々の行動にどう影響するかを確かめるための実験を行なった。[21] たとえば、〈Reddit〉などのソーシャル・ニュース・サイトに投稿されたコメントからランダムに選んだ五パーセントを匿名とし、残りの九五パーセントのコメントは実名にした。そのほかの部分——投稿の内容、表示順、「いいね！」やコメントをつける機能、投稿への反応の表示の仕方など——には通常のまま何も手を加えなかった。そうして、匿名のコメント、実名のコメントそれぞれへの反応を比較した。その結果わかったのは、やはりソーシャル・メディアにおいては「平均」などまったく意味がないということだった。

実験の前、私たちは、コメントを匿名にしても、おそらく反応に大きな影響はないだろうと予測していた。そして実際に、平均すれば、大きな影響はないという結果になった。投稿を匿名にしても、平均すれば「いいね！」や「ひどいね」のつきやすさにはまったく影響しなかった。

ただ、さらに詳しく調べていくと、平均を見ていたのではわからない現象が起きていることがわかった。実名、匿名にした時の影響が人によって大きく違っていたのだ。影響が両極端の人がいて、その数がどちらも同じくらいなので、相殺されて、平均すると影響がないように見えたのである。ある種の人たちは、コメントを実名にしたほうが良い結果が得られる——実名のコメントのほうが、匿名のコメントより「いいね！」がつきやすくなるのだ。ところが、正反対の人たちもいる——実名のコメントのほうが、匿名のコメントより「ひどいね」がつきやすくなる人たちだ。コミュニティのなかで良い評価を得ている人は、実名にしたほうが良い反応を得やすい。一方、コミュニティのなかであまり知られていない人、あるいは評価の低い人が実名にすると、皆の反応は悪くなる。良い影響と悪い影響が同じくらいあるため、すべてを合計すると何も影響がないように見えるのだ。しかし、個別に見ていくと、実名、匿名の影響は非常に大きいことがわかる。

ソーシャル・メディアでは同様の現象が多く見られる。すでに述べたとおり、ソーシャル・メディアに誰かが自分の運動の記録を投稿すると、投稿を見た人たちのその後の行動に影響を与えることになる。[22] 私たちの研究では、誰かがランニングの記録をソーシャル・メディアに投稿した場合、それを見た人たちの平均のランニング量が増えるとわかった。ただし、投稿からの影響の大きさは人によって大きく違う。人間には、自分と他人を比較する癖がある。[23] たとえ同じ行動を見ても、この比較の結果によって、受ける影響には違いが生じる。

では、具体的にはどういう違いだろうか。たとえば、自分よりも多く走っている人を見た場合と、[24] 自分ほど走っていない人を見た場合とで影響はどう違うのか。調べると、自分より多く走っている人を見た場合、[25]「もっと走らねば」と思う人が多いとわかった。しかし、普段はあまり走っていない人が多く走ったほうが、よりやる気を出させる効果が高い。彼らは「この人には勝っている」と思っているので、「今の優位を保ちたい」[26] という気持ちが湧くようだ。普段あまり走らない人が多く走ると、普段からよく走っている人は大きな刺激を受ける。反対に、普段から走っている人が多く走っても、普段走らない人が刺激を受けることはあまりない。習慣的には走らない（毎日走るわけではない）人が走ると、習慣的に走る人には大きな影響があるが、反対に、習慣的に走っている人が走っても、習慣的に走らない人はほとんど影響を受けない。まとめると、人は「自分より走らない人」、自分より下と評価している人の行動に影響を受けやすいと言える。「上方比較」よりも「下方比較」に大きな影響を受けるということだ。

また、運動に関する投稿の影響は、同性間のほうが異性間よりも大きいとわかった。男性の投稿は、他の男性に強い影響を与える。しかし、女性の投稿は、男性にも女性にも小さな影響を与えるだけだ。驚くのは、男性の投稿が女性にまったく影響を与えないことだ。これは性別によって、運動への意欲、競争心に違いがあるせいではないかと考えられる。たとえば、男性には、「運動をする」という決意を投稿した時、皆が褒めてくれるとやる気が出るという人が多い[27]。一方、女性には、大勢に宣言などせず、自分で計画を立てて、自分で管理するほうがやる気が出る人が多い。男性は、相手が女性であっても、競争になるとやる気が出るが、女性が男性との競争にやる気を出すことはあまりない。

平均像と詳しく見た時の像が大きく違うという現象は、ウィーチャットとフェイスブックの広告についての調査でも見られた。ウィーチャットでは、広告に友達が「いいね！」をしているのを見ると、平均的にはその広告へのエンゲージメントが高まるという傾向があった[28]。しかし、すべての友達が同様の影響力を持つわけではない。友達がウィーチャットでの友達数の多い人であるほど、また広告されている商品についての知識が多そうな人（同種の商品についての記事を多く読んでいる人）ほど、「いいね！」の影響力は大きかった。一方、フェイスブックでは、自分と結びつきの強い友達が「いいね！」をした場合のほうが、結びつきの弱い友達が「いいね！」をした場合よりも影響力が大きくなった[29]。

このように、全体と部分が大きく違うので、ソーシャル・メディアの影響は慎重に評価するべきである。たとえば、ロシアのフェイク・ニュースが投票行動に与えた影響も、反ワクチンの広告がワクチン忌避に与えた影響も、全体の平均を見ただけではよくわからない。メッセージを発する人、受け取る人によって影響力に大きな違いがあることも多いし、どこかでその違いが相殺されて、平均からは見えなくなっていることもある。選挙への介入の影響はその典型的な例だろう。ある候補への投票を促すソーシャル・メディア広告を出しても、その効果は平均するとごく小さいか、まったくないように見える。ところが、特定の地域（州、選挙区など）の人たち、特定の層の人たちに届いた広告は、選挙結果を左右するほどの影響力を持つ可能性がある。

第10章

群衆の知恵と狂気

逆説的ではあるが、集団が賢明になるのは、その集団を構成する個人がそれぞれ自由に考え、行動した時である。

――ジェームズ・スロウィッキー

人間にとって自助自立は重要だが、相互依存も同じくらいに重要だ。人間は社会的存在である。

――マハトマ・ガンディー

ジェームズ・スロウィッキーは、ベストセラーとなった自著『「みんなの意見」は案外正しい』（小高尚子訳、角川書店、二〇〇六年）のなかで、群衆の知の力について書いている(1)。群衆の知には、人間にとって困難とされる多くの問題を解決する力があるという。戦略的意思決定に役立ち、未来予測、イノベーション、国の統治にも役立つ。また、サッカーや野球のチームを強くできる可能性もある。この理論は、すでに一〇〇年以上前に、フランシス・ゴルトンによって提唱されていた(2)。ゴルトンは、雄牛の重量当てコンテストの話を例としてあげている。雄牛を見て、その重さを当てるコンテストだが、大勢の参加者の予測の平均値は、実際の重量に驚くほど近かったのだ。

基礎になる考え方は実に単純だ。一人一人は特別な知識を持っていなくても、数多くの多様な人たちが自由に、平等に述べた意見を集めると、それはかなり良い意見になることが多い、ということだ。これがいわゆる群衆の知である。これは単純明快な理論であるうえに、概ね正しいと言える。本当に多数の意見を集められた時には、確かに成り立つ。ただ、元メジャー・リーグの選手で、複数の球団で監督も務めたヨギ・ベラはこう言っている。「理論の上では、理論と実践のあいだに違いはない。しかし、実践では、両者はまったく違う」

スロウィッキーの著書の唯一の問題は、この本が書かれたのが二〇〇四年だということだ。つまり、マーク・ザッカーバーグがフェイスブックを立ち上げたのと同じ年である。その後の一〇年間で、ハイプ・マシンは、群衆の知の三つの前提条件を損なってしまった。それはハイプ・マシンというものの性質上、当然起こったことだった。三つの条件とは、群衆を構成する人たちが多様であること、それぞれに独立していること、そして、全員が平等に意見を言えることだ。

だが、すでに述べてきたとおり、ハイプ・マシンによって私たちは過度に社交的になってしまった。そのせいで、個人の下す判断が完全に個人のものとは言えなくなってきている。常に互いに強い影響を与え合っている状態になっているからだ。ソーシャル・メディアというシステムがそもそもそういう機能を持ったものなので当然である。人間は分断され、均質な人間ばかりが集まるコミュニティに閉じ込められることになった。類は友を呼ぶということだ。ソーシャル・メディアでのコミュニケーションは個人の独立性が低いうえに、不平等でもある。何がトレンドかが知らされるなど、人気のあるものがさらに人気を得る仕組みになっている。まるで羊の群れのように、多くの人が他人の真似をして、一斉に同じ方向へと動いて行く。

今では、スロウィッキーの理論は時代遅れになってしまった。もはや、群衆の知に期待するよりも、チャールズ・マッケイの言う「群衆の狂気」が懸念される状況になっている。群衆の知、群衆の狂気、どちらに向かうかは、ハイプ・マシンの設計、利用の仕方、そしてハイプ・マシンに関わる法規制によって決まるだろう。現在のハイプ・マシンは残念ながら、群衆の狂気に向かうように作られているが、群衆の知に向かうよう作ることも可能である。そのための良いアイデアを私が最初に思いついたのは、ニューヨークでの昼食中だった。

他人からの影響で評価が変わる

MITで教えるようになる前、私はニューヨーク大学の教授だった。キャンパスはグリニッジ・ヴィレッジの中心部にある。ストリート・ジャズ、ビート・ポエトリーのメッカであり、そしてもちろん、食のメッカでもある。ランチに行くのも、マリオ・バターリのバボ・リストランテ・エ・エノテカ、モンス・ファラフェル、ティル・クマールのドーサ・カートなど、美味しい店ばかりだ。ワシントン・スクエア・パークのそばで食事をしたことのある人ならわかってくれると思う。味と香りはどれも忘れがたい。研究や執筆に疲れると、学生や同僚たちと食事に出かけた。そこで、新しいアイデアについて議論になることもよくあった。

ある日、私たちは大学そばの「ドージョー」という店に行った。裕福でない学生にはなくてはならない店だ。バボのような高級店ではもちろんないし、だからといってただ安いだけのまずい店とも違う――ちょうどそのあいだに位置する。食事のあと、私はその店での自分の体験を誰かと共有したいと思った。そのためには、採点もできる飲食店の情報サイトに投稿するのが最も簡単だ。研究室に戻ると、まだジンジャー・ドレッシングの味が唇に残っている状態でイェルプにログインした。

その日、味はまあまあで、サービスもまあまあ、店の雰囲気も悪くはない、というくらいだった――全体としてまあまあということだ。したがって、私の採点は星三つ（五つが満点）というところだろうと思った。だが、レビューを入力しようとすると、すぐ近くにシャー・Hというユーザーのレビューが表示されているのが目に入った。星五つのレビューだ。店を褒め称えるコメントがついている。「まず、とにかく価格が素晴らしい。そして、フレッシュで、甘くてピリッと辛いジンジャー・ドレッシングの美味しさ」という具合だ。私は「なるほど……確かにそのとおりだ」と思った。何を食べても驚くほど安い店なのは間違いないし、甘くてピリ辛のジンジャー・ドレッシングも美味しかった。結局、私は星を三つから四つに変更した。

だが、よく考えてみると、これはよくないことだ。イェルプにかぎらず、この種のサイトは、大勢の人が自分の意見を自由に書き込むところに意味がある。数多くの人の意見が集まっているので、偏りなく妥当な評価ができると期待されているはずである。レストランやホテルについての本音の声が多数集まっているからこそ、自分が店やホテルを選ぶ時の参考にできる。しかし、直前に投稿した誰かの意見に影響を受ける仕組みになっていると、サイト全体としての意見に偏りが生じてしまう。書き込まれた意見がどれも純粋な自分の意見ではなく、直前の投稿者に影響された意見であるとすれば、全体としての意見は大きく歪められたものになるだろう。これは私にとって一つの「アハ体験」だった。

私は椅子から立ち上がり、隣のレフ・ムフニクの研究室に向かった（ムフニクは当時ポスドクだったが、現在はヘブライ大学の教授になっている）。ムフニクは研究室のドアをいつも開けっぱなしにしていたので、私はドアの枠をノックしながらなかを覗き込んだ。コンピュータの画面を見ていた彼が顔を上げたので、私は今起こったことを話した。この出来事の意味することをしばらく二人で話し合った。この現象のモデルを作ることはできるか。もちろんできる。ただ、この種の群衆行動はもう何十年も前から存在しているだろう。本当に知りたいのは、この現象がオンラインだけのものか、それともリアルの生活でも起こっているのかということだ。リアルでも起こっているのだとしたら、それはオンラインでの採点や意見の投稿にどう影響しているのだろうか。

これが重要なのは、オンラインでの意見が私たちの行動上の選択に影響するからだ。消費者の九二パーセントがオンラインのレビューを見る時代だ[3]。そのうちの四六パーセントが、レビューの内容が購買行動に影響すると言っている。レビューを見て購買を思い止まった経験のある人は四三パーセントにもなる。自分はレビューにまったく影響されずに意思決定できているという人は、全体の三パーセントしかいない。さらに、レビューを見ている人は全体の九二パーセントもいるのに、自らレビューを書く人は六パーセントにすぎない。つまり声の大きい少数の人たちの意見が、圧倒的多数の人たちに影響を与えているということだ。わずか六パーセントの人たちが大勢の人たちの購買行動に大きな影響を与えているとすれば、レビューを書く人たちがそれぞれに独立しておらず、他の消費者の影響を受けて意見を歪めていることは問題だと言えるだろう。

当時博士課程の学生だったショーン・テイラー（現在はリフト社のシニア・データ・サイエンティストで、以前はフェイスブック社のコア・データ・サイエンス・グループ内の統計チームを率いていた）が、通りがかりに私とムフニクの会話を耳にして、「あの、何の話ですか」と口を挟んできた。これが研究を始めるきっかけだった——日常生活での「なぜだろう、どうしてだろう」という素朴な疑問が、本格的な研究に発展したのだ。

　私は、この素朴な疑問から、ムフニク、テイラーとともに、群衆の行動、群衆のオピニオン・ダイナミクス[4]（世論力学）についての研究活動をすることになった。飲食店などについての現在の評価は、その後の評価に影響するのか。もし影響するとしたら、オンラインの群衆の意見は偏ったものになりやすいということなのか。現在の評価とその後の評価とのあいだの相関関係を調べても、実はあまりたいしたことはわからない。どちらの評価も、実際の質を反映したものかもしれないからだ。質の良い飲食店（靴でも、ホテルでも何でも同じだ）なら、過去も未来も変わらず高い評価を得やすいし、反対に質の低い店ならば、評価はずっと低いままのことが多い。現在の評価と将来の評価のあいだに相関関係があるのは当たり前というわけだ。現在の評価がその後の評価に影響したか否かを確かめる方法は一つしかない。それは、評価に故意に少し手を加えるという方法だ。

　私たちは、ある大規模なソーシャル・ニュース・サイト（レディットに似たサイト）と協力して実験し、「先行する評価がその後の評価に影響を与える」という自分たちの仮説が正しいか否かを確かめた。そのサイトには、ユーザーがニュース記事を投稿できるようになっている。また、投稿されたニュース記事を評価することや、コメントをつけることもできる。評価のさいは、星をつけるのではなく、高評価を表す親指を立てるマークか、低評価を表す親指を下げるマークを選ぶ。この方法だと評価が明快なので、実験には都合がよかった。

　実験ではまず、投稿されたばかりのニュース記事にランダムに高評価マーク、あるいは低評価マークを一つつけた。また、対照群とするため、一部の投稿にはまったく手を加えなかった。その後、三種類の投稿の評価がどうなっていくかを観察する。そのサイトの投稿には、何百、何千という評価マークがつくのが普通なので、最初に一つのマークをつけるのはたいした操作ではない。評価を良いほう、あるいは悪いほうに変える力はそうないだろうと考えた。実験のためにあまり大幅に評価を変えることもしたくなかった。しかし、わずかな操作をしただけにもかかわらず、その影響は非常に大きかった。

最初に高評価マークをつけた投稿の評価は、全体的に良くなるという傾向が見られた（［図10－1］を参照。グラフを見ると、最初に高評価マークをつけた投稿のグループの評価は、対照群に比べて全体に高いことがわかる）。最初に高評価マークをつけた投稿では、その後、高評価のつく確率が三二パーセント上がり、評価の平均値も二五パーセント高くなる。最初に高評価をつけることで、いわゆる「スーパースター効果」（地位が高くなると、同じパフォーマンスへのリターンが大幅に上がる現象）が生じているとわかった。最初の高評価によって高評価が雪だるま式に増えていく効果である。高評価か低評価、つまり最高か最低しかないシステムなので、最初に最高の評価がつくと、その後は、最高評価の確率が三〇パーセントも増えることになる。これは非常に大きな影響と言える。全体の評価の平均値が一・九も上がるからだ。最初の段階で少し良い方向に操作するだけで、その後の評価は大幅に向上するわけだ。

実験の結果をまとめると［図10－1］のようになるが、私たちがもう一つ驚いたのは、先行する評価の影響が非対称だということだ。最初に高評価を表す親指を立てたマークをつけたグループの場合、評価の分布を示す折れ線（上向きの矢印がついている）が、大きく右に寄っている（つまり全体の評価が大きく上がっている）。しかし、反対に、最初に低評価を表す親指を下げたマークをつけた投稿は、折れ線（下向きの矢印がついている）がそれほど左には寄っていない（つまり全体の評価はさほど下がっていない）。先行する高評価を目にした消費者は、それに反応して自らも高評価をつける傾向にあった。しかし、先行する低評価を目にした消費者は、評価を不当と考え、それを正すべく高評価をつけることが多かったようだ。つまり、先行する低評価は、「修正効果」によって弱められたということだ。負の方向への動きにはブレーキがかかるのである。一方、私自身も体験したとおり、先行する高評価には、後の評価をプラス方向に動かす大きな力がある。

この結果には本当に驚いた。まず、他人の影響で人はこれほど意見を大きく変えるのだということに驚かされた。集団で生きる動物としての本能なのだろうか。人間は周囲の人と同じように考え、同じように行動しようとするものなのだろうか。デジタル時代の人間は、フェイスブックやインスタグラム、ツイッター、イェルプなどで絶えず他人の意見に触れている——過剰と言えるほどに社交しているのだ。アマゾンで本を選ぶ時には、読者が星をいくつつけたかが気になる。エクスペディアでホテルを選ぶ時も、すでに泊まった人の評価に影響されるだろう。ユーチューブ動画を見るべきか否かの判断にも、高評価、低評価がそれぞれいくつついているかが大きく影響する。病気を診てもらう医師を選ぶという重要な判断にも、過去の患者たちのフィードバックが大きな影響を与える。

他人の影響を受けるといっても、ただ表面的に態度を合わせるだけではない——皆が高評価をしているから合わせてしかたなく高評価をするという話でもなく、他人の評価が、本当に価値判断そのものに影響を与えているらしい。

たとえば、いろいろな人の顔写真を次々に見せて、魅力度を採点してもらう、という実験をした時、それぞれの顔に対する他人の評価を知らせると、それに合うよう評価を変えるだけでなく、同時に脳の活動に変化が生じることがｆＭＲＩなどの画像技術によって確かめられている。脳のなかでも主観的な

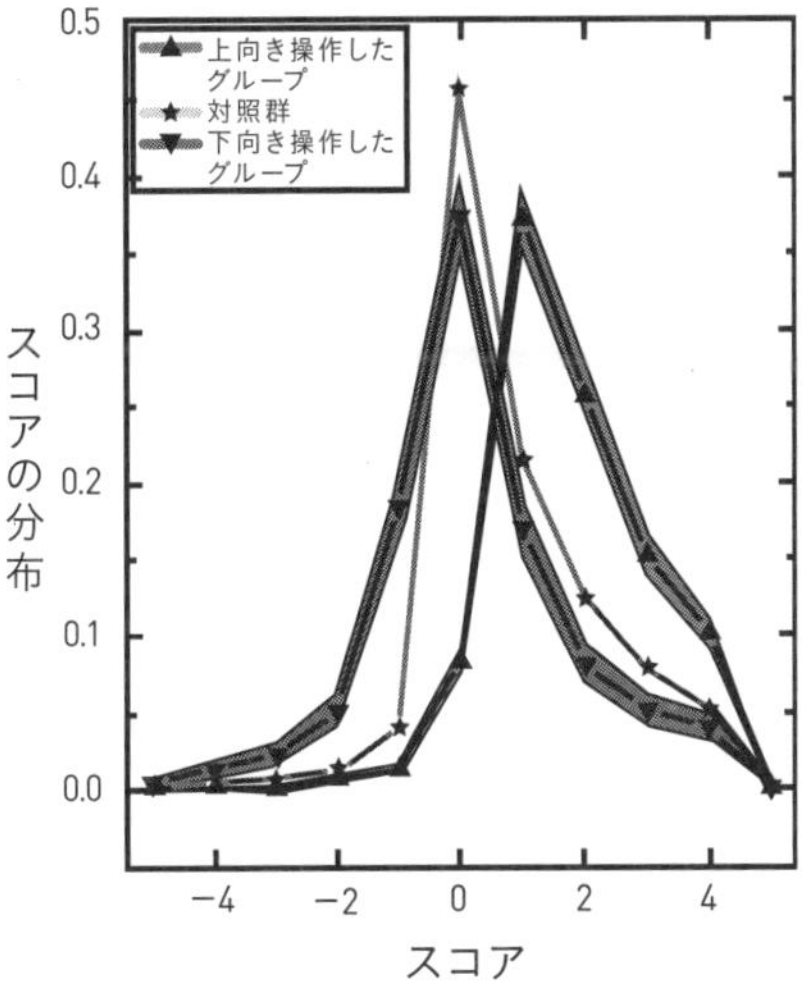

[図10-1] 先行する評価の後の評価への影響。最初に高評価をつけた投稿、対照群の投稿、最初に低評価をつけた投稿のその後の評価の分布(正規化したもの)を示すグラフ。最初に高評価を表す親指を立てるマークをつけた投稿は、その後の評価の分布が、右の折れ線(上向き矢印のついた折れ線)のようになった。低評価を表す親指を下げたマークをつけた投稿は、その後の評価の分布が、左の折れ線(下向き矢印のついた折れ線)のようになった。何の操作もしなかった対照群の投稿は、その後の評価の分布が中央の折れ線(星印のついた折れ線)のようになった。95パーセントの信頼区間は、コメンター、レーター、コメンター・レーターのランダム効果によるベイジアン・ロジスティック回帰によって推測されている。

価値判断に関わる部位が明らかに活性化するのだ。これは、周囲の価値観が、その人の価値観そのものに影響を与えていることを示唆する[5]。

同様の実験は音楽に関しても行なわれている。被験者に音楽を聴かせて評価してもらうのだが、同時に専門家や一般の人たちなど、他人の意見を知らせる。この場合も、他人の意見を知ると、表面上の意見が変わるだけでなく、fMRIで得られる画像にも変化が生じる。他人の意見を知ったことで、脳内の価値判断に関わる部位が活発にはたらくのだ[6]。これが、ある音楽に対する評価が、短期間のうちに大勢の人たちのあいだでだいたい一致するようになる理由ではないかと考えられる。

ネット上で何かについて評価するさいも、やはり他人の評価に影響を受けるし、特に良い評価には影響を受けやすくなる。それが人間の本能のようだ。本やホテル、飲食店、医師などについて、誰かが高い評価をしているのを見た場合、同じように高い評価をする人が多くなる。人間は、様々な行動で他人の影響を受けることが実験で確かめられている。どの音楽を聴くか[7]、何でもない街角で何に目を向けるか[8]など、あらゆることに他人の影響は及ぶ。アマゾンをはじめとするeコマース・サイトで、商品に対する消費者の評価が異常なほど揃うのは、こうした理由からだと考えられる。

星評価のJカーブ

オンラインでの何かに対する評価には不思議な分布が見られる。靴でも、ホテルでも何でもいいが、何かの商品を確かに購入したとわかっている人たちのなかから一定数を抜き出すと、その人たちが商品につける評価の分布はいわゆる「釣鐘曲線（ベル・カーブ）」を描くと私たちは予想していた。極端に良い評価をつける人はおそらく少数だろう。一方で、極端に悪い評価をつける人もやはり少数になるはずだ。そして、大多数の人たちは、とても良いわけでもとても悪いわけでもない、比較的、普通の評価をするだろう。もちろん、非常に素晴らしい商品ならば、曲線が全体に右に移動し、質の悪い商品なら曲線が全体に左に移動すると考えられる。しかし、良いもの、悪いものをすべて合わせた全商品に対する評価の分布は、釣鐘曲線、つまり正規分布に近くなると私たちは考えていた（〔図10－2〕を参照）。

しかし、実際にカテゴリーの違う多種多様な商品についてのネット上での評価をまとめると、その分布はベル・カーブというよりも、アルファベットの「J」に近い形の分布になることがわかった。つまり、5段階評価（星五つによる評価）ならば、5と4が多く、1と2は比較的少なく、3は非常に少ないという分布になるのだ。この分布は驚くほど一貫している[9]。そばにコンピュータがあれば、ためしにア

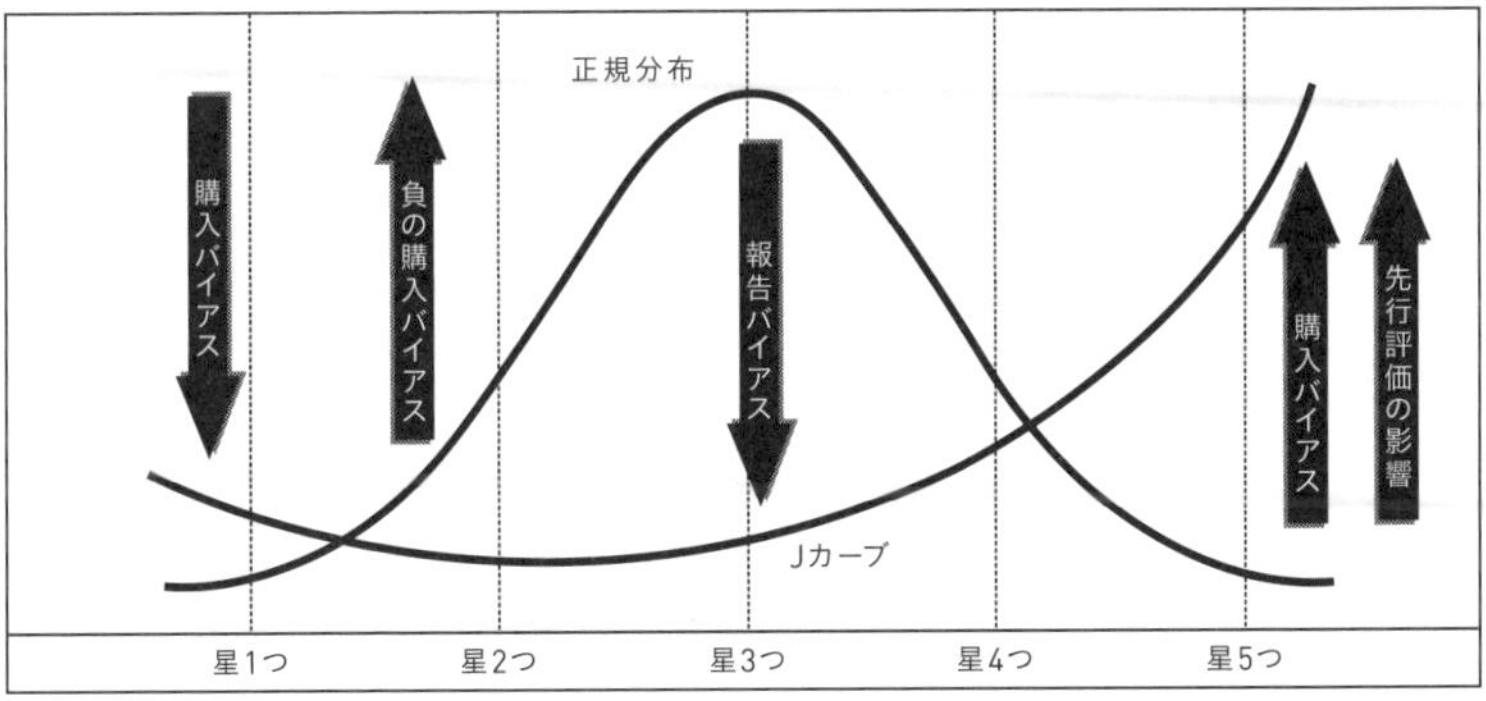

[図10-2] オンラインでの商品評価のJカーブ。オンラインでの商品評価の分布は、いわゆる「ベル・カーブ」になると私たちは考えていた。大半は平均的な評価になると考えていたわけだが、しかし、実際の分布はJカーブになっていた。5や4が非常に多く、1と2がそれよりは少なく、3が非常に少ない、という分布だ。この現象は、購入バイアス、報告バイアス、先行評価からの影響などで説明できる。

マゾンにアクセスし、適当にいくつかの商品の評価を見てみてほしい。どのカテゴリーのどの商品を選ぶかはあまり重要ではない。どれであっても、分布はJの形になっていることが多いはずだ。全体に評価の高い商品であれば、Jの形は平らになる。1が少なく、ホッケーのスティックに似た形になるということだ。平均的な評価の商品だともう少し1が増えるので、Jはもう少し曲がりが急な形になる。そういう違いはあっても、Jカーブだけは多くの商品に共通している。5や4が多く、1と2は少なく、3は非常に少ない。だが、なぜこうなるのだろうか。

　この現象には三つの説明があり得る。一つは、いわゆる「購入バイアス」のせいだという説明である。何かの商品を購入した消費者は（購入したからこそレビューを書いたのだが）、そもそも購入した商品について好意的な評価をする傾向にある。購入したということは、その時点である程度以上、気に入っているはずだからだ。二つ目は「報告バイアス」を根拠にした説明だ。ある商品によって特別に良い体験か、特別に悪い体験をした人には、それだけレビューを書く強い動機があるということだ。一方、ごく普通の体験をした人には、レビューを書く強い動機がない。そのため、特別に良い評価、悪い評価が、平均的な評価に比べて多くなる。三つ目は、商品を売る側と買う側が協力し合っているという説明である。たとえば、ウーバーやリフトなどのタクシー・サービスでは、利用した乗客がドライバーの評価をするようになっているが、両者が密かに手を結び、乗客が良い評価をすると約束していることはあり得る。良い評価をすることで、乗客にはドライバーから何か見返りがあるということだ。大勢がこれをすると、「高評価のインフレ」状態になるだろう。

だが一方で、すでに述べてきたとおり、先行するレビューに影響を受けることもあるだろう。先行するレビューの評価が良ければ高評価を、悪ければ低評価をついつけてしまう。そのため、全体を総合すると、評価の分布はJカーブになるということだ。

先に高評価がつくとあとの評価も高くなる、という傾向を知れば、それをビジネス戦略や、評価の操作、株価や選挙結果の操作などに利用しようと考えるのは自然だろう。たとえば、自社の商品の評価を高めたい企業であれば、満足してくれた顧客には、早く評価するよう促すのが最も簡単な戦略だろう。商品に満足した顧客が早い段階で高評価をつければ、その後の顧客も高評価をつけることが増える。その商品への高評価が全体として好意的なものになるということだ。評価は本物なので、特に顧客を騙しているわけではない。

先行評価があとの評価に影響する傾向をうまく利用すれば、偽の高評価によって全体の評価を高めることもできる。たとえば、レディットなどのサイトには、機械学習によって偽のレビューを探知する機能が備わっている。偽のレビューが見つかれば、即、削除される。しかし、偽のレビューの影響力は、削除されても完全に消えるわけではない。偽レビューであっても、高評価がされていればあとのレビューには影響するし、あとのレビューは本物なので削除されることはないからだ。つまり、偽レビューが一度でも書き込まれれば、あとのレビューはすべて汚染されてしまうことになる。

誰かの評価があとの誰かの評価に連鎖的に影響していくのであれば、それによって、株価や住宅価格に「バブル」を起こすことも可能である。そうしたバブルの例としては、よくオランダのチューリップ・バブルが引き合いに出される。現代では、ソーシャル・メディアがあるため、バブルを組織的、意図的に起こすこともできるので、あちこちで頻繁にバブルが起こるようになった。その影響はあまりに大きく、広範囲に及ぶので、私も完全に理解しているとは言えない。

選挙を例に考えてみよう。二〇一二年のアメリカ大統領選挙のさい、私たちは人々の投票行動に他人の影響がどの程度あるのかを調べた。その結果はすでに発表している。これまで述べてきたとおり、人間は、他人が何か（誰か）を高く評価しているのを見ると、それに驚くほど大きな影響を受ける。私はラジオで、当時のオバマ大統領の支持率が報道されているのを聴きながら「この数字は、聴いている人の投票行動に影響しないのだろうか」と思ったのを覚えている。他人の評価を見ることの影響の大きさを実験で確かめたばかりだった私は、そう思わずにいられなかったのだ。マスコミは世論調査をして、選挙の行方を予想し、それを報道する。報道が選挙結果を左右することはないのか。

私の同僚の政治学者は、世論調査の報道が投票率に影響することを証明した。自分が支持する候補者が有利だとわかれば、「この分だと負けることはない。だから自分は投票に行かなくてもいいだろう」と考える人がいる。私たちの実験結果からも、他人の動向が、投票先だけでなく、そもそも投票に行くか否かにも影響することは予測できる。私たちの実験では、投票行動そのものに焦点を合わせたわけではなかったが、投票にかぎらず、おそらくあらゆる人間の行動に同様の傾向があると考えられる。投票だけが影響を免れると考えられる理由は何もない。フェイスブックでの実験結果からもそれがわかる。

この問題には「先行する評価を開示せずに隠す」という対策が考えられる。少なくとも、商品や人への評価が定まり、簡単に大きく変わることがない、という状態になるまでは開示しないようにするのだ。たとえば、私たちが評価への社会的影響についての研究結果を発表してから数カ月後、レディットは、投稿への評価をはじめのうちは非開示とするように仕様を変更した。評価が数百件ほどに増えるまでは見ることができないようになったのだ。先行する評価が非開示になっていれば、ユーザーは他人に影響されずに自分の判断で評価ができる。個人の独立が保たれるということだ。評価件数がある程度増えれば、もうその後に全体としての評価が大きく揺らぐことはないので、開示しても問題はない。レディットはこれを、評価への社会的影響を防ぐとともに、偽評価を防止するための措置だとしている。二〇一九年には、インスタグラムも「いいね！」を非開示とする措置を始めたが、それはまったく別の理由からだ。この措置は社会にどう影響するだろうか。間もなく明らかになるだろう。

ハイプ・マシンに脅かされる集合知

ハイプ・マシンは、人間が集団意識を持つ前触れではないかと言われることがある。もし、集団の意見を素早く、うまく取りまとめられるような適切なアルゴリズムがあれば、ハイプ・マシンが人間の集合知を強化、向上させる可能性は確かにあるだろう。しかし、ハイプ・マシンが、集団の悪いところを増幅させ、それが集団の行動に影響するおそれもある。集団が一斉に誤った予測、誤った判断をすることもあり得る。実際、感染症の流行に関しては、大勢が一斉に誤った判断をする例が見られた。

二〇二〇年の新型コロナウイルス感染症流行のさいには、ソーシャル・メディアへの症状についての書き込みや、ネット上で使われた関連の検索語句を分析することで、ウイルスがどう拡散するかを予測しようという試みが、複数の企業や研究グループによってなされた。この手法自体は新しいものではない。二〇〇九年から二〇一三年のあいだ、インフルエンザの流行について予測するのにも同様の手法が使われたことがある。インフルエンザで死亡する人は、毎年、全世界で約一〇〇万人にもなる。そして、本書執筆の時点で、新型コロナウイルスは、わずか数カ月間に数十万人もの人の命を奪ったと言われている。早めに察知し、早めに対処すれば、このようなパンデミックの健康への影響を小さくすることができる。パンデミックの発生が予測できていれば、たとえばアメリカなら疾病予防管理センター（CDC）などの機関が、対応のために事前に綿密な計画を立て、適切なリソースを振り向けることができる。二〇〇九年まで、CDCでは、インフルエンザ関連の医師の往診についてのデータをはじめ、様々なウイルス学、臨床学のデータを駆使し、一～二週間遅れで毎週、インフルエンザ感染の状況報告書を作成していた。

二〇〇九年二月、グーグル社は、グーグル・インフル・トレンド（Google Flu Trends＝GFT）というインフルエンザ探知システムを立ち上げた。何千億件というグーグル検索のなかから、毎週五〇〇〇万件ほどのインフルエンザ関連の検索語句を探し出すことで、アメリカ国内でインフルエンザが流行する可能性を予測するというシステムである。このシステムの基礎となる論理は単純である。インフルエンザが疑われる症状が出た人は、病院に行く前におそらく自分の症状をネット検索し、家庭内でできる治療がないかを調べるだろう。その種の検索の件数が増えていれば、近いうちにインフルエンザが流行する可能性が高いと言える。このシステムによって、昔ながらの監視手法に比べて早く流行の発生を予測できると考えられた。これはいわば、コンピュータを利用した集合知実現の試みであり、悪くない試みではないかと思われた。

ＧＦＴは、平均相関精度〇・九七でインフルエンザ流行の発生を予測できた。[10]しかも、予測がＣＤＣよりもはるかに早かった。ＣＤＣはすでに述べたとおり、一～二週間遅れでしか予測できないのに対し、ＧＦＴはわずか一日の遅れで予測ができたからだ。驚くべき結果である。集合知を利用した衛生監視システムの先駆けと言えた。大勢の人たちが自分の症状（頭痛、鼻詰まり、発熱など）と、家庭での治療法（のど飴をなめる、温湿布をするなど）を検索するだけで、それがインフルエンザ流行の予測に役立つ。ＣＤＣの旧来の方法よりもはるかに早く流行を予測できる──そう思われた。

二〇〇九年六月から二〇一一年六月までのあいだ、ＧＦＴの予測はほぼ完璧だった。ところが、二〇一一年六月を境に状況が変わった。二〇一一年から二〇一三年にかけて、ＧＦＴはインフルエンザの罹患者数を実際よりも五〇パーセントも多く予測するようになった。二〇一一年八月からの一〇八週のうち、一〇〇週で罹患者数を過剰に予測したのだ。二〇一二年から二〇一三年にかけての冬には、ＧＦＴが予測したインフルエンザ罹患者数はＣＤＣの報告書の二倍以上にもなった。

はじめは成功していたのに、なぜ急に予測が当たらなくなったのか。その説明は主に二つ考えられる。一つは、おそらくデヴィッド・レイザー、ライアン・ケネディ、ゲイリー・キング、アレッサンドロ・ヴェスピニャーニらが、「ビッグ・データ・ヒュブリス[11]（hubris＝傲慢さ）」と呼ぶ現象が起きたという説明だ。予測時に非常に大量のデータ（無数の検索データ。検索語句も非常に多い）が投入された割に、実際にインフルエンザに罹患したと認定できる人（医師の診察を受けてインフルエンザと診断された人など）の人数があまりにも少なかったため、統計学者が「過剰適合」あるいは「擬似相関」と呼ぶ状況に陥っていたのだと考えられる。五〇〇〇万の検索語句の多くは、インフルエンザが流行しやすい時期によく使われるだけで、インフルエンザそのものとは何も関係がなかったのだ。たとえば、インフルエンザが流行しやすい時期は、バスケットボールのシーズンとほぼ一致している。そのため、バスケットボールの関連語句は、インフルエンザに関連していると解釈されやすい。しかし、両者の時期が重複しているのは偶然にすぎない。冬に関連した語句にも同じことが言える。このせいでGFTは、非季節性のインフルエンザの流行に関しては、予測の精度を大きく落としてしまった。二〇〇九年のH1N1パンデミックはその例だ。レイザーらはこの点について「GFTはインフルエンザの流行を予測しているようで、実際には冬の到来を予測しているだけになっている」と主張した。

もう一つは、グーグルの検索アルゴリズムに変更が加えられたことで、GFTの予測の正確さが損なわれたという説明だ。二〇一一年六月、グーグルは、ユーザーの検索語句の関連語を提案するサービスを開始した。二〇一二年二月からは、ユーザーが「発熱」「咳」など、症状を表す語句で検索すると、提案する検索語句のなかに、その症状に関連する病名（「インフルエンザ」など）を入れるようになった。これによりGFTの機能にバイアスが加わったと考えられる。グーグルのユーザーが、アルゴリズムの後押しにより、以前よりもインフルエンザ関連の語句を検索するようになったからだ。そのせいで、GFTがインフルエンザ罹患者を実際よりも多く見積もるようになった。わずかなアルゴリズムの変更が大きな影響を及ぼした例の一つだと言えるだろう。この場合は、アルゴリズムの変更により、群衆の知を支える三つの条件の一つが崩れたのだ。それは、群衆を構成する人がそれぞれに独立していること。

という条件だ。それぞれが独立せず、互いのあいだに依存関係が生じてしまった。すでに述べたとおり、他の二つの条件は、群衆を構成する人たちが多様であること、そして、全員が平等に意見を言えることだ。問題は、現状のハイプ・マシンがこの三つをすべて損なう傾向にあるということである。

独立性

群衆の判断が正しいものになりやすいのは、誰かが誤った判断をしても、ほかの誰かがそれを打ち消すからだ。フランシス・ゴルトンが例にあげた雄牛の重量当てコンテストの場合もそうだ。どれほど賢い人でも、経験豊かな人でも間違えることはある。牛の重量を多く見積もりすぎる人も、少なく見積もりすぎる人もいるだろう。しかし、重量を予測する人が十分に多く、誤りのあいだに相関関係がなく（つまり皆が他人と無関係に間違っている）、バイアスもない（つまり皆が同じ理由で重量を重く、あるいは軽く見積もっているわけではない）のであれば、誤りの影響は他の多くの人によって相殺され、全体としての予測はかなり正確になる。

個人が他人の意見に影響されない状況を作ることが重要だ。誰か一人の意見に影響され、大勢の人が一つの方向に動くようだと、群衆は正しい判断ができない。人間には、他人の意見に影響されやすい性質がある。自分では、特に皆に合わせようと思っていなくても、合わせるべきだと圧力をかけられていなくても、無意識のうちに周囲に合わせていることが多い。この影響のせいで、誰かの誤りをほかの誰かが相殺するということが起こりにくくなり、皆が一斉に誤った方向に進む可能性が高くなる。すでに触れたオンライン評価の例や、ＧＦＴの例からもそれがわかるだろう。

『「みんなの意見」は案外正しい』の著者、ジェームズ・スロウィッキーも言っているとおり、人間は「社会的存在」である。また、スロウィッキーは「人間は互いから学びたいと望んでいる。学習は社会的な行動である。私たちの考え方、感じ方は、私たちが暮らす地域、通う学校、働く企業によって影響を受ける」とも言っている。[12]人間が社会から影響を受けるのはまぎれもない事実であるとしながら、スロウィッキーは一方で、群衆の知には個人の独立が必要だと言っている。「私が言いたいのは、集団の構成員が互いに影響を与え合うほど、互いの関わりが密になるほど、その集団の判断が賢明なものになる可能性は下がるということだ。互いに影響を与え合えば、集団の構成員は同じものを信じやすくなり、同じ過ちを犯しやすくなる。つまり、構成員一人一人が賢明であっても、集団全体としては愚かになる場合もあるということだ」とも言う。

ただ、今では、ハイプ・マシンの出現によって、社会的影響が遍在するようになった。スロウィッキーがそういう未来を予見していたとは思えない。「カスケードは存在するのか？」。スロウィッキーはそう問いかけ、「間違いなく存在する。ただし、いわゆる『レストラン行きモデル』で示唆されるほど遍在するわけではない。イェール大学の経済学者、ロバート・シラーは、『人は通常、他人につられて決断を下すわけではない。多くの場合、他人の行動を観察するのではなく、自分自身で見聞きしたことに基づき、独自に行動を選択する』と言う」と自ら答えた。当然、スロウィッキーもシラーも、インスタグラム、イェルプ、ツイッター、ハッシュタグ、バイラル・ミーム、トレンド・トピック、ソーシャル・メディアのインフルエンサーなどについては考えずにこうした主張をしている。

現在、私たちは絶えず他人の行動を目にしていて、常に他人の行動を見ながら決断を下している。決断の時に他人の意見に触れるのは、もはや例外ではなくごく普通のことだ。私たちは社会的影響を自ら求める必要がない。社会的影響のほうが勝手にこちらにやってくる。好むと好まざるとにかかわらず、私たちは一日中、他人の意見にさらされる。オンラインでの評価、レビュー、ツイート、シェア、友達紹介などに関しては、シラーの主張はまったく正しくない。現代の多くの人間は、他人の行動を観察することなく自分の行動を選ぶことがまずない。だが、それは悪いことだろうか。場合による。それについてはまたあとで触れる。

多様性

群衆の知を支える三つの条件の二つ目は、多様性である。同じ意見の人ばかりが集まった集団、意見が偏った集団は賢明にはなり得ない。集団内に多様な意見、考え方があれば、問題を適切に解決し、的確な予測ができる可能性が高まる。なぜか。それは多様な集団であれば、一つの問題に対して対策が多数提案される可能性が高いし、対策の適用の仕方も多数提案される可能性が高いからだ。

複雑系科学者、スコット・ペイジは、一定の条件が満たされれば、*多様性の高い集団は均質性の高い集団に比べて問題解決能力に優れ、全体としての能力も高くなると言っている[13]。認知的に多様な人たちの集団は、問題解決能力に優れた人たちばかりの集団よりも、全体としての能力が高くなる場合がある。優秀な人たちはどうしても考え方が似ていて、思いつく対策も皆、似通っているからだ。一つの対策が有効でなかった場合に代替案が出てくることが少ない。選挙結果にしろ、株価にしろ、雄牛の重量にしろ、正確に予測するには、集団内に正確な予測のできる能力を持つ人がいることも重要だが、それと同じくらい、集団が多様であることも重要なのである。多様な人が集団にいれば、全体として正確な予測ができる場合が多い。多様な人がいれば、全体としての予測は常に安定し、極端になることは少ない。

多様性が失われ、偏りが生じると集団は弱くなる、というのは最近、特によく言われることだ。集団が偏るのは危険だ。その偏りのせいで、情報を適切に処理する能力が損なわれるからだ。均質な集団では、偏見が増幅されやすい。人は、自分の考え方に合う情報を好んで取り入れるからだ。似たような人が大勢集まれば、偏った情報だけを基に推論するようになるだろう。そして、厳然たる事実であっても、集団の考えに合わないものは否定するまでにいたる。

ドナルド・トランプの、アメリカ下院での弾劾尋問と、上院での弾劾裁判を見ていても、確かにそのとおりだと感じた。民主党も共和党も、互いへの歩み寄りを一切しなかった。自分たちの見方に固執したまま動こうとしない。あなたがもしどちらか一方の党を支持していたとしたら、自分と意見の違う人間が実際に存在するのを目の当たりにしてとても驚いたはずだ。

偏った集団にいると、確証バイアスの影響を受けやすくなり、偏った考えから抜け出すのが難しくなる。確証バイアスとは、自分の考えに合致する事実や意見を、そうでない事実や意見より信じやすくなるバイアスのことだ。人間が生まれつき持っている性質ではあるが、それがさらに強くなる。アメリカには、民主党支持者、共和党支持者の対立があり、イギリスには、ブレグジット賛成派、反対派の対立があった。ブラジルの最近の大統領選挙でも、右派と左派の対立が鮮明だった。このように極端な集団どうしの対立、分極化は今や世界中に広がっているように見えるが、はたして実際はどうなのだろうか。

＊一定の条件とは、問題が十分に難しいこと、問題解決能力に優れた人が集団内にいること、そして集団が十分に大きいことだ。

分極化のパラドックス

データを詳しく調べると、実は分極化は印象ほど明確ではないことがわかる。全世界的にもそうだし、アメリカだけに話を絞ってもやはりそうだ。ピュー研究所が一九九四年から始めた調査の結果を見ると、共和党だと自認する人と、民主党だと自認する人のあいだには、フェイスブックが設立された二〇〇四年以降、大きな差異が生じているように見える。[14]この差異は、特に「政治に強い関心がある」という層でより明確なように見える（［図10－3］を参照）。

ところが、有権者一人一人の自認党派、イデオロギー、個別の政治課題についての意見などを詳しく調べていくと、実は一九六〇年代と今とでさほど大きな差はないとわかる。マシュー・ジェンツコウも言っているとおり、「分極化が進んでいるという証拠は何もない[15]」のである。この五〇年間で、アメリカの有権者が共和党、民主党に、あるいはリベラル、保守により明確に分かれた、などという証拠はどこにもないのだ。「アメリカには、自分のことを『極端な保守』と言う人も、『極端なリベラル』と言う人もほとんどいない。また、自らを『保守』『リベラル』『中間』と呼ぶ人の態度は非常に安定しており、近年になって急進的になったという兆候はまったくない」とジェンツコウは言う（［図10－4］を参照）。

政治課題についての意見が本当に分極化しているのなら、政治的態度の分布はもっと左右に広がるはずである。しかし、実際には大半のアメリカ人は、ほぼどの課題についても穏健な態度を保っている。経済的な課題であれ、社会的な課題であれ、それに対する態度の分布は、一貫して中央をピークにどちらもなだらかに下がっていくという形を維持している。

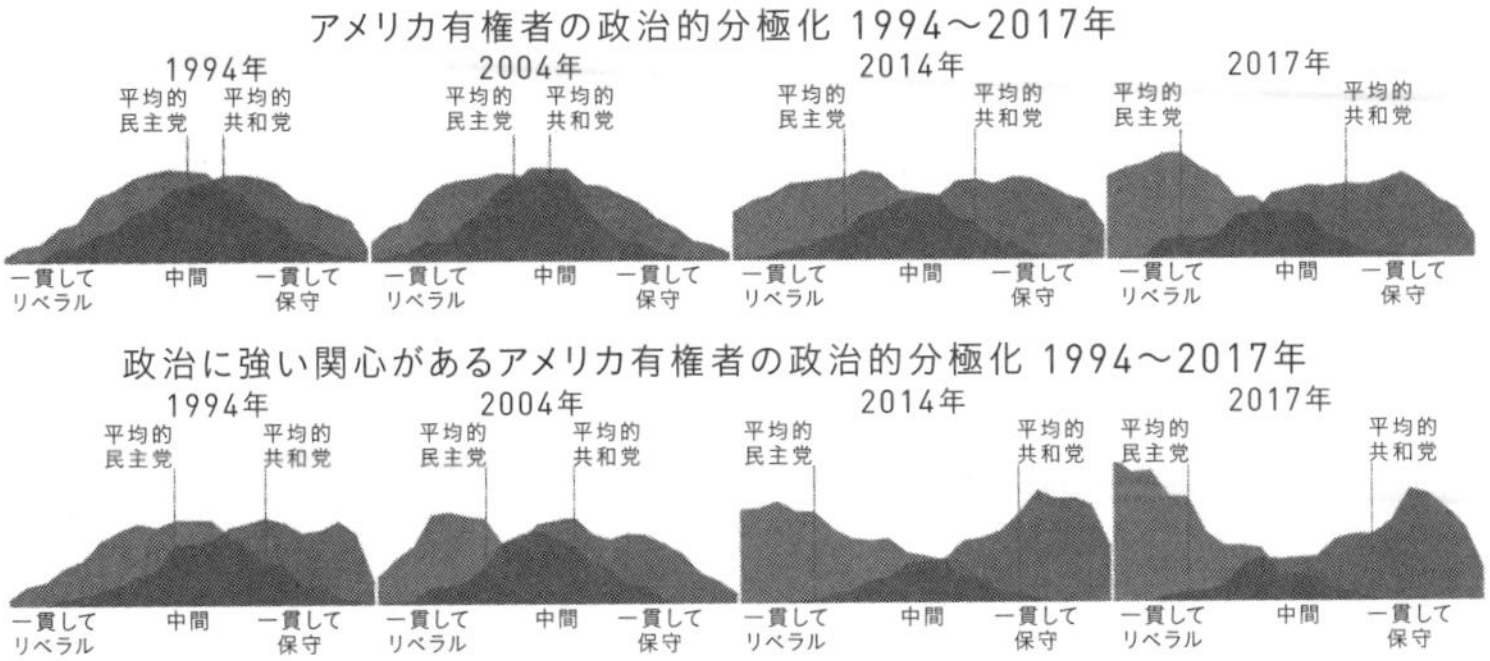

[図10-3] 1994〜2017年のアメリカの政治的分極化データ。ピュー研究所では、1994年、2004年、2014年、2017年、アメリカの有権者を対象に、政治的態度の分布の調査を実施した。政府の大きさ、権限、社会的セーフティ・ネット、移民、同性愛、ビジネス、環境、外交政策、人種差別といった政治課題に関する質問をし、それに10段階で回答してもらうことで、その人の政治的態度がリベラル、保守、その中間のどのあたりに位置するかを判定した。グラフは、各年の政治的態度の分布を示したもの。

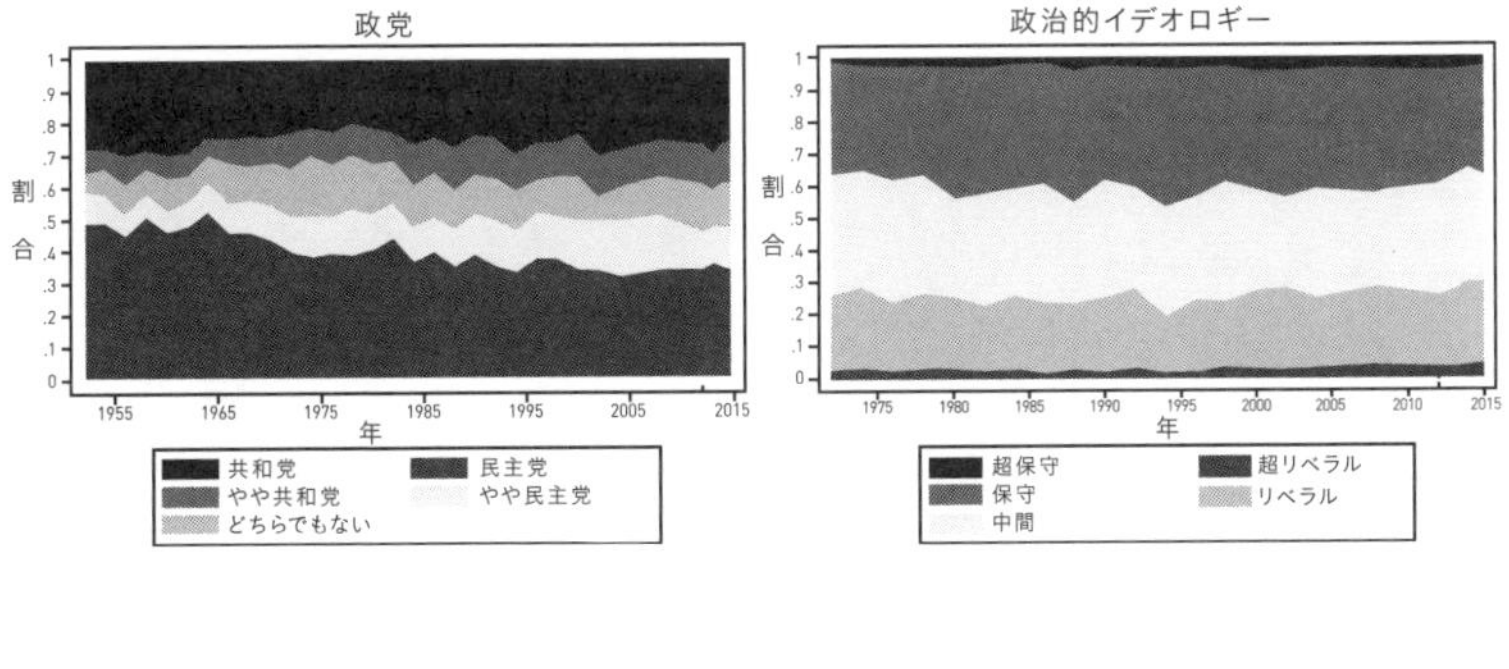

[図10-4] アメリカ有権者の政党、イデオロギーの変化。全米選挙研究(American National Election Study = ANES)の対象者のうち、共和党、やや共和党、どちらでもない、やや民主党、民主党に分類される人の割合を示すグラフと、超保守、保守、中間、リベラル、超リベラルに分類される人たちの割合を示すグラフ。ただし、2012年以降に関しては、ピュー研究所の別の調査で得られたデータを基にグラフを作成した。それ以前はどちらの調査でもほぼ同じ割合だったと仮定して調整してある。

しかし、選挙への投票データを見ると、分極化が急激に進んでいるように見える。アメリカ大統領選挙で、得票数に二〇パーセント以上の差がつく「地滑り的勝利[16]」になる州は、一九七六年には全体のわずか二五パーセントにすぎなかったが、二〇一六年にはこれが六〇パーセントにまで跳ね上がった。また、大統領選挙と連邦議会選挙で、投票する党を変える有権者は減っている[17]。国政選挙での両党の得票数のシェアはあまり変化しなくなった[18]。つまり、どの選挙であっても、絶えず同じ党に投票しつづける有権者が増えたということである[19]。

なぜこうなったのか。自認政党もイデオロギーも、分布は何十年もほぼ変わらず安定しているにもかかわらず、選挙の結果だけは分極化が進むなどということがあり得るのだろうか。

この問いへの答えは簡単だ。自認政党と政治的意見との相関関係[20]が急激に強まっているのだ。アメリカ人は、それぞれに均質な意見を持った二つの集団に分かれてしまった。確かにほとんどの政治課題に関しては、どちらの集団の人たちも全体としては穏健な意見を持っているのだが、特定の政治課題、選挙の候補者ごとに意見が分かれるような政治課題については、どちらの集団でも態度が極端になる。

ジェンツコウはこう言っている。「たとえば、全体では、移民受け入れに積極的な人たちと、移民受け入れ反対の人たちの割合はほとんど変わっていない。しかし、共和党だが移民受け入れに積極的な人たち、民主党だが移民受け入れに反対の人たちの割合は大きく減っている」。政党別に見ると、政治課題に対する態度は均質化が急激に進んでいるということだ。以前は必ずしもそうではなかった。「同じ人であっても、ある政策（たとえば社会政策）に関してはリベラルだが、別の政策（たとえば経済政策）に関しては保守、ということがよくあった[21]。だが、今は、リベラルな人はどの政策についても一貫してリベラル、保守の人はどの政策についても一貫して保守という傾向が強まっている」

この分断は、アメリカ人の文化にまで広まってきている。スザンヌ・カプナー、ダンテ・キンニは、二〇〇四年から二〇一八年にかけてのシモンズ全米消費者調査[22]の結果を分析した。これは、消費者のブランドに対する嗜好についての調査である。すると、近年、共和党の人に好まれるブランドと、民主党の人に好まれるブランドの違いが鮮明になっていることがわかった。消費者のブランド忠実度や購買パターンを見ると、共和党の人はラングラーのジーンズを、民主党の人はリーバイスのジーンズを買う傾向が強かった。共和党の人はゼネラル・モーターズの車を、民主党の人はフォルクス・ワーゲンの車を買う傾向が強かった。そして、これは誰でも予想できることだが、共和党の人はフォックス・ニュースを、民主党の人はCNNを見る傾向が強かった。

この現象の大きな原因は、企業によるブランディング、マーケティング、ターゲティングである。それが消費者の嗜好の違いを強めている。近年では、企業が様々な社会問題に関して自らの態度を明らかにすることが増えている。ある価値観を先頭に立って広める役割を果たしている企業もある。その企業の商品やサービスを利用することが、消費者にとって、ある価値観を支持していることの表明になる場合もある。たとえば、リーバイスは、銃規制を支持し、移民の権利を保護する態度を明確にしているので、リベラルの消費者に買われることが多い。ジレットは、父親がトランスジェンダーの息子に髭剃りを教えるコマーシャルを流して物議を醸した。また、ナイキが、元サンフランシスコ・フォーティナイナーズのクォーターバック、コリン・キャパニックを広告に起用したことも議論の的になった。キャパニックは、有色人種に対する差別や暴力に抗議するため、試合前の国歌斉唱中の起立を拒否した選手だったからだ。

このように企業が政治的態度を明らかにしたことで、それに応じて商品を選んだ、あるいは変えた、拒否したという消費者は、二〇一七年には全体の四七パーセントだったが、二〇一八年にはこの数字が六〇パーセントにまで上がっている。二〇一八年に、ナイキの顧客の四六パーセントが民主党だったのに対し、共和党の顧客は三一パーセントだけだったと聞いても驚く人は少ないだろう。

共和党、民主党ともに、以前よりも均質な集団になっている。集団内では、誰もが支持する企業が同じで、また自分たちと反対の党に対して抱く感情もほぼ同じになっている。いわば「感情の分極化」(23)が起こっているということだ。反対の党に対して持つ嫌悪感、不信感、敵意などは、一九九〇年代半ばから終わり頃にかけてよりも現在のほうが明らかに強くなっている。両党派の人たちを対象に、自党、あるいは相手の党の人に対する感情を調べたアンケートの結果からもそれがわかる。

たとえば、それぞれの党の人たちをどのくらい「温かい」、あるいは「冷たい」と思うかを、〇度から一〇〇度までの温度計の目盛りで表してもらうと、自分と同じ党派の人は温かく、相手の党の人は冷たいと評価する人が多くなる。それぞれの党の人たちの利己性、もしくは知性を評価するアンケートでも同じような結果になった。子供の結婚相手の党派が自分と違うことを不愉快に思う人も以前よりもはるかに多くなっている。感情の分極化は、この六〇年間で今が最も進んでいる。すでに述べたとおり、ピュー研究所の調査では、一九九四年から二〇一七年のあいだに政治的な分極化が進んだという結果が得られたが、この感情の分極化の傾向はそれに対応するものと考えられる。

当然、次に疑問になるのは、なぜこのようになったのか、ということだろう。アメリカで、そしてバングラデシュ、ブラジル、カナダ、スイス、インド、インドネシア、ケニア、ポーランド、トルコなど、世界各国で同じような分断が起きているのはなぜなのか。原因は非常に複雑であり、この現象が起きる原理が完全に解明されたわけではない。いくつか要因の候補はあり、裏付けとなる証拠も見つかってはいる。しかし、今も議論は続いていて、確たることは言えない。まず、党派性によって人を差別する「パルチザン・ソーティング」と呼ばれる傾向が強まっていることがあげられる。党派性、イデオロギーを人種や信仰と同じような社会的アイデンティティとみなす傾向が強まっているということだ。また、信仰や人種と党派の結びつきも強くなっている。たとえば、福音主義のキリスト教徒は共和党に投票し、アフリカ系アメリカ人は民主党に投票するという傾向が見られる。

二つ目は、この一〇年間に、アメリカの有権者の経済的な分極化が進んだということだ[24]。民主党の地盤である都市部や郊外では、平均世帯収入はこのあいだに一七パーセント伸び、教育程度は高く、専門職の雇用も多い。だが、共和党の地盤の平均世帯収入は同じ期間に三パーセント低下している。総じて、農業従事者や製造業の単純労働者が多い地域であり、教育程度は高くなく、外国との競争にも弱い。

三つ目は、ケーブル・テレビのニュースの影響である。ケーブル・テレビのニュースは、特定の政治的アイデンティティ、党派性を強化する傾向がある。とはいえ視聴者の側が、自ら保守寄り、あるいはリベラル寄りのニュース・メディアを選んでいるので[25]、メディアが分極化の要因なのか、それともすでに分極化した視聴者が分極化したメディアを選んでいるだけなのか、判断は難しい。

四つ目は、インターネットの影響だ。インターネットを利用していると、自分一人に合った情報だけに触れることができるので、分極化の大きな原因だと言われることが多い。法学者のキャス・サンスティーンや、インターネット活動家で市民政治団体ムーブオンの理事長でもあったイーライ・パリサーが「フィルター・バブル」[26]と名づけた現象が起こりやすいのだ。属する党派によって入ってくる情報、知り得る事実がまったく異なるということも起こる。とはいえ、インターネットが本当に分極化の原因か否かについては、現在得られている証拠からは明確にはわからない。証拠が相矛盾するからだ。ある研究では、インターネット利用により、少しではあるが確かに分極化が進むという結果になった。[27] しかし、インターネットをあまり利用しない人たちのほうが分極化が進んでいるという結果になった研究もある。[28] 人間の感情的な分極化について、[29] 長期間、それぞれに文化の異なる多数の国で調査をしたのは、ほぼレヴィ・ボクセル、マシュー・ジェンツコウ、ジェシー・シャピロの三人だけだろう。三人は、八カ国を対象に四〇年間に起きた変化を調べあげた。それにより、アメリカ、カナダ、スイスでは、分極化が進んでいるとわかった。一方で、オーストラリア、ニュージーランド、イギリス、スウェーデン、ノルウェー、ドイツでは逆に、一貫して分極化の程度は下がりつづけているとわかった。

この期間に、インターネットの利用が急激に増えているのは、どの国でも共通している。二〇〇〇年以後のほうがそれ以前よりも、分極化の進行が加速している国が多いため、[30] デジタル・メディアの影響が大きいと考えたくなるのだが、実際にはインターネットの影響はさほど大きくないらしい。インターネットの影響だと考えると、分極化が実は一九九〇年代から急激に進んでいる理由、二〇〇〇年以降、逆に分極化の程度が下がっている国もあることが説明できない。つまり、分極化には、インターネット以外にも複数の要因があるということだ。デジタル・メディア、ソーシャル・メディアのほかに、たとえば、アメリカでの収入格差の拡大、人種分断の進行、ケーブル・テレビのニュース・メディアの隆盛のように、国ごとの個別の要因も大きいのだと考えられる。

近年、社会に生じている不和の原因は、ハイプ・マシンではないかと思っている人は多いだろう。個人に合った情報を自動的に選んで提供するアルゴリズム、トレンドになっているトピックを自動的に提示するアルゴリズムなどのせいで、私たちは自分と似た人ばかりの集団にこもりがちになり、それが社会の分極化を進めている、そう感じている人は多いはずだ。ソーシャル・メディアによって人間どうしの関わりが過剰になり、その一方で多様性は失われつつあるのではないか。人間はどうしても、関わる人たちに影響を受け、周囲と似た意見を持つようになるからだ。似た人たちばかりの泡のなかに閉じこもって生き、外の世界を見なくなっているのではないか。そう感じるのはごく当然のことだろう。

収入格差の拡大、人種分断の進行、党派帰属意識の高まりなど、国ごとの個別の要因とハイプ・マシンが結びつくことで、オンラインのエコーチェンバー効果が起こり、社会の分極化は進行した、ということなのだろうか。フェイスブックなどのソーシャル・メディアで、均質な、党派性の高い集団が生じ、ターゲティングが容易になったのも、ソーシャル・メディアの持つ機能や性質だけが理由ではなく、その他の要因が同時にはたらいたからなのだろうか。

その問いに答えるのは簡単ではない。ニュースフィードのランキング・アルゴリズムや、友達推薦アルゴリズムなどは、私たちの日々の選択に影響を与えている。私たちが何を読み、何を信じるかに影響しているのは確かだ。おそらくそれは社会の分断を進める一つの力にはなっているだろう。はたしてこの問いへの明確な答えは得られるのだろうか。

ハイプ・マシンは分極化を進めているのか

たとえば、ニュースフィードのアルゴリズムは、ユーザーの嗜好を学習するようにできている。ユーザーが何をクリックし、どういう情報に関心を持ち、何に「いいね！」をしたのか、などを手がかりに嗜好を学習する。そしてしだいに、より強い関心を持つ情報を提示できるよう訓練されていく。プラットフォーム企業は、アルゴリズムはユーザーのクリック回数を最大化するだけの単純なものではないと主張している。そこに多様性を高める機能も組み込まれているというのだ。

だが、私は、「多様性を高める」というのは、消費者の多様性を高めるという意味ではないと思っている。おそらく単に「消費者の多様な嗜好をとらえる」という意味だろう。より正確に嗜好を把握して、情報提供に活かすというくらいの意味だと思う（本当のことはもちろんわからない。プラットフォーム企業は決してアルゴリズムを開示しないからだ）。時々、ユーザーが普段好んでいるものとは違う情報を提示することもあるが、それはあくまで、自分の把握しているユーザーの嗜好が正しいか否かを確かめるためだ。それにユーザーが関心を示せば、それまでの理解を修正できるし、関心を示さなければ、理解が正しかったと確認できる。だが、基本的にはやはりすでに関心を持つとわかっている情報ばかりを提示することになるだろう。

ハイプ・マシンのコンテンツ・キュレーションのアルゴリズムには問題が多い。ユーザーの嗜好に基づいて、興味を持ちそうなコンテンツばかりを選んで勧めるからだ。これも、分極化を進めるのではないか。友達推薦アルゴリズムも同様だ。そのユーザーに似たユーザーを探して友達になるよう勧めるので、同質な集団ができるのは当たり前だ。同質の人間ばかりがつながっているので、シェアされるコンテンツにも偏りができる。ニュースフィード・アルゴリズムは、嗜好に合いそうなコンテンツを勧めてくるので、選択の幅は狭まるばかりだ。狭い選択肢のなかから選んだコンテンツを消費すると、その行動がアルゴリズムにフィードバックされる。フィードバックから学習したアルゴリズムはさらに選択の幅を狭めるだろう。このサイクルが繰り返されるので、ユーザーは小さなバブルのなかに閉じこもるようになり、社会の分極化は進行していくわけだ。これはよくないハイプ・ループだ。アルゴリズムのはたらきと自分の選択があいまって、ユーザーはより近視眼的になるよう、狭い世界に分かれるよう仕向けられるのである。

フェイスブックで私とともに仕事をしたエイタン・バクシー、ソロモン・メッシング、ラダ・アダミックは、二〇一五年に『サイエンス』誌に掲載され、広く引用された論文のなかで、フェイスブックのニュースフィード・アルゴリズム、そして、ユーザーの選択がどの程度その後に触れるニュースのイデオロギー的な多様性に影響するかを述べている。[31]三人は、アメリカの一〇〇〇万人のフェイスブック・ユーザーを対象に調査を実施した。ニュースフィードによって提示されたコンテンツ、ソーシャル・メディア内でシェアされたコンテンツとユーザーとの関わりを調べたのだ。調査の結果、ニュースフィード・アルゴリズムも、友達のシェアも、コンテンツの選択の幅を狭めているとわかった。また、提示されたコンテンツのなかからユーザーがいずれかを選択すると、その行動がフィードバックされ、さらに選択の幅が狭まることもわかった。

キュレーション、フィードバックのサイクルが繰り返されるほど、ユーザーが自分とイデオロギー的に合わないコンテンツに触れる機会は減っていく。そもそもソーシャル・メディアでは、友達推薦アルゴリズムが自分と似た人を勧めるうえ、人間に元々「類は友を呼ぶ」性質があるために、均質な集団が形成されやすい。フェイスブックでも、政治的意見が似た人ばかりが集まるのは当たり前になっている。集団が分極化すれば、そのなかでシェアされるコンテンツも偏ったものになることは、専門家の調査でも確かめられている。

［図10－5］は、フェイスブックでの政治関連のニュースとそれ以外のニュース（スポーツ、エンターテインメント、旅行などに関連したニュース）に、それぞれどの程度偏りがあるかを示したグラフである。これを見ると、ニュースフィード・アルゴリズムによって、リベラルを自認する人で八パーセント、保守を自

認する人で五パーセント、イデオロギー的に自分と合わないコンテンツに触れる機会が減っているとわかる。また、アルゴリズムに提示されたもののなかからコンテンツを選択することで、リベラルは六パーセント、保守は一七パーセント、イデオロギー的に合わないコンテンツに触れる機会を減らしていることもわかる。

ここで言えることは明らかだ。フェイスブック上でつながっている人たち（誰とつながるかは、もちろん、友達推薦アルゴリズムが強く影響を与える）によって、目に触れる政治関連ニュースの幅は狭められる。世界で起きていることに対する見方、考え方も狭められるだろう。つながっている人と同じような見方をしてしまう可能性が高い。ニュースフィード・アルゴリズムにも、友達推薦アルゴリズムほどではないが、やはり分極化を進める効果がある。そして、ユーザーは自分がどのコンテンツに触れるかを自分の意志で選ぶが、その行動がフィードバックされアルゴリズムがそれを学習することで、さらにユーザーの世界は狭くなっていく。

キュレーションと分極化の因果関係

ただし、バクシーら三人の調査結果だけでは、ユーザーの分極化が本当にフェイスブックのアルゴリズムや、本人の選択のせいだとは断言できない。この種の調査はあくまで相関関係に基づいており、因果関係があるか否かまではわからないからだ。アルゴリズムによるニュースのキュレーションと分極化とのあいだに因果関係があることを示す実験的証拠を初めて提示したのは、当時MITのポスドクだったアナーニャ・センである。[31]センは、二〇一七年から二〇一八年にかけて、イェルク・クラウセン、ク

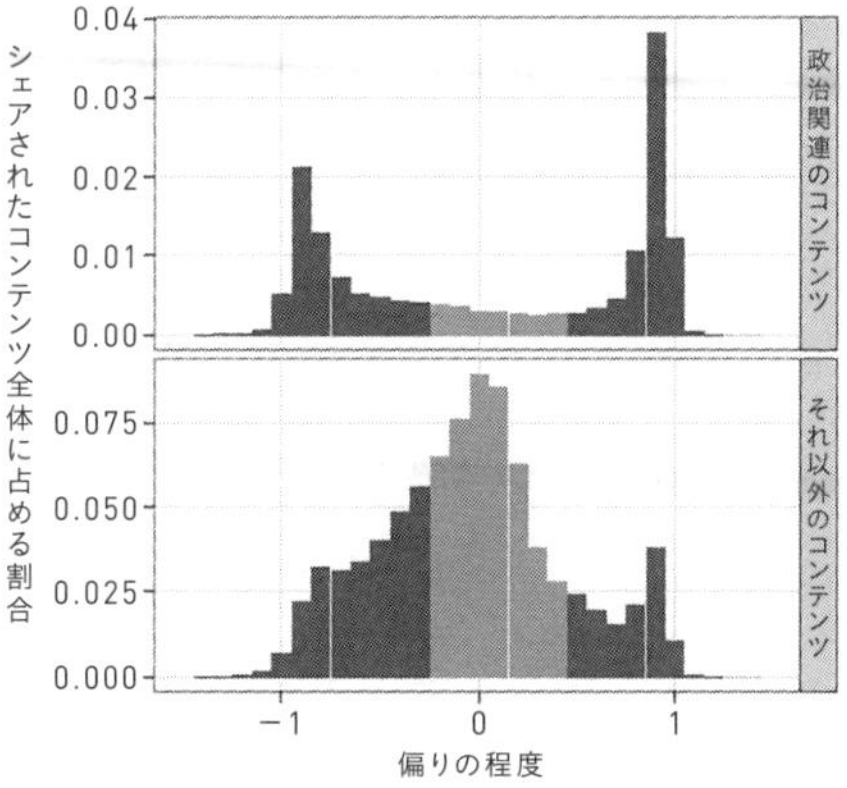

［図10-5］フェイスブックでシェアされるニュース（政治関連のニュース、その他のニュース）の偏り。アメリカの1000万人のフェイスブック・ユーザーに対する調査結果。ユーザー間でシェアされる政治関連ニュース、その他のニュースのイデオロギー的な分布を示している。左右いずれかへの偏りの程度と、コンテンツがシェアされる頻度がどのくらい関係しているかがわかる。これを見ると、たとえば、左に傾いている友達は、やはり左に傾いているコンテンツをシェアすることが多いとわかる。

リスチャン・プケルトとともに、ドイツの有名ニュース・サイトで実験を行なった。

三人は、アルゴリズムによるキュレーションが、フィルター・バブルの要因になっているか否かを確かめるための大規模実験を行なったのだ。これは、ユーザーを無作為に二つのグループに分け、一方のグループにはアルゴリズムが選んだニュースを、もう一方のグループには人間が選んだニュースを提示するという実験である。後者がこの実験の対照群ということになる。対照群のユーザーには、人間の編集者が選んだニュースが推薦される。実験群となる前者のグループのユーザーには、そのユーザーの過去の閲覧履歴に基づいてアルゴリズムが選んだニュースが提示される。どちらの場合も推薦ニュースは、ウェブサイトのニュースフィードの四つ目のスロットに（つまり四つ目のエントリとして）表示される。ページのその他の部分は、対照群、実験群ともにまったく同じだ。三人は、アルゴリズムの提示したニュースと、人間が提示したニュースとを比較して、アルゴリズムの選ぶニュースが本当に偏っているかを確かめた。

一億五〇〇〇万のユーザー・セッションについて分析した結果、アルゴリズムのキュレーションについては三つのことが確かめられた。

一つ目は、アルゴリズムのキュレーションのほうが、ユーザー・エンゲージメントを高められるということだ。サイトへの訪問六回分のデータを収集した時点から、アルゴリズムは、人間よりもユーザーの望むコンテンツを的確に予測できるようになり、その後は一貫して、人間のキュレーションよりも、ユーザーのクリックスルー率を高めることができた。* アルゴリズムはデータを多く得るほど、エンゲージメントを高められるが、データ量がある程度以上になると、収穫逓減の法則により、エンゲージメントの伸び率は下がる。

二つ目は、アルゴリズムのキュレーションが、フィルター・バブルの要因になるということだ。ニュースの多様性を大きく減じる。ニュース・サイトを何度も繰り返し訪問したユーザーは、そのたびにアルゴリズムか人間の選んだニュースを推薦されることになる。アルゴリズムが選んだニュースを推薦されたグループは、フィルター・バブルに入ってしまい、限られた種類のニュースばかり目にすることになる。人間の選んだニュースを推薦されたグループは、繰り返しサイトを訪問しても、目にするニュースの多様性が保たれる。

三つ目は、アルゴリズムのキュレーションは、提示するコンテンツの多様性をただ減じるだけではないということだ。これは、ユーザーにとっては、選択の幅が狭まるということである。ニュースフィードの四つ目のスロットに提示されるニュースだけが偏るのではなく、ニュースの選択の幅が全般的に狭まる。四つ目のスロットに常にアルゴリズムが選んだニュースが提示されつづけると、ユーザーは、人間が選んでいる他のスロットのニュースに関しても、クリックして読むものが偏るようになる。アナーニャ・センらの実験は、アルゴリズムのキュレーションがフィルター・バブルの要因になっている証拠を提示した初めての大規模実験だった。この実験により、アルゴリズムがユーザーの選択肢を減らすこと、そして、アルゴリズムのはたらきにより、ユーザー自身が偏った選択をするようになることが示された。つまり、フェイスブックでも、おそらくアルゴリズムはユーザーの分極化の要因になっていると考えられる。

私自身も、当時博士課程の学生だったデイヴ・ホルツと、ベン・カルテレット、アンリエット・クラマー、プラビーン・ラヴィチャンドラン、ザフラ・ナザリなどの協力も得て、同様の大規模実験をしたことがある。音楽ストリーミング・プラットフォーム「スポティファイ」を対象にした実験だ。[33] この実験では、スポティファイのユーザーを二つのグループに分け、一方には、過去の聴取履歴に基づいてポッドキャストを勧め、もう一方には、人口統計データに基づき、その人が属する層に人気のあるポッドキャストを勧めるようにした。

アルゴリズムの推薦には、エンゲージメントを高める効果が見られた。ポッドキャストをストリーミングするユーザーの数は三六・三三パーセント増加し、ユーザー一人あたりのポッドキャスト・ストリーミング数も二八・九〇パーセント増えた。しかし同時に、アルゴリズムがポッドキャスト消費の分極

＊面白いことに、大きな速報ニュースがある日には、人間のキュレーションのほうがエンゲージメントが高まる場合もある。おそらく報道価値の高低を見極める力は人間のほうがあるということだろう。

化を進めるという現象も見られた。同じようなポッドキャストばかりを消費する同質の集団がいくつもできたのである。そして、集団間の差異は非常に大きくなった。アルゴリズムによる推薦は、ストリーミングするポッドキャストの多様性を一一・五一パーセント下げ、同時に、集団間のポッドキャスト・ストリーミングの差異を五・九六パーセント高めた。

クラウセン、プケルト、センの実験と同様、アルゴリズムによるキュレーションには、ユーザーの選択肢を減らすだけでなく、ユーザーに偏った選択をさせる効果があるとわかった。ユーザーの選択の幅は、アルゴリズムの推薦が表示されるホームページ上で狭まるだけでなく、ユーザーのライブラリや、ラジオ・ステーションのページなど、アルゴリズムの推薦が表示されない領域でも狭められる。

ただし、私たちの実験結果を見るかぎり、アルゴリズム・キュレーションのフィルター・バブル効果は、キュレーションがなくなると長くは持続しないようだ。アルゴリズムによる推薦をやめると、間もなくユーザーが消費するコンテンツの多様性は通常に戻る。多様な選択肢を求めるという人間の嗜好は根強いらしい。アルゴリズムによって分極化はしても、アルゴリズムから解放されれば、回復する力を持っている。ユーザーのエンゲージメントを最大化すべく設計されたアルゴリズムであっても、消費者の行動パターンを永久に変えることはできないのだと考えられる。より良い設計のアルゴリズムがあれば、ソーシャル・メディアでのユーザーの消費コンテンツの多様性を回復することは可能だろう。

しかし、ここで紹介した調査、実験では、メディア消費の分極化が政治的分極化にどう影響するかの検証はしていない。ソーシャル・メディアと政治的分極化との直接の関係を知るには、ユーザーを無作為にグループに分け、それぞれに内容の違うニュースフィードを見せ、ニュース消費や政治的態度がどう変わるかを見る、といった類いの実験をする必要があるだろう。この種の実験は、ソーシャル・メディアにある程度以上の規模がないと信頼できる結果が得られない。フェイスブックはニュース消費という点でも圧倒的な規模を持つソーシャル・メディアなので、実験対象として理想だろう。イェール大学のロエ・レヴィはまさにフェイスブックでこの種の実験[34]を行なった。

レヴィは、アメリカの成人フェイスブック・ユーザーを無作為に選び、リベラル、あるいは保守のニュースフィードを購読するよう促した。すると、半数がいずれかのニュースフィードの購読を開始した。リベラルのニュースフィードを購読するユーザーはリベラル寄りのニュースを、保守のニュースフィードを購読するユーザーは保守寄りのニュースを多く受け取ることになる。レヴィはその後、提示されるニュースの内容が、ユーザーの政治的な意見や態度にどう影響するかを観察した。その結果、四つのことがわかった。

まず、当然のことながら、実験開始後は、ユーザーが読むニュースの内容がそれ以前とは変わった。リベラル寄りのニュース、あるいは保守寄りのニュースがニュースフィードに多く流れてくるようになれば、それだけ政治的に偏りのあるニュースを多く読むようになる。そのユーザーが元々保守であっても、リベラルのニュースフィードを購読すれば、リベラル寄りのニュースに多く触れることになり、反対に、元々リベラルのユーザーであっても、保守のニュースフィードを購読すれば、保守寄りのニュースに多く触れることになる。これは、分極化という観点からは、良いこととも悪いこととも言える。そのユーザーのイデオロギーに反するニュースを多く見せれば、フェイスブックは分極化を防ぐ効果的なツールになり得る。しかし、そのユーザーのイデオロギーに合致するニュースばかりを見せれば、分極化を促進するツールになってしまう。つまりアルゴリズムしだいで良くも悪くもなるということだ。

二つ目は、自分の政治的信条に反するニュースに多く触れると、自分とは政治的信条の違う人たちに対する反感が減るということだ。レヴィは、古くからある「感情温度計」を使って、ニュースフィードの操作がユーザーの感情にどう影響するかを調べた。一九九六年から二〇一六年までのあいだに、感情の分極化の「温度」――つまり、共和党の人から民主党の人、あるいは逆に民主党の人から共和党の人に対する反感の程度――は、全体として三・八三度上昇した。しかし、レヴィの実験で、フェイスブックのニュースフィードを無作為に操作した結果、この温度が全体として〇・九八度下がった。フェイスブックのニュースフィードを、保守寄り、リベラル寄りのニュースが同量含まれたものにすれば、「自分と党派の違う人に対する反感の温度は、三・七六度低下する。つまり、この二〇年間の上昇分がほぼ相殺される」とレヴィは試算している。

三つ目は、ニュースフィードを操作しても、ユーザーの政治的意見に目立った影響はないということだ。これは、すでに書いた分極化のパラドックスとも合致する。過去二〇年間で党派的な分極化は進んだように見えるが、一方でアメリカの有権者の政治的な意見は全体としては一貫して穏健である。ただし、民主党、共和党それぞれの有権者のなかでは均質化が進んでいる。

四つ目は、フェイスブックの通常のニュースフィードのアルゴリズムは、間違いなくフィルター・バブルを作るということだ。ニュースフィードのアルゴリズムは、ユーザーのそれまでの態度に反するようなニュースをあまり提示しないようにできている。レヴィの実験では、ユーザーの政治的態度に反するニュースも提示するようにしたが、フェイスブックのアルゴリズムは実験中も変わらずに機能しつづけていた。自分の信条に反するニュースフィードを購読したユーザーに対しても、フェイスブックのアルゴリズムは、その人の信条に合うニュースを提示しつづけたのである。

ソーシャル・メディアが分極化を進めていると主張する人は、「ソーシャル・メディアはフィルター・バブルを作り出し、そのフィルター・バブルがユーザーを分極化させる」と考えている。ソーシャル・メディアそのものが本当に人々の分極化を進めているか否かは、確かな証拠がないので何とも言えない。しかし、ソーシャル・メディアの推薦アルゴリズムがコンテンツ消費を偏らせ、フィルター・バブルを作っていることは、多数の実験結果からも明らかだ。この結果は、最近の調査で得られた「アメリカ人は、政策課題に対する意見や、政府や社会に対する態度だけでなく、同じ事実、同じ現実の認識についても分極化している[35]」という結果とも合致している。

だが、必ずそうなるわけではない。アルゴリズムのコードを作成するさいに慎重になれば、ユーザーにあえて、自分とは違う価値観に触れさせることは可能だ。ソーシャル・メディアの推薦アルゴリズムは、「多目的最適化」――ソフトウェアのコードに二つ以上の目的を持たせること――をすべきだろう。ユーザーが多様なコンテンツ、多様な価値観に触れられるようにコードを作成するのだ。その点、スポティファイの「ディスカバー・ウィークリー」というプレイリストは良い例だろう。ディスカバー・ウィークリーは、そのユーザーが一度も聴いたことがないであろう曲、ただし、過去の聴取履歴からしておそらく気に入りそうな曲をまとめたプレイリストだ。私は個人的にこれがとても魅力的だと感じた。スポティファイの場合は音楽だが、同じことはニュースフィードにも応用できるだろう。多様な政治観、多様なニュースに触れられるニュースフィードならば私は歓迎する。

平等

群衆の知は、元来、数学の概念である。多数の人たち、チームやコミュニティ、社会全体の人たちの意見を集約すると、比較的正しい判断ができることが多い、という考え方だ。ただし、フランシス・ゴルトンが雄牛の重量当てコンテストの話を例にこの概念を提唱したのは相当な昔で、その頃から数学は大きく進歩している。特に、最近の一〇年では、人と人とをつなぐネットワークの構造が群衆の知の実現にとって特に重要であるとの認識が生まれ、ネットワークの構造についての本格的な研究が行なわれるようになった。まず、ネットワークを構成する人たちは、全員が平等でなくてはならない。現代のようなソーシャル・メディアの時代においては、メディアへの参加者がすべて平等であり、少数派の表現が尊重されなくてはならない。倫理的に正しいだけでなく、それが群衆の知の実現に欠かせないからだ。その理由は、学習や、人間の相互交流などについて考えてみるとわかる。

本を読んだ時、ニュースを聞いた時、何かの出来事を直接見た時、私たちは新たな情報を取り入れ、自分の世界に対する認識を更新することになる。また、私たちは人との関わりから何かを学ぶこともある。(36) 他人の信条、意見、価値観などに触れ、それを自分に取り入れることもあるのだ。厳密には、私たちは毎日こういう「社会的な学習」をしている。日々の生活のなかで何をしようと、他人から何かを学んでいる。たとえば、ニュースやファッションのこと、政治のことなどについて知人、友人と話をすれば、その会話から新たなことを学ぶだろう。

最近の一〇年間は、この社会的な学習にハイプ・マシンが大きく介入するようになっている。ハイプ・マシンは、社会的信号を取捨選択し、社会的フィードバックを促進（あるいは抑制）する。たとえば、ソーシャル・メディアでは、コンテンツへの「いいね！」がつけられたこと、コンテンツがシェアされたことが知らされるが、これが（インスタグラムで二〇一九年に実施されたように）あえて隠されることもある。商品やサービスへの他人の評価が（二〇一三年にレディットが実施したように）一定数蓄積されるまで隠されることもある。情報のシェアの回数が制限されることもある（たとえば、ワッツアップでは、二〇一九年にコンテンツのシェア回数を五回に制限し[37]、二〇二〇年には、コロナウイルス関連の誤情報が広まるのを防ぐため一回に制限した）。こうしたアルゴリズムの設計上の選択とユーザー自身の選択は、どちらも私たちの学習に影響する。私たちが世界をどう認識するかに大きく影響するということだ。

　また、それと同じくらい、人と人との関係も重要である。それによって、意見の伝達のされ方も違ってくるからだ。私たちの世界観は、周囲の人たちの持つ情報、意見に大きく影響を受ける。そして、社会のなかの人と人との関係によって、物の見方、考え方が人から人へどう伝えられるかも変わる。群衆が最も賢明な判断をするのは、そのなかの人が皆、平等な場合だと考えられる。

　そのことを数学によって明らかにしたのは[38]、私のスタンフォード大学での同僚、マット・ジャクソンと、当時は彼の学生で、現在はハーバード大学にいるベン・ゴラブだ。二人は、人と人とのネットワークに注目してゴルトンの理論をモデル化しようとしたのだが、そのさいに何度も、集団を構成する人々が平等であることがいかに重要かを思い知らされた。* ジャクソンとゴラブは一つの問いを立てた。「全員が知るべき真実があり、その真実を集団内の一部の人は知っていて、一部の人は知らないという場合、社会ネットワークの構造がどのようになっていれば、真実が全員に伝わることになるか」という問いだ。** 二人は、真実が全員に伝わる社会を「賢明な社会」と呼んだ。

　二人は、社会のネットワークについて単純な一つの事実を発見した。ネットワークが真実にたどり着くための一つの必要条件を発見したのだ。それは、ネットワーク内に現在でいう「インフルエンサー」がいないことだ。ジャクソンとゴラブはこう書いている。「突出した人気を得た人がいると、それは単純に集合知の妨げとなる[39]……。たとえ、特別に優れた人が集団のなかに何人かいたとしても、そのことが他の人たちの学習を阻害する可能性は高い。また、集団内の意見に偏りができる弊害が大きい」。社会のなかに、他とは不釣り合いに影響力を持つ人がいる状態、つまり、社会が「バランス」を欠いた状態だと、社会全体は賢明にはならない。突出した影響力を持った人は、おそらく自分がいる世界の外に十分に注意を向けないからだ。

それはよく知っている、という人も多いだろう。まさに私たちの暮らす社会はそうなっている。たとえば、バラク・オバマには一億一〇〇〇万人、ドナルド・トランプには六七〇〇万人のツイッターのフォロワーがいる。カニエ・ウェストには、三〇〇〇万人のフォロワーがいるが、カニエ・ウェスト本人がフォローしているのはわずか三〇〇人だ。ソーシャル・メディアにはトレンドを知らせるアルゴリズムがある。誰が、どういうコンテンツが、今人気を集めているかを知らせるアルゴリズムだ。すでに人気のある人、コンテンツは優遇され、より注目を集めるようになっているわけだ。人気者がますます人気になっていく仕組みだ。だが、ジャクソンとゴラブの研究では、そういう社会は狂気に向かいやすい(40)とわかった。

二人の理論は美しく、数学的にまったく隙がない。しかし、私は経験主義者なので、ただ理論が完璧なだけでは納得しない。それが本当に現実に即しているか確かめないかぎりは納得できない。ペンシルベニア大学のデイモン・セントラのチームは、複数のオンライン実験でこの理論の検証をした。私は、セントラの門下生だったデヴォン・ブラックビルに、二〇一五年夏にヘルシンキで開催されたIC2S2（International Conference on Computational Social Science＝コンピュータによる社会科学についての国際カンファレンス）で話を聴いた。デヴォンはデイモン、そしてジョシュ・ベッカーとともに、特定の人物の影響が強まることがいかに群衆の知の阻害要因となるか、平等な人間関係がいかに群衆の知にとって重要かを確かめる複数の実験を行なった。その時の話を私に聴かせてくれたのだ。

実験では、一〇〇〇人の被験者にそれぞれ違った社会的ネットワークのなかに入って課題に取り組んでもらい、それぞれ群衆の知がどの程度のものになるかを検証した。[41] 課題で正しい答えを出せた場合には報酬を渡す。被験者を無作為に三つのグループに分け、一つのグループの被験者には、すべての人が平等なネットワークに参加してもらい、別のグループの被験者には、特定の「インフルエンサー」が他とは不釣り合いな数の人たちとつながり大きな影響力を持つ、「中央集権的」なネットワークに参加してもらった。三番目のグループの被験者には、誰ともつながらないまま課題に取り組んでもらった。このグループは、いわば「真に独立した個人」から成る群衆ということだ。群衆の知の程度を試す課題とは、たとえば、食品のカロリーの推定、瓶のなかのキャンディの数の推定などだ。三つのグループの被

＊ジャクソンとゴラブは、集団を構成する人たちが、自分の世界観と、日々コミュニケーションを取る人たち、たとえば友人、家族、職場の同僚などの世界観との加重平均を求め、それによって自らの世界観を更新していく、というモデルを考えた。ゴルトンは、単なる傍観者であっても、その意見を数多く集めれば真実にたどり着けるのか、ということに関心を向けた。ただ、厳密な意味での群衆の知、集合知とは、集団が自らの力だけで真実にたどり着けることである。ミツバチが蜜のありかを突き止めるのは、その群れ全体の集合知のおかげだと言えるが、養蜂家が働きバチの動きを観察して蜜のありかを突き止めても、それは集合知だとは言えない。

＊＊これは集合知に関わる重要な問いである。集団の全員が知っていることを合わせれば真実を正しく突き止められるのだとしたら、この問いがとても重要になるはずだ。この場合、ジャクソンとゴラブは、社会を構成する個人の意見を集約すれば真実に近づくのか否かを問題にしている。まず考えたのが、集団のなかに一人、「プランナー」と呼ぶべき人がいて、その人が皆の意見を集約して真実に近づくというシナリオである。そのシナリオなら、情報に多少のノイズがあっても、現実世界をかなり正しく認識できるのではと考えた。

験者は個々に何度か同じ推定をするのだが、その推定が全体としてどれだけ実際の値に近いかを見る。ネットワークのなかでは課題について自由にコミュニケーションをすることもできる。

実験の結果は、ジャクソンとゴラブの理論の正しさを裏付けるものだった。平等なネットワークでは、コミュニケーションを取るほど予測が実際の値に近づいた。一方、中央集権的なネットワークでは、インフルエンサーの意見に皆が引っ張られた結果、予測が実際の値から離れることになった。この結果は群衆の知について多くのことを示唆している。極端に影響力の大きい人の存在は、個人の独立性を弱め、意見の多様性も減らし、それが群衆の賢明な判断を妨げることにつながる。個人の独立性と構成員の多様性が重要だとしたゴルトンとスロウィッキーの見方はやはり正しかったようだ。

しかし、特定の個人の影響力や、個人間の依存関係が必ず、群衆の知を損なうわけでもない。個人が相互に依存し合っていても、皆が平等であれば、集団として賢明な判断ができることはある。依存し合っていない場合よりもはるかに賢明な判断をすることはあり得るだろう。また、ネットワークが平等でなくても、影響力の強い個人が非常に賢明な場合には、集団全体が賢明になることもある。

ベッカー、ブラックビル、セントラの三人は、実験のなかで中央集権的なネットワークにも二つの種類があることを発見した。一つは、「真実に向かって集中していく」ネットワークで、もう一つは「真実からは離れた方向に集中していく」ネットワークだ。前者のネットワークでは、インフルエンサーの推定が、集団全体の推定の平均値とは反対の方向に真実から外れている。そのため、集団全体のずれをインフルエンサーが引き戻し、結果として真実に近い推定ができる。後者のネットワークでは、インフルエンサーの推定も、集団全体の推定の平均値も同じ方向に真実から外れている。しかもインフルエンサーの推定のほうが真実から遠い。そのため、インフルエンサーは、集団全体の判断の誤りをさらに強めてしまうことになる。

例を元に考えてみよう。瓶のなかにキャンディが五〇個入っているとする。集団全体の推定値の平均が四〇個で、インフルエンサーの推定値が五五個（集団の平均値より真実に近い）、あるいは六五個（集団の平均値より真実から遠い）だったとすれば、インフルエンサーは集団全体のずれを真実に近づけることになる。だが、インフルエンサーの推定値が三五個だった場合には、集団全体の真実からのずれはより大きくなってしまう。つまり、インフルエンサーが存在すると、その判断によって、全体にとって利益になることもあれば、害になることもあるということだ。

ソーシャル・メディアによって人と人とが過剰に関わるようになって（「ハイパーソーシャライゼーション」が起こって）、それが群衆の知の実現につながるか、それとも群衆の狂気につながるかは、いくつかの要素によって決まるということだ。まずネットワークの構造、次に集団内に社会信号を広めるシステムの設計、インフルエンサーの賢明さ、そして、集団の構成員が環境から新たなことを学習する能力だ。破壊的でなく、建設的な学習をする能力が必要になる。希望はある。現在では、群衆の知が実現できるように、集団が賢明になるようなネットワークの構築を考える人が増えているからだ。

群衆の知を失わないために

現状のハイプ・マシンは、残念ながら、群衆の知を支える三つの条件を損なうような仕組みになっている。集合知が得られないだけではなく、社会を分極化に向かわせ、不平等を加速させている。群衆を狂気に陥れる装置になっていると言えるだろう。人間には本来、他人からの情報をうまく処理して、社会全体に良い影響をもたらす能力があるはずなのに、それが阻害されているということだ。これは、民主主義や市場の破壊にもつながり、感染症流行への対応の妨げにもなる。しかし、最近の研究では、個人の独立、多様性、平等を取り戻す方法はあるとわかってきている。群衆の狂気ではなく群衆の知を実現するようハイプ・マシンを作り替えることは十分に可能だということだ。ただ、そのためには、ハイプ・マシンの設計、構造、利用の仕方について考え方を大きく変えなくてはいけない。ここからしばらくは、そのことについて書いていくことにしよう。どうすれば、ハイプ・マシンを群衆の知に向かうもの、社会全体の知力を高めるものに変えられるのか。

デイモン・セントラのチームがネットワークでつながった集団についての実験で学んだのは、インフルエンサーが非常に賢明であれば、その影響でむしろ群衆の知は向上するということだった。賢明で信頼できる人、正確な情報を得やすい立場にいる人の意見に重きを置くネットワークは、個人が独立した集団よりも賢明になる可能性がある（たとえば、気候変動や、パンデミックへの対応などに関しては、ただ個人が自由に判断するよりも、科学者の意見を重視するほうが良い結果につながるだろう）。しかしながら、そういう「賢明な人」に重きを置くハイプ・マシンはどうすれば作れるのだろうか。

ハイプ・マシンにはフィードバックのメカニズムが備わっている——ただし、現状では誤った信号をフィードバックしている。「いいね！」を例にとるとそれがわかる。「いいね！」ボタンは、アテンション・エコノミーのエンジンになっている。目の前のコンテンツを皆がどう評価しているかに関心を持つ人は多いだろう。承認欲求が満たされドーパミンが分泌されれば、さらに新たなコンテンツを生み出す気にもなる。ソーシャル・メディアに気に入ったコンテンツがあれば、おそらくそれに長く深く関わるだろう。すると、そのコンテンツには多くの広告が集まるだろう。また、あるコンテンツに「いいね！」

をつけると、それはハイプ・マシンに自分の嗜好を伝える信号を送ることになる。すると、ハイプ・マシンの側はその信号を基に、各ユーザーに合わせた広告を提示することもできる。

ソーシャル・メディアに「いいね！」ボタンがなく、代わりに「真実」ボタン（このコンテンツは真実だと思った時に押す）、「信頼」ボタン（信頼できる情報源に基づくコンテンツだと思った時に押す）、「健全」ボタン（皆に良い影響があるコンテンツだと思った時に押す）、「教育的」ボタン（皆に何かを教えてくれるコンテンツだと思った時に押す）などがあったとしたらどうだろう。これは一種の思考実験である。ソーシャル・メディアの当たり前だと思っているフィードバックの仕組みについて、再考する契機になるはずだ。この仕組みをどう変えれば、ハイプ・マシンが少しでも良くなるかを考えてみよう。

実を言えば、仕組みの改良に向けた動きはもう始まっている。たとえば、ツイッターでは、「リツイートは必ずしも承認を意味しない」という考え方はすでに広く浸透しているだろう。「#RT≠Endorsement（リツイートは承認ではない）」というハッシュタグが多く使用されたおかげもある。これまでの研究で、集団が社会情報を有効に活かすためにフィードバックが欠かせないとわかっている。公式、非公式の両面でフィードバックの仕組みを変えていけば、ハイプ・マシンが良い方向に変わり、利用する私たちも良い方向に変わるのは間違いないだろう。

ソーシャル・メディアにコンテンツを投稿するたびに、「この投稿の正しさにどの程度確信があるか」を表明できる機能があったとしたらどうか。あるいは、他人の投稿を見た時に、「この投稿の内容は真実だと思うか」と問われる仕様になっていたとしたらどうか。アメリカの全国民が五〇の州の州都をすべて知っている、と言われれば、すぐに嘘だとわかるし、アメリカの全国民がミランダ警告を知っていると言われれば、それもすぐに嘘だとわかるだろう。

ソーシャル・メディアで受け取った情報を評価することだけがフィードバックではない。ソーシャル・メディアそのものについてのフィードバックもあり得る。それによってソーシャル・メディアそのものを良い方向に変えることも可能だ。たとえば、ツイッターで、ファクトチェックの結果、過去の投稿の何パーセントが真実だったかを示す「真実性スコア」が、各ユーザーのプロフィール欄につけられるようになったら、今とはフォローする人、しない人が変わるのではないだろうか。本当のことを書く人か否かを基準にフォローするかしないかを決める人が増え、本当のことを書く人が多くのフォロワーを集めるようになれば、ツイッター上で本当のことを書く人が増えるのではないだろうか。嘘の情報をシェアして広めようという動きは抑えられるし、嘘ばかり広めるアカウントのフォロワーも減るだろう。

MITの私の同僚、アブドラ・アルマトゥークのチームは、ペンシルベニア大学のセントラと同様の実験を行なった[42]。一五〇〇人の被験者をいくつもの違ったオンライン・ソーシャル・ネットワークに参加させ、群衆の知をテストするための課題に取り組んでもらった。この実験では、ネットワークごとにフィードバックについての仕様や、ネットワークの可塑性（ネットワーク内でつながる人を変更できる自由度）を変えた。

まず、フィードバックの仕方を固定したまま、ネットワークの可塑性を様々に変えた。被験者を無作為に三つのグループに分け、一つ目のグループの被験者は、他から完全に独立した状態に置いた。他人と関わることなく、一人で課題に取り組んでもらう。二つ目のグループの被験者は「静的なネットワーク」に参加させた。これは、つながる人をまったく変更できないネットワークだ。そして三つ目のグループの被験者は「動的なネットワーク」に参加させた。これは、つながる人をあとから変更できるネットワークだ。

次に、ネットワークの可塑性を固定したまま、フィードバックについての仕様を変える実験をした。被験者を無作為にいくつかのグループに分けるが、一つ目のグループの被験者は他から完全に独立した状態に置き、一人で課題に取り組んでもらい、課題の成績についてもフィードバックしない（つまり解答がどの程度正解に近かったのかを伝えない）ようにした。二つ目のグループの被験者は、ソーシャル・ネットワークに参加はさせるが、やはり課題の成績についてのフィードバックはしない。三つ目のグループは、ソーシャル・ネットワークに参加させ、課題の成績は、本人のものだけをフィードバックする。そして四つ目のグループは、ソーシャル・ネットワークに参加させ、課題の成績は本人も含めすべての参加者のものをフィードバックするようにした。

この実験では被験者に、散布図（［図10－6］を参照）を見て、そこにある相関関係を推測する、という課題が与えられた。正しい推測をすると賞金がもらえる。見せられる散布図のなかには、相関関係が推測しやすいものもあれば、推測が難しいものもある。たとえば、［図10－6］の二つの散布図にはどちらも同じ相関関係があるが、左側を見せられた場合にはデータの量が多い分、データ量の少ない右側を見せられた場合よりも推測が容易になる。

被験者は、見せられた散布図それぞれについて相関関係を推測し、それを記録するよう言われる。フィードバックをもらえることになっているグループの被験者は毎回、自分を含めたネットワーク参加者の推測が正しかったか否かを教えてもらえる。また、動的なネットワークに参加している被験者は、フィードバックの内容を踏まえてネットワーク内でつながる人を変更できる。研究者の側では、各グループの回答をすべて記録し、しだいに正解に近づいていくのか、あるいは正解から遠ざかっていくのかを観察する。

この実験でわかったのは、フィードバックに応じて構造を変えられる動的なネットワークに参加した被験者グループが、他のどのグループよりも良い成績をあげるということだ。つまり、ネットワークで他人とつながった被験者グループのほうが、一人一人が独立した被験者グループよりも成績が良かったということだ。相互依存したグループは、適切な条件の下でなら、個人が独立したグループよりも賢明になる可能性があるわけだ。フィードバックに対応して構造を変えられる動的なネットワークの被験者は、課題への取り組みを繰り返すごとに賢明になり、解答の正解とのずれもしだいに小さくなっていった。

この結果が意味することは明らかだ。この一〇年のあいだに、私たちは三〇億人以上が参加する動的なグローバル・ネットワークを作りあげてきた。そのネットワーク内では日々、「いいね！」やシェア、リツイート、コメントなど、さかんにフィードバックが行なわれている。このネットワークは非常に可塑性が高い。誰もが、誰とつながり、誰とつながらないかをいつでも自由に選ぶことができる。直近の実験でも、この種の動的ネットワークは、質の高いフィードバックを受けられれば、個人が他から独立したグループや、単純に優秀な人ばかりを集めたグループよりも、群衆の知を測るテストの成績が良くなるという結果が出ている。適切な条件さえ整えれば、現在のハイプ・マシンのような、交流がさかんで相互依存性が時とともに高まるようなネットワークは、人類にとって決してマイナスではなく、大きなプラスになり得るということだ。

今後の問題は、どうすればこのネットワークで群衆の知を実現できるか、どうすれば群衆の狂気に向かうのを防げるかということである。人間はミツバチのように群れを成して生きる動物である。直面する問題に対処するためには、その時々に応じて、群れ（集団）の意識を変えなくてはならない。ただし、

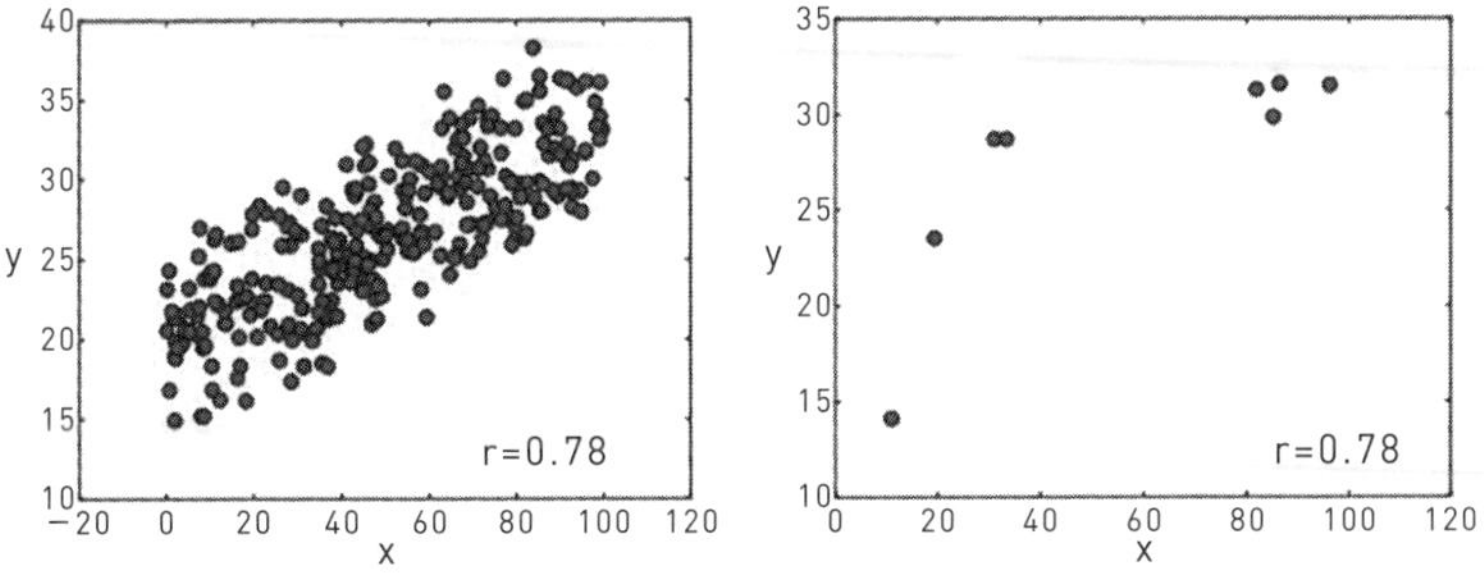

［図10-6］相関関係の推測。いずれも、群衆の知を調べる実験で使用された散布図である。実験で被験者は、毎回こうした散布図を見せられて、そこにある相関関係を推測する。左右の散布図にある相関関係はどちらも同じだが、データの少ない右のほうが、データの多い左よりも推測が難しい。

人間はミツバチよりもはるかに有利である。人間は自らの手でフィードバックのメカニズムを設計できるからだ。それによって、地球上のどの種よりも賢明になり得る。

次の章では、ハイプ・マシンの未来の可能性と危険性について考察する。ハイプ・マシンの改良に成功した場合にはどのような素晴らしい未来が待っているのか。失敗した場合にはどのような恐ろしい未来になるのか。さらにその次の第12章では、この驚くほど強力であると同時に破壊的でもあるテクノロジーをどう利用すれば、危険を回避し、素晴らしい未来を作っていけるのかを考察する。

第11章 ソーシャル・メディアの可能性と危険性

人と人がつながれば、本当に良いことしか起こらない。仕事を得るチャンスは広がるし、教育も受けやすくなる。健康増進にもなるし、何よりコミュニケーションが活発になる。大事な人がこれまでよりも身近になるんだ。これはすごいことだよ。

——マーク・ザッカーバーグ

彼らは人間の信頼を利用する。高度なテクニックを駆使して、人間の心の弱いところを突く。個人情報を集めて悪用する。ユーザーを守ることのないビジネス・モデルである。

——ロジャー・マクナミー

ハイプ・マシンには長所もあり、時に輝きを放つ。たとえば、二〇一五年四月には、ハイプ・マシンの素晴らしさがよくわかる出来事が起こっている。地球の地殻を構成するプレートの一つであるインド・プレートは、何十億年ものあいだ、ユーラシア・プレートに沈み込みつづけている。そして、その沈み込みによる断層に生まれたのがヒマラヤ山脈である。四月二五日に、まさにその断層でマグニチュード八・一の地震が起き[1]、ネパールが激しく揺れ、約二二〇キロメートル離れたエベレストで雪崩が起きた。多数の村が壊滅し、何十万という数のネパール人が家を失った。

地震がネパールを襲ってからわずか数秒で、フェイスブックのセーフティ・チェック（災害時安否確認機能）が作動した。(2) それにより、影響を受ける地域にいるユーザーに対し、無事であれば報告してほしいという要求が出されたのだ。電話回線は混み合い、電話で安否を確認することはとてもできなくなっていた。しかし、セーフティ・チェックは、該当する八五〇万人を自動的に見つけ出し、心配する一億五〇〇〇人にその人たちの無事を知らせることができた。その間わずか数分である。おかげで捜索すべき人、そうでない人の区別がすぐについたことは大きいが、それだけではない。フェイスブックがあったことで、大変な数の人たちが一斉に安心を得ることができたのだ。歴史上こんなことは一度もなかった。ただ、知らせを受けた瞬間に安堵しただけではない。安心できたおかげで、その後の過ごし方がまったく違ったものになったのだ。

ネパールには世界中から支援金が集まった。ＥＵは三〇〇〇万ドル、カナダは四〇〇〇万ドル、中国は九九〇〇万ドル、アメリカは一〇〇〇万ドルを拠出した。フェイスブックも貢献すべく「寄付」ボタンを設置した。ユーザーはそのボタンを使えば、災害救助のための資金を寄付できる。そのボタンで、一七五カ国の七七万人が合計で一五五〇万ドルを提供することになった。つまり、ＥＵとアメリカを合わせたよりも多い額を出せたということだ。この資金は、緊急医療設備の導入、疾病管理、公衆衛生の確保、健康促進プログラム、数百万人の女性の安全確保対策などのために使われた。

ハイプ・マシンは大きな価値を生み出す力を持っているということだ。だが、そのことをつい忘れがちになる。すでに見てきたとおり、ハイプ・マシンには負の側面も多いためだ。だが、本当は世界を良い方向に変えるとてつもなく大きな力を持っていることも思い出すべきだろう。もちろん、簡単に楽観的にはなれない。同時に大きな災いをもたらし得ることも確かだし、それを全力で防いでいく必要もある。本書で最も訴えたいのはつまりそういうことである。ハイプ・マシンの持つ素晴らしい力と、負の側面とは表裏一体だ。だからこそソーシャル・メディアは扱いが難しい。注意深く利用しなければ、良い面はすぐに悪い面に変わり得る。悪い面が勝つようであれば、価値は大きく下がることになるだろう。

集団の問題

大きな集団をうまくまとめることは人間にとって容易ではない。その集団全体にとって利益になるように個人を動かすのが難しいからだ。だが、フェイスブックのセーフティ・チェックは、簡単な機能ではあるが、大きな集団をまとめて一つの方向に動かすことに大いに役立った。長年、政治哲学者や社会科学者は、集団の扱いで重要なのは、動機付けや、メッセージの発信であると考えてきた。皆が協力し合えば、一人よりもよいのは間違いない。ただ、問題は、集団のなかに協力せず、皆の協力にただ乗りする人間が現れる可能性があることだ。そうなると、協力は悪い結果をもたらす。誰もが集団のために力を尽くすようにすること、また皆の力を無駄にしないで集めることが重要になる。

現代のグローバルな課題は、集団の力を結集しなければ対処できないものばかりである。たとえば、気候変動がそうだ。二酸化炭素の排出量を減らそうとすれば、多数の人々（と多数の企業）が協力し合う必要がある。一人がいくら行動したところで、ほとんど何も変えられない。民主主義を活気あるものにするためには、大勢の人が投票しなくてはいけない。一人一人の票それ自体は大勢に影響しないが、それでも投票率は上げるべきである。感染症と闘うには、大勢がいわゆる「ソーシャル・ディスタンス」

を保ち、十分な数の人がワクチンを接種して集団免疫を獲得する必要がある。ワクチンの危険性が実際以上に大げさに伝えられることで接種を思いとどまる人もいるし、子供には接種させたくないと思う人もいるが、そういう人たちが少しでも減るよう努力しなくてはならない。

私はツイッターの共同創業者であるビズ・ストーンと初めて会った時に、まさにこの集団行動のことを話題にした。二〇一四年二月のことだ。二人とも、オックスフォード大学とUCLA（カリフォルニア大学ロサンゼルス校）が主催する技術革新をテーマにしたイベントに、パネリストとして出席したのだ。よく晴れた明るい日で、ランチタイムにUCLAのキャンパス内の美しい建物の一つにあるテラスで、ストーンはサラダを食べながら、まったく予想外のことを口にした。ストーンが、ツイッターが大成功して、巨大な存在になることを確信した時の話だ。その時、ハイプ・マシンが集団をまとめるうえで大きな力を発揮することも確信したのだ。

ツイッターのベータ版を作ったあとすぐ、創業者たちや初期のエンジニアたち、そしてその友人たちは皆でバーに行ったらしい。大変な仕事を終わらせたあとの気晴らしだ。一行は一箇所にかたまらず、店内のあちこちに散らばった。テーブル席にいる者もいれば、少人数でカウンター席にいる者もいる。出入り口のすぐ外で話をする者もいる。ストーンは、何人かを連れてすぐに同じ通り沿いの別の店に移りたいと思ったが、そういう状況なので、行動をともにする人間を募るのは容易ではなかった。皆の注目を集めるのがまず難しい。穏当な方法ではとても無理だっただろう。スツールの上に立って大声で叫べばいいのかもしれないが、そういうわけにもいかない。全員に一斉に電話をかける装置もない。そして、騒がしいバーのなかで、皆にまとまった行動を取らせるのはさらに難しくほとんど不可能だったと考えられる。

ツイッターはその目的で作られたわけではないが（元来、リアルタイムの情報ネットワークとして作られたものであり、集団をまとめる目的では作られていない）、集団の取るべき姿勢を皆に知らせ、集団の行動を統率するのに、ツイッターが非常に便利なツールになり得ることに、ストーンたちはあとから気づいた。その時点では、当然のことながらツイッターのユーザーもごく少数で、全員が全員をフォローしているような状態だった。そのため、「近所のアイリッシュ・バーに行きたいんだけど、来る人いるかな？」「今から？」「そう今から」といったツイートをし合うだけで、行きたい人を募り、その集団でまとまって行動することが可能だった。その間、口からは一言も発しなくていい。「その時だね、ツイッターは大成功すると確信したのは」。ストーンは私にそう話した。

デモ、社会運動への影響力の大きさを見ると、ハイプ・マシンに集団の行動を変える力があるのは間違いないと感じる。エジプト、ロシア、ウクライナ、最近では香港などの事例からもそれは確かだ。しかし、ソーシャル・メディアは、デモや社会運動に良い影響だけを与えるわけではない。悪い影響を与える危険性も大いにある。

――私はシャルリー・エブド

二〇一五年一月七日、銃を持った二人の男が、フランスの風刺新聞『シャルリー・エブド』のパリ・オフィスに乱入する事件が起き、一二人が死亡、二〇人ほどの負傷者が出た。恐ろしい事件だが、これは、その二カ月前に同紙の表紙に載った預言者ムハンマドの風刺画への報復だ。風刺画は、テロに抗議し、言論の自由への支持を世界に向けて訴えるためのものだった。襲撃のあった日の夜には、フランス中で一〇万人を超える人たちがデモをした。うち三万五〇〇〇人はパリでデモをした人たちである。デモのスローガン〈Je suis Charlie（私はシャルリー）〉は、団結のシンボルとして全世界に広まった。プラカードやウェブサイト、掲示板、Tシャツなどに使われ、〈#jesuischarlie〉というツイッターのハッシュタグは、襲撃後にトレンドのトップになった。三日のあいだにデモは全世界に拡散された。一月一〇日にはフランスだけで七〇万人という規模になり、最高潮に達した一一日には、パリでの行進に二〇〇万人が参加した。[3] 襲撃からわずか四日間で、デモへの参加者は四〇〇万人近くになった。第二次世界大戦後のフランスでは最大規模のデモである。

このようなデモを実現するには、まず「団結せよ」「協調せよ」というメッセージを集団に向けて発する必要がある。そして、集団を構成する人々の動きの調整も必要だ。ハイプ・マシンは、メッセージの発信、集団の動きの調整のどちらにも役立つだろう。情報を短時間のうちに広く拡散することが得意だからだ。また、人と人とを次々につなぎ、ある運動への賛意を人から人へと広げていくこともできる。たとえば、デモがいつ、どこで、どのように実施されるか、という情報をこれほど簡単に、速く、広く拡散できる道具はほかにないだろう。ソーシャル・メディアには、団結、連帯のシンボルが無数に存在している。たとえば「いいね！」をつけることもそうだし、ハッシュタグをつけること、ハッシュタグのついた投稿をシェアすることもそうだ。パリ同時多発テロ事件やオーランド銃乱射事件に抗議していること、LGBTの権利のために闘っていること、正義のために闘う勇敢な人々を応援していることなどを、プロフィールの写真を使うことによって皆に知らせることもできる。

ハイプ・マシンが存在しない時代には、eメールや電話、紙のチラシなどでコミュニケーションを取っていた。ソーシャル・メディア以前に集団をまとめることが不可能だったかと言えばそうではない。

では、ソーシャル・メディアによって何が変わったのか。ビズ・ストーンのエピソードはあるが、ソーシャル・メディアは本当に集団行動に有効なのだろうか。メッセージの発信や集団の動きの調整に本当に役立つという証拠はあるのだろうか。

政治学者のジェニファー・ラーソン、ジョナサン・ナグラー、ジョナサン・ロネン、ジョシュ・タッカーは、その証拠を見つけようとした。そのために、「私はシャルリー」デモが行なわれていたあいだに、一億三〇〇〇万人のツイッター・ユーザーについてのデータを収集し(4)、ツイッターで他人の言葉、コミュニケーションに触れたことがデモとの関わりにどう影響したかを分析した。この研究の鍵は、ソーシャル・メディアの大きな集団内でのコミュニケーションの詳細なデータと、デモが行なわれていた時期のユーザーのジオロケーション・データ（地理的な位置のデータ）とを結びつけたことだ。ジオロケーション・データがあれば、ユーザーがある時点でデモに参加していたか否かが特定できる。ソーシャル・メディアでの活動と、デモへの参加状況を照らし合わせれば、ソーシャル・メディアがデモへの参加を促したかどうかを確かめることができる。

ある人がデモに参加するか否かには、やはり、つながりのある他人の動向が大きく影響していた。たとえば、ツイッターでつながっている人たちが多くデモに参加していれば、自分も参加しようと考える可能性が高くなる。研究では、実際にデモに参加したツイッター・ユーザーと、デモに関心はあり（〈#jesuischarlie〉ハッシュ・タグを使っていれば関心があるとみなす）、しかも参加が十分可能な場所にいた（デモが主に行なわれたパリの近くに住んでいた）にもかかわらず、結局デモに参加しなかったツイッター・ユーザーとを比較した。まず、どちらの人についても、直接、どういう人たちとつながっている（フォローしている、あるいはされている）のかを調べ、またつながっている人たちがどういう人たちとつながっているのかも調べた。

分析でわかったのは、デモに参加した人たちのほうが、他の参加した人たちからの社会的信号に多くさらされていたということだ。また、他の参加者とのつながりも強かった――共通の友達もいて、お互いのやりとりもさかんだった。ツイッター上で、デモの参加者を多くフォローしていただけでなく、相手からのフォロー返しも多かった。この結果からは、ソーシャル・メディアは、メッセージの発信や、集団の動きの調整、集団の動員のための便利な道具になるように見える。

ただし、これでソーシャル・メディアの効果が証明されたわけではない。本当にソーシャル・メディアがデモ参加の原因になったかどうかは、このデータだけではわからないからだ。ソーシャル・メディアで触発されてデモに参加したのではなく、元々デモに参加するはずの人が、同じように参加する人たちとつながっていただけのことかもしれない。ハイプ・マシンに関しては、同じようなことがよく問題になる。これは因果関係なのか否か、ということだ。

仮にソーシャル・メディアがなかったとしたら、どうなったのか。ソーシャル・メディアがなかったらその人はデモに参加しなかったのか。エジプト、ロシア、ウクライナ、香港、どの場所にしても、社会運動、デモの盛り上がりにソーシャル・メディアが貢献したとは言われるが、それが本当なのかどうかは、ソーシャル・メディアがなかった場合のことを考えなくてはいけない。ソーシャル・メディアがなければそもそも起きなかったようなことなのか、あるいは起きたとしても、もっと規模が小さくなったのか、もっと時間がかかったのか。

ここでは、一つの事例を基にそれを考えてみよう。「ロシアのネオ」と呼ばれたソーシャル・メディアのスーパースターの話だ。世界的にはさほど有名ではないが、スパイ小説さながらの興味深い話である。

ロシアのネオ

パーヴェル・ドゥーロフ[5]には数々の異名がある――「ロシアのマーク・ザッカーバーグ」「ソーシャル・メディアのスター」、そして「ロシアのネオ（ネオはＳＦアクション映画「マトリックス」の主人公の名前である）」。そんな名前は聞いたこともないという人も多いだろうが、驚くなかれ、彼こそは兄のニコライ・ドゥーロフとともに、世界最大級のソーシャル・メディア・プラットフォームを二つも作りあげた人物なのだ。ただ、ドゥーロフは長年、亡命者として人目につかないよう行動している。世界中のホテルからホテルへと渡り歩くような生活である。ウラジーミル・プーチンをはじめ、彼がその地位を脅かしている複数の権力者たちの監視の目を逃れるためだ。

ドゥーロフが「ネオ」と呼ばれるのは、「マトリックス」の主人公と似ている点が多いためだ。まず黒い短髪、尖った顎、黒のスーツに長く黒いトレンチコートを好んで着ている。彼は政治思想的には「リバタリアン」で、あらゆることに政府が介入するのを嫌う。ドゥーロフが、二つの大規模ソーシャル・メディアのうちの一つ、「フコンタクテ（接触する、という意味。略称ＶＫ）」を創業したのは、サンクトペテルブルク大学を卒業した二〇〇六年のことだ。フコンタクテは西欧諸国ではあまり知られていないが、四億人ものユーザーを抱えた、世界最大級のソーシャル・メディア・ネットワークである。ロシアでは、他のロシアの競合ネットワークはもちろん、フェイスブックやツイッターをもしのぐ人気を誇っている。

フコンタクテ（VK）の特徴は、エンゲージメントの指標が高いことだ。[6] ユーザーは、訪問一回につき平均で二七分を費やし、四二ページを閲覧する（フェイスブックのユーザーは、訪問一回につき平均で一七分を費やし、一六ページを閲覧する。ツイッターの場合は、平均一〇分で、七ページを閲覧するにとどまる）。シミラーウェブでは、VKを、フェイスブック、インスタグラム、ツイッターに次ぐ、世界で四番目に訪問者数の多いソーシャル・メディア・ネットワークだとしている（中国のソーシャル・メディアは除外したランキング）。ワッツアップやリンクトイン、レディットよりも上ということだ。

VKが立ち上がった当初、ロシア政府は傍観し、干渉しない姿勢を取っていた。デザインはフェイスブックの模倣だが、コンテンツ・ポリシーがよりリベラルなVKは、ロシアの若者にとって安息の地になり、ロシア人の政治、文化の基盤の一つにもなっていた。ところが、二〇一一年一二月に状況が一変する。下院選挙での不正疑惑を発端として、一九九〇年代以来最大の反政府デモが発生したのだ。「雪の革命」とも呼ばれるこの時の運動には、VK、フェイスブック、ツイッター、ライブジャーナルなどが大きな役割を果たした。モスクワ、サンクトペテルブルク、ウラジオストク、カリーニングラード、トムスク、オムスクなど、ロシアの諸都市では、一二月いっぱいデモは拡大を続けた。

デモが拡大するにつれ、それまでVKを傍観していたプーチンも強い態度を取るようになった。ロシア連邦保安庁（FSB）は、VKに対し、多くの人を連帯させ、デモに駆り立てるのにソーシャル・メディアを利用している七つのグループのページを削除するよう要求した。[7] だが、ドゥーロフはこの要求を拒否する。しかも、ドゥーロフは、パーカーを着て舌を出した犬の写真を、FSBの公式の要求書をスキャンした画像とともにVKに投稿した。要求を拒否されたFSBは当然、喜ぶわけがない。ドゥーロフの自宅には、早朝からサンクトペテルブルク警察が来て、ドアを壊れそうなほどノックした。[8] 警察は廊下で一時間ほど粘ったが、ドゥーロフが応じなかったため帰っていった。

メッセージは明確だった。プーチンは、ソーシャル・メディアそのものにはまったく興味がなかった。ただ、反政府運動を取りまとめているVKのページを閉鎖させたかった。VK上では、運動のリーダーであるアレクセイ・ナワリヌイや、キエフのマイダン革命を組織しているウクライナの活動家たちを支援するグループが動いており、政府としては、その動きを止めたかったのだ。しかし、ドゥーロフは政府からの要求をすべて拒否しつづけた。

その後、ロシア政府はVKに対し、最大の競合企業であるメイル・ルーと、プーチンとつながりのある投資ファンド、ユナイテッド・キャピタル・パートナーズを通じて、敵対的買収を仕掛けた[9]（ドゥーロフには、会社を売却するよう圧力をかけた）。FSBはVKのオフィスやドゥーロフの自宅の強制捜索を試みたが、ドゥーロフは徹底して直接の対峙を避けた。そしてその間、VKには毛の長い犬の写真を投稿しつづけ、買収を仕掛けてきたメイル・ルーに対しては、中指を立てた自身の写真を投稿した。ユナイテッド・キャピタル・パートナーズは結局、VKの株式の四八パーセントを取得した。ドゥーロフは二〇一四年一月に、同社の株式の一二パーセントをメイル・ルーのオーナーに売却するよう迫られた。メイル・ルーは最終的にVKの全株式を取得して、同社の単独株主になった。

VKと雪の革命

VKは、正確には「雪の革命」にどの程度貢献したのだろうか。ソーシャル・メディアの隆盛とともにいくつもの大きな社会運動が起こったのは確かで、そのことは多くの人の印象に残っている。雪の革命もそうだし、「ウォール街を占拠せよ（Occupy Wall Street）」運動や、エジプトのタハリール広場や香港での反体制デモなどもその例だ。ただ、ソーシャル・メディアとデモのあいだに相関関係が見られただけでは証拠として不十分である。それだけでは、ソーシャル・メディアが運動を引き起こした、あるいはソーシャル・メディアがあったから運動が可能になったと言うことはできない。だが、VKは、ソーシャル・メディアの社会運動への影響力を知るうえで格好のサンプルになり得る。

フェイスブックがなぜマイスペースに勝てたのかという話はすでにした。ハーバード大学の学内という狭いコミュニティ限定でサービスを開始したことで、フェイスブックは、そのなかの誰もが他のほぼ全員を知っているというネットワークを構築できた。つまり、フェイスブックの場合は、参加した時点でなかにはすでに知り合いが大勢いる可能性が高かったが、マイスペースはそうではなかったということだ。成り立ちのおかげで初期のフェイスブックはローカルのネットワーク効果が高く、新規ユーザーにとっての価値が高くなっていた。

VKの成り立ちもフェイスブックと似ている。パーヴェル・ドゥーロフは、VKを立ち上げた時、サンクトペテルブルク大学（SPSU）の学生オンライン・フォーラムに、VKへの招待状を投稿するところから始めたからだ。アクセスを希望する学生がいれば、ドゥーロフ本人が承認してアカウントを与えていた。したがって、最初期のVKユーザーは、ドゥーロフの大学のクラスメートたちということになる。そのユーザーたちが、自分の故郷の街の友人や家族を招待したので、最初期ユーザーの故郷ではVKユーザーが急速に増え、その後も長く増加が続くことになった。だが、そうではない場所ではあまりユーザーが増えなかった。VKは、科学者の言う「自然実験」をしていたことになる[10]。

それは、VKが、人々の社会運動への参加に影響を与えたのか否かを知ることのできる自然実験だ。

ロシア国内にＶＫの普及が進んでいる都市とそうでない都市があるので、両者の違いを比べることができる。一方では運動への参加者が多く、一方では少ないのであれば、ＶＫに影響力があると推定できるだろう。

ルーベン・エニコロポフ、アレクセイ・マカリン、マリア・ペトロワはまさにその方法で、雪の革命へのＶＫの影響を推定した。まず、二〇一一年以前に参加していたすべてのＶＫユーザーの居住地を調べ上げ、各種のニュース・ソース、警察発表、デモの主催者の公式発表などを基に、各都市でのデモの回数、デモへの参加者の数を割り出した。また、パーヴェル・ドゥーロフと年齢の近いＳＰＳＵの学生の数とそれぞれの出身地も調べた。対象となったロシアの都市の数は六二五に及んだ。

マリア・ペトロワは二〇一五年夏、全米経済研究所（National Bureau of Economic Research＝ＮＢＥＲ）でこの研究の成果を発表したが、私もその場に居合わせた。ソーシャル・メディアと集団の行動のあいだの因果関係を裏付ける証拠がついに見つかった、と私は感じた。他の参加者も私と同じく、この発表には感銘を受けたようだった。ペトロワたちは、ソーシャル・メディアがデモ、社会運動に大きな影響を与えることを確かめたのだ。都市内のＶＫユーザーの数が一〇パーセント増加すると、デモへの参加者が一九パーセント増え、デモが開催される確率が四・六パーセント増加するとわかった。これは、都市の規模など関係し得る因子を調整したうえでの数字である。

これまでに人間が生み出した道具のなかで、ハイプ・マシンは集団行動に最も大きな影響を与えるものだろう。何億、何十億という人をごく短い時間でつなぐことができるうえ、何をすべきかも皆に瞬時に伝達できる。そして、多くの人に一致した行動を取らせることもできる。しかし、デモを起こしたからといって、社会運動が成功するわけではない。ハイプ・マシンを利用すれば、短時間のうちに大規模な運動を起こすことは可能なのだが、それ自体が現代の社会運動の「アキレス腱」になっているとも言える。

ネット時代の政治運動における強さと脆さ*

ソーシャル・メディアが社会運動のための道具として有効なのは間違いないが、最近のロシア、ウクライナ、アメリカ、香港などでの実際の事例を見ると、その運動が必ずしも成功するわけではないのも確かだ。デモで変化を起こせたとしても、意味のある成果を得るところまでいかない場合も多い。現代のデジタルな社会運動には、「一歩前進、二歩後退」ということになりやすい危険性もある。運動に対抗する政府の側も、まさにその運動を可能にしたのと同じテクノロジーを利用してくるのが問題だろう。

ゼイナップ・トゥフェックチーの著書『ツイッターと催涙ガス』では、ソーシャル・メディアと社会運動の関係を深く考察している。テクノロジーの力を借りた社会運動は、短時間のうちに盛り上がるが、その一方で終息も早いことが多いという。トゥフェックチーは数多くの研究結果を踏まえてそう主張する。社会運動にソーシャル・メディアを利用すれば、すぐに多くの人の注目を集めることができるのは確かだ。しかし、急速に前進しても、すぐにトゥフェックチーの言う「戦術的凍結」(11)の状態に陥ってしまう――これは、戦術の調整ができない状態だ。何かを要求しても、それについて交渉することもできないし、結局、政府に具体的な政策変更をさせることもできない。なぜ「戦術的凍結」になるのか。ハイプ・マシンを利用して短時間のうちに動員された集団には、リーダーが存在しないことが多い。意思決定も場当たり的になりやすい。事前の計画も十分ではない「底の浅い」組織になってしまうということだ。

成功した社会運動――たとえば、マーティン・ルーサー・キング・ジュニアの公民権運動や、マハトマ・ガンディーのインド独立運動など――は、どれも長い年月をかけて発展を遂げたものである。十分に計画を練り、慎重に組織作りをしており、しかも明確で具体的な政策要求をしていた。だが、現代のソーシャル・メディアを通じて急速に盛り上がる運動では、急速すぎてまともな組織、意思決定構造を作る時間も、本物のリーダーが育つ時間もなく、具体的で有効な戦略を練る時間もない。

そのうえ、運動を可能にしたのとまさに同じテクノロジーを、攻撃の対象である権力の側も利用して対抗してくる、という問題もある。たとえば、二〇一九年、中国政府は、ソーシャル・メディアに偽情報を流して、(12)香港の反政府運動に対抗した。見物人への被害を誇張することで、運動の参加者に対する内外の認識を変えさせようとしたのだ。中国政府は、ソーシャル・メディアでのプロパガンダのために二〇〇万もの人員を雇ったと見られている。(13)政治学者、統計学者のゲイリー・キングがハーバード大学の同僚たちとともに行なった試算によれば、中国政府が雇い入れた人々は、この年だけで実に四億四八〇〇万回も反政府運動に対抗するための偽情報を投稿したという。ロシアでは、プーチン側についた企業がＶＫを乗っ取るという手段が取られた。それによって反政府運動をする者たちの声を封殺しようとしたのだ。ハイプ・マシンによって社会運動を盛り上げるのが容易になったのは確かだが、その運動は非常に脆弱なものである。

＊これは、ゼイナップ・トゥフェックチーの著書『ツイッターと催涙ガス』（毛利嘉孝監修／中林敦子訳、日販アイ・ピー・エス、二〇一八年）のサブタイトルである。

ソーシャル・メディアを利用した社会運動は成功しないと言っているのでは決してない。過去の成功した社会運動には、何年も継続されるうちに盛り上がり、やがて最高潮を迎えたというものが多いのは事実だが、トゥフェックチーは「『現代のソーシャル・メディアを利用した』社会運動を『失敗』と決めつけるべきではない[14]」と言う。「現代の運動の成長曲線は、過去の運動と異なると考えるべきだ。その成功度合いも、後に与える影響も、短時間のうちには評価できない……。最初期に爆発的に盛り上がり注目を集めたとしても、それはあくまで第一段階にすぎず、重要なのは、そのあとに続く長い旅路である」。トゥフェックチーはそう言っている。

ソーシャル・メディアを利用した社会運動のあとに残る「遺産」とは何だろうか。ソーシャル・メディアの特徴は、多くの主張が書き言葉でなされることである。書き言葉は残りやすい。その言葉が、抑圧と闘う社会運動を前進させる力になることがある。ただ一方で、それが暴力的な過激思想を育む危険性もある。

テレグラム

雪の革命を実現できる装置を作りあげたパーヴェル・ドゥーロフだが、彼はその後、わずかな数のデベロッパたちとロシアを離れ、スイス銀行の口座を開設した。ドゥーロフはその口座に、VKを売却して得た三億ドルを預金した。さらに、カリブ海地域の砂糖産業に二五万ドルを寄付してセントクリストファー・ネイビスの市民になり、そのおかげでヨーロッパに自由に渡航できるビザが取得可能になった。ドゥーロフは、人目を避け、移動しながら生きるようになった。彼のチームは、国から国へ、ホテルのスイートルームからスイートルームへと飛び移りながら、次の大規模ソーシャル・メディア・プラットフォーム設立に向けた作業を進めた。巨額の預金と、セントクリストファー・ネイビスのパスポート、そしてデベロッパ・チームの存在もあり、パーヴェル・ドゥーロフとニコライ・ドゥーロフの兄弟は、軽量の暗号化メッセージング・アプリ「テレグラム」の開発を開始した。

テレグラムは、ドゥーロフの政治理念を具現化する――個人の自由を無条件に尊重すべき、個人は政府からの監視を一切受けるべきではない、という理念だ。ドゥーロフがテレグラムを作ったのは、自分たちのコミュニケーションをロシア政府から守るためだ。そして、彼らは、同様の自由を世界中の人々に提供したいと考えた。自由を求める人たちは実際に大勢いたということだろう。テレグラムはワッツアップやフェイスブック、ツイッターなど他のどのソーシャル・メディア・プラットフォームよりも速い成長を見せた。[15]二年で、月間のアクティブ・ユーザーの数は一億人にもなり、二〇二〇年には五億人に達した。[16]

その暗号化技術に対し、専門家からは疑問の声も上がっているが、ともかくテレグラムはプライバシーを重視する姿勢を打ち出しているし、権力の介入に抵抗するドゥーロフ自身の姿勢もあり、秘密通信の砦ともなっている。テレグラムでは、軽量の暗号化技術が提供されているうえ、特定の権限を持つ人間だけにデータへのアクセスを許可することなどもできる。これも権力の介入を防ぐのに役立つだろう。外部からのデータへのアクセスが容易ではなく、裁判所からのデータ提出命令があっても、データの存在自体を否定することができる。時間が経つとメッセージが自動的に消滅するシークレット・チャットの機能なども用意されている。特定の人たちだけに向けてメッセージを発信するパブリック・チャネル機能もある。プライバシーと個人のデータの保護は、ドゥーロフにとって、テレグラムを始めるさいの最優先事項だった。権力者からデータの提出や、システムへのバックドアの設置を求められても、ドゥーロフは一貫して応じることなく抵抗しつづけている。

エドワード・スノーデンや、ケンブリッジ・アナリティカの事件があり、そしてネットフリックスのドキュメンタリー映画「グレート・ハック」[17]も話題になった状況を考えれば、テレグラムがめざましい急成長を遂げた理由は明白だと考えられる。プライバシー、セキュリティを求める人たち、そして権力から監視されるのをよしとしない人たちがそれだけ多いということだ。アップルのCEO、ティム・クックは、サンバーナーディーノでの銃乱射事件にさいして、iPhoneの個人データにアクセスできるバックドアを作るよう政府から要請されたが、それを拒否して称賛された。プライバシーやデータ・セキュリティが価値あるものと考え、重要視する人が多いということだろう。

しかし、完全に匿名で秘密裏に無制限のコミュニケーションが可能だということが絶対によいことだとは言いきれない。それが恐ろしい事態を招くこともあるのだ。二〇一五年一一月一三日のある出来事からもそれがよくわかる。

全米経済研究所で私がマリア・ペトロワの研究成果発表を聴いてから四カ月後、アメリカのロック・バンド、イーグルス・オブ・デス・メタルが、パリのバタクランというナイトクラブでコンサートをした。コンサート開始から一時間ほど経った頃、四挺の自動小銃から一斉に弾丸が発射された。銃を持った男たちがクラブに乱入し、観客に向けて銃を乱射したのだ。この組織的攻撃により九〇人もの死者が出た。これは単独の事件ではなく、パリでは同時に複数のテロ事件が発生した。サッカーの試合が行なわれていたスタッド・ド・フランスというスタジアムでは自爆テロが起き、ほかにパリ市内のいくつかのカフェでも銃撃があった。死者は合計で一三〇人にものぼる。ヨーロッパでは、二〇〇四年のマドリード列車爆破テロ事件以来の凄惨な事件ということになる。パリの同時多発テロ事件については、イスラム国（The Islamic State＝ＩＳＩＳ）が犯行声明を出した。シリア、イラクへのフランスの空爆に対する報復が目的だったという。

このテロ攻撃はシリアで計画されたが、実行部隊はベルギーのテロ細胞で組織された。計画立案のさいの話し合いのほとんどは対面か、中古の携帯電話を使って行なわれた。内容の漏洩を防ぐためだ。ソーシャル・メディアも大きな役割を果たしている。警察の調書によれば、テロリストたちは、まさにテロ実行日の朝にテレグラムを自分の携帯電話にダウンロードして[18]、行動の連携に必要なコミュニケーションを取っていたという。テレグラムなら秘密裏にコミュニケーションが取れるからだ。事件後には、ベルギーのテロリストたちやパリの実行犯たちのあいだでの携帯電話の音声通話やテキスト・メッセージのやりとりの記録が詳しく調べられ、ＩＳＩＳの作戦に関する機密情報が収集されたが、テレグラムでのコミュニケーションだけは何の記録も見つけることができなかった。テレグラムのプラットフォームに、暗号化とメッセージの自動消滅機能があるためだ。こうした機能によって、テロリストたちは組織的な行動を完全に秘密裏に進めることができた。

道具は良いことにも悪いことにも使える

ソーシャル・メディアは、すでに述べてきたとおり、エジプト、ロシア、香港などで進歩的な社会運動に利用された。だが同時に、パリ同時多発テロにも利用されていた。ハイプ・マシンは良いことにも悪いことにも利用されるということだ。通信の自由は重要だが、テロに利用されるようでは困る。これは大きな矛盾だろう。アルカイダやイスラム国などのテロ組織が、プロパガンダにソーシャル・メディアを利用していたことはよく知られている。恐怖を煽るための斬首動画や、組織への新たな参加者を募る動画の拡散にもソーシャル・メディアが使われた。しかし、たとえばグーグルは、テロリストが新規参加者を募るのに使っているのとまったく同じテクノロジーを、テロリストの動きを封じるのに使っている。

グーグルのシンクタンク「ジグソー」は、世界をより安全な場所にするためにテクノロジーを利用する。言論の自由を守り、虐待、不正義、暴力的な過激主義などと闘うのが使命だ。特に力を入れるのは、「リダイレクト・メソッド」[19]というテロ対策を目的としたテクニックである。主に、テロリストが新たな参加者を募るのを阻止するために考案された。誰かが新たにテロ組織に加わり、残虐行為に手を染めるのを未然に防ぐのだ。

リダイレクト・メソッドとは、テロ組織、過激団体に関心を持っていると思われるユーザーをターゲットとして、テロに対抗するためのオンライン広告を見せるテクニックである。テロ組織などのプロパガンダ動画を再生しようとしたテロリスト予備軍に、反テロリズム動画を見せることができる。ISISは、新たな参加者を募るために、自分たちの優れた統治能力や軍事力を誇示し、宗教的な正当性を訴える動画を作っている。その動画のなかでは、ジハードの必要性、世界中でイスラム教徒が迫害されていることなども主張されている。ジグソーは、ISISのプロパガンダ動画に対抗するために、一方は英語、もう一方はアラビア語の二つのユーチューブ・チャンネルを作り、その両方に動画を投稿して、リダイレクト・メソッドでテロリスト予備軍に見せるようにしている。

ジグソーは、ISISのプロパガンダ動画のなかでも特に重要と思われる五本に対抗するべく、一般市民の説得力ある証言、現地からの調査報告、イスラム教徒がＩＳＩＳを非難する様子などを収めた動画を用意した。さらに、ＩＳＩＳの市民への残虐行為の様子を収めた動画や、ＩＳＩＳの統治能力のなさを証明する動画なども投稿している。たとえば、人々が食べ物を求めて長い行列を作る様子や、無力な老人にＩＳＩＳ兵士が虐待を加える様子をとらえた動画、ＩＳＩＳの統治下で医療が崩壊していることを伝える動画などである。聖職者たちが、暴力的な過激主義を批判し、ＩＳＩＳの宗教的正当性を否定する動画、ＩＳＩＳからの離反者がＩＳＩＳの無分別な暴力を批判する動画も用意した。重要なのは、ＢＢＣ等の西欧メディアの作った動画を絶対に入れないことだ。テロリスト予備軍は、西欧メディアが作った動画だとわかると決して見ないということが、ＩＳＩＳからの離反者へのインタビューでわかったからだ。

そうした動画をユーチューブ・チャンネルにまとめ、プレイリスト化して、自動的に次々に再生されるようにしている。たとえば、「ＩＳＩＳの統治は優れている」という主張を否定するためのプレイリストでは、ＩＳＩＳの支配する地域で食糧が不足していることや、教育が十分に行なわれていないこと、また医療が整っていないことなどがわかる動画が順に流れる。「ＩＳＩＳの軍事力の強さ」を否定するためのプレイリストもある。クルド人部隊やイラク軍、有志連合軍などと相対し、敗北を喫したことがわかる動画が次々に流れるプレイリストだ。そして、ＩＳＩＳへの参加方法を検索したユーザーがいれば、その人をターゲットにして、ジグソーの選んだ動画の広告を見せる。その広告をクリックすれば、動画が見られるページにリダイレクトされるようにしておくのだ。

ＩＳＩＳに参加する可能性があるテロリスト予備軍たちに見せる文章や画像、動画はすべて、表面上はＩＳＩＳが制作したコンテンツに見えるようにする。偏りのない中立的な言葉と、印象的な画像や動画で、ＩＳＩＳについての疑問を呈示する。その多くは、おそらくテロリスト予備軍たちも漠然と心に抱いている可能性が高い疑問だ。広告を見せるターゲットとなるのは、たとえば、ＩＳＩＳの支持者たちの使うスローガンや、ＩＳＩＳの公式の報道機関の名前などをキーワードにして検索したユーザーだ。あるいは、ジハードについてＩＳＩＳが言及するのに使った言葉や、ファトワ（イスラム法に基づいて権威ある人物が発令する布告のこと）の言葉、ＩＳＩＳ参加希望者がカリフの府に向かって旅をするさいに宿泊することの多いホテルの名前などをキーワードにしたユーザーもターゲットになり得る。

二〇一六年に行なわれた八週間のパイロット実験では、三二万人のＩＳＩＳ予備軍を見つけることができ、その人たちが合計で五〇万分以上、反ＩＳＩＳのコンテンツを見ることになった。この実験でのクリックスルー率（ＣＴＲ）は、実験前の一二カ月間に同様の検索語が使われたさいのベンチマーク広告のクリックスルー率を大きく上回った。英語の広告のＣＴＲは三・一パーセント（ベンチマーク広告の一・七パーセントに比べ七六パーセント増）、アラビア語のＣＴＲは四・三パーセント（ベンチマーク広告の二・四パーセントに比べ七九パーセント増）に達した。この実験のあと、リダイレクト・メソッドは、自殺防止対策[20]に使われたほか、クー・クラックス・クラン[21]、過激主義、ネット上でのヘイト・スピーチなどに対抗するためにも使われた。

ソーシャル・メディアが良いことに使われた例は数多くある。二〇一四年、ＡＬＳ（筋萎縮性側索硬化症、ルー・ゲーリッグ病とも呼ばれる）の研究を支援するために行なわれた「アイス・バケツ・チャレンジ」[22]では、二億五〇〇〇万ドルもの寄付金が集まった。アメリカでは、一二万人もの人たちが臓器提供を待っており、毎日、臓器提供が間に合わずに二〇人が死亡している。しかし、二〇一二年まで、アメリカで臓器提供登録者として登録する人は日に六〇〇人ほどしかいなかった。この年、フェイスブックが臓器提供の意思表示ができる機能を提供しはじめると、初日だけで一万三〇〇〇人が臓器提供の意思を表明し、その後も、それまでの約二〇倍の人が毎日、意思表示をするようになった。[23]ナイジェリア、リベリア、コンゴでは、それぞれ二〇一四年、二〇一五年、二〇一八年にエボラ出血熱の大流行があったが、[24]ソーシャル・メディアによって、以前に比べて流行の発生予測の精度が上がり、次にどこで流行が発生するかが、かなり正確に予測できるようになった。そのおかげで、従来よりもはるかに低いコストで、広い地域を対象とした公衆衛生介入が頻繁に行なえるようになった。

だが、良いことは簡単に悪いことに変わり得る。エボラ出血熱に関しては、ソーシャル・メディアで誤った情報が拡散されることも多い。たとえばナイジェリアでは、塩水を大量に飲めば治るというデマが流され、[25]それを信じて死亡する人も出た。新型コロナウイルス感染症の流行にさいしてもやはり同様のことが繰り返された。ソーシャル・メディアがあったことで、命を守るのに必要な情報が多く提供されたし、「ソーシャル・ディスタンス」を保たざるを得ない状況でも、ある程度人と人とのつながりを保つことができたのは確かだ。だがその一方で、世界中にデマが拡散されることもあり、パンデミックを封じ込めようとする公衆衛生活動が妨げられることもあった。

透明性のパラドックス

ケンブリッジ・アナリティカ事件が発生した直後、『MITテクノロジー・レビュー』誌のマーティン・ジャイルズに受けたインタビューのなかで、私は「ハイプ・マシンは、これからジレンマに直面するだろう。二つの相矛盾する圧力にさらされるからだ[26]」と言った。まず、ソーシャル・メディアは、

「もっと内部の仕組みをオープンにし、透明性を高めよ」という圧力にさらされる。トレンドやアド・ターゲティングのアルゴリズムがどうなっているのか、それによって具体的にどのようにデマが拡散されていくのか、また、コンテンツや友達を推薦するエンジンは分極化を促進するのか否かなどを明らかにせよ、という圧力である。世界は、フェイスブックやツイッターが秘密のベールを脱いで、内部の仕組みを皆に知らせることを望んでいる。仕組みがわかれば、ソーシャル・メディアをどう利用すればよいか、またどうすればより良いものにできるかがわかるからだ。

だが一方で、ソーシャル・メディアは、「プライバシーとセキュリティを守れ」という圧力にもさらされる。消費者の個人情報を守り、第三者に共有されることのないようにしてほしい、ケンブリッジ・アナリティカ事件の時のような個人情報の漏洩からユーザーを守ってほしい、という圧力だ。EU一般データ保護規則（GDPR）や、カリフォルニア州消費者プライバシー法（アメリカ国内ではプライバシーに関する最も厳しい法律だと思われる）などは、ソーシャル・メディアに対し、消費者の個人情報の扱い、保持、保管、共有をこれまでより厳重に管理するよう求めるものである。つまり、世界はソーシャル・メディアに対し、一方では透明性を求め、もう一方ではプライバシーとセキュリティを求めているわけだ。この二つの要求は本質的に矛盾している。「透明性のパラドックス」とでも呼ぶべき状況になっているのである。

プライバシーは自由な民主主義社会には不可欠である。また同時に、ソーシャル・メディアの透明性も重要だ。そうでなければ皆がソーシャル・メディアの仕組みを理解できない。多くの人が仕組みを理解すれば、社会に危険をもたらすことなく、利益だけが提供されるようソーシャル・メディアを改良していくこともできる。ソーシャル・メディアのなかの仕組みが知りたいのは誰もが——政治家や企業の経営者でなくても――同じだろう。仕組みが完全にわかれば、その知識を活かして、ヘイト・スピーチの拡散や民主的な選挙への介入を防ぐこともでき、子供たちを虐待や搾取から守ることもできるだろう。しかし、私たちは同時に、個人情報を自分だけのものにし、他人に漏れないようにしたいと思っている。『MITテクノロジー・レビュー』誌のインタビューで、私は「時代の振り子はまず、プライバシー、セキュリティを優先して守るように大きく動くだろう」と予測した。

このインタビューの一カ月後、マーク・ザッカーバーグは、年次開発者会議「F8」の基調講演の冒頭で、「未来はプライベート」「プライベートなソーシャル・プラットフォームは、デジタル・タウン・スクエアよりも重要」「プライバシーに重点を置いたソーシャル・ネットワーキングのビジョン」といった言葉を発していた。[27] そしてフェイスブックは、プライバシーとセキュリティのため、ワッツアップ、メッセンジャー、インスタグラムなども含め、同社の提供するすべてのメッセージング・サービスをエンド・ツー・エンドで暗号化すると発表した。マーク・ザッカーバーグは「フェイスブックには、これまで合計で四つのバージョンがあったが、今回で五つ目のバージョンになったと言える。だから我々は、このバージョンを〈FB5〉と呼ぶことにする」と言っている。情報の秘密確保のため、フェイスブックは「ロック・ダウン」をしたのである。

この動きの主な要因となったのは、二つの衝撃的な出来事である。一つはもちろん、ケンブリッジ・アナリティカの事件だ。個人情報が大量に漏洩してそれが悪用された。選挙操作の標的となる人を定めるのに利用されたのである。民主主義にとって大きな脅威となる事件だろう。そしてもう一つは、ニュージーランド、クライストチャーチで起きたモスク銃乱射事件だ。その様子がフェイスブックで生配信されたからだ。この一件によって、ソーシャル・メディア企業は有害コンテンツの拡散について責任を負うべきだと考える人が増えた。

二〇一九年三月一五日、ジャーナリストのキャロル・キャドワラダーと内部告発者クリストファー・ワイリーが『ガーディアン』紙でケンブリッジ・アナリティカの件を暴露する三日前のことだった。一人の精神を病んだ人種差別主義者の男が銃を持ってクライストチャーチのモスクを襲撃し、その模様をフェイスブックで生配信した。世界中の人がそのむごたらしい犯罪の現場を目の当たりにすることになった。その映像は当然ながらFPS（ファースト・パーソン・シューター）と呼ばれるゲームに酷似していたが、恐ろしいことにゲームではなくあくまで現実なのだった。襲撃のニュースもその映像も広く拡散された。

犯人は襲撃に先立って、実に七四ページからなるマニフェストをソーシャル・メディアに投稿した。(28) そこにはいかにも人種差別主義者らしい文言が書き連ねられたうえ、生配信の予告もなされた。生配信を行なう予定のページへのリンクも貼られていたのだ。そして実際にそのページで犯行の映像が流されることになった。襲撃の映像を生で見た人は数千人にのぼる。また、事件発生から一時間のあいだに、その映像をフェイスブック上でシェアしようとしたユーザーは一五〇〇万人いた。フェイスブックはそのうちの一二〇〇万人のシェアをブロックしたが、残りの三〇〇万人のシェアはブロックできなかった。

二〇一九年の秋には、エリザベス・ウォーレンとジョー・バイデンが、バイデンの政治広告についてドナルド・トランプがデマを流すのを許したとしてフェイスブックを非難した。だがフェイスブックは、非難されても「フェイスブックのポリシーに反しているわけではない」として、デマの削除を拒否した。クライストチャーチの事件での生配信、そして二〇二〇年のアメリカ大統領選挙のさいのフェイク・ニュースの拡散で、ソーシャル・メディアの抱える深刻なジレンマが明確になったと言えるだろう。グロテスクなものを見たい、見せたい、また扇動したい、扇動されたい、という欲求が人間にあるのは間違いない。この世界には児童ポルノを作る人もいれば、それを消費する人もいる。暴力的過激主義者が存在し、暴力的過激主義を支持する人もいる。政治的利益のために絶えず嘘をつきつづける人もいれば、その嘘に引きつけられ、嘘を喜んで拡散する人もいる。

この状況で、善悪どちらにも利用できるソーシャル・メディアという新しい道具を、どう取り扱えばいいのか。フェイスブック、ツイッター、インスタグラム、ワッツアップには、言論を取り締まる責任があるのか。また、ソーシャル・メディア企業に取り締まりを委ねてしまって本当にいいのか。

二〇一九年一〇月、アメリカのウィリアム・バー司法長官、イギリスのプリティ・パテル内務大臣、オーストラリアのピーター・ダットン自治大臣は、「エンド・ツー・エンドによる暗号化計画を中止し、犯罪者をフェイスブックから一掃できるよう、政府がデータにアクセスできるバックドアを設けてほしい」[29]と要請する書簡をマーク・ザッカーバーグに送った。数日後、クリストファー・レイFBI長官は、暗号化計画を非難して「これは、性犯罪者や児童ポルノ制作者にとっては夢のような計画だろう」[30]と発言した。また、レイ長官は「暗号化によってフェイスブックの機密性を高めれば、一つの大きな無法地帯が生まれることになる。しかもその無法地帯は、アメリカの国民やその代表ではなく、巨大な一民間企業によって作られるのだ。たとえ助けを必要としている子供がいても見つけ出す術がなくなるし、悪人を探し出す術も失われることになる」とも言っている。

だが、プライバシー強化を訴える人たちやセキュリティの専門家は、この政府の姿勢を危険視している。電子フロンティア財団（Electronic Frontier Foundation＝ＥＦＦ）は、「暗号化が公共の安全の脅威になる、という政府側の発言は大げさだ。そもそも、バックドアをわざわざ設けなくても、犯罪に関わるデータにアクセスできる手段は存在している。暗号化は、最も脆弱なユーザーを含めたすべてのユーザーのデジタル的な安全だけでなく、身体的な安全をも守れる手段となる」と主張する。「プライバシーとセキュリティは、神聖であり侵すことができない」とするパーヴェル・ドゥーロフの考え方も、これに極めて近いと言えるだろう。

二〇一六年のアメリカ大統領選挙へのロシアの干渉が明らかになって以降、実態の調査が本格化した。フェイク・ニュースは正確にはどのくらいの数が、どのくらいの範囲に拡散されているのか、また、世界中の選挙への干渉工作の効果は、はたしてどの程度なのか、ということが詳しく調べられた。調査した人たちから見れば、民主主義が攻撃を受けているのは明らかであり、民主主義を守るために動くことは当然だとも思われた。フェイク・ニュースの影響の大きさがわかれば、次は、その影響をできるだけ小さくするための方策を提案すべきだと考える人は多かった。

ハーバード大学のゲイリー・キング、スタンフォード大学のネイト・パーシリーは共同で、産学連携の独立団体「ソーシャル・サイエンス・ワン」を立ち上げた。この団体には、ソーシャル・メディアの民主主義への影響、そして社会への影響を知るうえで必要なデータへのアクセス権限が与えられることになった。この試みそのものは、良いことには違いない。いくつもの団体からの資金援助やアメリカ社会科学研究会議（Social Science Research Council＝ＳＳＲＣ）の支援を受け、そしてフェイスブックとも直接連携して、ついにハイプ・マシンの、世界への真の影響を知るための大規模で本格的な研究が開始されることになったのだ。

しかし、間もなく研究は問題に直面した。フェイスブックが研究に協力すべく透明性を高めるとしていた方針を転換したためである。[31] プライバシー、セキュリティを重視せよ、という声に応えようとすると、研究目的とはいえ、データに自由にアクセスする権限を与えるのが難しくなる。フェイスブックのデータ開示の責任者だったのは、私の友人で同僚でもあったソロモン・メッシングだ。メッシングは「フェイスブックとしては、データの開示をしたいと思うのだけれど、ユーザーのプライバシーとセキュリティを守るという意味では、どうしても開示するのは問題だと考えざるを得ない」と言っている。フェイスブックはまさに先述したとおりの「透明性のパラドックス」に突き当たったわけだ。

公共の安全を守ることも重要であり、プライバシーとセキュリティを守ることも重要である。では、いったいどうすればこの二つを両立させられるのだろうか。もちろん、公共の安全のためだからといって政府がソーシャル・メディアのデータを調査することなど一切あってはならない、とは言えない。だが、だからといって政府が正当な理由なく自由にいくらでもソーシャル・メディアのデータを調べていいとも言えない。

私は、そのどちらでもない第三の道があると信じている。透明性のパラドックスという難問を解決するには、ソーシャル・メディアを、透明であると同時にプライバシー、セキュリティも守られるというものにしなくてはならない。そのために有効なのが「差分プライバシー」である。差分プライバシーとは、簡単に言えば、個人は匿名にするが、データの解析は許すという方法である。選挙への介入や、犯罪に関わるデータがあれば発見できるが、データにつながる個人の名前は伏せられていてわからない

（この第三の道については、次の第12章でも触れる。企業や政府は、透明性とプライバシー、セキュリティを両立させるためにどうすべきなのか、また、フェイスブックがソーシャル・サイエンス・ワンと連携して具体的に何をしているのか、といったことも次の章で述べる）。

利益と代償

すでに述べたとおり、ハイプ・マシンは社会運動（脆いものになりやすいが）に役立つ道具である。良いことにも悪いことにも利用し得る。透明性とプライバシーを両立させねばならないというジレンマも抱えている。また、ハイプ・マシンは大きな経済的利益をもたらし得る道具でもある――ただし、代償が伴う。最近は、負の側面にばかり注目が集まっているのでつい忘れがちになるが、ソーシャル・メディアには多くの利点があるのは間違いない。無料で多くの情報にアクセスして知識を増やすことができ、多くの人とつながることができる。ただ人脈を築くだけでなく、つながった人たちとのビジネスで経済的利益を得ることもできる。持っている技術を伝授し合うこともできるだろう。ハイプ・マシンの生み出す経済的利益は莫大なものになる可能性がある。しかし、一方で利益に伴う代償のことも考えなくてはいけない。私たちはこの代償にいかに対処すべきだろうか。

経済活動は、ＧＤＰ（国内総生産）、生産性といった指標によって評価される。こうした指標で確かに経済活動の大きさ、活発さなどをある程度推し測ることはできるが、人々がどのくらい幸福かはわからない。主観的な指標によって人々の満足感や幸福感を推し測ろうという試みは何度かなされている。だが、主観的なだけに、どの指標も不正確なのは否めない。結局は、「経済的余剰」を基に幸福度を推測するほうがまだ正確ということになってしまう。

経済的余剰には、消費者余剰や生産者余剰がある。消費者余剰とは、消費者が支払ってもよいと思う金額から、商品の実際の価格を差し引いた金額のことである。一方、生産者余剰とは、生産者が商品を実際に販売する価格から、その商品を生産するのに必要な費用を差し引いた金額のことだ。通常、消費者は、経済的福祉の九八パーセントをイノベーションから得るとされるので、消費者余剰を経済的福祉の主要素とみなしてもいいだろう[32]。私が新型のiPhoneに八〇〇ドルは出してもいいと思っている時に、iPhoneが六〇〇ドルで売られていたら、私はそれを購入することで二〇〇ドルの消費者余剰を得ることになる。国民の全経済取引の消費者余剰を合計したものを総消費者余剰と呼ぶ。それを、全国民が経済取引で得た幸福感の合計とみなすこともできる。

だが、ソーシャル・メディアによって消費者が得た消費者余剰を知るのは難しい。ソーシャル・メディアは無料で利用できるからだ。消費者にはサービスを無料で提供し、その消費者に向けて広告を出した企業や政府機関などから対価を受け取る、というのがソーシャル・メディアのビジネス・モデルである(第9章でも述べたとおりだ)。サービス自体は無料であるため、ソーシャル・メディアに対する反トラスト規制が難しくなっているという面もある(次の第12章で詳しく触れる)。商品が無料の場合、経済的余剰をどう測ればいいのだろうか。これは今のデジタル時代の経済学者が直面している重大な問題だ。何しろ現代の経済は、その多くをスポティファイ、ユーチューブ、ウィキペディア、そしてフェイスブック、ツイッター、インスタグラムなどのソーシャル・メディアといった無料のデジタル商品が占めており、その割合は今も増加しつづけているからだ。

私の友人でメンター、MITの同僚でもあるエリック・ブリィニョルフソンは近年、アヴィ・コリス、フェリックス・エガーズとともに、ハイプ・マシンのもたらす経済的余剰を測る新たな手法を考案した。もちろん、フェイスブックのサービスに消費者が支払ってもよいと思う金額から、サービスの実際の価格を差し引いた金額を求めるということはできない。フェイスブックのサービスは無料であり、そもそも誰も支払いをしないからだ。だが「いくら払えば人はフェイスブックをやめるのか」を調べれば、フェイスブックが幸福感の向上にどの程度貢献しているかを間接的に測ることはできる。それがまさにブリィニョルフソン、アヴィ・コリス、フェリックス・エガーズの考え出した手法だ。二〇一六年から二〇一八年にかけて、三人は大規模な選択実験を行ない、人々がいくらもらえばフェイスブックをやめるのかを確かめた[33]。

実験ではまず、対象者に「一カ月間フェイスブックをやめるとしたらいくら払ってほしいか」を尋ねた。そして該当のフェイスブック・アカウント（支払いの約束をした被験者のアカウント）に活動が見られないのが確かめられたら、要望どおりの支払いをした。ツイッター、インスタグラム、スナップチャット、リンクトイン、ワッツアップについても同様のことをした。さらに、ソーシャル・メディア以外の無料のデジタル・サービス、ウェブ検索、eメール、マップ、メッセージング、動画や音楽のストリーミングについても同様のことをした。また、「朝のシリアルを一年間やめる」「一年間テレビを見ない」「自宅のトイレを一年間使わない」など、デジタルでない事項に関しても、どのくらいの対価が欲しいかを尋ね、実際にやめてもらう実験をした（デジタルではない事項に関しては、ソーシャル・メディアなどとは違って、本当にやめているかを確かめる術はないがしかたなかったのだろう。何もかも完璧な実験というのはない）。アメリカ国民の代表として選び出した数千人に対してこの実験をすることで、それぞれのサービスが皆にどの程度「必要とされているか」を推定しようとしたわけだ。

二〇一六年、二〇一七年の実験では、消費者がフェイスブックを一カ月間やめるのに要求する金額の中央値は四八ドルだった。これは、消費者がフェイスブックから一カ月間に得ている消費者余剰がだいたい四八ドルだということだ。金額の多寡は、使用頻度と相関関係にあるようだ。フェイスブックをよく利用している消費者、投稿をよくして、コンテンツに「いいね！」をよくつけ、画像やニュースを頻繁にシェアし、ゲームもし、友達を次々に増やしている消費者は、フェイスブックにそれだけ高い価値を感じており、多くの対価を支払ってもらわなければやめられない。

ハント・オールコット、ルカ・ブラギエリ、サラ・アイヒマイヤー、マシュー・ジェンツコウも同様の選択実験を行ない、フェイスブックがアメリカで一カ月間に生む消費者余剰は約三一〇億ドルであり、[34]一年間の合計だと約三七〇〇億ドルになることを突き止めた。では、これが全世界だとどうなるだろう。またフェイスブックだけでなく、インスタグラムやツイッター、スナップチャット、ウィーチャット、ワッツアップ、VK、テレグラムなどをすべて合計したとしたら。ハイプ・マシンが莫大な経済的余剰を生み出しているのは明らかだ。ではその代償（コスト）はどのくらいだろうか。

ソーシャル・メディアのコストは、ドルやルピー、リラ、ユーロといった貨幣の単位では測れない。コストは消費者が被る損失なのだが、それを金額で表すことは難しい。「商品に代価を支払っていない時は、あなたが商品になっているのだ」という言葉を聞いたことがある読者もいるだろう。これはつまり、無料の商品を使う消費者の「注意」が広告主に商品として売られているという意味だ。消費者は、確かにサービスの「コスト」を金銭のかたちでは負担していないが、サービスを利用するのと引き換えに金銭以外のものを負担しているのである。

ソーシャル・メディアの場合、消費者の負担とは、利用することで受けるかもしれない悪影響だろう。フェイク・ニュースによって民主主義が脅かされることもそうだし、なかにはソーシャル・メディアによって心身の健康が脅かされる人もいる。また、特にケンブリッジ・アナリティカ事件のあとによく言われるのが、プライバシーへの脅威や、消費者のデータが漏洩し、悪用される危険性である。

個人のレベルでは、ソーシャル・メディアの使用頻度と、幸福感、心の健康への悪影響には相関関係が見られる。ソーシャル・メディアが発展し、スマートフォンが普及するにつれて、鬱病の罹患者や自殺者が急増している。ただ現在までのところ、この二つの事象のあいだに直接の因果関係があると証明できてはいない。社会全体のレベルでは、ソーシャル・メディアで拡散されるフェイク・ニュースが民主主義の脅威になっていることや、エコーチェンバー効果によって政治的分極化が進んでいることは確かだ。

ただ、こうしたコストがはたしてどのくらいなのかを正確に計算するのは難しく、経済的福祉にどの程度影響しているかを知るのも簡単ではない。まず、消費者は、ソーシャル・メディアの個人への負の影響をよく認識していない。ハント・アルコット、マシュー・ジェンツコウらは、フェイスブックを利用しはじめると、友人や家族と直に会って交流する時間が減り、その分、幸福感も減るだろうと推測したが、実際にそのコストを認識したのは、先述の「いくら払えばフェイスブックをやめられるか」の実験の被験者くらいだ。しばらく使わずにいると、ユーザーはさかんに使っていた時よりもフェイスブックの価値を低く評価するようになる。それはおそらく、フェイスブックに費やしていた時間を別の活動に使った結果、そちらにより高い価値を見出すことが多いからだろう。

また、人間は、消費した商品が自分という個人にどのくらい利益になったかはわかっても、そこから社会に与える損失を差し引くということがなかなかできない。たとえば、フェイスブックが民主主義にマイナスの影響を与えるからといって、即、フェイスブックの価値を低いとみなす人は少ない。これは、環境に悪影響を与えるからという理由で自動車を値切って買おうとする人が少ないのと同じだ（確かに、商品の社会への害を認識している人は少なからずいる。価格が多少高くても、ハイブリッド車や電気自動車を買おうとする人などはそうだろう)。

ハイプ・マシンによって得られる純利益がどのくらいなのか、信頼できる数字を導き出せるような研究が行なわれたことはない。これからもそういう研究が行なわれることはないだろう。幸福感、心の健康に与える悪影響をはじめ、ハイプ・マシンの利用に伴うコストを計算するのは非常に難しいからだ。たとえば、ハイプ・マシンが民主主義の脅威となっているのが事実だとして、それによって生じたコストは具体的にどのくらいなのか。それをどう数字で表せばいいのか。

──(不平等な)機会

ソーシャル・メディアは、ビジネス・チャンスを生む。それは確かだが、誰にでも平等にというわけではない。第3章で述べたとおり、ソーシャル・メディアでビジネス・チャンスが生まれるのは、人と人との「弱いつながり」[35]があるためとも言われる。この理論だと、ビジネス・チャンスは誰にでも平等に訪れるわけではないことになる。人とうまくつながれない人にはチャンスは訪れにくい。多様なネットワークを持つ人は、その分だけ、他の人よりも多くのチャンスに恵まれる可能性が高いと言える。新しい関係ができれば、そこから新しいチャンス──たとえば、今とは違う企業に転職できるチャンスなど──が訪れるかもしれないからだ。

ネイサン・イーグル、マイケル・メイシー、ロブ・クラクストンは、この理論が本当に正しいかを一つの国全体を対象に調査した[36]。イギリス全体での携帯電話と固定電話の通話データを収集し、それと国勢調査のデータとを比較し、通話と社会的地位、経済状況のあいだにどのような関係があるかを調べた。

国民の携帯電話での通話の九〇パーセント、商用、個人用の固定電話での通話の九九パーセントについてのデータを入手し、合計で六八〇〇万人の通話パターンを分析した。多くの人と弱くつながっている人、また多様な人たちとつながっている人ほど、社会経済的地位が高いのではないか、と三人は予測していたが、調べてみると実際にそのとおりであることがわかった。弱く多様なつながりを持つ人は、そうでない人よりも社会経済的地位が高かったのである（［図11－1］を参照）。

ただ、ここまで読んできた人ならわかると思うが、相関関係と因果関係は厳密に区別する必要がある。この調査の場合、多様な人間関係を持つ人が経済的に豊かになっているというより、その逆で、経済的に豊かな人ほど多様な人間関係を築けているという可能性がある（ネットワークによって豊かになるチャンスが与えられているというより、豊かだからネットワークが広がっているということ）。つまり、ハイプ・マシンはチャンスを作っているのではなく、その人がどのくらいチャンスに恵まれているかを反映しているにすぎないのかもしれないということだ。はたしてどちらだろうか。元から持っているネットワークがソーシャル・メディア上でも活きているだけなのか、ソーシャル・メディアのおかげでネットワークが広がり、それによってチャンスが生まれているのか。

私は、エリック・ブリィニョルフソン、そしてリンクトインのヤ・シュウ、ギヨーム・サンジャックと協力して、その点を明らかにしようとした。ギヨーム・サンジャックは元々、MITの博士課程の学生で、その後、リンクトインに入り、ヤ・シュウの下でデータ・サイエンス・ディレクターとして働くようになった。私たちが調べたのは、具体的には、人と人の弱いつながりと、職業の流動性のあいだに因果関係がある否かだった。[37]

私たちは、リンクトインの「もしかして知り合い？（People You May Know＝ＰＹＭＫ）」機能（新たにつな

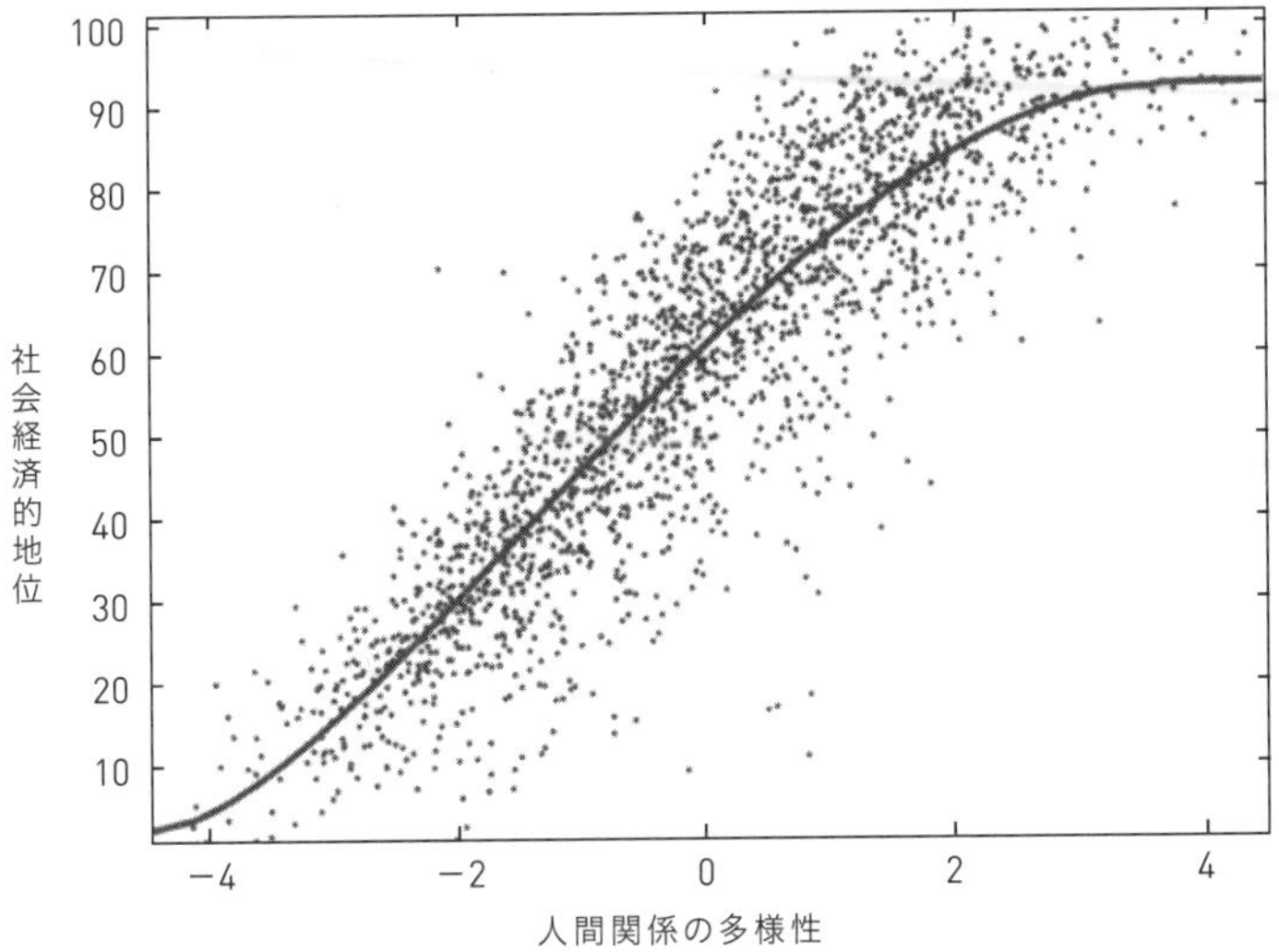

[図11-1] 人間関係の多様性と社会経済的地位の関係を示すグラフ

がるべき人を推薦する機能）について実施された六〇の無作為抽出実験のデータについて調査した。この実験は八〇〇〇万人を対象に行ない、人によって推薦する人の人数をランダムに変えるということをした。つまり、弱いつながりの数が、人によってランダムに変わることになる。こうすれば、弱いつながりの数と、職業の流動性のあいだに、どの程度因果関係があるかがわかる。この実験の結果によって、弱いつながりが就業の機会を作り出していること、「もしかして知り合い？」機能が弱いつながりを生み出していることが初めて確認された。ハイプ・マシンは設計の仕方によっては、就労の機会、ビジネス・チャンスを生み出すことができる。ユーザーが豊かになるチャンスを増やす力を持ち得るのである。

スタンフォード大学経済学博士課程の学生だったルイス・アルモナが、[38] フェイスブックが経済的機会や給料に与える影響に関わる自然実験について分析している。本書ですでに触れたジミー・ファロンによるショーン・パーカーへのインタビューを思い出してほしい。ショーン・パーカーがそのなかで、フェイスブックの市場開拓戦略について話していた。フェイスブックは、大学のキャンパスから市場に入っていった。しかし、すべての大学の学生が同時にフェイスブックに入れたわけではない。二〇〇四年二月から二〇〇五年五月までのあいだにフェイスブックに参加した大学の数は七六〇にのぼるが、それだけの大学が一斉に参加したのではなく、時期がずれている。つまり、この大学はフェイスブックに参加しているが、この大学は参加していないという時期があったということだ。両者の学生の得た経済的機会、給料を比較すれば、フェイスブックが与える影響を知ることができるとルイス・アルモナは考えた。

その結果、大学時代に四年間フェイスブックを利用したことには、給料を平均で三パーセント近く押し上げる効果があったとわかった。これは十分に大きな効果だと言える。さらにアルモナは、学生のリンクトインなどのデータも分析し、フェイスブックによる賃金上昇の効果が、かつてのクラスメートにも波及していることを確かめた。ある人が良い職を得ていると、大学のクラスメートなど、その人とつながりのある人もやはり同じ企業で職を得やすくなるからだ。

ペンシルベニア大学ウォートン校のリン・ウー（元はMITの博士課程の学生）は、また別の自然実験について分析し、ルイス・アルモナの分析の正しさを裏付ける結果を得た。ウーは、企業内ソーシャル・メディアに自己プロフィールを載せた場合[39]、それが経済的機会を増やすことにつながるか否かを調べた。何か特定の知識、技能を持った人が必要になった時、企業内にソーシャル・メディアがあれば、自己プロフィールを検索して見つけ出すことができる。したがって自己プロフィールには、社員の人間関係を多様にする効果があると考えられる。ウーは実際にその効果があることを確かめた（ウーはそのために、社員間のｅメールのやりとりの内容も調べた)。企業内ソーシャル・メディアにより、社員の生産性は向上し、解雇される危険性が減っているとも言える。

その後、ＭＩＴの経済学博士課程を修了したシドニー・コールドウェルは、ソーシャル・メディアが、デンマークでもアメリカと同様の効果をもたらすのか否かを調べた。コールドウェルは、ニコライ・ハーモンとともに、企業内ソーシャル・メディアのデータ、そして、その企業の賃金や、職業の流動性、労働力需要などのデータを詳しく調べた。そして、たとえば、企業内の誰かが別の企業に転職して給料が上がった場合、元同僚も同じ企業に転職して給料が上がる可能性がどのくらいあるかを調べている(40)。まさに、人のつながりが経済的機会を増やすことにつながっているかを調べたわけだ。また、能力が同程度であれば、多くの人とつながり、他企業についての情報が得られ、転職できる可能性も高い人のほうが、そうでない人に比べて今の職場で給料を上げるために強気で交渉できるのではないかと考え、その事実があるかも確かめた。調査の結果、二人の予想は正しかったことがわかった。ネットワークから多くの情報を得ている人ほど、強気の交渉によって高い給料を得ており、また転職して収入を増やしている人も多かった。

コールドウェルとハーモンはさらに、ソーシャル・ネットワークの恩恵を皆が同じように受けているのかも確かめた。それでわかったのは、恩恵は決して平等ではないということだ。収入が上昇したのはほとんどが、企業のなかでも特に優秀な人たちである。能力のある優秀な人たちは、中程度の能力の人たちの二倍、能力の低い人たちに比べると実に五倍近く、ソーシャル・ネットワークの収入上昇の効果から受ける影響が大きい。優秀な人たちは、元来、収入が多めなので、上昇の幅が大きければ、給与そのものの差は上昇幅の差よりもさらに大きくなる。実のところ、組立工や肉体労働者、職人などの場合、ソーシャル・ネットワークの情報は収入にほぼ影響しない。また、女性の場合は全体的にソーシャル・ネットワークの収入への効果が小さい。ハイプ・マシンが経済的機会を増やし、職業の流動性や賃金、生産性、職業の安定性などを高めるのに貢献するのは確かだが、恩恵を得て豊かになるのは、もっぱら高い教育を受け、高い技能を持った男性で、皆が平等に恩恵を得るわけではない。

ハイプ・マシンから得られる経済的恩恵については三つのことが言える。まず、ユーザーの所在地や社会経済的地位、性別によって恩恵が大きく変わること。発展途上国はどうしても先進国に比べて、インターネット、ソーシャル・メディアへのアクセスという点で不利である。スマートフォンの普及も遅れている。ただ、それがすべてではない。ソーシャル・メディアを利用していればそれでいいというものではないのだ。ただの娯楽として使っているだけでは、経済的恩恵は得られない。私の友人で同僚でもあるエステル・ハルギッタイの言う「自らの能力を向上させるようなソーシャル・メディアの利用」[41]ができなければ、恩恵はないに等しい。経済的に恵まれている先進国の人々は、ソーシャル・メディアを自分の社会的地位を上昇させるのに役立てることができる。優秀な人たちとつながり、自分の評価を高め、必要な時に必要な情報を得る。何かの時に協力し合える人を増やすこともでき、転職したい時にできる状況を作ることも可能だ。キャリアの向上にソーシャル・メディアを活かすことができるわけだ。金融サービスに関する情報を多く得ることもできるだろう。また、十分に情報を得たうえで政治に参加することもできるし、高度な医療に関する情報も得られる[42]。恵まれていない状況にいる人たちも自己の向上にソーシャル・メディアを役立てる行動を取っていないわけではない。そのことも調査によって確かめられている。だが、恵まれている人に比べるとどうしてもその程度が低いのだ。そのため、ただでさえソーシャル・メディアの恩恵を受けにくい人がますます不利になり、格差が広がることになっている。

二つ目は、ソーシャル・メディアには、裕福な人をより裕福にする効果があることだ。ソーシャル・メディア上であれどこであれ、人は自分と似た人とつながろうとする（同類性の原則）。つまり、人がつながればつながるほど、不均衡は大きくなっていくということだ。友達推薦アルゴリズムは、少なくとも部分的には、現在、誰とつながっているかに基づいて推薦する人を決める。「知り合いかも？」といって友達になることを勧められる人は、そのほとんどがあなたに似た人である。勧めに従って人とつながっていれば、分断は進む一方である。裕福な人と貧しい人はほとんど交わることがない。

三つ目は、高度な技能を持った人ほどソーシャル・メディアの恩恵を受けやすい[43]のは、ソーシャル・メディアの本質からして当然のことだ、ということである。高度な技能を持つ人ほど、知識を得ること、情報を取得して処理することが重要になる。ソーシャル・メディアはまさにそのために有効に使える道具である。この点でも、不平等を拡大すると言えるだろう。*

ハイプ・マシンには大きな可能性があると同時に、大きな危険性もある。短期間で一気に団体での活動を大きく盛り上げることもできるが、その活動は脆弱なものになることが多い。コンテンツも行動も広く拡散できるが、善悪を問わず拡散されることになる。プライバシーやセキュリティを重んじると、

＊ルイス・アルモナの研究では、フェイスブックは男女問わず、「ロワー・ミドル・クラス家庭」出身の学生にとって収入向上効果が大きい、という結果が得られている。その結果を見ると、ハイプ・マシンには性別による格差、出身階層による格差を縮小させる力があるようにも思える。しかし、アルモナの研究は、七六〇の選ばれた大学の学生だけを対象にしたものである。どの大学の卒業生も、大部分が高い技能を要する職に就く。コールドウェルやハーモン、ハルギッタイが研究対象とした未熟練労働者の層は、ほぼアルモナの研究対象から外れていたと言っていい。

透明性が損なわれやすい。経済福祉の向上に大きく貢献するが、同時に大きな経済的損失の原因にもなり得る。しかも、その規模を正確に把握することが難しい。ハイプ・マシンは社会的、経済的な機会を生み出すが、その恩恵をすべての人が平等に受けられるわけではない。こうすれば危険を避けながらハイプ・マシンから恩恵だけを受けられる、という簡単な方法があるわけではない。細かな問題が数多くあるので、それぞれにきめ細かく対応する必要がある。

──きめ細かな規制

ハーバード・ケネディ・スクールで私は、「市場は失敗する」ということを学んだ。また私は、市場はいつ、なぜ、どのように失敗するのか、市場が失敗したさいにはどう対処すればいいのかということを考察した。この時の考察は後に、ソーシャル・メディアについて研究するさいに大いに役立った。ソーシャル・メディアではまさにこの市場の失敗が非常に起こりやすいからだ。フェイク・ニュースの拡散、テロの助長、選挙への介入、公衆衛生の妨害、プライバシーの侵害など、ソーシャル・メディアは数多くの害をもたらし得る。だが、その害による損失がどの程度のものなのかを、金額に換算して把握することは難しい。つまり、その損失は市場原理の外にあるということだ。市場に任せれば解決するわけではないので、問題解決のためには政府による適切な規制がどうしても必要になる。

ただ、十分に考えられていない不適切な規制は害になる。イノベーションを阻害し、言論の自由を損ない、生産性を低下させ、経済成長を鈍化させ、消費者余剰を減らし、ソーシャル・メディアが生むはずの社会的、経済的な利益を失わせてしまう。重要なのは、ソーシャル・メディアの可能性の源と、害悪の源は同じだと理解することだ。それが理解できていれば、やみくもに規制しても良いことは何もないとすぐにわかるだろう。ソーシャル・メディアをどう規制するかは慎重に考えなくてはならない。どうすれば利点だけを享受し、危険を回避できるかを考えるのだ。ソーシャル・メディアの規制は大ざっぱなものではいけない。きめの細かいものでなくてはいけないのだ。最近のいくつかの事例からもそれは明らかだ。

経済が停滞し、発展しない状態が続いていたウガンダでは、市民や企業のあいだで、ある時からインターネットの利用が急速に進んだ。従来型の通信インフラが十分に整う前に、インターネットのほうが先に普及しはじめたということだ。ただ、二〇一八年七月、ヨウェリ・ムセベニ大統領は、自身への抗議運動が起きたのを機に、ソーシャル・メディアの利用に、一日あたり五セントの税金を課しはじめ、またモバイル・バンキングにかかる税金も五パーセント引き上げた。そうすれば、反政府運動を抑えることができ、しかも税収も増やせると見込んだのである。だが、あまりにも乱暴なこの措置のせいで、ウガンダはまったく予想外の惨事に襲われることになった。

ウガンダ人の多くにとって、ソーシャル・メディアはインターネットへの進入路になっていた。フェイスブックやワッツアップが、ビジネスにも教育にも、ニュースを知るにも、社会的支援を得るにも、救急サービスを受けるにも不可欠のものになっていたのだ。税金が課されるようになってから六カ月後、ウガンダのインターネット利用率は二六パーセント低下した[44]。税金の負担に耐えられず、大勢の人がインターネットの利用をやめてしまったということだ。アライアンス・フォー・アフォーダブル・インターネットは、この税金は裕福なウガンダ人にとってはインターネットにかかるコストを一パーセントほど上げただけだが、貧しいウガンダ人にとっては一〇パーセントものコスト増になったと見ている[45]。データ一ギガバイトにかかるコストが、貧しいウガンダ人にとっては平均月収の四〇パーセントにも達した計算になる。

インターネットの利用率が急激に下がったことで、経済成長は一気に鈍化した。雇用は悪化し、企業の収益も大きく減少した。税金は、ウガンダ経済全体にとって七億五〇〇〇万ドルものコストになったとも言われる。[46] これはGDPの三パーセントになる数字だ。税収も一億九〇〇〇万ドル下がった。反政府運動を抑える目的で税金を導入するという荒っぽい政策のせいで、ウガンダ経済の活力が奪われた。ウガンダ人の多くがソーシャル・メディアの恩恵を受けられなくなってしまったのだ。

ロシアでも、政府がテレグラムに乱暴な規制を課したことで酷い結果を招くことになった。政府は、暗号化されたメッセージの閲覧を求めたが、ドゥーロフがその要求を拒否したため、二〇一八年四月にテレグラムを禁止にすると決めた。二〇一六年、ロシアではヤロバヤ法（ビッグ・ブラザー法とも呼ばれる）が成立し、ソーシャル・メディアやメッセージング・アプリには、ロシア連邦保安庁がテロ関連の捜査をするためのバックドアを設けること、暗号化メッセージの閲覧をFSBに許すことが義務づけられた。[47] だが、ドゥーロフは、この法律がテレグラムのプライバシー・ポリシーに合わないと主張し、政府の要求を拒否した。その結果、テレグラムは禁止されることになったのである。

ただ、禁止にすると決めるのは簡単だが、実際に利用できなくするのはそう簡単ではない。アメリカの連邦通信委員会（Federal Communications Commission＝FCC）にあたるロシアのロスコムナゾー（連邦通信、情報技術、マスコミ分野監督庁）は、テレグラムのサービスをホスティングするIPアドレスをブロックし、グーグルとアップルには、テレグラムをアプリ・ストアから削除するよう求めた。しかし、ドゥーロフは、テレグラムのホスティングを、アマゾンやグーグルなどのサードパーティーのクラウド・プロバイダに移し、引き続きサービスを利用できるようにした。さらにアップルとグーグルはテレグラムの削除を拒否した。ロシア政府はそれに対し、少なくとも一九〇〇万のＩＰアドレスをブロックして、グーグルとアマゾンのクラウドを利用できなくした。

しかし、テレグラムは結局、引き続き利用可能でありつづけた。ロシア人の多くは、仮想専用線（Virtual Private Networks＝ＶＰＮ）を使ってテレグラムにアクセスするようになり、[48] テレグラムの毎日のアクティブ・ユーザーの数は、利用禁止措置が行なわれた二〇一八年四月の時点では三七〇万人だったが、二〇一九年二月には四四〇万人に増えた。これはロシアでは、ワッツアップ、バイバーに次いで三番目の数だった。

テレグラムを消そうとしたロシア政府の試みは失敗に終わり、同時に、他の多くの「合法的な」オンライン・サービスを苦しめる結果になった。[49] テレグラムだけをターゲットにできるほど、ブロックが洗練されていなかったために、オンライン・バンキング・サービス、ｅコマースのウェブサイト、（ロシア政府がテレグラムの代わりに使うよう推奨していた）タムタムやバイバーをはじめとするメッセージング・アプリなど、他の多くに影響が及んだ。ロスコムナゾーが作成した企業のブラックリストを保持するウェブサイトまでもがダウンしたのだ。

こうした例からわかるのは、ハイプ・マシンの規制には慎重さが必要ということだ。ウガンダやロシアでの規制は、元来、権力者が自分たちに反対する動きを抑えることを目的としており、国民のためのものとは言いがたいうえに、慎重さを欠いていた。そして、権力者の思惑とは違った大きな悪影響が生じてしまった。これは逆に言えば、ソーシャル・メディアを規制する時に「こういうことをしてはいけない」ことがよくわかる事例だろう。

ただ、慎重な姿勢というのが具体的にどういうものなのかは明確ではない。次の最終章ではその点について考えることにしよう。

第12章 より良いハイプ・マシンを作る

ニュー・ソーシャル・エイジのプライバシー、言論の自由、反トラスト

テクノロジーはすでに人間を超えた。恐ろしいことだが、それは明らかである。
——アルバート・アインシュタイン

現在、私たちは岐路に立っていると思う。プライバシーやセキュリティを守るのか、それとも行動の自由を重要視するのか。言論の自由を守るのか、それともヘイト・スピーチを厳重に取り締まるのか。情報の真実性を大切にするのか、それともフェイク・ニュースの拡散を野放しにするのか。包括化を進めるのか、それとも分極化が進むのを放置するのか。

もちろん、ハイプ・マシンが社会のあり方をすべて決めるわけではないが、社会に大きな影響を与えていることは間違いない。ソーシャル・メディアが民主主義や経済に大きな影響を与え、社会を構成する大きな要素になっていることを認識すると、当然、「私たちはソーシャル・メディアとどうつき合うのが正しいのか」という問いが生じる。ソーシャル・メディアをどう利用すべきか、その設計や規制をどうすべきか。どうすれば、危険を回避して、利益だけを享受できるのか。この問いへの簡単な答えは

存在しない。だが、より明るい未来へと向かう道筋は必ずあると私は信じている。

本章では、その道筋を探っていく。イノベーションを止めることなく、トラストを防ぎ、プライバシーを守り、データのセキュリティも守りながら、デマやフェイク・ニュースの蔓延を防ぎ、選挙への介入も阻止し、言論の自由を守り、より健全なコミュニケーション・エコシステムを作りあげる方法を探るのだ。本書でも述べてきたとおり、そのためには、資金、コード、規範、法律という四つの要素が不可欠だ。そして、ソーシャル・メディア企業、政府、一般の人々の三者それぞれの貢献も必要だ。ここではまず、ソーシャル・メディアに関して、最近よく話題になる問題について考えてみたい。「フェイスブックなど巨大になったソーシャル・メディア企業は分割すべきか否か」という問題である。

競争、イノベーション、反トラスト

二〇一九年三月、上院議員で当時は大統領候補でもあったエリザベス・ウォーレンが、フェイスブックに対して宣戦布告した。「今の大手テクノロジー企業は力を持ち過ぎている。経済、社会、民主主義への影響力が強すぎる。公平な競争をしていない。我々の個人情報を利用して利益を得ているし、競争の場を自分だけが有利になるよう作り替えている[1]」とウォーレンは発言した。フェイスブックの分割を訴える彼女は、心底怒っているように見えた。そして、彼女は一人ではなかった。フェイスブックの共同創業者、クリス・ヒューズは、『ニューヨーク・タイムズ』紙への寄稿のなかで、フェイスブックが世界に混乱をもたらしていることに「怒りと責任を感じる[2]」と書いた。さらに「マーク（・ザッカーバーグ）が持った力は、歴史上、前例のないもので、反アメリカ的なものである。今こそフェイスブックを分割すべき時だ」とも書いている。
二人だけでなく、世界中の何百万、何千万という数のフェイスブック・ユーザーが怒りを抱えている。無理もないことだろう。ハイプ・マシンがプライバシーを侵害し、フェイク・ニュースやヘイト・スピーチを拡散し、選挙への介入にも使われることは、本書でも繰り返し述べてきた。私もやはり怒っている。ただ、怒りは良い結果にはつながらないとも思う。ハイプ・マシンの利益を享受しながら、危険を回避するには、厳しくきめの細かい規制が必要だと私は考えている。

ウォーレンとヒューズの主張にも正しいところはある。競争は、明るいソーシャル・メディアの時代の基礎になるということだ。今後、私たちがどのような行動を取るにせよ、それがすべての前提になる。競争があれば、特定の企業が好き勝手なことをするのは難しい。どの企業も自らの価値を高めようとするなら、社会にとって価値ある存在になる必要があるだろう。ソーシャル・メディアの市場での競争が弱まれば、それは市場の失敗につながり、プライバシーの侵害、デマやフェイク・ニュースの蔓延、民主主義の毀損などを防ぐのは難しくなる。

「フェイスブックやインスタグラムなどのソーシャル・メディアが、競争でプライバシーを保護し、フェイク・ニュースを排除しようと努力したとしたらどうだろう[3]」。ウォーレンはそうツイートした。「あるいは反対に、ソーシャル・メディアどうしが競争せずに手を結んで、ユーザーのデータを売ってしまったら、それどころかフェイク・ニュースの蔓延や選挙への介入を助けるようなことをしたとしたらどうか。〈#大手のテクノロジー企業は分割すべき〉と私が主張するのはそのためだ」

ウォーレンとヒューズは問題を正しく認識していたと思うが、二人の提案する解決策は正しくないと思う。ウォーレンは大統領選挙のさい、巨大企業の持つ強大な力への歯止めがなくなることの危険性を訴えると同時に、とてつもない資産を保有するマーク・ザッカーバーグ個人も攻撃した。そして、フェイスブックが民主主義とプライバシーへの脅威になっているとも主張した。「独占企業が独占によってより多くの利益を得るようなことがあってはならない」とウォーレンは言っていて、巨大なテクノロジー企業をどのようにして分割させるのか、具体的な計画も明らかにした。しかし、独占を解消すればソーシャル・メディアのジレンマも解消できるというのは誤った考えだ。選挙のあいだ、自分の考えを訴えることは難しくない。しかし、いずれ選挙が終わり、言ったとおりのことを実行に移す段階になれば、話はまるで違ってくる。そもそもソーシャル・メディアが直面している問題は、フェイスブックを分割しても解決しない。問題をわかりやすい選挙スローガンに変えてしまうと、解決は余計に難しくなるだろう。

フェイスブックの分割を訴える人は、なぜソーシャル・メディア市場が独占に向かうのか、その背景をよく考えていない。そもそも、プライバシーの侵害、言論の自由の危機、ヘイト・スピーチやフェイク・ニュースの蔓延、選挙への介入などの原因は独占ではない。独占を解消しようとするのは、病気そのものを治さずに症状だけに対処するようなものだ。競合相手がいれば、ソーシャル・メディアは、ユーザーの注意を奪い合わなくてはならない。多くのユーザーの注意を引くことが企業の価値を高めることにつながる。最終的にはどうしても注意を独占することが目標になってしまう。仮にフェイスブックが分割されたとしても、この状況が変わらなければ問題はその後も残るだろう。もっと根本的な解決策が必要ということだ。

実のところ、フェイスブックが本当に市場を独占しているかどうかはわからない。証拠が十分ではないからだ。にもかかわらず、フェイスブックを分割することにばかり必死になると、ソーシャル・メディアが本質的に抱える問題の解決策を考えることを忘れてしまう。プライバシーの保護、市場活性化のためのデータ可搬性の向上、政治宣伝やヘイト・スピーチの規制などのために動くべきなのに、それをしなくなってしまうのだ。フェイスブックを分割しようという動きは一〇年ほど前からあるが、失敗に終わる可能性が高い。そちらに熱心に取り組むよりも、問題解決に直接つながる努力をしたほうがいいだろう。

フェイスブックに対する反トラスト法違反訴訟

クリス・ヒューズは、『ニューヨーク・タイムズ』紙への寄稿のなかで「一八九〇年に制定されたシャーマン法により、独占は違法となっている」とも書いているが、これは厳密には正しくない。アメリカの反トラスト法において、独占そのものは違法ではない。違法なのは、市場を独占しようと動くことであり、また、独占的な力を使って競争を阻害し、関連の市場を支配しようとすることも違法だ。反トラスト法の目的は、市場から競争がなくなることによって生じる害から消費者を守ることであり、巨大企業を「大きくなったから」という理由で罰することではない。企業がイノベーションと競争によって結果的に市場を独占するほど巨大になったとしても、独占そのものが即、害をもたらすわけではない。問題は独占状態になってから企業がどう動くかである。私たちはその動きに注意し、必要であれば規制をかけるべきだ。フェイスブックの分割を万能薬のように考え、それだけに注力してしまえば、ハイプ・マシンから生じる問題を根本的に解決することはできないだろう。

一九七〇年代以降、アメリカの反トラスト法では「消費者福祉」が最も重要とみなされるようになった。これは、イェール大学法学部教授で、連邦高等裁判所裁判官も務めたロバート・ボークが提唱しはじめ、経済学のいわゆる「シカゴ学派」によって広められた考え方である。この当時は、独占によって消費者の被る害とは、もっぱら「価格の高騰」だと考えられていた（生産量の減少、品質の低下なども起こり得るが、それはあくまで二次的なものとされた）。この見方からすれば、フェイスブックにはまったく害がないことになる。フェイスブックは無料だからだ。競争がなくなったからといって、フェイスブックが料金を引き上げて消費者を苦しめることはない。フェイスブックには元から料金がないからだ。問題なのは、ほかに有力な選択肢がなくなることである。競争相手がいなければ、デマやフェイク・ニュース、ヘイト・スピーチが蔓延した場合、フェイスブックは対策としてユーザーの利用の仕方に厳しい制限をかけることも簡単にできるだろう。これは実際に起こり得ることであり、起こればユーザーにとっては重大な問題となる。

現在の独占の害に対する考え方は、ロバート・ボークの頃とは大きく変わっている。法学者のリナ・カーンは、イェール・ロー・スクール在学中に「アマゾンの反トラスト・パラドックス（このタイトルはボークの名著『反トラスト・パラドックス（The Antitrust Paradox）』のもじり）」という論文を書いた。そのなかでインターネット時代の新たな反トラスト規制のあり方について論じている。[4] カーンが特に訴えたのが、デジタル市場のルールやアルゴリズムを決める力を持つアマゾンのようなプラットフォームは、市場で自社の商品を販売するさい、消費者とのあいだで利害の衝突を起こすということだ。

オライリー・メディアの創立者のティム・オライリーとエリザベス・ウォーレンも、アマゾンとグーグルに関して同様の主張をしている。[5] アマゾンは、自身のプラットフォームでどの商品が提示され、推奨されるかをアルゴリズムによって決めることができる。つまり、自社の商品を、競争相手の商品よりも強く推奨できるということだ。グーグル・ショッピングもヨーロッパで同様の利害の衝突を疑われ、独占禁止法規制当局の捜査を受けた。ウォーレン上院議員は「チームの所有者が審判になってはいけない」と言っているが、まさにそれが重要な点だ。

価格がすべてではない。アマゾンの自社商品は、競争相手の同等商品に比べて価格が安いことが多い。しかし、アマゾンの商品がほかより強く推奨されれば、ユーザーにとっては選択肢が減ることになるし、他の企業にとってはイノベーションを起こす動機が減ることになる。また、はじめは低い価格をつけたとしても、競争相手を市場から排除できれば、価格を上げて利益を増やそうとする可能性が高い。

政府、専門家、マスメディアが独占への対策について主張する時には、グーグル、アマゾン、アップル、フェイスブックなどをひとまとめにして敵視し、「巨大テクノロジー企業を解体せよ」といった論調になることが多い。しかし、事情は企業ごとに大きく異なるので、実際にはとてもひとまとめには論じられない。市場も、競争がないことで起こり得ることも、それによる消費者への害も、すべてが違っている。アマゾンのように、商品を販売するプラットフォームを運営する企業の場合は、すでに述べたとおり、独占状態だと自社の商品を自らのプラットフォームで有利に販売できるという問題が生じる。これが大きな問題であることは非常にわかりやすい。それに対し、フェイスブックが市場を独占することによる弊害はわかりにくい。すでに何人もの著名人がフェイスブックを分割すべき理由を述べてきたが、どれも反トラスト訴訟では勝てそうもない理由ばかりである。

クリントン政権下で労働長官を務め、その後、カリフォルニア大学バークレー校の公共政策教授となったロバート・ライシュは、「フェイスブックやツイッターはトランプの嘘を拡散した。だから分割しなくてはならない(6)」と主張した。「今やアメリカ人の四五パーセントがほぼフェイスブックのみからニユースを得ているし、トランプのツイートは六六〇〇万（人）もの人たちに届いている。これは、二つのプラットフォームが市場をほぼ独占しているためだ」とライシュは言う。そもそも競合する二つの企業の名前をあげておいて、同じ文のなかで「独占」という言葉を使うのはどうなのか、という問題はあるが、それはひとまず脇に置いて、ライシュの発言について考えてみることにしよう。

ツイッターのユーザー数はせいぜい三億人で、グローバルなソーシャル・メディアのなかで一二番目の規模にすぎない。フェイスブックからニュースを得ている人の割合としてライシュがあげた四五パーセントという数字も、とても独占とは言えない。現実は、フェイスブックからニュースを得ることもある、という人は多いが、フェイスブックだけに依存している人はそう多くない、というのが正確だろう。さらに、トランプのツイートが六六〇〇万の人たちに届いている、というのはまったく真実ではない。たとえドナルド・トランプのフォロワーが六六〇〇万人いたとしても、ツイッターのアルゴリズムでは、フォロワーの一部にしかツイートは拡散されない。これはまるで、テレビを持っている人はすべてフォックス・ニュースを見ている、あるいはフォックス・ニュースを含むチャンネル・パッケージの契約者は全員フォックス・ニュースを見ていると言っているようなものだ。また、嘘をばらまくことはもちろん良いことではないが、それ自体は競争の有無とは関係がない。確かに法に触れていないかを精査すべきであるが、企業分割の理由にすべきことではないだろう。

政治的な嘘やデマが際限なく拡散されると民主主義が毀損されるのでは、と懸念するライシュが誤っていると言いたいわけではない。しかし、ライシュの主張を根拠にしてフェイスブックを分割しようとしても、訴訟になればまず負けるだろう。仮に勝てたとしても、その後の反トラスト規制に悪影響が及ぶおそれがある。フェイスブックやツイッターだけでなく、今存在する、また今後存在するであろうソーシャル・メディアすべてが、言論に関して、規模の大きさに関係なくこれまでより厳しい制約を受けることになるからだ。分割された当のソーシャル・メディアだけでなく、すべてのソーシャル・メディアがそうなってしまう。

オープン・マーケット研究所のマット・ストーラーが言うように、「グーグルやフェイスブックが広告を独占しているせいで、世界中で新聞が潰れている」という意見もある。[7] だが、新聞の衰退は一九八〇年代の終わりにはすでに始まっていた。[8] 新聞関連の雇用も新聞の発行部数もその頃から減りはじめていたのだ。新聞の広告収入は、インターネットの普及につれ、世紀の変わり目の頃に減りはじめた。[9] そして、最近の一〇年間でオンライン・ニュースの量が増え、デジタル広告の収益が急激に増えた。[10] また、ニュースの読者自体は、グーグルによって減るどころかむしろ増えているとする研究結果もある。

二〇一四年、スペインでは著作権法が改正され、グーグル・ニュースが新聞の記事のページにリンクを貼った場合、新聞社がグーグルに対しその対価を請求できるようになった。その法改正を受けて、グーグルがスペインのグーグル・ニュースを閉鎖すると、[11] ニュース消費が全体として二〇パーセント減少し、グーグル・ニュース以外の報道機関のウェブサイトのページビュー数は一〇パーセント減少した。しかも、減少幅は小規模な機関のサイトほど大きくなった。グーグルを新聞や出版の敵とみなす人は、報道産業にとっての広告収入の重要性を無視していると考えられる。広告収入のことも考え合わせると、グーグルが旧来の報道機関の競争相手というよりも協力者となっていることがわかるはずだ。特に小規模な報道機関ほど恩恵が大きい。グーグルやフェイスブックのターゲット広告も報道機関の収益を増やすことに貢献している。ターゲット広告がなくなると、[12] それと引き換えにユーザー一人につき九ドルの収益が失われるという。私も地元の新聞がなくなったことを嘆いてはいるが、グーグルとフェイスブックが報道を殺しているわけではない。新聞の衰退は、グーグルやフェイスブックを分割する理由にはならないだろう。

ディナ・スリニバサンの主張にはもう少し説得力があるかもしれない。(13) イェール大学の法学部生だった二〇一九年の主張だ。フェイスブックは、プライバシーを守ることをユーザーに約束し、それによって市場を独占する力を持つにいたった、とスリニバサンは言う。しかし、市場での支配的な地位を手に入れると、フェイスブックはユーザーとの約束を破ってしまったという。スリニバサンは、フェイスブックの特定の行動に注目し、それを分割の根拠とした。フェイスブックはユーザーのプライバシーを保護すると約束し、それによって市場を独占したが、独占が達成されると約束を反故《ほご》にしたので、それこそが独占の弊害だと主張したわけだ。市場で競争が続いていれば、そういうことは起こらなかったはず、と考えた。

だが問題もある。時とともにフェイスブックのプライバシー保護が杜撰《ずさん》になったのが仮に事実だとしても、プライバシーを保護する約束が本当に成長の要因になったのか否かはわからない。証拠が何もないからだ。アンケート調査では、確かに消費者がソーシャル・メディアのプライバシーに懸念を持っているという結果が得られるが、同時に、消費者がソーシャル・メディアのプライバシー・ポリシーをほとんど読んでいないという証拠もある。プライバシーが、利用するサービスを選択するさいの大きな要素になっていないこともわかっている。それよりは、(本書の第5章でも述べたとおり) フェイスブックが大学のキャンパスという狭い世界でサービスを開始したため、ローカルのネットワーク効果が大きかったことが成長の要因になったと見るのが妥当だろう。

ワッツアップやインスタグラムを買収したことを、フェイスブックを分割すべき根拠とする人もいる。

それこそが市場の独占を進め、競争を阻害する行動だというわけだ。しかし、訴訟になった場合、その主張が正しいことを証明するのは容易ではないだろう。まず、この場合の「市場」とは何かを明確に定義することが難しい。フェイスブックは、主として友人や家族とつながるソーシャル・メディアである。ワッツアップはプライベート・メッセージング・サービスで、インスタグラムは、主に写真を共有するためのソーシャル・メディアだ。どれもそれぞれに違った市場で、多くの相手と競争している。買収を不当とし、それ以前の状態に戻させるとすれば、「市場」という言葉の定義を通常よりはるかに広くする必要があるし、狭い市場に集中するのではなく写真共有やメッセージングといった隣接市場に進出することを、独占を進め、競争を阻害する動きだと証明しなくてはならない。訴訟には多額の費用がかかり、仮に分割に成功したとしても、長い時間を要することは間違いない。もちろん、多額の費用と長い時間をかけても成功する保証はどこにもない。

フェイスブックの政治的な影響力が大きすぎるとして、分割を主張する人もいる。しかし、現在の反トラスト法制は、企業の政治的影響力を抑えるという目的に利用するには十分なものとは言えない。確かに、大企業の政治への影響力を抑えることも、シャーマン法が制定された目的の一つではあったが、反トラスト経済学者で司法省トラスト局の司法副次官補や大統領経済諮問委員会のアドバイザーを務めたこともあるカール・シャピロは、「現在の反トラスト法制は、大企業の過剰な政治的影響力に関わる諸問題に対応するのには向いていない[14]」と言っている。反トラスト規制当局も裁判所も、独占が経済に与える影響を評価することはできても、独占企業の政治的影響力を評価することはできない。そのための信頼できる手法がないからだ。政治的影響力が強くなったことを理由に企業を分割できるような法律を作ればいいかというと、そうとも言えない。その法律そのものが政治に利用され、腐敗を招くおそれがあるからだ。

「反トラスト法を利用すれば、権力者が自らの敵を罰し、味方に報いることもできてしまう」とシャピロは言う。さらにシャピロは、「裁判所が企業合併を認めるか否かを、存続企業の政治的影響力の大きさによって決めるというのも問題だ。それは法の支配の毀損につながる。裁判所が政治に配慮して何かを判断することがあってはならない」とも言っている。

企業の持つ資金が政治に影響するのは確かだ。フェイスブックへの広告で影響を与えようとする企業もあれば、政治家へのロビー活動をする企業もあるだろう。それに対応するのに必要なのは、政治資金、選挙資金などに関する適切な法律、腐敗防止に役立つ法律だろう。フェイスブックを分割しても、この問題の解決には役立たない。

フェイスブックを分割することは、現状の問題を考えれば、腫瘍のできている患者に絆創膏を貼るような的外れな対策だろう。市場での競争を活性化させる効果はないと考えられる。フェイスブックが分割されても、再びフェイスブックに似た企業が現れて、同じように市場を支配することになるはずだ。ソーシャル・メディアというものが元来持つネットワーク効果からすれば、それは必然だ。

この市場の問題は、相互運用性のなさである。あるソーシャル・メディアのデータや人間関係（ソーシャル・グラフ）を別のソーシャル・メディアに移すことは基本的にできない。そのため、市場はソーシャル・メディア・サービスが顧客獲得のための公平な競争ができる場になっていない。ソーシャル・メディア間に壁があるため、ユーザーは自分の好きなソーシャル・メディアを自由に選ぶことができず、どうしてもソーシャル・メディア市場は独占に向かってしまうのだ。フェイスブックを分割しても、市場の基本的な構造が変わるわけではない。データや人間関係を自由に移動させられるようソーシャル・

メディアの構造を変えれば、ユーザーが自由に利用するサービスを選ぶことができる。それと同じことは過去に電気通信業界でも起こった。ソーシャル・メディア業界でも、長期的な視野に立てば、こうした根本的な変革によって問題を解決すべきだろう。

ソーシャル・グラフとデータのポータビリティ

二〇一八年にマーク・ザッカーバーグが連邦議会で証言したさい、ジョン・ケネディ上院議員はこう尋ねた。「私はフェイスブック上の自分のデータを、他のソーシャル・メディア・プラットフォームに移行する権利が欲しいのです。その権利を与えるおつもりはありますか?」。ケネディ議員は、フェイスブックにデータ・ポータビリティがないために、消費者が自由にソーシャル・メディアを選べないことを懸念していたのだ。ユーザーが自分のデータを他のサービスに移行させることができれば、おそらく競争が活性化し、新たなソーシャル・メディアが台頭する可能性も高まるのではないか。ザッカーバーグはこう回答した。「ケネディ議員、現状でもすでにデータの移行は可能です。自分のデータをダウンロードする機能があるからです。その機能を使えば、フェイスブック上の自分のデータを一つのファイルにまとめることができます。そのファイルはどのように利用してもあなたの自由です」

この回答を聞くと、確かにフェイスブックにはデータ・ポータビリティがあるようにも思える。しかし、少し事情に通じた人であれば、この回答にはあきれるだろう。フェイスブックにしろ、他のソーシャル・メディアにしろ、現状では、自分のデータをダウンロードできるとはいっても、その「データ」とは具体的には、自分のプロフィールと、これまでの投稿のリストと、「いいね!」をしたことのあるアカウントのリストをまとめたテキスト・データにすぎない。このデータは、他のソーシャル・メディアでは利用できない。そして、それこそがフェイスブックの望みである。真のデータ・ポータビリティが実現すれば、自分たちの競争上の優位性が脅かされ、自分たちのネットワーク効果の力も弱まってしまうからだ。

フェイスブックからソーシャル・グラフをダウンロードしたいと思っても、フェイスブックにはソーシャル・グラフのポータブルなデータベースはない。他のソーシャル・メディアにそのまま移行できるようなデータはどこにもないということだ。手に入るのは、友達の名前と、その人たちがフェイスブックに加入した日付をまとめたテキスト・ファイルだけである。このテキスト・ファイルには有用性などほぼない。真にポータブルなソーシャル・グラフは、新たに市場に参入するソーシャル・メディアが競争力を持ち、成長するのには欠かせない。ユーザーがそう望めばいつでも新たなソーシャル・メディアに移れる状況でなければ、いずれイノベーションは起こらなくなるだろう。ソーシャル・メディア間の移動はもっと簡単にできるようにすべきだが、どうすればそうなるのだろうか。方法の一つは、それを強制する法律を作ることだ。ソーシャル・メディアはデータとソーシャル・グラフを他に簡単に移行できるようにしなければならないという法律を作るのである。

シカゴ大学のルイジ・ジンガレスとガイ・ロルニックも、二〇一七年の夏にそういう提案をした。[15] 二人が主張したのは、まず、消費者のソーシャル・グラフは消費者個人の所有にすべきということ、また、ソーシャル・グラフはすべて、ソーシャル・メディアからソーシャル・メディアに移行できるようにすべきということだ。

これは、あるソーシャル・メディアのメッセージを、別のソーシャル・メディアに簡単に移行できるようにすべきということでもある。電気通信業界における「ナンバー・ポータビリティ」に似ている。一九九六年、連邦通信委員会（FCC）は、アメリカ国内の携帯電話と固定電話の業者に、競争促進のため、ナンバー・ポータビリティを義務づけた。電話番号を利用者の所有とし（番号と利用者を紐づけるということ）、契約する業者を替えても同じ番号を使いつづけられるようにすれば、容易に業者を変更できるようになるからだ。そうすれば業者どうしの競争は活発化し、料金も下げられると考えられた。

一九九〇年代には「チャット戦争」があった。マイクロソフトとヤフーはともに自分たちのチャット・サービスを、AOLインスタント・メッセンジャー（AIM）と相互運用可能なものにしようとした。たとえば、AIMとMSNとのあいだで、ユーザーがメッセージを簡単にやりとりできるようにしようとしたのだ。あるネットワーク上の消費者が別のネットワーク上の消費者と簡単につながれれば、ネットワーク効果は減少し、競争は活発化する。新規参入の業者が先行している業者に勝てる可能性が高まる。

ソーシャル・グラフをポータブルにするのも似たような話だ。あるソーシャル・メディアを使っていたユーザーが、別のソーシャル・メディアでも同じソーシャル・グラフをそのまま使えれば、利用するソーシャル・メディアが替わっても同じ友達と同じような交流をそのまま継続できることになる。とはいえ、ソーシャル・グラフをポータブルにしようとすれば、電話番号をポータブルにするのとは違った技術的な問題に直面することになる。

当然のことだが、ソーシャル・グラフと電話番号はまったく別のものである。ソーシャル・グラフは人と人との関係なので、それを誰か特定の個人の所有物にしていいのか、ということをまず考える必要がある。仮に所有権を持たせることができたとしても、人と人との関係は時とともに変化していくので、管理は容易ではないだろう。

トロント大学のジョシュア・ガンズは、その問題に対処するため、ある方法を提唱している。それは、個々のユーザーにソーシャル・グラフではなく、特定のIDの所有権を持たせ、IDごとにメッセージをやりとりできる経路を定める、という方法だ。どのメッセージのやりとりにどのソーシャル・メディアを利用できるかを、IDごとに決めるわけだ。ガンズはこれを「IDのポータビリティ」[16]と呼んでいる。

IDのポータビリティが実現されれば、ユーザーはどのソーシャル・メディアにいても変わることなく同じ相手とつながることができるので、自由にソーシャル・メディアを移動できる。ソーシャル・メディア間の競争を阻害するネットワーク効果が弱まるということだ[17]。ユーザーは単に自分の好みや気分でソーシャル・メディアを飛び移れる。こちらのソーシャル・メディアのほうがイノベーションが進んでいるなと思えば、即、移動できるのである。ソーシャル・メディア企業の側は、ユーザーの注意を引いて収益をあげるため、今よりも激しい競争をしなくてはならなくなる。

ソーシャル・メディアと電話の違いもある。電話サービスだと、やりとりするのは主に音声で、あとは文字だが、いずれにしても統一規格があるので、電話会社の移行はそう難しくはない。しかし、フェイスブックやワッツアップ、ツイッター、スナップチャットといったソーシャル・メディアの場合、やりとりされるメッセージの種類は様々でシームレスな移行は容易ではない。たとえば、スナップチャットのメッセージはすぐに消えてしまうが、フェイスブックのメッセージは残る。ツイッターのメッセージは一般に公開され、文字数は一四〇に限定されている。一方、ワッツアップのメッセージは特定の人だけに向けたもので、文字数に制限はない。多様なメッセージすべてに対応するプロトコルを作ることは不可能ではないが、携帯電話での音声や文字のやりとりに比べれば、相互運用の難易度が高いことは確かだ。

メッセージが多様であるにもかかわらず、相互運用をしようとすれば、それが多様性の減少につながるおそれもある。ソーシャル・グラフをポータブルにするのは、多様性を高めたいからでもあるので、それでは本末転倒になってしまう。ソーシャル・メディアを新たに立ち上げる企業が、すべての既存のソーシャル・メディアに合わせたメッセージ・フォーマットを採用しなくてはいけない状況になると、イノベーションが起こりにくくなるだろう。人と人との新たな交流のかたちはなかなか生じなくなってしまう。

ソーシャル・メディアの相互運用は技術的には簡単ではないのだが、独占を防いで競争を活発化させ、イノベーションを促すという意味では非常に重要である。相互運用を義務づける強制力のある法律があれば、ソーシャル・メディア企業としては対応せざるを得ないので、そこにも相互運用のためのイノベーションが生じる可能性がある。ソーシャル・メディア企業には、過去にそれよりもはるかに技術的に難しい課題を克服してきた実績がある。多様なフォーマットのメッセージに対応するプラットフォームを構築することは可能だし、それができれば、特定のフォーマットが市場を独占することはないだろう[1]。多様なフォーマットが併存できれば、競争は間違いなく活発化する。

これを「あまりにも手荒な手段では？」と思う人もいるだろう。しかし、実際に同じような手段が使われた例は過去にあるのだ。たとえば一九六八年には、ＡＴ＆Ｔが携帯電話機の製造・販売から他社を締め出すのを防ぐためにこの手段が取られた。二〇〇一年、マイクロソフトがインターネット・エクスプローラーをインターネットへの進入路のようにして消費者を縛りつけようとしたさいにも、やはり同様の手段でそれが阻止された。一九八〇年代、九〇年代に近距離電話会社への規制が変わり、他社との相互運用が求められるようになった。そのおかげで消費者は、自分と同じ会社の電話を利用している相手だけでなく、誰とでも通話ができるようになった。一九九〇年代のチャット戦争も、やはり同様の介入があったことで終焉を迎えた。

ＦＣＣは二〇〇二年、ＡＯＬとタイムワーナーの合併を認めたが、同時に、ＡＩＭをヤフー・メッセンジャー、ＭＳＮメッセンジャーなど、他社のチャット・サービスと相互運用可能にするよう求めた。その結果、ＡＯＬのインスタント・メッセージング市場でのシェアは合併前の六五パーセントから、一年後には五九パーセント、三年後には五〇パーセントをわずかに上回る程度にまで低下した。[18] 二〇一八年、ＡＩＭは、アップルやフェイスブック、スナップチャット、グーグルなどの後発に市場を譲って、インスタント・メッセージング・サービスから撤退した。こうした歴史を踏まえれば、現在のソーシャル・メディアがまだ相互運用可能になっていないことのほうが驚きだろう。むしろ自発的にそうすべきだと提案してもおかしくない。

ただし、データとソーシャル・グラフをポータブルにしただけで絶対に競争を活性化できるとはかぎらない。それに加え、ポータブルになったデータとソーシャル・グラフを利用する新規企業のシステムがスケーラブルである必要がある。つまり、単にデータとソーシャル・グラフを扱えるだけでなく、ネットワークの規模の拡大に対応できるようになっていなければ、既存の企業との競争ができないということだ。

同様の前例がないわけではない。アメリカの一九九六年電気通信法では、電気通信事業への新規参入業者が、既存業者の通信インフラを定額料金で自由に利用できるとしていた。既存業者の持つ電話線や交換機を利用できるようになったということだ。これで確かに、既存の業者と新規参入の業者は公平な状況で競争できるようになる。ただ、既存の業者のインフラへの投資意欲は削がれるだろう。ソーシャル・メディアの業界なら、フェイスブックなどの既存の企業が、データとソーシャル・グラフを取り扱うためのインフラを新規参入の企業に提供することになる。そうすれば、新規参入の企業にとっては利益になるはずだ。実際、フェイスブックはすでに、コードをオープン・ソース化するというかたちで、インフラの一部を提供している。

政府は、データとソーシャル・グラフをポータブルにする方向に少しずつだが進んでいる。民主党のマーク・ウォーナー、リチャード・ブルーメンソール、共和党のジョシュ・ホーリーによる超党派の「アクセス法案」[19]は、ソーシャル・メディアを相互運用可能にすることを目指したものである。この法案では、フェイスブック、ツイッター、ピンタレストなど、ユーザー数が一億を超えるプラットフォームは、自身のネットワークを他と相互運用可能なものにしなくてはいけない、とされた。ユーザーは自らのデータやソーシャル・グラフを自由に移行できる権利を得るわけだ。

ソーシャル・メディア企業自身も、やはり同じ方向に動いている。ケネディ上院議員のマーク・ザッカーバーグへの質問のあと、フェイスブックは、グーグル、ツイッター、マイクロソフト、アップルとともに、「データ転送プロジェクト」に参加するようになった。これは、あらゆるオンライン・サービス・プロバイダをつなぐためのオープン・ソース・コードの共通フレームワークを構築するプロジェクト[20]である。これによって、ユーザーは自身のデータをシームレスに、特別な操作なく、プラットフォームからプラットフォームへと移行できるようになる。

二〇一九年一二月、ツイッターCEOのジャック・ドーシーは、「ブルースカイ」という新たな研究チームの立ち上げを発表した。ソーシャル・メディアがコンテンツを共有、管理するためのオープンで分権的な技術規格を策定することを目的としたチームだ[21]。

この業界主導の取り組みにどれほどの効果があるのかはまだわからない。これが結局、誰が相互運用のための規格を定めるのかをめぐる「規格戦争」につながってしまうようであれば、やはり政府の介入は必要になるだろう。企業ではなくあくまで消費者の利益になる規格を政府の側で定め、企業に守らせることになる。（第11章でも少し触れたが）相互運用を可能にするには、消費者のデータに第三者がアクセスすることを許可しなくてはならない、という問題もある。これは当然ながらプライバシーにとっての脅威になる。二〇一八年のケンブリッジ・アナリティカの事件と同様のことが起こりやすくなるということだ。政府とソーシャル・メディア企業は協調して透明性を高めつつ、プライバシーとセキュリティも守らねばならないという、「透明性のパラドックス」にも対処しなくてはならない。データやソーシャル・グラフを移行しても、プライバシー、セキュリティが守られる技術やプロトコルが必要だし、相互運用を実現する企業を厳しく監視する体制も必要だろう。アクセス法案はそうした点も考えたものになっていた。

相互運用性のないままソーシャル・メディアを分割するのは、おそらく最悪の対策である。第11章でも述べたとおり、ソーシャル・メディアは大きな消費者余剰を生み出している。その消費者余剰は主として、ローカルのネットワーク効果が生み出す価値——プライベートでの、あるいは仕事のうえで重要な人たちとのつながりによって生み出される価値——によるものである。第5章でも述べたが、ネットワークが大きく成長するほど、直接のネットワーク効果、ローカルのネットワーク効果が高まるのだ。つまり、他のソーシャル・メディアとの相互運用性がない状態でソーシャル・メディアを分割して規模を小さくしてしまうと、規模によって生じていた経済的、社会的な価値が大きく損なわれる一方で、ソーシャル・メディアの引き起こす問題はまったく解決されないまま残ることになる。

ソーシャル・メディアへの規制は簡単ではない。ともかく重要なのは状況が時間とともに変化することで、それを十分に考慮に入れた規制でなくてはならない。市場の動きは非常に速い。イノベーションは毎日生まれている。メッセージングの市場でテレグラムが、動画共有の市場でティックトックが台頭したこともその証拠と言えるだろう。進歩が非線形（直線状ではない）だと、人間は先を予測することが難しくなる。ソーシャル・メディアも非線形に進歩する。未来が現在の延長線上にあると思うと間違える。動画はすでに静止画に取って代わった。今後は、ＡＲ（Augmented Reality＝拡張現実）が動画に取って代わる可能性もある。また、イノベーションがどこから生まれるのか、どの方向に進むのかを予想するのは難しい。ＶＲ（Virtual Reality）や、自動仮想存在がその両方に取って代わることもあり得るだろう。

すでに存在しているものを分割しようとするのは、後ろ向きな姿勢だろう。それよりも前を向いてものを考えるべきだ。たとえば、今後、合併や買収が起きた時に、市場の競争がどう変化するかをあらかじめよく考えておくことは重要である。フェイスブックを分割しようとして、訴訟に持ち込んだとしても、決着には一〇年くらいかかるおそれがある。そして、決着する頃には、フェイスブックも、ソーシャル・メディアをめぐる状況も現在とはまったく違っているだろう。未来を見据え、競争、開かれた市場を阻害せず、公平な競争ができる環境を維持できるような規制を考える必要がある。すでに存在するネットワークや企業を分割するような後ろ向きな対策よりも、そのほうがはるかに生産的だと言えるだろう。

プライバシーとデータの保護

ソーシャル・メディアの個人情報には漏洩、悪用の危険がある。ケンブリッジ・アナリティカの事件はその例だし、低所得のマイノリティを標的にした略奪的融資なども行なわれている。求人広告での性差別や、選挙への介入などにも、個人情報が利用されている。プライバシーの確保、データの保護のための包括的な法律が必要なのは明らかだろう。ただし、プライバシー第一主義になると、弊害も大きくなる。調査報道、糖尿病やアルツハイマー病の研究などは困難になるし、機械学習から得られるメリットも減り、選挙不正の監視も難しくなる。広告による経済的剰余も減少するだろう。ユーザーの権利を守り、ケンブリッジ・アナリティカ事件のようなデータ漏洩による害を最小限にするような強制力のある法律を定めることはできるだろう。しかし、それによって弊害が生じたり、他の利益が減ったりしないよう、きめの細かい配慮が必要になる。神は細部に宿るのだ。

過去一〇年の世界各国のプライバシーに対する姿勢は、大きく三種類に分けられる。まず、中国のように完全な監視国家になった国がある。中国では、政府がすべての国民に関するデータを何の制限もなく細かく調べることができる。民間企業にも、個人のデータをほぼ制限なく収集する権限を与えている。デジタルのデータのほぼすべてが監視の対象になっており、国民は自分の個人情報に関して何の権限も持っていない。政府や民間企業による利用からデータを守ることは一切できない。

中国とは対極に位置するのがヨーロッパだ。ヨーロッパには、ＥＵ一般データ保護規則（ＧＤＰＲ）という規則があり、これによって個人のデータは厳重に保護される。データについての個人の権限はＧＤ

PRに明確に規定され、規則に違反すると重い罰が科せられる。EU諸国はすべて、GDPRを適用するための国内法を持っている。また、EU以外でも、オーストラリア、ニュージーランド、日本のように、基本的にはGDPRに準拠した国内法でプライバシーとデータを保護している国がある。中国とヨーロッパの中間がアメリカだ。州のレベルでも、国全体のレベルでも、プライバシーとデータの保護に関してどういう姿勢を取るのかを、現在決めている途中である。包括的な改革はまだこれからだが、カリフォルニア州消費者プライバシー法（California Consumer Privacy Act＝CCPA）と同様の法律を全国に広げていく動きは始まっている。

アメリカはプライバシーに関しては長らく自由放任主義で、その姿勢のおかげで過去に例を見ないイノベーションが起き、グーグルやフェイスブックのようなデータ駆動型の企業が大きく成長できたとも言える。しかし、その姿勢のせいで、アメリカの民主主義や国民の権利が大きく損なわれることになったのも事実である。より良い法制度を整備しようとすれば、アメリカは他国の法律を学び、それぞれが国民にどのような影響を与えているかを見るべきだろう。

プライバシーの保護は、倫理的にはもちろんだが、実用的、実利的な意味でも重要である。他人の干渉を受けない場所が確保でき、他人に漏れる心配なく秘密の会話を交わすことも、他人の監視を受けずに自由に行動することもできることは圧政に対抗するための必須条件だろう。政府が個人の考えや行動を知る力を持つと、政府に反対する者を簡単に特定して罰することができてしまう。プライバシーを保護する法律が弱いと、抑圧的な政権はそれを利用して、敵対的な国民を監視するようになる。また、法整備が不十分だと、企業が個人情報を利用して、行動や信条、経済状況、社会的立場を基に人を差別することもある。個人の政治信条や健康状態に関するデータを保護すれば、そうした差別を防ぐこともできる。プライバシーは言論の自由にも欠かせない。報復があり得る状況や監視を受けている状況では、萎縮して言いたいことも言えなくなってしまう。

哲学者のミシェル・フーコーは、一八世紀イギリスの哲学者ジェレミ・ベンサムが考案した「パノプティコン（刑務所の展望監視システム）」を引き合いに出し、誰かに常に見張られている状態だと、人の言動は見張られていない時とは根本的に違ったものになると言った。[22] コロンビア大学の法学教授で作家でもあるティム・ウーは、「集団のプライバシーとは、監視されずに行動できる自由のことである。ある意味では、本当の自分――誰かにこうだと思ってもらいたい自分ではなく――になれる自由だと言ってもいい。つまり、プライバシーが脅かされるのは、魂が脅かされることに近い[23]」と言っている。

しかしプライバシーの扱いに関して包括的な改革が必要なのは間違いないが、それがプライバシー絶対主義になってしまうと、他の社会的利益を損なってしまう。たとえば、現状、GDPRが原因で、国際的な医学研究のいくつかが中断に追い込まれているのは事実だ。二〇一八年五月以降、ヨーロッパ諸国のなかには、アメリカ国立衛生研究所（National Institutes of Health＝NIH）との、糖尿病やアルツハイマー病に関する重要な研究についてのデータの共有をやめた国もいくつかある。[24] プライバシー保護に対する姿勢が一致していないことが理由だ。こうした研究では、アメリカ、ヨーロッパの対象者からDNAのサンプルを採取していたのだが、ヨーロッパでは、その種の研究が法律により事実上、不可能になっている。

医学研究の重要性を考えれば、アメリカとEUは一刻も早く、プライバシーの扱いに関して足並みを揃えるべきだろう。ただ、GDPRに従うと、選挙の監視や、ハイプ・マシンの社会への影響を調べる研究などもできなくなるのではないか、と言う人もいる。法制度を整備するさいには、トレードオフについて体系的に考える必要がある。たとえば、選挙の不正を防ぐことも大切だが、同時にプライバシーを守ることも大切なので、両者のバランスを考えるべきなのだ。ディーン・エックルズと私は、『サイエンス』誌の記事で「善意のプライバシー規制はもちろん重要だが、同時にそれが選挙介入についての調査の妨げになるおそれもある」[25]と指摘した。法規制によって、選挙介入を監視するために長期間にわたってデータを保持することが困難になるか、違法とみなされて完全に不可能になるおそれもある。

私自身はプライバシー法制の導入に積極的な人間だが、あまりに規制が強すぎてデータの保持がまったくできないようだと、ソーシャル・メディアの監視が困難になってしまう。プライバシーは保護したいが、ハイプ・マシンの監視や研究を制限、阻害することになっては困る。データも選挙も同時に守れるようなプライバシー法制を作ることは不可能ではないはずだ（その点については後述する）。そのためには、議員たちがまず、専門家とも相談して、プライバシー法制の二面性、トレードオフをよく理解するべきだろう。

プライバシー保護の強化は、国民の知る権利と衝突する可能性もある。ルーマニアでは二〇一八年、与党、下院議長で社会民主党党首のリビウ・ドラグネアが、巨額の詐欺をはたらいたとして有罪判決を受けた。しかし、その判決につながる証拠を集めたジャーナリストたちもプライバシーの侵害を疑われ、攻撃されることになった。調査したジャーナリストのチームは、匿名の情報提供者から得たものを含むeメール、写真、動画、スクリーン・ショットなどの証拠を基に詐欺を暴く記事を発表したのだが、ルーマニアの個人データ保護機関は、ジャーナリストを非難した。ドラグネアの個人情報を公開したのは、ルーマニアのデータ保護法に反しているというのである[26]。ルーマニア政府当局は、ジャーナリストに対し、情報提供者の身元を明かすよう要請し、また提供者がどのような手段で情報を得、どのように保管していたのか、ドラグネアやその他のルーマニアの政治家たちの個人情報を、公開された以外にも持っているのかなども知らせるよう求めた。

この事例からわかるのは、GDPRは政治家がジャーナリストに報復するための武器にもなり得るということだ。この規則があるためにマスメディアが抑圧されるおそれがあるということである。この件でジャーナリストは二〇〇〇万ユーロの罰金を科すと脅されることになった。間違いなく、ルーマニアのジャーナリストたちを萎縮させる効果があったはずだ。今後、同様の調査報道がしにくくなったことは確かである。

プライバシー法制は、機械学習やデータ・プロセッシングの商用利用の進展の妨げになるおそれもある。機械学習もデータ・プロセッシングも、アメリカやヨーロッパだけでなく、全世界の経済への影響力を強めていく可能性が高いだけにこれは大きな問題である。

たとえば、GDPRでは、機械を監視する人間がいない自動意思決定を事実上、禁止している（したがって、機械学習モデルの使用も禁止ということになる）。GDPRの第二二条を見るとそういうことになるだろう。この条項では、機械学習を、商品推薦システム（アマゾンの「この商品をチェックした人はこんな商品もチェックしています」など）や、広告システム、ソーシャル・メディア、商品や店舗の評価システム、アセスメント・モデルなどの基盤として応用することは完全に禁止しているように見える。ただし、契約上の理由からそれが必要な場合、特別に法的な許可を得ている場合、データの対象者が明示的に同意している場合は例外だ。ヨーロッパでも機械学習は利用可能ではあるが、法令遵守のためのコストが著しく高くなる。また、GDPRの規定に沿うために、機械学習の意思決定を対象者に説明可能なものにすることが必要か否かは意見が分かれている。もしその必要があるのだとすれば、ディープ・ラーニング、サポート・ベクター・マシン、ランダム・フォレストなど、機械学習モデルのほとんどは本質的に説明が困難なので、利用するのが難しいことになってしまう。

データのプライバシーを強めすぎると、時に困ったことも起こる。たとえば、アメリカでは一時、鶏肉の価格が異常な動きをしたが、そのさいにもデータのプライバシーが強すぎることが問題になった。二〇〇八年から二〇一六年のあいだに、アメリカの鶏肉の価格は五〇パーセント上昇した。その間、養鶏のコストは大幅に下がり、豚肉と牛肉の価格も大きく下落していたにもかかわらず、鶏肉の価格だけが上がったのだ。それを受け、タイソン・フーズ、プルグリムズ・プライドなど、大手の鶏肉生産企業に対し、集団訴訟が起こされた。原告側は、鶏肉生産企業が協調して卵を産む雌鶏の数を減らすことで、鶏肉の価格を操作していると主張した。企業は「アグリ・スタッツ（Agri Stats）」というプライバシーが保護される匿名アプリを利用して、営業利益や、飼育している鶏の大きさや鶏の日齢などに関する詳細なデータを密かに共有していたという。それによって、「業界を主導する大手企業は、競合相手の卵の孵化数を推測し、それに応じて自分たちの孵化数を低めに抑えることができた[27]」というのである。匿名アプリを利用すれば、データを共有している事実はまったく表には出ないので、完全に秘密裏に価格操作ができる。

GDPRがヨーロッパの広告業界にマイナスの影響を与えているのも事実だ。パブリシャーや広告会社の収益、雇用を減らしているのだ。GDPRが発効される直前から発効された直後の時期に、広告需要は二五パーセントから四〇パーセント下落した[28]。プライバシー法制が強化されたことで、消費者データを収集するコストが上がり、ターゲット広告の妨げになったのである。また、ユーザーごとにウェブサイトの内容を変えることも難しくなった。

ギャレット・ジョンソンとスコット・シュライバーは、GDPR発効以後、EU諸国向けのパブリシャーの読者数、広告収益は一〇パーセント低下した[29]と推定した。ジョンソン、シュライバーは、シャオイン・デュとさらに調査を進め、ユーザーがすべてオプトアウトを選択しターゲット広告が不可能になると、パブリシャー、エクスチェンジの収益は、行動ターゲティング広告が可能な場合に比べて五二パーセント減少することを明らかにした[30]。グーグルのディーパック・ラヴィチャンドランとニティシュ・コルラが実施した大規模無作為実験では、世界トップ五〇〇に入るグローバル・パブリシャーのなかから無作為に選んだパブリシャーのクッキーを使用不能にすると、収益が五二パーセント低下するという結果が得られた[31]。この結果は、ハイプ・マシンによるターゲット広告がパブリシャー、企業の収益に大きく貢献していることを示唆していると言えるだろう[*]。

プライバシー法制はまた、雇用にも影響し得る。ジアン・ジア、ジンジャー・ジェー・ジン、リアド・ワグマンの調査では、ヨーロッパではGDPR発効後の四カ月間で、IT系スタートアップ企業だけで雇用が最大で四万人失われると予測された[32]。

もちろん、このような悪影響があるからといって、アメリカに連邦レベルのプライバシー法制を導入すべきでないという理由にはならない。ただ、プライバシーを保護し、EUとも歩調を合わせつつ、社会、経済、民主主義への悪影響を最小限に抑えられるような、アメリカ独自の法律を考えるべきであるとは言えるだろう。ただし法制度が厳しすぎると悪影響のほうが大きくなってしまうので注意しなくてはならない。

プライバシーの権利が確立されたのは、いわゆる「グリスウォルド対コネチカット州」事件からである。この事件で、アメリカ連邦最高裁判所のウィリアム・ダグラス判事は、多数派の意見として、プライバシーの権利は、憲法で保障された他の権利によって、暗黙のうちに必然的に生じるものであると書き記した。

本書執筆の時点でデジタルのプライバシーを守る連邦法は存在していないが、カリフォルニア州消費者プライバシー法（ＣＣＰＡ）は二〇二〇年一月一日に発効しており、アメリカでデジタルのプライバシーを保護する最初の州法となった。

ＣＣＰＡはＧＤＰＲに類似した法律ではあるが、ＧＤＰＲよりも緩い部分も多い。ただ、「個人情報」の範囲は、家族についての情報も含む分だけＧＤＰＲよりも広いと言える。ＧＤＰＲでは、消費者に、企業が自分についてのどのような情報を得ているのかを知る権利が保障されている。また、ターゲティングや推薦のアルゴリズムで自分たちのデータがどう利用されているのかを知る権利、プロファイリングを拒否する権利のほか、「忘れられる権利」も保障されている。「忘れられる権利」とは、ユーザーが望めば、企業に収集された自分についてのデータを削除してもらえる権利である。ＧＤＰＲではまた、ＥＵ各国にデータ保護を専門とする機関を設けることを求めている。国民にデータについての権利を周知し、プライバシーを保護し、プライバシーに関する国民からの苦情に対応する機関だ。

＊このように書くと、私の友人で同僚でもあるアレッサンドロ・アクイスティらの論文を引き合いに出して反論する人もいる。[33]この論文では、プライバシー法制によるパブリシャーの収益減は、四パーセントほどにとどまるとされている。五〇パーセントもの収益減にはならないということだ。しかし、この論文は、企業ごとのレベルの違いについて調整をしたために、プライバシー法制の真の影響が隠されてしまったのではないかと批判もされている。企業ごとにデータの質が違い、ターゲット広告のスキルも違っているので、それについての調整は確かに必要だが、それが行き過ぎて真実がわからなくなった可能性もある。

一方、CCPAでは、消費者に、第三者に自分のデータを共有、あるいは販売されないオプトアウトの権利を認めている。そして企業には、データの第三者との共有、あるいは第三者への販売を容認する消費者に対し、割引を提案する権利を認めている。そのほか、CCPAでは、消費者が、自分について企業がどのような情報を得ているかを確かめる権利を保障している。企業は消費者から要請があれば、四五日以内に、その人に関してどのような情報を得たのか、また直近の一二カ月間にその情報が誰に販売されたのかを知らせる包括的な報告書を提供しなくてはならない。

アメリカ全国のプライバシー法の条文を、具体的にどうするかについては十分に検討、議論されなくてはならない。ただ、いずれにしろ、新しい法制度を運用、管理するための新しい機関を作る必要はあるだろう。専門の機関なしで法制度がうまく機能するとは考えにくい。専門の機関ができれば、アメリカでの個人情報の収集、処理の仕方は大きく変化するに違いない。

フェイク・ニュースとデマ

クリミア危機のさいの世論操作、大統領選挙や株式市場への介入、そして最近の新型コロナウイルス感染症の流行や麻疹《はしか》の再流行にさいして起きたことなどを見ると、ネット上にフェイク・ニュースが拡散されることによる悪影響の大きさが改めてよくわかる。しかし、フェイク・ニュースの問題は複雑で、簡単な解決策など存在しない。独占やプライバシーの問題は法制度さえ整えればかなり解決できるし、そうすべきだが、フェイク・ニュースやデマの問題にはまた違った対策が必要になる。

まず難しいのは、情報が真実か虚偽かを誰が判定するのかということである——誰かに判定する権限を与えなくてはいけないわけだ。政府にその役目を任せるわけにはいかないだろう（ただし、即座に誰かが正誤を判断しなくては皆の健康や安全が脅かされるなど、極端な状況では人を選んでいる余裕がない。満員の映画館で火事が起きたら、特に判断の権限が与えられていなくても誰かが「火事だ！」と叫ぶべきだ）。これだけでも、フェイク・ニュースの問題を法律で解決すべきでない理由としては十分だろう。政治家に任せるべきではなく、ソーシャル・メディア企業や一般の人たちが対処しなくてはいけない問題なのだ。これ一つですべて解決という簡単な対策はないが、いくつかの対策を組み合わせることで、フェイク・ニュースの拡散を抑え、社会への悪影響を減らすことは十分に可能だ。

対策としてまず考えられるのが、「ラベリング」である。たとえば、スーパーマーケットで食料品を買う時のことを考えてみよう。店内の商品はラベリングだらけである。カロリー数や脂肪含有量が書かれているほか、製造された工場で小麦やピーナッツを扱っているかまで書かれていることがある（アレルギーを持っている消費者には有用な情報だ）。この種の「栄養ラベル」は、つけるように法律で義務づけられている。

しかし、私たちが日頃、ネット上で読むニュースには、情報の出どころや正確性を示すラベルが何もつけられていないことが多い。この情報はどこまで正確なのか。出どころは信頼できるのか。どのように情報を収集したのか。媒体の編集方針はどうなっているのか。公表の前に情報の真偽を確認した人、団体の数はどのくらいか。そしてそのどれもが媒体から独立しているか。その媒体はどのくらいの頻度でファクトチェックを受けているのか。そういうことがわかるラベルは普通どこにもない。食料品に関しては非常に多くの情報が提供されているのに、私たちが日頃消費している情報に関しては、ほとんど何の情報も与えられていないということだ。

これまでの調査で、ラベリングに誤情報の拡散を抑える効果があるらしいことはわかっている。たとえば、私の同僚、デイブ・ランドとゴードン・ペニークックは、フェイク・ニュースに関するかぎり、消費者は「怠惰ではあっても、不公正ではない」[34]ということを発見した。分析的に考えることさえできれば、ニュースが真実か嘘かをかなり見分けられる人が多いということだ。「人がフェイク・ニュースに騙されるのは、考えることをしないからであって、決して自らの意志で積極的に騙されるような思考をしているからでもなければ、自分に都合の良い思考をしているからでもない」ということだ。目の前の情報についてよく考えてみるよう促せば、嘘を信じることも拡散することも減る可能性がある。この発見は、エイドリアン・フリゲリ、ラダ・アダミック、ディーン・エックルズ、ジャスティン・チェンの調査結果を裏づけている。四人の調査では、ソーシャル・メディアの噂が嘘であることを証明してみせれば、その噂のシェアを取り消す人が多いという結果が得られているからだ[35]。

ペニークック、ランド、エックルズは最近になって、ジブ・エプスタイン、モーセン・モスレー、アントニオ・アレチャーと協力し、その手法で実際にネット上の誤情報の拡散を減らせるかを確かめる実験[36]を何度か行なっている。それでわかったのは、自分の目の前の情報の正確性について考えてみるようそれとなく促されただけでも、その人がシェアする情報の質は高まるということだ。ブレンダン・ナイアンらが行なった別の実験では、「フェイク・ニュース」[37]というラベルをつけるだけで、虚偽の見出しを虚偽だと見抜く人が増えるという結果が得られている。この場合は「フェイク・ニュース」というラベルによって、暗黙のうちに真偽を確かめるよう促されていることになる。それだけで、実際に真偽を確かめる人が増え、ソーシャル・メディアで嘘の情報が拡散されることが減る可能性があるということだ。これは確かに朗報だ。ラベリングによって、真偽を確かめるよう促すだけならそう難しくはないし、応用範囲も広いからだ。

だが、この対策も完璧ではない。ナイアンらの実験では、「フェイク・ニュース」というラベルが使われると、嘘ではない本物のニュースの信用度も下がることがわかっている。つまり、このラベルによってニュース全般の信用度が下がるわけだ。株式市場についてのニュース・サイトにフェイク・ニュースが出回っていることをSEOが公表した時（第2章を参照）と同様のことが起きたということである。

さらに、「フェイク・ニュース」というラベルには別の効果もある。[38] このラベルがないニュースは本物なのだと暗黙のうちに伝えることになるのだ。ラベルがないのだからフェイクではないのだろうと単純に信じてしまう人が少なくないのである。ラベリングを対策として利用する場合には、自分のつけたラベルが暗黙のうちに持つ意味にまで注意を払う必要がある。

私自身は二〇一八年にジュネーブの欧州原子核研究機構（CERN）でのTEDxトークで、「フェイク・ニュース」ラベルを使用すべきだと強く主張している。[39] それ以後、主要なソーシャル・メディア・プラットフォームでは、偽情報の排除のための積極的な方策として、ラベリングが採用されるようになった。

たとえば、ツイッターは二〇二〇年の三月から「操作されたメディア（manipulated media）」というラベルを使うようになった。高度なディープフェイクのほか、もっと単純な改竄《かいざん》された動画や音声にもこのラベルをつける。意味合いが元とは変わってしまうほどの改竄がなされていることを知らせるのだ。フェイスブックは二〇一九年一〇月から、「虚偽投稿」のラベルを使うようになったが、これまでのところ、政治関連の広告やコンテンツにこのラベルを使うことは拒否している。ツイッターでは、ジョー・バイデンが大統領選挙での敗北を認める改竄動画に「操作されたメディア」ラベルをつけたが、フェイスブックではラベルをつけなかったため、バイデン陣営から非難されることになった。ラベリングが情報の真偽の見極めに有効であることは確かなので、今後は具体的にどのようにラベリングを運用するかを細かく検討することが重要になるだろう。ラベリングの弊害を避け、効果を最大限に高める方法を探っていくべきだ。

フェイク・ニュースに関しては、それを作り、拡散させる人間にとっての経済的誘因についても考える必要があるだろう。二〇一六年のアメリカ大統領選挙のさいに、マケドニアから大量のフェイク・コンテンツが流れてきたのは、そのコンテンツに表示された広告によって金銭的な利益が得られたからである。決して政治的動機で拡散されたわけではない。フェイク・ニュースは、本物のニュースよりもはるかに速く、遠くまで拡散される。（私たちの調査でも明らかになったとおり）フェイク・ニュースは本物のニュースよりもシェアされる確率が七〇パーセントも高いのだ。まず金銭的な見返り、経済的誘因を減らさないかぎり、フェイク・ニュースの拡散を止めることは難しいだろう。

ユーチューブは、反ワクチンの誤情報の拡散と闘うための取り組みの一環として、経済的誘因をなくすという対策を講じた。二〇一九年二月、ユーチューブは反ワクチンを唱える動画から広告をすべて削除し、反ワクチンのアカウントを利用停止にした。反ワクチンの動画で広告収入を得ることを不可能にしたのである。現在、ユーチューブ・コミュニティのガイドラインには「深刻な身体的、感情的、心理的障害につながる有害、あるいは危険な行為を含むコンテンツは、広告をつけるのにふさわしくない」と明記されている。「有害、あるいは危険な行為」には、「反ワクチン運動、エイズ否認主義運動など、健康、医学に関する有害な考え方を広めようとする発言や行動のほか、現に存在している深刻な疾患が存在しない、あるいはよくできた嘘であるとほのめかすこと」などが含まれる。

ピンタレストでは、反ワクチンのコンテンツを検索することができなくなっている。ユーチューブやピンタレストなどのソーシャル・メディアが、誤情報につく広告をすべて削除し、有害なコンテンツの検索をブロックし、同時に有害コンテンツの削除も進めれば、誤情報から収入を得る市場が干上がって消滅する可能性が高いだろう。

フェイク・ニュースの拡散を防ぐには、メディア・リテラシーを高める教育が必要だという意見もよく聞かれる。その有効性については、まだ研究が始まったばかりで確たることは言えないが、偏見を減らし、嘘に騙されにくくなる効果はあるだろう。初等教育、中等教育の段階で、目の前の情報について批判的に考える訓練を受けられるようにするのだ。そのなかで、たとえば事実と意見を区別する能力、フェイク・ニュースを見つけ出す能力、メディアが世論操作に利用されていることを察知する能力などを身につけさせる。

すでにいくつかの教育プログラムが作られ、検証もされている。グーグルの「ビー・インターネット・オーサム（Be Internet Awesome＝インターネットを素晴らしいものに）」などはその例だ。これは子供たちにフィッシング攻撃を避ける方法、ボットとは何か、信頼できる情報とそうでない情報を見分ける方法、情報の出どころが確かかを判断する方法、偽情報を見つける方法、フェイク・ニュースを発信しているURLを見つける方法などを教えるプログラムである。[40]

ケンブリッジ大学は二〇一八年、「バッド・ニュース（Bad News）」[41]というゲームの提供を開始した。これは、自らフェイク・ニュースを作る体験をすることで、フェイク・ニュースの見分け方を学べるブラウザ・ゲームだ。このゲームでは、プレーヤーは、ツイッターのボットを使用し、フォトショップで証拠となる画像を作って、陰謀論をフォロワーに拡散することができる。陰謀論の説得力を高め、「信憑性スコア」を上げるほど有利になる。ケンブリッジ社会意思決定研究所理事長のサンデル・ファン・デル・リンデンは、「このゲームは心理的なワクチンのように機能する」と言っている。あえて虚偽に触れることで、虚偽への耐性がつくということだ。一万五〇〇〇人を対象とした調査では、このゲームをプレーすると、フェイク・ニュースに感じる信頼度が平均で二一パーセント低下する一方、フェイクでない本物のニュースを見分ける力は変化しないという結果が出た[42]。また、元々、フェイク・ニュースの見出しに反応しやすい人ほど、ゲームをプレーすることの効果が大きいこともわかった。

フェイク・ニュースの拡散を防ぐための技術の開発も必要だろう。もちろん、それですべてが解決するわけではないが、機械学習のアルゴリズムによって、ネット上の虚偽の情報をかなり減らすことは可能なはずだ。アルゴリズムでは、コンテンツの様々な特徴を手がかりにフェイクか否かを見極めることになる。たとえば、使われている言葉、文章の構造、主張の内容などが手がかりになる。また、偽情報に特徴的な拡散のされ方もあるので、それも手がかりになるだろう。たとえば、元は私のところの学生で、現在はダートマス大学の教授になっているソロウシュ・ヴォソウギは、二〇一五年に、「ルーモア・プレディクター」というアルゴリズムを作りあげた。このアルゴリズムは、ツイッター上で拡散されている噂の七五パーセントの真偽を、ジャーナリストや政府機関職員が確認するなどの他のどの手段に比べても速く見極めることができた[43]。

技術の進歩は速いので、現在の主要なソーシャル・メディアが採用している最新のアルゴリズムは、さらに優れたものになっている可能性がある。現在では、新たなアルゴリズムの訓練に利用できるデータ・セットも簡単に入手できるようになっている。たとえば、機械学習、データ・サイエンスのコミュニティ・ウェブサイトである「カグル」などでも、そうしたデータ・セットは入手できる。

しかし、当然のことながら、最新技術があれば何もかもが解決するわけではない。人間がどう技術を利用するかが重要である。フェイク・ニュースの問題は人間だけで対処するには巨大すぎるが、情報の真偽を判断する責任はやはり最終的には人間にある。それは変わらない。機械学習アルゴリズムの訓練には、人間のつけるラベルが欠かせない。機械に真偽の判断を委ねるにしても、最初は人間が範を示して機械を導かねばならない。

ソーシャル・メディアのポリシーも重要だ。どのソーシャル・メディアにも、ユーザーに提示する情報のキュレーションをするアルゴリズムがある。このアルゴリズムが、信頼度を基に情報を評価すれば、質の低い虚偽の情報が拡散されることは減るだろう。「繰り返し」がフェイク・ニュースの信憑性を高めることは間違いないので、繰り返しを抑制するようなポリシーによって、フェイク・ニュースの拡散を抑えることも可能だ。

二〇一九年、ワッツアップは、全世界で、同じメッセージを転送（シェア）できる回数を五回までに制限した。ワッツアップのチャット・グループの人数は最大で二五六人なので、シェアの回数を五回に制限すれば、一つのメッセージを届けられる人数は最大でも一二八〇人（五×二六〇）に制限される。ワッツアップは、この制限を、「誤情報や噂の拡散」[44]を防ぐための措置の一環だとしている。誤情報の拡散を抑えれば、相対的に正しい情報の割合が増えるはずだと考えているわけだ。二〇二〇年四月、この制限はさらに強化された。すでに何度もシェアされたメッセージは、以後一度しかシェアできないようにしたのだ。これは、パンデミック時にコロナウイルスに関する誤情報が拡散されるのを防ぐための対策だった。これにより、メッセージの拡散が七〇パーセント減少した[45]。

このように、規制やテクノロジーによるある程度の対策が可能なのは確かだが、最も重要なのは真実と虚偽を見極めることであるという事実から逃げることはできない。私たちの社会は情報の真偽をどう見極めるべきなのか。また誰が見極めるべきなのか。テクノロジーではこの問題に対処できない。これは倫理や哲学の問題だからだ。簡単に事実を歪曲できる時代だからこそ、倫理と哲学の重要性が増しているとも言える。倫理や哲学と、自由、権利とのバランス、実用性、利便性とのバランスをどう取るかも考える必要があるだろう（言論の自由に関してはこのあとでまた詳しく述べる）。真偽の見極めだけでなく、たとえば、自由な言論とヘイト・スピーチの線引きをどうするか、誰が線を引くのかも重要になってくる。

選挙への介入を防ぐ

二〇二〇年のアメリカ大統領選挙には、ロシアだけでなく、中国やイランなどその他の国からも介入があった。イギリスやスウェーデン、ドイツ、ブラジル、インドなどでも、誤情報の拡散が選挙に影響を与えた可能性がある。自由民主主義は今や危機にあると言っていいだろう。選挙が公正なものでなければ、いくら言論の自由やインクルージョンがあっても、民主主義は救われない。あらゆる権利は選挙によって守られるからだ。残念ながら、アメリカではこの問題にほとんど何の対策も講じられていない。選挙を守るための法案が出されても、そのほとんどが上院を通過できず、成立していない。また、ソーシャル・メディア企業は、選挙介入に関する外部からの調査を拒否している。

二〇一六年のアメリカ大統領選挙にさいしては、ロシアが大規模かつ組織的な介入をしたことがわかっている。少なくともフェイスブックで一億二六〇〇万人、インスタグラムで二〇〇〇万人に誤情報を拡散し、ツイッターでは合計で六〇〇万人のフォロワーを持つアカウントから一〇〇〇万もの誤情報のツイートをした。選挙期間の最後の一週間には、アメリカの有権者の少なくとも四四パーセントが、フェイク・ニュースの発信源のウェブサイトを訪れたこともわかっている。ロシアはいわゆる「スイング・ステート」をフェイク・ニュースの標的とし、五〇州すべての投票システムを攻撃対象としていた。

わからないのは、はたしてロシアの介入は二〇一六年、二〇二〇年の大統領選挙の結果を左右するほどの影響力を持っていたのかということだ。わからない理由は明白で、調べていないからである。デジタルの操作から民主主義を守りたいのであれば、私たちはまず調査し、それに基づいて法制度を整える必要がある。その脅威がどれほどのものかをよく確かめ、介入を無効化できるだけの法律を整備しなければならない。現状では、まともな調査も行なわれず野放しになっている。

ディーン・エックルズと私が二〇一九年八月の『サイエンス』誌に掲載された記事にも書いたとおり、選挙介入についての調査はあまり行なわれたことがなく、行なわれたとしても不十分だった。[46] そのため不明な部分が多く、言われていることの多くは憶測にすぎなかった。そこで私たちは、四段階から成る調査計画を立てた。誤情報を利用した選挙へのオンライン介入がいつ、どのように、どの程度結果に影響を与えるのかを知るための調査である。まずは、介入に利用されたメディアに人々がどう触れているのかを調べ、データを集める。そのデータと、人々の投票行動についてのデータとを組み合わせて、介入と投票とのあいだの因果関係を探るのだ。そして誤情報に触れたことで投票行動はどう変わったのかを推測する。このようにしてフェイク・ニュースの影響力の調査を進めながら、同時に投票システムのハッキングについても調査することが必要だろう。そうすれば、きっと民主主義を守る方法がわかるはずだ。反対に、それを怠れば、民主主義は国の内外からの攻撃にさらされ、大きく損なわれることになる。

ソーシャル・メディア企業は、この脅威について知るため、もっと外部の研究者たちと積極的に協調すべきだろう。私たちがツイッター上でのフェイク・ニュースの拡散について一〇年に及ぶ調査をした時、創業者のジャック・ドーシーはそこに非常に積極的に関与した。調査の結果、自分たちに不利な報道がなされる可能性は大いにあったのだが、それでも常に変わることなく協力的な姿勢を保ってくれたのは、ドーシーの公共心の高さの表れだと思う。同様に、フェイスブックも、政治的なコミュニケーションや誤情報の拡散についての重要な調査のさいには何度も協力してくれた。ただ残念なのは、いずれもその時かぎりの協力であり、継続的な協力ではなかったということだ。ソーシャル・サイエンス・ワンなどの団体による体系的な調査にさいし、選挙操作に関するデータへのアクセスがソーシャル・メディア企業に拒否されることが相次いでいる。

ソーシャル・サイエンス・ワンは、ハーバード大学のゲイリー・キングとスタンフォード大学のネイト・パーシリーによって設立された産学協同の団体であり、ソーシャル・メディアの民主主義への影響を研究するのに必要な資金やデータを提供している。フェイスブックは、この団体の活動への協力を約束し、自らの民主主義への影響が外から見えやすくなるよう努力するとしている。だが、実際にはいったん研究者への提供を確約したデータも、公開を遅らせた。ソーシャル・サイエンス・ワンの出資者は、フェイスブックが協力しないのなら資金を引き上げると言いはじめた[47]。フェイスブックは、現在、プライバシーとセキュリティに留意したかたちでデータを公開する方法を模索中だと弁明している。

私は、フェイスブックとのパートナーシップに関わっている研究者を何人か知っているが、その人たちは本気でこの状況をどうにかしなくてはと考えているようだった。それがわかっているので、研究者たちが透明性のパラドックスの解消の難しさを訴えた時、私もテレビで擁護発言をした。しかし、それから五カ月が経過しても、フェイスブックはデータを提供しなかったため、ソーシャル・サイエンス・ワンの出資者たちは資金の引き上げを開始した。フェイスブック内外の障壁によりデータの提供が遅れていることに関し、ソーシャル・サイエンス・ワンの首脳部は、「この状態をいつまでも続けることはできない……我々は暗闇のなかに取り残されたようなものだ。必要なデータが揃わないため、リスク、利益のどちらも評価できない。受け入れがたい状況である……このままでは研究は失敗する——そうなると単に知識が得られないだけでなく、民主主義社会にとって大きな損害となる——失敗の影響は非常に深刻だろう[48]」と言っている。

そして二〇二〇年二月、私の同僚で、フェイスブックのデータを匿名化し、ソーシャル・サイエンス・ワンに提供するため先頭に立って動いていたソロモン・メッシングは、フェイスブックを擁護した私が間違っていたわけではないことを証明してくれた。メッシングは「ソーシャル・サイエンスに関する史上最大規模のデータ[49]——エクサバイト単位に近い規模のデータを要約し、凝縮したデータ——が提供される……これにより、フェイスブック上でシェアされ、ウェブに拡散された誤情報についての研究が促進されるだろう」と発表したのだ。ソーシャル・サイエンス・ワンによれば、そのデータには「三八〇〇万のURLと、そのURLのページを閲覧、シェアしたか、内容に反応した人たち、あるいは内容も見ずにシェアした人たちなど、ともかくそのURLに何らかのかたちで関わったのがどういう人たちなのか、という情報が含まれている[50]」という。

ソーシャル・サイエンス・ワンが始まった時点では、このデータを確保するまでには「約二カ月の作業」を要すると考えられていた。しかし、実際には二年近くを要した。これだけの規模と範囲のデータを、プライバシーを守ったうえで公開するのが非常に困難なのは間違いない。研究のためのデータ公開そのものは良いことではあるが、それには大変な作業が必要になる。

　ハイプ・マシンの選挙、民主主義への影響に関しては、今後、再び科学的研究が活発化し、かなりの進展が見られるはずだと私は信じている。ただそのためにはいくつかの条件がある。まず、透明性のパラドックスに対処するための技術、ソリューションが必要だ。ソーシャル・メディア企業が、セキュリティ、プライバシーを守りながら、より透明性を高められるソリューションが必要ということだ。研究者に渡す前にデータを匿名化する技術はその一つだろう。事前にデータを匿名化すれば、プライバシーを守ったうえで、民主主義を守るための研究も可能になる。フェイスブックが前例のない規模のデータを提供できたのは、「差分プライバシー」と呼ばれる手法を用いたためでもある。この手法であれば、データと個人との結びつきを知ることが困難になるので、プライバシーを確保できる。ただ、データを匿名化して公開するということは、つまりデータにノイズを加えるということである。ノイズが多く加わるほど、当然のことながら、真実を知ることは難しくなるだろう。

　このトレードオフに対応すべく、ダニエル・キファーとソロモン・メッシングは、マイケル・カーンズとの共著『倫理的アルゴリズム（The Ethical Algorithm）』で知られるコンピュータ科学者のアーロン・ロスらのチームと協力して、差分プライベート・システム実用化のガイドラインを策定した。これは「プライバシーを保護しつつ研究におけるデータの有用性を最大限高める」[51]ためのガイドラインである。差分プライバシーの実用化に関しては、今後、科学者コミュニティと、フェイスブック、グーグル、ツイッターなどの企業の両方でさらに研究を進めていく必要があるだろう。より効率的にし、安全性も高め、スケーラブルにしなくてはならない。今後、アメリカの国勢調査のデータなどにも差分プライバシーの技術が応用される可能性があることを考えると、研究の重要性は高まっていると言える。選挙、政府の政策、資金配分などに大きく影響し得るデータであれば、より慎重に扱わねばならない。

差分プライバシーにはリスクもある。たとえば、プライバシーの確保のため、国勢調査のデータにノイズを付加することで、マイノリティに悪影響が及ぶこともあり得る。そのせいでマイノリティが必要としている政策が採られなくなってしまうこともあるからだ。仮に、あるコミュニティにおけるマイノリティの人口が十分に多く、費用をかけてでも社会福祉サービスを多言語化するべき状況だったとしても、ノイズが付加されることでデータがならされて、そうした特徴が見えなくなってしまうおそれがある。そうなったとすれば、差分プライバシーによって得られる利益よりも、不利益のほうが多いことになる。こうした事態を回避するためには、より慎重に、手間をかけてプライバシー確保の作業をしなくてはならない。

二つ目の条件は、政府とソーシャル・メディア企業が協力して、研究のための「セーフ・ハーバー」を作ることだと私は思う。そこならば研究者がデータにある程度自由にアクセスし、分析できるという場所を作るのである。行政や、保健・医療に関するデータについて研究が行なわれるさいには、セーフ・ハーバーを設けるといいだろう。そこでは、研究者のみ、特定の種類のデータにかぎり、量を限って利用できる。アメリカ合衆国国勢調査局では実際に、それに類した方法を採っている。国勢調査局が、十分な身元調査を行なったうえで研究者にデータの分析を委託する、というかたちを採っているのだ。ただし、研究者は、国勢調査局の管理下にない場所にデータを移動させることはできない。

三つ目の条件は、ソーシャル・メディア企業が、社会にとって重大な問題に関わる研究だけを対象に、その研究に必要なデータだけを慎重に選んで確実に提供できるような仕組みを作ることだろう。この場合のソーシャル・メディア企業には、当然、フェイスブック、ツイッター、ユーチューブなどが含まれる。研究者には必要なデータを利用させるべき、という意見は政治家や一般の市民のあいだでは強まっている。ソーシャル・サイエンス・ワンなどの団体も、ソーシャル・メディア企業と協力し合い、データの提供を受けなければ、選挙への介入による民主主義への悪影響などについて調べることはできない。データの扱いについては様々な意見があり、短期的な利害から研究へのデータ提供を阻害する動きもあるが、どうにかそれを乗り越えて、プライバシーを守りつつ研究者にデータを渡せる体制を整えるべきだろう。そうでなければ、民主主義を守ることができない。現状では、この重大な課題に関する体系的な理論はまったく存在しない。つまり、誰もが前の見えないまま空を飛んでいるような状態である。ソーシャル・メディア企業が積極的でないのであれば、政府のほうで率先して動くべきだろう。それが国益を守ることにつながる。

残念ながら、選挙への介入から民主主義を守る法律は今のところ皆無に等しい。二〇一九年、当時、上院多数党院内総務だったミッチ・マコーネルは、「選挙時の各州の防御体制の強化、投票システムの改良のため[52]」二億五〇〇〇万ドルを拠出することに同意した。ただし、これはセキュア・アメリカの連邦選挙法案で求めていた金額の半分以下である。選挙を守るのに意味のある改革とはとても言えない。上院少数党院内総務のチャック・シューマーは、「我々の民主主義への外国からの影響に対抗し、選挙を守り、悪意ある介入の動きを防止することを目的とした、討議中の超党派の法案がすでに多数あり、我々の行動を待っている。ただし、我々が何もせず、仕事が完遂されないままの状態が続けば、我々の民主主義は脆弱なまま何も変わらない[53]」と発言した。

連邦議会は速く、しかも慎重に行動しなくてはならない。いわゆるＨＲ１法案（For the People 法案）はあまりに関係する範囲が広すぎ、そのために激しい議論の的となり、成立にはいたっていない。消防法や、民主主義保護法、投票システム・サイバーセキュリティ法といった、より対象を絞り込んだ、超党派の法案のほうが成立しやすいだろう。連邦政府からの資金の拠出が増えれば、選挙と投票システムを守ることに役立つのは確かである。また、リスクも考慮したうえで監視体制を整備すれば、選挙の正当性を守ることに役立つだろう。

困るのは、最近では誤情報の拡散が巧妙に、目立たないかたちで行なわれるようになってきていることだ。本書でもすでに述べたとおり、改竄された画像や映像が多く使われるようにもなっている。第2章で述べたように、「敵対的生成ネットワーク（GAN）」の急速な進歩により、ディープフェイク動画は以前よりはるかに精巧になり、偽物であると見抜くのが難しくなっている。もし他国の政府が、アメリカの大統領選挙の操作に成功したとしたら――少なくともそう見えたとしたら――政体の基盤は大きく損なわれることになる。選挙と民主主義を守るには、政府、企業、研究者が協調して、そのための努力をするしかない。政治家（共和党、民主党問わず）も、ソーシャル・メディア企業、研究者も、それがわかっていないのだとしたら、時代の流れを見誤っていると私は思う。

――言論の自由と有害言論

ハイプ・マシンに関してもう一つ大きな問題になるのは、言論の自由と有害言論の線引きをどうするか、ということである。言論の自由が、自由民主主義、自由な社会の礎《いしずえ》であることは間違いない。フェイスブックで大量殺人やテロ攻撃を生中継することを、「自由だからよい」と考える人は少ないはずだ。あるべき自由を阻害せずに、有害な言動を抑止するにはどうすればいいのか。

表現の自由と有害表現の線引きは最近になって急に問題になったわけではなく、この問題自体はハイプ・マシンが生まれるはるか昔から存在している。アメリカは建国以来、この問題と闘っていると言ってもいい。アメリカ合衆国憲法修正第一条があるため、議会は、言論の自由を阻害する法律を作ることができない。しかし一方で、修正第一四条では、すべての市民が法により平等に保護されると規定されている。この二つは、たとえばある人の言論が、他の誰かの権利を阻害するのであれば、対立することになる。レイシストが暴言を吐き、それに怯えたマイノリティが沈黙を強いられるとか、職場に性差別主義者がいて、その言動により女性たちが脅かされるといった状況も対立の例だろう。自由な言論と有害な言論のあいだの境界線はどこに引けばいいのか。どこまでが自由な言論として許容され、どこからが有害な言論として否定されるのか。

自由を無限に許容できないのは明らかだ。テロ攻撃や大量殺人を生中継しても自由だからかまわないという人はまずいないだろう。アメリカの最高裁判所も、あらゆるコンテンツが憲法修正第一条で擁護されるわけではないと認めている。児童ポルノ、暴力の扇動、誹謗中傷、名誉毀損などは規制しなくてはならない。ある人の権利を、他者の安全・権利を守るために制限すべき場合があるのは明らかだろう。だが、これが極端になるのもまた問題だ。問題があるといけないので何もかも政府が検閲する事態になれば、もはや社会は自由で開かれたものではなくなる。あっという間に抑圧的な独裁体制になってしまうだろう。実際、中国のようにソーシャル・メディアを監視している国も存在する。

インドのナレンドラ・モディ政権は、名誉毀損、ヘイト・スピーチ、フェイク・ニュースにあたるとみなされたコンテンツをすべて削除することを、ソーシャル・メディア企業に義務づける包括的な法律を策定しようとしている。[54] シンガポールはすでに反フェイク・ニュース法を成立させている。[55] これは、検索エンジン、ソーシャル・メディア企業、メッセージング・アプリなどに、ユーザーが何を閲覧したかを記録させ、政府が「誤っている」あるいは「誤解を招く」と判断したコンテンツに対し、削除あるいはラベルづけの処置を義務づける法律である。ロシアでは、フェイク・ニュースを流すことは犯罪として扱われるようになっている。ロシア政府が「社会、政府、国のシンボル、憲法、政府機関などへの尊敬を欠いた」[56]とみなしたコンテンツを拡散させた者は、罰金を科されるか投獄される、ということになった。だが、こうした法律は、自由民主主義の原則とは対立する。どこまでの法律なら適切と言えるのだろうか。

二〇一七年に制定されたドイツのネットワーク執行法では、ヘイト・スピーチ、児童ポルノ、冒瀆的な言動などを禁じた同国の言論法に違反した投稿があれば削除するよう、ソーシャル・メディア企業に求めている。ドイツの全国法で、ソーシャル・メディア企業に自らのプラットフォーム上のコンテンツに責任を負うよう求めたものはこれが初めてだ。

この法律が成立したあと、ジャーナリストで作家のヴァージニア・ヘファーナンは、「ナチかナチのボットに攻撃されている人へ：私は、賢明な友人の助言に従い、ツイッターのアドレスをドイツのものに変えました。すると、ナチもナチのボットも消えました。ドイツでは、ヘイト・スピーチが法律で厳しく規制されているからです」というツイートをした。この言葉はおそらく嘘ではないだろう。実際に、自ら国家社会主義者、白人のナショナリスト、ナチであるとプロフィールに記していたツイッター・アカウントが、ドイツのユーザーに閲覧された途端にプロフィールを書き換えるということが起きている。[57] 政府が規制すれば、不法者がおとなしくなることがあるのは事実である。

だが、国に頼らず、ソーシャル・メディア企業が厳しい姿勢で臨むことで、同様の結果をもたらすこともできる。たとえば、レディットは二〇一五年、同社の反ハラスメント・ポリシーに違反した複数のサブレディットを閉鎖する措置に出た。私の同僚、エリック・ギルバート、エシュワル・チャンドラセカランらのチームの調査によれば、この措置のあと、閉鎖されたサブレディットに頻繁に訪れていたユーザーによるヘイト・スピーチが、八〇パーセント減少したという[58]。同じユーザーがたとえ他のサブレディットに移ったとしても、「移った先にヘイト・スピーチを持ち込むことはほとんどなく、仮に持ち込むことがあったとしても、そのサブレディットの前からの住人はそれに反応しないため、ヘイト・スピーチが拡散されることはない[59]」という。

政府にしろ、ソーシャル・メディア企業にしろ、適切に動けば、その分の効果は上がるということだ。ただ、ここで問題になるのは、政府やソーシャル・メディア企業を動かすにはどうすればいいかということである。

その点に関してアメリカで議論の中心になっているのは、通信品位法（Communications Decency Act＝CDA）の第二三〇条である。同法では、ソーシャル・メディア企業をはじめ「双方向のコンピュータ・サービス」を提供する企業は、ユーザーの投稿を理由として民事訴追を受けることはない、と規定されている。つまり、これは企業の免責規定だ。この条項に関しては、「ユーザーがどのようなコンテンツを投稿しようと、ソーシャル・メディア企業にはモデレーション（コンテンツをチェックして、不適切であれば削除すること）の責任がないということ」というように誤った解釈をしている人が少なくない。しかし、実際には、それとは正反対の目的で作られた規定である。

インターネットの初期には、パソコン通信企業のコンピュサーブに関し、裁判所は、同社がコンテンツのモデレーションを「していなかった」ことを理由に、訴追を免れるという判断を示した。一方、競合企業だったプロディジーに関しては、コンテンツのモデレーションをしたことを理由に、コンテンツについて責任を負うべきだと判断した。この判断は、ソーシャル・メディア企業にとって、モデレーションを避けるインセンティブになった。モデレーションをすると責任が生じるのであれば、しないほうがよいと考えるのは当然のことだろう。だが後に、ソーシャル・メディア企業にはモデレーションをするよう促すべき、という認識が生まれたことで、第二三〇条が定められた。[60] つまり、「民事訴追のおそれはないので、問題あるコンテンツについては積極的に厳しくモデレーションをしてほしい」という意味を持った規定ということだ。

この歴史を知れば、第二三〇条が、言論の自由の維持や、私たちのコミュニケーション・エコシステムの質向上に寄与してきたことがわかるだろう。今ではソーシャル・メディアのほか、ウィキペディア、新聞のオンライン版のコメント欄なども含めたインターネット・サービスに、全体で三〇億人ものユーザーがいて、日に何兆という数のコンテンツやメッセージが投稿される。そのすべてにプラットフォームを担う企業が責任を負わねばならなくなれば、すぐに機能不全に陥ってしまうだろう。見方を変えれば、第二三〇条があるおかげで、ソーシャル・メディアやオンライン新聞のコメント欄、ウィキペディアなどが存続できていると言ってもいい。

現在、第二三〇条に対する意見は人によって大きく違っている。この条項があるために、ソーシャル・メディア企業はモデレーションをしすぎている、保守層の声に対して偏見が感じられる、という意見もある一方、フェイク・ニュース、プロパガンダ、虚偽の政治宣伝などへのソーシャル・メディア企業のモデレーションはまったく不十分だという意見もある。しかし、行き過ぎか不十分かということを議論していると、もっと重要なことに目が向かないおそれがある。もっと重要なのは、誰がそれを判断するのか、ということだ。

ミズーリ州選出の下院議員(共和党)、ジョシュ・ホーリーは、保守層の発言に厳しくなりがちなソーシャル・メディアの姿勢に対抗するための法案を出した[61]。これは、ソーシャル・メディア企業を政治的に中立にするための法案である。この法律が成立すると、ソーシャル・メディア企業がCDA第二三〇条に保護されるためにはまず、大統領に任命された五人の委員からなる連邦取引委員会に政治的に中立であると認定してもらわなくてはならなくなる。これは政府がソーシャル・メディアを監視する必要が生じるということでもある。第二三〇条によって保護され、コンテンツのモデレーションをしたとしても、民事訴追を受けずに済む企業なのか否かを確かめる必要があるわけだ。

トランプ大統領は、連邦議会が第二三〇条の修正に向けて動かないのであれば、大統領行政命令を出して連邦通信委員会を動かすと発言した[62]。この命令が出されると、連邦通信委員会は、第二三〇条適用の明確な条件を提示することになる。これは、ソーシャル・メディアによって、保守層にとって不利なモデレーションが行なわれることを防ぐための命令である。ただ、実際にこの方法が採られると、行政機関と関連の委員会が直接、言論を規制することになってしまう。

事例を個別に検討し、状況によっては、その事例だけを対象にした法律を議会で作り、特別に第二三〇条に制限を加える、という方法も考えられる。FOSTA/SESTA(Fight Online Sex Trafficking Act＝オンライン人身取引防止法と、Stop Enabling Sex Traffickers Act＝性的人身売買禁止法)は、そうした法律の実例である。この法律により、「売春を促進、助長する」ソーシャル・メディアは、第二三〇条の保護対象から除外される。加える制限が適切かどうかについては議論ができる(FOSTA/SESTAに関しても異論が出ている。この法律によって、いわゆるセックス・ワーカーは安全になるわけではなく、より危険な立場に置かれるという意見もある）。法律を駆使する場合には、この「議論ができる」という点が非常に重要だ。

特に議論が必要なのは、政治的言論が規制の対象になる場合だ。たとえば、二〇一六年のアメリカ大統領選挙への介入のために、ロシアが利用したソーシャル・メディアのターゲット広告への対処をどうすべきだったかは、慎重に議論すべきだろう。

アレクサンドリア・オカシオ＝コルテス（AOC）下院議員は、議会でのマーク・ザッカーバーグへの質問のさいに、虚偽の政治広告を検知するスペクター（秘密裏に解析を行なうスパイプログラム）の導入の必要性を熱心に訴えた。確かにソーシャル・メディア上での政治的言論を野放しにすると、選挙の公正さが揺らぎ、自由民主主義が脅かされる危険性があるので、その主張も理解できなくはない。大統領選挙へのロシアの介入を受けて、上院議員のマーク・ウォーナー、エイミー・クロブシャー、ジョン・マケインは、「正直広告法案（Honest Ads Act）」を提出した。これは、ソーシャル・メディア企業に、政治広告の広告主は誰で、広告費はいくらで、ターゲットはどう設定されていたのかといった情報を開示すること、同時に、外国人が政治広告の広告主になることを防ぐため「相応の努力」(63)をすることを義務付ける法律だ。また、議員たちは、ソーシャル・メディア企業に対し政治広告のファクト・チェックも求めた。選挙期間中の政治広告や、特定の政治課題に関して情報を提供する広告の内容が真実かどうかをチェックするよう要請したわけだ。フェイスブックは、政治広告のファクト・チェックを拒否したが、ツイッターは政治広告の全面禁止に踏み切った。

しかし、言論の自由が何より重要と考える人たちは、「正直広告法」のような法律は不当だと主張する。政治的な言論が抑制されることになるからだ。メリーランド州やワシントン州では実際に、正直広告法と同様の規制を導入したが、その結果、グーグルは両州における政治広告を全面的に停止した。フエイスブックも、ワシントン州での政治広告の扱いをやめている。連邦地方裁判所はすでに、メリーランド州の規制が合衆国憲法修正第一条に違反しているとの判断を下している。

ソーシャル・メディア企業に政治広告の監視を求めると、その負担を嫌い、また責任を回避するため、有料の政治的言論そのものを全面的に排除するという結果になりやすい。それでは、政治的な言論は一定以上、活発にはならないだろう。ただし、オカシオ＝コルテス下院議員がマーク・ザッカーバーグへの質問のさいに求めたのは、あくまでソーシャル・メディア企業の自主規制だった。仮にフェイスブックが、自主的に政治広告のファクト・チェックを行ない、外国からの政治広告も自主規制したとすれば、確かに政府が規制する必要性は減るだろう。しかし、これは単に、規制の手間を政府から企業に移しただけである。マーク・ザッカーバーグにとってこれは絶対に受け入れられない移行なので、受け入れないために必死に闘うのも当然だろう。

ここで最も大きな問題となるのは、「どの言論を規制するか」ではないだろう。もちろんそれも大きな問題だが、それよりもさらに大きな問題がある。それは、どの言論が合法で、どの言論が排除されるべきなのかを誰が判断するのか、ということだ。何をよしとし、何をよくないとするのかも確かに大切ではあるが、誰がそれを決めるのかのほうがはるかに大切である。誰が善悪の線引きをするのかということである。ソーシャル・メディア企業自身が線引きをすればいいのだろうか。それとも大統領が委員を任命する連邦取引委員会か。それとも、大統領自身や連邦議会だろうか。

ハイプ・マシン上での自由な言論と有害な言論のあいだに線引きをする場合、私たちはまずその結果よりも、過程について考えるべきだ。言論の自由を制限するのは、倫理や憲法に関わる問題である。言論の是非は元来、個別に判断しなくてはならないものである。また、社会の規範や環境が時とともに変化すればその判断も変わるし、テクノロジーの進歩も判断に影響を与えるだろう。だからこそ十分に皆で議論すべきなのだが、実際にはあまり議論がなされることもないまま、言論の自由の保護も、自由な言論と有害な言論の線引きの判断も、政治家や裁判所に委ねることになってしまう。ソーシャル・メディアに有害な投稿がなされた場合に、どこまでソーシャル・メディア企業が責任を負うべきなのか、民事訴追を免れる条件をどうするのか、といったことも現状ではほとんど裁判所や政治家に考えてもらっている。

言論の自由を制限するのは大変なことで、その言論が特定の状況下でよほどの害をもたらし得るということでなければ、正当化はできない。そのため、制限するのであれば、必ず慎重な議論を必要とするし、その議論には大勢の人が関わらねばならない。決して選ばれた少数の人間だけで拙速に判断してはならない。多くの人が熟考し、存分に話し合ってはじめて、言論を制限できるのである。

テクノロジーと民主主義の国家委員会

本書執筆のために情報収集をするなかで、私はマーク・ザッカーバーグ、ジャック・ドーシー、サンダー・ピチャイ、スーザン・ウォシッキーなど、テック企業経営者の議会証言の映像を何時間もかけて見た。プライバシー、反トラスト、選挙への介入、データ保護、アルゴリズム的バイアス、ワクチン忌避へのソーシャル・メディアの影響、言論の自由、政治的偏向、フィルター・バブル、フェイク・ニュースなどについて証言がなされるのを見ていたわけだ。

連邦議会の議員たちが、テック企業の経営者たちに質問するのを見ていて私が特に感じたのは、「皆を導く専門家がもっと数多く必要だ」ということだ。テクノロジーの未来を予測するのは簡単ではない。様々なことが互いに複雑に絡み合うことになるからだ。まずはテクノロジーについての確かな知識がなければできないことだろう。言論の自由への対応は、データ保護に影響する。プライバシーに関する法制度は、選挙の公正さに影響する。反トラスト政策は、プライバシーと民主主義に影響する。

必要な専門家は一種類ではない。現在、私たちが直面している難題を解決するには、何種類もの専門家の先導を必要とするだろう。今後は、超党派の国家委員会を組織して、テクノロジーと民主主義の課題に対応していくべきだ。その委員会には、研究者、企業の代表者、政治家が参加する。それぞれ、現状の問題と、その相互関係について深く理解している人でなくてはならない。複雑な問題への対処において国家委員会が重要な役割を果たしたことは過去にもあるので、この方策は特に目新しいものではない。私以外にも同様の提案をしている人は何人もいる。(64) 今こそ、専門家たちを結集させて、その知識と技術を、より健全なソーシャル・エコシステムの構築のために使ってもらう時だろうと思う。

健全なソーシャル・エコシステムの構築

では、健全なソーシャル・エコシステムはどうすれば構築できるのか。それは本書の大きなテーマの一つでもある。鍵を握るのは、本書でもすでに触れたハイプ・ループ——機械の知能と人間の知能のあいだの循環的な相互作用（フィードバック・ループ）——だ。このフィードバック・ループの一面だけに目を向けても何もわからない。ハイプ・マシンの設計や仕組みが重要と考え、それが我々の将来を決めると言う人がいる。しかし、どのような設計や仕組みも、そこに人間の判断が加わって初めて意味を成すのだ。反対に、人間の判断のみを重要視し、テクノロジーの持つ力を過小評価する人もいる。テクノロジーがどのようなものだろうと、我々の世界の構造には関係がないとみなす人たちだ。どちらも間違いだろう。人間の判断とテクノロジーの仕組み、両方をよく理解しなければ、良い結果を得られない。ソーシャル・メディアの仕組みや使い方を改善し、社会や経済、法律などの環境も改善していかねばならない。どちらも重要だ。

ネットワーク効果によって、ソーシャル・メディアは「寡占」に向かう。寡占になり、選択肢が少なくなれば、ソーシャル・メディア企業は、単純に自分たちの金銭的な利益だけを考えればよくなる。消費者に選択肢がなければ、ソーシャル・メディア企業のビジネス・モデルは、「ともかく自分たちの価値を高めることに集中する」ことになるだろう。企業が消費者にもたらす利益を重要視するのは、消費者の関心（アテンション）を獲得するために競争する必要がある場合だけである。競争の必要がなければ、企業は消費者に価値をもたらすことではなく、消費者から利益を得ることを最優先にハイプ・マシンを設計するだろう。つまり、全体のことを考えれば、競争の必要な状況にするべきということになる。そのためには、プラットフォームの相互運用性や、データやソーシャル・グラフのポータビリティが前提となるだろう。ユーザーが気軽にある企業のプラットフォームから別の企業のプラットフォームに移動できなければ、競争は促進されない。

競争が活発化すればそれでいいというものでもない。消費者は、その状況で、企業にどのような価値を求めるのかを明確に示す必要がある。消費者に価値をもたらす企業のみ存在が許される状況になれば、おのずと消費者は価値を得られるようになるだろう。市場の競争が活発であれば、企業はどうしても、ユーザーに望ましいソーシャル・メディア体験を提供せざるを得ない――利用していて不安になることも憂鬱になることも、怒りを覚えることも悲しみを感じることもなく、いつもコンテンツが真っ当で嘘がないと信じることができ、新しい何かを教えてくれ、考えを広げてくれる人と出会わせてくれて、仕事や社交に何か新たな価値を加えてくれる、そういうソーシャル・メディアにならざるを得ないのである。

手がかりになるのが、たとえば「いいね！」ボタンである。ソーシャル・メディアを利用する時、ほとんどの人は、特に深く考えることなく、いいなと思うコンテンツがあれば、反射的に「いいね！」を押すだろう。それによって、企業側にはユーザーが何が好きかが伝わり、企業は同じようなコンテンツをさらに提供しようとする。人気のあるコンテンツに似たコンテンツほど多く提供され、さらに人気を得ることになる。

だが、「いいね！」がすべてではなく、さらに高度な手段もあり得る。フェイスブックやツイッター、インスタグラムなどに、「どのようなコンテンツを、どのように提供してもらえれば価値を感じられるか」をよりきめ細かく伝える手段も存在し得るのだ。たとえば、「真実」ボタンや、「信頼」ボタン、「知識」ボタンなどがあったらどうだろう。今は、大勢に好かれ人気のある人が名声を得てインフルエンサーになることが多い。だが、そうではなく、価値ある新しい考えを教えてくれる人、知識を授けてくれる人、良い人とつなげてくれる人、生きていくうえで助けになってくれる人、誤りを正してくれる人、悪い習慣から引き離してくれる人などが名声を得られるようになったらどうだろうか。

自分のコンテンツに「いいね！」がつくと、ドーパミンが分泌され、束の間、幸福感が得られる。すると人は、さらに「いいね！」が欲しくなり、人気の出そうなコンテンツばかりを提供するようになる。だが、そうではなく、受け取った人が前向きになり、やる気になり、思考を刺激されるようなコンテンツを提供したいと、皆が自然に思うような仕組みは作れないだろうか。

たとえば、ソーシャル・メディアを今よりもっと「情報豊かな」ものに変えるという方法は有効かもしれない。この場合の「情報」とは、コンテンツについての情報、つまり「メタデータ」のことである。単にコンテンツを提示するだけでなく、それぞれに、コンテンツの出どころ、出どころの信頼性、そのコンテンツが生まれた経緯、といった豊かなメタデータをつけるようにするのだ。こうしたメタデータがあれば、ユーザーにとっては、そのコンテンツを信用すべきか、またシェアすべきかを判断するのに大いに役立つはずだ。

これはあくまで一例で、これだけが方法ではないだろう。しかし、自分がどういうソーシャル・メディアを、どういう世界を望んでいるのかを考えるきっかけにはなると思う。人気者になればそれで勝ちという世界がいいのか（すでに学んだとおり、そういう世界は良識からは遠ざかり、狂気へと向かう）。それとも、皆を勇気づけ、皆の知識を高め、精神性を深めてくれるような人が力を得る世界がいいのか。

いわゆる「有意義な時間」運動（スマートフォンを利用する時間を減らして、ほかのことをする時間を増やそうという運動）は、確かにそれ自体は素晴らしいものだろう。しかし、ソーシャル・メディアの設計を変えるだけでは、その運動の目的は達せられない。ソーシャル・メディアの設計は大事だが、それがすべてではないということだ。私たちが望ましいと思うことを後押ししてくれる設計をしてもらえればありがたいが、それに加えて私たち自身が望ましいと思うことを実現できるような行動を皆で取る必要がある。#deletefacebook（フェイスブックを削除せよ）運動は、そうした行動の例の一つだろう。ほかに手段がないように見えるからか、現状を変えるためにソーシャル・メディア企業に設計の変更を求める声は高まっている。しかし、ただ要求するだけでなく、私たち自身も改善のために動くべきなのだ。すでに述べたとおり、ソフトウェアのコード設計は、私たちの未来を大きく左右する四つの要素のうちの一つにすぎない。

競争の活性化を促すことや、市場の失敗の影響を和らげることは政治家にもできるだろう。適切な法律を作れば、プライバシーや言論の自由に関わる問題を解決することもできるかもしれない。ソーシャル・メディアの現状の設計に不備があったとしても、法律で悪影響を軽減することは可能だ。それは現実的な対策だと言える。また、法律があることで、設計者が現状のままで満足せず、消費者が真に求めている価値を提供するコードを書こうと努力すれば、消費者にとっては好ましい選択肢が増えることになる。社会規範も重要だ。消費者が一人一人、ただ自分勝手に動くのではなく、全体のことを考えて動くのが当然、という社会規範が生まれれば、状況は大幅に改善するはずだ。

四つの要素、資金、プログラム・コード、社会規範、法律がすべて揃えば、未来は私たちの望むようなものになるだろう。消費者がこぞって現状の変革に関心を持ち、変わろうと努力する企業にだけ資金が流れ込むということになれば、企業は嫌でも変わらざるを得なくなる。つまり、未来を作るのは私たち自身ということでもある。ハイプ・マシンの生存は私たちにかかっているのだから、私たちがハイプ・マシンの運命を決めるのは当然のことだろう。

ソーシャル・メディアは、スローガンを一つ掲げたくらいではよくならないし、また改善のための「３《スリー》ステップの行動」のようなものがあるわけでもない。ソーシャル・メディアは複雑なシステムなので、改善のためには複数の対策をうまく組み合わせて実行する必要があるだろう。まだ歴史が浅いだけに、不確定要素も多い。これはきっと効果的だろうと思った対策が逆効果で、絶対に避けたかった結果を招く、ということも十分にあり得る。だが資金、プログラム・コード、社会規範、法律という四要素が揃えば、ハイプ・マシンの利益を、危険を回避しながら享受でき、素晴らしい未来を作れると私は信じている。

ソーシャル・メディアを正しい方向に導くには試行錯誤が必要になる。いくつもの方法を試し、検証するのだ。理論に基づいて方法を選び、本当に理論どおりなのかを実地に確かめる。ソーシャル・メディア企業、政治家、消費者の三者が協力し合うことが重要であり、確かなデータを大量に集め、専門家が分析することも必要だろう。適切な目標の設定、実地の検証、そして少しの決断力があれば、きっと私たちは良い方向に進みはじめるだろう。物事はしだいに改善されていき、いずれ人間の文明の価値を最大限に高めることができるに違いない。私自身、優秀で誠実なエンジニア、経営者、政治家、研究者たちと今後、協力し合ってハイプ・マシンを変革していきたいと望んでいる。明るいソーシャル・エイジへの道は今から始まるのだ。

知的な仕事はどれも一人では成し遂げられない。人は皆、いわば「ソーシャル・シンカー（social thinker）」である。それはまさに私が本書で主張していることであり、ハイプ・マシンが人類にとって非常に重要な理由でもある。人は皆、周囲の人たちから知的な面でも、感情的・精神的な面でも影響を受ける。何かを教わることもあるし、人間として向上することも、行動を促されることもある。私自身も間違いなくそうだ。私は何をするにしてもチームで動く。本書も、数多くの人たちの協力によってできあがった。ここで、その一部にはなるが、協力してくれた人たちにお礼の言葉を述べたいと思う。協力者のリストは長いが、感謝している人は、実際にはここに記したよりもはるかに多い。そのすべてに感謝の気持ちを伝えたい。

誰よりもまず、両親に感謝している。これまでに交わしたすべての会話、与えてくれたすべての機会、そしてすべてのハグに感謝したい。二人は私にとって最高の友人でもあるし、私を現在の姿にした責任者（申し訳ない）でもある。私は両親が自分にしてくれる（た）すべてに心から感謝しているし、生きていくうえで大事な原理原則を植えつけてくれたことにも感謝している。そして、愛していることを伝えたい。カヤにも感謝する。カヤは私の想像力の源であり、私の人生で何よりも大切なものである。私のすることすべては君のためだ。君の父親でいられることを幸福だと思うし、君がこれから君らしく成長するのを見守れることが嬉しい。君から学べるのも、君とともに考えられるのも、君とともに子供のように無邪気に笑えるのも本当にありがたいことだ。地上で最高の子であるカヤをともに育ててくれるメイサにも感謝している。心から信頼でき、長年、兄弟に近いほどの親しい友人でいてくれるマイルズ・ダニエル、ポール・ファルゾーンの二人にも感謝する。精神的、知的な面で導いてくれる二人は、私にはなくてはならない存在だし、心安らぎ、刺激にもなる存在である。

エリック・ブリィニョルフソンは、目の前の問題への正しい取り組み方を教えてくれた。おかげで問題の本質を見るとはどういうことかが理解できた。感謝している。知的作業において優先順位をつけることがいかに重要かも教えてくれた。些事にばかり気を取られず、本質をとらえてそこに集中すること、知識に対して責任が生じることも教わった。本当にありがたいことだ。ピーター・ウェイルとマーシャル・ヴァン・アルスティーンにも礼を言わなくてはならない。二人のおかげで思考プロセスが整理された。厳密に考えることと、他人とコミュニケーションを取ることの大切さも教えてくれた。どちらか片方だけではまったく無意味だということもわかった。

本書は、二〇年に及ぶ研究の成果である。研究にともに取り組んでくれた人たちもいるし、本書執筆のために協力してくれた人たちもいる。その両方という人もいる。まず名前をあげたいのは、本書の原稿に直接関わってくれ、執筆中の私が大きな間違いをしないよう手助けしてくれた人、ダンカン・ワッツだ。私はワッツを本当に尊敬しているし、アイデアをかたちにする力に敬服している。実に多くのことを教わった。どれも納得できることばかりだ。ワッツとは考え方も近く、賛同できないことはめったにない。群衆の知、集合知については正確に、説得力のあることが書けたと思うが、それはワッツのおかげである。フェイク・ニュースの蔓延について考察するうえでは、ディーン・エックルズとブレンダン・ナイアンの協力を得た。エックルズは因果推論について私とともに考察してくれたほか、MITの社会分析研究所を主導する手助けもしてくれた。エミリー・フォークは、ソーシャル・メディアについての神経科学研究について私に教えるシェルパの役を果たしてくれた。おかげで十分に理解したうえで書くことができた。アブドラ・アルマトゥークは、群衆の知についての私の主張が時代遅れではなく、当を得ており、現在正当とされる理論と矛盾しないものであることを確認してくれた。アダム・グラントはわざわざ時間を取って原稿を読んでくれ、本質を突いたコメントをしてくれた。単に本書の内容について意見をくれただけでなく、この種の本を書くさいに読者にどう向き合うべきかも話してくれた。

本書は完成までに大勢の人たちによって繰り返しチェックを受けている。読者のなかに本書を読んで何か気づいた人がいれば、是非、私に伝えてほしいと思う。まず、初期の段階で話をさせてもらったブロンウィン・フライヤーに感謝したい。ロジャー・ショールとケヴィン・ドーテンは素晴らしい編集をしてくれた。二人は私の原稿の質を大幅に高めてくれ、私の書き手としての技量も高めてくれた。どちらも賢明な人だ。芸術的才能と極めて高い精確性を兼ね備えたジョアンナ・コスミデス・エドワーズは、本書のすべての図版を描いてくれた。これほどの才能の持ち主を私は知らない。ともに仕事ができたことを誇りに思う。

長年にわたり、ともに研究してきた学生たち、ポスドク・フェローたちにも感謝している。君たちと仕事ができたのは私にとって素晴らしい特権だった。正確なコミュニケーションのなかから大きな成果が生まれた。この本は私のものであると同時に、君たちのものでもある。この本に書かれていることすべてが、君たちとともに進めた二〇年に及ぶ研究の成果に基づいているし、これからの二〇年、そしてさらに先も同じように研究しつづけたいと私は思っているからだ。ショーン・テイラー、レフ・ムフニク、ディラン・ウォーカーに感謝する。初期の研究チームの核を成した人たちだ。本書のなかに何度も名前が出てくる。いずれも優秀で、私は三人とともに様々なことを学ばせてもらった。パラムヴィア・ディロン、クリストス・ニコライデス、ナグメ・モメニ、リン・ウー、シャン・ファン、マイケル・ジャオ、ジェレミー・ヤン、デイブ・ホルツ、マーダブ・クマール、キャシー・カオ、ダン・ロック、ギヨーム・サンジャック、ソローシュ・ヴォソウギにも感謝したい。皆、私とともに深い溝に入り込むような作業に取り組んでくれた。しかも、ただやみくもに進むのではなく、進むべき方向を誤らないよう、絶えず厳密な確認をしなくてはならない大変な作業だ。皆、この何年かのうちにそれぞれの道で輝かしい成果をあげていく人たちだと私は信じている。それを満面の笑みとともに見つめる日が来るのが待ち遠しい。

私に研究の手法を教えてくれたトム・マローン、ワンダ・オリコウスキー、エズラ・ズッカーマンにも感謝しなくてはならない。私を信頼してくれ、行き詰まった時に少し前に進む手助けをしてくれた。何があっても私を信頼しつづけてくれたデイヴ・シュミットレインにも感謝している。フォスター・プロボスト、バサント・ダールにも感謝する。二人との友情はかけがえのないものだ。知的な二人は私のメンターでもあり、私を教え導いてくれる。困った時には手助けしてくれ、よく笑わせてもくれる。笑っていると苦労が一気に吹き飛ぶ。アルン・サンダラーラジャン、アニンディア・ゴース、ナタリア・レビナ、パノス・イペイロティス、ロイ・ラドナーにも感謝する。皆、若い准教授にとっては最高の同僚だった。そして、ジョン・ホートン、キャサリン・タッカー、ドラジェ・プレレック、ファンジュアン・チャン、ダンカン・シメスター、デイヴ・ランド、バーガー・ウェルナーフェルト、ジョン・リトル、グレン・アーバンは、ある程度キャリアを積んでからの最高の同僚となってくれた。長年、私のメンターであり、友人でもあるロン・バート、マシュー・ジャクソン、ジョン・クレインバーグ、サンジーヴ・ゴイアル、マイケル・カーンズ、ビン・ユウ、ニコラス・クリスタキス、ラズロ・バラバシ、デヴィッド・ラーザー、アレックス・ヴェスピニャーニ、レイ・リーガンズ、ノシル・コントラクター、ブライアン・ウッツィにも感謝している。サンディ・ペントランド、デブ・ロイの多大な協力にも感謝する。皆と仕事ができて光栄に思う。クラウディア・パーリック、ヒラリー・メイソン、ティナ・エリアシ＝ラッド、ブランデン・フィテルソンと対話ができ、数多くのアイデアをもらえたのも助けになった。

ジーン・ロス、クリス・フォリア、ステファニー・ワーナー、ニルス・フォンスタッド、ジョージ・ウェスターマンなど、CISRの人たちにも礼を言いたい。私を育て成長させてくれた人たちだ。MITのイニシアティブ・オン・デジタル・エコノミー（IDE）の人たちにも感謝している。学生の頃には支えてくれ、今は理事長となった私に寛容でいてくれる。デヴィッド・ヴェリルがこれまでにしてくれたこと、今してくれていることに感謝する。クリスティ・コー、スーザン・ヤング、シャノン・ファレリー、タミー・バゼル、ポーラ・クライン、デヴィン・クック、ジョヴィ・コーネ、キャリー・レイノルズ、ジョアン・バツィオテゴスは、私が正しい方向に進み、プロとして成長しつづける手助けをしてくれた。創造力に富み、鋭い洞察力を持ったIDEの副理事長、アンディ・マカフィーにも感謝する。マカフィーと仕事ができるのは大きな喜びだ。いつでも次の展開が楽しみでしかたがない。

ソーシャル・メディア業界にも感謝すべき人たちが大勢いる。私に様々なことを教えてくれた人たちだ。まず、私とポール・ファルゾーンに正しい情報を伝えてくれたテディ・ミロスに感謝したい。アレックス・コルマー、ジェイソン・ドネル、ジョリン・マックゴールドリック、ジェームズ・クペルニック、トム・コバーン、ジョナサン・ラコステ、ヤエル・アビダン、アレックス・チャン、マット・サンブリ、アンクル・ジャイン、グスタフ・プレケルト、リーサ・ファイダーマン、モラン・サーフ、アンドリュー・ゾリ、マット・メイソン、マシュー・ウィリアムズの友情と知見にも感謝する。

レイフ・サガリンのアイデアを実現する優れた能力にも感謝している。私は心からその能力を尊敬している。最後になったが、ブルックリン、ウィリアムズバーグのブラック・ブリック・コーヒーにも礼を言っておきたい。本書の原稿の大半はこの店で書いた。おかげで執筆している長い時間、カフェインを補給しつづけることができた。一日の作業が終わったあとにいつも食事をとっていた隣の店、メゾン・プルミエールにも感謝している。

世話になった人すべての名前を書けなくて申し訳ないが、名前を書けなかった人にも感謝していることをわかってもらいたい。編集のケヴィン・ドーテンがもうこれ以上のスペースは使えないと言うのでしかたがない。

gov/bill/116th-congress/senate-bill/1356/text.

(64) Jeff Berman, "Big Tech Needs Regulation, but DC Must Go to School Before It Goes to Work," *Recode*, June 14, 2019, https://www.vox.com/recode/2019/6/14/18679675/big-tech-regulation-national-commission-technology-democracy.

(50) Gary King and Nathaniel Persily, "Unprecedented Facebook URLs Dataset Now Available for Academic Research Through Social Science One," *Social Science One Blog*, February 13, 2020, https://socialscience.one/blog/unprecedented-facebook-urls-dataset-now-available-research-through-social-science-one.

(51) Daniel Kifer et al., "Guidelines for Implementing and Auditing Differentially Private Systems," *arXiv:2002.04049* [cs.CR], February 10, 2020, https://arxiv.org/abs/2002.04049.

(52) Dan Desai Martin, "Mitch McConnell Caves After Months of Blocking Vote on Election Security," *American Independent*, September 16, 2019, https://americanindependent.com/mitch-mcconnell-senate-election-security-funding-moscow-mitch/.

(53) "Schumer Remarks After Sen. McConnell, Senate GOP Relent on Election Security Funding," Sen. Charles Schumer press release, September 19, 2019, https://www.democrats.senate.gov/news/press-releases/schumer-remarks-after-sen-mcconnell-senate-gop-relent-on-election-security-funding.

(54) Vindu Goel, "India Proposes Chinese-Style Internet Censorship," *New York Times*, February 14, 2019.

(55) Jennifer Daskal, "This 'Fake News' Law Threatens Free Speech. But It Doesn't Stop There," *New York Times*, May 30, 2019.

(56) Shannon Van Sant, "Russia Criminalizes the Spread of Online News Which 'Disrespects' the Government," NPR News, March 18, 2019.

(57) Dan MacGuill, "Does Switching Your Twitter Location to Germany Block Nazi Content?," *Snopes*, December 6, 2017, https://www.snopes.com/fact-check/twitter-germany-nazis/.

(58) Eshwar Chandrasekharan et al., "You Can't Stay Here: The Efficacy of Reddit's 2015 Ban Examined Through Hate Speech," *Proceedings of the ACM on Human-Computer Interaction* 1, no. 2 (2017): 1–22, http://comp.social.gatech.edu/papers/cscw18-chand-hate.pdf.

(59) 同上、16。

(60) Jeff Kosseff, *The Twenty-six Words That Created the Internet* (Ithaca, N.Y.: Cornell University Press, 2019).〔ジェフ・コセフ『ネット企業はなぜ免責されるのか』長島光一監修・小田嶋由美子訳、みすず書房、2021年〕

(61) Matt Laslo, "The Fight over Section 203—and the Internet as We Know It," *Wired*, August 13, 2019.

(62) Adi Robertson, "Trump's Anti-Bias Order Sounds Like a Nonsensical Warning Shot Against Facebook," *Verge*, August 12, 2019.

(63) Honest Ads Act (S.1356), 116th Congress (2019–20), https://www.congress.

Effectiveness of General Warnings and Fact-Check Tags in Reducing Belief in False Stories on Social Media," *Political Behavior* (2019): 1–23.

(38) Gordon Pennycook, Adam Bear, Evan T. Collins, and David G. Rand, "The Implied Truth Effect: Attaching Warnings to a Subset of Fake News Headlines Increases Perceived Accuracy of Headlines Without Warnings," *Management Science*, February 21, 2020, https://doi.org/10.1287/mnsc.2019.3478.

(39) Sinan Aral, "How We Can Protect Truth in the Age of Misinformation," TEDxCERN, https://www.ted.com/talks/sinan_aral_how_we_can_protect_truth_in_the_age_of_misinformation.

(40) Sarah Perez, @sarahintampa, "Google's New Media Literacy Program Teaches Kids How to Spot Disinformation and Fake News," *TechCrunch*, June 24, 2019, https://techcrunch.com/2019/06/24/googles-new-media-literacy-program-teaches-kids-how-to-spot-disinformation-and-fake-news/; Google's "Be Internet Awesome," https://beinternetawesome.withgoogle.com/en_us/.

(41) "Fake News 'Vaccine' Works: 'Pre-Bunking' Game Reduces Susceptibility to Disinformation," *Science Daily*, June 24, 2019, https://www.sciencedaily.com/releases/2019/06/190624204800.htm.

(42) Jon Roozenbeek and Sander van der Linden, "Fake News Game Confers Psychological Resistance Against Online Misinformation," *Palgrave Communications* 5, no. 1 (2019): 12.

(43) Soroush Vosoughi, "Automatic Detection and Verification of Rumors on Twitter," PhD diss., Massachusetts Institute of Technology, 2015.

(44) "Facebook's WhatsApp Limits Users to Five Text Forwards to Curb Rumors," Reuters, January 21, 2019.

(45) Isabel Togoh, "WhatsApp Viral Message Forwarding Drops 70% After New Limits to Stop Coronavirus Misinformation," *Forbes*, April 27, 2020.

(46) Aral and Eckles, "Protecting Elections from Social Media Manipulation."

(47) Craig Silverman, "Facebook Said It Would Give Detailed Data to Academics. They're Still Waiting," *BuzzFeed*, August 22, 2019; Craig Silverman, "Funders Have Given Facebook a Deadline to Share Data with Researchers or They're Pulling Out," *BuzzFeed*, August 27, 2019.

(48) "Public Statement from the Co-chairs and European Advisory Committee of Social Science One," December 11, 2019, https://socialscience.one/blog/public-statement-european-advisory-committee-social-science-one.

(49) Solomon Messing (@SolomonMg), "IT'S OUT—On January 17, we launched one of the largest social science data sets ever constructed," Twitter, February 13, 2020.

潮社、1977年)

(23) Tim Wu, "How Capitalism Betrayed Privacy," *New York Times*, April 10, 2019.

(24) Tania Rabesandratana, "European Data Law Is Impeding Studies on Diabetes and Alzheimer's, Researchers Warn," *Science News*, November 20, 2019.

(25) Sinan Aral and Dean Eckles, "Protecting Elections from Social Media Manipulation," *Science* 365, no. 6456 (2019): 858–61.

(26) Bernhard Warner, "Online-Privacy Laws Come with a Downside," *Atlantic*, June 3, 2019.

(27) David Yaffe-Bellany, "Why Chicken Producers Are Under Investigation for Price Fixing," *New York Times*, June 25, 2019.

(28) Jessica Davies, "GDPR Mayhem: Programmatic Ad Buying Plummets in Europe," *Digiday*, May 25, 2018, https://digiday.com/media/gdpr-mayhem-programmatic-ad-buying-plummets-europe/.

(29) Garrett A. Johnson and Scott K. Shriver, "Privacy and Market Concentration: Intended and Unintended Consequences of the GDPR," Questrom School of Business Working Paper, November 6, 2019, https://ssrn.com/abstract=3477686.

(30) Johnson et al., "Consumer Privacy Choice in Online Advertising: Who Opts Out and at What Cost to Industry?"

(31) Deepak Ravichandran and Nitish Korula, "The Effect of Disabling Third-Party Cookies on Publisher Revenue," Google Working Paper, 2019, https://services.google.com/fh/files/misc/disabling_third-party_cookies_publisher_revenue.pdf.

(32) Jian Jia, Ginger Zhe Jin, and Liad Wagman, "The Short-Run Effects of GDPR on Technology Venture Investment," National Bureau of Economic Research, Working Paper no. 25248, November 2018, https://www.nber.org/papers/w25248.

(33) Veronica Marotta, Vihanshu Abhishek, and Alessandro Acquisti, "Online Tracking and Publisher's Revenue: An Empirical Analysis," Carnegie Mellon University Working Paper, 2019.

(34) Gordon Pennycook and David G. Rand, "Lazy, Not Biased: Susceptibility to Partisan Fake News Is Better Explained by Lack of Reasoning Than by Motivated Reasoning," *Cognition* 188 (2019): 39–50.

(35) Adrien Friggeri et al., "Rumor Cascades," in *Eighth International AAAI Conference on Weblogs and Social Media* (2014), https://www.aaai.org/ocs/index.php/ICWSM/ICWSM14/paper/viewFile/8122/8110.

(36) Gordon Pennycook et al., "Understanding and Reducing the Spread of Misinformation Online," MIT Sloan Working Paper, 2019.

(37) Katherine Clayton et al., "Real Solutions for Fake News? Measuring the

(9) Mark J. Perry, "Free Fall: Adjusted for Inflation, Print Newspaper Advertising Revenue in 2012 Lower Than in 1950," Seeking Alpha, August 8, 2013, https://seekingalpha.com/article/1327381-free-fall-adjusted-for-inflation-print-newspaper-advertising-revenue-in-2012-lower-than-in-1950; data from the Newspaper Association of America.

(10) "Newspapers Fact Sheet," Pew Research Center—Journalism and Media, July 9, 2019, https://www.journalism.org/fact-sheet/newspapers/.

(11) Susan Athey, Markus Mobius, and Jeno Pal, "The Impact of Aggregators on Internet News Consumption," Stanford Graduate School of Business, Working Paper no. 3353, January 11, 2017, https://www.gsb.stanford.edu/faculty-research/working-papers/impact-news-aggregators-internet-news-consumption-case-localization.

(12) Garrett A. Johnson, Scott K. Shriver, and Shaoyin Du, "Consumer Privacy Choice in Online Advertising: Who Opts Out and at What Cost to Industry?," Simon Business School, Working Paper no. FR 17-19, June 19, 2019, https://papers.ssrn.com/sol3/papers.cfm?abstract_id=3020503.

(13) Dina Srinivasan, "The Antitrust Case Against Facebook: A Monopolist's Journey Towards Pervasive Surveillance in Spite of Consumers' Preference for Privacy," *Berkeley Business Law Journal* 16, no. 1 (2019): 39.

(14) Carl Shapiro, "Antitrust in a Time of Populism," *International Journal of Industrial Organization* 61 (2018): 714–48.

(15) Luigi Zingales and Guy Rolnik, "A Way to Own Your Social-Media Data," *New York Times*, June 30, 2017.

(16) Joshua Gans, "Enhancing Competition with Data and Identity Portability," Brookings Institution, Hamilton Project Policy Proposal 2018-10, June 2018, 1–23, https://www.hamiltonproject.org/assets/files/Gans_20180611.pdf.

(17) 同上、13。

(18) 同上。

(19) Augmenting Compatibility and Competition by Enabling Service Switching Act of 2019 (S. 2658), 116th Congress (2019–20), https://www.congress.gov/bill/116th-congress/senate-bill/2658/text.

(20) For a description of the project and its collaborators, see: https://datatransferproject.dev/.

(21) Annie Palmer, "Twitter CEO Jack Dorsey Has an Idealistic Vision for the Future of Social Media and Is Funding a Small Team to Chase It," CNBC, December 11, 2019.

(22) Michel Foucault, *Surveiller et punir: Naissance de la prison* (Paris: Gallimard, 1975).〔ミシェル・フーコー『監獄の誕生 ―監視と処罰』田村俶訳、新

by-five-million-penetration-down-from-47-to-35/.
(46) Abdi Latif Dahir, "Uganda's 'Regressive' Social Media Tax May Cost Its Economy Hundreds of Millions of Dollars," *Quartz*, September 1, 2018, https://qz.com/africa/1375795/ugandas-regressive-social-media-tax-may-cost-its-economy-hundreds-of-millions-of-dollars/.
(47) "One Year After Ban, Telegram Still Accessible from Russia with Growing Audience," East West Digital News, *BNE Intellinews*, May 1, 2019, https://www.intellinews.com/one-year-after-ban-telegram-still-accessible-from-russia-with-growing-audience-160502/.
(48) Matt Burgess, "This Is Why Russia's Attempts to Block Telegram Have Failed," *Wired UK*, April 28, 2018, https://www.wired.co.uk/article/telegram-in-russia-blocked-web-app-ban-facebook-twitter-google; "One Year After Ban."
(49) Vlad Savov, "Russia's Telegram Ban Is a Big, Convoluted Mess," *Verge*, April 17, 2018.

第12章　より良いハイプ・マシンを作る

(1) Elizabeth Warren, "Breaking Up Big Tech," blog post, 2019, https://2020.elizabethwarren.com/ toolkit/break-up-big-tech.
(2) Chris Hughes, "It's Time to Break Up Facebook," *New York Times*, May 9, 2019.
(3) Elizabeth Warren, tweet, October 1, 2019, https://twitter.com/ewarren/status/1179118108633636865.
(4) Lina M. Khan, "Amazon's Antitrust Paradox," *Yale Law Journal* 126, no. 3 (2016): 710.
(5) Tim O'Reilly, "Antitrust Regulators Are Using the Wrong Tools to Break Up Big Tech," *Quartz*, July 17, 2019, https://qz.com/1666863/why-big-tech-keeps-outsmarting-antitrust-regulators/.
(6) Robert Reich, "Facebook and Twitter Spread Trump's Lies, So We Must Break Them Up," *Guardian*, November 3, 2019.
(7) Matt Stoller, "Tech Companies Are Destroying Democracy and the Free Press," *New York Times*, October 17, 2019; Matt Stoller, "The Great Breakup of Big Tech Is Finally Beginning," *Guardian*, September 9, 2019.
(8) "Employment Trends in Newspaper Publishing and Other Media, 1990–2016," U.S. Bureau of Labor Statistics, June 2, 2016, https://www.bls.gov/opub/ted/2016/employment-trends-in-newspaper-publishing-and-other-media-1990-2016.htm; "Number of Daily Newspapers in the U.S. 1970–2016," *Statistica*, https://www.statista.com/statistics/183408/number-of-us-daily-newspapers-since-1975/.

Paper no. 10433, 2004.

(33) Erik Brynjolfsson, Avinash Collis, and Felix Eggers, "Using Massive Online Choice Experiments to Measure Changes in Well-Being," *Proceedings of the National Academy of Sciences* 116, no. 15 (2019): 7250–55.

(34) Hunt Allcott et al., "The Welfare Effects of Social Media," National Bureau of Economic Research, Working Paper no. 25514, 2019. The $370 billion estimate of annual welfare contributions is an extrapolation of their monthly estimate.

(35) Mark Granovetter, "The Strength of Weak Ties," *American Journal of Sociology* 78 (1973): 1360–80.

(36) Nathan Eagle, Michael Macy, and Rob Claxton, "Network Diversity and Economic Development," *Science* 328, no. 5981 (2010): 1029–31.

(37) Guillaume Saint-Jacques, Erik Brynjolfsson, and Sinan Aral, "A Causal Test of the Strength of Weak Ties," MIT Initiative on the Digital Economy Working Paper, February 2020.

(38) Luis Armona, "Online Social Network Effects in Labor Markets," Stanford University, Department of Economics Working Paper, 2018.

(39) Lynn Wu, "Social Network Effects on Productivity and Job Security: Evidence from the Adoption of a Social Networking Tool," *Information Systems Research* 24, no. 1 (2013): 30–51.

(40) Sydnee Caldwell and Nikolaj Harmon, "Outside Options, Bargaining, and Wages: Evidence from Coworker Networks," University of Copenhagen Working Paper, 2019.

(41) Eszter Hargittai and Amanda Hinnant, "Digital Inequality: Differences in Young Adults' Use of the Internet," *Communication Research* 35, no. 5 (2008): 602–21.

(42) 同上、606–7。

(43) Daron Acemoglu, "Why Do New Technologies Complement Skills? Directed Technical Change and Wage Inequality," *Quarterly Journal of Economics* 113, no. 4 (1998): 1055–89; David H. Autor, Lawrence F. Katz, and Alan B. Krueger, "Computing Inequality: Have Computers Changed the Labor Market?," *Quarterly Journal of Economics* 113, no. 4 (1998): 1169–213.

(44) Abdi Latif Dahir, "Uganda's Social Media Tax Has Led to a Drop in Internet and Mobile Money Users," *Quartz*, February 19, 2019, https://qz.com/africa/1553468/uganda-social-media-tax-decrease-internet-users-revenues/.

(45) Juliet Nanfuka, "Social Media Tax Cuts Ugandan Internet Users by Five Million, Penetration Down from 47% to 35%," Collaboration on International ICT Policy in East and Southern Africa, January 31, 2019, https://cipesa.org/2019/01/%EF%BB%BFsocial-media-tax-cuts-ugandan-internet-users-

(17) Karim Amer and Jehane Noujaim, *The Great Hack* (documentary film), Netflix (2019).

(18) Paul Cruickshank, "The Inside Story of the Paris and Brussels Attacks," CNN, October 30, 2017.

(19) "The Redirect Method: A Blueprint for Bypassing Extremism," The Redirect Method, https://redirectmethod.org/downloads/RedirectMethod-FullMethod-PDF.pdf.

(20) Patrick Berlinquette, "I Used Google Ads for Social Engineering. It Worked," *New York Times*, July 7, 2019.

(21) Edward C. Baig, "Redirecting Hate: ADL Hopes Googling KKK or Jihad Will Take You Down a Different Path," *USA Today*, June 24, 2019.

(22) "Ice Bucket Challenge," Wikipedia, https://en.wikipedia.org/wiki/Ice_Bucket_Challenge.

(23) Michelle Castillo, "Study: Allowing Organ Donation Status on Facebook Increased Number of Donors," CBS News, June 18, 2013; Andrew M. Cameron et al., "Social Media and Organ Donor Registration: The Facebook Effect," *American Journal of Transplantation* 13, no. 8 (2013): 2059–65.

(24) Tom Risen, "Mobile Phones, Social Media Aiding Ebola Fight," *US News*, October 10, 2014.

(25) Meg Carter, "How Twitter May Have Helped Nigeria Contain Ebola," *British Medical Journal* 349 (2014).

(26) Martin Giles, "The Cambridge Analytica Affair Reveals Facebook's 'Transparency Paradox,' " *MIT Technology Review*, March 19, 2018, https://www.technologyreview.com/s/610577/the-cambridge-analytica-affair-reveals-facebooks-transparency-paradox/.

(27) Nick Statt, "Facebook CEO Mark Zuckerberg Says the 'Future Is Private,' " *Verge*, April 30, 2019.

(28) Daniel Victor, "In Christchurch, Signs Point to a Gunman Steeped in Internet Trolling," *New York Times*, March 15, 2019.

(29) Julia Carrie Wong, "US, UK and Australia Urge Facebook to Create Backdoor Access to Encrypted Messages," *Guardian*, October 3, 2019.

(30) "FBI Director Warns Facebook Could Become Platform of 'Child Pornographers,' " Reuters, October 4, 2019.

(31) Craig Silverman, "Facebook Said It Would Give Detailed Data to Academics. They're Still Waiting," *BuzzFeed*, August 22, 2019; Craig Silverman, "Funders Have Given Facebook a Deadline to Share Data with Researchers or They're Pulling Out," *BuzzFeed*, August 27, 2019.

(32) William D. Nordhaus, "Schumpeterian Profits in the American Economy: Theory and Measurement," National Bureau of Economic Research, Working

(3) Anthony Faiola and Griff Witte, "Massive Crowds Join March for Solidarity in Paris," *Washington Post*, January 11, 2015.

(4) Jennifer M. Larson et al., "Social Networks and Protest Participation: Evidence from 130 Million Twitter Users," *American Journal of Political Science* 63, no. 3 (2019): 690–705.

(5) V. Walt, "With Telegram, a Reclusive Social Media Star Rises Again," *Fortune*, February 23, 2016.

(6) "Top Websites Ranking," SimilarWeb, https://www.similarweb.com/top-websites/category/internet-and-telecom/social-network.

(7) E. Hartog, "How Telegram Became the Durov Brothers' Weapon Against Surveillance," *Moscow Times*, March 3, 2016, https://www.themoscowtimes.com/2016/03/03/how-telegram-became-the-durov-brothers-weapon-against-surveillance-a52042.

(8) D. Hakim, "Once Celebrated in Russia, the Programmer Pavel Durov Chooses Exile," *New York Times*, December 2, 2014.

(9) I. Lunden, "Pavel Durov Resigns as Head of Russian Social Network VK.com, Ukraine Conflict Was the Tipping Point," *TechCrunch*, April 1, 2014, https://techcrunch.com/2014/04/01/founder-pavel-durov-says-hes-stepped-down-as-head-of-russias-top-social-network-vk-com/.

(10) Ruben Enikolopov, Alexey Makarin, and Maria Petrova, "Social Media and Protest Participation: Evidence from Russia," *Econometrica*, November 15, 2019, https://ssrn.com/abstract=2696236.

(11) Zeynep Tufekci, *Twitter and Tear Gas: The Power and Fragility of Networked Protest* (New Haven, Conn.: Yale University Press, 2017).〔ゼイナップ・トゥフェックチー『ツイッターと催涙ガス』毛利嘉孝監修・中林敦子訳、日販アイ・ピー・エス、2018年〕

(12) Steven Lee Myers and Paul Mozur, "China Is Waging a Disinformation War Against Hong Kong Protesters," *New York Times*, August 13, 2019.

(13) Gary King, Jennifer Pan, and Margaret E. Roberts, "How the Chinese Government Fabricates Social Media Posts for Strategic Distraction, Not Engaged Argument," *American Political Science Review* 111, no. 3 (2017): 484–501.

(14) Tufekci, *Twitter and Tear Gas*, xiv.

(15) Andrew Neiman, "Telegram Users Growth Compared to Other IM Services," *Telegram Geeks*, March 1, 2016, https://telegramgeeks.com/2016/03/telegram-users-growth-compared/.

(16) Mansoor Iqbal, "Telegram Revenue and Usage Statistics (2019)," *Business of Apps*, November 6, 2019, https://www.businessofapps.com/data/telegram-statistics/.

(2015): 1130–32.
(32) Jörg Claussen, Christian Peukert, and Ananya Sen, "The Editor vs. the Algorithm: Economic Returns to Data and Externalities in Online News," November 12, 2019, https://papers.ssrn.com/sol3/papers.cfm?abstract_id=3479854.
(33) David Holtz, Ben Carterette, and Sinan Aral, "The Engagement-Diversity Trade-Off: Evidence from a Field Experiment on Spotify," MIT Sloan Working Paper, 2020.
(34) Ro'ee Levy, "Social Media, News Consumption, and Polarization: Evidence from a Field Experiment," Yale Working Paper, 2020, https://levyroee.github.io/Papers/Social_Media_and_Polarization.pdf.
(35) Alberto F. Alesina, Armando Miano, and Stefanie Stantcheva, "The Polarization of Reality," National Bureau of Economic Research, Working Paper no. 26675, January 2020, https://www.nber.org/papers/w26675.
(36) Morris H. DeGroot, "Reaching a Consensus," *Journal of the American Statistical Association* 69, no. 345 (1974): 118–21.
(37) "Facebook's WhatsApp Limits Users to Five Text Forwards to Curb Rumors," Reuters, January 21, 2019.
(38) Benjamin Golub and Matthew O. Jackson, "Naive Learning in Social Networks and the Wisdom of Crowds," *American Economic Journal: Microeconomics* 2, no. 1 (2010): 112–49.
(39) 同上、114–15。
(40) Golub and Jackson were motivated by prior work, like Bala Venkatesh and Sanjeev Goyal, "Learning from Neighbors," *Review of Economic Studies* 65 (1998): 595–621; Daron Acemoglu et al., "Bayesian Learning in Social Networks," *Review of Economic Studies* 78, no. 4 (2011): 1201–36.
(41) Joshua Becker, Devon Brackbill, and Damon Centola, "Network Dynamics of Social Influence in the Wisdom of Crowds," *Proceedings of the National Academy of Sciences* 114, no. 26 (2017): E5070–76.
(42) Abdullah Almaatouq et al., "Adaptive Social Networks Promote the Wisdom of Crowds," *Proceedings of the National Academy of Sciences*, forthcoming.

第11章　ソーシャル・メディアの可能性と危険性

(1) Thomas Fuller and Chris Buckley, "Earthquake Aftershocks Jolt Nepal as Death Toll Rises Above 3,400," *New York Times*, April 26, 2015.
(2) Ken Yeung, "Over 770K Facebook Users Donated $15M to Support Nepal Earthquake Relief," *Venture Beat*, September 28, 2015, https://venturebeat.com/2015/09/28/over-770k-facebook-users-donated-15m-to-support-nepal-earthquake-relief/.

Gary C. Jacobson, "Partisan Polarization in Presidential Support: The Electoral Connection," *Congress and the Presidency* 30, no. 1 (2003): 1–36.

(20) Gentzkow, "Polarization in 2016."

(21) 同上、12。

(22) Suzanne Kapner and Dante Chinni, "Are Your Jeans Red or Blue? Shopping America's Partisan Divide," *Wall Street Journal*, November 19, 2019.

(23) Shanto Iyengar et al., "The Origins and Consequences of Affective Polarization in the United States," *Annual Review of Political Science* 22 (2019): 129–46.

(24) Mark Muro and Jacob Whiton, "America Has Two Economies—and They're Diverging Fast," Brookings Institution, September 19, 2019, https://www.brookings.edu/blog/the-avenue/2019/09/10/america-has-two-economies-and-theyre-diverging-fast/?mod=article_inline; Aaron Zitner and Dante Chinni, "Democrats and Republicans Live in Different Worlds," *Wall Street Journal*, September 20, 2019.

(25) Kevin Arceneaux and Martin Johnson, *Changing Minds or Changing Channels? Partisan News in an Age of Choice* (Chicago: University of Chicago Press, 2013).

(26) Cass R. Sunstein, *Republic.com* (Princeton: Princeton University Press, 2001)〔キャス・サンスティーン『インターネットは民主主義の敵か』石川幸憲訳、毎日新聞社、2003年〕; Eli Pariser, *The Filter Bubble: What the Internet Is Hiding from You* (London: Penguin UK, 2011).〔イーライ・パリサー『フィルターバブル――インターネットが隠していること』井口耕二訳、早川書房、2016年〕

(27) Yphtach Lelkes, Gaurav Sood, and Shanto Iyengar, "The Hostile Audience: The Effect of Access to Broadband Internet on Partisan Affect," *American Journal of Political Science* 61, no. 1 (2017): 5–20.

(28) Levi Boxell, Matthew Gentzkow, and Jesse M. Shapiro, "Greater Internet Use Is Not Associated with Faster Growth in Political Polarization Among US Demographic Groups," *Proceedings of the National Academy of Sciences* 114, no. 40 (2017): 10612–17; Matthew Gentzkow and Jesse M. Shapiro, "Ideological Segregation Online and Offline," *Quarterly Journal of Economics* 126, no. 4 (2011): 1799–839.

(29) Levi Boxell, Matthew Gentzkow, and Jesse M. Shapiro, "Cross-Country Trends in Affective Polarization," National Bureau of Economic Research, Working Paper no. 26669, January 2020, https://www.nber.org/papers/w26669.

(30) 同上。

(31) Eytan Bakshy, Solomon Messing, and Lada A. Adamic, "Exposure to Ideologically Diverse News and Opinion on Facebook," *Science* 348, no. 6239

Reviews Have a J-Shaped Distribution? Overcoming Biases in Online Word-of-Mouth Communication," *Communications of the ACM* 52, no. 10 (2009): 144–47; Nan Hu, Paul A. Pavlou, and Jennifer Zhang, "Can Online Reviews Reveal a Product's True Quality? Empirical Findings and Analytical Modeling of Online Word-of-Mouth Communication," in *Proceedings of the 7th ACM Conference on Electronic Commerce* (New York: ACM, 2006), 324–30.

(10) Jeremy Ginsberg et al., "Detecting Influenza Epidemics Using Search Engine Query Data," *Nature* 457, no. 7232 (2009): 1012.

(11) David Lazer et al., "The Parable of Google Flu: Traps in Big Data Analysis," *Science* 343, no. 6176 (2014): 1203–5.

(12) Surowiecki, *Wisdom of Crowds*, 55.

(13) Lu Hong and Scott E. Page, "Groups of Diverse Problem Solvers Can Outperform Groups of High-Ability Problem Solvers," *Proceedings of the National Academy of Sciences* 101, no. 46 (2004): 16385–89; Scott E. Page, *The Difference: How the Power of Diversity Creates Better Groups, Firms, Schools, and Societies*, rev. ed. (Princeton: Princeton University Press, 2008).〔スコット・ペイジ『「多様な意見」はなぜ正しいのか』水谷淳訳、日経BP社、2009年〕

(14) "Political Polarization, 1994–2017," Pew Research Center, October 20, 2017, https://www.people-press.org/interactives/political-polarization-1994-2017/.

(15) Matthew Gentzkow, "Polarization in 2016," Toulouse Network for Information Technology white paper (2016), http://web.stanford.edu/~gentzkow/research/PolarizationIn2016.pdf.

(16) Bill Bishop, *The Big Sort: Why the Clustering of Like-Minded America Is Tearing Us Apart* (New York: Houghton Mifflin, 2008); Bill Bishop, "Caught in a Landslide—County-Level Voting Shows Increased 'Sorting,' " *Daily Yonder*, November 21, 2016, https://www.dailyyonder.com/caught-in-a-landslide-county-level-voting-shows-increased-sorting/2016/11/21/16361/.

(17) Marc J. Hetherington, "Resurgent Mass Partisanship: The Role of Elite Polarization," *American Political Science Review* 95, no. 3 (2001): 619–31; William G. Mayer, "Mass Partisanship, 1946–1996," in *Partisan Approaches to Postwar American Politics*, ed. Byron E. Shafer (New York: Chatham House, 1998).

(18) Larry Bartels, "Electoral Continuity and Change, 1868–1996," *Electoral Studies* 17, no. 3 (1998): 301–26.

(19) Richard Fleisher and John R. Bond, "The Shrinking Middle in the US Congress," *British Journal of Political Science* 34, no. 3 (2004): 429–51;

no. 7 (2006): 970–82.

(26) Festinger, “A Theory of Social Comparison Processes,” 126.

(27) Nelli Hankonen et al., “Gender Differences in Social Cognitive Determinants of Exercise Adoption,” *Psychology and Health* 25, no. 1 (2010): 55–69.

(28) Shan Huang et al., “Social Advertising Effectiveness Across Products: A Large-Scale Field Experiment,” *Marketing Science*, forthcoming.

(29) Robert M. Bond et al., “A 61-Million-Person Experiment in Social Influence and Political Mobilization,” *Nature* 489, no. 7415 (2012): 295

第10章　群衆の知恵と狂気

(1) James Surowiecki, *The Wisdom of Crowds* (New York: Anchor, 2005).〔ジェームズ・スロウィッキー『「みんなの意見」は案外正しい』小高尚子訳、角川書店、2006年〕

(2) Francis Galton, “Vox Populi,” *Nature* 75, no. 7 (1907): 450–51.

(3) “Through the Eyes of the Consumer,” Consumer Shopping Habits Survey, Channel Advisor, 2010, http://docplayer.net/18410379-Channeladvisor-white-paper-through-the-eyes-of-the-consumer-2010-consumer-shopping-habits-survey.html; “Study Shows 97% of People Buy from Local Businesses They Discover on Yelp,” Nielsen Survey Commissioned by Yelp, October 11, 2019, https://blog.yelp.com/2019/10/study-shows-97-of-people-buy-from-local-businesses-they-discover-on-yelp.

(4) Lev Muchnik, Sinan Aral, and Sean J. Taylor, “Social Influence Bias: A Randomized Experiment,” *Science* 341, no. 6146 (2013): 647–51; Sinan Aral, “The Problem with Online Ratings,” *MIT Sloan Management Review* 55, no. 2 (2014): 47.

(5) Jamil Zaki, Jessica Schirmer, and Jason P. Mitchell, “Social Influence Modulates the Neural Computation of Value,” *Psychological Science* 22, no. 7 (2011): 894–900.

(6) Daniel K. Campbell-Meiklejohn et al., “How the Opinion of Others Affects Our Valuation of Objects,” *Current Biology* 20, no. 13 (2010): 1165.

(7) Matthew J. Salganik, Peter Sheridan Dodds, and Duncan J. Watts, “Experimental Study of Inequality and Unpredictability in an Artificial Cultural Market,” *Science* 311, no. 5762 (2006): 854–56; Duncan J. Watts, *Everything Is Obvious* (*Once You Know the Answer)* (New York: Crown Business, 2011).〔ダンカン・ワッツ『偶然の科学』青木創訳、早川書房、2012年〕

(8) Stanley Milgram, Leonard Bickman, and Lawrence Berkowitz, “Note on the Drawing Power of Crowds of Different Size,” *Journal of Personality and Social Psychology* 13, no. 2 (1969): 79.

(9) Nan Hu, Paul A. Pavlou, and Jie Jennifer Zhang, “Why Do Online Product

com/en_us/article/mg9vvn/how-our-likes-helped-trump-win.

(11) John Morgan, "Michal Kosinski: Enemy of Privacy or Just a Whistleblower?," *Times Higher Education*, March 22, 2018, https://www.timeshighereducation.com/features/michal-kosinski-enemy-privacy-or-just-whistleblower.

(12) Dean Eckles, Brett R. Gordon, and Garrett A. Johnson, "Field Studies of Psychologically Targeted Ads Face Threats to Internal Validity," *Proceedings of the National Academy of Sciences* 115, no. 23 (2018): E5254–55.

(13) "Trending on Instagram," *Instagram Engineering*, July 6, 2015, https://instagram-engineering.com/trending-on-instagram-b749450e6d93.

(14) Seth Fiegerman, "Report: Twitter Now Charges $200,000 for Promoted Trends," *TechCrunch*, February 11, 2013: https://mashable.com/2013/02/11/report-twitter-now-charges-200000-for-promoted-trends/.

(15) Molly McKew, "How Twitter Bots and Trump Fans Made #ReleaseTheMemo Go Viral," *Politico*, February 4, 2018.

(16) Albert-László Barabási and Réka Albert, "Emergence of Scaling in Random Networks," *Science* 286, no. 5439 (1999): 509–12.

(17) Linhong Zhu and Kristina Lerman, "Attention Inequality in Social Media," *arXiv:1601.07200* (2016).

(18) Sinan Aral and Marshall Van Alstyne, "The Diversity-Bandwidth Trade-Off," *American Journal of Sociology* 117, no. 1 (2011): 90–171.

(19) Sinan Aral and Paramveer S. Dhillon, "Social Influence Maximization Under Empirical Influence Models," *Nature Human Behaviour* 2, no. 6 (2018): 375–82.

(20) Lynn Wu et al., "Mining Face-to-Face Interaction Networks Using Sociometric Badges: Predicting Productivity in an IT Configuration Task," in *Proceedings of the 29th Annual International Conference on Information Systems* (Paris, 2008).

(21) Sean J. Taylor, Lev Muchnik, and Sinan Aral, "What's in a Username? Identity Cue Effects in Social Media," MIT Working Paper, July 23, 2019, http://dx.doi.org/10.2139/ssrn.2538130.

(22) Sinan Aral and Christos Nicolaides, "Exercise Contagion in a Global Social Network," *Nature Communications* 8, no. 1 (2017): 1–8.

(23) Leon Festinger, "A Theory of Social Comparison Processes," *Human Relations* 7, no. 2 (1954): 117–40.

(24) Tesser, "Toward a Self-Evaluation Maintenance Model of Human Behavior," *Advances in Experimental Social Psychology* 21 (1988).

(25) Stephen M. Garcia, Avishalom Tor, and Richard Gonzalez, "Ranks and Rivals: A Theory of Competition," *Personality and Social Psychology Bulletin* 32,

9989 (2015): 145–53.

(28) "Influencer Marketing Benchmarks Report," *InfluencerDB*, 2019, https://cdn2.hubspot.net/hubfs/4030790/MARKETING/Resources/Education/E-Books/Influencer%20Marketing%20Benchmarks%20Report%202019/InfluencerDB_Influencer-Marketing-Benchmarks-Report-2019.pdf.

(29) Eytan Bakshy et al., "Everyone's an Influencer: Quantifying Influence on Twitter," in *Proceedings of the Fourth ACM International Conference on Web Search and Data Mining* (New York: ACM, 2011), 65–74.

(30) Sinan Aral and Paramveer S. Dhillon, "Social Influence Maximization Under Empirical Influence Models," *Nature Human Behaviour* 2, no. 6 (2018): 375–82.

第９章　アテンション・エコノミーとトレンド独裁

(1) Alexander Nix, "Cambridge Analytica—the Power of Big Data and Psychographics," Concordia Annual Summit, New York, 2016, https://www.youtube.com/watch?v=n8Dd5aVXLCc.

(2) "Exposed: Undercover Secrets of Trump's Data Firm," Channel 4 News, March 20, 2018, https://www.channel4.com/news/exposed-undercover-secrets-of-donald-trump-data-firm-cambridge-analytica.

(3) Avi Goldfarb and Catherine E. Tucker, "Privacy Regulation and Online Advertising," *Management Science* 57, no. 1 (2011): 57–71.

(4) Claudia Perlich et al., "Machine Learning for Targeted Display Advertising: Transfer Learning in Action," *Machine Learning* 95, no. 1 (2014): 103–27.

(5) Alexander Bleier and Maik Eisenbeiss, "Personalized Online Advertising Effectiveness: The Interplay of What, When, and Where," *Marketing Science* 34, no. 5 (2015): 669–88.

(6) Christopher A. Summers, Robert W. Smith, and Rebecca Walker Reczek, "An Audience of One: Behaviorally Targeted Ads as Implied Social Labels," *Journal of Consumer Research* 43, no. 1 (2016): 156–78.

(7) Nico Neumann, Catherine E. Tucker, and Timothy Whitfield, "Frontiers: How Effective Is Third-Party Consumer Profiling? Evidence from Field Studies," *Marketing Science* 38, no. 6 (2019): 918–26.

(8) "The State of Data," Interactive Advertising Bureau and Winterberry Group, 2018, https://www.iab.com/insights/the-state-of-data-2018/.

(9) Sandra C. Matz et al., "Psychological Targeting as an Effective Approach to Digital Mass Persuasion," *Proceedings of the National Academy of Sciences* 114, no. 48 (2017): 12714–19.

(10) Hannes Grassegger and Mikael Krogerus, "The Data That Turned the World Upside Down," Motherboard, Vice.com, January 28, 2017, https://www.vice.

(16) Tyler McCall, "How Arielle Charnas Turned Her Blog, 'Something Navy,' Into a Lifestyle Brand," *Fashionista*, September 24, 2018, https://fashionista.com/2018/09/something-navy-arielle-charnas-career.

(17) Elihu Katz and Paul F. Lazarsfeld, *Personal Influence: The Part Played by People in the Flow of Mass Communications* (New York: Free Press, 1955). 〔E・カッツ、P・F・ラザースフェルド『パーソナル・インフルエンス』竹内郁郎訳、培風館、1965年〕

(18) Malcolm Gladwell, *The Tipping Point: How Little Things Can Make a Big Difference* (Boston: Little, Brown, 2000).〔マルコム・グラッドウェル『ティッピング・ポイント――いかにして「小さな変化」が「大きな変化」を生み出すか』高橋啓訳、飛鳥新社、2000年〕

(19) "Influencing Set to Become $10B Industry by 2020," *Yahoo! Finance*, September 27, 2019, https://www.msn.com/en-us/money/topstocks/influencing-set-to-become-dollar10b-industry-by-2020/vi-AAHWrRc.

(20) Gregory Ferenstein, "Dear Klout, This Is How You Measure Influence," *TechCrunch*, June 6, 2012, http://techcrunch.com/2012/06/21/science-social-contagion-klout/.

(21) Sinan Aral, "Commentary—Identifying Social Influence: A Comment on Opinion Leadership and Social Contagion in New Product Diffusion," *Marketing Science* 30, no. 2 (2011): 217–23, http://mktsci.journal.informs.org/content/30/2/217.abstract.

(22) Sinan Aral and Dylan Walker, "Identifying Influential and Susceptible Members of Social Networks," *Science* 337, no. 6092 (2012): 337–41, http://www.sciencemag.org/content/337/6092/337.

(23) Sinan Aral and Dylan Walker, "Tie Strength, Embeddedness, and Social Influence: A Large-Scale Networked Experiment," *Management Science* 60, no. 6 (2014): 1352–70.

(24) Pedro Domingos and Matt Richardson, "Mining the Network Value of Customers," in *Proceedings of the Seventh ACM SIGKDD International Conference on Knowledge Discovery and Data Mining* (New York: ACM, 2001), 57–66.

(25) Kate Taylor, "Kim Kardashian Revealed in a Lawsuit That She Demands up to Half a Million Dollars for a Single Instagram Post and Other Details About How Much She Charges for Endorsement Deals," *Business Insider*, May 9, 2019.

(26) Scott L. Feld, "Why Your Friends Have More Friends Than You Do," *American Journal of Sociology* 96, no. 6 (1991): 1464–77.

(27) David A. Kim et al., "Social Network Targeting to Maximise Population Behaviour Change: A Cluster Randomised Controlled Trial," *Lancet* 386, no.

driver-referral-code-rules-photos-reddit/.

(4) Sinan Aral and Sean Taylor, "Viral Incentive Systems: A Randomized Field Experiment," Work-shop on Information Systems Economics, Shanghai, China, 2011.

(5) ディレクTVのこの広告キャンペーンについては、http://www.directv.com/DTVAPP/referral/referralProgram.jsp を参照。

(6) Sinan Aral, Lev Muchnik, and Arun Sundararajan, "Distinguishing Influence-Based Contagion from Homophily-Driven Diffusion in Dynamic Networks," *Proceedings of the National Academy of Sciences* 106, no. 51 (2009):21544–49.

(7) Paul R. Rosenbaum and Donald B. Rubin, "Constructing a Control Group Using Multivariate Matched Sampling Methods That Incorporate the Propensity Score," *American Statistician* 39, no. 1 (1985): 33–38; Dean Eckles and Eytan Bakshy, "Bias and High-Dimensional Adjustment in Observational Studies of Peer Effects," *arXiv:1706.04692* (2017).

(8) Eytan Bakshy et al., "Social Influence in Social Advertising: Evidence from Field Experiments," in *Proceedings of the 13th ACM Conference on Electronic Commerce* (New York: ACM, 2012), 146–61.

(9) Shan Huang et al., "Social Advertising Effectiveness Across Products: A Large-Scale Field Experiment," *Marketing Science*, forthcoming.

(10) Jonah Berger, *Contagious: Why Things Catch On* (New York: Simon & Schuster, 2013).〔ジョーナ・バーガー『なぜ「あれ」は流行るのか?』貫井佳子訳、日本経済新聞出版社、2013年〕

(11) Jonah Berger and Katherine L. Milkman, "What Makes Online Content Viral?," *Journal of Marketing Research* 49, no. 2 (2012): 192–205.

(12) Steve Jurvetson, "What Exactly Is Viral Marketing?," *Red Herring* 78 (2000): 110–12.

(13) Sinan Aral and Dylan Walker, "Creating Social Contagion Through Viral Product Design: A Randomized Trial of Peer Influence in Networks," *Management Science* 57, no. 9 (2011): 1623–39.

(14) Rachel Strugatz, "Bloggers and Digital Influencers Are Reshaping the Fashion and Beauty Landscape," *Los Angeles Times*, August 10, 2016.

(15) Lisa Lockwood, "Something Navy Crashes Site, Beats Expectations at Nordstrom," *WWD*, September 25, 2018, https://wwd.com/fashion-news/fashion-scoops/something-navy-crashes-site-beats-expectations-nordstrom-1202845078/; Merin Curotto, "Something Navy's Arielle Charnas Is More Successful Than Ever—but at What Price?," *Observer*, December 12, 2018, https://observer.com/2018/12/something-navy-star-arielle-charnas-launching-nordstrom-holiday-line/.

第7章　過剰な社交（ハイパーソーシャライゼーション）

(1) Mark Zuckerberg, "Historic Facebook Campaign Will Boost Voter Registration, Turnout and Voices," *USA Today*, June 16, 2020.

(2) Robert M. Bond et al., "A 61-Million-Person Experiment in Social Influence and Political Mobilization," *Nature* 489, no. 7415 (2012): 295.

(3) Jason J. Jones et al., "Social Influence and Political Mobilization: Further Evidence from a Randomized Experiment in the 2012 US Presidential Election," *PloS One* 12, no. 4 (2017): e0173851.

(4) Jen See, "This Is What a Gold Medal Strava File Looks Like," *Men's Journal*, n.d., https://www.mensjournal.com/sports/this-is-what-a-gold-medal-strava-file-looks-like-w433826/.

(5) Strava, "Year in Sport 2018," November 28, 2018, https://blog.strava.com/press/2018-year-in-sport/.

(6) Sinan Aral and Christos Nicolaides, "Exercise Contagion in a Global Social Network," *Nature Communications* 8 (2017): 14753.

(7) Sinan Aral and Michael Zhao, "Social Media Sharing and Online News Consumption," February 4, 2019, https://ssrn.com/abstract=3328864.

(8) Michael J. Rosenfeld, Reuben J. Thomas, and Sonia Hausen, "Disintermediating Your Friends: How Online Dating in the United States Displaces Other Ways of Meeting," *Proceedings of the National Academy of Sciences* 116, no. 36 (2019): 17753–58.

(9) Ravi Bapna et al., "One-Way Mirrors in Online Dating: A Randomized Field Experiment," *Management Science* 62, no. 11 (2016): 3100–122.

(10) Yuan Yuan et al., "Social Contagion of Gift Exchange in Online Groups," *arXiv:1906.09698v2* (2019).

(11) Adam D. I. Kramer, Jamie E. Guillory, and Jeffrey T. Hancock, "Experimental Evidence of Massive-Scale Emotional Contagion Through Social Networks," *Proceedings of the National Academy of Sciences* 111, no. 24 (2014): 8788–90.

第8章　社交的すぎる世界を生きるための戦略

(1) Shawndra Hill, Foster Provost, and Chris Volinsky, "Network-Based Marketing: Identifying Likely Adopters via Consumer Networks," *Statistical Science* 21, no. 2 (2006): 256–76.

(2) "Global Trust in Advertising Report," Nielsen, September 2015, https://www.nielsen.com/wp-content/uploads/sites/3/2019/04/global-trust-in-advertising-report-sept-2015-1.pdf.

(3) "Joseph Ziyaee: 5 Fast Facts You Need to Know," https://heavy.com/news/2016/02/joseph-ziyaee-king-of-uber-90k-how-to-make-money-uber-

(18) Thomas Blake, Chris Nosko, and Steven Tadelis, "Consumer Heterogeneity and Paid Search Effectiveness: A Large-Scale Field Experiment," *Econometrica* 83, no. 1 (2015): 155–74.

(19) 同上。

(20) Randall A. Lewis and David H. Reiley, "Online Ads and Offline Sales: Measuring the Effect of Retail Advertising via a Controlled Experiment on Yahoo!," *Quantitative Marketing and Economics* 12, no. 3 (2014): 235–66.

(21) Garrett A. Johnson, Randall A. Lewis, and Elmar I. Nubbemeyer, "Ghost Ads: Improving the Economics of Measuring Online Ad Effectiveness," *Journal of Marketing Research* 54, no. 6 (2017): 867–84.

(22) Gordon et al., "A Comparison of Approaches to Advertising Measurement: Evidence from Big Field Experiments at Facebook," 193–225.

(23) Randall A. Lewis and Justin M. Rao, "The Unfavorable Economics of Measuring the Returns to Advertising," *Quarterly Journal of Economics* 130, no. 4 (2015): 1941–73.

(24) Lewis and Reiley, "Online Ads and Offline Sales," 244.

(25) Blake et al., "Consumer Heterogeneity and Paid Search Effectiveness," 159.

(26) Marc Pritchard, chief brand officer, Procter & Gamble, "Better Advertising Enabled by Media Transparency," speech at the Internet Advertising Bureau's annual leadership meeting, January 29, 2017, https://www.youtube.com/watch?v=NEUCOsphol0.

(27) J. Neff, "Procter & Gamble's Best Sales in a Decade Come Despite Drop in Ad Spending," *AdAge*, July 2019.

(28) D. Christe, "P&G's Sales Jump as Ad Spending Shrinks, Data-Driven Marketing Ramps Up," *Marketing Dive*, July 2019.

(29) E. Hammett, "P&G Puts Focus on Reach: It's a More Important Measure Than Spend," *MarketingWeek*, June 2019.

(30) Neff, "Procter & Gamble's Best Sales in a Decade."

(31) Erica Sweeney, "P&G Tweaks Media Model as In-Housing Shift Continues Apace," *Marketing Dive*, January 17, 2019, https://www.marketingdive.com/news/pg-tweaks-media-model-as-in-housing-shift-continues-apace/546265/.

(32) Sarah Vizard and Molly Fleming, "P&G 'Doubles Down' on Marketing as Demand Soars," *MarketingWeek*, April 17, 2020.

(7) John Sides, Michael Tesler, and Lynn Vavreck, *Identity Crisis: The 2016 Presidential Campaign and the Battle for the Meaning of America* (Princeton: Princeton University Press, 2018).

(8) Hunt Allcott and Matthew Gentzkow, "Social Media and Fake News in the 2016 Election," *Journal of Economic Perspectives* 31, no. 2 (2017): 211–36; Andrew Guess, Brendan Nyhan, and Jason Reifler, "Selective Exposure to Misinformation: Evidence from the Consumption of Fake News During the 2016 US Presidential Campaign," *European Research Council* (2018), 9; N. Grinberg et al., "Fake News on Twitter During the 2016 US Presidential Election," *Science* 363, no. 6425 (2019): 374–78.

(9) Kathleen Hall Jamieson, *Cyberwar: How Russian Hackers and Trolls Helped Elect a President* (New York: Oxford University Press, 2018).

(10) Brett R. Gordon et al., "A Comparison of Approaches to Advertising Measurement: Evidence from Big Field Experiments at Facebook," *Marketing Science* 38, no. 2 (2019): 193–225.

(11) Sinan Aral, Lev Muchnik, and Arun Sundararajan, "Distinguishing Influence-Based Contagion from Homophily-Driven Diffusion in Dynamic Networks," *Proceedings of the National Academy of Sciences* 106, no. 51 (2009): 21544–49; Dean Eckles and Eytan Bakshy, "Bias and High-Dimensional Adjustment in Observational Studies of Peer Effects," *arXiv:1706.04692* (2017).

(12) Sandra C. Matz et al., "Psychological Targeting as an Effective Approach to Digital Mass Persuasion," *Proceedings of the National Academy of Sciences* 114, no. 48 (2017): 12714–19.

(13) Dean Eckles, Brett R. Gordon, and Garrett A. Johnson, "Field Studies of Psychologically Targeted Ads Face Threats to Internal Validity," *Proceedings of the National Academy of Sciences* 115, no. 23 (2018): E5254–55.

(14) Joshua D. Angrist, "Lifetime Earnings and the Vietnam Era Draft Lottery: Evidence from Social Security Administrative Records," *American Economic Review* 80, no. 3 (1990): 313–36.

(15) Panagiotis Papadimitriou et al., "Display Advertising Impact: Search Lift and Social Influence," in *Proceedings of the 17th ACM SIGKDD International Conference on Knowledge Discovery and Data Mining* (New York: ACM, 2011), 1019–27.

(16) Pavel Kireyev, Koen Pauwels, and Sunil Gupta, "Do Display Ads Influence Search? Attribution and Dynamics in Online Advertising," *International Journal of Research in Marketing* 33, no. 3 (2016): 475–90.

(17) Rob Cain, framework slide shared with Ravi Bapna as part of his executive teaching at the Carlson School of Management at the University of Minnesota.

54歳までの男性は、25歳から34歳までの女性に高い価値を置くが、女性の側はそうでもない。また、大半のユーザーは、25歳から34歳までの男性に高い価値を置くが、その層の男性の側は他のユーザーにさほどの価値を置いていない場合が多い。Seth G. Benzell and Avinash Collis, "Multi-sided Platform Strategy, Taxation, and Regulation: A Quantitative Model and Application to Facebook," MIT Working Paper, 2019, https://pdfs.semanticscholar.org/9d69/1d88bd56c09006d903255129f858d0109ec6.pdf.

(11) Yong-Yeol Ahn et al., "Analysis of Topological Characteristics of Huge Online Social Networking Services," in *Proceedings of the 16th International Conference on World Wide Web* (New York: ACM, 2007), 835–44.

(12) Rohlfs, "Theory of Interdependent Demand," section 5.

(13) Aja Romano, "Saying Goodbye to AIM, the Instant Messenger That Changed How We Communicate," *Vox*, December 15, 2017.

(14) Saul Hansell, "In Cyberspace, Rivals Skirmish over Messaging," *New York Times*, July 24, 1999.

(15) Matthew Nelson, "AOL's AIM Gets Bugged," CNN, August 20, 1999.

第 6 章　大衆説得の個人化

(1) *United States of America v. Internet Research Agency LLC*, 18 U.S.C. §§ 2, 371, 1349, 1028A, https://www.justice.gov/file/1035477/download.

(2) Philip N. Howard et al., "Social Media, News and Political Information During the US Election: Was Polarizing Content Concentrated in Swing States?," *arXiv:1802.03573* (2018).

(3) Renee DiResta et al., *The Tactics and Tropes of the Internet Research Agency*, Investigation of Russian Interference prepared for the U.S. Senate Select Committee on Intelligence (New Knowledge, 2019), https://int.nyt.com/data/documenthelper/533-read-report-internet-research-agency/7871ea6d5b7bedafbf19/optimized/full.pdf.

(4) Catherine Shu, "Online Coupon Site RetailMeNot Acquired for $630 Million," *TechCrunch*, April 11, 2017, https://techcrunch.com/2017/04/10/online-coupon-site-retailmenot-acquired-for-630-million/.

(5) DiResta et al., *Tactics and Tropes of the Internet Research Agency*; Philip N. Howard et al., *The IRA, Social Media and Political Polarization in the United States, 2012–2018*, Investigation of Russian Interference prepared for the U.S. Senate Select Committee on Intelligence (Graphika, 2019), https://int.nyt.com/data/documenthelper/534-oxford-russia-internet-research-agency/c6588b4a7b940c551c38/optimized/full.pdf.

(6) Nate Silver, tweet, December 17, 2018, https://twitter.com/natesilver538/status/107483371493 1224582?lang=en.

(Boston: Geo. H. Ellis Co., 1909), https://beatriceco.com/bti/porticus/bell/pdf/1908ATTar_Complete.pdf.

(3) This example is drawn from a class that I co-developed and co-taught with Arun Sundararajan, Anindya Ghose, Panos Ipeirotis, and others while a professor at the NYU Stern School of Business. Credit for this example is shared among these colleagues, especially Arun Sundararajan, who was responsible for revamping this class in the mid-2000s.

(4) Casey Johnston, "Microsoft Pays '$100,000 or More' to Get Devs Coding for Windows Phone," *Ars Technica*, June 14, 2013, https://arstechnica.com/information-technology/2013/06/microsoft-pays-100000-or-more-to-get-devs-coding-for-windows-phone/.

(5) S. O'Dea, "Subscriber Share Held by Smartphone Operating Systems in the United States from 2012 to 2019," *Statistica*, February 28, 2020, https://www.statista.com/statistics/266572/market-share-held-by-smartphone-platforms-in-the-united-states/.

(6) "Mobile Operating System Market Share Worldwide, February 2019–February 2020," *Statcounter*, n.d., https://gs.statcounter.com/os-market-share/mobile/worldwide.

(7) You can see Jimmy Fallon's interview with Sean Parker here: https://www.youtube.com/watch?v=yCyMz-u-HcQ. Their discussion of network effects and Facebook's go-to-market strategy starts at about minute 20:00. You can see my talk at NextWork here: https://www.youtube.com/watch?v=0GjgFHrXHAc&t=819s.

(8) Jeffrey Rohlfs, "A Theory of Interdependent Demand for a Communications Service," *Bell Journal of Economics and Management Science* 5, no. 1 (1974): 16–37.

(9) Richard Schmalensee, "Jeffrey Rohlfs' 1974 Model of Facebook: An Introduction," *Competition and Policy International* 7, no. 1 (2011). 私の友人で同僚でもある、アルン・サンダラーラジャンは2007年に、フェイスブック、ツイッターなど現在、利用されている複雑なソーシャル・ネットワークでつながった消費者の場合にまで応用した。Arun Sundararajan, "Local Network Effects and Complex Network Structure," *BE Journal of Theoretical Economics* 7, no. 1 (2007).

(10) 最近の研究でも、フェイスブックの価値は、その大部分がローカルのネットワーク効果——つまり、そこでつながっている特定の人々の経済的価値——から生じていることが確かめられている。セス・ベンゼルとアヴィ・コリスは、フェイスブックのユーザーに対し、「いくらもらったら友達を解除できるか」という質問をしている。この研究では、ソーシャル・メディア上の他人に置く価値には、相手によって非常に大きな差があることもわかった。たとえば、65歳を超える人たちが自分より若いユーザーに高い価値を置くのに対し、若い人たちの側は年長者にさほど高い価値を置いていない。45歳から

Activity of the Cerebral Cortex, trans. and ed. G. V. Anrep (Oxford: Oxford University Press, 1927), 1960.(パヴロフ『大脳半球の働きについて──条件反射学』〈上・下〉川村浩訳、岩波書店、1975年)

(34) Mike Allen, "Sean Parker Unloads on Facebook: 'God Only Knows What It's Doing to Our Children's Brains,' " *Axios*, November 9, 2017; Erica Pandey, "Sean Parker: Facebook Was Designed to Exploit Human 'Vulnerability,' " *Axios*, November 9, 2017.

(35) Dar Meshi, Carmen Morawetz, and Hauke R. Heekeren, "Nucleus Accumbens Response to Gains in Reputation for the Self Relative to Gains for Others Predicts Social Media Use," *Frontiers in Human Neuroscience* 7 (2013): 439.

(36) D. Eckles, C. Nicolaides, and S. Aral, "Social Influence, Habits, and Disrupted Performance Environments," Advances in Consumer Research Abstracts, Association for Consumer Research, 2017.

(37) Emily B. Falk et al., "Predicting Persuasion-Induced Behavior Change from the Brain," *Journal of Neuroscience* 30, no. 25 (2010): 8421–24.

(38) Emily B. Falk et al., "Neural Activity During Health Messaging Predicts Reductions in Smoking Above and Beyond Self-Report," *Health Psychology* 30, no. 2 (2011): 177.

(39) Emily B. Falk, Elliot T. Berkman, and Matthew D. Lieberman, "From Neural Responses to Population Behavior: Neural Focus Group Predicts Population-Level Media Effects," *Psychological Science* 23, no. 5 (2012): 439–45.

(40) Emily B. Falk et al., "Creating Buzz: The Neural Correlates of Effective Message Propagation," *Psychological Science* 24, no. 7 (2013): 1234–42.

(41) Lieberman, *Social*, 125.

(42) Christin Scholz et al., "A Neural Model of Valuation and Information Virality," *Proceedings of the National Academy of Sciences* 114, no. 11 (2017): 2881–86.

(43) Gregory S. Berns et al., "Neural Mechanisms of the Influence of Popularity on Adolescent Ratings of Music," *Neuroimage* 49, no. 3 (2010): 2687–96.

(44) Jorien van Hoorn et al., "Peer Influence on Prosocial Behavior in Adolescence," *Journal of Research on Adolescence* 26, no. 1 (2016): 90–100.

第5章　ネットワークの引力はその質量に比例する

(1) Mark Zuckerberg, United States Securities and Exchange Commission, Form S-1 Registration Statement Under The Securities Act of 1933, Facebook, Inc., February 1, 2012.

(2) *Annual Report of the Directors of the American Telephone and Telegraph Company to the Stock Holders, for the Year Ending December 31, 1908*

success-blog/marketing/social-media/best-social-media-marketing-stats-and-facts.

(19) Rachael Rettner, "Why Are Human Brains So Big?," *Live Science*, July 13, 2009: https://www.livescience.com/5540-human-brains-big.html.

(20) Alison Jolly, "Lemur Social Behavior and Primate Intelligence," *Science* 153, no. 3735 (1966): 501–6.

(21) 同上。

(22) Robin I. M. Dunbar, "The Social Brain Hypothesis," *Evolutionary Anthropology: Issues, News, and Reviews* 6, no. 5 (1998): 178–90.

(23) Robin I. M. Dunbar, "The Social Brain Hypothesis and Human Evolution," in *Oxford Research Encyclopedia of Psychology* (2016), 1, https://doi.org/10.1093/acrefore/9780190236557.013.44.

(24) Robin I. M. Dunbar, "Neocortex Size as a Constraint on Group Size in Primates," *Journal of Human Evolution* 22, no. 6 (1992): 469–93; Robin I. M. Dunbar, "Evolutionary Basis of the Social Brain," *Oxford Handbook of Social Neuroscience* (2011): 28–38.

(25) Matthew D. Lieberman, *Social: Why Our Brains Are Wired to Connect* (New York: Oxford University Press, 2013).（マシュー・リーバーマン『21世紀の脳科学——人生を豊かにする3つの「脳力」』江口泰子訳、講談社、2015年）

(26) Daniel C. Dennett, *Brainstorms: Philosophical Essay on Mind and Psychology* (Montgomery, Ala.: Harvester Press, 1978).

(27) Simon Baron-Cohen, Alan M. Leslie, and Uta Frith, "Does the Autistic Child Have a 'Theory of Mind'?," *Cognition* 21, no. 1 (1985): 37–46.

(28) Penelope A. Lewis et al., "Ventromedial Prefrontal Volume Predicts Understanding of Others and Social Network Size," *Neuroimage* 57, no. 4 (2011): 1624–29.

(29) Lauren E. Sherman et al., "The Power of the Like in Adolescence: Effects of Peer Influence on Neural and Behavioral Responses to Social Media," *Psychological Science* 27, no. 7 (2016): 1027–35.

(30) Lauren E. Sherman et al., "Peer Influence via Instagram: Effects on Brain and Behavior in Adolescence and Young Adulthood," *Child Development* 89, no. 1 (2018): 37–47.

(31) Lauren E. Sherman et al., "What the Brain 'Likes': Neural Correlates of Providing Feedback on Social Media," *Social Cognitive and Affective Neuroscience* 13, no. 7 (2018): 699–707.

(32) James Olds and Peter Milner, "Positive Reinforcement Produced by Electrical Stimulation of Septal Area and Other Regions of Rat Brain," *Journal of Comparative and Physiological Psychology* 47, no. 6 (1954): 419.

(33) Ivan P. Pavlov, *Conditioned Reflexes: An Investigation of the Physiological*

Endocrinology 148, no. 10 (2007): 4658–66.

(5) Alexis M. Stranahan, David Khalil, and Elizabeth Gould, "Social Isolation Delays the Positive Effects of Running on Adult Neurogenesis," *Nature Neuroscience* 9, no. 4 (2006): 526–33.

(6) David M. Lyons, Chae M. G. Ha, and Seymour Levine, "Social Effects and Circadian Rhythms in Squirrel Monkey Pituitary-Adrenal Activity," *Hormones and Behavior* 29, no. 2 (1995): 177–90.

(7) Daniel A. Nation et al., "The Effect of Social Environment on Markers of Vascular Oxidative Stress and Inflammation in the Watanabe Heritable Hyperlipidemic Rabbit," *Psychosomatic Medicine* 70, no. 3 (2008): 269–75.

(8) John T. Cacioppo and William Patrick, *Loneliness: Human Nature and the Need for Social Connection* (New York: W. W. Norton, 2008).(ジョン・T・カシオポ、ウィリアム・パトリック『孤独の科学――人はなぜ寂しくなるのか』柴田裕之訳、河出書房新社、2010年)

(9) R. S. Weiss, *Loneliness: The Experience of Emotional and Social Isolation* (Cambridge, Mass.: MIT Press, 1973).

(10) John T. Cacioppo and Stephanie Cacioppo, "The Phenotype of Loneliness," *European Journal of Developmental Psychology* 9, no. 4 (2012): 446–52.

(11) Naomi I. Eisenberger, Matthew D. Lieberman, and Kipling D. Williams, "Does Rejection Hurt? An fMRI Study of Social Exclusion," *Science* 302, no. 5643 (2003): 290–92.

(12) Naomi I. Eisenberger, "The Pain of Social Disconnection: Examining the Shared Neural Underpinnings of Physical and Social Pain," *Nature Reviews Neuroscience* 13, no. 6 (2012): 421–34.

(13) Arthur Aron et al., "Reward, Motivation, and Emotion Systems Associated with Early-Stage Intense Romantic Love," *Journal of Neurophysiology* 94, no. 1 (2005): 327–37.

(14) James K. Rilling et al., "A Neural Basis for Social Cooperation," *Neuron* 35, no. 2 (2002): 395–405.

(15) Klaus Fliessbach et al., "Social Comparison Affects Reward-Related Brain Activity in the Human Ventral Striatum," *Science* 318, no. 5854 (2007): 1305–8.

(16) Dominique J. F. De Quervain et al., "The Neural Basis of Altruistic Punishment," *Science* 305, no. 5688 (2004): 1254.

(17) Aaron Smith and Monica Anderson, "Social Media Use in 2018," Pew Research Center Survey, March 1, 2018, https://www.pewresearch.org/internet/2018/03/01/social-media-use-in-2018/.

(18) Laura Dolan, "55 Social Media Engagement Statistics for 2020," *Keap Business Success Blog*, February 10, 2020, https://keap.com/business

org/2018/01/facebook-drastically-changes-news-feed-to-make-it-good-for-people-and-bad-for-most-publishers/.
(43) Laura Hazard Owen, "One Year In, Facebook's Big Algorithm Change Has Spurred an Angry, Fox News–Dominated—and Very Engaged!—News Feed," *NiemanLab*, March 15, 2019, https://www.niemanlab.org/2019/03/one-year-in-facebooks-big-algorithm-change-has-spurred-an-angry-fox-news-dominated-and-very-engaged-news-feed/.
(44) J. Nathan Matias, "Preventing Harassment and Increasing Group Participation Through Social Norms in 2,190 Online Science Discussions," *Proceedings of the National Academy of Sciences* 116, no. 20 (2019): 9785–89.
(45) Vasant Dhar, "When to Trust Robots with Decisions, and When Not To," *Harvard Business Review*, May 17, 2016, https://hbr.org/2016/05/when-to-trust -robots-with-decisions-and-when-not-to.
(46) Renee Gosline and Heather Yang, "Consider the Source: How Cognitive Style Predisposes Preferences for Algorithmic or Human Input," MIT Initiative on the Digital Economy Working Paper, 2020.
(47) Kurt Wagner, "Facebook Almost Missed the Mobile Revolution. It Can't Afford to Miss the Next Big Thing," *Vox*, April 29, 2019.
(48) Stuart Thompson and Charlie Warzel, "Smartphones Are Spies. Here's Whom They Report To," *New York Times*, December 20, 2019.
(49) Josh Constine, "Facebook Is Building an Operating System So It Can Ditch Android," *TechCrunch*, December 19, 2019, https://techcrunch.com/2019/12/19/facebook-operating-system/.
(50) Olivia Solon, "Facebook Has 60 People Working on How to Read Your Mind," *Guardian*, April 19, 2017.

第 4 章　脳とソーシャル・メディア

(1) Gillian A. Matthews et al., "Dorsal Raphe Dopamine Neurons Represent the Experience of Social Isolation," *Cell* 164, no. 4 (2016): 617–31.
(2) John T. Cacioppo, Stephanie Cacioppo, and Dorret I. Boomsma, "Evolutionary Mechanisms for Loneliness," *Cognition and Emotion* 28, no. 1 (2014): 3–21.
(3) Hongyu Ruan and Chun-Fang Wu, "Social Interaction–Mediated Lifespan Extension of *Drosophila* Cu/Zn Superoxide Dismutase Mutants," *Proceedings of the National Academy of Sciences* 105, no. 21 (2008): 7506–10.
(4) Katsunori Nonogaki, Kana Nozue, and Yoshitomo Oka, "Social Isolation Affects the Development of Obesity and Type 2 Diabetes in Mice,"

people.

(32) Joaquin Quiñonero Candela, "Building Scalable Systems to Understand Content," *Facebook Engineering Blog*, February 2, 2017, https://engineering.fb.com/ml-applications/ building-scalable-systems-to-understand-content/.

(33) Elise Thomas, "A Creepy Facebook Idea Suggests Friends by Sensing Other People's Phones," *Wired UK*, November 4, 2018, https://www.wired.co.uk/article/facebook-phone-tracking-patent.

(34) Kashmir Hill, " 'People You May Know': A Controversial Facebook Feature's 10-Year History," *Gizmodo*, August 8, 2018, https://gizmodo.com/people-you-may-know-a-controversial-facebook-features-1827981959.

(35) Kurt Wagner, "Digital Advertising in the US Is Finally Bigger Than Print and Television," *Vox Recode*, February 20, 2019, https://www.vox.com/2019/2/20/18232433/digital-advertising-facebook-google-growth-tv-print-emarketer-2019; "Digital Advertising Stats You Need for 2018," AppNexus White Paper, https://www.appnexus.com/sites/default/files/whitepapers/guide-2018stats_2.pdf.

(36) Lars Backstrom, VP of engineering, "People You May Know," slides, presented by Facebook, July 12, 2010.

(37) See Jure Leskovec, "Dynamics of Large Networks," PhD diss., Carnegie Mellon University, School of Computer Science, Machine Learning Department, 2008, particularly the sections on "triangle closing models" and "the locality of edge attachment."

(38) Backstrom, "People You May Know."

(39) PYMKアルゴリズムは、必ずホップ数を「2」に限定するわけではないが、限定すれば劇的に効率化されるのは間違いない。

(40) 興味深いのは、ジャック・ドーシーが議会での公聴会で圧力をかけられると、ツイッターでもアルゴリズム・キュレーションを止められるようになったことだ。ツイッターでは、本人やフォロワーが有害コンテンツを投稿したとして、100万人近くの人が「シャドウバン」あるいは「ランクダウン」されたが、ツイッターの判断には偏りがあるのでは、と非難する声があり、公聴会ではそのことについて質問された。Stan Horaczek, "Twitter Will Let You See Your Feed in Chronological Order Again—Here's How and Why," *Popular Science*, September 18, 2019, https://www.popsci.com/twitter-chronological-feed/.

(41) Will Oremus, "Who Controls Your Facebook Feed," *Slate*, January 3, 2016.

(42) Casey Newton, " 'Time Well Spent' Is Shaping Up to Be Tech's Next Big Debate," *Verge*, January 17, 2018; Laura Hazard Owen, "Facebook Drastically Changes News Feed to Make It 'Good for People' (and Bad for Most Publishers)," *NiemanLab*, January 11, 2018, https://www.niemanlab.

Journal of Sociology 116, no. 2 (2010): 583–642.

(19) Seth A. Myers et al., "Information Network or Social Network? The Structure of the Twitter Follow Graph," in *Proceedings of the 23rd International Conference on World Wide Web* (New York: ACM, 2014), 493–98.

(20) Data compiled from and compared across Ugander et al., "Anatomy of Facebook Social Graph," and Myers et al., "Information Network or Social Network?"

(21) "Elon Musk Talks Cars—and Humanity's Fate— with Governors," CNBC, July 17, 2017.

(22) Clint Watts, testimony before U.S. Senate Select Committee on Intelligence, March 30, 2017, https://www.intelligence .senate.gov/sites/default/files/documents/os-cwatts-033017.pdf.

(23) Wanda J. Orlikowski, "The Duality of Technology: Rethinking the Concept of Technology in Organizations," *Organization Science* 3, no. 3 (1992): 398–427; Anthony Giddens, *The Constitution of Society: Outline of the Theory of Structuration* (Berkeley: University of California Press, 1984).

(24) Herbert A. Simon, "Designing Organizations for an Information-Rich World," in *Computers, Communication, and the Public Interest*, ed. Martin Greenberger (Baltimore: Johns Hopkins University Press, 1971), 40–41.

(25) "Norman: World's First Psychopath AI," n.d., http://norman-ai.mit.edu/.

(26) James Vincent, "Twitter Taught Microsoft's AI Chatbot to Be a Racist Asshole in Less Than a Day," *Guardian*, March 24, 2016; Elle Hunt, "Tay, Microsoft's AI Chatbot, Gets a Crash Course in Racism from Twitter," *Guardian*, March 24, 2016.

(27) Peter Bright, "Tay, the Neo-Nazi Millennial Chatbot, Gets Autopsied," *Ars Technica*, March 25, 2016, https://arstechnica.com/information-technology/2016/03/tay-the-neo-nazi-millennial-chatbot-gets-autopsied.

(28) Yann LeCun speaking with Bloomberg's Jeremy Kahn at Bloomberg's "Sooner Than You Think" conference in Paris, May 29, 2018, https://www.youtube.com/watch?v=dzQRCZyE4v0.

(29) Jenn Chen, "15 Facebook Stats Every Marketer Should Know for 2019," *Sprout Social* (2019), https://sproutsocial.com/insights/facebook-stats-for-marketers/.

(30) Mary Lister, "37 Staggering Video Marketing Statistics for 2018," *Wordstream Blog*, June 9, 2019, https://www.wordstream.com/blog/ws/2017/03/08/video-marketing-statistics.

(31) Manohar Paluri, manager of Facebook's Computer Vision Group, speaking at the LDV Capital "Vision Summit" in 2017, https://www.ldv.co/blog/2018/4/4/facebook-is-building-a-visual-cortex-to-better-understand-content-and-

(9) J. Travers and Stanley Milgram, "An Experimental Study of the Small World Problem," *Sociometry* 32 (1969); Duncan J. Watts, "Networks, Dynamics, and the Small World Phenomenon," *American Journal of Sociology* 105, no. 2 (1999): 493–527.

(10) This "group-based targeting," incidentally, is the same go-to-market strategy advocated by Jeffrey Rohlfs in his seminal paper on network effects published in 1974 and reiterated onstage by Sean Parker in conversation with Jimmy Fallon, in reference to Face- book's go-to-market strategy, at the NextWork Conference in 2011 (第5章221ページの傍注参照).

(11) Ronald Burt, *Structural Holes: The Social Structure of Competition* (Cambridge, Mass.: Harvard University Press, 1992)(ロナルド・バート『競争の社会的構造』安田雪訳、新曜社、2006年); Ronald Burt, "Structural Holes and Good Ideas," *American Journal of Sociology* 110 (2004): 349–99; A. Hargadon and R. Sutton, "Technology Brokering and Innovation in a Product Development Firm," *Administrative Science Quarterly* 42 (1997): 716–49; R. Reagans and E. Zuckerman, "Networks, Diversity, and Productivity: The Social Capital of Corporate R&D Teams," *Organization Science* 12, no. 4 (2001): 502–17; Sinan Aral and Marshall Van Alstyne, "The Diversity-Bandwidth Trade-Off," *American Journal of Sociology* 117, no. 1 (2011): 90–171.

(12) Miller McPherson, Lynn Smith-Lovin, and James M. Cook, "Birds of a Feather: Homophily in Social Networks," *Annual Review of Sociology* 27, no. 1 (2001): 415–44.

(13) Gueorgi Kossinets and Duncan J. Watts, "Origins of Homophily in an Evolving Social Network," *American Journal of Sociology* 115, no. 2 (2009): 405–450.

(14) Sergio Currarini, Matthew O. Jackson, and Paolo Pin, "Identifying the Roles of Race-Based Choice and Chance in High School Friendship Network Formation," *Proceedings of the National Academy of Sciences* 107, no. 11 (2010): 4857–61.

(15) Kossinets and Watts, "Origins of Homophily."

(16) Michael J. Rosenfeld, Reuben J. Thomas, and Sonia Hausen, "Disintermediating Your Friends: How Online Dating in the United States Displaces Other Ways of Meeting," *Proceedings of the National Academy of Sciences* 116, no. 36 (2019): 17753–58.

(17) Johan Ugander et al., "The Anatomy of the Facebook Social Graph," *arXiv:1111.4503* (2011).

(18) For a review of that literature and more primary evidence, see Andreas Wimmer and Kevin Lewis, "Beyond and Below Racial Homophily: ERG Models of a Friendship Network Documented on Facebook," *American*

Humans Required," *Wired*, April 11, 2017.
(80) 同上。
(81) Daniel Benjamin and Steven Simon, "How Fake News Could Lead to Real War," *Politico*, July 5, 2019.
(82) Hugh Thompson, "Symantec Discusses the Financial Implications of Deepfakes," CNBC, July 18, 2019.

第3章　ハイプ・マシン

(1) Nick Bilton, "Facebook Graffiti Artist Could Be Worth $500 Million," *New York Times*, February 7, 2012.
(2) Cade Metz, "The Amazing Murals Created by Facebook's Artists-in-Residence," *Wired*, November 24, 2014.
(3) Andrew Perrin, "Social Networking Usage: 2005–2015," Pew Research Center, October 2015, http://www .pewinternet.org/2015/10/08/2015/Social-Networking-Usage-2005-2015/.
(4) Original illustration by Paul Butler; re-creation by Joanna Kosmides Edwards, https://paulbutler.org/2010/visualizing-facebook-friends/.
(5) Many great books by scientists have explored the structure and power of human networks. See Duncan J. Watts, *Six Degrees: The Science of a Connected Age* (New York: W. W. Norton, 2004)〔ダンカン・ワッツ『スモールワールド・ネットワーク』辻竜平・友知政樹訳、筑摩書房、2016年〕; Albert-László Barabási, *Linked: The New Science of Networks* (Cambridge, Mass.: Perseus, 2002), esp. 409–10〔アルバート＝ラズロ・バラバシ『新ネットワーク思考』青木薫訳、日本放送出版協会、2002年〕; Nicholas A. Christakis and James H. Fowler, *Connected: The Surprising Power of Our Social Networks and How They Shape Our Lives* (Boston: Little, Brown Spark, 2009)〔ニコラス・A・クリスタキス、ジェイムズ・H・ファウラー『つながり――社会的ネットワークの驚くべき力』鬼澤忍訳、講談社、2010年〕; Sanjeev Goyal, *Connections: An Intro- duction to the Economics of Networks* (Princeton: Princeton University Press, 2012); and Matthew O. Jackson, *The Human Network: How Your Social Position Determines Your Power, Beliefs, and Behaviors* (New York: Pantheon, 2019)〔マシュー・O・ジャクソン『ヒューマン・ネットワーク――人づきあいの経済学』依田光江訳、早川書房、2020年〕.
(6) Scott L. Feld, "Why Your Friends Have More Friends Than You Do," *American Journal of Sociology* 96, no. 6 (1991): 1464–77.
(7) Mark Granovetter, "The Strength of Weak Ties," *American Journal of Sociology* 78 (1973): 1360–80.
(8) Duncan J. Watts and Steven H. Strogatz, "Collective Dynamics of 'Small-World' Networks," *Nature* 393, no. 6684 (1998): 440.

(64) Soroush Vosoughi, Deb Roy, and Sinan Aral, "The Spread of True and False News Online," *Science* 359, no. 6380 (2018): 1146–51.

(65) Chengsheng Shao et al., "The Spread of Low-Credibility Content by Social Bots," *Nature Communications* 9, no. 1 (2018): 4787.

(66) Laurent Itti and Pierre Baldi, "Bayesian Surprise Attracts Human Attention," *Vision Research* 49, no. 10 (2009): 1295–306.

(67) Sinan Aral and Marshall Van Alstyne, "The Diversity-Bandwidth Trade-Off," *American Journal of Sociology* 117, no. 1 (2011): 90–171.

(68) Jonah Berger and K. L. Milkman, "What Makes Online Content Viral?," *Journal of Marketing Research* 49, no. 2 (2012): 192–205.

(69) Fang Wu and Bernardo A. Huberman, "Novelty and Collective Attention," *Proceedings of the National Academy of Sciences* 104, no. 45 (2007): 17599–601.

(70) フェイク・ニュースが新奇なものになりやすく、新奇な情報がよりリツィートされやすいのは確かだが、新奇性がリツイートの要因になっているのか、それともフェイク・ニュースが真実のニュースよりもリツイートされやすいというだけのことなのかはわからない。

(71) Gordon Pennycook and David G. Rand, "Lazy, Not Biased: Susceptibility to Partisan Fake News Is Better Explained by Lack of Reasoning Than by Motivated Reasoning," *Cognition* 188 (2019): 39–50.

(72) Raymond S. Nickerson, "Confirmation Bias: A Ubiquitous Phenomenon in Many Guises," *Review of General Psychology* 2, no. 2 (1998): 175–220.

(73) Lynn Hasher, David Goldstein, and Thomas Toppino, "Frequency and the Conference of Referential Validity," *Journal of Verbal Learning and Verbal Behavior* 16, no. 1 (1977): 107–12.

(74) Andrew Guess and Alexander Coppock, "Does Counter-Attitudinal Information Cause Backlash? Results from Three Large Survey Experiments," *British Journal of Political Science* (2018): 1–19.

(75) Samanth Subramanian, "Inside the Macedonian Fake-News Complex," *Wired*, February 15, 2017.

(76) Global Disinformation Index, *The Quarter Billion Dollar Question: How Is Disinformation Gaming Ad Tech?*, September 2019, https://disinformationindex.org/wp-content/uploads/2019/09/GDI_Ad-tech_Report_Screen_AW16.pdf.

(77) Franklin Foer, "The Era of Fake Video Begins," *Atlantic*, May 2018.

(78) David Mack, "This PSA About Fake News from Barack Obama Is Not What It Appears," *BuzzFeed*, April 17, 2018. Video: "You Won't Believe What Obama Says in This Video!," *BuzzFeed-Video*, April 17, 2018, https://youtu.be/cQ54GDm1eL0.

(79) Cade Metz, "Google's Dueling Neural Networks Spar to Get Smarter, No

Disease Control and Prevention, October 11, 2019, https://www.cdc.gov/mmwr/volumes/68/wr/pdfs/mm6840e2-H.pdf.
(50) Peter J. Hotez, "You Are Unvaccinated and Got Sick. These Are Your Odds," *New York Times*, January 9, 2020.
(51) Deborah Balzer interview with Dr. Nipunie Rajapsakse, "Infectious Diseases A–Z: Why the Measles Virus Is So Contagious," Mayo Clinic, April 9, 2019, https://newsnetwork.mayoclinic.org/discussion/infectious-diseases-a-z-why-the-measles-virus-is-so-contagious/.
(52) Fiona M. Guerra, "The Basic Reproduction Number (R0) of Measles: A Systematic Review," *Lancet Infectious Diseases* 17, no. 12 (2017): e420–28; Ed Yong, "The Deceptively Simple Number Sparking Coronavirus Fears," *Atlantic*, January 28, 2020.
(53) Manish Sadarangani, "Herd Immunity: How Does it Work?," Oxford Vaccine Group, Oxford University, April 26, 2016, https://www.ovg.ox.ac.uk/news/herd-immunity-how-does-it-work.
(54) Gardiner Harris, "Journal Retracts 1998 Paper Linking Autism to Vaccines," *New York Times*, February 2, 2010.
(55) "Senate Hearing on Vaccines and Public Health," U.S. Senate Committee on Health, Education, Labor and Pensions, March 5, 2019, https://www.c-span.org/video/?458472-1/physicians -advocates-warn-senate-committee-vaccine-hesitancy-implications.
(56) Julia Arciga, "Anti-vaxxer Larry Cook Has Weaponized Facebook Ads in War Against Science," *Daily Beast*, February 19, 2019.
(57) Amelia M. Jamison, "Vaccine-Related Advertising in the Facebook Ad Archive," *Vaccine* 38, no. 3 (2020): 512–20; Lena Sun, "Majority of Anti-vaccine Ads on Facebook Were Funded by Two Groups," *Washington Post*, November 15, 2019.
(58) Arciga, "Anti-vaxxer Larry Cook."
(59) Julia Carrie Wong, "How Facebook and YouTube Help Spread Anti-vaxxer Propaganda," *Guardian*, February 1, 2019.
(60) Nat Gyenes and An Xiao Mina, "How Misinfodemics Spread Disease," *Atlantic*, August 30, 2018.
(61) David A. Broniatowski et al., "Weaponized Health Communication: Twitter Bots and Russian Trolls Amplify the Vaccine Debate," *American Journal of Public Health* 108, no. 10 (2018): 1378–84.
(62) Alexis Madrigal, "The Small, Small World of Facebook's Anti-vaxxers," *Atlantic*, February 27, 2019.
(63) Ana Lucía Schmidt et al., "Polarization of the Vaccination Debate on Facebook," *Vaccine* 36, no. 25 (2018): 3606–12.

Limited Effects Beyond Increasing Beliefs in False Claims," *Harvard Kennedy School Misinformation Review* 1, no. 1 (2020).

(37) Donald P. Green, Mary C. McGrath, and Peter M. Aronow, "Field Experiments and the Study of Voter Turnout," *Journal of Elections, Public Opinion and Parties* 23, no. 1 (2013): 27–48.

(38) Allison Dale and Aaron Strauss, "Don't Forget to Vote: Text Message Reminders as a Mobilization Tool," *American Journal of Political Science* 53, no. 4 (2009): 787–804.

(39) N. Malhotra, M. R. Michelson, and A. A. Valenzuela, "Emails from Official Sources Can Increase Turnout," *Quarterly Journal of Political Science* 7 (2012): 321–32; T. C. Davenport, "Unsubscribe: The Effects of Peer-to-Peer Email on Voter Turnout—Results from a Field Experiment in the June 6, 2006, California Primary Election," unpublished manuscript (Yale University, 2012).

(40) Dan Mangan, "Read Robert Mueller's Opening Statement: Russian Interference Among 'Most Serious' Challenges to American Democracy," CNBC, July 24, 2019.

(41) Todd Ruger, "FBI Director Wants to 'Up Our Game' on Election Interference," *Roll Call*, May 7, 2019.

(42) Adam Goldman, Julian E. Barnes, Maggie Haberman, and Nicholas Fandos, "Lawmakers Are Warned That Russia Is Meddling to Re-elect Trump," *New York Times*, February 20, 2020.

(43) Nicole Perlroth and Matthew Rosenberg, "Russians Hacked Ukrainian Gas Company at Center of Impeachment," *New York Times*, January 13, 2020.

(44) Donald L. Horowitz, *The Deadly Ethnic Riot* (Berkeley: University of California Press, 2001), 74–75.

(45) Freja Hedman et al., "News and Political Information Consumption in Sweden: Mapping the 2018 Swedish General Election on Twitter," Comprop Data Memo no. 2018.3, September 6, 2018.

(46) Cristina Tardáguila, Fabrício Benevenuto, and Pablo Ortellado, "Fake News Is Poisoning Brazilian Politics. WhatsApp Can Stop It," *New York Times*, October 17, 2018.

(47) Samir Patil, "India Has a Public Health Crisis. It's Called Fake News," *New York Times*, April 29, 2019.

(48) Zeenab Aneez et al., *Reuters Institute India Digital News Report* (Oxford University, 2019), https://reutersinstitute.politics.ox.ac.uk/our-research/india-digital-news-report.

(49) "National Update on Measles Cases and Outbreaks—United States, January 1–October 1, 2019," *Morbidity and Mortality Weekly Report*, U.S. Centers for

(29) Robert M. Bond et al., "A 61-Million-Person Experiment in Social Influence and Political Mobilization," *Nature* 489, no. 7415 (2012): 295.

(30) Jason J. Jones et al., "Social Influence and Political Mobilization: Further Evidence from a Randomized Experiment in the 2012 US Presidential Election," *PloS One* 12, no. 4 (2017): e0173851.

(31) 本書が印刷に入った時点で、ソーシャル・メディアの投票行動への影響に関しては、二つの研究結果がまだ発表されていない状態だった。一つは、正当性が証明された投票データではなく、選挙後のアンケート調査に基づく研究だ。どうしても、回答者の記憶違いや、自己報告に入り込むバイアスの影響を避けられない。Richard Gunther, Paul A. Beck, and Erik C. Nisbet, "Fake News Did Have a Significant Impact on the Vote in the 2016 Election: Original Full-Length Version with Methodological Appendix" (Ohio State University, 2018), https://cpb-us-w2.wpmucdn.com/u.osu.edu/dist/d/12059/files/2015/03/Fake-News-Piece-for-The-Conversation-with-methodological-appendix-11d0ni9.pdf.

二つ目の研究は、投票率に関する検証済みのデータと、投票先についてのアンケート調査の結果を基礎としている。時間的な変化や、過去の投票率と投票先の関係などについてのデータも利用したが、浮動票の存在は考慮に入れていない。Guess, Nyhan, and Reifler, "Selective Exposure to Misinformation." Both studies lack any good-as-random variation or other formal method of causal inference.

(32) Joshua L. Kalla and David E. Broockman, "The Minimal Persuasive Effects of Campaign Contact in General Elections: Evidence from 49 Field Experiments," *American Political Science Review* 112, no. 1 (2018): 148–66.

(33) Todd Rogers and David Nickerson, "Can Inaccurate Beliefs About Incumbents Be Changed? And Can Reframing Change Votes?," Harvard Kennedy School, Working Paper no. RWP13-018, 2013, http://scholar.harvard.edu/files/todd_rogers/files/can_inaccurate_beliefs_about_incumbents_be_changed_ssrn.pdf.

(34) Christopher A. Bail, Brian Guay, Emily Maloney, Aidan Combs, D. Sunshine Hillygus, Friedolin Merhout, Deen Freelon, and Alexander Volfovsky, "Assessing the Russian Internet Research Agency's Impact on the Political Attitudes and Behaviors of American Twitter Users in Late 2017," *Proceedings of the National Academy of Sciences* 117, no. 1 (2020): 243–50.

(35) Katherine Haenschen and Jay Jennings, "Mobilizing Millennial Voters with Targeted Internet Advertisements: A Field Experiment," *Political Communication* 36, no. 3 (2019): 357–75.

(36) Andrew M. Guess, Dominique Lockett, Benjamin Lyons, Jacob M. Montgomery, Brendan Nyhan, and Jason Reifler, " 'Fake News' May Have

2019), https://int.nyt.com/data/document helper/534-oxford-russia-internet-research-agency/c6588b4a7b940c551c38/optimized/full.pdf.

(15) Gillian Cleary, "Twitterbots: Anatomy of a Propaganda Campaign," *Symantec Threat Intelligence Blog*, June 5, 2019, https://symantec-blogs.broadcom.com/blogs/threat-intelligence/twitterbots-propaganda-disinformation.

(16) Craig Silverman, "This Analysis Shows How Viral Fake Election News Stories Outperformed Real News on Facebook," *BuzzFeed*, November 16, 2016.

(17) Hunt Allcott and Matthew Gentzkow, "Social Media and Fake News in the 2016 Election," *Journal of Economic Perspectives* 31, no. 2 (2017): 211–36.

(18) Andrew Guess, Brendan Nyhan, and Jason Reifler, "Selective Exposure to Misinformation: Evidence from the Consumption of Fake News During the 2016 US Presidential Campaign," *European Research Council* (2018), 9.

(19) Nir Grinberg et al., "Fake News on Twitter During the 2016 US Presidential Election," *Science* 363, no. 6425 (2019): 374–78.

(20) Allcott and Gentzkow, "Social Media and Fake News."

(21) Calculated as 44 percent of approximately 250 million voting-age Americans in 2016. "Estimates of the Voting Age Population for 2016," *Federal Register*, n.d., https://www.federalregister.gov/documents/2017/01/30/2017-01890/estimates-of-the-voting-age-population-for-2016.

(22) Guess, Nyhan, and Reifler, "Selective Exposure to Misinformation."

(23) Chengsheng Shao et al., "The Spread of Low-Credibility Content by Social Bots," *Nature Communications* 9, no. 1 (2018): 4787; Emilio Ferrara et al., "The Rise of Social Bots," *Communications of the ACM* 59, no. 7 (2016): 96–104.

(24) Philip N. Howard et al., "Social Media, News and Political Information During the US Election: Was Polarizing Content Concentrated in Swing States?," *arXiv:1802.03573* (2018).

(25) アイオワ、ウィスコンシン、ミネソタ、メインの４州は激戦州ではあるが、ロシアやウィキリークス、いわゆる「ジャンク(くず)」のニュース・ソースからの政治的に大きく偏ったニュースが流れた数が平均を下回った。一方、コロラド、オハイオ、ミシガン、ジョージア、ニュー・ハンプシャー、ペンシルベニア、ノース・カロライナ、バージニア、フロリダ、ネバダ、ミズーリ、アリゾナの各州ではそれが平均を上回った。どの州を激戦州とみなすかは、2016年11月の国立憲法センターの分類に基づく。

(26) Ed Kilgore, "The Final, Final, Final Results for the Presidential Popular Vote Are In," *New York*, December 20, 2016.

(27) DiResta et al., *The Tactics and Tropes of the Internet Research Agency*.

(28) Jon Swaine, "Manafort Shared Polling Data on 2016 Election with Elusive Russian—Mueller," *Guardian*, January 8, 2019; Mueller, *Report on the Investigation Into Russian Interference In the 2016 Presidential Election*.

(10) Shimon Kogan, Tobias J. Moskowitz, and Marina Niessner, "Fake News: Evidence from Financial Markets," April 22, 2019, https://ssrn.com/abstract=3237763.

(11) この結果から、フェイク・ニュースには市場を動かす力があるらしいとわかる。特に、取引者の多くを小口の一般投資家が占める小規模な企業の場合は影響を受けやすい。しかし、この数字はある程度、割り引いて考える必要があるだろう。無作為抽出試験をしたわけではないからだ。確かに値動きのタイミングだけを見ると、フェイク・ニュースの影響を受けているように見えるのだが、フェイク・ニュースの影響だけで値が動いているのか否かは、このデータからは明確にはわからない。Kogan et al., "Fake News,"では、株価操作を目的にしていることが明白なフェイク・ニュース記事だとSECが判断した記事を、標本として分析している。(SECが判断したのではなく)使われている言葉からフェイク・ニュースであろうと判断した記事を標本にしたより大規模な調査では(おそらく、実際にはフェイク・ニュースではないものもフェイク・ニュースとして分析の対象になっているので、「ノイズ」が多いと言える)、小口な一般投資家の小規模な企業の株式の場合、フェイク・ニュースは株式の取引量に有意な影響を与えているとされた。しかし、価格の変動性への影響は認められなかった。SECの標本の選抜は偏っているかもしれない。また、使われている言葉でフェイク・ニュースか否かを判断する方法は、信頼性に欠けている可能性もある。

同時期にシーキング・アルファで、私の友人で協力者でもあるジェフリー・フーと、その同僚のジョナサン・クラーク、ハイリアン・チェン、ディン・デュによって行なわれた研究では、フェイク・ニュースには真実のニュースよりもクリックを増やす効果があるが、同等の真実のニュースに比べて、株式の取引量や価格の変動性に大きく影響するわけではない、ということが確かめられている。Kogan et al. とは違い、この研究では、「株式市場はフェイク・ニュースに適切な評価を下している」と結論づけられた。Jonathan Clarke et al., "Fake News, Investor Attention, and Market Reaction," Georgia Tech Scheller College of Business Research Paper no. 18-29 (2019), https://ssrn.com/abstract=3213024.

(12) Special Counsel Robert S. Mueller III, *Report on the Investigation into Russian Interference in the 2016 Presidential Election*, Submitted Pursuant to 28 C.F.R. § 600.8(c), Washington, D.C., March 2019, https://www.justice.gov/storage/report.pdf.

(13) Renee DiResta et al., *The Tactics and Tropes of the Internet Research Agency*, Investigation of Russian Interference prepared for the U.S. Senate Select Committee on Intelligence (New Knowledge, 2019), https://int.nyt.com/data/documenthelper/533-read-report-internet-research-agency/7871ea6d5b7bedafbf19/optimized/full.pdf.

(14) Philip N. Howard et al., *The IRA, Social Media and Political Polarization in the United States, 2012–2018*, Investigation of Russian Interference prepared for the U.S. Senate Select Committee on Intelligence (Graphika,

Bureau's Annual Leadership Meeting, January 29, 2017, https://www.youtube.com/watch?v=NEUCOsphol0.

(12) Jack Neff, "Procter & Gamble's Best Sales in a Decade Come Despite Drop in Ad Spending," *AdAge*, July 30, 2019.

(13) Gurjit Degun, "Unilever and Sky Adspend Dropped 30% in 2018," *Campaign US*, February 12, 2019, https://www.campaignlive.com/article/unilever-sky-adspend-dropped-30-2018/1525590.

(14) Ellen Hammett, "P&G Puts Focus on Reach: It's a More Important Measure Than Spend," *MarketingWeek*, June 17, 2019; Neff, "Procter & Gamble's Best Sales"; Dianna Christe, "P&G's Sales Jump as Ad Spending Shrinks, Data-Driven Marketing Ramps Up," *Marketing Dive*, July 31, 2019.

(15) "Third Quarter Results Show Improved Growth Across All Our Divisions," Unilever press release, October 10, 2018, https://www.unilever.com/news/press-releases/2018/third-quarter-results-show-improved-growth-across-all-our-divisions.html.

第２章　現実の終わり

(1) Tero Karppi and Kate Crawford, "Social Media, Financial Algorithms and the Hack Crash," *Theory, Culture and Society* 33, no. 1 (2016): 73–92.

(2) "White House Security Breaches Fast Facts," CNN, updated March 25, 2020, https://www.cnn.com/2017/06/14/us/white-house-security-breaches-fast-facts/index.html.

(3) Karppi and Crawford, "Social Media, Financial Algorithms," 73–92.

(4) Patti Domm, "Gasoline Prices at Pump Spike on Fears of Spot Shortages, as Biggest U.S. Refinery Shuts," CNBC, August 31, 2017.

(5) David Schechter and Marjorie Owens, "Railroad Commissioner: There's No Fuel Crisis in Texas," WFAA, Dallas, August 31, 2017, https://www.wfaa.com/article/news/local/texas-news/railroad-commissioner-theres-no-fuel-crisis-in-texas/287-469658632.

(6) Sinan Aral, "Truth, Disrupted," *Harvard Business Review*, July 2018.

(7) *Securities and Exchange Commission v. Lidingo Holdings, LLC, Kamilla Bjorlin, Andrew Hodge, Brian Nichols, and Vincent Cassano, Case* no. 17-2540, filed April 10, 2017, U.S. District Court, Southern District of New York.

(8) "Order Instituting Cease-and-Desist Proceedings . . . ," *In the Matter of Michael A. McCarthy, The Dreamteam Group, LLC, Mission Investor Relations, LLC, and Qualitystocks, LLC*, Administrative Proceeding File no. 3-17917, April 10, 2017, https://www.sec.gov/litigation/admin/2017/33-10343.pdf.

(9) 同上。

Privacy Laws in Coronavirus Battle," Bloomberg, April 4, 2020.

第1章　ニュー・ソーシャル・エイジ

(1) Madeleine Albright, former U.S. Secretary of State, testimony at hearing before the U.S. Senate Armed Services Committee, January 29, 2015, https://www.armed-services.senate.gov/imo/media/doc/Albright_01-29-15.pdf.
(2) Soroush Vosoughi, Deb Roy, and Sinan Aral, "The Spread of True and False News Online," *Science* 359, no. 6380 (2018): 1146–51.
(3) You can watch the Town Hall here: https://www.facebook.com/qawithmark/videos/929895810401528/.
(4) Adrian Chen, "The Agency," *New York Times Magazine*, June 7, 2005.
(5) *United States of America v. Internet Research Agency LLC*, 18 U.S.C. §§ 2, 371, 1349, 1028A, https://www.justice.gov/file/1035477/download.
(6) "Analysis of Russia's Information Campaign Against Ukraine," *NATO StratCom Centre of Excellence Report*, https://www.act.nato.int/images/stories/events/2015/sfpdpe/sfpdpe15_rr03.pdf.
(7) Sergey Lavrov, Russian foreign minister, speech during the high-level segment of the twenty-fifth session of the UN Human Rights Council, Geneva, March 3, 2014, https://www.mid.ru/en/web/guest/vistupleniya_ministra/-/asset_publisher/MCZ7HQuMdqBY/content/id/72642.
(8) State Statistics Committee of Ukraine, 2001 Census, http://2001.ukrcensus.gov.ua/eng/results/. A more recent Crimean census, conducted by Russia in 2014 after the annexation, is disputed.
(9) Carole Cadwalladr, " 'I Made Steve Bannon's Psychological Warfare Tool': Meet the Data War Whistleblower," *Guardian*, March 18, 2018.
(10) Mark Zuckerberg, chairman and chief executive officer of Facebook, testimony at hearing before the U.S. Senate Committee on the Judiciary and Committee on Commerce, Science, and Transportation, April 10, 2018, https://en.wikisource.org/wiki/Zuckerberg_Senate_Transcript_2018; Mark Zuckerberg, testimony at hearing before the U.S. House of Representatives Committee on Energy and Commerce, April 11, 2018, https://docs.house.gov/meetings/IF/IF00/20180411/108090/HHRG-115-IF00-Transcript-20180411.pdf; Mark Zuckerberg, testimony at meeting of the Conference of Presidents of the European Parliament, Brussels, May 22, 2018, https://www.c-span.org/video/?446000-1/facebook-ceo-mark-zuckerberg-testifies-eu-lawmakers.
(11) Marc Pritchard, chief brand officer of Procter & Gamble, "Better Advertising Enabled by Media Transparency," speech at the Internet Advertising

原注

まえがき　パンデミックとソーシャル・メディアの可能性、危険性

(1) Mike Isaac and Sheera Frenkel, "Facebook Is 'Just Trying to Keep the Lights On' as Traffic Soars in Pandemic," *New York Times*, March 24, 2020.

(2) Daisuke Wakabayashi, Jack Nicas, Steve Lohr, and Mike Isaac, "Big Tech Could Emerge from Coronavirus Crisis Stronger Than Ever," *New York Times*, March 23, 2020.

(3) Stewart Butterfield, tweet, March 25, 2020, https://twitter.com/stewart/status/1243000497566441472.

(4) Alex Schultz and Jay Parikh, "Keeping Our Services Stable and Reliable During the COVID-19 Outbreak," Facebook About blog, March 24, 2020, https://about.fb.com/news/2020/03/keeping-our-apps-stable-during-covid-19/.

(5) Isaac and Frenkel, "Facebook Is 'Just Trying to Keep the Lights On.' "

(6) Tony Romm, Elizabeth Dwoskin, and Craig Timberg, "U.S. Government, Tech Industry Discussing Ways to Use Smartphone Location Data to Combat Coronavirus," *Washington Post*, March 17, 2020; Issie Lapowsky, "Facebook Data Can Help Measure Social Distancing in California," Protocol, March 17, 2020.

(7) Antony Sguazzin, "WhatsApp Service in S. Africa Goes Global in WHO Virus Fight," Bloomberg, March 25, 2020.

(8) Thomas Koulopoulos, "Facebook Is Giving Out $100 Million in Small-Business Grants. Here's What to Know—and What the Rest of Big Tech Should Learn," Inc.com, March 19, 2020.

(9) Sacha Baron Cohen, "Read Sacha Baron Cohen's Scathing Attack on Facebook in Full: 'Greatest Propaganda Machine in History,' " *Guardian*, November 22, 2019.

(10) Soroush Vosoughi, Deb Roy, and Sinan Aral, "The Spread of True and False News Online," *Science* 359, no. 6380 (2018): 1146–51.

(11) Zeke Miller and Colleen Long, "US Officials: Foreign Disinformation Is Stoking Virus Fears," *US News*, March 16, 2020; Brooke Singman and Gillian Turner, "Foreign Disinformation Campaign on Fake National Quarantine Trying to Cause Panic, Trump Admin. Officials Say," Fox News, March 16, 2020.

(12) Mark Gurman, "Apple, Google Bring Covid-19 Contact-Tracing to 3 Billion People," Bloomberg, April 10, 2020; Kylie Foy, "Bluetooth Signals from Your Smartphone Could Automate Covid-19 Contact Tracing While Preserving Privacy," MIT News, April 8, 2020, http://news.mit.edu/2020/bluetooth-covid-19-contact-tracing-0409.

(13) Thomas Seal and Stephanie Bodoni, "How Europe Is Bumping Against

[図5−2] Facebook, Inc. and MySpace, Inc. quarterly earnings reports from Statistica.com.

[図6−2] “Precision and Recall,” Wikipedia, https://en.wikipedia.org/wiki/Precision_and_recall; redrawn by Joanna Kosmides Edwards.

[図7−1] Strava, “Year in Sport 2018,” November 28, 2018, https://blog.strava.com/press/2018-year-in-sport/; redrawn by Joanna Kosmides Edwards.

[図8−1] Shawndra Hill, Foster Provost, and Chris Volinsky, “Network-Based Marketing: Identifying Likely Adopters via Consumer Networks,” *Statistical Science* 21, no. 2 (2006): 256–76; and slides created by Hill, Provost, and Volinsky; redrawn by Joanna Kosmides Edwards.

[図8−4] Eytan Bakshy et al., “Social Influence in Social Advertising: Evidence from Field Experiments,” in *Proceedings of the 13th ACM Conference on Electronic Commerce* (ACM, 2012), 146–61.

[図8−5] Shan Huang et al., “Social Advertising Effectiveness Across Products: A Large-Scale Field Experiment,” *Marketing Science*, forthcoming.

[図10−1] Lev Muchnik, Sinan Aral, and Sean J. Taylor, “Social Influence Bias: A Randomized Experiment,” *Science* 341, no. 6146 (2013): 647–51.

[図10−2] Nan Hu, Paul A. Pavlou, and Jie Jennifer Zhang, “Why Do Online Product Reviews Have a J-Shaped Distribution? Overcoming Biases in Online Word-of-Mouth Communication,” *Communications of the ACM* 52, no. 10 (2009): 144–47; redrawn by Joanna Kosmides Edwards.

[図10−3] “The Partisan Divide on Political Values Grows Even Wider,” Pew Research Center, October 5, 2017, https://www.people-press.org/2017/10/05/the-partisan-divide-on-political-values-grows-even-wider/.

[図10−4] Matthew Gentzkow, “Polarization in 2016,” Toulouse Network for Information Technology white paper (2016), http://web.stanford.edu/~gentzkow/research/PolarizationIn2016.pdf.

[図10−5] Eytan Bakshy, Solomon Messing, and Lada A. Adamic, “Exposure to Ideologically Diverse News and Opinion on Facebook,” *Science* 348, no. 6239 (2015): 1130–32.

[図10−6] Abdullah Almaatouq et al., “Adaptive Social Networks Promote the Wisdom of Crowds,” *Proceedings of the National Academy of Sciences*, forthcoming.

[図11−1] Nathan Eagle, Michael Macy, and Rob Claxton, “Network Diversity and Economic Development,” *Science* 328, no. 5981 (2010): 1029–31.

図版出典

[図1−1] Based on data from Soroush Vosoughi, Deb Roy, and Sinan Aral, "The Spread of True and False News Online," *Science* 359, no. 6380 (2018): 1146–51; redrawn by Joanna Kosmides Edwards.

[図1−2] Based on data from Soroush Vosoughi, Deb Roy, and Sinan Aral, "The Spread of True and False News Online," *Science* 359, no. 6380 (2018): 1146–51; redrawn by Joanna Kosmides Edwards.

[図2−2] Original image by Peter Beshai, based on data from Soroush Vosoughi, Deb Roy, and Sinan Aral, "The Spread of True and False News Online," *Science* 359, no. 6380 (2018): 1146–51; redrawn by Joanna Kosmides Edwards.

[図3−2] PEW Research (digital social networks), https://www.pewresearch.org/internet/fact-sheet/social-media/; ITU World Telecommunications / ICT Indicators Database (smartphones), https://www.itu.int/en/ITU-D/Statistics/Pages/stat/default.aspx; "Artificial Intelligence for Business," Raconteur, July 26, 2016, https://www.raconteur.net/artificial-intelligence-for-business-2016.

[図3−4] Original illustration by Paul Butler, redrawn by Joanna Kosmides Edwards.

[図3−6] Original figure adapted from Jungseul Ok, Youngmi Jin, Jinwoo Shin, and Yung Yi, "On Maximizing Diffusion Speed over Social Network with Strategic Users," *IEEE/ACM Transactions of Networking* 24, no. 6 (2016): 3798–811, based on original data published in Jure Leskovec and Julian J. Mcauley, "Learning to Discover Social Circles in Ego Networks," in *Advances in Neural Information Processing Systems*, 2012, 539–47.

[図3−7] Johan Ugander et al., "The Anatomy of the Facebook Social Graph," *arXiv:1111.4503* (2011) (for Facebook); Seth A. Myers et al., "Information Network or Social Network? The Structure of the Twitter Follow Graph," in *Proceedings of the 23rd International Conference on World Wide Web* (New York: ACM, 2014), 493–98 (for Twitter Global, Brazil, Japan, United States, and MSN Messenger).

[図4−1] Based on data in Schoenemann, 2006, in Damian Miles Bailey, "Oxygen, Evolution and Redox Signalling in the Human Brain: Quantum in the Quotidian," *Journal of Physiology* 597, no. 1 (2019): 15–28, redrawn by Joanna Kosmides Edwards.

[図4−2] Robin I. M. Dunbar, "The Social Brain Hypothesis and Human Evolution," in *Oxford Research Encyclopedia of Psychology* (2016), https://doi.org/10.1093/acrefore/9780190236557.013.44; redrawn by Joanna Kosmides Edwards.

［著者］

シナン・アラル (Sinan Aral)

科学者、起業家、投資家。MITの経営学、マーケティング、IT、データ・サイエンスのデヴィッド・オースティン教授、MITイニシアティブ・オン・デジタル・エコノミー理事長、MIT社会分析研究所所長。ソーシャル・アンプ社、フミン社でチーフ・サイエンティストを務めた後、新興企業をハイプ・マシンにまで成長させることを目的とするベンチャー・ファンド、マニフェスト・キャピタルを共同設立。フェイスブック、ヤフー、ツイッター、リンクトイン、スナップチャット、ウィーチャット、ニューヨーク・タイムズなどと緊密に連携して研究活動を続けているほか、現在ではイギリスの国立のデータ・サイエンス研究機関であるアラン・チューリング研究所（ロンドン）や、ノルウェーのレスポンシブル・メディア・テクノロジー&イノベーション・センター、ブラジルのデジタル銀行の先駆けとなったC6バンクなどの諮問委員を務めている。

ツイッター：@sinanaral　インスタグラム：@professorsinan

［訳者］

夏目大（なつめ・だい）

大阪府生まれ。翻訳家。『6時27分発の電車に乗って、僕は本を読む』、『エルヴィス・コステロ自伝』、『タコの心身問題』、『「男らしさ」はつらいよ』、『南極探検とペンギン』『Think CIVILITY』など訳書多数。

デマの影響力

――なぜデマは真実よりも速く、広く、力強く伝わるのか？

2022年6月7日　第1刷発行

著　者――シナン・アラル
訳　者――夏目大
発行所――ダイヤモンド社
〒150-8409　東京都渋谷区神宮前6-12-17
https://www.diamond.co.jp/
電話／03･5778･7233（編集）　03･5778･7240（販売）
ブックデザイン―小口翔平＋畑中茜＋須貝美咲（tobufune）
編集協力――編集室カナール 片桐克博
本文DTP――キャップス
校正――――円水社
製作進行――ダイヤモンド・グラフィック社
印刷――――信毎書籍印刷（本文）・新藤慶昌堂（カバー）
製本――――ブックアート
編集担当――斉藤俊太朗

ISBN 978-4-478-10487-3